Kees van der Pijl
Vordenker der Weltpolitik

Grundwissen Politik
Herausgegeben von Ulrich von Alemann,
Roland Czada und Georg Simonis

Band 13

Kees van der Pijl

Vordenker der Weltpolitik

Einführung in die internationale Politik
aus ideengeschichtlicher Perspektive

Leske + Budrich, Opladen 1996

Der Autor:
Dr. Kees van der Pijl ist Dozent für Internationale Beziehungen an der Universität von Amsterdam.

Übersetzung aus dem Niederländischen von Walter Linsewski

Bildnachweis:
Sämtliche in diesem Band wiedergegebenen Abbildungen wurden zur Verfügung gestellt vom Archiv für Kunst und Geschichte, Berlin

ISBN 3-8100-1329-3

© 1996 Leske + Budrich, Opladen

Satz: Leske + Budrich
Druck: Druck Partner Rübelmann, Hemsbach
Printed in Germany

Vorwort

In einer Zeit beschleunigten politischen Wandels der Weltpolitik kann eine Einführung in die Geschichte des Nachdenkens über die zentralen Probleme und Grundmuster internationaler Politik zur Orientierung der Studierenden – aber nicht nur dieser – beitragen. Wie Kees van der Pijl zeigt, ist das innovative Reflektieren über internationale Politik immer auch ein praxisorientiertes Vorausdenken gewesen. Die Vordenker der Weltpolitik haben gerade in Umbruchphasen das Neue erahnt; es auf den Begriff gebracht und die Konzepte geliefert, die einerseits Orientierung vermitteln und andererseits Handeln legitimierten.

Wie bei dieser Buchreihe üblich, stellt der vorliegende Band die überarbeitete Fassung eines Kurses dar, der vom Verfasser für die FernUniversität Hagen angefertigt wurde und im Sommersemester 1994 dort erstmals zum Einsatz kam. Kees van der Pijl, der Autor des vorliegenden Textes, lehrt am Fachbereich Internationale Politik und Völkerrecht der Universität Amsterdam, wo er seit vielen Jahren Vorlesungen zur Ideengeschichte Internationaler Politik abhält. Für die fruchtbare Kooperation bei der Erstellung des Kurses sei ihm ganz herzlich gedankt; insbesondere aber auch Walter Linsewski, der den Kurs aus dem Niederländischen übersetzte und dabei seine politikwissenschaftliche Kompetenz voll entfalten konnte. Im Lehrgebiet Internationale Politik/Vergleichende Politikwissenschaft wurde der Kurs von Georg Simonis betreut und für die Publikation vorbereitet. Die erfolgreiche Zusammenarbeit mit Kees van der Pijl hat zu einem Lehrtext geführt, bei dem wir auf eine breite Resonanz hoffen können.

Bei der Herausgeberschaft der Reihe „Grundwissen Politik" ist eine Änderung anzuzeigen. Der Kollege Leo Kißler, der mit Ulrich von Alemann 1987 die Reihe gegründet hat, ist vor einiger Zeit aus der FernUniversität ausgeschieden und hat eine Professur an der Universität Marburg übernommen. Die Professur an der FernUniversität konnte jetzt mit Roland Czada neu besetzt werden. Deshalb tauschen nun beide auch die Plätze in unserem Herausgebergremium. Wir danken Leo Kißler für seine sehr erfolgreiche und immer überaus kollegiale Mitarbeit. Roland Czada, der eine Professur für Politikwissenschaft unter besonderer Berücksichtigung von Politikfeldanalyse und Verwaltungswissenschaft übernommen hat, wird mit seinen Plänen sicher in absehbarer Zeit das Bild dieser Reihe mitprägen.

Die Schriftenreihe „Grundwissen Politik" hat mittlerweile ein beachtliches Volumen von 15 Bänden angenommen. In der Wissenschaft ist sie freundlich beachtet worden. Im Vorwort des ersten Bandes haben wir angekündigt: „Grundwissen Poli-

heißt diese Reihe auch deshalb, weil sie beansprucht, manche Schwellen und Gräben zwischen Theorie und Praxis, Wissenschaft und Alltagspolitik zu überwinden. Und sie will eine politische Politikwissenschaft zeigen, die nicht nur kontroverse Positionen darstellt, sondern auch Positionen einnimmt, ohne allerdings zu politisieren oder parteilich indoktrinierend abzugleiten." Das soll auch für die Zukunft weiter gelten. Die Zahl der Bände ist nach oben offen. Wir beabsichtigen nicht, eine abgeschlossene Enzyklopädie der Politikwissenschaft vorzulegen, sondern wir werden auch in Zukunft für wichtige Themen offenbleiben, die sich als Lehrbuchstoff eignen.

Hagen, im Juli 1995

Ulrich von Alemann   Roland Czada   Georg Simonis

Inhaltsverzeichnis

Abkürzungsverzeichnis

ADA	Americans for Democratic Action
AEC	Atomic Energy Commission
APSA	American Political Science Association
BAC	Business Advisory Council
BIS	Bank of International Settlement
CED	Committee on Economic Development
CFR	Council on Foreign Relations
CIA	Central Intelligence Agency
COCOM	Coordination Committee for East-West-Trade
CPD	Committee on the Present Danger
ECA	European Cooperation Administration
ECLA	European Commission for Latin America
EFTA	European Free Trade Association
EGKS	Europäische Gemeinschaft für Kohle und Stahl
ELEC	European League for Economic Cooperation
ERP	European Recovery Program
EURATOM	Europäische Atomgemeinschaft
EVG	Europäische Verteidigungsgemeinschaft
EWG	Europäische Wirtschaftsgemeinschaft
FBI	Federal Bureau of Investigation
FNL	Front National de Liberation (Nationale Befreiungsfront von Süd-Vietnam)
GATT	General Agreement on Tariffs and Trade
GPU	(Sowjetische) Geheimpolizei
IIASA	International Institute of Applied Systems Analysis
ILO	International Labour Organisation
IMEMO	Institut für Weltwirtschaft und internationale Beziehungen
IMF	International Monetary Fund
KOMINTERN	Kommunistische Internationale
MAP	Military Assistance Program
MIK	Militärisch-Industrieller Komplex
MIT	Massachusetts Institute of Technology
MNK	Multinationaler Konzern
MWT	Mitteleuropäischer Wirtschaftstag

MWV	Mitteleuropäischer Wirtschaftsverein
NATO	North Atlantic Treaty Organisation
NIWO	Neue Internationale Wirtschaftsordnung
N.Ö.P.	Neue Ökonomische Politik
NSC	National Security Council
OECD	Organisation for Economic Co-Operation and Development
OMGUS	Office of Militrary Government for Germany, United States
OPEC	Organization of the Petroleum Exporting Countries
OSPAAL	Solidaritätskonferenz der Völker Afrikas, Asiens und Lateinamerika
OSS	Office of Strategic Studies
RAND	Research and Development Corporation
RGW	Rat für Gegenseitige Wirtschaftshilfe
RIO	Reshaping the International Order
SEATO	South-East Asia Treaty Organization
SFRC	Senate Foreign Relations Committee
SSRC	Social Science Research Council
TK	Trilaterale Kommission
TVA	Tennessee Valley Authority
UEM	United Europe Movement
UNCTAD	United Nations Conference on Trade and Development
UNESCO	United Nations Educational, Scientific and Cultural Organisation
VOC	Vereinigte Ostindische Kompanie
WEU	Westeuropäische Union

Einleitung

Dieses Buch gibt einen Überblick über die Theorieentwicklung auf dem Gebiet der internationalen Beziehungen seit Ende des Mittelalters. Außerdem werden der Prozeß der Staatenbildung wie auch die Entwicklung der zwischenstaatlichen und transnationalen Beziehungen behandelt.

Die Vorgehensweise ist nicht willkürlich gewählt. Sie ist einer Tradition verpflichtet, die auf Hegel und Marx zurückgeht. Die Entwicklung der zwischenmenschlichen Beziehungen wird nicht auf das Wirken blinder Kräfte zurückgeführt, sondern wird in Abhängigkeit von bestimmten *Ideen und Denkansätzen* begriffen. Obwohl sich die materielle Wirklichlichkeit nicht unbedingt adäquat in diesen Ideen widerspiegelt, sind sie doch ein Teil der Gesamtwirklichkeit. Ein historischer Abriß der internationalen Beziehungen darf daher niemals die sie begleitende Ideengeschichte unberücksichtigt lassen. Der Ansatz

Unvollständig wäre auch eine ausschließlich immanente Darstellung von Theorien, die den sozialen und geschichtlichen Kontext, in dem sie formuliert wurden, außer acht läßt. In beiden Fällen entstünde durch das Vernachlässigen wichtiger Aspekte ein verzerrtes Bild, das zu Recht einem Ideologieverdacht ausgesetzt wäre. Ideologie ist ja nicht, wie Mamdani (1981:49) es ausdrückt,

> „einfach mit Unwahrheit gleichzusetzen. Es handelt sich um ein Denken, das einen spezifischen Aspekt der Realität für die gesamte Realität ausgibt und die Beziehung zwischen diesen Aspekten und der gesellschaftlichen Totalität nicht berücksichtigt."

Andere könnten eine Ideengeschichte, gerade weil sie als Bestandteil eines komplexeren Ganzen aufgefaßt wird, als ideologisch abtun wollen, und sei es auch nur wegen des einleitenden Hinweises auf Marx. Tatsächlich hat ja der Marxismus – vor allem in der deutschen Sozialdemokratie des späten 19.Jahrhunderts und danach in der Sowjetunion unter Stalin – ideologische Züge angenommen. Das liegt einerseits darin begründet, daß er zur offiziellen Parteidoktrin erhoben wurde, andererseits aber auch darin, daß der Zusammenhang zwischen ökonomischer Basis und ideologischem Überbau zu mechanisch gesehen und einer dogmatischen Simplifizierung geopfert wurde. Wir haben in unserer Darstellung der Ideengeschichte internationaler Beziehungen versucht, diesen Rückfall im theoretischen Denken zu überwinden.

In der Totalität (*Ganzheit*) des geschichtlichen Prozesses löst sich, wie Georg Lukacs (1970:105) anmerkt, die starre Gegensätzlichkeit zwischem ideellem Überbau und ökonomischer Basis auf, und beide Aspekte verbinden sich mit einander:

„Die literarische, die wissenschaftliche Formulierung eines Problems ist der Ausdruck eines sozialen Ganzen, der Ausdruck seiner Möglichkeiten, Grenzen und Probleme. Ein ideengeschichtlicher Ansatz kann daher die Problematik des historischen Prozesses am klarsten zum Ausdruck bringen. Die Geschichte der Philosophie wird zur Philosophie der Geschichte."

Die Frage nach dem Zusammenhang der verschiedenen theoretischen Ansätze und der konkreten historischen Entwicklung ist mit dieser Überlegung aber noch nicht genau zu beantworten. Der bloße Verweis auf die hegelianische bzw. marxistische Tradition ist unzureichend, weil Hegel die Geschichte als einen geistigen Zivilisationsprozeß auffaßte, während die historische Dynamik für Marx aus der Entwicklung des gesellschaftlichen Arbeitsprozesses und dem Streit der sozialen Klassen resultierte. Wir orientieren uns an der Marxschen Konzeption von „Sein und Bewußtsein" in dem Sinne, daß die großen Ideen(gebäude) nicht einfach ein direkter, ungefilterter Ausfluß der jeweils herrschenden ökonomischen Verhältnisse sind, sondern eher als Beiträge zeitgenössischer Denker zur Präzisierung von Weltbildern aufzufassen sind, in denen sich ihr Verständnis der gesellschaftlichen Verhältnisse in idealisierter Form niederschlägt.

Wie Kaviraj (1989) ausführt, waren die Schriften von z.B. Hobbes, Locke oder Harrington keineswegs eine Widerspiegelung solch nebulöser Phänomene wie etwa der Staatsvorstellung des sich entwickelnden Bürgertums.

„Was sie [die Theoretiker,d.V.] individuell für ein vernünftiges Verfahren hielten, um die Probleme politischer Macht zu untersuchen, trug dazu bei, das intellektuelle Rüstzeug für die aufstrebende Bourgeoisie bereitzustellen. Nicht die Bourgeoisie war Urheber ihres Denkens, vielmehr waren sie es, die durch ihre Theoriebildungen dem aufkeimenden bürgerlichen Denken erst Form gegeben haben." (170)

Weltbild und Herrschaftskonzept

In ihren intellektuellen Beiträgen werden die innere Logik und die Implikationen einer im Entstehen begriffenen neuen Weltsicht herausgearbeitet, deren strategisches Potential in Bezug auf ein *Herrschaftskonzept* (Bode 1979; van der Pijl 1984) sichtbar gemacht werden muß.

„Ein Individuum kann niemals allein und nur aus sich selbst heraus ein kohärentes Gedankengebäude hervorbringen, das dem gerecht wird, was man ein 'Weltbild' nennt." (Goldmann 1979:9).

Ein Weltbild

„entwickelt sich implizit aus dem Gesamtverhalten von Individuen heraus, die am ökonomischen, sozialen, politischen etc. Leben teilhaben"

und wird in diesem Rahmen kontinuierlich reproduziert. Dabei haben die herausragenden Denker für die Klassen, deren Weltsicht und Herrschaftskonzept sie teilen, die Funktion von „Vordenkern", von „organischen Intellektuellen" (Gramsci 1971).

Die hier zusammengestellten biographischen Details sollen den sozialen und historischen Kontext, in dem jeder der ausführlicher behandelten „Vordenker" stand, verdeutlichen. Der Leser soll auf diese Weise in die Lage versetzt werden, selbst die „organische" Qualität des jeweiligen Theoretikers, seiner Einbindung in und Bedeutung für bestimmte soziale Klassen und Mächte, zu beurteilen. Jede Theorie kann als

16

ein Vorschlag begriffen werden, in einer ganz bestimmten sozialen und politischen Richtung zu denken. In einem Prozeß der Veränderung und Selektion werden die Theorien zu einem Bestandteil konkreter Machtkonstellationen zwischen Klassen, Staaten und Nationen.

Dieser Zusammenfassung der methodologischen Konzeption sollen einige Anmerkungen zu der dem Buch zugrundeliegenden Theorie der internationalen Beziehungen folgen. In diesem Bereich hat es, wie Robert Cox (1986:205) schreibt, nur wenige Versuche gegeben, Der theoretische Ansatz

> „den Beziehungskomplex von Staat und Gesellschaft als Basiseinheit der internationalen Beziehungen zu betrachten. Demzufolge ist die vielversprechende Idee, daß eine Pluralität von Staatsformen existiert, in denen sich unterschiedliche Konfigurationen des Verhältnisses von Staat und Gesellschaft ausdrücken, weitgehend unerforscht geblieben."

Unsere Theorie des *lockeschen Kerngebiets*, das sich von England aus in die englischsprachige Welt mit angrenzenden Gebieten hinaus ausdehnte, um während dieses Expansionsprozesses eine Reihe von *hobbesschen Randstaaten* zu integrieren, ist ein Versuch, internationale Beziehungen auf der Grundlage von zwei Idealtypen der Konfiguration von Staat und Gesellschaft zu analysieren. Dieser theoretische Ansatz, der eine Kritik der politischen Ökonomie der internationalen Beziehungen beabsichtigt und der damit die Ebene ihrer ökonomischen Analyse, wie sie in den sechziger und siebziger Jahren von Frank, Amin, Wallerstein, Magdoff u.a. entwickelt wurde, verläßt, wird im Verlaufe dieses Buches entfaltet. Es soll gezeigt werden, daß sich – unabhängig von der geopolitischen Terminologie – mit der Unterscheidung zwischen dem lockeschen Kerngebiet und den hobbeschen Randstaaten die Theorien internationaler Beziehungen klassifizieren und interpretieren lassen.

In Nordwesteuropa entwickelte sich zum ersten Mal jener Staatstyp, der sich, den objektiven Notwendigkeiten der Kapitalakkumulation Rechnung tragend, auch institutionell von der Gesellschaft emanzipierte. Die Folge davon war allerdings, daß sich die Gesellschaft ihrerseits vom Staat emanzipierte. In den Regionen, in denen die Kapitalentwicklung ausblieb bzw. hinterherhinkte, war auch die Verselbständigung des Staates schwächer ausgeprägt. Dort hatte der Staat einen direkteren Zugriff auf die Gesellschaft, und die gesellschaftlichen Kräfte befanden sich in einem engeren Abhängigkeitsverhältnis zu ihm. Wo keine Kapitalentwicklung stattfand, war eine Unterscheidung zwischen politischer und ökonomischer Sphäre, d.h. zwischen den ideellen und materiellen Machtverhältnissen auf der einen und dem Stoffwechselprozeß der Gesellschaft mit der Natur auf der anderen Seite, kaum möglich. Hier waren beide Sphären noch weitgehend deckungsgleich. Trennung von Staat und Gesellschaft

Der von Gramsci (1971) geprägte Begriff der *passiven Revolution* hat maßgeblich zur Beantwortung der Frage beigetragen, wie und warum sich kapitalistische Verhältnisse und moderne Staaten weltweit – ausgehend von Westeuropa – ausbreiten konnten. Gramsci beschreibt anhand eines Entwicklungsmodells, wie historische Umbrüche, die in einem bestimmten Land den Wirkungsbereich des Kapitals und des modernen Staates erweitert haben, auf benachbarte Regionen übergreifen und dort eine passive Revolution bewirken können. Machthaber, die sich kapitalistisch organisierten und fortgeschritteneren Staats- bzw. Gesellschaftsformen gegenüberstehen, neigen dazu, aus präventiven Gründen eine Umgestaltung ihres eigenen Herrschafts- Begriff der passiven Revolution

17

bereichs *von oben* gemäß dem ökonomisch und machtpolitisch überlegenen Vorbild anzustreben. Die Gründe dafür können sowohl innenpolitischer wie außenpolitischer Natur sein: nach innen hin soll einer Revolution von unten zuvorgekommen, nach außen hin (militärisch wie ökonomisch) die internationale Konkurrenzfähigkeit sichergestellt werden.

Gramsci bezieht sich in seinen Ausführungen vor allem auf die Französische Revolution. Aber eigentlich läßt sich bereits die im 17. Jahrhundert aufkommende Konkurrenz zwischen England und Frankreich auf diese Weise analysieren. Die Kardinäle und Ersten Minister Frankreichs, Richelieu und Mazarin, versuchten bereits, wie nach ihnen Ludwig XIV., die in England stattgefundene bürgerliche Revolution nachzuahmen. Frankreich befand sich dabei in der Rolle des weniger entwickelten Rivalen. Während die Trennung von Staat und Gesellschaft in England bereits vollzogen war – ein Prozeß, der eng verbunden war mit dem Namen John Lockes (der das Konzept des „Nachtwächterstaates“, in seinen *Two Treatises of Government* aus dem Jahre 1689 verewigt hat) -, befand sich Frankreich noch in einem Stadium, in dem der Staat zwar schon erste Ansätze zur Verselbständigung aufwies, in dem er aber auch bereit sein mußte, die Gesellschaft zu knebeln und niederzuhalten, um nicht in einem Bürgerkrieg zerrieben zu werden. Ein solches Verhältnis zwischen Staat und Gesellschaft erinnert eher an den *Leviathan* von Thomas Hobbes, den er während des englischen Bürgerkrieges verfaßte (1651). Es ist dieser von Hobbes beschriebene Staatstyp, der sich zur Durchführung der Revolution von oben in besonderem Maße eignet.

lockesche
Konfiguration

In der lockeschen Konfiguration sind die gesellschaftlichen Prozesse nicht Gegenstand staatlicher Steuerung; die bürgerliche Gesellschaft reguliert sich weitgehend selbst. Sie ist auch tendenziell grenzüberschreitend, d.h. sie kann sich – von Staatsgrenzen unbehindert – ausbreiten. Der Staat ist keine Instanz herrschaftlicher Willkür, sondern ein Rechtsstaat, der seinen Bürgern Vertrags- und Unternehmensfreiheit gewährt und zuläßt, daß sich das Verhältnis der sozialen Klassen zueinander parallel zu den sich weiterentwickelnden Produktionsverhältnissen organisch und auf dem Reformwege umgestaltet. Dabei wacht der liberale Staat vornehmlich darüber, daß sich diese Wandlungsprozesse in einem legalen Rahmen vollziehen. Dagegen sind in der hobbesschen Konfiguration viele Funktionen, die im lockeschen Modell der Gesellschaft überlassen werden, vom Staat besetzt.

hobbessche
Konfiguration

Die Dynamik des gesellschaftlichen Zusammenlebens geht vom Staat aus. Abgrenzung und (monopolistisches) Staatsunternehmertum sind in diesem Modell die Schlüsselbegriffe. Dieser Staatstyp korrespondiert mit einer Gesellschaft, die nicht organisch entsprechend dem lockeschen Vorbild gewachsen und daher heterogen und instabil ist. Sie wird von einem starken, zentralistischen Staat regiert und dadurch vor dem Auseinanderbrechen bewahrt.

Frankreich unternahm den aufwendigen Versuch, es dem weiterentwickelten England gleichzutun, und nachdem die zentralistische französische Monarchie an dieser Anstrengung gescheitert war, lösten die Revolution von 1789 und das Auftreten Napoleons im kontinentalen Europa passive Revolutionen aus, die letztendlich zur staatlichen Einigung Deutschlands und Italiens führten. Die politischen Umwälzungen von 1848 erweiterten den Einflußbereich der Französischen Revolution beträchtlich; internationale Ereignisse, wie z.B. der Krimkrieg, leiteten auch in Ruß-

18

land eine Reformepoche ein und in der Folge der von Amerika erzwungenen Öffnung Japans kam es auch da zu Umgestaltungen der staatlichen Struktur.

Ähnlich wie die Kapitalakkumulation gegen Ende des 19. Jahrhunderts eine Polarisierung der Welt in ein ökonomisch entwickeltes Zentrum und eine der kolonialen Ausplünderung ausgelieferte Peripherie zementiert hatte, so entwickelte sich bezüglich der Verselbständigung des Staates von der Gesellschaft (und umgekehrt) im System der internationalen Beziehungen eine polarisierte Situation. In einem sich ständig vergrößernden Gebiet, dessen Zentrum damals noch Großbritannien war und dessen vorläufige Grenzen mit dem 1911 gegründeten britischen Commonwealth zusammenfielen (Kanada, Australien, Neuseeland und Südafrika), herrschte das lockesche Modell. Diese Staatengemeinschaft, zu der später noch die Vereinigten Staaten hinzukamen, zu denen von Großbritannien infolge des Zweiten Weltkrieges eine ähnliche Beziehung auf dem Gebiet der militärischen Sicherheit eingegangen wird, verband eine grenzüberschreitende Gesellschaft und eine integrierte politische Struktur.

Der Idealismus von Angell und anderen Autoren, später die atlantisch-amerikanische Integrationstheorie von Mitrany und Deutsch sowie alle weiteren Varianten der Interdependenztheorie reflektierten seit den 20er und 30er Jahren dieses Jahrhunderts die Tendenz zur Bildung eines lockeschen Kerngebiets. In diesen Theorien wurde davon ausgegangen, daß die zwischenstaatlichen Beziehungen in zunehmendem Maße von zivilrechtlichen, auf liberalen ökonomischen Prinzipien fußenden gesellschaftlichen Verhältnissen dominiert würden und die völkerrechtlichen Beziehungen dementsprechend an Bedeutung verlören. Die außenpolitischen Beziehungen untereinander würden allmählich durch eine grenzübergreifende „Innenpolitik" abgelöst. Innerhalb dieses integrierten Gebietes seien Kriege ausgeschlossen; sie würden nur noch zur Sicherung der gemeinsamen Außengrenze geführt.

Dem lockeschen Kerngebiet, dessen Zentrum England war und das später den gesamten angloamerikanischen Raum umfaßte, standen die „Nachzügler" und „Herausforderer" gegenüber. Diese Staaten waren noch einer staatlich-gesellschaftlichen Konfiguration verhaftet geblieben, die wir der Kürze halber als *hobbessches Modell* bezeichnen. Darüber hinaus konnten sie wegen ihrer nationalstaatlichen Fixierung und ihres Entwicklungsrückstandes weniger leicht die Vorteile der internationalen Arbeitsteilung ausnutzen. Diejenigen Staaten des hobbesschen Typs, die am weitesten entwickelt waren, wie z.B. Frankreich und Deutschland bzw. die BRD, konnten schließlich – nach einer Phase erbitterter Konkurrenzkämpfe und Kriege – ins angelsächsische bzw. angloamerikanische lockesche Kerngebiet integriert werden. Doch auch nach dieser Integration waren die nachteiligen Folgen einer gewissen „politischen Unterentwicklung" dieser Nachzüglerstaaten noch spürbar. Cohen-Tanugi (1987:6) weist in einer Frankreich-Studie darauf hin, daß die führende Rolle des Staates bei der Etablierung einer lebensfähigen bürgerlichen Gesellschaft wegen der

„fortwährenden gigantischen Übertragung menschlicher und materieller Ressourcen sowie Verantwortlichkeiten von der Gesellschaft auf den Staat",

eine dauerhafte Schwächung der zivilen Gesellschaft zur Folge haben kann.

Es gibt also nicht nur eine Hierarchie reicher, weniger reicher und armer Regionen in der Welt: die zwischenstaatlichen Beziehungen werden zusätzlich auch noch durch das je nach Region unterschiedlich entwickelte Verhältnis von Staat und Gesellschaft geprägt. Die reichen Länder sind dabei – grob gesagt – mit dem integrierten lockeschen Zentrum deckungsgleich. Die fremdbestimmte, penetrierte Peripherie wird dagegen nicht nur von Armut beherrscht, sondern hat auch unter unklaren Machtverhältnissen, Regellosigkeit und Willkürherrschaft zu leiden.

hobbessche
Randstaaten Zwischen diesen beiden Extremen haben sich Staaten und Gesellschaften herausgebildet, die – trotz aller bestehenden Unterschiede – sinnvollerweise als hobbessche Konfigurationen zu charakterisieren sind. Diese hobbesschen Randstaaten – vom Frankreich Richelieus über das Preußen der Stein-Hardenberg'schen Reformen bis zum Meiji-Japan und Rußland/UdSSR, nach dem 2. Weltkrieg auch Osteuropa und schließlich in den 60er und 70er Jahren die großen Dritte-Welt-Länder wie China, Indien, Brasilien – bildeten die historischen Schauplätze der passiven Revolution. Dort wurde aber auch – ausgehend von ungeplanten Veränderungen der gesellschaftlichen Tiefenstruktur – ein kleinschrittiger Wandel der gesellschaftlichen und politischen Verhältnisse angestoßen, der langfristig wirkend, selbst den mächtigsten Staat untergraben mußte. Diese Prozesse werden von Gramsci als der zweite Aspekt seines Konzeptes der passiven Revolution angesehen.

Der Mechanismus der wechselseitigen Bedingtheit von autonomer Revolution und einer von ihr bewirkten passiven Revolution kann sich aber nicht unbegrenzt wiederholen. Die Chancen der semiperipheren Länder und ihrer Gesellschaften, um das ökonomisch und politisch entwickeltere Zentrum einzuholen, werden nicht nur durch ihre relative ökonomische Rückständigkeit geschmälert. Auch – und das betrifft eine spezifisch politologische Erkenntnis – der Umstand, daß der Krieg aufgrund der flexibleren Herrschschaftsformen, die sich in der grenzübergreifenden Gesellschaft herausgebildet haben, aus dem lockeschen Zentrum verbannt zu sein scheint, spielt hierbei eine wichtige Rolle. Die hobbesschen Staaten, eingekapselt in ihrer nationalen Souveränität, müssen die mit ihrer Selbsterhaltung verbundenen Kosten für Kriegsvorbereitung, Kriegsführung und gesellschaftliche Repression allein tragen. Das ist neben der schon gegebenen wirtschaftlichen Rückständigkeit ein noch zusätzlich belastendes Entwicklungshemmnis.

Realismus Die in den 30er und 40er Jahren auch im lockeschen Kerngebiet aufkommende theoretische Strömung des *Realismus*, angefangen bei Carr und Morgenthau bis hin zu Henry Kissinger, betrachtet die internationalen Beziehungen nicht primär aus dem Blickwinkel der hobbesschen Staaten. Obwohl viele Realisten deutsche Emigranten waren, wurde die von ihnen aufgestellte realistische Theorie nicht von den „nationalen Interessen" des deutschen hobbeschen Staates geprägt. Das Erkenntnisinteresse dieser Theoretiker wurde vor allem von der Fragestellung geleitet, wie den nach Umverteilung der Macht strebenden hobbesschen Staaten, die – wie Frankreich, später Deutschland, Italien und Rußland – das nationale Eigeninteresse und die nationale Machtentfaltung zu Axiomen ihrer Außenpolitik erhoben hatten, am besten entgegenzutreten sei.

Integration und
Machtpolitik Sowohl der Idealismus als auch der Realismus sind ideologische Denkansätze in dem weiter oben bereits genannten Sinne. Wie Carr (1964) in seiner inzwischen klassisch geworden Arbeit *The Twenty Years' Crisis* überzeugend darlegt, bedingen

Integration und Machtpolitik einzelner Staaten einander. Einerseits geht die Notwendigkeit, alle gesellschaftlichen Funktionen auf den Staat zu übertragen, von der Existenz des bereits konstituierten und integrierten lockeschen Zentrums aus; andererseits ist es gerade der zentralistische Charakter der hobbesschen Staaten, welcher die Bedingungen für die spätere Aufnahme ins integrierte Kerngebiet schafft. Aufgrund der sich immer mehr weltweit vollziehenden Kapitalakkumulation und der immer weiter um sich greifenden Umformung der sozialpolitischen Verhältnisse nach kapitalistischem Muster überwiegt allerdings das integrative Moment. Die letzten hundert Jahre machen aber deutlich, daß auch die ökonomische Weltkonjunktur ein regulierender Faktor bei der Expansion des lockeschen Zentrums ist. Die großen sozialökonomischen Krisen der 80er Jahre des vorigen sowie der 30er bzw. 70er Jahre dieses Jahrhunderts, die die Endpunkte langer ökonomischer Entwicklungsphasen markierten, bremsten auch gleichzeitig den Ausdehnungsprozeß des lockeschen Zentrums. Bisweilen schrumpfte es sogar, weil in Krisensituationen die hobbessche Konfiguration seinen Rivalen gewisse Vorteile verschaffte. Die hobbessche Machtkonzentration ermöglichte es diesen Rivalen mit eiserner Hand zu intervenieren, wozu die „unsichtbare Hand" (Adam Smith) viel weniger geeignet war.

Doch ist die Neutralisierung der – in Krisenzeiten erstarkenden und die Interessen des lockeschen Zentrums bedrohenden – hobbesschen Staaten niemals nur die Leistung *einer einzigen* Weltmacht gewesen, wie diverse Autoren behauptet haben, sondern immer das *Resultat einer gesellschaftlichen Integration* verschiedener Mächte. Die These so unterschiedlicher Autoren wie Paul Kennedy und Immanuel Wallerstein, daß die Struktur der internationalen politischen Beziehungen durch den sich in gewissen Abständen wiederholenden Aufstieg *einer* neuen Hegemonialmacht bestimmt würde, beruht auf einer unzulässigen Extrapolation des Weltbildes aus dem vorigen Jahrhundert. Im 20.Jahrhundert hat sich zwar ein welthistorischer Übergang von der *Pax Britannica* zu einer *Pax Americana* vollzogen, die neben den oben genannten Autoren auch andere, wie z.B. George Modelski, dazu verführt hat, diesen Hegemoniewechsel auf den Rest der Geschichte zu projizieren; doch war die Ablösung der britischen durch die amerikanische Vorherrschaft mit der Entstehung einer transnationalen zivilen Gesellschaft und der internen Pazifizierung einer nordatlantischen Staatengemeinschaft verknüpft. Das vormals hegemoniale England verschwand nicht im Nichts, sondern wurde in das wiederum mächtige angloamerikanische Zentrum eingebunden. Wenn später Japan und Deutschland – belastet mit einer hartnäckigen Erbschaft von Nationalismus und Machtpolitik – in dieses Zentrum integriert wurden und dann die USA in mancher Hinsicht überflügelten, so hat das den Integrationsprozeß nicht aufgehoben, sondern ihn lediglich modifiziert. Allerdings könnte eine erneute große Depression die Weiterentwicklung des lockeschen Kerngebiets empfindlich stören.

Gegen diese Geschichtsinterpretation könnte eingewandt werden, daß sie die Rolle der aus Großbritannien und den Vereinigten Staaten sowie aus den vornehmlich von Weißen besiedelten Ländern des britischen Commonwealth gebildeten angelsächsischen Welt überschätze. Doch genau diese These wird hier vertreten: Die sich regional unterschiedlich ausbreitende bürgerliche Revolution bildet den entscheidenden dynamischen Faktor der Geschichte internationaler Beziehungen. Seit dem Sieg der bürgerlichen Revolution in England erleben wir eine immer wieder von

Krisen unterbrochene Expansion der englischsprachigen Zivilgesellschaft – ein Prozeß, der sich im 20. Jahrhundert unter amerikanischer Führung fortsetzte.

Gerade heute, wo die Krise des hobbesschen Staates manifest ist (in den 80-er Jahren in Lateinamerika und dann im sozialistischen Ostblock) und als „Ende der Geschichte" (Fukuyama 1989) gefeiert wird, ist es wichtig, auf das Fortbestehen großer Instabilitäten in der Welt hinzuweisen. Neben der himmelschreienden und sich stetig verschärfenden Armut, neben den uns bedrohenden ökologischen und demographischen Katastrophen, stellt auch die Integration des augenscheinlich triumphierenden Westens eine Bedrohung für die Welt als ganze dar. Carr (1964) schrieb schon damals:

> „Jede internationale moralische Ordnung muß auf einer irgendwie gearteten Machthegemonie beruhen. Doch ist diese Hegemonie, genau wie die Vorherrschaft einer Klasse in einem Staat, an sich schon eine Herausforderung für diejenigen, die von der Teilhabe ausgeschlossen sind. Diese Ordnung muß, wenn sie überleben will, auch fähig sein zum Teilen; die Besitzenden müssen eine gewisse Opferbereitschaft an den Tag legen, um diese Ordnung für andere Mitglieder der Weltgemeinschaft erträglich zu machen." (168)

* * *

Gliederung des Buches Unsere Studie beginnt mit einer relativ ausführlichen Darstellung der Entstehung des internationalen Staatensystems aus dem Zusammenbruch der europäischen Feudalordnung. Je mehr wir uns der Gegenwart nähern, desto stärker tritt die Beschreibung realgeschichtlicher (politischer) Entwicklungslinien zurück. Die behandelten Vordenker der Weltpolitik werden jeweils in den historischen Zusammenhang, in dem sie wirkten, gestellt. Nur in den Kapiteln 5 und 6, in denen die faschistischen und stalinistischen Theorieansätze internationaler Beziehungen erörtert werden, wird der historische Kontext wieder stärker in den Vordergrund gerückt. Da es sich hier um wichtige Beispiele des hobbesschen Staates handelt, die viele Reaktionen im theoretischen Denken ausgelöst haben, halten wir dieses Vorgehen für gerechtfertigt.

Eine wie in diesem Buch angebotene Übersicht kann nicht vollständig sein. Der Gang des gesellschaftlich vermittelten theoretischen Dialogs legt die Reihenfolge der dargestellten Autoren sowie die Konzentration auf die wichtigsten Argumente und Gegenargumenten nahe. Theoretiker, die nur Bekanntes wiederholten, selbst wenn sie es in einer neuen Terminologie formulierten, kommen nicht zu Wort. Es ist unvermeidlich, daß bei dieser Form der Darstellung berichtenswerte Inhalte des theoretischen Dialogs unberücksichtigt bleiben. Natürlich haben auch der theoretische Bezugsrahmen, die Unwissenheit des Autors und seine Vorurteile die Auswahl der behandelten „Vordenker" beeinflußt. Ein solcher Vorwurf kann nur mich treffen, nicht jedoch diejenigen, die mir bei der Erstellung des Textes behilflich waren. Von ihnen möchte ich besonders Walter Linsewski hervorheben, der den auf holländisch verfaßten Text ins Deutsche übersetzte und der mich zur Präzisierung mancher Unklarheiten veranlaßte. Die aufwebdige Überstzung wurde von der Fakultät PSCW der Universität Amsterdam zusätzlich finanziert. Ihr sei herzlich gedankt.

Daneben möchte ich meinem Kollegen Gerd Junne danken, der den Text meines damaligen Einführungskurses an Georg Simonis vom Lehrgebiet Internationale

22

Politik und vergleichende Politikwissenschaften der FernUniversität Hagen als mögliches Kursmaterial vermittelte. Georg Simonis hat mich seither bei der weiteren Bearbeitung dieses Buches unterstützt; ihm wie auch der FernUniversität Hagen, die ihre Zustimmung für die Buchveröffentlichung gab, möchte ich an dieser Stelle herzlich danken.

Wie das 1992 in Amsterdam erschienene Original, widme ich diese überarbeitete deutsche Fassung Frau Bé Ruys, holländische Pfarrerin in Berlin seit 1949.

1 Die Krise des mittelalterlichen Europa

1.1 Die Kreuzzüge

Mit der kritischen Aufarbeitung der *Kreuzzüge*, die den Macht- und Einflußbereich des westlichen Europas bis in den östlichen Mittelmeerraum hinein ausdehnte, begann im 13. Jahrhundert die neuzeitliche Reflexion über internationale Beziehungen. Einige Gelehrte waren dabei Sprecher und Vordenker derjenigen neuen sozialen Kräfte, die diese Expansionsbewegung getragen haben.

Dem Namen nach Feldzüge des christlichen Europas gegen das islamitische Türkenreich, kamen die Kreuzzüge in erster Linie den Interessen und Ambitionen der norditalienischen Handelsstädte und der neuen Fürsten entgegen. In dem Moment, wo der „Heilige Krieg" in Widerspruch zu den diversen Handels- und nationalstaatlichen Interessen geriet, regte sich – von der Renaissance und dem Humanismus inspiriert – Kritik an den weltlichen Machtansprüchen des Papstes.

Diese Kritik stellte anfänglich aber keineswegs die christlichen Glaubensgrundsätze in Frage. Bernal (1969:1040) bemerkt hierzu, daß

„die moderne Sozialwissenschaft nicht [...] mit einer vorurteilsfreien Betrachtung der Gesellschaft einsetzt, sondern mit einer sehr behutsamen und konformistischen Hinterfragung des religiösen Weltbildes und sich erst spät in ketzerische Bereiche vorwagt."

Dieses Kapitel beschreibt das Entstehen zweier Denkrichtungen, wovon die eine für den Auf- und Ausbau einer effektiven und an keine Einschränkungen gebundene Staatsmacht eintritt, während die andere eine (nichtreligiöse) *Weltordnung* entwirft, in der die Ausübung der staatlichen Macht gewissen Beschränkungen unterliegt.

1.1.1 Feudalismus und Reichsstruktur

Der mittelalterliche europäische Kulturraum war ein Ergebnis der Völkerwanderungen, die 476 das Römische Reich zum Einsturz brachten und bis etwa 900 dauerten. Dem mächtigsten der siegreichen Germanenstämme, den Franken, gelang es unter ihrem Anführer Karl Martell, dem Vormarsch der Araber im Jahre 732 Einhalt zu gebieten.

Bei den Germanen entwickelte sich eine aristokratische Gesellschaftsform, die die römische Geldwirtschaft allmählich verdrängte und durch ein System von Naturalabgaben ersetzte. Die Bauern gerieten zunehmend in ein höriges Abhängigkeitsverhältnis zu den Grundherren. Diese Entwicklung wurde auch dadurch begünstigt, daß der personenbezogene, d.h. auf die Stammeszugehörigkeit beschränkte Geltungsbereich des Rechts abgelöst wurde von einem räumlichen Prinzip, dem sogenannten *Territorialitätsprinzip*, das die Gültigkeit der Gesetze an ein bestimmtes Hoheitsgebiet band.

Die Frankenkönige sahen sich als Erben des Römischen Reiches. Im eigentlichen Rom herrschten die Päpste, die während der Auflösung des alten Reiches als Bischöfe dieser Stadt die gesamte christliche Kirche ihrer Kontrolle zu unterstellen wußten. Nachdem die Franken im 8. Jahrhundert dem bedrohten Papst zur Hilfe geeilt waren, entwickelte sich zwischen weltlicher und geistlicher Obrigkeit ein zwar besonderes, aber auch überaus problematisches Verhältnis. Der Papst unterstützte die Machtergreifung, die die nach Karl Martell benannten Karolinger zu Königen machte, und erhielt als Gegenleistung dafür einen eigenen *Kirchenstaat* in Italien. Außerdem reichte die geistliche Vormacht des Papstes weit in die weltlichen Herrschaftsbereiche des christlichen Abendlands hinein. Die sich hieraus ergebenden Spannungen zwischen weltlicher und kirchlicher Obrigkeit sollten später maßgeblich zur Krise der europäischen Einheit beitragen.

Mit Karl dem Großen (768-814) erreichte die Macht der Franken ihren Höhepunkt. Im Jahre 800 wurde er von Papst Leo III., dem er nach einem Aufstand in Rom wieder zur Macht verholfen hatte, zum römischen *Kaiser* gekrönt.

Unter Karl dem Großen setzte sich die Gepflogenheit durch, daß sich der Kaiser der Treue und der Kriegsdienste seiner Grafen, der mächtigen Herzöge und der Markgrafen, die die Grenzgebiete beherrschen und beschützten, versicherte, indem er sie mit Land belehnte. Auch Kirchenführer wurden mit Landgütern belehnt, und im 9. Jahrhundert waren praktisch alle hohen geistlichen auch zu weltlichen Würdenträgern von zumindest lokaler Bedeutung geworden (Stephenson 1962:157/8).

Dieses gestaffelte *Vasallensystem* war in *Verhältnisse der Tributpflichtigkeit* eingebunden, wobei den agrarischen Dorfgemeinschaften von einer übergeordneten Instanz eine Abgabepflicht (Tribut) auferlegt wurde. Dieses feudale System beraubte die Dorfgemeinschaft ihres herkömmlichen Gebrauchsrechts auf Grund und Boden, und übertrug es auf den Feudalherrn (Amin 1973:9; Anderson 1978:221-223).

Im Gegensatz zu zentralisierten, auch auf Tributpflichtigkeit beruhenden Herrschaftsstrukturen waren im *Feudalismus zentrifugale Tendenzen* angelegt. Abgesehen von der christlichen *Zweigewaltenlehre*, welche die Entwicklung zentraler, monokratischer Herrschaftsformen behinderte, förderte das gestaffelte Vasallensystem die Verselbständigung kleinerer Reichsgebiete; so bestand eine Tendenz zu einer zunehmenden Zerstückelung der Reichseinheit.

Das europäische Mittelalter verdankte seine ökonomische Vitalität einem „stillen" Kampf um Landbesitz (Anderson 1978:228). Der „Landhunger" wurde im 12. und 13. Jahrhundert auch zu einem tragenden Moment der Kreuzzugsbewegung. Zwischen 950 und 1348 wuchs die Bevölkerung Europas wahrscheinlich von 20 auf

54 Millionen an. Dieser Bevölkerungszuwachs fand hauptsächlich in den im 13. Jahrhundert kolonisierten Gebieten an der flämischen Küste, früher schon in Norditalien und jenseits der Elbe statt, wo freie Niederlassungen entstanden, die eine große Sogwirkung auf die an die Grundherrlichkeit gebundene, hörige Landbevölkerung ausübte.

1.1.2 Rivalität der neuen Machtzentren

Nach der Aufteilung des Fränkischen Reichs unter die Enkel Karls des Großen im Jahre 843, wobei zum erstenmal die Umrisse des späteren Frankreichs, Deutschlands und Italiens zu erkennen waren, setzten sich die Verfallsprozesse der früheren Reichseinheit auch im Inneren der neuen Königreiche fort. Partikularistische Bestrebungen und kriegerische Machtkämpfe häuften sich.

Der Streit um Land und Macht wütete besonders heftig in Frankreich, das unter verschiedene lokale Potentaten aufgeteilt worden war. Ende des 10. Jahrhunderts bemächtigte sich Hugo Kapet, der Graf von Paris, der Königskrone des letzten Karolingers. Sein tatsächlicher Machtbereich beschränkte sich allerdings auf Paris und Umgebung, und er befand sich in ständigem Streit mit seinen mächtigen Vasallen. Einer von ihnen, der normannische Herzog Wilhelm (der Eroberer), setzte 1066 nach England über und besiegte den untereinander zerstrittenen angelsächsischen Adel. Durch diesen Eroberungsfeldzug, der im übrigen vom Papst abgesegnet war, hielt der Feudalismus auch in England Einzug: Wilhelm wurde oberster Feudalherr. England wurde auf diese Weise nicht nur der Normandie angegliedert, sondern überhaupt an die politischen Entwicklungen des europäischen Festlands gekoppelt, von denen es bisher isoliert war (Strayer 1970:15).

In Deutschland wie in Frankreich lag die wirkliche Macht in dieser Periode in den Händen lokaler Fürsten und nicht bei dem von ihnen gewählten König, dessen Titel eher zeremonielle Bedeutung hatte und der faktisch über wenig Macht verfügte. Otto I., König von Sachsen, hatte jedoch die Absicht, das Karolingerreich wieder zu vereinigen. Er bezwang die Herzöge der Grenzgebiete, setzte neue ein und zwang die Könige von Böhmen, Burgund und Italien, seine Herrschaft anzuerkennen. Er besiegte schließlich die Ungarn, von deren Seite eine Invasion drohte. 962 ließ Otto sich von einem von ihm abhängigen Papst zum Kaiser des *Heiligen Römischen Reichs deutscher Nation* krönen, ein pompöser Titel für ein Herrschaftsgebiet, das auf Deutschland und Italien beschränkt war.

Innerhalb der Kirche entstand in demselben Jahrhundert eine von Frankreich ausgehende religiöse Erneuerungsbewegung, die sogenannten Cluniazenser, die ihren Namen dem Kloster von *Cluny* (gegr. 910) verdankte. Sie kämpfte gegen die Feudalisierung der Kirche, d.h. gegen die Vermischung von geistlicher und weltlicher Herrschaft, gegen die pompöse Machtentfaltung der Kirche und die damit einhergehenden moralischen Zerfallserscheinungen. Machtstreben und christlich-moralische Säuberungsabsichten verbanden sich bei dem ersten, reformistisch gesinnten Papst, Leo IX. (1048-1054), als dieser in einem Konflikt mit Byzanz um normannische Eroberungen in Süditalien die Partei der Normannen ergriff, was dann die

Spaltung der Kirche (Schisma) in eine römisch-katholische und eine griechisch-orthodoxe vorangetrieben hat.

Die römische Reformbewegung verfolgte neben der Ausbreitung der päpstlichen Herrschaft auf Süditalien, wo die normannischen Vasallen des Papstes einen kreuzzugähnlichen Krieg gegen die Moslems auf Sizilien führten, noch ein weiteres Ziel. Die Päpste wollten das Recht der Bischofsernennung zurückgewinnen. Der Klerus war ja zuvor weitgehend in das Feudalsystem eingebunden worden. Die meisten Bischöfe waren Vasallen der weltlichen Fürsten und wurden von ihnen eingesetzt und belehnt. Der Gegner des Papstes Gregorius VII. bei diesem Vorhaben war der deutsche Kaiser Heinrich IV. (Investiturstreit). Anfänglich suchte und fand der Papst die Unterstützung der deutschen Lehnsherren gegen ihren Kaiser, den er 1077 zu einem erniedrigenden Bußgang nach Canossa zwang. Zwar verjagte Heinrich den Papst anschließend aus Rom; letztendlich aber ging das Papsttum als Sieger aus diesem Streit hervor, der im übrigen auch das politische Denken nicht unberührt ließ:

> „Indem die Kirche ihre Einzigartigkeit geltend machte und sich so deutlich von den Laienregierungen abgrenzte, schärfte sie unbeabsichtigt auch das begriffliche Bewußtsein über die Art der weltlichen Obrigkeit" (Strayer, 1970:22).

1.1.3 Die Eroberung Jerusalems

In der Periode zwischen 1000 und 1250 kam es zu großen Kolonisierungsbewegungen, um dem Druck der feudalen Produktionsweise (d.h. den hohen Tributen, der Landknappheit und der Lehnsherrlichkeit) zu entkommen. Dabei sind drei Schwerpunkte zu unterscheiden: das Ostseegebiet, das von deutschen und schwedischen Rittern kolonisiert wurde (Brandenburg, Preußen und Finnland); die Iberische Halbinsel, wo es gelang, die Araber zurückzudrängen und Portugal ein selbständiges Königreich wurde, und schließlich das östliche Mittelmeergebiet (Anderson 1978:236). Die letztgenannte Kolonisierungsbewegung ging in der Hauptsache von Frankreich aus, vor allem von der Normandie, wo die Landknappheit besonders groß war.

Das Heer von Byzanz, das zum Teil aus normannischen Söldnern bestand, erlitt 1071 eine Niederlage gegen die türkischen Seldschuken, die den Islam von den Arabern übernommen hatten. Weitere byzantinische Anwerbungen von normannischen Legionären wurden vom (französischen) Papst Urbanus II. zum Anlaß genommen, um die schon länger bestehenden Pläne zur Aufhebung des Kirchenschismas auszuführen. Rom hatte, wie bereits erwähnt, schon einmal normannische Feldzüge unterstützt. Im Jahre 1095 rief der Papst in Clermont zu einem Kreuzzug auf, wobei die Aussicht auf große Landeroberungen eine wichtige Rolle spielte (Stephenson 1962:256-7).

Auch die norditalienischen Handelsstädte beteiligten sich auf ihre Weise: Venedig hatte den Normannen bereits – im Tausch gegen Handelsvorteile – in Sizilien beigestanden, während die Seefahrer von Genua und Pisa ihre Flotten vereint zur Bekämpfung der moslemischen Piraten im westlichen Mittelmeer einsetzten.

Der Kreuzzug konnte trotz großer Rivalitäten und Zwistigkeiten der Teilnehmer untereinander im Jahre 1099 mit der Eroberung Jerusalems erfolgreich abgeschlossen werden. Zum ersten Mal seit dem Zerfall des Römerreiches hatte Europa einen erfolgreichen Angriff gegen Asien unternommen. Doch trotz des „strahlenden" Erfolgs, der in erster Linie das Ansehen und die Autorität des Papstes stärkte, kamen die zentrifugalen, das Reich zersetzenden Kräfte, die auch die Kreuzzüge wesentlich mitgetragen hatten, nicht zur Ruhe.

„Statt eines einheitlichen Staates an der östlichen Mittelmeerküste, gründeten die Barone in gegenseitiger Mißgunst vier verschiedene Kreuzfahrerstaaten." (Glubb 1978:151)

1.2 Kritik der päpstlichen Machtansprüche – Dante und Dubois

Die Kreuzzüge reaktivierten nicht nur den Handel und die Schiffahrt zwischen den italienischen Städten und dem östlichen Mittelmeerraum, sondern auch den innereuropäischen Handel zu Lande und zu Wasser. Obwohl die Handelsrouten nach Asien von den Arabern kontrolliert wurden, drangen einzelne europäische Händler in bis dahin unbekannte Gebiete vor und weckten Begierde nach Reichtümern, von denen sie bei ihrer Rückkehr zu berichten wußten. Berühmt wurde in diesem Zusammenhang die Reise des Venezianers Marco Polo im 13. Jahrhundert nach China.

1.2.1 Der Handel und die Städte

Zur Zeit der Kreuzzüge gab es zwei bedeutende Handelsregionen in Europa, nämlich Norditalien und Flandern. In diesen Gebieten nahm dann auch im 12. Jahrhundert die Bedeutung der Städte wieder zu.

Händler organisierten sich jetzt in Gilden und Hansen. Der Handel entwickelte sich sowohl im großen wie im kleinen Maßstab. Große Gilden, wie die der florentinischen Calimala (Tuchhändler) z.B., waren im Import- und Exportgeschäft tätig, besaßen eigene Wollfärbereien, und arbeiteten sich zu Bankiers der Päpste und Fürsten von Neapel und Sizilien empor (Antonetti 1988:125). Diese Händler, die weiträumige Handelsreisen organisierten und mit arabischen Produkten, später auch mit Glas und Metall aus Venedig und Tuch aus Flandern handelten, beherrschten den *Fernhandel* (Braudel 1982). Dem standen die lokalen Märkte gegenüber. Die *lokale Marktökonomie* beruhte auf einer einfachen Warenproduktion. Auf wöchentlich stattfindenden Märkten, die unter Aufsicht der lokalen fürstlichen oder städtischen Obrigkeit stattfanden, wurden Gebrauchsgüter getauscht. Auswärtige Händler wurden nur auf den großen Jahresmessen zugelassen.

Der Fernhandel war privat organisiert und zum größten Teil dem Zugriff der politischen Machthaber entzogen. Beim Fernhandel ging es nicht um einen regelmäßigen Austausch von Gebrauchsgütern, sondern um das Erzielen von Gewinn, wozu die Fürsten manchmal mit Handfesten (städtischen Privilegien) und der Verleihung von Monopolrechten ihre Zustimmung gaben. Hieraus sollte später der eigentliche Kapitalismus entstehen.

Beide Formen des Handels waren anfänglich in der feudalen Gesellschaft lediglich Randerscheinungen. Auch die Städte waren ein Teil dieser feudalen Gesellschaften, deren Zentren sie waren. Vor allem in Norditalien nutzte der städtische Adel seine Standesprivilegien zur Durchsetzung eines Fernhandelsmonopols. In Genua z.B. wurde der Seehandel von fünf adeligen Familien beherrscht (Dobb 1973:83). Die erzielten Gewinne waren so groß, daß die vom Handel ausgeschlossenen Feudalherren nach und nach relativ verarmten. Beim Ausgang der Kreuzzüge waren allein die Einkünfte aus der Hafensteuer in Genua schon mehr als dreimal so hoch wie die gesamten Einkünfte der französischen Krone (Anderson 1978:233). Es war dann auch nicht verwunderlich, daß der französische König einer der ersten Fürsten war, der eine Annäherung an die Städte suchte, weil er sich Vorteile davon versprach.

Die Schwächung der Feudalherren war allerdings nicht nur auf das Entstehen von Märkten und der städtischen Geldwirtschaft zurückzuführen, sondern auch auf die Abwanderung der Hörigen vom Land in die Städte, wo es keine feudalen Verpflichtungen gab. Im allgemeinen verschwand in der Umgebung der Städte – durch die Auswirkungen des Marktes und der Geldwirtschaft – die komplexe hierarchische Ordnung des Feudalismus mit seinen gegenseitigen Rechten und Pflichten. Von dem Wort „Burg" bzw. „Bourg" für „Stadt", ist auch der Begriff „Bürgertum" bzw. „*Bourgeoisie*" abgeleitet. Eine eigentlich bürgerliche Lebens- und Denkweise entwickelte sich allerdings erst ganz allmählich, wobei sich auch erhebliche regionale Unterschiede herausbildeten.

Die *norditalienischen Städte* waren in ihrer sozialen Ordnung noch feudal organisiert; bis ins 14. Jahrhundert hinein wurden florentinische Männer zu Rittern geschlagen. Allerdings schafften sie dann, nachdem sie sich erst mit dem Papst gegen den deutschen Kaiser verbündet hatten, die Feudalherrschaft der Bischöfe ab. Venedig, die mächtigste der Städte, ursprünglich eine Moorsiedlung, die Karl der Große an Byzanz abgetreten hatte, war durch die Schwäche des byzantinischen Reiches zu einer selbständigen Republik mit eigener Währung, Außenpolitik und militärischer Verteidigung aufgestiegen (Stephenson 1962:285).

In *Flandern, Nordfrankreich und England* war die Autonomie der Städte von den Fürsten abhängig, denen im Austausch für die Verleihung der Stadtrechte gewisse Privilegien zugestanden wurden. Die Küstenstädte stellten den normannischen Königen Englands z.B. eine Flotte zur Verfügung.

Die *deutschen* Städte, deren Zahl im 13. Jahrhundert auf Grund der Kolonisierung der Ostseeküste (Berlin, Danzig, Königsberg u.a.) zugenommen hatte und die sich zur mächtigen *Hanse* zusammengeschlossen hatten, nahmen eine Mittelstellung zwischen völliger und abhängiger Autonomie ein, da sie sich einem relativ schwachen Kaiser gegenübersahen.

1.2.2 Der Papst auf dem Höhepunkt seiner Macht

Da, wo sich die Fürsten mit den Städten verbündeten, nahm ihre Macht zu. Sie war Magna Charta allerdings noch immer begrenzt. Ab Mitte des 12. Jahrhunderts herrschte in England und Westfrankreich das Haus Anjou, das eine Modernisierung des Königtums betrieb. So etwa durften sich die feudalen Vasallen in England mit Geld von ihren militärischen Verpflichtungen freikaufen, wodurch der König ein eigenes Heer unterhalten konnte. Der König wurde allerdings im Jahre 1215 gezwungen, die Rechte des aufständischen Adels, des Klerus und der Stadt London in der *Magna Charta* festzuschreiben. Die Rivalen des Hauses Anjou in Frankreich, die Kapetinger, wurden auf ähnliche Weise an die engen Grenzen ihrer Macht erinnert, als sie versuchten, in der bedeutenden Grafschaft Flandern einen eigenen Vasallen einzusetzen. In Deutschland wütete ein erbitterter Machtkampf zwischen den bayerischen Guelfen, die vom Hause Anjou unterstützt wurden, und den Hohenstaufen, aus deren Geschlecht Friedrich I. (Barbarossa) im Jahre 1152 zum Kaiser gekrönt wurde.

Auch die Kreuzzüge hatten sich aus einer vom Papst gelenkten, feudalen Kolonisierungsbewegung zu einem Schauplatz für die Machtkämpfe der Königshäuser untereinander entwickelt. Papst Innozenz III. versuchte durch die Ausrufung eines vierten Kreuzzuges (1201-1204) wieder Herr der Lage zu werden. Die Grafen von Flandern und der Champagne führten die Truppen an, während die Venezianer den Seetransport übernahmen. Schließlich wurde nicht Jerusalem, sondern Konstantinopel erobert, wo Graf Balduin von Flandern zum Kaiser gekrönt wurde. Mit der Errichtung des Lateinischen Kaiserreiches, das Griechenland und die westliche Türkei umfaßte, war der Aufstieg Venedigs zur Hauptmacht der Mittelmeerregion vollendet.

Innozenz begrüßte den erfolgreichen Kreuzzug als Wiederherstellung der kirchlichen Einheit. Im Jahre 1215 rief er das 4. Laterankonzil zusammen, um seine Herrschaft über die Kirche zu konsolidieren. Doch war die Kirche inzwischen auch zur größten weltlichen Macht in Europa aufgestiegen. Der Papst herrschte über den Kirchenstaat, war Schirmherr der im lombardischen Bund vereinten norditalienischen Städte und gleichzeitig Schutzpatron des Königreichs Sizilien. Er konnte die deutschen Fürsten nach eigenem Gutdünken ernennen und absetzen. Als das Haus Anjou seine Besitztümer in England verspielt hatte und durch französische Invasionsdrohungen in die Enge getrieben worden war (1213), geriet auch England als Vasallenstaat unter die Herrschaft des Papstes. Damit erhielt der englische König den gleichen Status wie schon vor ihm die Könige Polens, Ungarns, Portugals, Aragons und Dänemarks (Stephenson 1962:410).

1.2.3 Eine neue kulturelle Synthese

Die Kreuzzüge waren für die Entwicklung Europas von großer Bedeutung. Im Unterschied zu den früheren kriegerischen Unternehmungen der normannischen Ritter, waren die Kreuzzüge

31

„gegen Ungläubige einer höheren, außereuropäischen Kultur gerichtet" (Nederveen Pieterse 1990:93).

Die Berührung mit der hohen arabischen Kultur hatte für Europa günstige zivilisatorische Auswirkungen. Die westliche Ritterschaft übernahm von den Arabern z.B. das Ideal der Ritterlichkeit als einer Verbindung von Höflichkeit und Milde.

Die Kreuzzüge trugen auch wesentlich zum Aufleben der Wirtschaft im Mittelmeergebiet bei. Die Kreuzritterorden, wie z.B. die Hospitaliter und die Templer, erhielten die Aufgabe, Kolonisten in die Kreuzfahrerstaaten zu holen; ihr weitverzweigtes Netz an Stützpunkten nutzten sie aber auch zur Entwicklung des Handelsverkehrs und Bankwesens. Dabei setzten sie die von den Arabern übernommenen, administrativen und kommerziellen Techniken ein. Die norditalienischen Städte beherrschten die großen europäischen Jahresmessen mit ihrem Wechsel- und Kreditsystem. Die jüdischen Bankiers, die bis dahin traditionell das Kreditgeschäft dominiert hatten, wurden in unbedeutendere Regionen abgedrängt (Stephenson 1962:527-31).

Scholastik   Vom Byzantinischen Reich gingen damals bedeutende kulturelle und zivilisatorische Impulse aus, insbesondere durch seine umfangreichen Sammlungen des römischen Rechts. Das Studium dieses Rechtssystems, das für den Handel von eminenter Bedeutung war, erlebte vor allem im Bologna des 11. Jahrhunderts eine Blüteperiode. Auch das griechische und arabische Wissen drang – besonders über Spanien und Sizilien – nach Westen vor. So entstand u.a. die *scholastische* Philosphie, die versuchte, theologische Dogmen und Ratio bzw. naturwissenschaftliche Erkenntnisse mit Hilfe einer Art aristelischen Begriffslogik in Einklang zu bringen. Der Ruhm Thomas von Aquins gründet sich auf seinen Versuch, Glauben und Vernunft miteinander zu versöhnen.

1.2.4 Beschneidung der päpstlichen Macht

Die Kritik an der pompösen weltlichen Machtentfaltung des römischen Christentums, die schon bei der cluniazensischen Reformbewegung angeklungen war, nahm jetzt auch protestantische Züge an. Waldenser und Albigenser waren Vorläufer eines asketischen Protestantismus, der von byzantinischen Sekten, mit denen Kaufleute in Berührung gekommen waren, beeinflußt war. Papst Innozenz III. setzte auf dem Laterankonzil von 1215 päpstliche Sondergerichte zur Bekämpfung ketzerischer Bestrebungen durch *(Inquisition)*.

„Seit dem 12. Jahrhundert begannen sich die Kreuzzüge nach innen zu richten; sie wurden säkularisiert und für politische Ziele eingesetzt." (Nederveen Pieterse 1990:97)

Der Konflikt zwischen Kaiser- und Papsttum um das Problem der Trennung von Kirche und Staat, der von der Rebellion der norditalienischen Städte gegen den Kaiser verschärft wurde, erreichte unter Friedrich II. (1215-1250) seinen Höhepunkt. Friedrich, Barbarossas Enkel, war durch Einheirat in das normannische Fürstenhaus König von Sizilien geworden und war auch gleichzeitig Kaiser des Römischen Reiches. Als der Papst im Jahre 1261 die sizilianische Krone an einen Anjou gab und einen Kreuzzug gegen die Staufer ausrief, löste er damit eine Reihe von Ereignissen aus, die letztendlich das Ende des Römischen Reiches wie auch den Niedergang des Papsttums selbst einleiteten. Da Friedrich sich vor allem auf Sizilien und Italien konzentriert und seine deutschen Interessen vernachlässigt hatte, zerfiel die Einheit Deutschlands immer mehr. Das Entstehen der Hanse und der Schweizerischen Eidgenossenschaft war die Antwort auf seine schwache kaiserliche Autorität. Zur gleichen Zeit begannen die Deutschritter, ein Kreuzritterorden, zusammen mit der Hanse eine großangelegte Kolonisierung des Ostseegebietes. Ende des 13. Jahrhunderts wurde ein obskurer elsässischer Landgraf, Rudolf von Habsburg, zum deutschen König gewählt (Stephenson 1962:455).

Nach dieser Periode wurde das Papsttum mit andersartigen, weniger leicht zu manipulierenden Gegnern, konfrontiert, nämlich mit den Fürsten der aufstrebenden Nationalstaaten.

1.2.5 Erste Ansätze zur Herausbildung von Nation und Staat

Die Kreuzzüge, ursprünglich eine feudale Kolonisierungsbewegung, hatten im Lauf der Entwicklung eine andere, modernere Funktion bekommen. Dabei wurde der Fernhandel im Mittelmeerraum, den Venedig zusammen mit anderen maritimen italienischen Stadtstaaten sowie den handeltreibenden Kreuzritterorden beherrschten, immer bedeutsamer. (Die Expansion im Ostseegebiet war damals lediglich ein Nebenschauplatz, der erst an Bedeutung gewann, als die Holländer später in diesen Raum vordrangen.)

Die Päpste hatten vom Anfang bis zum Ende die (geistige) Führung der Kreuzzüge innegehabt und hatten den daran teilnehmenden Fürsten ihren Segen gespendet. Der Kampf der verschiedenen Adelshäuser um die Erweiterung ihres Landbesitzes wurde auf diese Weise durch das Zeichen des Kreuzes legitimiert. Die *göttliche Sanktionierung fürstlicher Macht* erwies sich später als bedeutender Eckpfeiler bei der Herausbildung des modernen Staates *(Gottesgnadentum)* (Nederveen Pieterse 1990:92). *[Gottesgnadentum]*

Ein zweiter Faktor der Staatenbildung, und von großer Bedeutung für den späteren Entwicklungsprozeß der *Nationen*, war das Entstehen einheitlicher *Sprachräume*. *[Sprachräume]*
Bei der Bildung von homogenen Sprachräumen spielte die lokale Marktökonomie eine wichtige Rolle. Um die regionalen Marktzentren herum entwickelte sich nicht nur eine gewisse ökonomische Arbeitsteilung, wozu die Möglichkeiten der Geldwirtschaft entscheidend beigetragen haben, sondern es zeigten sich auch erste Ansätze von Kulturgemeinschaften. Deutsch (1966:41) führt hierzu aus:

„Transportverbindungen, ökonomischer Verkehr, soziale Schichtung, kulturelle Ähnlichkeiten und bereits bestehende sprachliche Verwandtschaften, ebenso wie die hierbei auftretenden relativen Hindernisse und Brüche: all das hat sich wohl auf die Formung und Eigenart der jeweiligen Sprachgemeinschaften ausgewirkt."

In Frankreich z.B. setzte sich die Sprache, die in Paris und Umgebung gesprochen wurde (innerhalb der Gruppe *langages d'oil)* durch, nachdem der Süden Frankreichs und die Provence *(langages d'oc)* durch wirtschaftliche Rückschläge und militärische Niederlagen ins Hintertreffen geraten waren.

Handel stimuliert ganz allgemein die Herausbildung einer *Lingua franca,* die parallel zu den lokalen Dialekten gesprochen wird und die Verständigung mit Geschäftspartnern aus anderen Gegenden ermöglicht. (Die Funktion einer Lingua franca kann entweder von einer nationalen Einheitssprache oder von einer permanenten zweiten Sprache übernommen werden, wie heutzutage etwa vom Englischen.) Sprachgemeinschaften sind darüberhinaus auch Erfahrungsgemeinschaften, in denen die kollektive Erinnerung an einschneidende gemeinschaftliche Erfahrungen bewahrt wird.

Staatsapparat Ein drittes Element beim Prozeß der Staatenbildung war die Entwicklung des eigentlichen *Staatsapparats.* Auch hierbei war die kulturelle Synthese von byzantinischer und arabischer Welt von großer Wichtigkeit. Friedrich II. errichtete nicht nur ein Zoll- und Wirtschaftssystem nach arabischem bzw. byzantinischem Vorbild, sondern schuf auf Sizilien auch den ersten modern zu nennenden, straff organisierten Einheitsstaat, in dem die feudale Lehnsordnung einem hierarchisch gegliederten Beamtensystem weichen mußte. Der sizilianische Staat wurde nach dem byzantinischen Modell eines absolutistischen Zentralstaates gestaltet (Palan 1990). Friedrich führte an seinem Hof auch ein Konsultationssystem ein, in dem sowohl die bürgerlichen als auch die feudalen Stände vertreten waren.

Das Modell des sizilianischen Staufer-Staates wurde von Frankreich und England übernommen. Seit Beginn des 14. Jahrhunderts, so erläutert Stephenson (1962:536),

> „waren die Herrscher der fortschrittlichen Staaten Englands und Frankreichs nicht länger abhängig von feudalen und landherrlichen Einkünften. Sie hatten ein System regelmäßiger Steuerabgaben eingeführt, die von allen Schichten ihrer Untertanen entrichtet werden mußten."

Dabei konnte Frankreich mit den raschen Entwicklungen auf der britischen Insel nicht Schritt halten, weil der Formungsprozeß des französischen Staates – der vor allem durch die Einverleibung neuer Provinzen vorangetrieben wurde – durch die Rebellion Flanderns empfindlich gestört wurde. Der flämische Städtebund, der von Wollieferungen aus England abhängig war, konnte im Jahre 1302 mit einem Bürgerheer die französischen Feudalritter schlagen. Dieser Sieg einer Bürger- und Bauernwehr über ein geharnischtes, traditionell bewaffnetes Ritterheer hatte weitreichende Konsequenzen. Auch der englische König hatte bereits im Krieg gegen das aufständische Wales die Überlegenheit der leichten Infanterie bewiesen. Die Niederlagen leiteten den Niedergang des Ritterstandes ein, der sich durch eine weitverzweigte Feudalisierung stark ausgebreitet hatte. So geriet der Ritterstand – als Vertreter einer heroischen und antikommerziellen mittelalterlichen Werteordnung – in eine tiefe Krise (Hauser 1975:142-5).

1.2.6 Dante

„Seit der Krise der feudalen Weltordnung im 11. Jahrhundert, die zum Teil durch das Entstehen einer Klasse von Händlern und Kaufleuten verursacht worden ist, hat die westeuropäische Geschichte im Zeichen einer fortwährenden Suche nach neuen, ,natürlichen‘ Formen sozialen Zusammenhalts gestanden.“ (Trexler 1975:105)

Im Zentrum der Auseinandersetzungen um eine neue Werteordnung befanden sich die italienischen Stadtstaaten, wo die Konflikte zwischen den traditionellen Werten des europäischen Christentums und neuen sozialen Kategorien, wie Familie, Klasse und Nationalstaat, am deutlichsten sichtbar wurden.

Norditalien war nach dem Untergang der Staufer in ein Mosaik kleiner Staaten aufgesplittert, in denen verschiedene rivalisierende Parteien einander bekämpften. Klassenspezifische Gegensätze, wie etwa die zwischen hohen und niedrigen Gilden, widerstreitende Treueverpflichtungen gegenüber dem Papst und dem Haus von Anjou (Guelfen) bzw. dem Kaiser (Ghibellinen), machten das Bild noch komplizierter.

Dante Alighieri (1265-1321) war als Bürger von Florenz und Anhänger der papstfeindlichen Ghibellinen tief in diesen Parteienstreit verwickelt. Beeinflußt von der Scholastik und in vielerlei Hinsicht konservativ gesinnt, war Dante gleichzeitig – als Exponent einer kulturellen Sprachgemeinschaft – ein Vorläufer des erwachenden nationalen Bewußtseins. Damals waren das Lateinische und das Provenzalische die in Italien vorherrschenden Sprachen für Wissenschaft bzw. für Literatur, während das Italienische in 14 verschiedenen Dialekten gesprochen wurde. Um Italien eine einheitliche Sprache zu geben, schrieb Dante sein berühmtes Gedicht *Divina Commedia* in einer Art höfischem Italienisch, das aus einer Kombination von Dialekten aus Florenz und Umgebung bestand (Antonetti 1988:63).

In seiner 1309 in lateinischer Sprache abgefaßten Schrift *De Monarchia* trat er für ein vereinigtes italienisches Königreich ein. Hierin unterschied Dante zwischen einer religiösen und einer *zeitlichen* Welt, einer Welt, die regiert werde von

„einer einzigen Regierung, die alle Menschen im Zeitlichen betrifft, d.h. alle Dinge, die in Zeit gemessen werden“ (Dante 1967:170).

Diese Betonung des Zeitlichen hing mit dem sich in Dantes Tagen verändernden Lebensrhythmus zusammen: von einer auf die Bedürfnisse einer feudalen Agrargesellschaft zugeschnittenen und von der Kirche beherrschten Einteilung des Tages zu einem in zwei Hälften aufgeteilten, von einer Pause unterbrochenen Arbeitstag (Antonetti 1988:117/8).

Eine neue Zeitlichkeit

Im Mittelpunkt seines Denkens stand jedoch die Zurückweisung des weltlichen Machtanspruchs des Papstes. Die Vorsehung hatte der Menschheit ein zweifaches Ziel vorgegeben, dem sie nachstreben solle: zum einen das ewige Leben in Seligkeit, aber auch – und hier klingt Dantes Humanismus durch – „das Glück dieses Lebens“, wobei nach Dantes Auffassung das „Glück“ in der Mehrung des intellektuellen Vermögens gelegen war.

Dante war sich am Ausklang der Kreuzzugsära und als Bürger eines Handels- und Gewerbezentrums sehr wohl der relativen Rolle und Bedeutung des Christentums in der Welt bewußt. Er war ein Anhänger der Monarchie, bestritt aber, daß die weltliche Herrschaft der Fürsten der Legitimierung der Kirche bedürfe. Er war ein Gegner des weltlichen Machtanspruchs der Kirche. Wenn die Autorität der Kirche von weltweiter Zustimmung abhängig wäre, so schrieb er (1967:176), dann

> „würden nicht nur alle Völker Afrikas und Asiens, sondern auch der größte Teil der Europäer sich dieser Zustimmung enthalten."

Kritik der weltlichen
Autorität der Kirche Er behauptete nicht, daß die Fürsten, die ja untereinander fortwährend in Konflikte verwickelt waren, ohne jegliche übergeordnete Autorität hätten auskommen können: Diese Autorität solle aber vom *Kaiser* (des Römischen Reiches) ausgehen, was Dante mit dem scholastischen Argument rechtfertigte, Jesus wäre wohl nicht in ein Kaiserreich hineingeboren worden, wenn dies nicht die beste Regierungform gewesen wäre (Stephenson 1962:480).

Die deutschen Kaiser, an deren Adresse der Aufruf Dantes gerichtet war, waren allerdings nicht mehr an Italien interessiert. Als das Haus von Anjou, das hinter dem Papst stand, im Jahre 1301 Florenz für die Guelfenpartei eroberte, mußte Dante als prominenter Ghibellin in die Verbannung gehen. Diese Ereignisse erklären auch seine große Verbitterung gegenüber den Päpsten im allgemeinen, und insbesondere gegen Bonifatius VIII., die in seiner Schrift *De Monarchia* zum Ausdruck kam. In seiner „Göttlichen Komödie", die von einer Reise durch Himmel und Hölle handelt, traf Dante bei seinem „Ausflug" in die Hölle dort bereits einen Papst an und erfuhr, daß die Ankunft eines zweiten Papstes, nämlich Bonifatius, kurz bevorstünde.

1.2.7 Dubois

Das Problem der Trennung von geistlicher und weltlicher Herrschaft, womit sich Dante in theoretischer und poetischer Form auseinandergesetzt hatte, erhielt in derselben Periode auch praktische Bedeutung, als sich der französische König Philipp (der Schöne) mit dem Papst überwarf. Nach der Verurteilung eines französischen Geistlichen, der dem König keine Steuern zahlen wollte, hatte Bonifatius VIII. verfügt, daß ohne sein Einverständnis der Klerus nicht besteuert werden durfte. Philipp stellte daraufhin die Ausfuhr von Edelmetall aus Frankreich ein, wodurch die Einkünfte des Papstes geschmälert wurde, und rief die *Generalstände* zusammen, eine Art Parlament, in dem auch der Klerus vertreten war.

Die Reaktion darauf war eine päpstliche Bulle *(Unam Sanctam),* zu deren Ausfertigung der Papst durch die militärische Niederlage Philipps gegen die Flamen im Jahre 1302 ermutigt worden war. Darin wurde festgestellt, daß der Papst als Statthalter Gottes auf Erden sowohl die höchste kirchliche als auch weltliche Autorität sei.

Der französische König ließ sich jedoch nicht so einfach wie der Dichter Dante in die Verbannung schicken. Außerdem war die damalige Macht des Papstes im Vergleich zum Jahre 1077, wo der deutsche Kaiser noch zu einem Bußgang nach Canossa gezwungen werden konnte, nur noch ein Schatten ihrer selbst. Philipp nahm den

Papst kurzerhand gefangen, und bis zum Ende des 14. Jahrhunderts residierte der Papst nicht in Rom, sondern im französischen Avignon.

Der König benutzte den in seiner Gewalt befindlichen Papst auch dazu, um mit dem mächtigen Templerorden abzurechnen, dessen Schuldner er war. Er zwang den Papst zur Auflösung des Ordens, dessen französischer Besitz dem König zugeschlagen wurde. Hierdurch erhielt der junge französische Staat die Verfügung über die „transnationalen politischen und finanziellen Netze", die in der Kreuzzugsperiode entstanden waren (Nederveen Pieterse 1990:99). (Vergleichbares geschah in England, wo der König restriktive Maßnahmen gegen die florentinischen Banken ergriff.)

Der französische König hatte in diesem Konflikt neuartige Machtmittel, auch ökonomischer Art, eingesetzt und damit die mittelalterliche Ordnung auf den Kopf gestellt. Dabei erhielt er Schützenhilfe von einem seiner Hofadvokaten, Pierre Dubois (1250-1321), dessen Schrift *De Recuperatione Terrae Sanctae* (Über die Eroberung des Heiligen Landes) das königliche Vorgehen rechtfertigte. Aus seiner Beurteilung der Kreuzzüge zog Dubois den Schluß, daß die Zerstrittenheit der Fürsten untereinander und die Korrumpierung der Kirche zu groß gewesen seien, als daß sie die Kreuzzüge zum Erfolg hätten führen können. Daher müsse, so Dubois, das christliche Europa durch den für diese Aufgabe am besten geeigneten Fürsten, nämlich den französischen König, vereint werden. Die Kosten dieses Unterfangens könnten durch die Konfiszierung des Kirchenvermögens gedeckt werden. Dubois' Schrift, in der er übrigens auch für staatlichen Sprach- und Technikunterricht an beide Geschlechter plädierte, brach auf eine überraschende Art und Weise mit

„den kirchlichen und kaiserlichen Traditionen der vorangegangenen tausend Jahre", wie Stephenson (1962:476) feststellt. „Wie phantastisch das hier Vorgeschlagene auch gewesen sein mag, so kommt darin doch eine aktualitätsbezogene Weltsicht zum Ausdruck, die sich sehr weit von dem überholten Weltbild eines Bonifatius entfernt hatte."

Für uns ist es wichtig festzuhalten, daß wir – in unserer Reihe der Denker – in Dubois zum ersten Mal einem „politischen Berater" begegnen, politischer Berater

„der selbst kein Herrscher, sondern der Ratgeber eines Herrschers ist, und der in dieser Eigenschaft – im Tausch gegen Respekt und eine gute materielle Existenzabsicherung – bereit ist, seinen Fürsten auf das bewunderungswürdige Verhalten seiner Vorgänger aufmerksam zu machen oder ihm vernunftorientierte, zweckmäßige politische Optionen zu unterbreiten. Diese Auffassung einer praxisorientierten Sozialwissenschaft [...] ist in der Neuzeit in fast unveränderter Form von den Griechen übernommen worden" (Bernal 1969:1034-5).

1.3 Machiavelli und die Krise von Florenz

In Norditalien hatte sich mit der Renaissance und dem Humanismus die Neuzeit bereits angekündigt. Im Laufe des 15. Jahrhunderts büßten die Stadtstaaten, die in der Übergangsperiode vom feudalen Mittelalter zum Zeitalter des Handelskapitalismus groß geworden waren, ihre vorteilhafte Handelsposition ein. Dafür gab es vielerlei Ursachen. Eine wichtige Rolle spielte der Vormarsch der Türken (1453 wurde Konstantinopel erobert), wodurch sich die Zentren des europäischen Handelskapitals weiter nach Westen verschoben (Portugal, Spanien), und auch das Entstehen effektiverer politischer Herrschaftsformen in England und Frankreich.

1.3.1 England und Frankreich. Weitere Fortschritte auf dem Weg zum modernen Staat

Das 14. Jahrhundert ist auch als das Zeitalter des Hundertjährigen Krieges zwischen den englischen und französischen Königshäusern in die Geschichte eingegangen. Doch ist die Bezeichnung „hundertjährig" ein wenig irreführend, weil – wie Stephenson anmerkt (1962:484) – ab dem Jahre 1066 alle englischen Könige permanent in Kriege gegen die französischen Könige verwickelt gewesen waren. Die englische Krone besaß in Frankreich Lehnsgebiete, deren sich der französische König zu bemächtigen versuchte. Der eigentliche Krieg hatte zwei Ursachen: zum einen hatten die flämischen Städte, deren Industrie auf die Einfuhr englischer Wolle angewiesen war, ein Bündnis mit dem englischen König geschlossen; zum anderen erhob dieser Anspruch auf die französische Krone, als das Haus Kapet vom Hause Valois abgelöst wurde.

Der Krieg hatte anfänglich katastrophale Folgen für die Franzosen. Sie wurden nicht nur von den Engländern besiegt, sondern mußten sich auch noch mit internen Aufständen herumplagen. Obendrein wurde Frankreich ab 1347 von einer aus Asien herübergewehten Pest heimgesucht, die sich sehr rasch über ganz Europa ausbreitete. Außerdem ergriff der Herzog von Burgund zu Beginn des 15. Jahrhunderts die Partei des englischen Königs. Das Blatt wendete sich erst, als sich die nach Süden zurückziehenden französischen Heere von dem Bauernmädchen Jeanne d'Arc zu einem heiligen Krieg hinreißen ließen. (Sie wurde später von den Burgundern an die Engländer verkauft und – nach der Weigerung des französischen Königs, Lösegeld zu zahlen – als Hexe verbrannt.) Aus der Erinnerung an Jeanne d'Arc entstand dann eine Volksbewegung zur Wiederherstellung der nationalen Einheit. Im Jahre 1453 schloß der französische König Karl VII. Frieden mit Burgund und begründete damit eine Monarchie, die bis 1789 Bestand hatte. Der Krieg wandelte sich in seinem Verlauf von einer feudalen Auseinandersetzung zu einem Kampf um die nationale Einheit (Münkler 1982:184). In England und Frankreich lösten infolge des Krieges zentralisierte Königreiche die Feudalherrschaft ab.

Im Zuge dieser neuen „nationalen" Unabhängigkeit, die auch gegen „ausländische" Bankiers gewendet wurde, entbrannte der Streit um den weltlichen Machtanspruch des Papstes. Zu Beginn des 15. Jahrhunderts war es den englischen und französischen Fürsten gelungen, die päpstliche Verfügungsgewalt in kirchlichen Angelegenheiten von ihrem Einverständnis abhängig zu machen (Stephenson 1962:509 und 588).

Auch in *Glaubensfragen* wurde die Autorität des Papstes aus einem erwachenden nationalen Bewußtsein heraus in Frage gestellt – und das nicht nur in den beiden genannten Ländern. Dem tschechischen Reformator Hus (gest. 1415) kommt die

38

Ehre zu, der erste Protestant zu sein, gegen den der Papst einen Kreuzzug ausgerufen hat. Und später sollte auch der Weg der Schweizer und Niederländer zur nationalen Selbständigkeit über die Erkämpfung der Glaubensfreiheit führen.

1.3.2 Der Niedergang der italienischen Stadtstaaten

Die Hanse und die oberitalienischen Städte erlebten ihre Blütezeit in einer Periode, als der Ostsee- und der Mittelmeerraum noch aus relativ selbständigen, voneinander unabhängigen Handelsregionen bestand. Nach der Erschließung neuer Handelswege verlagerten sich die Zentren des Handels an die atlantischen Küsten. Dabei spielten auch die im Mittelmeerraum vorrückenden Türken eine Rolle. Die Bedeutung Flanderns als Wirtschaftsregion nahm ebenfalls ab, weil England seine Wolle zunehmend im eigenen Land verarbeitete.

Die oberitalienischen Städte entwickelten sich im 15. Jahrhundert zu Familienoligarchien. Im Unterschied zu den übrigen europäischen Städten integrierten die italienischen Städte auch die sie umgebenden ländlichen Gebiete und formten auf diese Weise kleine Staaten. Das Machtstreben des unter der Herrschaft der Visconti mächtig und groß gewordenen Mailands konnte nur von Venedig und Florenz, wo im 15. Jahrhundert die Bankiersfamilie de Medici an die Macht gekommen war, gezügelt werden. Die anhaltenden externen und internen städtischen Konflikte wurden in zunehmendem Maße von Söldnerheeren, die von den sogenannten *Condottieri* angeführt wurden, ausgetragen.

Florenz, Holzschnitt um 1470

Florenz war in erster Linie ein Finanzzentrum. Es hatte im 14. Jahrhundert schwere wirtschaftliche Rückschläge zu verkraften, als der englische König, um seinen Krieg gegen Frankreich finanzieren zu können, seine Schulden an die Florentiner Bankiere nicht mehr zurückzahlte und die ihnen gewährten Steuervorteile rückgängig machte. Auch die Verbannung des Papstes nach Avignon brachte den Florentinern große Nachteile ein; sie waren bisher die Krediteure des vatikanischen Hofes gewesen (Münkler 1982:169).

Während die Macht von Florenz (und der anderen italienischen Städte) schon im Abnehmen begriffen war, setzte sich der Aufschwung von Kultur und Wissenschaft noch geraume Zeit fort. Nicht nur rückte das antike Denken wieder in den Mittelpunkt des Interesses der Renaissance, es gewannen auch die Ideen Duns Scotus' und William Ockhams, beide Franziskaner aus Oxford, in Oberitalien zunehmend an Einfluß. Die beiden Mönche hatten sich im 14. Jahrhundert vor allem mit der Mechanik beschäftigt. Im Gegensatz zu Thomas von Aquin waren sie nicht auf eine Versöhnung von Religion und Wissenschaft aus, sondern forderten deren strikte Trennung. Die Pest hatte den Glauben an einen gütigen Gott erschüttert. In der Kunst wie in der Philosophie kam das Bedürfnis zum Ausdruck, den Boden der unbeweisbaren religiösen Dogmen zu verlassen und sich stattdessen dem Studium der die Welt bewegenden und ihr inhärenten Gesetzmäßigkeiten zu widmen (Hauser 1975:193)

1.3.3 Machiavelli

Das Werk Nicolo Machiavellis (1469-1527) ist nur vor diesem Hintergrund wirklich zu begreifen. Machiavelli ist einerseits ein Exponent des neuen, von der Wissenschaft der Mechanik inspirierten Denkens und andererseits ein Zeuge der Ohnmacht und des Niedergangs von Florenz. Letzteres veranlaßte ihn zu einer Studie über den Untergang des Römischen Reiches. Dabei richtete er sein Augenmerk vor allem auf die Gesetzmäßigkeiten, die das Entstehen und den Niedergang von Staaten bestimmten (Münkler 1982:57).

Machiavelli entstammte einer florentinischen Familie, die zu den Gegnern der Medici zählte. Gegen Ende des 15. Jahrhunderts wurden die Medici aus der Stadt vertrieben. Es folgte der Aufstieg des Kirchenreformers Savonarola, der versuchte, ein theokratisches Regime zu errichten; ein Versuch, der mit seiner Verbrennung endete. Nach dieser Episode trat Machiavelli als Diplomat in den Dienst von Florenz und wurde am französischen Hof Zeuge der dort herrschenden spöttischen Verachtung seiner Heimatstadt, die aus (falsch verstandener) Sparsamkeit kein eigenes Heer aufstellte und die aufgrund ihrer demokratischen Verwaltungsstruktur lediglich schwache, wenig tatkräftige Regierungen hervorbrachte. Nachdem die päpstlichen Truppen 1512 die Franzosen aus Florenz verjagt und die Medici wiederum an die Macht gebracht hatten, begann Machiavelli in der Verbannung seine schriftstellerische Arbeit. Neben den Discorsi (Abhandlungen über das Römische Reich), verfaßte er die kleine Schrift Il Principe („Der Fürst"), die erst postum vollständig veröffentlicht wurde; allerdings waren einige Auszüge schon zu seinen Lebzeiten in Umlauf. Diese Schrift war als Rat an die Fürsten gedacht und an Lorenzo de Medici gerichtet, in der Hoffnung, in dessen Gunst zu gelangen. Nach Fürsprache eines Kardinals aus dem Geschlecht der Medici, dem späteren Papst Klemens VII., wurde er an seinem Lebensabend mit einigen bescheidenen Ämtern belohnt.

In dem Traktat *Il Principe* plädiert Machiavelli für einen auf das Nationalitätsprinzip gegründeten Staat, den er in Frankreich exemplarisch verwirklicht sah. Was aber die Staatsform betreffe, so solle man sich mehr am Vorbild des türkischen Reiches orientieren als an dem feudalen Mosaik, mit dem sich der französische König herumplagen müsse; Frankreichs Schwachstelle liege in der Möglichkeit, daß sich die Barone gegen ihren König erheben könnten. Während

> „derjenige, der den Türken angreift, darauf vorbereitet sein muß, seinen vereinten Streitkräften gegenüberzustehen" (1952:47).

Im übrigen befinde Frankreich sich bereits auf dem richtigen Weg, da der König mit Hilfe des Parlaments die Adeligen in Schach halte, und dies sogar mit demokratischen Mitteln (ibd., 107). Die zentralisierte Staatsmacht eines tatkräftigen Fürsten, eines *Condottiere,* der in seiner Person das gemeinsame Streben seines Volkes verkörpere, sollte sich nach Ansicht Machiavellis lediglich an pragmatischen Kriterien der Herrschaftssicherung orientieren. An Machiavelli, wie auch an den Kirchenreformern, die seine Zeitgenossen waren, wurde deutlich, daß das mittelalterlich geprägte Ideal eines einheitlichen Europas verblaßt war (Bernal 1969:1044). Aber auch die Macht der „göttlichen Vorsehung" kam nicht ungeschoren davon:

(Randnotiz: pragmatische Herrschaftssicherung)

> „Es möge stimmen, daß die Vorsehung Herr ist über die Hälfte unserer Handlungen; sie gestattet uns aber, die andere Hälfte oder etwa die Hälfte davon selbst zu lenken." (Machiavelli 1952:131)

Das politische Handeln dürfe nicht länger vom Standpunkt einer höheren Sinnordnung aus oder aus dem Blickwinkel eines vermuteten inneren Sinns der Geschichte bewertet werden. Es müsse vielmehr ausschließlich vom unmittelbaren Resultat her beurteilt werden; der Zweck heilige die Mittel, letztendlich zähle nur der Erfolg. Damit wurde das auf die Vermehrung des Besitzes abzielende egoistische Handeln, das sich im frühkapitalistischen Florenz entwickelt hatte, von Machiavelli auf die Politik projiziert (1952:45).

> „Nicht der universale Fortschritt, sondern die Stabilisierung der partikularen Fortschritte ist der politische und geschichtsphilosophische Kulminationspunkt der machiavellischen Theorie." (Münkler 1982:42)

Die eigentliche Theorie internationaler Politik, die Machiavelli aufstellte, gründet sich auf eben diese *pragmatisch-realistischen* Gesichtspunkte, ist aber gleichzeitig auch eine Beschreibung der damaligen politischen Situation Norditaliens. Die italienischen Stadtstaaten waren so sehr mit ihren eigenen Konflikten beschäftigt, daß sie die Möglichkeit von Invasionen fremder Mächte völlig aus den Augen verloren hatten. Die Florentiner standen dem Einmarsch der Franzosen – zuerst 1494 und dann noch einmal 19 Jahre später – daher auch völlig unvorbereitet und hilflos gegenüber. Die Fremdherrschaft wurde als ein enormer Schock erfahren. Als Antwort auf diese von außen kommende Bedrohung – die nicht nur von den Franzosen, sondern auch von den Spaniern und Türken ausging – entwickelten die italienischen Machthaber eine Politik des *Mächtegleichgewichts*. Machiavelli (1952:78) beschrieb dieses Prinzip wie folgt:

> „Bevor Karl, König von Frankreich, in Italien einbrach, wurde dieses Land vom Papst, von den Venezianern, vom neapolitanischen König, vom mailändischen Herzog und von den Florentinern beherrscht. Diese Herrscher wurden hauptsächlich von zweierlei Art Problemen geplagt: erstens, ausländische Mächte am bewaffneten Eindringen in Italien zu hindern; und zweitens, zu verhindern, daß einer der einheimischen italienischen Machthaber sein Herrschaftsgebiet vergrößerte. Dabei mußte man insbesondere auf den Papst und die Venezianer achtgeben. Um Venedig in Schach zu halten, war das Bündnis aller anderen nötig. [...] Um dem Papst widerstehen zu können, mußte man von der Hilfe römischer Barone Gebrauch machen."

Gleichgewichtspolitik | Eine Gleichgewichtspolitik sei wirklichkeitsgerecht, weil sie davon ausgehe, daß es für Staaten bzw. Staatsmänner im politischen Geschäft keine verläßlichen Sicherheiten gebe, und daher jegliche politische Option erst einmal in Frage gestellt und kritisch überprüft werden müsse (Machiavelli 1952:123). Frieden werde nicht etwa durch eine Beschwörung einer irgendwie gearteten höheren Sinnordnung erreicht, sondern nur durch die aktive Wahrung des politischen Gleichgewichts. Wie das obenstehende Zitat deutlich macht, wirkte dieses Gleichgewichtsstreben bis in „innenpolitische" Bereiche hinein: dem Machtstreben des Papstes konnte nur erfolgreich entgegengetreten werden, wenn die rivalisierenden Parteien des römischen Adels gegen ihn und gegen einander ausgespielt wurden.

Machiavellis nüchterne, pessimistische Interpretation der Politik ist auch heutzutage noch von aktueller Bedeutung für die Beschreibung einer Politik, die das eigene Staatsinteresse *(„nationale Interesse")* zur höchsten Norm erhebt und keine anderen, übergedordneten Normen akzeptiert. Bahnbrechend war Machiavellis *Il Principe* auch wegen der besonderen literarisch-propagandistischen Form, in die er seine Ratschläge verpackte.

Im Unterschied zu einem scholastischen Traktat oder einer literarischen Phantasie, verfaßte Machiavelli ein

> „lebendiges Werk, in dem [...] das doktrinäre, rationale Element durch die Person eines Condottiere verkörpert wird. [...] Machiavelli veranschaulichte [seine Methode politischen Handelns, d.V.] in einer Aufzählung der Eigenschaften und Charakterzüge eines konkreten Individuums und der Pflichten und Anforderungen, denen es genügen muß" (Gramsci 1971:126/127).

42

1.4 Die Bedeutung der Expansion des Handels für die Entwicklung des Völkerrechts

Machiavellis Theorie machte – durch ihre Ablehnung der päpstlichen Machtansprüche und ihre Absage an eine durch Kreuzzüge geschaffene europäische Einheit – endgültig sichtbar, daß die politischen Ideale des Mittelalters hinfällig geworden waren. In den aufstrebenden modernen Staaten wurde das Gedankengut Machiavellis von anderen Denkern weiterentwickelt.

Der Niedergang von Florenz und der anderen norditalienischen Handelsstädte hatte – wie erwähnt – den Fernhandel nicht etwa zum Erliegen gebracht, sondern die Handels- und Finanzzentren lediglich verlagert.

„Als eigentliche Fortsetzung der Kreuzzüge hat nicht etwa der kraftlose Krieg der Christen gegen die ottomanischen Türken zu gelten, sondern der neue, kommerziell geprägte Imperialismus, welcher die portugiesischen, spanischen, englischen und französischen Seefahrer bald zu Entdeckungsreisen ermutigen sollte." (Stephenson 1962:523)

In diesem neuen weltpolitischen Kontext entwickelten sich dann – insbesondere auf der Iberischen Halbinsel und in den Niederlanden – auch neue, von den machiavellistischen Ideen abweichende Denkansätze zur Weltpolitik.

1.4.1 Die Entdeckung der Welt

Mit der Zeit wurden die Kreuzzüge stets deutlicher von ökonomischen Interessen dominiert, die die religiösen Rechtfertigungen mehr und mehr überlagerten. Prinz Heinrich (der Seefahrer) von Portugal (1394-1460) erbte als Herr des Jesusordens auch die Besitztümer des Templerordens und dessen weitverzweigte Handelsverbindungen. Seine Expeditionen zur Westküste Afrikas, die noch der Kreuzzugsidee verpflichtet waren, erweiterten den portugiesischen Handel um den Gold-, Elfenbein- und Sklavenhandel, der den Mauren abgenommen wurde. Zwar wurden die Sklaven vor ihrem Verkauf erst noch zum Christentum bekehrt, was aber nicht verhüllen konnte, daß die Expeditionen inzwischen ausschließlich zu kommerziellen Zwecken durchgeführt wurden. Die Portugiesen setzten sich mit ihren wagemutigen Schiffsreisen – um das Kap der guten Hoffnung weiter zum Indischen Archipel – an die Spitze der kommerziellen Expansion. Auch andere Seefahrer boten ihre Dienste an. So auch der „arbeitslose" Columbus aus dem norditalienischen Genua, der im Auftrag des spanischen Königs von Aragon 1492 den Seeweg nach Amerika entdeckte.

Offiziell rechtfertigte man die Entdeckungs- und Eroberungsexpeditionen auch weiterhin mit der Absicht, das Heilige Land zurückzuerobern und das europäische Christentum über die Welt zu verbreiten. Auch der Papst hielt an seinem Anspruch, daß die von treuen Untertanen entdeckten Gebiete seiner Gewalt zu unterstellen seien, fest. Nach der Rückkehr von Columbus teilte der (spanische) Papst die westliche Hemisphäre in zwei Teile auf, nämlich in eine spanische und eine por-

Columbus **als er in India erſtlich ankommen/ wirdt von den**   I X.
Einwohnern mit groſſem Geſchenck verehret vnd begabet
auffgenommen.

DA Columbus **in ſeiner erſten Schiffahrt zu Land gefahren/**
hat er an dem Geſtaden deß Meers ein höltzin Crucifix laſſen auffrichten/ dar
nach iſt er in die Inſel Haytin/ welche er Hiſpaniolam nennet/ kommen/ vnd
mit vielen Spaniern auff das Land auſgeſtiegen/ An demſelbigē Orth ward
er von dem Cacico (alſo nennen ſie die Königſche auff ihre Spraach) welcher
Guacanarillus mit Namen hieſ/ gantz freundtlich vnnd herrlich auffgenommen/ vnd als ſie
beyde einander mit Geſchenck vnd Gaben verehreten/ haben ſie ein Bündnuß der zukünff=
tigen Freundtſchaffte mit einander gemacht vnd beſtättiget: Es verehret vnnd begabet Co=
lumbus den König mit Hembdern/ Hüten/ Meſſern/ Spiegeln vnd dergleichen/ Hergegen
verehret vnd ſchencket dem Columbo der Cacicus ein groſſen vnd ſchweren glotzen Goldts/
Capit. 7.

„Die erste Landung des Columbus", Kupferstich 1596

44

tugiesische (Vertrag von Tordesillas 1494; im Jahre 1529 wurde durch den Vertrag von Zaragoza auf ähnliche Weise auch Asien aufgeteilt). Im Gegensatz zum fruchtbaren Kontakt mit der arabischen Kultur, von der Europa profitiert hatte, trug die Expansion der europäischen Welt eine Kultur der Gewalt, Intoleranz und Raubgier in die entdeckten Gebiete. Nach den Entdeckern kamen die Eroberer: nach Columbus tauchte Cortés auf, und Francisco Pizarro folgte Vasco da Gama auf dem Fuße (Nederveen Pieterse 1990:104; vgl. Wallerstein 1978).

Schon zur Zeit Machiavellis war die Weltpolitik auch zum Gegenstand wirt- More schaftlich-kommerzieller Betrachtung geworden. Thomas More, der später zum *Lord Chancellor* des englischen Königs Heinrich VIII. ernannt wurde, hielt sich im Jahre 1515 in Flandern auf, um dort mit Vertretern des habsburgischen Kaisers Karls V. über das englische Wollembargo zu verhandeln. In dieser Zeit lernte er liberal gesinnte Kaufleute und Humanisten, wie etwa Erasmus von Rotterdam, kennen. Diese Einflüsse schlugen sich in seiner Schrift *Utopia* aus dem Jahre 1516 nieder, worin More seine Unzufriedenheit mit der ungerechten und gewalttätigen Welt des frühen Kapitalismus zum Ausdruck brachte. In seiner Utopie einer idealen Gesellschaft entwarf er u.a. eine Außenpolitik, die nicht auf Krieg, sondern auf Klugheit und Sparsamkeit setzte. Stark sei nicht der Staat, welcher einen hohen Blutzoll forderte, sondern derjenige, welchem es gelänge, soviel Länder wie möglich zu Tributzahlungen zu verpflichten (More 1962:124-135).

Im Laufe des 16. Jahrhunderts büßte das christliche Weltbild immer mehr von seiner Überzeugungskraft ein. Man machte sich auf die Suche nach alternativen sinnstiftenden Ordnungssystemen, mit denen sich der (soziale) Zusammenhang der Welt neu begründen ließ. Die Renaissance hatte den Menschen in den Mittelpunkt des Weltbildes gerückt; doch hat die Entdeckung des Kopernikus (um 1540), daß sich die Erde um die Sonne dreht und nicht andersherum, dem Bild vom Menschen als vermeintlichem Höhepunkt der göttlichen Schöpfung wiederum Abbruch getan. Möglicherweise existierte überhaupt kein Zentrum des Universums. Vielleicht bestand es lediglich aus nicht-hierarchisch geordneten Komponenten, die vielerlei Kräften ausgesetzt waren, welche sich nicht auf nur einen einzigen Ursprung zurückführen ließen. An die Stelle der schlichten Gewißheit des Jüngsten Gerichts oder der Selbstsicherheit des frühen Humanismus trat ein „metaphysischer Schauder", der die Zeitgenossen der Entdeckungsreisen angesichts der „ewigen Stille unendlicher Räume" befing (Hauser 1975:301).

1.4.2 Naturrecht und Völkerrecht

Der Begriff „Naturrecht" meint im Gegensatz zum positiven, gesetzlichen Recht die allgemeine Rechtsgrundlage, d.h. die sittliche Einheit der Welt. Was vorher als Schöpfung galt, wurde nun als *Rechtsordnung* begriffen. Die Rückbesinnung auf das Naturrecht kann als ein Versuch angesehen werden, diesem „Schauder" mit den Mitteln der Vernunft zu begegnen.

„Die Rechtsgelehrten trugen einen großen Teil zur Ablösung des religiösen Weltbildes durch ein kommerzielles bei. Ihr Fachgebiet zwang sie, die ganze Arbeit der Anpassung des rechtlichen und politischen Systems an die Erfordernisse der neuen Ökonomie größtenteils selbst vorzunehmen. Dabei schien es ihnen, als würden sie lediglich die ewigen Grundsätze des *Naturrechts* [...] wieder zu Ehren bringen. Die Juristen des 16. und 17. Jahrhunderts standen in der Tradition des Humanismus, und die hervorragendsten unter ihnen waren immer darum bemüht, die Gewalt der religiösen Gegensätze zugunsten einer zivilisierten und toleranten Gesellschaft abzumildern." (Bernal 1969:1046)

Jus gentium Die Idee des Naturrechts ging auf den römischen Philosophen Cicero zurück, der es mit der Vernunft, dem „besseren Ich" des Menschen, gleichsetzte. Cicero ging davon aus, daß in der menschlichen Natur selbst ein Empfinden für Recht und Gerechtigkeit verankert sei. Ähnliches gelte auch für das *Jus gentium* (Völkerrecht). Im Mittelalter dagegen hatte sich die Auffassung vom göttlichen Ursprung des Rechts durchgesetzt.

Machiavelli hatte, wir wir wissen, in seinem *Il Principe* mit Nachdruck auf die Notwendigkeit eines Einheitsstaates hingewiesen. Die Fürsten Englands und Frankreichs verfolgten praktisch das gleiche Ziel, indem sie den Feudaladel unterwarfen und ein *Gewaltmonopol* errichteten. Damit war die Kriegsführung nicht länger eine Privatsache der Feudalherren, sondern fiel in die Zuständigkeit des Staates. Im Zeitalter der Glaubenskriege, die nach der Reformation von 1517 über Europa hereinbrachen, kam jedoch die Frage auf, ob die Ausübung der *Souveränität* des modernen Staates in solchen Kriegen an Regeln gebunden sei bzw. gebunden werden müsse. Vor diesem Hintergrund griffen spanische Jesuiten, deren wichtigster Vertreter Francisco Suárez war, auf das Naturrecht zurück (Meyers 1979:135-137).

Francisco Suárez Obwohl sie einem kämpferischen Orden angehörten, der die Gegenreformation durchsetzen mußte, erkannten diese Jesuiten, daß das Mittelalter unwiederbringlich der Vergangenheit angehörte. Sie verwarfen die Idee der absoluten Vorherrschaft des Papsttums in weltlichen Angelegenheiten und gingen von der Koexistenz verschiedener souveräner Staaten aus, die jedoch in ihren gegenseitigen Beziehungen an Verhaltensregeln gebunden sein müßten. Diese Regeln ergaben sich aus dem Naturrecht, dessen Schöpfer, nicht aber dessen Gesetzgeber Gott sei, wie Suárez es formulierte. Damit war der Weg für eine Weiterentwicklung des *Jus gentium* hin zu einem Völkerrecht geebnet (Edwards 1981:54/55).

Dem Machiavellismus hat der Einzelstaat als die vollendete Form politischer Entwicklung gegolten. Der universelle Idealismus dagegen hat auf eine Unifizierung der Welt gehofft, einer Einheit der Menschheit, die auf einem transzendenten Begriff rechtlicher Verpflichtungen gegründet sein sollte. Der Aufgabe, eine neue zeitgemäße Rechtsgrundlage für die zwischenstaatlichen Beziehungen zu entwerfen, hat sich Hugo de Groot gewidmet (Edwards 1981:95).

1.4.3 Der spanisch-niederländische Konflikt

Das spanische Weltreich war so tief im mittelalterlichen Wertesystem (Feudalismus, Ritterideal) verwurzelt, daß es den Herausforderungen der modernen Staatsentwick-

46

lung (England, Frankreich) und der überlegenen Ökonomie des Handelskapitalismus nicht gewachsen war. Gerade in den Auseinandersetzungen mit den rebellischen Niederlanden, die unter spanischer Herrschaft standen, und der modernen englischen Monarchie erwies sich die spanische Grandeur als ein hinderliches Relikt längst vergangener Zeiten. Das stolze Spanien war unfähig, eine adäquate Antwort auf die Demütigungen durch holländische Krämer und englische Piraten zu finden. In seinem klassischen Roman *Don Quijote* trieb Cervantes seinen Spott mit den obsoleten Idealen des Ritterstandes (Hauser 1975:276f.).

In den Niederlanden dagegen konnte sich der moderne Handel unbehindert entfalten. Die flämischen Städte hatten sich schon früh zu Handelszentren entwickelt. In den holländischen Städten setzte dieser Prozeß zwar erst später ein, dafür entwickelten sie jedoch eine umso lebhaftere *Handelsschiffahrt.* Im 15. Jahrhundert erlebte der Heringfang einen kräftigen Aufschwung. Hering wurde neben Bier, Milchprodukten und Tuch zu einem wichtigen Exportgut des holländischen Handels. Zuvor schon hatten die holländischen Grafen Seeland von Flandern abgetrennt, so daß sich das Mündungsgebiet der großen Flüsse vollständig in holländischer Hand befand. Im Laufe des 16. Jahrhunderts verdrängten die Holländer mit Gewalt die mittelalterliche Hanse aus dem Ostseehandel. Amsterdam stieg zum Zentrum des europäischen Getreidemarktes auf. Zusammen mit Pech, Holz und Metallen – Güter, die aus dem Ostseegebiet geholt wurden – wurde Getreide gegen Wein und Salz aus Südeuropa und gegen eigene Exportprodukte gehandelt (den Haan 1977:30-31). Als im Jahre 1596 die italienischen und deutschen Bankhäuser aufgrund der Zahlungsunfähigkeit Philipps II. zusammenbrachen, entwickelte sich die Stadt außerdem noch zum Mittelpunkt des europäischen Geldmarktes (Hauser 1975:320).

Der Aufstand der Niederlande gegen die spanischen Habsburger begann, als in Antwerpen und Brügge kirchliche Inquisitoren eingesetzt wurden und die Städte gegen diese Verletzung ihrer Stadtrechte protestierten. Doch erst ab 1572, im Zuge der *Reformation,* in der sich ein erwachendes Nationalbewußtsein ankündigte, nahm dieser Aufstand ein fortschrittliches Gepräge an. Inzwischen hatte sich der Schwerpunkt des Handels nach Norden verlagert, und die Oligarchien der niederländischen Städte sahen sich veranlaßt, eine zentrale Staatsmacht zu formen. Sie schufen die *Generalstaaten,* eine republikanische Vertretung der städtischen Elite, in der die holländischen Städte auf Grund ihrer Finanzkraft dominierten. Dieses Organ wurde mit gesetzgeberischen Befugnissen ausgestattet und vertrat die Sieben Provinzen der Niederlande in außenpolitischen Angelegenheiten (Parker 1981:173).

Nach der Lossagung von der spanischen Krone im Jahre 1581 machten sich die Holländer auf die Suche nach einem neuen Fürsten. Doch weder dem Grafen von Anjou (mit seinem Ratgeber Jean Bodin, dem Theoretiker des Absolutismus), noch dem englischen Grafen von Leicester gelang es, die (konkurrierenden) Handelsinteressen und den politisch-religiösen Partikularismus von Städten und Provinzen politisch zu vereinen. So kam es auch nicht zum Aufbau einer starken, zentralen Staatsmacht. Im großen und ganzen lag die faktische Macht der Republik in den Händen der Amsterdammer Kaufleute, die die Stadtregierung stellten (Parker 1981:238). Sie konnten bei wichtigen Entscheidungen auf Grund ihres großen Beitrags zum Staatshaushalt ihre Interessen in den Generalstaaten durchsetzen. Die fürstlichen Statthalter hatten im allgemeinen keinen entscheidenden Einfluß auf die

Entwicklung der Republik, spielten aber als Militärbefehlshaber eine gewisse Rolle. Sie formten ein Gegengewicht gegen allzu partikularistische Interessen der Provinzen und Städte und waren bestrebt, die staatliche Einheit der Republik aufrechtzuerhalten und zu stärken.

Nach der Einnahme Antwerpens durch spanische Truppen kamen in den achtziger Jahren des 16. Jahrhunderts angesehene flämische Kaufleute nach Holland. Sie verfügten über die nötige Erfahrung, das Kapital und die Beziehungen, die es erlaubten, den holländischen Handel und die Schiffahrt auch auf die neuentdeckten Kontinente auszudehnen. Jedoch erreichte der Überseehandel Hollands, die sogenannte „Große Fahrt" nach Afrika, Brasilien und später auch Indien, niemals die wirtschaftliche Bedeutung des Ostseehandels, des sogenannten „Mutterhandels". Die politischen Implikationen dieser „Großen Fahrt" waren aber umso bedeutsamer, da man die Seewege und die Häfen, die in den Händen der Portugiesen und Spanier waren, erobern mußte.

Anfänglich hatte man mit den Portugiesen zusammenarbeiten können. Als Portugal aber im Jahre 1580 von Spanien annektiert worden war, gründeten die Holländer eigene Handelsunternehmungen, die sie aus Sicherheitsgründen zu *Kompanien* zusammenfügten. Die Republik leistete militärischen Beistand: im Jahre 1599 griff eine niederländische Flotte von 200 Schiffen die Portugiesen auf den Kanarischen Inseln und Sao Tomé an und fuhr dann nach Brasilien weiter, wo den Portugiesen schwerer Schade zugefügt wurde. Mit Zucker an Bord kehrten die Schiffe dann in die Niederlande zurück (Den Haan 1977:74).

Gegen Ende des 16. Jahrhunderts drangen die Holländer bis nach Indien vor und gingen dort zum Angriff auf die portugiesischen Besitzstände über. Als die Engländer 1600 die East India Company errichtet hatten, entschlossen sich im Gegenzug auch die Niederländer 1602 zur Gründung der *Vereinigten Ostindischen Kompanie* (VOC).

Der Handel der Niederländer erschöpfte sich im wesentlichen in dreister Seeräuberei, deren Leidtragende zunächst hauptsächlich Portugiesen und Engländer waren. Daneben hatte vor allem die eingeborene Bevölkerung unter der Grausamkeit der Niederländer zu leiden, insbesondere unter J. P. Coen, der im Jahre 1619 *Batavia* (das heutige Jakarta) gründete, das später Sitz des Generalgouverneurs von Niederländisch-Indien wurde. Nach der Eroberung des westafrikanischen Elmina im Jahre 1637, einem portugiesischen Umschlagplatz des Sklavenhandels, wurden die Niederländer auch zu den wichtigsten Sklavenhändlern zwischen Afrika und dem westlichen Halbrund. Auf den Plantagen der Sklavenhalter in Brasilien und später Surinam erreichte die Unmenschlichkeit durch das Auftreten der Niederländer eine bis dahin wohl unvorstellbare Dimension (Boxer 1965:241; Vanvugt 1989:64-66).

1.4.4 *De Groot und die Freiheit der Meere*

Trotz – oder vielleicht gerade wegen – all dieser Grausamkeiten entstand das Bedürfnis, die Expansion des niederländischen Handels moralisch und juristisch zu rechtfertigen. Die Vermeidung von kriegerischen Auseinandersetzungen war kein vorrangiges Staatsziel der Republik, die immer dann militärisch eingriff, wenn der holländische Ostseehandel bedroht war. Erst als im 18. Jahrhundert die niederländischen Staatschulden stiegen, nahm das politische Interesse der Niederlande am Erhalt des Friedens zu (Boxer 1965:105-106). Gegenüber den skandinavischen Mächten, den Konkurrenten der Niederländer in der Ostsee, betrieb die Republik im 17. Jahrhundert eine „kostengünstige" Gleichgewichtspolitik. Auf Bündnisse mit anderen Staaten ließ man sich immer nur für kurze Zeit und aus opportunistischen Motiven heraus ein.

Der Konflikt zwischen den mächtigen Kaufleuten einerseits, deren Hauptinteresse ein freier, von gesamtstaatlichen Belangen unbehelligter Handel war, und den Statthaltern andererseits, die die Schaffung eines modernen Staates anstrebten, verschärfte sich zu Beginn des 17. Jahrhunderts. Hauptgegner in diesem heftigen Streit waren der Vertreter der Kaufleute, der Ratspensionär Van Oldenbarneveldt und der fürstliche Statthalter Prinz Moritz. Moritz forderte – gemeinsam mit den orthodoxen Kalvinisten – die Bildung eines zentralisierten Einheitsstaates und forderte die Fortsetzung des Krieges mit Spanien. Die Kaufleute aber wollten weder einen starken Staat noch einen Krieg. Beides sahen sie als Behinderung des freien Handels. Dieser Streit wurde hauptsächlich als Glaubensstreit ausgetragen, wobei es um die Frage ging, ob die kalvinistische Prädestinationslehre nicht zugunsten einer stärkeren Betonung des freien Willens revidiert werden müsse.

Einer der Mitstreiter Oldenbarneveldts war der junge Rechtsgelehrte Hugo de Groot (latinisiert: Grotius, 1583-1645). De Groot erhielt 1604 von der VOC den Auftrag, ein juristisches Gutachten zu erstellen, welches das Kapern portugiesischer Schiffe in den indischen Gewässern rechtfertigen sollte. Um die schwierigen Waffenstillstandsverhandlungen mit Spanien nicht zu gefährden, wurde de Groots Traktat zunächst nicht veröffentlicht. Erst 1609 wurde ein mehr allgemein gehaltener Teil der Arbeit, das Kapitel *Mare liberum* (Über die Freiheit der Meere) publiziert. Das Recht auf freien Zugang der Meere ließ sich laut de Groot damit begründen, daß Wind und Wasser kein Produkt menschlicher Arbeit seien und daher auch von niemandem als Eigentum beansprucht werden könnten (Romein 1976:238-239). Dieses Argument bedeutete die endgültige Zurückweisung des weltlichen Herrschaftsanspruchs des Paptes, der nach den Entdeckungsreisen immerhin noch die außereuropäischen Gebiete in eine portugiesische und eine spanische Hemisphäre aufgeteilt hatte. De Groot gab hiermit übrigens in zugespitzter Form lediglich die schon länger bestehenden Auffassungen der holländischen Kaufmannsklasse wieder.

> „Als damals weltweit stärkste Handels- und Seemacht formulierten die Niederlande schon früh ihren Anspruch auf die freie Verfügbarkeit der Weltmeere. So wurde am 15. März 1608 [...] in einer geheimen Resolution festgelegt, daß sie niemals ‚ganz oder teilweise, direkt oder indirekt die Freiheit der Weltmeere – wo auch immer in der Welt – zurücknehmen, aufgeben oder widerrufen' würden." (Boxer 1965:90)

De Groot trat als Anwalt dieser Interessen auf. 1612 verteidigte er in England das Recht der Niederlande, um den Engländern und anderen Nationen den Zugang zu den Molukkischen Inseln zu verwehren, mit dem Argument, die Niederländer hätten eigenhändig und ohne die Unterstützung anderer Nationen die Portugiesen und die Spanier aus diesem Gebiet vertrieben (Boxer 1965:102).

[Marginalien: Grotius / De Groot; Mare liberium]

Nachdem die liberalen Kaufleute um Van Oldenbarneveldt in dem genannten Religionsstreit unterlegen waren, wurde Van Oldenbarneveldt hingerichtet und de Groot arrestiert, konnte aber später nach Frankreich entkommen. Er konnte nicht mehr in die Republik der Niederlande zurückkehren und wurde Botschafter des schwedischen Königs bei Kardinal Richelieu in Paris.

De iure belli ac pacis

Im Jahre 1619, noch während seiner Haft in den Niederlanden, verfaßte de Groot sein Hauptwerk *De iure belli ac pacis* (Recht des Krieges und des Friedens), das 1625 veröffentlicht wurde. Obwohl die Holländer sich in der Praxis an den Grundsatz der Freiheit der Meere nur hielten, wenn das eigene Handelsinteresse solches zuließ, unternahm de Groot in dieser Schrift durchaus den Versuch, einen allgemeinen theoretischen Rahmen zu formulieren, aus dem sich Leitlinien für die Regelung des internationalen Verkehrs ableiten ließen. Außerdem entsetzte ihn die rücksichtslose Brutalität, die den Übergang vom Feudalismus zum modernen System souveräner Staaten begleitete. Er war daher bemüht, eine *neue, normative Werteordnung* zu entwerfen, welche die positiven geistigen, moralischen und rechtlichen Werte des Mittelalters in das neue Zeitalter hinüberretten sollte (R. Falk in: Edwards 1981:XV).

De Groot wandte sich explizit gegen die machiavellistische These, daß bei der politischen Machtausübung eines Königs oder einer Reichsstadt

„nichts, was zweckdienlich ist, ungerechtfertigt sein könne, und daß der Krieg mit dem Recht nicht zu versöhnen" (Grotius 1990:323)

sei.

Völkerrecht

Ebenso wie Machiavelli versuchte de Groot in der Tradition des Humanismus, die Einrichtung der Gesellschaft aus der *menschlichen Natur* heraus zu begründen. Die Grundzüge der menschlichen Natur bestanden seiner Ansicht nach aber nicht im Streben nach Besitz und Macht, sondern im Verlangen nach einem sozialen Zusammenleben („mit solchen seiner eigenen Gattung") (Grotius 1990:323). Das Naturrecht, das alle Rechtsprinzipien umfasse, die auch in einer christlichen Gesellschaft Gültigkeit besäßen, bringe diese inhärente Soziabilität des Menschen zum Ausdruck. Aus der Art der menschlichen Natur ergebe sich auch die Notwendigkeit der Schaffung einer Rechtsordnung, die die Beziehungen der großen Gemeinschaft der Staaten untereinander regele, nämlich ein *Völkerrecht* (Grotius 1990:325).

Krieg

Im Unterschied zu Machiavelli war de Groot der Auffassung, daß der *Krieg* sehr wohl in das Rechtssystem zu integrieren sei. Er sei insofern ein Gegenstand des Rechts, als mit ihm bestimmte Ansprüche auf Grundeigentum, Pflichterfüllung oder Strafverfolgung geltend gemacht würden. Jedem Staat müsse dieses Recht *(Jus ad bellum)* zugestanden werden, jedoch sollten die angewandten Gewaltmittel in einem rechten Verhältnis zum Anlaß stehen. Wenn die Verhältnismäßigkeit der Mittel nicht beachtet werde, könnte sich ein gerechter Krieg in einen ungerechten verkehren (Romein 1976:248).

De Groot sah den Staat übrigens noch nicht als eine abstrakte, künstlich geschaffene Instanz, sondern als eine konkrete Ableitung der universellen, natürlichen Gesellschaft. Für ihn war der Souverän identisch mit einer Person oder einer Personengruppe. In der Republik sei der „natürliche" Souverän identisch mit den Generalstaaten. Diese Ansicht verteidigte de Groot auch gegen die ihm noch fremde Vorstellung einer Volkssouveränität.

In vieler Hinsicht war de Groot, genau wie die Gesellschaft, aus der er hervorkam, noch der oligarchisch-feudalistischen Welt der Stadtstaaten verhaftet. Seine Ratschläge gründeten sich auf moralische Imperative und waren noch stark von scholastischen Argumentationsweisen durchsetzt (Edwards 1981:14). In diesem Sinne ist er einer der letzten Denker mittelalterlichen Gepräges.

2 Staatenbildung und europäisches Staatensystem

2.1 England: Hobbes und Locke

Die Republik der Sieben Vereinigten Niederlande wurde 1648 als souveräner Staat Westfälischer Friede anerkannt, war jedoch kein echter Nationalstaat. Die Anerkennung der kalvinistischen Staaten wie der Niederlande und der Schweiz anläßlich des Friedens von Münster und Osnabrück – der sogenannte *Westfälische Frieden* – beruhte vielmehr auf der allgemeinen Anwendung des Grundsatzes *cuius regio, eius religio* (Wer regiert, bestimmt die Religion), auf Grund dessen der Landessouverän die Religion der Untertanen bestimmen konnte. Dieses Prinzip war ein Zugeständnis Karls des V., Kaiser des Römischen Reiches Deutscher Nation, an die lutherischen Fürsten in Deutschland aus dem Jahre 1555 (Augsburger Religionsfrieden). Nach den nationalen und religiösen Kriegen, die ganz Europa erfaßt hatten (vor allem der Dreißigjährige Krieg in Deutschland und der Achtzigjährige Krieg in den Niederlanden) mußten die österreichischen und die spanischen Habsburger, unter die das Reich Karls V. aufgeteilt worden war, das gleiche Zugeständnis machen.

Allgemein gilt der Westfälische Frieden als die völkerrechtliche Grundlegung des modernen Staatensystems, nämlich die Anerkennung der gegenseitigen Souveränität. Das trifft jedoch nur den formalen Aspekt der Situation. In Wirklichkeit hatten sich in den verschiedenen Ländern unterschiedliche gesellschaftspolitische Entwicklungen vollzogen, wobei wir zunächst näher auf die englische Situation eingehen wollen.

In den folgenden Kapiteln wird noch zu zeigen sein, daß die Staats- und Gesellschaftsform, die sich im damaligen England herauszuschälen begann, von kaum zu überschätzender Bedeutung für den weiteren Verlauf der Weltpolitik war und noch ist.

2.1.1 Ursprüngliche Akkumulation und Königtum

Der Entstehungsprozeß des modernen Staates vollzog sich in England in enger Wechselwirkung mit dem aufkommenden Kapitalismus. Selbstverständlich spielte auch die Insellage Englands in Bezug auf das mittelalterliche Europa bei diesem politischen Verselbständigungsprozeß eine Rolle. Während des 16. Jahrhunderts emanzipierte sich England politisch und territorial allmählich vom europäischen Festland und um 1630 hatte es im wesentlichen seine Unabhängigkeit als Insel erreicht.

> „Von 1066 bis ins 15. Jahrhundert hinein hatte England [...] über einen großen Landbesitz in Frankreich verfügt, von dem 1530 nur noch wenig übriggeblieben war. Calais, der letzte Außenposten [Englands auf dem Kontinent, d.V.] fiel 1558." (Hill 1975:25)

Act of Supremacy   Der Bruch Englands mit der religiösen Ordnung des Mittelalters wurde förmlich im Jahre 1534 vollzogen, als Heinrich VIII., der mit dem Papst im Streit über die Billigung einer Ehescheidung lag, sich selbst durch den *Act of Supremacy* zum Haupt der *Anglikanischen* Staatskirche ernannte. Die Modernisierung des Staatsapparats ist bereits im vorigen Kapitel erwähnt worden. Die Tudors, insbesondere Heinrich der VII., Heinrich VIII. und Elisabeth I., beendeten durch ein strenges Regime die feudale Anarchie. Nach dem Tode Elisabeths hatte England ein höheres Maß staatlicher Einheit aufzuweisen als irgendein anderes europäisches Land (King 1974:59). Ein wichtiger Faktor bei der politischen Verselbständigung war das rapide Wachstum des englischen Handels, der eine grundlegende Wandlung der Gesellschaftsform zur Folge hatte.

Gegen Ende des 15. Jahrhunderts gaben die englischen Feudalherren allmählich den Getreideanbau auf und verlegten sich auf die Schafzucht. Grund hierfür war die große Nachfrage des flämischen Textilgewerbes nach Wolle. Die Bauern, die bisher den Boden bearbeitet hatten, mußten daher vom Land vertrieben werden; Grund und Boden herrschaftliches Ackerland und Teile der Allmende gingen als absolutes Eigentum in die Hände des kommerziell eingestellten Landadels über. (Diese Art der Besitznahme wird wegen der Abgrenzung von Weideland als Einhegung bezeichnet). Die damals entstehenden Aktiengesellschaften *(joint stock companies)* ermöglichten es auch den Landbesitzern, vom steigenden englischen Handel zu profitieren. England entwickelte sich von einem zweitrangigen Handelsposten zu einer Handelsmacht. Im 16. Jahrhundert verloren die Venetianer und die Hanse ihre kommerzielle Vormachtstellung, und konnte der englische Handel seinen semikolonialen Status, den er bisher innegehabt hatte, abschütteln (Hill 1975:74).

Dieser Prozeß der *ursprünglichen Akkumulation,* der einerseits zur Entstehung von Handelskapital führte und andererseits breite gesellschaftliche Schichten ihrer Existenzgrundlage beraubte, mündete letztendlich in revolutionären Unruhen.

> „Bereits im 14. Jahrhundert läßt sich die zunehmende Bedeutung des Handels für die städtische und ländliche Ökonomie erkennen. Die Feudalordnung zerfiel immer mehr und wurde von einer relativ milden Form absolutistischer Herrschaft verdrängt. Beide Entwicklungen können sich erst nach erbitterten religiösen Kämpfen durchsetzen, die einerseits Widerspiegelung, andererseits auch Ursache der Angst und Bitterkeit waren, womit die gegenseitige Ablösung kultureller Epochen notwendigerweise immer einhergehen." (Moore 1981:4f.)

Handelskapital   Das *Handelskapital* wurde im Laufe des 17. Jahrhunderts immer mächtiger. Der Frieden mit Spanien läutete eine große Blüteperiode für England ein, und um 1640 erreichte der Tuchexport in den Mittelmeerraum einen Höhepunkt (Hill 1975:73).

54

Die englischen Könige versäumten es jedoch, die Handelsinteressen ihres Landes entsprechend staatlich zu unterstützen. Die Stuarts brachen das im Jahre 1600 an die *East India Company* verliehene königliche Handelsmonopol, indem sie in den darauffolgenden Jahren auch anderen Gesellschaften das Recht erteilten, Handel mit Ost-Indien zu treiben.

Nur die mächtigsten Händler verfügten über gute Beziehungen zum Hof, während die kleineren Händler und die kommerziell produzierenden Grundbesitzer vergeblich versuchten, über das Parlament eine gesetzlich abgesicherte Handelspolitik zu erzwingen. Eine solche Politik wäre nötig gewesen, um die holländische Beherrschung der Seewege ins Ostseegebiet, nach Ostasien und Amerika durchbrechen zu können (Hill 1975:80-81).

Auch in den ländlichen Gebieten verfolgte die Krone eine im wesentlichen feudale Politik. Sie versuchte, die Desintegration der ländlichen Sozialstruktur aufzuhalten, die eine Folge der Einhegungen (enclosures) war, und erließ Gesetze zum Schutz der Pächter. Hierin ist eine der Ursachen dafür zu sehen, daß die Kaufleute sowie die frühkapitalistischen Großgrundbesitzer das Königtum in zunehmendem Maße als einen Hemmschuh bei der Durchsetzung ihrer Interessen erfuhren. Vor allem während der Regierungsperioden katholischer und prospanischer Könige konnten breite Schichten der Bevölkerung gegen die Krone mobilisiert werden.

Nach einem Konflikt zwischen dem katholischen König Karl I. und dem Parlament brach 1642 ein Bürgerkrieg aus, der mit der Hinrichtung des Königs endete und die Herrschaftsgewalt in die Hände des protestantischen *Oliver Cromwells* legte. Dieser Bürgerkrieg markiert die Ablösung der auseinanderbrechenden feudalen Gesellschaftsordnung durch eine bürgerliche Gesellschaftsform. Dieser Prozeß wurde in seiner Anfangsphase von einer starken, zentralistischen Obrigkeit mit diktatorischer Härte gesteuert. Die Phase der rigorosen Koordinierung gesellschaftspolitischer Modernisierungsprozesse durch eine zentralistische Staatsmacht war in England – im Unterschied zur übrigen Welt – nur von kurzer Dauer.

2.1.2 Hobbes

Das Denken von Thomas Hobbes (1588-1679), dem Theoretiker des *Absolutismus,* war in entscheidender Weise vom Trauma des englischen Bürgerkriegs geprägt worden. In seinem Hauptwerk *Der Leviathan* aus dem Jahre 1651 ist der Begriff des Bürgerkrieges allgegenwärtig. Das erklärt seinen Standpunkt, die Politik müsse sich auf das absolute Recht der *staatlichen Obrigkeit* gründen, der gegenüber die Untertanen zu absoluter Gehorsamkeit verpflichtet seien. Die Notwendigkeit einer solchen Obrigkeit ergab sich für ihn nicht etwa aus einer göttlichen Legitimation staatlicher Autorität, sondern, rein pragmatisch, aus der Aufgabe, Bürgerkriege zu verhindern.

Leviathan

Hobbes hatte in Oxford noch eine scholastische Ausbildung erhalten, fühlte sich aber mehr zur empirischen Wissenschaft eines Francis Bacon hingezogen, dessen Assistent er war, bevor er nach Paris und Florenz ging. Dort begegnete er Galilei, der sich mit der Theorie des Kopernikus über das Sonnensystem beschäftigte. Hobbes' Vorliebe für naturwissenschaftliche Methoden und Erkenntnisse hat auch sein gesellschaftspolitischen Denken sehr beeinflußt (C. B. Macpherson in: Hobbes 1968:18-19).

Beim Ausbruch des Bürgerkrieges wich der monarchistische Hobbes nach Paris aus. Auch Frankreich mußte er wieder verlassen, als die antipäpstliche Haltung seines inzwischen in England veröffentlicheten Buches *Leviathan* bekannt wurde. Erst nachdem in England 1660 die Monarchie wiederhergestellt war, konnte er sich wieder in der englischen Öffentlichkeit sehen lassen. Obendrein gewährte ihm der König eine jähtliche Apanage von £ 100.

Machtstreben Hobbes ging davon aus, daß die menschliche Natur vom Machtstreben beherrscht werde, und die einzige Möglichkeit, um einen Krieg aller gegen alle zu verhindern, sah er in der Etablierung einer starken Autorität (Hobbes 1968:223). Alle Menschen liebten sowohl die Freiheit als auch das Herrschen über andere; der einzige Grund für die Selbstbeherrschung der in einem gesellschaftlichen Verband *(Commonwealth)* lebenden Menschen sei ihr Wunsch zu überleben,

„das heißt, um sich selbst aus dem schrecklichen Kriegszustand zu befreien, der notwendigerweise und erwiesenermaßen aus den natürlichen Trieben der Menschen folgen würde, *wenn es keine sichtbare Macht gäbe, die ihnen Respekt abnötigte* " (Hervorhebung v.V.).

Zu diesem Zweck müsse die Macht aller Bürger auf *einen* Mann oder ein Kollektiv von Männern übertragen werden, die ihren Willen zu *einem einzigen* Willen zusammenschmiede. So werde die Masse in *einer* Person vereinigt, und sobald das erreicht sei, forme die Masse eine Gesellschaft *(Commonwealth)* und bringe sie einen *Leviathan* hervor, einen sterblichen Gott, so sagte er (1968:227), dem wir

„unter dem unsterblichen Gott unseren Frieden und unsere Verteidigung zu verdanken haben."

Souveränität Das Neue an den hobbesschen Auffassungen war, daß die *Souveränität* nicht länger, wie etwa bei Jean Bodin in Frankreich, an die Person des Fürsten gebunden ist, sondern bereits abstraktere Merkmale besitzt. Hobbes philosophiert über den *Staat als eine autonome Entität,* welche die Bündelung aller Willensäußerungen der Gesellschaft ist, und somit *der Gesellschaft gegenübersteht* (King 1974:57-58).

Der Staat, dieses nach Hobbes' Ausffassung so erhabene Gebilde, durfte selbstverständlich nicht den Launen seiner Bürger ausgesetzt werden. Der Souverän, gleichgültig ob dieser nun eine Person oder eine zusammengestellte Körperschaft sei, dürfe daher auch selbst über seine Nachfolge bestimmen. Die Bürger bräuchten im übrigen nicht zu fürchten, daß ihre Interessen vom Souverän mißachtet würden, wolle der doch seinen Untertanen niemals Schaden zufügen, da seine eigene Größe geradezu vom Wohlbefinden seiner Untertanen abhinge (C. B. Macpherson in Hobbes 1968:47-48). Ein einvernehmliches Verhältnis zwischen Souverän und Volk sei auch unabdingbar, um Stärke nach außen hin demonstrieren zu können. Die Existenz

äußere Feinde eines äußeren Feindes, der die Gesellschaft zusammenschmiede, hielt Hobbes für die Grundvoraussetzung eines dauerhaften Gemeinwesens (1968:311). Was Hobbes in seinem Leviathan nicht berücksichtigt hatte,

„war die zentripetale Kraft einer konsistenten bürgerlichen Klasse in der Gesellschaft. Er stand noch so sehr unter dem Eindruck der zersetzenden und destruktiven Gewalten, die sich während des Bürgerkrieges manifestiert hatten, [...], daß er nicht erkennen konnte, daß sein Modell [einer kapitalistischen Marktgesellschaft, d.V.] auch notwendigerweise eine differenzierte Klassenstruktur hervorbringt, von der erwartet werden kann, daß sie eine Klassenkohäsion produziert, zumindestens in der Klasse, die an die Spitze strebt" (Macpherson in: Hobbes 1968:56).

Daß die Bourgeoisie ohne die Anleitung und Kontrolle eines mächtigen Staates ihre Herrschaft in der Zivilgesellschaft selbst hätte gestalten können, wäre für Hobbes undenkbar gewesen.

Mit seinem Staatsmodell wollte er ja gerade zeigen, auf welche Weise eine Gesell- starker Staatschaft, in der die neuen und alten Kräfte miteinander im Widerstreit liegen und der Machtkampf zwischen ihnen noch nicht entschieden ist, doch zusammengehalten werden kann. Die Hauptmerkmale des *hobbesschen Staates* sind: absolute Souveränität einer starken, zentralen Obrigkeit und eine scharfe Abgrenzung gegenüber dem Ausland. Wie bereits gesagt, war diesem Staatstyp in England selbst nur ein kurzes Leben beschert.

2.1.3 Absolutismus und Merkantilismus

Der starke Staat war die wichtigste Koordinationsinstanz bei der Transformation der englischen Feudalgesellsschaft in eine kapitalistische. Die Enteignung der Klöster, die ausgedehnte Ländereien besaßen, vergrößerte noch zusätzlich das Heer der Landstreicher, das durch die bereits erwähnte Umstellung auf Schafzucht entstanden war. Allmählich begannen sich die Umrisse einer Klasse abzuzeichnen, die nichts als ihre Arbeitskraft zu verkaufen hatte und deren einziger Besitz ihre Nachkommenschaft war: die *Proletarier*. Durch strenge Gesetze gegen Landstreicherei wurde der Prozeß, der die Landstreicher zu Lohnarbeitern machte, von Seiten des Staates beschleunigt: alte und kranke Menschen erhielten einen Bettelschein, aber jeder Arbeitsfähige, der nicht in ein abhängiges Lohnverhältnis eintreten wollte, wurde streng bestraft. Hobbes hatte diesbezüglich empfohlen, daß

> „diejenigen, die einen kräftigen Körper besitzen, [...] zur Arbeit gezwungen werden; um zu verhindern, daß sie keine Arbeit finden können, müssen Gesetze zur Förderung des Gewerbes – wie etwa der Schiffahrt, der Landwirtschaft, der Fischerei und aller Erwerbszweige, bei denen Arbeit eingesetzt werden kann, erlassen werden" (1968:387).

Der gesellschaftliche Durchbruch kapitalistisch orientierter Schichten, die aus han- Merkantilismusdeltreibendem Landadel und der aufstrebenden Gewerbewirtschaft bestanden, hatte auch Konsequenzen für die Außenbeziehungen des englischen Staates, der alles daransetzte, die Niederlande, den damals wichtigsten Handelsrivalen Englands, zu verdrängen. Die *Navigationsakte* aus dem Jahre 1651 sollte die eigene Schiffahrt auf den großen Seewegen fördern und die holländische Handelsschiffahrt zurückdrängen. Als Folge dieser Maßnahme kam es zwischen 1652 und 1784 zu vier kriegerischen Auseinandersetzungen mit den Niederlanden, in denen die Engländer die Vorherrschaft ihrer Handelsflotte auf den Weltmeeren noch verstärken konnten. Die englische Außenpolitik verkörperte eine neue Entwicklungsphase *merkantilistischer* Politik: nach dem Handel mit Edelmetallen, der eng mit der ursprünglichen Akkumulation verbunden war, wurde jetzt ein Merkantilismus betrieben, der auf die Interessen der heimischen Industrie zugeschnitten war. Die Regierung verfügte, daß alles getan werden müsse, was der eigenen Industrie und dem eigenen Gewerbe nütze und der ausländischen Konkurrenz schade. Dieser Grundsatz wurde auch für die Politik Englands in Bezug auf seine Kolonien bestimmend.

2.1.4 Kolonisierung und die sich selbst regulierende Gesellschaft

Kolonisierung wurde auch von Hobbes als Alternative zum Arbeitszwang empfohlen:

> „In Anbetracht der Tatsache, daß die Zahl der Menschen, die stark genug sind, noch immer ansteigt, sollten sie in solche Länder übersiedelt werden, die noch zu wenig bewohnt sind, wobei sie diejenigen, die sie dort antreffen, übrigens nicht ausrotten, sondern zwingen sollten, näher zusammenzurücken" (1968:387).

Die englischen Untertanen, die dann tatsächlich ihr Land verließen, um die Neue Welt zu kolonisieren, wollten dadurch in erster Linie dem – von Hobbes propagierten – strengen staatlichen Regime entkommen. Wegen der unaufhaltsamen Durchsetzung der Enclosure-Politik, die eine Proletarisierung großer Teile der Bevölkerung nach sich zog, aber auch aus Unzufriedenheit über die mißlungenen Versuche, die Anglikanische Staatskirche zu reformieren, entschieden sich viele Engländer zur Auswanderung nach Amerika. In der ersten Hälfte des 17. Jahrhunderts waren es etwa 70.000. Dieser Zustrom von Kolonisten stärkte die englische Position gegenüber den Niederländern, die am Hudson River lediglich einen Handelsposten unterhielten. Im Jahre 1664 mußte der Gouverneur Stuyvesant alle niederländischen Besitzungen an die Engländer abtreten (Garraty/Gay 1981:671).

Nach der Wiedereinführung der britischen Monarchie 1660 wurde auch die Neuordnung des überseeischen Imperiums gründlich in Angriff genommen. Die amerikanischen Kolonien wurden vereinigt und strenger als bisher der Autorität der englischen Krone unterstellt. Hauptziel dieser Politik war die Monopolisierung der kolonialen Handelsschiffahrt. Weitere Navigationsakte wurden erlassen, und 1696 war die Monopolisierung im großen und ganzen verwirklicht. Übrigens versuchte England zu verhindern, daß die koloniale Produktion dem heimischen Industriegewerbe Konkurrenz machte. In einem Staatsrapport aus dem Jahre 1699 wurde festgehalten, daß

> „es der Zweck der Plantagengründung [in Übersee, d.V.] sei, Arbeitskräfte nur in solchen Gewerbesparten anzustellen, welche Sachen produzieren, die nicht auch in England hergestellt werden" (zit. in Dobb 1973:205).

Es war den Kolonien im allgemeinen untersagt, Rohstoffe an andere Länder als England zu liefern, so daß England seine Vormachtstellung im kolonialen Handel bewahren konnte. 1699 verbot z.B. ein Gesetz, Wolltuch aus Amerika zu exportieren; Tabak und Zucker dagegen durften wiederum nur an England geliefert werden. Diese restriktive Politik gegenüber den Kolonien führte letztendlich zum Unabhängigkeitskrieg der Kolonien gegen das Mutterland und 1776 zur *Amerikanischen Unabhängigkeitserklärung*.

In kultureller und politischer Hinsicht waren die (späteren) Vereinigten Staaten von Amerika und Britisch Kanada ein Produkt des englischen 17. Jahrhunderts, und im besonderen einer ganz spezifischen Phase dieser Periode: des Übergangs vom königlichen Absolutismus und der puritanischen Diktatur zu einer *sich selbst regulierenden zivilen Gesellschaft* (Gramsci 1971:186f.; zu Amerika siehe: Gerstenberger 1973:85).

Diese Übergangsphase kam in England im Jahre 1688 mit der *Glorious Revolution* zu einem vorläufigen Abschluß. Aus Unzufriedenheit mit den absolutistischen Tendenzen des katholischen Königs Karl II. bot das britische Parlament dem protestantischen Niederländer Wilhelm III. die britische Krone an. Der Thronwechsel fand ohne Blutvergießen statt. Das Parlament hatte damit einen wichtigen Sieg im Kampf um die Macht im Staate errungen. Mit der Bindung der Krone an das Parlament wurde die spätere konstitutionelle Entwicklung eingeleitet. Den Forderungen der kapitalistisch orientierten Grundbesitzer auf absolutes Eigentumsrecht an Grund und Boden wurde dort, wo es noch nicht geschehen war, gesetzlich stattgegeben. Hiermit war das größte Hindernis auf dem Wege zu einer kapitalistischen Produktionsweise endgültig aus dem Weg geräumt.

2.1.5 Locke

John Locke (1632-1704), ein englischer Universalgelehrter, war ein enger Vertrauter des großen zeitgenössischen Staatsmanns Anthony Ashley Cooper, dem Grafen von Shaftesbury. Shaftesbury bekämpfte nach der Restauration der Monarchie die absolutistischen Neigungen Karls II. und war der Architekt der *Habeascorpus*-Akte von 1670, die die persönliche Freiheit des Bürgers vor den Zugriffen der Obrigkeit gewährleisten sollte. Shaftesbury, damals noch Lord Ashley, litt an einem Lebergeschwulst und Locke rettete ihm das Leben, indem er – gemessen an dem damaligen Stand der Medizin – ein medizinisches Wunder verrichtete. Locke wurde großzügig belohnt und bekleidete verschiedene öffentliche Ämter im Dienste Shaftesburys. Er war u.a. Verwalter des kolonialen Besitzes im nordamerikanischen Carolina, Sekretär beim Handelsministerium und, nachdem sein Gönner 1672 zum Lord Chancellor ernannt worden war, Sekretär für Kirchenfragen. In seiner Eigenschaft als Lord Chancellor führte Shaftesbury ausführliche Gespräche mit Locke.

John Locke, 1632-1704

Habeascorpus

„Lockes Abhandlung *Two Treatises [of Government]* haben wir der in häufigen Konversationen mit dem ersten Grafen von Shaftesbury erworbenen, erstaunlichen Kenntnis der Staatsgeschäfte zu verdanken. [...] Tatsächlich legt das vorhandene Quellenmaterial die Vermutung nahe, [...] daß er dieses Buch eigentlich zur Unterstützung der politischen Zielsetzungen von Shaftesbury geschrieben hat." (Lasslet in Locke 1965:39)

Obwohl Locke anfänglich ein Bewunderer von Hobbes gewesen war, hatte ihn eine Frankreichreise endgültig von den Nachteilen des Absolutismus überzeugt. Der

Arbeitstitel seines *Treatises*-Manuskripts lautete dann auch: „Über die gallische Krankheit" (Lasslet in Locke 1965:75).

Als Shaftesbury 1683 starb, wurde Locke Berater und Vertrauter eines anderen mächtigen englischen Aristokraten, Lord Somers, der ebenfalls später Lord Chancellor wurde und bis 1700 der wichtigste Mann in der Regierung Wilhelms III. war.

Locke folgte dem Beispiel seiner adligen Vorbilder, indem er in verschiedene überseeische Handelsgesellschaften und in die *Bank of England* investierte, was ihm ein großes Vermögen einbrachte. Er war ein eingeschworener Feind von Bettlern und Armen und trat für Kinderarbeit ab dem 3. Lebensjahr ein (Lasslet in Locke 1965:56). Locke beschrieb in seinem Buch die Wirklichkeit der beginnenden kapitalistischen Produktionsweise (u.a in einer eigenen Arbeitswerttheorie, 1965:339) und leitete daraus die Theorie einer durch Recht und Gesetz regulierten zivilen Gesellschaft ab, in welcher sich die Aufgaben des Staates auf die Garantie und den Schutz des Privateigentums beschränkten.

2.1.6 Lockes Kritik des zentralistischen Staatsmodells

Eigentum   Hobbes sah den Naturzustand des Menschen als einen Kampf aller gegen alle. Für Locke dagegen beinhaltete der Naturzustand des Menschen seine völlige Handlungsfreiheit und seine freie Verfügung über *Eigentum*. Was Hobbes als natürlich ansieht, ist nach der Ansicht von Locke die Folge des übergroßen Verlangens Einzelner, absolute Macht über andere zu erlangen.

Die Schlußfolgerungen, die beide Denker im Hinblick auf die internationalen Beziehungen aus ihren unterschiedlichen Standpunkten ziehen, weichen daher auch radikal voneinander ab. Laut Hobbes befindet sich die Welt aufgrund einer fehlenden weltpolitischen Obrigkeit in einem fortwährendem Kriegszustand. In den Augen von Locke ist die Koexistenz von

> „Fürsten und Herrschern *unabhängiger* Regierungen in der ganzen Welt"

Freiheit   geradezu ein exemplarischer Beweis für das natürliche Streben der Menschen nach *Freiheit* und Unabhängigkeit (1965:317).

Gesetz   Im Kern der Staatsauffassung Lockes stehen die Schutzfunktion des Staates dem nationalen und internationalen Eigentum gegenüber (der *„Nachtwächterstaat"*) und die Möglichkeit für die Mitglieder der zivilen Gesellschaft, das Gesetz anrufen zu können, um diesen Schutz wirksam werden zu lassen. Daher, so Locke (1965:369),

> „ist die absolute Monarchie, die manche als die einzig wahre Regierungsform betrachten, *unvereinbar mit der zivilen Gesellschaft.*"

Im Absolutismus gebe es keine unabhängigen Richter, ja überhaupt keinerlei Form von Gewaltenteilung.

Lockes Ausführungen beziehen sich primär auf die britischen Kolonien in Amerika. Die dortige, sich selbst verwaltende Sklavenhaltergesellschaft ist nicht ohne Einfluß auf seinen Staatsbegriff gewesen.

„Die Beziehungen innerhalb der amerikanischen Pflanzerfamilien und deren Beziehungen untereinander können als Muster für den Ursprung und die Wesenszüge des Lockeschen Staates gesehen werden," betont der Herausgeber von Lockes Treatises (1965:277f).

Locke hatte in der gemeinsam mit Shaftesbury konzipierten Verfassung für den Staat Carolina und auch in den *Treatises* das absolute Verfügungsrecht über Sklaven gerechtfertigt. Im Jahre 1679 verteidigte er die Sklaverei in seinen Weisungen an den Gouverneur von Virginia mit dem Hinweis, daß die Neger in einem gerechten Krieg (in Afrika) zu Sklaven gemacht wurden (Lasslet in Locke 1965:325f.).

Die *zivile Gesellschaft* werde von all jenen geformt, die Teil eines Gemeinwesens seien, zivile Gesellschaft

„das über ein gemeinschaftlich festgelegtes Recht und eine Rechtsmacht verfügt, welche sie anrufen können, und die mit genügend Macht ausgestattet ist, um Streitigkeiten zwischen ihnen schlichten und Gesetzesübertreter bestrafen zu können" (Locke 1965:367).

Die Herrschaft dieser zivilen Gesellschaft erstrecke sich im Prinzip über das *ganze britische Empire*. Ja, Lockes Ausführungen hierzu implizieren sogar, daß diese Gesellschaftsform sich über die ganze Welt ausdehnen werde, falls die Staaten es schaffen könnten, ihre gegenseitigen Konflikte zu begrenzen.

Ähnliche Gedankengänge finden wir auch in Lockes Verhältnis zum Problem der *Eroberungen* wieder: eine Staatsmacht dürfe weder innerhalb noch außerhalb ihres Hoheitsgebiets das Eigentumsrecht verletzen. Wenn ein Eroberer sich die Besitztümer eines eroberten Landes willkürlich aneignen dürfe, so schrieb er (1965:443),

„dann werden alle freien und freiwillig geschlossenen *Verträge* hinfällig und ungültig; ihre Außerkraftsetzung – in jedem gewünschten Augenblicke – ist dann lediglich vom Einsatz genügend großer Machtmittel abhängig."

Daher dürfe ein Eroberer, der einen zu rechtfertigenden Anlaß zur Eroberung gehabt habe, seine Schadensersatzansprüche nur gegenüber den Verschwörern geltend machen, die den Krieg gegen ihn angezettelt hatten; gegenüber dem übrigen Volk, den Kindern der Gefangenen und deren Eigentum könne er jedoch keine Ansprüche geltend machen.

2.1.7 Britische Gleichgewichtspolitik

Nach der Glorious Revolution (1688) stand der Aufbau eines überseeischen Empires im Mittelpunkt der englischen Politik. Die Holländer wurden als Handelsmacht zurückgedrängt und übernahmen im Laufe des 18. Jahrhundert die Finanzierung der britischen Expansion. Mitte des 18. Jahrhunderts besaßen niederländische Anleger ein Viertel der englischen Staatsschulden und schätzungsweise ein Drittel der Bank of England und der *East India Company* (Boxer 1965:110).

Englands großer Rivale war nun *Frankreich*, das große Teile von Nordamerika, der Karibik und Indiens besaß. Es entwickelte sich rasch zur stärksten Macht des europäischen Festlands. Schon bald nach der Glorious Revolution wurde die französische Herausforderung spürbar, als König Ludwig XIV. einen Enkel auf dem (unbesetzten) spanischen Thron installierte. Als der Sonnenkönig obendrein auch noch einen katholischen Anwärter auf die englische Krone unterstützte, entschloß sich Wilhelm III. zusammen mit den Österreichern zum Krieg gegen Frankreich. Nach dem Ende des *Spanischen Erbfolgekriegs,* der bis 1713 dauerte, des *Österreichischen Erbfolgekriegs* in den vierziger Jahren des 18. Jahrhunderts, und des *Siebenjährigen Kriegs,* der im Jahre 1763 endete, hatte Frankreich den größten Teil seines nordamerikanischen und indischen Kolonialbesitzes, den es an England abtreten mußte, verloren.

Politik des Gleich-
gewichts der Mächte
Da die Briten die Absicht verfolgten, das französische Weltreich zu erobern – was den Großteil ihrer Staatsfinanzen beanspruchte – konnten sie sich nur indirekt in die Auseinandersetzungen auf dem europäischen Kontinent einmischen und begnügten sich daher mit einer *Politik des Gleichgewichts der Mächte.* Diese Politik nahm während des Spanischen Erbfolgekriegs unter dem englischen Außenminister Lord Bolingbroke Gestalt an, und war darauf gerichtet, einer den britischen Interessen zuwiderlaufenden Machtkonzentration auf dem Festland entgegenzusteuern. England sah sich in der Rolle eines *Wächters des Gleichgewichts:* Es schloß sich immer denjenigen Koalitionen an, die sich gegen die jeweils dominante Macht auf dem europäischen Kontinent bildeten; im 18. und zu Beginn des 19. Jahrhunderts war das Frankreich.

2.1.8 Hume

Es war der Schotte David Hume (1711-1776), der die britische Gleichgewichtspolitik auf klassische Weise theoretisch formulierte. Schottland war im 18. Jahrhundert das Zentrum des ökonomischen und intellektuellen Fortschritts in Großbritannien. Handel und Gewerbe entwickelten sich zu ungekannter Blüte. Glasgow war die Hochburg des britischen Tabakhandels und hatte auch eine florierende Textilindustrie. Zwischen 1707 und 1830 stieg die Einwohnerzahl der Stadt von 13.000 auf 200.000. Dieser ökonomische Aufstieg war auch die Ursache für die Entwicklung der schottischen Universitäten, die im Gegensatz zu den aristokratischen Bollwerken Oxford und Cambridge den Geist der Bourgeoisie atmeten (Therborn 1976:157). Hume war Mitglied der *Select Society,* einer illustren Gesellschaft schottischer Intellektueller, Adeliger und Geschäftsleute, die in den fünfziger Jahren des 18. Jahrhunderts von Adam Smith, dem Verfasser des klassischen Standardwerks der liberalen Ökonomie *(The Wealth of Nations,* 1776), gegründet worden war.

Hume war ein selbstbewußter Bourgeois, der nicht mehr – wie Locke – im Dienst eines adeligen Gönners stand, sondern seinen Lebensunterhalt als selbständiger Autor verdiente. Während Defoe, der Autor des „Robinson Crusoe" sein Meisterwerk nur mit Mühe bei einem Verleger zum Spottpreis von £10 unterbringen konnte, verdiente Hume 10 Jahre nach Defoes Tod mit seiner *History of England* bereits 3400 £ (Hauser 1975:364).

Hume brachte in seinem Werk *Treatise on Human Nature* (1740) die Skepsis der aufsteigenden Bourgeoisie gegenüber den aristokratischen und religiösen Werten zum Ausdruck. Er legte dar, daß alle kategorischen Aussagen über das Wesen des Menschen, wie etwa seine von den Utilitaristen behauptete Sucht nach Macht und Glück, oder auch seine vermeintlich angeborene Soziabilität, auf einer Überbewertung und Verabsolutierung von gesellschaftlich gewachsenen Gewohnheiten beruhe. Im praktischen Leben jedoch sei der Mensch lediglich ein Spielball seiner Triebe, auch wenn die sozialen Gepflogenheiten das Ausleben dieser Triebe in gesellschaftlich vertretbaren Grenzen hielten. Seine empiristische und positivistische Wissenschaftsphilosophie mündete in einem extremen *Skeptizismus,* der als einzige Sicherheit nur die *sinnliche Wahrnehmung* gelten ließ.

Skeptizismus

„Abstrakte Ideenphilosophie ist unvermeidlich die Quelle von Unsicherheit und Verirrungen", schrieb Hume (zit. in Seidman 1983:36).

Seine Anschauungen über internationale Beziehungen finden wir in seinen Schriften *Political Discourses* (1751) und *Essays: Moral, Political and Literary* (1752). In der letztgenannten Abhandlung tritt er dafür ein, daß Großbritannien seine europäische Gleichgewichtspolitik umsichtiger und sparsamer als bisher betreibe. Zwar sei es durchaus sinnvoll, die Koalition gegen die ehrgeizigste Macht des europäischen Festlandes zu unterstützen (1966:308). Aber im Unterschied zum antiken Athen, das in Griechenland ebenfalls eine Art Gleichgewichtspolitik betrieben habe, hätten die Briten sich in den Kriegen mit Frankreich von Trotzhaltungen und Leidenschaften leiten lassen. Alle diesbezüglichen Kriege mit Frankreich hätten – mit denselben Resultaten übrigens – früher beendet werden können, und, so behauptet er,

„unsere gesamte Staatsschuld verdanken wir eher unserer ungestümen Leidenschaftlichkeit als den Ambitionen unserer Nachbarn."

Die Briten sollten es vermeiden, sich in Kriege, die zur Aufrechterhaltung des Gleichgewichts der Mächte nicht strikt notwendig seien, verwickeln zu lassen. Hume teilt den aristokratischen Hang zum Krieg nicht. Der bloße Kampf um Territorium ist für ihn kein Wert an sich. Überflüssige Kriege seien Geldverschwendung. Er schrieb hierzu:

Kriege sind Geldverschwendung

„Daß wir uns in so großem Umfang mit unserem Vermögen für einen Krieg verbürgt haben, in welchem wir lediglich Handlanger gewesen sind, war ganz gewiß die fatalste Sinnestäuschung, welcher eine Nation, die sich ihrer Politik und ihres Verstandes rühmt, jemals anheimgefallen ist" (1966:309).

Von jener Zeit an konzentrierte sich die britische Politik noch mehr als vorher auf die Schaffung eines ökonomischen Weltreiches. Im Hinblick auf Europa beharrte die britische Bourgeoisie auf einer „kostengünstigen" Gleichgewichtspolitik, die ohne ein stehendes Heer und die damit verbundenen hohen Steuerabgaben auskommen sollte.

2.2 Frankreich: Rousseau und die Revolution

Im Vergleich zu England kam die Entwicklung vom agrarischen Feudalismus zum Kapitalismus in Frankreich nur langsam voran und war wegen der Konkurrenz mit England viel stärker auf die Initiative der *staatlichen Obrigkeit* angewiesen. Wir haben hier ein Musterbeispiel für *eine passive Revolution,* wobei aus machtpolitischen Erwägungen heraus von *oben herab* die gesellschaftspolitischen Veränderungen durchgeführt wurden, welche anderswo das Ergebnis einer aktiven Revolution waren. Für alle großen Mächte des europäischen Festlands galt, daß der Verfall des Feudalismus und das Aufkommen neuer Produktionsverhältnisse eine soziale Konstellation nach sich zog, indes weder die neuen noch die alten gesellschaftlichen Kräfte eine Vorrangstellung erobern konnten. Unter diesen Voraussetzungen konnte zwar das *absolute Königtum* gedeihen, die Bourgeoisie aber blieb eher ein *Stand,* d.h. eine Beamtenschicht bürgerlicher Untertanen im Dienst des Königs (Elias 1987:559).

passive Revolution

In Frankreich entwickelte sich diese Schicht zu einem in den Adelsstand erhobenen Beamtentum, der *Noblesse de robe,* die zwar einem bescheideneren Lebenswandel anhing als der militärische Hochadel, dafür aber allmählich einen umso größeren gesellschaftlichen Einfluß erlangte. Im Frankreich des späten 17. Jahrhunderts ging, wie Moore darlegt (1981:57),

„der Impuls zum Aufbau einer modernen Gesellschaft, d.h. eines Einheitsstaates, und zur Durchsetzung neuer Konventionen wie Pünktlichkeit und Gehorsam vielmehr von der königlichen Bürokratie aus als von der Bourgeoisie."

„L'Etat c'est moi"

Die bestehende kommerzielle Landwirtschaft – wie z.B. der Weinbau bei Bordeaux – hatte viel weniger Einfluß auf die sozialen Verhältnisse wie etwa die Schafzucht in England mit ihren Eintragungen. In der ersten Hälfte des 17. Jahrhunderts bildete sich, angeführt von den Handelsstädten Bordeaux, Marseille, Lyon und Paris, eine Opposition heraus, die sich gegen die Zentralisierungspolitik der Kardinäle und Ersten Minister, Richelieu und Mazarin, auflehnte. Diese Opposition gegen das absolute Königtum, die sogenannte *Fronde,* war übrigens keine bürgerliche Bewegung, sondern eine Revolte all jener Gruppierungen, die ihre Interessen durch die zentralistische Politik gefährdet sahen: u.a. die hohe Geistlichkeit und Teile des Adels. Ludwig XIV. aber ließ, als er 1661 nach dem Tod von Mazarin persönlich die Regierungsgeschäfte übernahm, keinen Zweifel darüber bestehen, wer Herr im Lande war: *„L'Etat c'est moi"* – der Staat, das bin ich. In Wirklichkeit kam auch die Politik Ludwigs, dessen zahlreiche Kriege Frankreich schließlich ökonomisch und finanziell zerrütteten, nicht ohne Appelle an die Nation und den Nationalismus aus (Garraty/Gay 1981:745).

Rationalismus

Gramsci (1971:117) weist darauf hin, daß der Staat (in unserem Fall der französische) in der Konfrontation mit einer überlegeneren und dynamischeren Gesellschaft (in unserem Fall der englischen) zu „einer eigenständigen Rationalität" heranwächst, der stellvertretend in seiner Politik alle gesellschaftliche Vernunft auf sich vereinigt. Im Frankreich Ludwigs des XIV. fand dieser Zustand seine Parallele in der philosophischen Strömung des Rationalismus (Lefebvre 1976:29). Der Staat war nicht einfach bloß die letzte Instanz einer auf Rechtssicherheit fußenden zivilen Gesellschaft, wie das bei Locke der Fall war. Er war vielmehr die äußerste Konzentration aller gesellschaftlichen Kräfte, der Kopf, das „Rechenzentrum" der gesamten Gesellschaft.

2.2.1 Voltaire und der Kosmopolitismus

Während in der britischen Gesellschaft ein kritisches Mißtrauen gegenüber vorgegebenen, „höheren Autoritäten" vorherrschte und Rationalität von pragmatischen und wirtschaftlichen Gesichtspunkten her definiert wurde, strebten die französischen Denker des 18. Jahrhunderts nach einer theoretischen Begründung und Untermauerung von Rationalität. Denis Diderot, der 1747 mit der Übersetzung eines englischsprachigen, explikativen Wörterbuchs begonnen hatte, entschloß sich dann doch zur Herausgabe einer eigenen *Enzyklopädie*, die er zusammen mit dem Mathematiker Enzyklopadie d'Alembert erarbeitete. Die Arbeit an dieser Inventarisierung aller damals bekannten künstlerischen und wissenschaftlichen Wissensgebiete, an der sich viele Gelehrte in ganz Europa beteiligten, nahm mehr als zwanzig Jahre in Beschlag. Dieses Werk war in vielerlei Hinsicht revolutionär (Garraty/Gay 1981:698). Es deckte z.B. die bis zu diesem Zeitpunkt von den Gilden sorgfältig gehüteten Handwerksgeheimnisse auf, beschrieb die verschiedenen Regierungsformen, stellte soziale Gleichheit und Gerechtigkeit als der Vernunft entspringende Werte dar und beschrieb den Triumph des Geistes über die Natur.

Diese Ideen wurden, so sagt Jean Wahl (1962:62),

> „in den Dienst eines übergreifenden, unendlichen Fortschrittgedankens gestellt, der sich hier in seiner allgemeinsten Gestalt offenbart."

Die Enzyklopädisten und andere herausragende Geister der Französischen Aufklärung, wie etwa Helvetius oder der Schriftsteller und Historiker Voltaire (1694-1778), ließen sich in ihrem Wirken vom Vorbild Englands und der englischen Wissenschaft inspirieren, was auch ihre häufigen Reisen nach England belegen. Obwohl sie vor allem Locke sehr verehrten, entwickelten sie ihre eigenen Vorstellungen vor dem Hintergrund der französischen Situation. Diese standen häufig geradezu im Widerspruch zum englischen Empirismus.

Voltaire war im Dienst des Sonnenkönigs (Ludwig XIV.) Botschaftssekretär in Voltaire Den Haag, wurde aber wegen eines Spottverses auf den Regenten von dessem Nachfolger, Ludwig XV., ins Gefängnis geworfen. Seine literarischen Erfolge hatten ihm schon früh ein großes Vermögen eingebracht, das er u.a. in den Sklavenhandel investierte. 1726 wurde er nach England ausgewiesen, wo ihn der Staatsmann Lord Bolingbroke in die höchsten gesellschaftlichen Kreise einführte. Voltaires Lobgesang auf die politischen Freiheiten Englands brachte ihn bei seiner Rückkehr nach Frankreich erneut in Schwierigkeiten. Er publizierte philosophische und wissenschaftliche Schriften (u.a. über Newton) und wurde im Jahre 1745 königlicher Historiograph im Dienst Ludwigs XV., eine Ehre, die ihm aber rasch wieder entzogen

65

wurde. Nach einer langen Periode unsteten Reisens durch Europa, während der u.a. der satirische Roman *Candide oder Die beste Welt* entstand, ließ er sich in der Nähe von Genf nieder, wo er bis ins hohe Alter hinein zahllose Schriften verfaßte; darunter ein neunbändiges philosophisches Wörterbuch, in dem er seine Auffassungen zu philosophischen und gesellschaftspolitischen Problemen seiner Zeit darlegte, viele Bühnenstücke und nicht zuletzt ein dem Zeitgeist entsprechendes, religionskritisches Werk *La Bible enfin expliquée* (1776).

Kosmopolitismus   Die politischen Ideen Voltaires waren eine Verabsolutierung der Ideen des britischen Liberalismus. Er entwickelte einen *abstrakten Kosmopolitismus* als Spiegelung der Universalität des Weltmarktes. Vaterlandsliebe bedeutete ihm wenig.

„Das Vaterland besteht aus einer Reihe von Familien, und wie man gemeinhin aus Eigenliebe an seiner Familie hängt [...], so wird man ebenfalls aus Eigenliebe hinter seinem Dorf oder seiner Stadt stehen, die man als seine Heimat bezeichnet. [...] Diese Eigenliebe geht allerdings auf Kosten anderer, und erst derjenige, der sein Vaterland weder größer noch reicher sehen möchte, darf sich für einen wahren Weltbürger halten", schrieb er (1990:143 u.147).

Den Krieg betrachtete Voltaire als das größte aller Verbrechen.

„Den Krieg verdanken wir der Einbildungkraft von drei- oder vierhundert Personen, die über die ganze Erde verteilt sind und sich ‚Fürst' oder ‚Minister' nennen" (1990:101).

Seiner Ansicht nach war die Ursache des Krieges vor allem im territorialen Besitzdrang der Aristokratie gelegen, die schlichtweg ganze Provinzen als Familienbesitz einforderte. Die Gleichgewichtspolitik verfolge nur den einen Zweck, nämlich, den ewigen Kampf um Landbesitz zwischen den Adeligen so destruktiv und teuer wie irgendmöglich zu gestalten (Voltaire 1990:103-105). Trotz des revolutionären Geistes seiner Schriften war Voltaire als reicher Mann keineswegs ein Befürworter einer vom Volk ausgehenden Revolution. In dieser Hinsicht war er der typische Vertreter einer passiven Revolution, eines von oben initiierten gesellschaftlichen Wandels, wie ihn sein Anhänger Turgot, Minister Ludwigs XVI., durchsetzen wollte. 1750 zog er auf Einladung Friedrichs des Großen ins preußische Berlin um. Diderot, ein anderer Exponent der Aufklärung, wurde ein Vertrauter der russischen Zarin Katharina der Großen. Diese Fürsten wollten ihre Länder ebenfalls von oben herab modernisieren und betrachteten die französischen Aufklärer als nützliche Ratgeber (Garraty/Gay 1981:751).

2.2.2 Widersprüche des „Ancien régime"

Die Modernisierungspolitik der französischen Kardinäle und Könige ab Ludwig XIV., mit der sie dem englischen Rivalen den Rang ablaufen wollten, hatte allerdings mit einem Dilemma zu kämpfen: einerseits sollte die Gesellschaft modernisiert werden, andererseits aber sollten die sozialen und politischen Machtverhältnisse im großen und ganzen unangetastet bleiben. Sie beschwor jedoch eine Reihe unlösbarer gesellschaftlicher Spannungen herauf, die – ähnlich wie später in Deutschland und Rußland – zu Krieg und Revolution führen sollten.

Paradoxerweise hatte ausgerechnet das Regime der Kardinäle die Unterordnung der Religion unter die Politik durchgesetzt, was – wie wir bereits erwähnt haben – Grundvoraussetzung für das Entstehen nationaler Souveränität ist, indem der Geistlichkeit verboten wurde, direkte, d.h. ohne die Vermittlung des französischen Königs, Beziehungen zum Papst zu unterhalten *(Gallikanismus).* Außerdem arbeitete Richelieu als Kardinal und Erster Minister des Königs mit den protestantischen Hugenotten zusammen, die eine wichtige Funktion bei der Entwicklung kapitalistischer Strukturen hatten. Als Gegenleistung mußten sie sich allerdings der zentralen Staatsgewalt unterstellen und die ihnen erst kurz davor gewährte politisch-religiöse Sonderstellung aufgeben, d.h. vor allem ihre Sicherheitsplätze in offene Städte umwandeln; die Glaubensfreiheit blieb ihnen aber erhalten.

Auf dem Wege zum absoluten Königtum, d.h. zu einer zentralen Staatsgewalt, erwies sich auch der Hochadel als ein mächtiges Hindernis. Ludwig XIV. probierte diesen Machtfaktor zu neutralisieren, indem er die Spitzen des Adels zu sich an den Hof von Versailles holte, wo sie sich unter seiner Aufsicht und auf Staatskosten amüsieren durften. Diese Politik war aber sehr kostspielig und bedeutete eine schwere Belastung für die Staatskasse (Elias 1987:580). Die Zähmung des Adels bedeutete aber nicht, daß das feudale Joch, unter dem die Landbevölkerung zu leiden hatte, abgemildert worden wäre. Die Kosten der Modernisierung des Staates (und der vielen Kriege) mußten also letztendlich von der eigenen Landbevölkerung aufgebracht werden.

Lefebvre schreibt:

„Die ursprüngliche Akkumulation kommt auf zweierlei Art zustande: sie vollzieht sich entweder im Rahmen des Weltmarktes oder auf Kosten der Bauern. Es wäre möglich, daß diese unterschiedlichen Entstehungsbedingungen auch unterschiedliche Entwicklungen des Staates zur Folge haben" (1976:35).

Ein Beispiel für die erste Möglichkeit ist Großbritannien, wo sich schon früh ein historischer Kompromiß zwischen Adel und Bourgeoisie abzeichnete, wodurch die Rolle des Staates auf ein Minimum reduziert wurde. Das andere Beispiel ist Frankreich, wo sich das Bürgertum – wie wir sahen – lediglich als Stand, als *Staatsklasse* entwickelte. Daher schreibt Lefebvre (1976:31), tritt

„auf dem Kontinent [...] an die Stelle einer Beziehung der aufstrebenden (bürgerlichen) Klasse zum Weltmarkt – wie das in England der Fall ist – eine Beziehung dieser Klasse zum Staat."

Der *Colbertismus,* benannt nach Colbert, einem Minister Ludwigs des XIV., war die französische Spielart des Merkantilismus. Durch Staatsaufträge sollte die Wirtschaft entwickelt werden. Turgot, Wirtschaftstheoretiker und Minister unter Ludwig dem XVI., setzte diese Politik fort. Seine Bemühungen um die Abschaffung der feudalen Zwangsarbeit und um die Auflösung der Gilden stießen aber auf heftigen Widerstand des Adels und führten zu seinem Sturz. **Colbertismus**

Obwohl sich die Modernisierung der Gesellschaft in viel schnellerem Tempo vollzog als in England (das Wirtschaftswachstum Frankreichs zwischen 1720 und 1790 war fünfmal so groß), blieb der Anteil der industriellen Produktion am französischen Bruttosozialprodukt um einiges hinter dem englischen zurück. Außerdem war die gesellschaftliche Ordnung nicht in der Lage, ein solches Wachstum zu ver-kraften. Der im Jahre 1786 mit England vereinbarte Freihandelsvertrag stürzte große Teile der französischen Industrie in eine Krise (Schama 1990: 190 und 233).

Die Widersprüche zwischen feudaler Ordnung und der vom absolutistischen Staat angestrebten gesellschaftlichen Modernisierung wurden durch die Außenpolitik Frankreichs noch zusätzlich verschärft. Der Unabhängigkeitskampf der amerikani-schen Staaten schien eine ideale Gelegenheit zu bieten, um den englischen Rivalen zu schwächen. Doch löste diese gegen England gerichtete Politik letztendlich die Französische Revolution von 1789 aus. Simon Schama schreibt:

> „Man darf ohne Übertreibung davon ausgehen, daß die Kosten dieser globalen Strategie die tödliche Krise der französischen Monarchie herbeigeführt haben. Denn die ‚Offensive‘ im Atlanti-schen und im Indischen Ozean durfte die traditionelle Rolle, die Frankreich bei der Wahrung des Gleichgewichts im dynastischen Europa spielen wollte, nicht beeinträchtigen. Diese ‚alte‘ Diplo-matie [des Gleichgewichts, d.V.] erforderte eine kontinentale Armee von mindestens 150.000 Mann. Keine andere europäische Macht leistete es sich, um gleichzeitig sowohl ein großes Land-heer als auch eine interkontinentale Marine zu unterhalten. [...] Diese Entscheidungen des Staates waren als Ursache für das Ausbrechen der Revolution von größerer Bedeutung als irgendeine Ungleichheit der auf Privilegien beruhenden Gesellschaft – von größerer Bedeutung auch als die Grausamkeit der zyklischen Hungersnöte, von denen Frankreich in den achtziger Jahren heimge-sucht wurde.“ (1990:62)

Bei der französischen Unterstützung der amerikanischen Unabhängigkeit konnte man zwei bisher unbekannte Entwicklungen wahrnehmen.

Partiotismus — Erstens, die Entstehung eines *Patriotismus,* der nicht länger den König zum Mittelpunkt hatte, sondern der auf das „Vaterland“ an sich bezogen war. Symbolfi-gur dieser neuen Haltung war der Marquis Lafayette, der – ohne die Zustimmung des Königs einzuholen – nach Amerika gefahren war, um sich dort am Unabhängigkeits-kampf der Amerikaner zu beteiligen. Der Konflikt zwischen England und Amerika führte auch in anderen Ländern zur Bildung republikanischer Bewegungen, z.B. in den Niederlanden, wo es zu einem Aufstand der „Patrioten“ gegen das Haus von Oranien und die Stadtregenten kam. Dabei wurden sie von der Amsterdamer Fi-nanzwelt unterstützt, die den Amerikanern Geld geliehen hatte und hoffte, durch einen amerikanischen Sieg über England ihre alte Größe als Handelsmacht zurück-zugewinnen.

eine Nation — Die Idee, daß alle Franzosen einer Nation angehörten, wurde zu einem Leitmotiv der Französischen Revolution. (Physische) Vernichtung der parasitären Oberschicht – so stand es in der Resolution einer Volksversammlung in Dijon – sollte gewährlei-sten,

> „daß wir nur noch *ein* Volk sind und nicht mehr zwei Nationen, die einander feindlich gegen-überstehen“ (zit. in Soboul 1978:25).

Der zweite Aspekt der proamerikanischen Haltung (und der Idealisierung der ameri-kanischen Lebensverhältnisse) betrifft den wachsenden Widerstand gegen die gesell-schaftliche Zerrüttung und Entwurzelung, die eine direkte Folge der Modernisierung von oben und des beginnenden Kapitalismus waren. Widerstand regte sich auch gegen die schonungslose Spottlust der Aufklärer.

68

2.2.3 Rousseau und der demokratische Staat

Im Gegensatz zur verschwenderischen Rokokokultur des Hofes hatte sich seit den Tagen von Colbert bei der französischen Staatsbourgeoisie ein bescheidenerer, ja puritanischer Lebensstil herausgebildet. In der Endphase des *Ancien régime* wurde auch der Widerstand gegen die staatliche Modernisierungspolitik und den damit verbundenen extremen Rationalismus immer stärker. Als Reaktion auf die Entfremdung und die Abstraktionen der im Aufbau begriffenen modernen Gesellschaft entwickelte sich eine geistige Gegenströmung, die

> „das Herz höher als den Kopf, das Gefühl höher als die Vernunft, die Natur höher als die Kultur, Spontanität höher als das Berechnende [...] und die Seele höher als den Verstand schätzte" (Schama 1990:149).

Der herausragende Vertreter dieser Gegenbewegung war Jean-Jacques Rousseau (1712-1778). In den Kreisen der Aufklärer war Rousseau in jeder Hinsicht ein Außenseiter. Der Schriftsteller, Komponist und Musiktheoretiker stammte aus einer kalvinistischen Genfer Bürgerfamilie, hatte eine unglückliche Jugend und war ohne systematische Ausbildung geblieben. Er fühlte sich im reichen Milieu der Pariser Literaten der Aufklärung nicht zuhause. Seine unablässigen sarkastischen Auslassungen über die Kosmopoliten bezeugen das (Hoffmann 1965:75). 1761 bzw. 1762 verfaßte er den Sittenroman *Julie ou La nouvelle Héloise* (Julie oder die neue Heloise) und den Roman *Emile ou de l'éducation* (Emile, oder über die Erziehung), worin er seine Erziehungstheorie entfaltete.

Rousseau war der Ansicht, daß die Spottlust in ihrem Drang, die bestehende Gesellschaftsordnung beseitigen zu wollen, auch alles andere, was den Menschen lieb und teuer sei, zerstören würde. Dem Kosmopolitismus und Individualismus hielt Rousseau entgegen, daß für den Menschen die Bindung an seine eigene Gemeinschaft, seine eigene Sprache und sein Brauchtum von essentieller Bedeutung sei (Rousseau 1966:42). Der natürliche Zustand des Menschen sei der eines triebbestimmten Geschöpfes, das erst durch die Gesellschaft zu einem *Bürger* gemacht werde. Dabei entscheide das jeweilige politische System darüber, ob der Mensch ein guter oder ein schlechter Bürger werde. Der Stadtstaat Genf mit seiner kleinen, überschaubaren Gemeinschaft, die noch durch enge soziale Beziehungen zwischen den Menschen gekennzeichnet war, hatte für ihn Vorbildfunktion. Daher konnte er in seiner Schrift *Du contrat social* (Der Gesellschaftsvertrag) von 1762 behaupten, daß Volkssouveränität es zwischen dem Souverän und den (städtischen) Bürgern *(Citoyens)* keinen Widerspruch geben könne, da die Souveränität ja aus dem Gesellschaftsvertrag hervorgehe, den die Bürger selbst abgeschlossen hätten und der ein unveräußerliches Rechtsgut sei (1966:54).

Gerade weil Rousseau nicht nur als politischer Autor hervortrat, sondern auch als Schriftsteller über Fragen der Erziehung und des menschlichen Glücks eine große Leserschaft zu begeistern wußte, konnte er zum Wortführer eines neuen Lebensgefühls werden. Er nahm an großen öffentlichen Debatten teil, worin z.B. über die Frage gestritten wurde, ob die Mutterbrust, die zum Stillen der Kinder dient, nicht einem schönen Dekolleté vorzuziehen sei. Diese Debatten fanden auch darum ein so großes Echo, weil im Frankreich am Vorabend der Revolution ein relativ großer Bevölkerungsanteil des Lesens und Schreibens kundig war (ein größerer Anteil als z.B. in den USA am Ende des 20. Jahrhunderts) (Schama 1990:161 und 180).

Dieses neue Lebensgefühl war vor allem in den Kreisen des aufstrebenden kleinen Mittelstands, den Handwerkern, Anwälten, Buchhaltern und kleinen Angestellten, lebendig. Sie waren keine grundsätzlichen Gegner des Eigentums, sondern verlangten lediglich eine gewisse Begrenzung des Reichtums (Soboul 1978:27). Zum einen hatten sie sich bereits bürgerliche Werte, wie z.B. die Vorstellung des „gerechten Tausches", zu eigen gemacht, zum anderen sahen sie sich selber primär als eine nationale Gemeinschaft, die als *souveränes* Volk der Allgegenwärtigkeit und Allmacht des französischen Staats gegenüberstand.

Lefebvre (1977:47) weist darauf hin, daß Rousseau als erster die Idee einer Überantwortung der Souveränität im Tausch gegen eine ordentliche Verwaltung vorschlug. Das Ergebnis dieses Tauschhandels wäre ein starker Staat, ein Leviathan, mit sowohl demokratischen als auch romantisch-konservativen Zügen. Der Begriff *Nationalstaat,* den Rousseau selbst noch nicht benutzte, bringt diese Zwiespältigkeit zum Ausdruck.

2.2.4 Frankreich als hobbesscher Staat

Letztlich ist Rousseau in der Tradition hobbesschen Denkens anzusiedeln: ein starker Staat solle die Unterordnung der Gesellschaft gewährleisten, wenn auch in diesem Fall über einen Gesellschaftsvertrag. Lefebvre schreibt:

> „Trotz aller Kontroversen mit Hobbes stimmt Rousseau in einigen wichtigen Punkten mit ihm überein. Nach Hobbes besteht die Supramatie des Staates in der Dominierung all jener winzigen Gruppen und Organisationen, die wie Würmer in den Eingeweiden des Leviathan umherkriechen. Auch Rousseau spricht sich gegen die Existenz von Teilgesellschaften im Staate aus." (1977:49)

Das heißt allerdings nicht, daß es zwischen der rousseauschen und der hobbesschen Staatsauffassung keine Unterschiede gäbe. Gerade bei der Beurteilung der internationalen Beziehungen ergeben sich nach Hoffmann (1965:62ff.) beträchtliche Differenzen.

Kriegsursachen   Der erste wichtige Unterschied ist, daß Rousseau nicht annimmt, daß Kriege ihre Ursache in der Natur des Menschen haben. Er sieht sie vielmehr als sozial bedingte Ereignisse. Erst durch die Auswirkungen der Politik entstehe der Haß zwischen den Nationen (Cohler 1970:194).

Ein weiterer Unterschied liegt darin, daß Rousseau bereits die sich verselbständigende Gesellschaft und die damit verbundenen Abhängigkeiten und Ungleichheiten wahrnahm. Ein ähnliches Muster von Abhängigkeiten und Ungleichheit existiere auch zwischen Staaten und sei Ursache der internationalen Konflikte. Für Rousseau ist der Staat nicht in der Lage, diesen Zustand zum Guten hin zu verändern: Staaten würden höchstens die internationale Konfliktlage verschärfen. Kriege könnten nur verhindert werden, wenn sich die Menschheit in kleinen, autonomen Gemeinschaften organisiere, weil

70

„ein Volk, daß [...] lediglich die Wahl zwischen Handel und Krieg hat, in sich schwach ist. Es ist abhängig von seinen Nachbarn und von äußeren Ereignissen. Seine Existenz ist stets gefährdet und von kurzer Dauer" (Rousseau 1966:85f.).

Drittens erkannte Rousseau schärfer als Hobbes, welchen Schaden Kriege der Demokratie zufügen können. Unfriedliche Verhältnisse zwischen den Staaten und innerstaatliche Tyrannei verstärken einander. An einen europäischen Friedensvertrag, der in der damaligen Diskussion eine Rolle spielte und der nach Ansicht seiner Befürworter aufgrund der Gemeinsamkeiten zwischen den Völkern Europas realistisch sei, glaubte Rousseau nicht. Im Unterschied zu dem, was Kant später vertreten sollte, meinte Rousseau, daß ein vereintes Europa der Sache des Friedens nicht diene.

Viertens konnte Rousseau – auch darin unterscheidet er sich von Hobbes – „weit und breit" keine Grundlage entdecken, worauf sich ein gemeinschaftliches Interesse der einzelnen Staaten begründen ließe. Rousseau verteidigte diesen Standpunkt vor allem gegen die englischen Ideologen des freien Handels, die der Überzeugung waren, daß aus dem Handel letztendlich auch der Frieden hervorgehen müsse.

Die Französische Revolution entwickelte sich aus den Konflikten zwischen der Feudalgesellschaft und dem sich modernisierenden Staat. Dieses interne Konfliktpotential ließ sich einige Zeit beherrschen und umlenken in einen frühen Patriotismus und eine gegen England gerichtete Außenpolitik. Gerade diese aber führte zum drohenden Staatsbankrott, der letztendlich die Transformation der feudalen Monarchie in eine bürgerliche Republik nach sich zog. Auch noch während der Revolutionsjahre wurde versucht, die gesellschaftsinternen Spannungen nach außen hin abzuleiten. So etwa plädierten die gemäßigt republikanischen *Girondisten* (hauptsächlich Anwälte und Geschäftsleute aus Bordeaux und Umgegend) für einen Krieg, um die scharfen sozialen Gegensätze in Frankreich überwinden zu können. Außerdem wollten sie durch eine militärische Offensive verhindern, daß die benachbarten konservativen Mächte, allen voran das Habsburgische Reich, die aus Frankreich verjagten und geflüchteten Aristokraten bei einer Konterrevolution unterstützen würden. Schließlich stimmte sogar der König einem Krieg zu, in der Hoffnung, Preußen und Österreich würden seinen Thron retten. Eine Hoffnung, die allerdings nicht in Erfüllung ging.

„Königstreue und Revolutionäre begannen [1792, d.V.] gemeinsam einen Krieg, der als Steuerungsinstrument der Innenpolitik gedacht war, einen Krieg, der nahezu ununterbrochen 23 Jahre lang fortdauern sollte." (Hampson 1976:137)

Frankreich blieb trotz der Revolution bis weit ins 19. Jahrhundert hinein ein hobbesscher Staat. Vor allem unter Napoleon hatte sich der Staat durch die französische Kriegspolitik und die Wirtschaftsblockade des europäischen Kontinents gegen Großbritannien *(Kontinentalsperre)* einen starken Zugriff auf die Gesellschaft bewahrt, der in seinen Folgen sogar heute noch wahrzunehmen ist (Cohen-Tanugi 1987). Im übrigen kam es in der Folge der Französischen Revolution bei anderen Kontinentalstaaten zu weiteren passiven Revolutionen.

2.3 Deutschland: Kant und Hegel

Im wirtschaftlich rückständigen Deutschland hatte, wie Therborn schreibt (1976:178),

> „die Niederlage des *Ancien régime* – das überalterte Heilige Römische Reich war endgültig zusammengebrochen und die etwa 300 deutschen Fürstentümer waren von den Revolutionsheeren Frankreichs überrannt worden – kaum zum Aufleben demokratischer Bewegungen geführt, bzw. zur Entwicklung sozialer Kräfte, die eine Industrialisierung vorangetrieben hätten. Die Leibeigenschaft wurde zwar formell abgeschafft, doch erschöpften sich die weiteren politischen Veränderungen im nachrevolutionären Deutschland hauptsächlich in juristisch-verwaltungstechnischen Reformen des Staatsapparats. Aus den Theorien der fortschrittlichen deutschen Philosophie, die diesen Prozeß begleiteten, ragen in erster Linie Kants Idee des *Rechtsstaates* und Hegels Idee einer postfeudalen – auf Pflichtbewußtsein beruhenden – preußischen Monarchie heraus."

2.3.1 Kant

Der deutsche Philosoph Immanuel Kant (1724-1804) strebte kurz nach der Französischen Revolution und den darauffolgenden Revolutionskriegen nach einer Synthese des kosmopolitischen bürgerlichen Ideals einer einheitlichen Welt mit der rousseauschen Idee der Nation.

Kant war ein Stubengelehrter, der nur einmal in seinem Leben seine Wohnung in Königsberg verlassen hat, um in einem benachbarten Dorf Erdkundeunterricht zu geben. In seinem Studierzimmer haben dennoch einige wissenschaftliche Erneuerungen stattgefunden, die bis auf den heutigen Tag noch nachwirken.

In seiner *Allgemeinen Naturgeschichte und Theorie des Himmels* (1755) hatte Kant aufgezeigt, daß der Kosmos nicht statisch war, sondern sich im Laufe der Zeit zu dem herausgebildet hatte, was er jetzt war. Damit – so Friederich Engels (MEW 20:316) – war der Weg für die moderne Naturwissenschaft geebnet.

Kant war allerdings noch nicht zur Formulierung einer geschichtsbezogenen Gesellschaftstheorie in der Lage. Er war bis zu seinem Tode ein Bewunderer der Französischen Revolution, suchte aber in seiner Philosophie nach einem Mittelweg zwischen dem dogmatischen Rationalismus und dem humeschen Skeptizismus. Kant war in seinem Denken auch stark vom Moralismus eines Rousseau geprägt (Wahl 1962:65), den er als den Newton des sittlichen Lebens ansah. Sittlichkeit und Tugend waren zentrale Begriffe im Denken Kants, der in einem pietistischen Milieu schottischer Provenienz aufgewachsen war.

Kritik der reinen Vernunft In der *Kritik der reinen Vernunft* (1781) führte Kant aus, daß die reine Vernunft aus sich selbst heraus nicht in der Lage sei, die großen – d.h. transzendentalen – philosophischen Fragen eindeutig zu beantworten. Ob die Welt endlich oder unendlich sei, ob die Welt durch die Naturgesetze völlig determiniert sei oder ob sie auch Elemente der Freiheit enthalte: für diese und ähnliche Fragestellungen böte die *reine* Vernunft widersprüchliche, einander ausschließende Antworten, die sich allerdings allesamt widerspruchslos aus der reinen Vernunft ableiten ließen. Diese konträren Schlüsse der reinen Vernunft (These und Antithese) nennt Kant *Antinomien* (1975:449ff.).

Verstandesurteile hätten sich daher auf dasjenige zu beschränken, was sinnlich, d.h. empirisch wahrgenommen werden könne. Kant wollte den extremen Skeptizismus eines Hume jedoch nicht akzeptieren. Zwischen Verstand und dem Reich der Empirie stehe die *Moral* als Regulativ (1975:606).

2.3.2 Die Theorie des lockeschen Kerngebietes

Diese Überlegungen finden sich auch in den Ideen Kants über die internationalen Beziehungen der Staaten wieder, die er in *Zum ewigen Frieden* (1795) und zwei weiteren kleinen Schriften aus dieser Periode dargestellt hat.

Zum ewigen Frieden

Auch in diesen Schriften knüpfte er an Rousseau an, der 1761 eine Zusammenfassung eines von einem französischen Abt verfaßten Pamphlets („Projet pour rendre la paix perpétuelle en Europe") publiziert hatte. Darin wurde ein Friedensbund aller christlichen europäischen Staaten vorgeschlagen, der jeglicher Veränderung des internationalen Status quo mit gemeinsamen militärischen Aktionen begegnen sollte. (Das Prinzip der *kollektiven Sicherheit.*)

Wie bereits erwähnt, hatte Rousseau selbst kein Vertrauen in ein solches Projekt. Kant jedoch war der Ansicht, daß ein stabiler Friede möglich sei und entwarf einen modellhaften Friedensvertrag. Seine Wirksamkeit wurde von ihm folgendermaßen begründet: die ewigen Konflikte zwischen den Menschen stünden der Bildung einer innerstaatlichen *Rechtsgemeinschaft* nicht im Wege. Konflikte seien im übrigen sehr gesund; ein Standpunkt, in dem Kants Wertschätzung der Welt des Handels und des Kapitals gegenüber dem statischen, abgedankten Feudalsystem durchklingt. Auf internationaler Ebene könne eine analoge Entwicklung hin zu einer Rechtsgemeinschaft der Staaten verwirklicht werden. Hier wird deutlich, daß Kant das kosmopolitische Ideal der Aufklärer hinter sich ließ und eine realistischere Sichtweise entwickelte, die letztendlich jedoch nicht ohne einen *moralischen Imperativ* auskommt und somit doch wieder in aufklärerische Positionen mündet. Die Moral und die „Natur" würden dabei vom *Handelsgeist* unterstützt.

Rechtsgemeinschaft
Handelsgeist

> „So wie die Natur weislich die Völker trennt, [...] so vereinigt sie auch andererseits Völker, die der Begriff des Weltbürgerrechts gegen Gewalttätigkeit und Krieg nicht würde gesichert haben, durch den wechselseitigen Eigennutz. Es ist der Handelsgeist, der mit dem Kriege nicht zusammen bestehen kann, und der früher oder später sich jedes Volks bemächtigt." (Kant 1953:49)

Das Resultat einer bürgerlichen Verfassung, in welcher die Rechte eines jeden Volkes festgeschrieben wären, sei ein *Völkerbund* (Kant 1953:30). Dieser Völkerbund müsse das Recht auf Kriegsführung, wie es noch von de Groot verteidigt worden war, fahrenlassen und sich auf einen allgemeinen Friedensvertrag gründen, für den Kant seinen Entwurf erarbeitet hatte. Überall dort, wo ein Krieg auszubrechen drohe, sollten die Staaten diesen durch Schlichtung zu verhindern suchen,

Völkerbund

„als ob sie deshalb im beständigen Bündnisse ständen" (1953:50).

Der Schwachpunkt in Kants Argumentation war seine Annahme, daß die gleiche Natur, die den ewigen Konflikt zwischen den Menschen hervorbringt, auf der anderen Seite auch der Garant des ewigen Friedens ist (Timm 1969:219). Daß das gute Gelingen dieser Synthese bei Kant von der Moral abhängt, die

> „es zur Pflicht macht, zu diesem (nicht bloß chimärischen) Zwecke hinzuarbeiten" (1953:50),

entspricht seiner Philosophie: Widersprüche (Antinomien) müßten durch moralisches Handeln überwunden werden. Es blieb aber unbeantwortet, wer das tragende Subjekt eines solchen Handels sein könnte.

Die Bedeutung des kantischen Friedenskonzepts lag darin, daß er die Idee einer grenzüberschreitenden, durch Recht und Gesetz abgesicherten zivilen Gesellschaft entwickelte. Die Entwicklung vom hobbesschen Staat, der den Zweck hatte, Konflikte (Bürgerkriege) zu unterdrücken, hin zum lockeschen liberalen Rechtsstaat, wird von Kant auf die Ebene internationaler Beziehungen projiziert. Die aus dem Handel hervorgegangene *transnationale Gesellschaft* müsse sich selbst regulieren: die Staaten behielten zwar ihre Souveränität, müßten aber auf das Mittel des Kriegs verzichten, um dem Recht Geltung zu verschaffen. Das Völkerrecht verlange die Koexistenz gesonderter Staaten (1953:48), und trotz der Tatsache, daß dies einem Kriegszustand gleichkomme, sei ein solcher Zustand immer noch besser als eine Verschmelzung der Staaten

transnationale
Gesellschaft

> „durch eine die andere überwachsende und in eine Universalmonarchie übergehende Macht, weil die Gesetze mit dem vergrößerten Umfange der Regierung immer mehr an ihrem Nachdruck einbüßen, und ein seelenloser Despotimus"

die Folge sei (1953:48), kein weltumfassender „Leviathan" also, sondern etwas, was wir mit einem Terminus aus der Geopolitik (vgl. auch Kapitel 5) lockesches Kerngebiet nennen wollen, ein Gebiet, das sich parallel zur Entwicklung des Kapitalismus über die Welt ausbreitet.

2.3.3 Deutschland als „historische Nation"

Kants Entwurf eines Friedensvertrages fiel in eine Periode, in der die Revolutionen in Frankreich und Amerika ein neues, kosmopolitisches Zeitalter bürgerlicher und universeller Zivilisation einzuläuten schienen. Kants Genie war es gelungen, mit den Mitteln der reinen Begrifflichkeit die Implikationen des Kapitalismus für die Beziehungen souveräner Staaten zu erkennen und daraus die – jedenfalls moralische – Notwendigkeit dauerhafter und friedlicher Strukturen abzuleiten.

Die konkrete Geschichte jedoch wurde von anderen Ereignissen bestimmt: Napoleon kam an die Macht, und damit verloren die Feldzüge der Sansculotten ihren revolutionären Charakter und wurden von französischen Eroberungskriegen abgelöst. In der Konfrontation mit dem Herrschaftsanspruch des napoleonischen Kaiserreichs

74

nahmen die demokratischen Bestrebungen auf dem europäischen Kontinent *nationa-listische* Züge an.

Deutschland und Italien waren noch lange nicht reif für Kants Friedenskonzept, da es ihnen bisher noch nicht einmal gelungen war, einen Einheitsstaat zu bilden. Das gleiche galt auch für den habsburgischen Vielvölkerstaat, dem es nur unter äußerster Anstrengung gelang, die verschiedenen Nationalitäten unter der Herrschaft des österreichischen Kaisers zusammenzuhalten.

Nach der Schlacht von Jena 1806 hatte der deutsche Philosoph J. G. Fichte (1762-1814) in seinen *Reden an die deutsche Nation* die Deutschen dazu aufgerufen, ihr Leben in den Dienst der Nation zu stellen. In seinem Begriff der *nationalen Souveränität* gab es für einen Gesellschaftsvertrag im Sinne Rousseaus keinen Platz mehr, da für ihn die Nation das höchste Ideal verkörperte. Dieses Denken, in der das Volk als eine Art Persönlichkeit aufgefaßt wurde, der sich das Individuum unterzuordnen hatte, ließ bereits das Leitmotiv der deutschen Machtpolitik des 19. und 20. Jahrhundert anklingen, ein Machtstreben, das – biologistisch und mystisch verbrämt – ein starkes irrationales Potential entfalten sollte. Fichte selbst war aber noch ein Anhänger der Französischen Revolution; er wies lediglich die Herrschaft Napoleons ab. In seinen *Reden an die deutsche Nation* trat er für ein vom Staat zu schaffendes Unterrichtswesen ein, das in den Dienst der Wiedergeburt der Nation gestellt werden müsse. Mit dieser Aufgabe wurde in Preußen Wilhelm von Humboldt (Gründung der Universität von Berlin 1809) betraut. Daß Humboldt – einer der größten Gelehrten seiner Zeit und begeisterter Anhänger der Französischen Revolution – die Reformen als Abteilungsdirektor für Kultus und Unterricht im preußischen Innenministerium durchführte, trägt deutlich die Merkmale einer Revolution von oben. Hauptanliegen seines Reformwerks war die Loslösung des Unterrichtswesens von kirchlichen Interessen (Kuczynski 1979:96).

Fichte nationale Souveränität {.marginnote}

2.3.4 Metternich und die Staatengesellschaft

Die passive Revolution in den deutschsprachigen Ländern verband konservative politische Ausgangspunkte mit auswärtiger Machtpolitik. Der Exponent dieser Entwicklung war der österreichische Minister Metternich, der Architekt des Gleichgewichts der europäischen Mächte in der nachnapoleonischen Periode. Der politische Leitsatz Metternichs (zit. in Nicolson 1961:39) war, daß

„Politik die Wissenschaft von den vitalen Interessen der Staaten ist. [...] Angesichts jedoch der Tatsache, daß es keine isolierten Staaten mehr gibt, [...] müssen wir stets von der Gesellschaft der Staaten ausgehen, welche die wesentliche Bedingung der modernen Welt ist."

Mit dieser Staatengesellschaft war nicht etwa die transnationale zivile Gesellschaft im Sinne von Locke und Kant gemeint: sie war vielmehr deren machtpolitische Entsprechung. Die Interessen des Nationalstaates und die Wahrung des Status quo standen hierbei im Vordergrund. In diesem Sinne gebe es ein Allgemeininteresse aller Staaten, sagte Metternich.

Staatengesellschaft {.marginnote}

„Die wahren Axiome der politischen Wissenschaft ergeben sich aus dem Wissen um die wirklichen politischen Interessen aller Staaten; es sind gerade diese gemeinsamen Interessen, welche die staatliche Existenz garantieren. Im Anknüpfen internationaler Beziehungen auf der Grundlage der Wechselseitigkeit und des Respekts vor erworbenen Rechten [...] besteht in unserer Zeit das Wesen der Politik." (zit. in Nicolson 1961:39)

Konzert der europäischen Mächte

Metternichs Lebenswerk, die *Heilige Allianz* zwischen Rußland, Österreich und Preußen, beruhte noch im wesentlichen auf den Verwandtschaftsbeziehungen der Fürstenhäuser und des Adels. In der zweiten Hälfte des 19. Jahrhunderts aber wurde das Konzert der *europäischen Mächte* von anderen Kräften zusammengehalten: nämlich von der Hochfinanz, von großen internationalen Bankiers, wie etwa den Rothschilds (Polanyi 1957:10). Die Briten hatten sich bereits früher bei der Durchsetzung ihrer Gleichgewichtspolitik finanzieller Machtmittel bedient. Das Österreich von Metternich hatte sich im Krieg gegen Napoleon nur behaupten können, weil es eine englische Finanzhilfe in Höhe von 1.000.000 £ unter der Bedingung akzeptiert hatte, daß London bei einem eventuellen Friedensabkommen Österreichs mit Napoleon das letzte Wort haben würde (Nicolson 1961:60).

Der Vormacht des britischen Weltreichs hatten – soviel war nach der Niederlage seines französischen Herausforderers deutlich – nur jene Staaten etwas entgegenzusetzen, denen es gelang, die Kraft der gesamten Nation in einer Hand zu vereinigen. In seinem Buch *Der geschlossene Handelsstaat* (1800) hatte Fichte eine merkantilistische, staatlich gelenkte Ökonomie umrissen, die dem englischen Liberalismus die Stirn bieten sollte. In den vierziger Jahren des 19. Jahrhunderts sollte Friedrich List diesen Ansatz wirtschaftstheoretisch weiter ausarbeiten.

2.3.5 Hegel

Hegel

Die Gleichsetzung der Idee des Staates mit der *absoluten Vernunft,* die nach Gramsci ein Merkmal der passiven Revolution ist, wurde in Deutschland von G. W. F. Hegel (1770-1831) theoretisch neu formuliert. Hegel übernahm die Vorstellung, daß das Volk eine historische Person sei, und verknüpfte sie mit einem Staatsbegriff, der den Staat als Verkörperung der geschichtsinhärenten Vernunft definiert.

Hegel wurde im Westen Deutschlands geboren, wo die Industrie und die bürgerliche Gesellschaft am weitesten entwickelt waren und die Ideen der Französischen Revolution großen Widerhall gefunden hatten. Er starb – als „preußischer Staatsphilosoph" verehrt und hochgepriesen – in Berlin, dem konservativen Gegenpol des Westens, wo die politische Ordnung, der Staat, das Rechtssystem, das Beamtentum und das Militär noch einer spätfeudalen Ständeordnung verhaftet waren (Kuczynski 1949:32). Dieser Ortswechsel hat in mancher Hinsicht die Entwicklung seines Denkens mitbeeinflußt. Die Philosophie Hegels ruht im wesentlichen auf drei Pfeilern:

Totalität

Erstens, dem *Totalitätsbegriff.* Während Kant noch Grenzen des Geltungsbereichs rationalen Denkens annahm und diesem die ewiggültigen Prinzipien der Moral zur Seite stellte, durchdrang bei Hegel die Vernunft die gesamte Wirklichkeit.

„Was vernünftig ist, das ist wirklich; und was wirklich ist, das ist vernünftig", sagte Hegel auf den ersten Seiten seiner *Rechtsphilosophie* von 1821 (1972:11).

Die Entfaltung dieser Totalität als Vernunft vollzieht sich auf dem Weg der *Dialektik,* die ein weiterer Grundbegriff hegelscher Philosophie ist. Bei Kant bedeutete Dialektik das Zwiegespräch der Vernunft mit sich selbst, das jenseits der empirischen Wahrnehmung zu Antinomien führte. Diese Antinomien, diese Widersprüche, waren für Hegel selbst notwendiger Bestandteil der Wirklichkeit. In seiner *Wissenschaft der Logik* (3 Bände, 1812-1816) argumentiert Hegel, daß alle Aktivität und alle Bewegung aus Widersprüchen entstünden, und daß darum der Widerspruch eine höhere Form der Wirklichkeit sei als die Identität, die einen Zustand der Ruhe unterstelle. Das Denken, in dem der Mensch sich „veräußerliche" (Entfremdung), vollziehe sich nach dem Muster von These und Antithese, die jeweils auf einem höheren Niveau miteinander versöhnt würden *(Synthese).* Diese Synthese sei dann wiederum als Satz zu betrachten, dem seinerseits widersprochen werden müsse, usw.

Diese Vorstellung, als vollziehe sich die Entwicklung der Wirklichkeit als ein begrifflicher Prozeß, markiert ein drittes Element seines Denkens, nämlich seinen *absoluten Idealismus.* Er nahm an, daß die Menschheit beim Fortgang der Weltgeschichte verschiedene Stadien der Zivilisation und der Freiheit durchschreitet, die dem Entfaltungsprozeß des *Weltgeistes* entsprächen. Dieser Weltgeist sei kein Bewußtsein, kein Produkt einer anderen Wirklichkeit, kein begriffliches Derivat, sondern er sei wirklich; er sei objektiv als die das Ganze regierende Vernunft, daher existiere er „absolut und unbedingt". Die materielle Welt sei lediglich die Form der „Selbstentäußerung" des absoluten Geistes. Diese Selbstentäußerung verlaufe allerdings ungleichmäßig: In jeder weltgeschichtlichen Epoche gebe es einen ganz bestimmten *Volksgeist,* den der Weltgeist vor allen anderen bevorzuge, den er quasi zu seinem Werkzeug mache, um sich zu entfalten, d.h. um Wirklichkeit zu werden.

Hegel war sich bereits vieler Implikationen der kapitalistischen Gesellschaft bewußt, wie etwa der sozialen Ungleichheit. Marx sollte später den Entwicklungsstadien der Geschichte bestimmte Gesellschaftsformationen zuordnen, die sich in Abhängigkeit von bestimmten *Produktionsweisen* herausgebildet hatten. Für ihn war der Sozialismus diejenige historische Phase, in welcher die gesellschaftlichen Widersprüche überwunden werden würden. In Hegels Denken dagegen war es der (bürgerliche) *Staat,* in dem sich die Versöhnung aller Widersprüche realisieren würde. Er sah den Staat als Ausdruck der geschichtlichen Vernunft. Seine *Rechtsphilosophie* verfolgt die Absicht,

„den Staat als ein in sich Vernünftiges zu begreifen und darzustellen" (Hegel 1972:11).

Der Staat sei

„die in der freien Selbständigkeit des besonderen Willens ebenso allgemeine und objektive Freiheit; welcher wirkliche und organische Geist a) eines Volks sich b) durch das Verhältnis der besondern Volksgeister hindurch c) in der Weltgeschichte zum allgemeinen Weltgeiste wirklich wird und offenbart, dessen *Recht* das *höchste* ist" (Hegel 1972:48).

Dialektik

Idealismus

2.3.6 Hegel in der Tradition von Hobbes und Rousseau

Staatsbegriff Hegel verband in seinem *Staatsbegriff* Vorstellungen von Rousseau (dessen Idee des kollektiven Willens) und Hobbes (ein Volk ohne Staat ist lediglich eine formlose Masse, 1972:251) mit seiner eigenen Idee vom Staat als der *absoluten* Verkörperung der Ratio, der Vernunft. Daher wies er auch Lockes Liberalismus ab:

> „Wenn der Staat mit der bürgerlichen Gesellschaft verwechselt und seine Bestimmung in die Sicherheit und den Schutz des Eigentums und der persönlichen Freiheit gesetzt wird, so ist *das Interesse der Einzelnen als solcher* der letzte Zweck, zu welchem sie vereinigt sind, und es folgt hieraus ebenso, daß es etwas Beliebiges ist, Mitglied eines Staates zu sein."

Auch bei Hegel verkörpern also Staat und Volk a priori einen höheren Wert als das Individuum:

> „Die *Vereinigung* als solche ist selbst der wahrhafte Inhalt und Zweck." (Hegel 1972:215)

Als Philosoph der objektiven Dialektik, später dann auch als Apologet des preußischen Absolutismus, mußte Hegel die Vorstellung eines – aus einer grenzüberschreitenden Gesellschaft resultierenden – ewigen Friedens fremd bleiben. Für ihn existierte nur eine einzige, den individuellen Staaten übergeordnete Instanz: der Weltgeist. Staaten könnten sich zwar zusammenschließen – wie z.B. in der Heiligen Allianz – und den Richter über andere Staaten spielen (1972:220f.); solche Bündnisse seien aber nur von relativem und begrenztem Wert. Nicht ohne Böswilligkeit nannte er Kants Entwurf eines Völkerbundes einen „Fürstenbund", der in der Heiligen Allianz annähernd verwirklicht sei (1972:287f.), während Kant ja gerade den notwendigerweise republikanischen und fortschrittlichen Charakter des Völkerbundes betont hatte.

Bedeutung von Kriegen Ewiger Frieden führt nach Hegels Ansicht zu Verfall und Schwäche. In *Kriegen* dahingegen würden die Besonderheiten und die sittliche Gesundheit der Völker gestärkt. Außerdem wären die Kriege nützlich zur Verhinderung innenpolitischer Unruhen (1972:286f.). Auch hier springt der Kontrast zwischen dem späteren Konservatismus Hegels und dem kantschen Optimismus, der in der Idee des Handelskapitalismus begründet lag, ins Auge.

2.3.7 Aufstieg und Verfall von Staatsgebilden

In Kriegen werde das höhere Existenzrecht desjenigen Staates durchgesetzt, der in dem jeweiligen historischen Moment die Verkörperung des weltgeschichtlichen Fortschritts darstelle. Gegen dieses

> „absolute Recht, Träger der gegenwärtigen Entwicklungsstufe des Weltgeistes zu sein, sind die Geister der anderen Völker rechtlos",

schrieb Hegel (1972:291). Völker ohne Staatswesen spielten nach seinem Urteil überhaupt keine Rolle in der Geschichte (1961:86).

78

In diesem Prozeß habe jedes große Volk seinen eigenen „Lebenslauf" (Geburt, Staatengeschichte Blüte und Untergang), in welchem es der ihm „vom Weltgeist zugedachten" historischen Rolle gerecht werde oder nicht.

„Die spezielle Geschichte eines welthistorischen Volks enthält teils die Entwicklung seines Prinzips von seinem kindlichen eingehüllten Zustande aus bis zu seiner Blüte, wo es zum freien sittlichen Selbstbewußtsein gekommen, nun in die allgemeine Geschichte eingreift, – teils auch die Periode des Verfalls und Verderbens." (Hegel 1972:297)

In seiner postum publizierten Geschichtsphilosophie wurde diese Theorie ausführlicher entfaltet. Die Weltgeschichte bewege sich von Osten nach Westen: sie beginne Weltgeschichte in Asien und ende (vorläufig) in Europa (1961:168). Amerika war für Hegel

„das Land der Zukunft, in welchem sich in vor uns liegenden Zeiten, etwa im Streite von Nord- und Südamerika die weltgeschichtliche Wichtigkeit offenbaren soll."

Amerika sah er als eine Art Europa ohne die Bürde der Vergangenheit (1961:147). (Daß dort – dem Geist Lockes entsprechend – das Privatinteresse vorherrschte, erklärte er aus der Tatsache, daß sich in den USA noch kein echtes Staatsgebilde herauskristallisiert habe.)

In Europa hatte sich der Staat schon voll entfaltet und überdies ein Staatensystem gebildet, eine Gesellschaft von Staaten im Sinne Metternichs. Das gemeinsame Element dieser Staatengesellschaft liege jedoch, so behauptete Hegel (1961:576), in der Wahrung des besonderen Charakters des einzelnen Staates durch das *Gleichgewicht der Mächte*.

Hegels Theorie des Entstehens und des Niedergangs von Staaten, in der die Beziehungen der Völker untereinander nicht vom Völkerrecht, sondern von der Geschichte bestimmt wurden, wurde u.a. von dem Historiker *Leopold von Ranke* (1795- L. von Ranke 1886) weiter ausgearbeitet. Ranke verbindet die Vorstellung vom Staat als Persönlichkeit mit dem Primat der Außenpolitik, der alles untergeordnet werden müsse (Meyers 1979:257). Durch die Emigration deutschsprachiger Gelehrter im 20. Jahrhundert konnte dieser machtpolitische Realismus auch in England und Amerika Fuß fassen. Er ist dort bis auf den heutigen Tag populär geblieben (siehe etwa: Kennedy 1987), obwohl man sich der Herkunft dieser Geschichtsauffassung aus der hegelschen Philosophie oft nicht bewußt zu sein scheint.

2.3.8 Clausewitz

Außer Hegel hat Preußen noch einen weiteren Vertreter des hobbesschen Denkens hervorgebracht: den General C. P. G. von Clausewitz (1780-1831).

Napoleons Eroberungsfeldzüge und die *Levée en masse* (massenhafte Mobilisie- machtpolitischer rung) hatten große Teile der Bevölkerung in den Krieg verwickelt und in Mitleiden- Realismus schaft gezogen. Nach den blutigen Feldschlachten und den Entbehrungen des Krieges waren viele Zeitgenossen zu der Überzeugung gelangt, daß der Krieg nur Zerstörung und Tod bringe und keinem positiven Zweck diene. Gegen diese Kriegsverdrossenheit wandte sich Clausewitz, der mit seinem Buch *Vom Kriege* zum Begründer der moderneren Kriegslehre wurde, und dessen militärstrategische Auffassungen bis weit ins 20. Jahrhundert hinein großen Einfluß ausübten. In diesem Buch, das ein Jahr nach seinem Tode veröffentlicht wurde – er war während derselben Cholera-Epidemie gestorben, der auch Hegel zum Opfer fiel – hatte Clausewitz noch einmal ausführlich die Grundlagen des *machtpolitischen Realismus* dargelegt: die Staatssouveränität, das Machtstreben und den Krieg als Machtmittel der Politik.

Primat der Politik   Die Bedeutung seines Buchs war eine doppelte. Zum einen wollte Clausewitz, daß das eigentliche Kriegsgeschäft der Politik untergeordnet sei. Krieg sei „die Fortsetzung der Politik mit anderen Mitteln". Auch wenn der Kampf zu Felde seine eigenen Regeln und Gesetzmäßigkeiten kenne, sei Politik der zu verfolgende Hauptzweck und der Krieg nur Mittel zu eben diesem Zweck. Das Mittel dürfe den Zweck nie aus dem Auge verlieren (Clausewitz 1990:298). Zum anderen verfolgte Clausewitz mit seinem Buch die Absicht, dem Pazifismus, der nach den Schrecken der napoleonischen Kriege aufgekommen war, entgegenzutreten und das geschädigte Ansehen des Krieges wiederherzustellen.

3 Imperialismus und Marxismus

3.1 Ideologen der Pax Britannica

Im Unterschied zu Großbritannien hatte Frankreich bei seinen Versuchen, auf der westlichen Halbkugel ein eigenes Reich zu gründen, keinen Erfolg. Ein Sklavenaufstand auf Santo Domingo verjagte die französischen Herren, und 1803 sah Kaiser Napoleon sich aus finanziellen Gründen gezwungen, Louisiana, das er kurz zuvor von den Spaniern übernommen hatte, an die USA zu verkaufen (Skolnik 1969:XIX). Die amerikanischen Staaten hatten sich bereits im Jahre 1776 durch ihre Unabhängigkeitserklärung staatsrechtlich vom Britischen Reich losgelöst.

Durch die Schwäche der Franzosen erhielten die USA ungeahnte Möglichkeiten, sich territorial nach Westen hin auszudehnen, was allerdings durch den Widerstand von Indianerstämmen behindert wurde, die ihre Existenz als Jäger bedroht sahen. 1812 waren die USA zum wiederholten Male in kriegerische Auseinandersetzungen mit den Indianern verwickelt. Gleichzeitig befanden sie sich im Kriegszustand mit England wegen dessen restriktiver Handelspolitik. Der Indianerhäuptling Tecumseh kämpfte damals noch an der Seite der Briten; diese Koalition war jedoch nicht von Dauer, da – wie Nederveen Pieterse (1990:312) schreibt –

„größere Interessen auf dem Spiel standen, die langfristig eine anglo-amerikanische Zusammenarbeit erforderlich machten."

Das gemeinsame Interesse von Amerikanern und Briten war die Vertreibung der Franzosen und Spanier aus der westlichen Hemisphäre. Der britische Vorschlag, die Unabhängigkeit der lateinamerikanischen Staaten durch eine gemeinschaftliche Deklaration zu unterstützen, wurde vom amerikanischen Präsidenten Monroe begrüßt. Letztendlich schraken die Briten jedoch vor den Konsequenzen einer solchen Politik zurück. Im Jahre 1823 gaben die USA eine Grundsatzerklärung ab – die sogenannte *Monroe-Doktrin* –, die besagt, daß

Monroe-Doktrin

„der gesamte amerikanische Kontinent in Anbetracht seines inzwischen erreichten Zustands der Freiheit und Unabhängigkeit, entschlossen, diesen auch weiterhin beizubehalten, in Zukunft nicht mehr als Gegenstand der Kolonisierung durch irgendeine europäische Macht betrachtet werden kann" (zit. in Garraty/Gay 1981:798).

Die Briten hatten die regionale Vormachtstellung der USA wohl oder übel anerkennen müssen. Allerdings stellte die Akzeptierung der Monroe-Doktrin für sie kein allzu großes Opfer dar, weil ihnen bei der Expansion ihrer Macht und ihres Einflusses auch andere Mittel als nur die Aneignung und Kolonisierung von Territorien zur Verfügung standen. Ein Jahr nach der Verkündung der Monroe-Doktrin äußerte der britische Außenminister Canning:

> „Das spanische Amerika ist frei, und wenn wir uns nicht allzu dumm anstellen, dann wird es England gehören." (zit. in Gallagher/Robinson 1967:241)

3.1.1 Die Pax Britannica

Daß die britische Expansion so lange Zeit den Anschein erwecken konnte, nicht auf ein wirkliches Imperium gegründet zu sein, lag an der Hegemonie Großbritanniens im 19. Jahrhundert, die es diesem Land erlaubte, dem Rest der Welt seinen Frieden – die *Pax Britannica* – aufzuzwingen. Da das Gleichgewicht der europäischen Mächte nach dem Sturz Napoleons größere Kriege vorerst überflüssig gemacht hatte, konnte sich Großbritannien umso intensiver auf die Ausbreitung seiner Macht *außerhalb* von Europa konzentrieren. Zwischen 1841 und 1851 besetzten bzw. annektierten die Briten Neuseeland, die Goldküste, Natal, den Pandschab und Hongkong. In den darauffolgenden zwei Jahrzehnten wurden u.a. Birma, Lagos (und angrenzende Gebiete) und Transvaal unter britische Herrschaft gebracht. Außerdem wurden die britischen Kolonien Queensland und Britisch-Kolumbien gegründet.

Die Expansion Großbritanniens erschöpfte sich aber nicht nur in territorialer Erweiterung seines eigentlichen Imperiums, sondern erfaßte auch Gebiete, die außerhalb des britischen Reiches lagen. Zwischen 1812 und 1880 verließen 20 Millionen Bürger die britischen Inseln; davon wanderten nur etwa 30 Prozent in Reichsgebiete aus. In derselben Periode floß nur ein Sechstel der britischen Auslandskredite – die sich insgesamt auf über eine Milliarde Pfund beliefen – in die eigenen Reichsgebiete, und im 19. Jahrhundert wurde höchtens ein Drittel der britischen Exporte in den Reichsgebieten abgesetzt. (Der wichtigste Handelspartner waren die USA.) Die britische Expansion, bemerken hierzu Gallagher und Robinson (1967:237),

> „ist die Geschichte einer *expandierenden* Gesellschaft [Hervorh. v.V.]. Der Export von Kapital und Industrieprodukten, die Auswanderung englischer Bürger, die Verbreitung der englischen Sprache, englischen Gedankenguts und englisch-konstitutioneller Herrschaftsformen: all dies belegt die Ausstrahlungskraft des gesellschaftlichen Elans der britischen Völker. [..] Es steht fest, daß die britische Industrialisierung die Ursache für die [...] Entwicklung überseeischer Gebiete war. Ob diese Gebiete formell zum britischen Reich gehörten oder nicht, war dabei von nur untergeordneter Bedeutung."

Daß England der Frage, ob seine Handelspartner zum britischen Imperium gehörten oder nicht, relativ wenig Bedeutung beimaß, läßt sich wohl hauptsächlich durch die massive Emigration britischer Bürger – vor allem nach Amerika – erklären.

„Die tatsächliche Expansion der englischen Nation über ihre eigentlichen Staatsgrenzen hinaus hätte in diesem Umfang nicht stattfinden können ohne [...] diese Emigration. [Und] ohne die Ausbreitung britischer Niederlassungen in Nordamerika hätte der englische Staat viel mehr Mühe gehabt, seine Rivalen so nachhaltig auszuschalten." (Arrighi 1978:57f.)

Freihandel und Nichteinmischung des Staates *(Laissez-faire)*, rasche industrielle Entwicklung und dauerhafter Frieden fanden ihren Niederschlag in einer integralen liberalen Ideologie.

„Im viktorianischen Bewußtsein, das sich im Laufe der fünfziger und sechziger Jahre des 19. Jahrhunderts herauskristallisiert hatte, herrschte allgemein die Erwartung, daß [...] rivalisierende Kräfte [...] sich zu guter letzt in wahrer Versöhnung und Harmonie aufheben würden. Der viktorianische Glaube war letztendlich einer an die Vereinbarkeit von Gesellschaft und Intellekt, an eine Synthese von progressiver Politik und moralischem Handeln." (Shannon 1976:269)

Eine solche Konstellation, in der objektive ökonomische und politische Gegebenheiten idealisiert werden und sich zu einem normativen Weltbild verfestigen, nennen wir – nach Bode (1979) – ein *Herrschaftskonzept*. In dem Maße, wie es den gesellschaftlichen Kräften, die großes Interesse an einer jeweiligen nationalen und internationalen Ordnung haben, gelingt, ihre partikularen Belange als Interessen des Allgemeinwohls darzustellen und durchzusetzen, wird eine solche Konstellation zum Herrschaftsinstrument. Weil das in England entwickelte Herrschaftskonzept dieser Periode, der *liberale Internationalismus*, weit über die Grenzen Englands hinaus als Allgemeininteresse akzeptiert wurde, konnten sich die Partikularinteressen der englischen Bourgeoisie im großen Maßstab durchsetzen. In diesem Sinne können wir von einer britischen *Hegemonie* sprechen.

[marginal note: Herrschaftskonzept]

[marginal note: liberaler Internationalismus]

[marginal note: Hegemonie]

1860 unterzeichnete Frankreich einen Freihandelsvertrag und suchte auf diese Weise Anschluß an die liberale britische Weltordnung, die sich damals schon in den Kolonien, allen europäischen Ländern und in Lateinamerika Geltung verschafft hatte. Die USA hielten noch an den protektionistischen Handelszöllen fest, die sie 1816 – und erneut während des Bürgerkrieges (1860-1865) – eingeführt hatten (Arrighi 1978:67).

3.1.2 Umstrukturierung der Industrie

Die industrielle Revolution in England betraf vor allem die *Textilindustrie*. Die britische Handelsflotte transportierte Baumwollprodukte der Fabriken von Lancashire in alle Welt. Im Laufe des 19. Jahrhunderts nahm jedoch die Bedeutung der Textilindustrie immer mehr ab. Zwar blieb in allen kapitalistisch entwickelten Ländern die Textil- und Bekleidungsindustrie bis weit ins 20. Jahrhundert hinein quantitativ gesehen der wichtigste Industriezweig, doch war das rasche Wachstum der *Eisen- und Stahlindustrie* für die weitere politisch-ökonomische Entwicklung von viel größerer Bedeutung.

Auch in dieser Branche war Großbritannien international lange Zeit führend gewesen. Noch im Jahre 1870 befand sich fast die Hälfte der Weltstahlproduktion in englischer Hand. 1886 allerdings hatten die USA und 1893 auch Deutschland gleichgezogen. 1910 schließlich wurde die Hälfte des Stahls, dessen Produktion sich damals weltweit auf etwa 60 Millionen Tonnen belief, in den USA produziert, während die deutsche Produktion von ca. 12 Millionen Tonnen inzwischen doppelt so groß war wie die englische. Rußland stand – mit einem geringen Vorsprung gegenüber Frankreich – an vierter Position mit einer Jahresproduktion von 3,5 Millionen Tonnen (Hexner 1943:324f.).

Dementsprechend schrumpfte auch der englische Export, der sich ab 1850 jedes Jahrzehnt verdoppelt und auf seinem Höhepunkt im Jahre 1872 einen Stand von 256 Millionen £ erreicht hatte. Ab dem Krisenjahr 1873 aber setzte eine Periode des Abschwungs ein, die dann in den achtziger Jahren des 19. Jahrhundert in eine Dauerkrise mündete.

Protektionismus   Der Hauptgrund für diese Misere war die Tatsache, daß immer mehr Länder ihre bisherige Freihandelspolitik zugunsten einer Politik des *Protektionismus* aufgaben, d.h. ihre Binnenmärkte durch die Errichtung von Zollmauern abschirmten. Dieser Wandel kam vor allem auf Betreiben der nationalen Stahlindustrien und Landwirtschaften zustande. Deutschland und Italien wandten sich als erste (1878) dem Protektionismus zu, gefolgt von Frankreich (1881) und sogar von Kanada und Australien, denen 1847 bzw. 1855 von Großbritannien weitgehend autonome Regierungen zugestanden worden waren (Bartstra 1925:18f.). Durch diese Entwicklung wurde allmählich der englische Export von den Märkten der entwickelten kapitalistischen Länder verdrängt und konzentrierte sich stärker als zuvor auf die nichtkapitalistischen Absatzgebiete. Damit gewannen auch die eigentlichen Reichsgebiete Großbritanniens wieder an Bedeutung für das Mutterland.

3.1.3 Kapitalexport

Daß sich der liberale Internationalismus als herrschende Ideologie behaupten konnte, obwohl sich in der Industrie ausgesprochen *nationale* ökonomische Strukturen herausgebildet hatten, läßt sich wohl aus der in dieser Periode stark zugenommenen Bedeutung des Bankkapitals erklären. Die Pax Britannica

„hatte sich oft durch Drohgebärden der Schiffskanonen Geltung verschaffen können, noch häufiger aber durch frühzeitiges Spielen an den Hebeln der internationalen monetären Machtmechanismen" (Polanyi 1957:14).

Im Zeitalter des Merkantilismus war der Handel ein politisches und häufig auch ein kriegerisches Unterfangen gewesen. Im Laufe des 19. Jahrhunderts wurde dann die Verflechtung des Handels mit dem Bankwesen immer enger. Auch als die Rolle der Staaten als Abnehmer größer wurde (Eisenbahnen, Kriegsschiffe, Artillerie und andere politisch brisante Produkte der Eisen- und Stahlindustrie, welche die zwischenstaatlichen Rivalitäten anheizen konnten), war es gerade die internationale, finanzielle Verflechtung, die es erlaubte, den Anschein einer Interessenharmonie zwischen den Staaten zu wahren. Denn zugleich mit dem Aufkommen des Protektionismus führten die meisten großen Staaten den *Goldstandard* ein; damit schlossen sie ihre Ökonomien an das internationale Zahlungssystem an, das nach liberalen

Grundsätzen funktionierte. Die großen Banken (Rothschild, Bleichröder, J. P. Morgan u.a.) entfalteten eine permanente Geheimdiplomatie, die im Sinne des europäischen Gleichgewichts für relative Stabilität sorgte.

> „Die *Hochfinanz*, ein für die letzten drei Jahrzehnte des 19. und die ersten drei des 20. Jahrhunderts charakteristisches Phänomen, war in dieser Zeit das wichtigste Verbindungsglied zwischen der politischen und der wirtschaftlichen Organisation der Welt [...] Trotz ihrer Unabhängigkeit von Regierungen, selbst von den mächtigsten, stand sie doch mit allen in Kontakt; sie operierte unabhängig von den Zentralbanken, sogar von der Bank of England, und war doch eng mit ihnen liiert." (Polanyi 1957:10)

Diese internationale Interessengemeinschaft wollte verhindern, daß der *Kapitalexport*, der in dieser Zeit ein enormes Wachstum durchmachte, zu einem Krieg zwischen den mächtigsten Staaten führen würde. Der Kapitalexport bestand im wesentlichen aus der Beschaffung internationaler Darlehen und anderer ausländischer Kredittransaktionen. Die Investitionsbanken vermittelten diese Transaktionen. So wurden z.B. die Aktien einer amerikanischen Eisenbahngesellschaft auf der Londoner Börse zum Verkauf angeboten. Auf diese Weise schossen englische Anleger – in der Hoffnung auf Dividende, wenn die Eisenbahnlinie künftig Gewinn erzielen würde – dem Unternehmen die Mittel vor, womit dieses dann in England die zum Bau der Bahn nötigen Güter einkaufte. Es kam aber auch vor, daß ausländische Kreditnehmer – wie etwa die Stadt Buenos Aires zum Aufbau einer städtischen Straßenbeleuchtung – sich zwar an der Londoner Börse durch Verkauf von Staatsobligationen ein Darlehen beschafften, dann aber den Auftrag nicht an englische Unternehmen vergaben, sondern in Deutschland bei AEG oder Siemens unterbrachten. In einem solchen Fall konnte der Kapitalexport zu Rivalitäten nicht nur zwischen Konzernen, sondern auch zwischen Staaten führen.

In den letzten Jahrzehnten des 19. Jahrhunderts wurde der Kapitalexport in England zur wichtigsten Einkommensquelle der besitzenden Klasse. Der Kapitalexport war in zunehmendem Maße für den Eisenbahnbau und andere infrastrukturelle Projekte in der westlichen Hemisphäre bestimmt. Gegen Ende des Jahrhunderts mußten auch die Einnahmen aus Investitionen in Indien zum positiven Ausgleich der britischen Zahlungbilanz beitragen. So wurden die Erträge aus dem Empire zum tragenden Element der heimischen Wirtschaft (Arrighi 1978:73).

3.1.4 Die Ideologie des britischen Imperialismus

Der Begriff Imperialismus wurde zuerst auf die Eroberungskriege Napoleons III. angewendet, die dieser im Geiste des alten römischen Kaiserreichs zur politischen Methode erhoben hatte. In England kam der Begriff in Umlauf, als unter der Führung des Premierministers Benjamin Disraeli ein Bündnis von Adel und Schwerindustrie versuchte, die Arbeiterschaft für eine chauvinistische Außenpolitik zu gewinnen. 1872 erklärte Disraeli, daß der englische Arbeiter stolz sein könne, ein Untertan des britischen Imperiums zu sein. In

„dem Maße, in dem die Regierung Disraeli gegen Ende ihrer Regierungszeit der Untergrabung parlamentarischer Autorität, der Aggressivität, verschwenderischer Ausgaben für eitle Ambitionen und militärische Abenteuer und der Zentralisierung politischer Macht beschuldigt wurde, erlangte der Begriff [Imperialismus, d.V.] Gebrauchswert in der Publizistik der englischen Liberalen" (Krippendorff 1972:178).

Sozialdarwinismus Die imperialistische Politik war der Nährboden, auf dem Chauvinismus und Rassismus gedeihen konnten. Während des 19. Jahrhunderts entwickelten Biologen außerdem eine Auffassung von der Natur als einer hierarchischen Ordnung von Lebewesen, an deren Spitze der (europäische) Mensch stand. Etwa ab Mitte des Jahrhunderts traten prominente englische Historiker und Biologen als Propagandisten einer Rassentheorie auf, die ihre Glaubwürdigkeit dem großen Prestige der Evolutionslehre Charles Darwins (*The Origin of Species* von 1859 und deutlicher noch *The Descent of Man* von 1871) verdankten. Der *Sozialdarwinismus* stellte eine Analogie zum darwinschen Prinzip der natürlichen Auslese dar, wobei die These vom „survival of the fittest" auch auf das Verhältnis der Rassen untereinander übertragen wurde.

„Die meisten Sozialdarwinisten beschäftigten sich [zwar] mit rassischen Unterschieden in Europa, aber ihre Ideen beeinflußten auch die imperialistischen Denkansätze, und die Theorien des Imperialismus zwischen 1870 und 1920 waren zum größten Teil auf rassistischen Unterstellungen aus dem Geiste der Evolutionslehre gegründet." (Curtin 1971:XVI)

Bei der Verbreitung solcher Ideen unter die Elite der britischen Jugend spielte das System der privaten *Public Schools,* in denen sehr viel Wert auf sportliche Erziehung gelegt wurde, eine Hauptrolle. Zwar glaubten die Engländer nicht, daß sie den Franzosen und den Deutschen auf wissenschaftlichem und militärischem Gebiet in jeder Hinsicht überlegen wären, waren aber fest von ihrer charakterlichen Superiorität überzeugt; und starke Charaktere würden nun einmal auf dem Rugbyfeld, im Ruderboot und letztendlich in der harten Lehrschule des Imperiums selbst herangebildet. Dem Intellektualismus der Franzosen wurde ein „gestähltes Christentum" gegenübergestellt und dem ordinären Kaufmann das Ideal des Gentleman (Mangan 1986:104). Im britischen Imperialismus vermischten sich feudale Standesbegriffe mit rassistischem Denken. Das gesellschaftliche Ideal war das des „Lord of Human Kind" (Herr der menschlichen Gattung), während der Fabrikant kein großes Ansehen genaß. Die Industrie galt als ein minderwertiges Geschäft,

„das man – wenn irgend möglich – zu meiden hatte" (Overbeek 1991:44; Kiernan 1972).

Die „wilden" Völker – und ganz besonders die Afrikaner – wurden als unmündige Kinder betrachtet und dementsprechend behandelt. Diese Auffassungen kamen sogar noch beim Mandat-System des Völkerbundes und beim *Treuhandschaftsrat* der UN zum Tragen (Curtin 1971:XVIII).

In einem Klima des Hurrapatriotismus *(Jingoismus)* und unter dem Druck der finanzkapitalistischen und schwerindustriellen Interessen verloren die antimperialistischen Elemente (die „Little Englanders") – wie z.B. Gladstone – im Jahre 1895 ihren Einfluß auf die Liberale Partei. In der Konservativen Partei war die antiimperialistische Strömung von jeher nur schwach vertreten gewesen. Ende des 19. Jahrhunderts wurde die politische Szene in England von dem Protektionisten Joseph Chamberlain und der kolonialen Elite (wie etwa Lord Curzon, dem Vizekönig von Indien, oder Lord Milner, dem Generalgouverneur der Kapkolonie) beherrscht (Quigley 1966:129).

In seiner Schrift *The Expansion of England* (1883) setzte sich der Oxford-Historiker J. R. Seeley vehement für eine Ausbreitung und Konsolidierung des britischen Empires ein. Kanada und Australien waren für ihn in der gleichen Weise britisch wie Irland und Schottland und lediglich weiter vom Mutterland entfernt. Zusammen sollten die Reichsgebiete ein „Greater Britain" formen. Er sagte voraus, daß die USA und Rußland die Mächte der Zukunft werden würden. Die einzige Chance Englands, gegen diese aufstrebenden Mächte bestehen zu können, sei die Schaffung eines noch größeren Reichs als bisher; andernfalls wäre Großbritannien – ähnlich wie Spanien, Holland und Schweden vor ihm – zum Abgang von der Bühne der Weltmächte verurteilt (Bartstra 1925:22f.).

Die fieberhafte Jagd nach neuen Kolonien geriet aber ins Stocken, als sich Großbritannien – u.a. auf Grund der Politik des Finanzkapitalisten *Cecil Rhodes* – in einen militärischen Konflikt mit ehemals niederländischen Kolonisten in Südafrika einließ *(Burenkrieg* 1899-1902).

3.1.5 Hobsons Kritik des Imperialismus

John A. Hobson nahm den Burenkrieg zum Anlaß einer ersten systematischen Kritik des britischen Imperialismus. Hobson war Ökonom und Professor in London und Oxford. Er entwarf eine Theorie, die in vielerlei Hinsicht die keynesianischen Theorien vorwegnahm. Keynes schrieb später:

> „Unterkonsumtionstheorien befanden sich bis zum Erscheinen von Hobsons und Mummery's Abhandlung *The Physiology of Industry* aus dem Jahre 1889 in einem Dornröschenschlaf. Dieses Buch ist die erste und wichtigste der vielen Publikationen, mit denen Hobson fast fünfzig Jahre lang mit unermüdlicher aber meist vergeblicher Leidenschaft [...] die Hochburgen der Orthodoxie bestürmt hat. Obwohl es heute ganz in Vergessenheit geraten ist, hat diese Veröffentlichung in gewissem Sinn ein neues Zeitalter des ökonomischen Denkens eingeläutet." (1970:364f.)

Hobson und der Industrielle Mummery führten die Wirtschaftskrise auf den ihrer Ansicht nach übertriebenen Nachdruck zurück, der im kapitalexportierenden England auf das Sparen gelegt wurde. Die orthodoxe Nationalökonomie sei blind für die Erkenntnis, daß in einer industriellen Gesellschaft Sparverhalten nur dann die Produktion und die Investitionsbereitschaft fördere, wenn auch der Verbrauch steige. Hobson sah hierin die Erklärung für das Elend der arbeitenden Bevölkerung, das ihn tief betroffen gemacht hatte, ohne jedoch sein Vertrauen in die politische Ökonomie grundsätzlich zu erschüttern.

Hobsons Analyse nahm die behauptete Harmonie zwischen dem liberalen Laissez-faire der Pax Britannica und dem liberalen Internationalismus, der von der Hochfinanz propagiert wurde, unter die Lupe: ersteres wäre dem Wachstum von

Gewerbe und Industrie zugute gekommen, letzteres aber behindere geradezu die industriellen Interessen und verursache Arbeitslosigkeit.

In seinem Buch *Imperialism, A Study* (1902) zeigt Hobson nicht nur die ökonomischen Nachteile der Hegemonie der Hochfinanz auf, sondern schildert auch ihren korrumpierenden Einfluß auf das gesellschaftliche Leben.

> „Man sagt nicht zuviel, wenn man feststellt, daß die britische Außenpolitik im wesentlichen ein Kampf um gewinnträchtige Investitionsmärkte gewesen ist. Großbritannien hat sich mehr und mehr zu einer Nation entwickelt, die von dem anderswo erwirtschafteten Steueraufkommen lebt; und jene Klassen, welche die Nutznießer dieser Abgaben sind, machen sich in zunehmendem Maße die Politik des Staates, seine Machtmittel sowie die öffentlichen Finanzen zunutze, um immer neue Möglichkeiten für ihre privaten Investitionen zu erschließen." (Hobson 1968:53f.)

Obwohl Hobson kein ausgesprochener Antisemit war – wie etwa Henry Ford, der als Industrieller seine Kritik an der Finanzwelt teilte –, verzichtete er nicht auf den Hinweis, daß viele der prominenten Finanziers Juden seien (1968:56).

Kritik des Imperialismus   Hobson zog einen scharfen Trennungsstrich zwischen Kolonialismus und Imperialismus. Beim *Kolonialismus* würde die Nationalität und die aus ihr hervorgegangene Zivilisation verpflanzt. Die einzigen Beispiele geglückter Kolonisierung in Übersee seien Kanada, Australien und Neuseeland. Jedoch schon in Südafrika sei die Zahl britischer Kolonisten im Verhältnis zur eingeborenen Bevölkerung so gering, daß man hier nicht mehr von Kolonialismus, sondern von Imperialismus sprechen müsse. Das gelte auch für die anderen britischen Kolonien und treffe im besonderen für ausnahmslos alle französischen und deutschen Kolonien zu (Hobson 1968:6f.).

Itnernationalismus   Dem undemokratischen und chauvinistischen Imperialismus hielt Hobson (1968:11) seine Version eines *Internationalismus* entgegen, worunter er eine gewisse Integration der Kolonialmächte verstand, die die Kriegsgefahr verringern und die Konkurrenz zwischen Staaten auf den ökonomischen Bereich begrenzen sollte. Der primitive Streit zwischen den Völkern müsse aufhören und durch eine Konkurrenz ersetzt werden, die sich komplexerer und differenzierterer Waffen bediene als bisher (Arrighi 1978:41). Wovon Hobson seine Zeitgenossen überzeugen wollte, war, daß die transnationale zivile Gesellschaft, die sich unter dem hegemonialen Einfluß Großbritanniens entwickelt hatte, erfolgversprechendere Zukunftsperspektiven eröffnen würde als die ewigen Kriege der Staaten untereinander.

transnationale Zivilgesellschaft
> „Der Personen-, Güter- und Informationsaustausch hat sich so weit entwickelt und schreitet so schnell voran, daß das Anwachsen des gemeinschaftlichen Erfahrungsfundus, der für ein grenzüberschreitendes Zusammenleben [der Menschen, d.V.] nötig ist, ganz gewiß das hervorstechende Merkmal unseres Zeitalters ist." (Hobson 1968:168f.)

Daher dürfe das höchste politische Ziel nicht mehr die nationale Unabhängigkeit oder die Eroberung schwächerer Nationen sein, sondern

> „eine experimentelle und sich weiterentwickelnde Föderation, die sich an der größten gemeinschaftlichen Erfahrung orientiert und die zwischen denjenigen Nationen, welche untereinander die meisten Übereinstimmungen aufweisen, auch formelle politische Bande entstehen läßt, die später auch andere Nationen miteinschließen, [...] bis sich eine effektive politische Föderation gebildet haben wird, die die ganze ‚zivilisierte Welt' umfaßt, d.h. all die Nationen, die einen reichen

Fundus dieser ‚gemeinschaftlichen Erfahrung‘, die wir als ‚Zivilisation‘ bezeichnen, aufgebaut haben" (1968:169; vgl. Arrighi 1978:42).

Hobsons Buch fand große Beachtung in der britischen Öffentlichkeit. Ein Grund dafür waren sicherlich die enormen Frustrationen, die der Burenkrieg und die sich aus ihm ergebenden sozialen Konflikte in England hervorgerufen hatten. Der Effekt des Burenkrieges auf die britische Gesellschaft war in seiner Heftigkeit mit den Auswirkungen des Vietnamkrieges auf die USA vergleichbar (Nairn 1973:6). Daß diese gefährliche Tendenz zu einem nationalistisch aufgeheizten Imperialismus sich letztendlich doch nicht durchsetzte, liegt wohl daran, daß England schon zu sehr in die sich über mehrere Kontinente erstreckende *zivile Gesellschaft* integriert war; auch die weltweiten finanziellen Verflechtungen und Interessen der Londoner City dürften dazu beigetragen haben. So konnte sich das liberale Großbritannien den USA anschließen, als diese im 20. Jahrhundert darangingen, eine „zivilisierte Welt" nach Hobsons Vorstellungen zu schaffen – eine Welt, deren Ausgestaltung stark von der Struktur der *Staatengemeinschaft des Britischen Empire* beeinflußt worden ist. Sowohl die Merkmale des später geformten atlantischen Kerngebiets als auch die ersten Ansätze auf dem Weg zu weltumspannenden Organisationen (Völkerbund und UNO) weisen deutliche Übereinstimmungen und Ähnlichkeiten mit der Organisationsstruktur des Britischen Empire auf.

atlantisches
Kerngebiet

3.1.6 Das Britische Commonwealth

In den Jahren 1887 bis 1897 organisierte Großbritannien sogenannte Koloniale Konferenzen, um die Kronländer (Dominions), die sich in der Periode des britischen Liberalismus eigenständig entwickelt hatten, wieder enger an sich zu binden. Das Verlangen, den Zusammenhalt des Empire zu stärken, erhielt durch den Burenkrieg noch zusätzlichen Auftrieb. Zu diesem Zweck wurde 1902 das *Committee of Imperial Defence* geschaffen, dem die Vorbereitung der Konferenzen (Aufstellen der Tagesordnungspunkte u.ä.) oblag. Um die Kontinuität des Verhandlungsprozesses zu sichern, erhielt dieses Komitee den Status einer permanenten Behörde. Jordan (1971:29) weist darauf hin, daß diese – wie er sich ausdrückt – „Sekretariats-Tradition" als Methode auch auf die später entstandenen internationalen Organisationen übertragen worden ist. Wie im *Esher Report* aus dem Jahre 1904 dargelegt wurde, sollte die Arbeit dieses Sekretariats „umfassend" und „antizipierend" sein; es sollte den Informationsaustausch über anstehende Probleme auf Regierungsebene organisieren (Jordan 1971:31).

Das eigentliche Commonwealth wurde auf der Kolonialen Konferenz von 1911, der *Imperial Conference*, ins Leben gerufen. Die britischen Imperialisten – unter der Führung von Joseph Chamberlain – sahen hierin die Möglichkeit, die sich selbstverwaltenden Kronländer wieder enger an sich zu binden, um auf diese Weise der deutschen Herausforderung besser entgegentreten zu können. Doch wollten Großbritannien, Kanada, Australien und Neuseeland, aber auch die selbstverwalteten südafrikanischen Kolonien, die sich zu einem Verbund zusammenschlossen, sich selbst nicht als Staaten bezeichnen, weil dieser Begriff

„ganz gewiß ungeeignet ist zur Umschreibung der Mitglieder einer Familie" (Hall 1971:27).

Commitee of Imperial Defense Auf der öffentlichen Imperial Conference sollte der zivilgesellschaftliche Aspekt der *einen* Nation, zu der sich alle Mitglieder des Commonwealth rechneten, besonders herausgestrichen werden. Doch wurde auch das hinter verschlossen Türen tagende Committee of Imperial Defence beibehalten, da man sich unter Ausschluß der Öffentlichkeit doch leichter über die wichtigen außen- und militärpolitischen Probleme verständigen konnte (Hall 1971:67).

1911 wurde die Verantwortung für die Außenpolitik des gesamten Commonwealth an Großbritannien delegiert: Um die Macht des britischen Empires aufrechtzuerhalten, konnte man auf die *Existenz einer gesonderten Staatsmacht* nicht verzichten. Zum Erhalt *rechtsstaatlicher Verhältnisse,* die ja das Medium einer sich selbst verwaltenden zivilen Gesellschaft sind, war sie unentbehrlich; eine Notwendigkeit, auf die Kant bereits hingewiesen hatte.

Die Pläne für den späteren Völkerbund orientierten sich auch in diesem Punkt an den Erfahrungen des Commonwealth.

„Regierung meint nationale Regierung..."

hieß es in einem Konzept für den geplanten Völkerbund.

„Die Funktion der alliierten Organisationen [der Kriegsentente, d.V.] war das Erarbeiten von Plänen zur Ausübung nationaler Regierungsmacht." (zit. in Jordan 1971:39)

An eine supranationale Regierung wurde nicht gedacht. Diese Arbeitsweise, die sich schon bald zu einer Vorausplanung der Politik durch Sachverständige (wenn nötig, auch in Unterausschüssen) entwickelte, kehrte sich gegen die traditionelle Diplomatie der Außenministerien (Jordan 1971:40). Der Zusammenhalt des Commonwealth beruhte dann auch – ähnlich wie in den USA – in erster Linie auf seiner gesellschaftlichen Einheit, die „durch eine der größten Völkerwanderungen der Geschichte" hervorgebracht worden war (Hall 1971:106). Hall führt weiter aus:

„Die Völker des Commonwealth waren in ständiger Bewegung zwischen den neuen Vaterländern in Übersee und den alten in Europa [...] Die ‚große Gesellschaft' des Commonwealth [...] funktionierte wie ein System miteinander verknüpfter Gruppen, Organisationen und Gesellschaften innerhalb der größeren Gemeinschaft [und stellte dabei] in hohem Maße ihre Fähigkeit unter Beweis, in seiner politischen, ökonomischen und sozialen Struktur die Entstehung von Rigiditäten und starren Ausgrenzungen zu vermeiden."

Die Flexibilität und das Vermögen der lockeschen, sich selbst regulierenden Gesellschaft, politische Herausforderungen durch eine adäquate Reformpolitik zu parieren, wurden auf diese Weise auch auf die internationale Ebene übertragen. Daß dem politischen Beobachter eine Einsichtnahme in die diskreten Methoden der tatsächlichen Machtausübung verwehrt blieb, lag in der Organisationsstruktur des Commonwealth mit seiner Sekretariats- und Ausschußtradition begründet, derzufolge die politischen Gegenstände schon weitgehend ausgehandelt waren, bevor sie überhaupt

90

die Bühne der politischen Öffentlichkeit erreichten. Außer diesem formellen System politischer Entscheidungsfindung gab es allerdings noch eine weitere Institution der politischen Vorausplanung und Koordination, nämlich das informelle System der Elite-Konsultationen.

Die *Rhodes-Milner-Gruppe,* die im britischen Reich um die Jahrhundertwende Elite-Konsultationen aktiv war, ist hierfür ein hervorragendes Beispiel. Diese Gruppe war aus den Round Table Groups, die von Cecil Rhodes organisiert worden waren, hervorgegangen und formierte sich nach dessen Tod erneut um den *Rhodes Trust* herum. Bei einer solchen Gruppe handelt es sich weniger um ein homogenes Machtzentrum, sondern eher um eine informelle Veranstaltung zum Zwecke einer Interessenartikulation und Vorabklärung politischer Optionen der Elite. Als solche ist die Rhodes-Milner-Gruppe als Vorläufer der späteren Elite-Klubs (wie z.B. der Bilderberg-Konferenzen oder der Trilateralen Kommission) zu sehen (Quigley 1966; Nederveen Pieterse 1990:271-280; van der Pijl 1984:36-43). Der Rhodes Trust förderte über ein Studentenaustauschprogramm Talente aus englischsprachigen Ländern (Mangan 1986:29), sponserte aber auch bereits etablierte Wissenschaftler, die das Weltbild des Liberalismus propagierten.

3.1.7 Idealismus und Commonwealth

Hall schreibt (1971:96):

> „Die Welt, in der das Commonwealth entstand, strahlte noch im Widerschein der Pax Britannica und des viktorianischen Zeitalters, mit seinen einfachen, starken Überzeugungen und politischen Sicherheiten. Die Führungselite Großbritanniens und der neuen Nationen des Empires hatten den größten Teil ihres Lebens in einer relativ ‚kriegsarmen‘ Zeit zugebracht und [sich] an den Zustand geordneter Freiheit, soliden Wohlstands und stetigen technischen Fortschritts [gewöhnt]. Für die meisten Menschen ihrer Generation waren das feste und kalkulierbare Größen [ihres Lebens] geworden.“

Das galt auch für die erste Generation der sogenannten *Idealisten* – Gelehrte, die – Idealisten anknüpfend an Kants Ideen – den Begriff eines lockeschen Kerngebiets entwickelten.

Der wichtigste von ihnen war Norman Angell (1872-1967). Auch Angell war Angell ein Pendler zwischen alten und neuen Vaterländern. Er begann seine Laufbahn als Journalist und wurde später parlamentarischer Abgeordneter (für die Labour-Partei). Genau wie Hobson hatte auch Angell während des Burenkrieges gegen den Hurrapatriotismus von konservativer Seite (Jingoes of the right) angekämpft, doch gab es für ihn keinen ursächlichen Zusammenhang zwischen Kapitalismus und Imperialismus (Bartstra 1925:8). Zu Ruhm gelangte er mit seiner Schrift *The Great Illusion* (1910), mit der er die Auffassung, daß militärische Macht ein Garant für Wohlstand sei, zu widerlegen suchte. Im Jahre 1912 wurde auf Initiative von Lord Esher (der ja zusammen mit Rhodes, Lord Milner und anderen Mitbegründer der Round Table Groups und auch – wie bereits erwähnt – der Architekt des Sekretariatsystems des

Committee of Imperial Defence war) ein Verein zur Verbreitung des angellschen Gedankenguts ins Leben gerufen (de Wilde 1991:61).

Angells Auslassungen wiesen ihn in der Folgezeit als einen organischen Intellektuellen der Rhodes-Milner-Gruppierung aus. 1918 plädierte er z.B. für die Integration Deutschlands in die Wirtschaft der Siegermächte, war aber der Meinung, daß das politische Bündnis der Siegermächte, die Entente, noch aufrechterhalten werden müsse. In Angells Schaffen, das 1933 mit dem Friedensnobelpreis belohnt wurde, läßt sich seine Idealisierung und Verallgemeinerung der politischen Führungsstrukturen des Commonwealth gut nachvollziehen. Zentrale Elemente seines Denkens waren:

a) Die sich selbst regulierende Gesellschaft: Keine Weltregierung, die eine zu große Distanz zu der jeweiligen gesellschaftlichen Aktualität haben würde, sondern Vertrauen in die Selbstregulierungskräfte des Rechts.

b) Regierung „hinter verschlossenen Türen": Demokratische Politik könne nun einmal eine gewissen Emotionalität nicht vermeiden, da Politiker ja das zu vertreten hätten, was die Gesellschaft bewege. Daher sei es die Aufgabe der Nicht-Politiker, die mehr besonnenen und umsichtigen Politiker bei ihren Vorhaben zu unterstützen (siehe: de Wilde 1991:88).

c) Das Militär: Die Streitkräfte hätten die Aufgabe – ähnlich wie die Polizei im innerstaatlichen Bereich – auf der internationalen Ebene Aktionen der Selbstjustiz entgegenzutreten. Allerdings rechtfertigte Angell auch Interventionen in Kolonien zur Aufrechterhaltung der Ordnung, wie etwa die britische in Indien oder die französische in Algerien.

Muir   Ramsay Muir (1872-1941) vertrat im Vergleich zu Angell schon modernere Positionen. Muir war schottischer Abstammung und arbeitete in den zwanziger Jahren mit Keynes zusammen in der „Liberal Summer School", der „Ideenküche" des progressiven Flügels der Liberalen Partei, die – im Geiste Hobsons – die Interessen der Hochfinanz zum Nutzen des Gemeinwohls in den Dienst der industriellen Entwicklung stellen wollte. 1920 veröffentlichte Muir seine Abhandlung *Liberalism and Industry. Towards a Better Social Order.*

Idealisierung der   Nach Muirs Einschätzung befand sich die Welt auf dem Wege zur Einheit. Auch
britischen Ordnung   Muirs Idealisierung der britischen Ordnung war von den Vorstellungen Lockes geprägt: er war ein Anhänger des Individualismus und betonte die Überlegenheit der zivilrechtlichen Organisation der Gesellschaft gegenüber der staatsrechtlichen. Daß die zentralen Mächte, d.h. Deutschland und Österreich-Ungarn den Krieg (1914-18) gegen den expandierenden modernen Liberalismus verlieren würden, käme daher, so schrieb Muir 1916,

„daß diese Mächte versuchen, sich gegen die Hauptentwicklungstendenz der Zivilisation zu stemmen" (zit. nach de Wilde 1991:100).

Seine Vorstellung einer friedlichen Welt hat Muir in seiner Abhandlung *The Interdependent World and Its Problems* (1933) niedergelegt.

Zimmern   Der dritte Autor dieser Generation, der in seinem Gedankengut der Commonwealth-Tradition verpflichtet war, ist Alfred Zimmern (1879-1957). Während des

92

Ersten Weltkriegs beschäftigte sich Zimmern mit der Konzeption einer internationalen Föderation und der Idee eines Völkerbundes. In seiner Eigenschaft als britischer Staatsbeamter verfaßte er ein Memorandum zu diesem Thema, auf das die Briten ihre Vorschläge bei den Pariser Friedensverhandlungen basierten (Markwell 1986:280).

Zimmern vertrat die These, daß auf der Ebene der zwischenstaatlichen Beziehungen die machtpolitische Orientierung zunehmend von einer Politik der Verantwortung abgelöst werde, wobei die interne – auf Prinzipien der Rechtsstaatlichkeit gegründete – Organisation der nationalen Gesellschaften durch den Völkerbund auf die internationale Staatengemeinschaft übertragen werde. Die reichen *Wohlstandsstaaten* würden sich allerdings „machtorientierten" Staaten gegenübersehen, die die internationale Rechtsordnung des Völkerbundes nicht als verbindlich anerkennen würden. Daher betonte er die Notwendigkeit eines Zusammenschlusses dieser Wohlstandsstaaten.

„Zimmern hoffte, daß aus der sozialen Solidargemeinschaft der ‚Wohlstandsstaaten' – in Besonderheit der Mitglieder des britischen Commonwealth – auf Dauer eine weltweite Solidargemeinschaft entstehen werde." (Markwell 1986:287)

Solidargemeinschaft der Wohlstandsstaaten

„Der Glaube an die Herausbildung eines weltweiten Systems der Zusammenarbeit, das sich auf ein Netzwerk interdepartementaler Kontakte – unter Umgehung der Außenministerien – stützen würde, sowie auf Kontakte der Berufsverbände und individueller Experten untereinander",

wurde vor allem in den Kreisen des Völkerbundes und seiner Befürworter hochgehalten, schrieb Zimmern später dazu (zit. in Symonds 1971:102).

Nach dem Zweiten Weltkrieg hat sich Zimmern, dessen Buch *The League of Nations and the Rule of Law* aus dem Jahre 1936 als das Hauptwerk der idealistischen Strömung zwischen den beiden Weltkriegen gilt, engagiert für den Aufbau der UNESCO eingesetzt. Seine letzten Lebensjahre zeigen ihn als einen vehementen Verfechter einer von den USA dominierten Weltordnung.

3.2 Imperialismus und Marxismus in Deutschland

Das Zeitalter des Imperialismus stellte – nach dem amerikanischen Unabhängigkeitskrieg – die zweite große *Krise der britischen Expansion* dar. Erst nach zwei Weltkriegen gelang es schließlich den USA als Führungsmacht der westlichen Hemisphäre, diese Krise durch eine Neustrukturierung des lockeschen Kerngebiets zu überwinden.

Die Staaten des europäischen Festlands, die – wie wir bereits geschildert haben – durch Revolutionen von oben, in denen der Staat zum Hauptorganisator der gesellschaftlichen Erneuerung wurde, ihren Entwicklungsrückstand gegenüber Großbritannien wettmachen wollten, erlangten während dieser Krisenperiode einen größeren politischen Bewegungs- und Handlungsspielraum. Es waren die *hobbesschen*

Staaten, die dieser gesamten Periode ihren Stempel aufdrücken konnten, wodurch die Weltpolitik zunehmend in den Sog *machtpolitischer* Auseinandersetzungen geriet.

Frankreich spielte in diesem Konflikt nur noch eine Nebenrolle. Obwohl es in vielen Regionen mit dem Britischen Empire rivalisierte und vor allem in Afrika und Indochina ein enormes Kolonialreich zu schaffen wußte, überließ Frankreich den Briten im Jahre 1898 den Vortritt, als es im Sudan zu einer militärischen Konfrontation der beiden Mächte zu kommen drohte. 1904 schlossen Frankreich und Großbritannien einen Bündnisvertrag ab, die *Entente cordiale,* in dem sie u.a. die Grenzen ihrer Einflußsphären festlegten. Somit wurde Deutschland zum größten Herausforderer der britischen Weltmachtposition.

3.2.1 Treitschke und Bismarck

Anfang des 19. Jahrhunderts war in Deutschland eine demokratische Bewegung entstanden, zu deren Reformzielen auch die Schaffung der staatlichen Einheit Deutschlands zählte. Schließlich wurde diese Einheit aber nicht durch eine demokratische Umwälzung erreicht, sondern war Resultat eines Krieges des monarchischen Preußens gegen Napoleon III. von Frankreich, der diesen Krieg angefangen hatte und dann von Bismarck besiegt worden war. Die Einheit Deutschlands – ohne Österreich, das im Kampf um die Führungsrolle im Deutschen Bund 1866 eine Niederlage gegen Preußen einstecken mußte – kam also nicht durch einen Sieg der liberalen, republikanischen Kräfte zustande, sondern wurde den Deutschen in Gestalt des Kaiserreichs „von oben" geschenkt.

Heinrich von Treitschke (1834-1896) wandelte sich von einem liberalen Historiker zu einem Verfechter des Krieges als Instrument zur Erlangung eines deutschen Einheitsstaates. Er popularisierte die Theorien von Hegel und Clausewitz und instrumentalisierte sie im Sinne deutscher, machtpolitischer Ambitionen. Treitschke, Verfasser der unvollendet gebliebenen *Deutschen Geschichte im Neunzehnten Jahrhundert* (5 Bände, 1879-1894), vertrat schon früh den Standpunkt, es sei

> „unwürdig, daß Preußen in einer Zeit so rasend schneller Entwicklung, wo alle andren Mächte sich in ungemeßnen Planen überbieten, keinen Schritt thut, um selber der Welt eine andre Gestalt zu geben" (Auszug aus einem Brief aus dem Jahre 1860, zit. nach Kuczynski 1977:168).

Er sah Bismarck anfänglich als einen plumpen Junker, der sich mit seinen Äußerungen über „Blut und Boden" lediglich wichtig machen wollte, revidierte seine Einschätzung aber, als Bismarck 1864 – preußischer Ministerpräsident und Außenminister in Personalunion – einen Krieg gegen Dänemark und 1866 gegen Österreich führte.

Treitschke stellte die Frage, ob eine aufstrebende Macht sich überhaupt noch eine Staatsform nach englischem bzw. belgischem Muster leisten könne:

> „Es bleibt fraglich, ob ein Staat, der eines starken Heeres und einer rührigen auswärtigen Politik nicht entrathen kann, seine executive Gewalt [...] schwächen darf",

so wie das in den genannten Ländern der Fall war (zit. nach Kuczynski 1977:171).

Der hegelsche Staat als Verkörperung der „absoluten Vernunft" hatte im hegelscher Staat Deutschland Bismarcks eine doppelte Funktion: einerseits als Machtmittel zur Durchsetzung außenpolitischer Interessen und andererseits als Leviathan gegenüber der eigenen Gesellschaft, die von Ungleichzeitigkeiten und den daraus hervorgehenden Klassengegensätzen in ihrem Zusammenhalt bedroht war. Die deutsche Industrie zählte in technologischer Hinsicht inzwischen zur Weltspitze, während die Agrarwirtschaft sich noch auf einem spätfeudalen Niveau der ursprünglichen Akkumulation befand. Die eigentliche Bourgeoisie war – ähnlich wie in der entsprechenden französischen Entwicklungsphase – zu einer staatstragenden Klasse mit aristokratisch-militaristischer Werteorientierung geworden, in der die konservative Bürokratie tonangebend war (Spohn/Bodemann 1989:78f.).

Nach dem Sieg gegen Österreich vertrat Treitschke die These, daß ein parlamentarisches System mit dem Streben nach nationaler Einheit unvereinbar sei. Der einst liberal-demokratische Historiker entwickelte sich seitdem zunehmend zu einem antisemitisch gesinnten Nationalisten und zum Fürsprecher eines Einheitsstaates auf neuer Grundlage. Er bezeichnete den Krieg als einen

„Jungbrunnen [...] für die sittliche Kraft der Völker", der einem „faulen, würdelosen Frieden" Krieg als Jungbrunnen vorzuziehen sei (zit. nach Bakker 1967:16).

3.2.2 Deutschlands Griff nach der Weltmacht

Das Selbstbewußtsein des neuen deutschen Kaiserreichs gründete sich ganz auf die Erfahrung der drei vorangegangenen „glorreichen" Kriege, die die nationale Einheit gebracht hatten. Die Auffassung, daß Staaten aus sich selbst heraus nach Vergrößerung ihres Machtbereichs streben, hatte die liberale Ideologie des Interessenausgleichs völlig verdrängt. Die deutsche Politik betrachtete es als ihr Interesse, gegenüber dem „Angelsachsentum" und dem russischen Reich ein neues mondiales Gleichgewicht der Mächte durchzusetzen (Fischer 1984:25).

Dieses Streben wurde nach der Entlassung Bismarcks im Jahre 1890 immer offenkundiger. Kaiser Wilhelm II. kümmerte sich seitdem persönlich um die Durchsetzung der deutschen Machtinteressen. Nach dem russischen Revolutionsversuch von 1905 radikalisierte sich seine Politik, und er hielt einen Krieg zur Stärkung des deutschen Reiches für unausweichlich.

„Erst die Sozialisten abschießen, köpfen und unschädlich machen, wenn nötig, per Blutbad, und dann Krieg nach außen. Aber nicht vorher und nicht a tempo",

gab er seinem Kanzler Bülow 1906 in einer Neujahrsbotschaft zu verstehen (zit. nach Fischer 1984:25).

Deutschland hatte auf Betreiben der Großgrundbesitzer, die Zollmauern gegen billige Getreideimporte verlangten, die pro-russische Politik Bismarcks fallengelassen, und steuerte auf dem Balkan auf eine Konfrontation mit den slavischen Völkern zu. Die deutsche Schwerindustrie wollte außerdem (über Belgien) einen Zugang zur

Nordsee und zu den Erzlagern in Longwy und Nordafrika. Diese Wünsche und die französischen Investitionen in die russische Schwerindustrie heizten die deutsch-französische Rivalität noch weiter an. Nach der gescheiterten Konferenz von Algeciras 1906 verstärkte sich in Deutschland die Überzeugung, daß es seinen imperialen Ansprüchen nur mit Waffengewalt Geltung verschaffen könne.

Die dominierende politische Klasse in Deutschland ging damals schon nicht mehr davon aus, daß sich die internationalen Probleme – im Geiste des politischen Idealismus – auf friedlichem Wege lösen ließen. Ihre Hoffnung, England werde sich in dem kommenden Krieg neutral verhalten, war übrigens nicht ganz unbegründet. Der angelsächsischen Rassentheorie galt die germanische Rasse als verwandt, und außerdem spielte Deutschland gegenüber Großbritannien auf dem Weltmarkt eher eine komplementäre als direkt konkurrierende Rolle. Doch mußten die deutschen Flottenpläne, die unter Tirpitz und mit Zustimmung der Schwerindustrie in Angriff genommen wurden, die Engländer endgültig ins französisch-russische Lager treiben (Hallgarten 1969:13). Die Expansion des deutschen Reiches war durch die bereits weit fortgeschrittene Aufteilung der Welt auf die Ausnutzung der Schwachstellen der politischen Weltordnung angewiesen, wie etwa die labile Situation auf dem Balkan, wo das zerfallende osmanische Reich Möglichkeiten zur Penetration bot. Der frustrierte und militaristische Chauvinismus Deutschlands fand seinen Ausdruck im *Alldeutschen Verband,* im Flottenverein und im Wehrverein. Diese Kreise wurden vor allem von der Ruhrgebietspresse unterstützt (Hallgarten 1969:15).

3.2.3 Die Antwort der Arbeiterbewegung

Auch die Arbeiterbewegungen der imperialistischen Länder konnten sich dem Einfluß des wachsenden Chauvinismus in ihren Gesellschaften nicht entziehen, der sich anfänglich vor allem gegen die kolonisierten Völker, allmählich aber auch gegen die Völker der rivalisierenden entwickelten Nationen richtete. Ein auslösendes Moment für den Krieg von 1870/71 – und das gilt für Frankreich ebenso wie für Preußen – war sicherlich die erhoffte Kanalisierung und Umlenkung innenpolitischer Sozialunruhen gewesen (Alff 1976:17). Überdies war durch das blutige Ende der *Pariser Kommune* deutlich geworden, daß die herrschenden Klassen – auch, wenn sie in einen Krieg gegeneinander verwickelt waren – zu einem Schulterschluß fähig waren, wenn es um die Unterdrückung der Arbeiterbewegung ging.

Die Revolution von oben machte auch die deutsche Arbeiterbewegung gefügig. Das Sozialistengesetz von 1878 stellte alle Parteiaktivitäten – mit Ausnahme der parlamentarischen Arbeit – unter Strafe. Die deutsche Sozialdemokratie hatte allerdings bereits unter der Führung von Lassalle einen versöhnlich-reformistischen – auf staatliche Anerkennung durch Kooperationsbereitschaft zielenden – politischen Kurs eingeschlagen. Noch in den letzten Wochen seines Lebens wollte Lassalle Bismarck vorschlagen, im Tausch gegen die Billigung der Annexion Schleswig-Holsteins das allgemeine Wahlrecht einzuführen. Aus dieser Haltung heraus unterstützten die Mehrheitssozialisten Lassalles auch den Krieg gegen Frankreich. Trotzdem führte dieser Krieg dazu, daß sich die Arbeiterbewegung intensiver mit den Problemen des

Internationaler Sozialistenkongreß in Stuttgart 1907. (Mit Pfeil markiert: Lenin)

Militarismus auseinandersetzte (van den Boomen 1983:16f.). Die Diskussionen gipfelten 1907 im Stuttgarter und 1912 im Baseler Kongreß, wo „dem Krieg der Krieg" erklärt wurde und die Vertreter der sozialistischen Parteien sich gegenseitig zusicherten, einen erneuten Krieg der imperialistischen Mächte gegeneinander unmittelbar mit einem internationalen Krieg der Arbeit gegen das Kapital zu kontern.

3.2.4 Hilferding und das Finanzkapital

Marx und Engels hatten keine explizite Theorie internationaler Beziehungen entwickelt. Überdies stießen die Marxschen Analysen über das Verhältnis von Gesellschaft und Staat in einer von Lassalles staatssozialistischen Vorstellungen geprägten SPD auf wenig Resonanz. Darüberhinaus muß betont werden, daß der Imperialismus ein neuartiger, noch nicht systematisch erforschter Komplex innerhalb der kapitalistischen Kräftekonstellation war.

Hilferding   Als erster Sozialdemokrat beschäftigte sich der österreichische Arzt Rudolf Hilferding (1877-1941) mit diesem Phänomen. Hilferding wurde 1907 Redakteur des SPD-Organs *Vorwärts* und veröffentlichte 1910 seine umfangreiche Arbeit *Das Finanzkapital*.

Im Unterschied zum eher allgemeinen Charakter des *Kapital* von Marx, mit dem Hilferdings Werk oft verglichen wurde, ist *Das Finanzkapital* eine spezifisch auf die deutsche und zentraleuropäische Situation zugeschnittene Analyse.

Finanzkapital   In der Gleichsetzung Hilferdings von Profitstreben und Machtstreben, wobei er auch ausdrücklich auf Hobbes Bezug nahm (1973:246f.), kam die deutsche Situation zum Ausdruck. Hilferding führte aus, daß die gigantisch hohen Investitionen in die Schwerindustrie Aktiengesellschaften hervorbringen würden, die sich zu kartellmäßig organisierten Handelsgenossenschaften zusammenschlössen, um dann die Märkte unter sich aufzuteilen. Die Lenker dieser Verflechtungsprozesse jedoch seien die *Banken*. Sie seien die mächtigere Partei bei dieser Partnerschaft, da die Industrie zur Finanzierung des Festkapitals (Gebäude, Maschinen usw.) im Laufe der Entwicklung ebenfalls von Bankkrediten abhängig geworden sei. Die Verflechtung von Banken und Industrie über eine Vernetzung von Direktions- und Aufsichtsratsposten nennt Hilferding das *Finanzkapital* (1973:309).

Trotz des allgemeinkritischen Ansatzes von Hilferding, drückte die spezifisch deutsche Situation seiner Theorie einen deutlichen Stempel auf. Arrighi (1978:25) bemerkt hierzu, daß Hobson, wenn er von Finanziers spreche,

„eine *übernationale* Entität [meint], die praktisch überhaupt keine Verflechtung mit irgendeinem Produktionsapparat hat",

während derselbe Begriff bei Hilferding auf

„eine Entität *nationaler* Art verwies, die gerade in sehr hohem Maße mit dem Produktionsapparat verflochten war".

98

Hilferding (1973:257f.) war sich übrigens der unterschiedlichen Begriffsinhalte sehr wohl bewußt.

In seinem Werk zeigt Hilferding, daß der Kapitalexport von den Banken geplant und organisiert wurde, indem sie ihre Kreditvergabe mit der Auflage verknüpften, diese Kredite für Ankäufe bei der eigenen Industrie zu verwenden (1973:426). Zum Schluß analysiert Hilferding ausführlich die Politik des Finanzkapitals. Er sah den lockeschen Staat und das Laissez-faire als Ausdruck des weltweiten Entwicklungsvorsprungs der englischen Industrie. Andere Regionen dagegen hätten ihre eigene Industrie vor der Überlegenheit der englischen schützen müssen. In Deutschland und den USA traten List und Carey für sogenannte Erziehungszölle ein, d.h. für Zollmauern, welche die einheimische Industrie solange gegen verfrühte Konkurrenz abschirmen sollten, bis sie aus eigener Kraft heraus dem Wettbewerb auf dem Weltmarkt gewachsen sein würde.

Im Zeitalter der Kartelle und des Finanzkapitals allerdings waren die Schutzzölle nicht länger Defensivelemente nationaler Wirtschaftspolitik, sondern wurden in den Händen starker Industriegruppierungen zu einer Offensivwaffe auf dem Weltmarkt. Die Kartelle waren durch die nationalen Zollmauern so gut abgesichert, daß sie unbehindert Preisabsprachen mit Kartellen anderer Länder treffen konnten. Für Hilferding (1973:424) bedeutete dieser Zustand aber keineswegs Frieden; er sah in ihm bestenfalls einen Waffenstillstand, da jegliche Machtverschiebung zwischen den Staaten die getroffenen Absprachen der Kartelle ins Wanken bringen konnte. Die Auffassung von der Rolle des Staates und der internationalen Politik wandele sich unter dem Vorzeichen des Imperialismus, weil die kontinentale Bourgeoisie – im Unterschied zur englischen – den merkantilistischen Staat absolutistischer Prägung nicht nur nicht abschaffen wolle, sondern ihn geradezu nötig habe. Die kontinentale Bourgeoisie – laut Hilferding zeigte sich diese Entwicklung zuerst in Frankreich – war

a) zur Überwindung der Kleinstaaterei auf einen *starken Staat* angewiesen, der   starker Staat
b) über einen starken, streng hierarchisch organisierten Militärapparat zur Aufrechterhaltung der gesellschaftlichen Machtverhältnisse verfügte und der sie
c) bei ihrem Kampf um die Weltmärkte unterstützen konnte. Die letztgenannte Funktion des Staates wurde im Zeitalter der Kartelle und des Finanzkapitals immer bedeutsamer.

Die historischen Motive für die Entstehung eines Staates nach hobbesschem Muster erlangten somit erneut aktuelle Bedeutung.

hobbescher Staat

„So stießen denn die Bedürfnisse des Finanzkapitals auf ideologische Elemente, die es leicht benützen konnte, um aus ihnen die neue, seinen Interessen angepaßte Ideologie zu schaffen." (Hilferding 1973:456)

Diese Ideologie sei das krasse Gegenteil des Liberalismus. Das Finanzkapital wolle keine Freiheit, sondern Autorität; es wolle nicht die Anarchie der Konkurrenz, sondern Organisiertheit, und dazu benötige es einen mit politischer Machtfülle ausgestatteten Staat, führt Hilferding weiter aus.

Damit bildete sich als Gegenpol zum liberalen Internationalismus, der seinen Ursprung in England hatte, ein neues Herrschaftskonzept heraus, dessen bestimmenden Elemente die Industrie, ein „organisierter" Kapitalismus und ein starker Staat waren. Dieses Herrschaftskonzept, unter dessen Einfluß die Politik der Großmächte während und nach dem Ersten Weltkrieg gestanden hat, nennen wir die *staatsmonopolistische Tendenz* – Tendenz deswegen, weil sich ein vollkommenes Staatsmonopol genau genommen unter kapitalistischen Verhältnissen nicht realisieren läßt. Wie dieses Herrschaftskonzept ein machtpolitisches Vorgehen in der Weltpolitik begründen kann, demonstriert Hilferding (1973:458) an einer fiktiven Tirade Treitschkes gegen das Friedensprojekt Kants:

> „So entsteht die Ideologie des Imperialismus als Überwindung der alten liberalen Ideale. Sie spottet deren Naivität. Welche Illusion, in der Welt des kapitalistischen Kampfes, wo die Überlegenheit der Waffen allein entscheidet, an eine Harmonie der Interessen zu glauben! Welche Illusion, das Reich des ewigen Friedens zu erwarten und ein Völkerrecht zu predigen, wo nur die Macht allein über das Geschick der Völker entscheidet. Welche Torheit, die Regelung der Rechtsbeziehungen innerhalb der Staaten über die staatlichen Grenzen hinaustragen zu wollen...".

Laut Hilferding trat mit dem Imperialismus die herrschende Klasse die Flucht nach vorne an, um den von ihr nicht zu gewinnenden nationalen Klassenstreit zu vermeiden. Sie setze auf eine imperiale Expansion, von der alle – also auch die Arbeiterklasse – profitieren könnten.

Hilferding, der 1917 der USPD beitrat, später aber Mitglied des Parteivorstands der Mehrheits-SPD wurde, entwickelte sich zu einem Anhänger des *organisierten Kapitalismus*. Er war zweimal Finanzminister der Weimarer Republik, mußte jedoch 1933 aus Deutschland flüchten. Die französische Polizei lieferte ihn schließlich an die Gestapo aus, von der er 1941 umgebracht wurde.

3.2.5 Rosa Luxemburg

Unter den Imperialismustheoretikern kommt Rosa Luxemburg (1870-1919) eine besondere Bedeutung zu. Luxemburg, in Polen geboren und von jüdischer Abstammung, schloß sich als Sechzehnjährige der Arbeiterbewegung an und emigrierte als Achtzehnjährige in die Schweiz, wo sie Redakteurin der ersten polnischen sozialistischen Zeitung wurde und sich an der Gründung der „Sozialdemokratie des Königreichs Polen und Litauen" (SDKPiL) beteiligte. Diese Aktivitäten waren illegal, da die genannten Gebiete zum russischen Reich gehörten. Kurz vor der Jahrhundertwende wurde sie deutsche Staatsbürgerin. Sie war bereits als Mitarbeiterin des theoretischen Organs der deutschen Sozialisten *Die Neue Zeit* bekannt, war Dozentin an der Parteischule der SPD in Berlin und als umherreisende Rednerin und Theoretikerin eine der bekanntesten Persönlichkeiten der internationalen sozialistischen Bewegung. Dabei bekämpfte sie entschieden alle nationalistischen und chauvinistischen Strömungen in der Arbeiterbewegung und entwickelte sich auch zu einer Gegnerin des sogenannten *Revisionismus*. Diese Richtung, deren bekanntester Vertreter Eduard Bernstein war, versuchte die Praxis des Reformismus (gesellschaftlicher Wandel durch Reformen) theoretisch zu untermauern. Bernstein war der Auffassung, daß die Theorie von Marx aufgrund struktureller Wandlungen des Kapitalismus – z.B. durch das Entstehen einer neuen Mittelschicht – nicht mehr gültig sei. In ihrer Schrift *Sozialreform oder Revolution* (1898/9) verwarf Rosa Luxemburg diese Auffassung mit dem Hinweis, eine Politik der kleinen Schritte könne zwar sozialen Fortschritt bringen, nicht aber die inhärente Krisenhaftigkeit des Kapitalismus überwinden. In Krisenzeiten jedoch könnten die Errungenschaften der Arbeiter immer wieder zurückgenommen werden.

Rosa Luxemburg kritisierte in diesem Zusammenhang auch, daß Bernstein die Tendenz der Gesellschaft zur Selbstregulierung, d.h. zur Übernahme ehemals staatlicher Funktionsbereiche, verabsolutiere. Wenn er recht hätte, dann könnten Sozialreformen auf längere Sicht durchaus zu einer sozialistischen Gesellschaft führen. Der Kapitalismus habe den Staat aber zu einem kapitalistischen Staat gemacht, dessen Funktionsbereiche in Bezug auf die Gesellschaft immer mehr ausgeweitet würden.

„Insofern bereitet sich allmählich die künftige Verschmelzung des Staates mit der Gesellschaft vor, sozusagen der Rückfall der Funktionen des Staates an die Gesellschaft." (Luxemburg 1970:38f.)

Doch hätten aggressiver Protektionismus und Militarismus den Staat mit feudalen Interessen belastet, d.h., daß die Zollpolitik

„eigentlich zu einem Mittel geworden ist, *feudale Interessen in kapitalistische Form zu gießen und zum Ausdruck zu bringen.*"

Luxemburg verwarf Bernsteins evolutionistische Auffassungen vom allmählichen Rückzug des hobbesschen Staates zugunsten einer sich selbst regulierenden Gesellschaft, auch wenn diese – oberflächlich betrachtet – einige Verwandtschaft mit der marxschen Idee vom Absterben des Staates aufweise.

Luxemburgs Agitation gegen den Krieg brachte sie in Konflikt mit der deutschen Obrigkeit. Während der ersten Hälfte des Ersten Weltkriegs saß sie im Gefängnis, wo sie diverse Abhandlungen verfaßte, u.a. über die Notwendigkeit der Schaffung einer neuen, revolutionären Internationale. Gerade aus der Haft entlassen, verschwand sie 1916 nach einer Demonstration in Berlin bis 1918 wiederum hinter Gefängnismauern. Während der deutschen Novemberrevolution gründete sie zusammen mit Karl Liebknecht den *Spartakusbund,* der wenig später zur Kommunistischen Partei Deutschlands (KPD) umgeformt wurde, deren Parteiprogramm sie entworfen hatte und in deren Vorstand sie Mitglied war. Das hinderte sie jedoch nicht daran, kurz nach der Russischen Revolution die bürokratischen Tendenzen in der Sowjet-Partei an den Pranger zu stellen und die Beschneidung der freien Meinungsäußerung scharf zu verurteilen. Am 15. Januar 1919 wurde sie zusammen mit Liebknecht von rechten Militärs ermordet.

3.2.6 Die Imperialismustheorie Luxemburgs

Seit der Jahrhundertwende hatte Rosa Luxemburg die relativ gleichgültige Haltung der SPD gegenüber deutschen Beteiligungen an Kolonialkriegen scharf kritisiert. Der Imperialismus wurde zu einem ihrer Hauptanliegen, und sie versuchte – je länger desto eindringlicher – die SPD zu bewegen, diesem Thema vorrangige politische Aufmerksamkeit zu widmen (Nettl 1989:162).

Erst 1913 aber veröffentlichte sie eine eigene Arbeit über den Imperialismus: *Die Akkumulation des Kapitals* (Untertitel: Ein Beitrag zur ökonomischen Erklärung des Imperialismus). Die zentrale These dieses Buches lautet:

> „Der Kapitalismus kommt zur Welt und entwickelt sich in einem nichtkapitalistischen Milieu. Es sind dabei drei Phasen zu unterscheiden: der Kampf des Kapitals mit der Naturalwirtschaft, der Kampf mit der Warenwirtschaft und der Konkurrenzkampf des Kapitals auf der Weltbühne um die Reste der Akkumulationsbedingungen." (Luxemburg 1966:289)

Hiermit knüpfte sie an die marxsche These an, daß die entwickelte Kapitalakkumulation und die ursprüngliche Akkumulation untrennbar zusammengehören und sich gegenseitig bedingen: durch die ursprüngliche Akkumulation würde anlagefähiges Kapital und frei verfügbare Arbeitskraft erst geschaffen, ohne die eine entwickelte Kapitalakkumulation nicht denkbar seien. Der nichtkapitalistische Bereich, der sich als potentieller Markt außerhalb der weltweiten Kapitalzirkulation befinde, sei darum als das „geschichtliche Milieu" der Kapitalakkumulation zu sehen.

Die Art und Weise, wie Luxemburg ihre These zu belegen versuchte, zeugt von einer positivistischen Auffassung, die auch schon in Hilferdings Arbeiten zu erkennen war und wohl auf die große Attraktivität der neuen naturwissenschaftlichen Entwicklungen um die Jahrhundertwende zurückzuführen ist. Diese Auffassung ging davon aus, daß Marx die allgemeinen und unveränderlichen Gesetzmäßigkeiten des Kapitalismus entdeckt und beschrieben habe (Fülberth 1991:10 und 32). Ihr Hauptaugenmerk richtete Luxemburg auf die Frage, wo die Kaufkraft herkomme, die den Mehrwert, welcher in der erhöhten Produktion stecke, „realisiere", d.h. durch Verkauf als Gewinn erscheinen lasse. Dabei stieß sie auf einen Rest, der innerhalb des

Bedarf für zusätzliche Kaufkraft

marxschen Modells nicht erklärt werden konnte, und daher als zusätzliche Kaufkraft von außen kommen müsse, was nicht erstaunlich sei, da eine kapitalistische Produktionsweise noch niemals unabhängig von nichtkapitalistischen Bereichen existiert habe und auch nicht existieren könne (1966:270). Hieraus ergebe sich der Drang der Industrienationen, in die agrarische Peripherie vorzustoßen; zunächst in ihre eigenen Agrargebiete und dann, unter dem Imperialismus, auch in die Agrargebiete, Märkte und Rohstoffvorkommen der äußeren, nichtindustrialisierten Welt.

In der Diskussion mit ihren Kritikern, die sie aus dem Gefängnis heraus führte, wies Luxemburg darauf hin, daß es nötig sei, das allgemeine und abstrakte Niveau des 1. Bandes des *Kapitals* zu verlassen und die konkrete Wirkungsweise des Kapitals im Stoffwechsel mit seiner historischen Umgebung zu untersuchen (Luxemburg 1972:62). Sie beließ es nicht bei dieser Feststellung, sondern versuchte – wie viele Marxisten ihrer Generation – mit Hilfe der Schemata aus dem 2. Band des *Kapitals*, mit denen Marx lediglich aufzeigen wollte, daß der Kapitalismus überhaupt bestehen konnte (Mandel 1974:23), an der Theorie trotz veränderter Bedingungen festzuhalten.

3.2.7 Kautsky und der „Ultra-Imperialismus"

Auch der führende Theoretiker der SPD und Chefredakteur der Zeitschrift *Die Neue Zeit,* Karl Kautsky (1854-1938), ging bei seiner Analyse des Imperialismus von dieser Idee einer nichtkapitalistischen – oder besser: nicht-industriellen – Basis der imperialistischen Expansion aus. Kautsky war ursprünglich ein Vertreter des orthodox-marxistischen Flügels der SPD und hatte das Vertrauen von Friedrich Engels. Er war der Herausgeber von Marxens *Theorien über den Mehrwert* und schrieb selbst auch einige wichtige Abhandlungen, u.a. über die Landwirtschaft *(Die Agrarfrage,* 1899). Hieran knüpfte seine Untersuchung über den Imperialismus an. Er stellte fest, daß der Reproduktionsprozeß des Kapitals vom

> „steten Fortgang der nötigen landwirtschaftlichen Zufuhr zur Industrie" (1914:911).

abhinge.

In seinem Artikel *Der Imperialismus,* den er kurz vor dem Ausbruch des Ersten Weltkrieges verfaßte, definierte Kautsky den Imperialismus als den Drang

> „jeder industriellen kapitalistischen Nation, sich ein immer größeres agrarisches Gebiet zu unterwerfen und anzugliedern, ohne Rücksicht darauf, von welchen Nationen es bewohnt wird" (1914:909).

Das Kapital dringe in agrarische Länder ein und schaffe dort die Vorbedingungen für eine Produktion auf kapitalistischer Grundlage. Danach

> „hängt es dann vornehmlich von der politischen Kraft des Staates ab, ob er eine kapitalistische Industrie entwickelt" (1914:920).

In Westeuropa und im Osten der USA sei diese Entwicklung eingetreten; dort hätten sich Staaten gegenüber dem britischen Freihandel schützen können. Erst nachdem die kapitalistischen Großmächte die restlichen, noch zur „freien" Verfügung stehenden agrarischen Regionen unter sich verteilt hatten, habe der eigentliche Imperialismus begonnen. Kautsky war aber der Auffassung, daß es nicht notwendigerweise zu Auseinandersetzungen der Imperialisten untereinander zu kommen brauche. Es sei viel logischer, wenn sich alle Imperialisten entschließen könnten, gemeinsam die Peripherie zu „verwalten".

Kooperationsfähigkeit der kapitalreichen Länder

> „Jeder weitersehende Kapitalist muß heute seinen Genossen zurufen: Kapitalisten aller Länder, vereinigt euch!",

schrieb er 1914.

Dieser Aufruf war im besonderen an die Adresse der (zukünftigen) Siegermächte des gerade ausgebrochenen Weltkriegs gerichtet, die ihre gegenseitigen Beziehungen friedlich gestalten müßten:

„So kann auch jetzt aus dem Weltkrieg der imperialistischen Großmächte ein Zusammenschluß der stärksten unter ihnen hervorgehen, der ihrem Wettrüsten ein Ende macht; eine *Heilige Allianz der Imperialisten.*" (1914:921f.; Hervorhebung v.V.)

Ultra-Imperialismus

Mit seiner Vorausschau auf einen integrierten *Ultra-Imperialismus* – als Überwindung des Stadiums der nationalen Imperialismen – brachte Kautsky überdies auch das Interesse der europäischen Arbeiter an einer friedlichen Integration der Staaten zum Ausdruck.

3.2.8 Schumpeter und der Imperialismus als Atavismus

Der Imperialismus des Deutschen Reiches, der österreichischen Doppelmonarchie und Rußlands war stark feudalistisch geprägt. Der Militarismus wurde hier von einer Kaste aristokratischer Großgrundbesitzer getragen. Die verschiedenen Theorieansätze tragen diesem Umstand Rechnung. Rosa Luxemburg kritisierte die reaktionäre Verkehrung des kapitalistischen Staats in einen imperialistischen; auch Kautsky schrieb dem Kapitalismus eine Rationalität zu, die eigentlich im Widerspruch zum Imperialismus stehe. Dieses Argument konnte aber auch von Befürwortern des Kapitalismus aufgegriffen werden.

Gleich nach dem Ersten Weltkrieg erschien eine Arbeit von Joseph A. Schumpeter (1883-1950) – einem österreichischen Ökonomen, der nach dem Krieg für kurze Zeit Finanzminister war und 1932 in die USA emigrierte –, in der dem Imperialismus nicht der Sozialismus, sondern ein liberaler Kapitalismus entgegengehalten wurde. In seinem Essay *Die Soziologie der Imperialismen* (1919) ging Schumpeter davon aus, daß die adeligen Großgrundbesitzer wesentlich zu der reaktionären Entwicklung des Imperialismus beigetragen hätten. Der Imperialismus sei von außen her in den Kapitalismus, der an und für sich liberal und friedliebend sei, eingedrungen. Dafür seien militaristische Kriegerkasten verantwortlich zu machen, die den Krieg um seiner selbst willen gewollt hätten. In den USA gebe es daher überhaupt keinen Imperialismus und auch in England sei er nur ein Strohfeuer von kurzer Dauer gewesen (1951:29 und 95f.). Der Imperialismus sei lediglich ein *Atavismus,* d.h. ein entwicklungsgeschichtlicher Rückfall, der mit dem Verschwinden derjenigen Klassen, die ihn hervorgebracht hätten, ebenfalls absterben werde (1951:84f.).

entwicklungs-
geschichtlicher
Rückfall

Vor dem Hintergrund des Bürgerkrieges im revolutionären Rußland war Schumpeters Essay nicht ohne politische Bedeutung. Lenins Interpretation des Ersten Weltkriegs als Krisenerscheinung des Kapitalismus heizte die revolutionäre Stimmung an. Schumpeter war jedoch Anhänger einer evolutionären Entwicklung, die nach seiner Meinung letztendlich ebenso sicher zum Untergang des Kapitalismus führen werde (1951:108).

Sehr bekannt wurde er mit seinem Buch *Capitalism, Socialism, and Democracy* (1942), worin er ausführte, daß gerade im Erfolg des Kapitalismus sein eigener Untergang beschlossen liege. Er sagte das Entstehen eines anglo-amerikanischen ethischen Imperialismus voraus, der mit Unterstützung der europäischen Sozialdemokratie die Welt beherrschen werde (1942:373f.). Außerdem prophezeite er die Militarisierung der sozialistischen Gesellschaften.

3.3 Weltkrieg und Russische Revolution

Der Erste Weltkrieg war zum einen das Ergebnis des interimperialistischen Kampfes um Einflußsphären (Belgien, Elsaß-Lothringen, Balkan und Afrika), zum anderen hatte er auch Ventilfunktion für die sich stetig verschärfenden internen sozialen Spannungen. In diesem Zusammenhang muß man zwischen dem lockeschen Kerngebiet, d.h. dem britischen Empire und den USA, und den zentraleuropäischen Staaten unterscheiden. Die Verhältnisse im britischen Empire erlaubten einen flexibleren, reformistischen Ausweg aus den sozialen Spannungen des Kapitalismus. Auch im Hinblick auf seine imperialistischen Rivalen zeigte sich das Empire politisch flexibel und anpassungsfähig. Alle Denkansätze, die den Imperialismus als eine vorübergehende Erscheinung sahen, von der sich der Kapitalismus erholen werde, verwiesen dabei auf die britischen bzw. amerikanischen Verhältnisse.

3.3.1 Krieg als Ableiter sozialer Spannungen

In Deutschland und Österreich-Ungarn verhinderte der hobbessche Charakter des Staates ein ähnlich flexibles Reagieren sowohl in der Innen- als auch in der Außenpolitik.

„Der Erste Weltkrieg ist nicht das Ergebnis einer zwingenden Fatalität gewesen. Die globale Konkurrenz der Imperialismen in Übersee wie im Vorderen Orient mußte keineswegs notwendig zu einem Krieg in Europa führen. *Zu erwarten stand vielmehr die weitere Liberalisierung der europäischen Staaten. Das stetige und unaufhaltsame Vorrücken des Sozialismus drängte in die gleiche Richtung.*" (Alff 1976:17; Hervorhebungen v.V.)

Sogar in den gereizten französisch-deutschen Beziehungen, die mit Ressentiments und revanchistischen Ideen belastet waren, gab es noch – vor allem in Bankierskreisen – versöhnliche Tendenzen (Girault 1975).

Die Anstrengungen, welche die zentraleuropäischen Staaten auf sich nehmen mußten, um sich in der Konkurrenz mit dem britischen Reich und seinen Verbündeten behaupten zu können, und, im Falle Rußlands, die imperialistische Rivalität mit Japan und die Wahrung der russischen Interessen auf dem Balkan, führten in den genannten Ländern zu einer Verschärfung der innergesellschaftlichen Gegensätze. In Deutschland begann sich eine Parlamentsmehrheit für die Sozialdemokraten und das Zentrum abzuzeichnen, woraus sich eine konstititutionelle Krise hätte entwickeln können; in Österreich-Ungarn verursachte eine abgehobene, zentralistische Politik große Spannungen zwischen den Nationalitäten; in Rußland war es 1905 nach der militärischen Niederlage gegen Japan bereits zu revolutionären Ausbrüchen gekommen. Aus Furcht vor weiteren revolutionären Umbrüchen, so Schmitt und Vedeler (1984:19), hätten sich der Zar und sein Kabinett, die nach 1905 mit französischer Hilfe an der Macht geblieben waren, 1914 eine Nichteinmischung im Konflikt um Serbien nicht erlauben können. Und weiter:

> „Im Hintergrund des Auftretens von Staatsmännern und Regierungen ließ sich bereits 1914 – als Vorzeichen herannahender gewaltiger Erschütterungen – das untergründige Donnern der politischen und sozialen Kräfte vernehmen."

Die Starrheit der europäischen Verhältnisse hätte keine flexible Antwort auf die großen politischen und sozialen Probleme, die sich aus den – vom rasanten Tempo des industriellen und technologischen Fortschritts bedingten – Machtverschiebungen zwischen Staaten und sozialen Klassen ergaben, zugelassen (Schmitt u. Vedeler 1984:20).

Nationalismus und Sozialimperialismus

Das konservative Deutschland hoffte, daß die innenpolitische Lage der Nation durch das „Stahlbad" des Krieges „gesunden" würde. Doch gab es auch gegenläufige Stimmen, wie etwa die des Reichskanzlers Bethmann-Hollwegs, der 1914 warnte, daß ein Krieg auch das Gegenteil von alldem bewirken könne, nämlich die Machtübernahme durch die Sozialdemokratie (Fischer 1984:46f.).

Der Nationalismus ermöglichte die Einbindung der Bevölkerung in die imperialistischen Interessen. Dieser Prozeß, den Wehler (1972:26) als *Sozialimperialismus* bezeichnete, hatte vielfältige Ursachen und hatte sich nicht etwa über Nacht entwickelt. Auf Grund politischer Manipulationen, aber auch auf Grund der bestehenden Affinität der Arbeiterbewegung mit einem „eigenen" Imperialismus, gaben die deutschen Sozialisten 1914 schließlich ihre Zustimmung zum Krieg. Die deutsche Arbeiterbewegung ließ sich durch die beschworene russische Bedrohung, die französische durch die angeblich deutsche Bedrohung umstimmen, etc.

In verschiedenen Ländern hatte sich auch eine radikale Opposition gegen Imperialismus und Krieg herausgebildet. Die deutschen Kriegsgegner, wie etwa Rosa Luxemburg, wurden in Gefängnisse gesperrt. Von den russischen Revolutionären wollte der deutsche Generalstab Gebrauch machen, um sie „bei Bedarf" als Waffe gegen den russischen Kriegsgegner einsetzen zu können (Fischer 1984:126).

3.3.2 Lenin und Trotzki

Die „zweite industrielle Revolution" und die bahnbrechenden Errungenschaften auf naturwissenschaftlichem Gebiet um die Jahrhundertwende trugen zur Stärkung der positivistischen Neigungen des Marxismus bei. Der Glaube an die Unumstößlichkeit der von Marx beschriebenen Entwicklungsgesetze des Kapitalismus (Kapitalkonzentration – Krise – Sozialismus) war so groß, daß die Sozialisten sogar der zaristischen Modernisierungspolitik zujubelten, die das absolutistisch-feudale Rußland in übereiltem Tempo kapitalistisch reformieren wollte.

Lenin

Auch Lenin (Wladimir Iljitsch Uljanow, 1870-1924) zählte bis zum Ausbruch des Ersten Weltkriegs zu den in diesem Sinne orthodoxen Marxisten. Darum be-

106

kämpfte er anfänglich in seinen Publikationen auch die populistische Strömung innerhalb der revolutionären Bewegung Rußlands, die sogenannten *Narodniki* (Volksfreunde). Diese lehnten eine industrielle Gesellschaft und damit auch die kapitalistischen Reformen des Zaren ab, weil sie der Überzeugung waren, der Sozialismus in Rußland müsse auf der Grundlage der traditionellen Dorfgemeinschaften errichtet werden.

In seiner Abhandlung *Auf welches Erbe verzichten wir* aus dem Jahre 1898 versuchte Lenin aufzuzeigen, daß das russische Dorf eine wahre Brutstätte der Rückständigkeit sei, und kritisierte scharf die reaktionären Standpunkte der Narodniki, die weit hinter die – schon ein halbes Jahrhundert zurückliegenden – Positionen der russischen Aufklärer zurückgefallen seien (Coll. Works 2:525). In seiner Schrift *Die Entwicklung des Kapitalismus in Rußland* (1899) stellte Lenin die Behauptung auf – zu deren Untermauerung er umfangreiches Datenmaterial zusammengetragen hatte –, daß die kapitalistische Entwicklung in Rußland bereits unumkehrbar sei.

Welcher marxistischen Strömung Lenin in dieser Periode zugeordnet werden mußte, ließ sich deutlich aus seiner Reaktion auf bestimmte Denkansätze des Wiener Physikers Ernst Mach ableiten. Die Theorien Machs und anderer Wissenschaftler schienen den im popularisierten Marxismus zentralen Begriff der Materie in Frage zu stellen. In seiner Abhandlung *Materialismus und Empiriokritizismus* (1909) verurteilte Lenin diese neue Richtung, aus der später der „Wiener Kreis" und der logische Positivismus hervorgegangen sind (siehe hierzu auch Kapitel 4 weiter unten). Lenin verteidigte in dieser Schrift weniger den Marxismus als vielmehr den Materialismus, die Lehre nämlich, daß alles Geistige durch die Materie bestimmt werde (Pannekoek o.J.:25). Nach der materialistischen Lesart der Marxschen Schriften war das Bewußtsein – und damit auch das Klassenbewußtsein – die geistige Entsprechung einer objektiven, materiellen Wirklichkeit. Somit sah man auch die Marxsche Analyse des Kapitalismus als Entsprechung dieser Objektivität an. Da dieser Auffassung zufolge Kapitalakkumulation, Kapitalkonzentration u.ä. gesetzmäßig ablaufende Prozesse waren, folgerte man hieraus, daß auch der Übergang von einer Gesellschaftsform in eine andere den Charakter zwingender Notwendigkeit habe. Daher prophezeite Lenin auch die baldige Transformation des absolutistischen Rußlands in eine bürgerliche Demokratie und nicht etwa in den Sozialismus, da ja keine historisch notwendige Gesellschaftsform übersprungen werden könne.

Materialismus und historischer Determinismus

Schon 1903 hatte Lenin auf dem Parteikongreß der russischen Sozialdemokraten eine Spaltung der Partei in *Menschewiki* (Minderheit) und *Bolschewiki* (Mehrheit) bewirkt. Die Bolschewiki wollte Lenin zu einer Partei von Berufsrevolutionären umformen, die in der von ihm erwarteten bürgerlich-demokratischen Umwälzung für die Interessen des Proletariats eintreten sollten.

Lenin hatte die Strömungen innerhalb der Arbeiterbewegung, die glaubten, vom Imperialismus mitprofitieren zu können und dadurch ihre revolutionären Ziele aus den Augen zu verlieren drohten, vehement bekämpft. Die Nachricht vom Ausbruch des Ersten Weltkriegs, die ihn in seinem Schweizer Exil erreichte, und mehr noch die darauffolgende europaweite Zustimmung der sozialistischen Parlamentsfraktionen zum Krieg schockierten Lenin zutiefst. In Rußland appellierte Plechanow, Lenins politischer Ziehvater, an die Arbeiterklasse, ihr Vaterland zu verteidigen.

„Es war wahrscheinlich das Trauma all dieser Ereignisse, das Lenin zu einer kritischen, grundlegenden Revision des ‚orthodoxen‘ Marxismus veranlaßte. Vielleicht hatte er auch ein sicheres Gespür dafür, daß das Scheitern der Politik der Zweiten Internationalen methodologisch mit dem großen Mangel an Dialektik zusammenhing. Aus welchem Anlaß auch immer, 1914 begann er jedenfalls mit dem Studium von Hegels *Wissenschaft der Logik,* das ihn zur Publikation der später als *Philosophische Hefte* bekanntgewordenen Schriften angeregt hat. Sie enthielten Notizen, Kommentare und kürzere Ausführungen und trugen zu [...] einem neuen Verständnis der marxistischen Methode bei, die in radikalem Widerspruch zu den Auffassungen von Kautsky und Plechanow standen.“ (Löwy 1981:59)

Imperialismus als globale Kräftekonstellation

Trotzki

Während die positivistische Methode *Das Kapital* immer wieder durch Nachschriften ergänzen mußte, um die Marxsche Analyse an die sich verändernde Wirklichkeit anzupassen, war Lenin jetzt in der Lage, den Imperialismus als eine dem Wesen nach neuartige Situation zu begreifen. Der Imperialismus war die Reaktion der herrschenden Klasse auf die Herausforderung der Arbeiterbewegung und verlangte seinerseits eine Reaktion der Arbeiterklasse. Der Imperialismus mußte nicht nur *dialektisch* als ein Prozeß entgegengesetzter, sich gegenseitig durchdringender Kräfte begriffen werden, der neue ökonomische und politische Verhältnisse schuf, sondern auch als eine *Totalität* von objektiver Realität und Bewußtsein. Für Lenin war das Schema der aufeinander folgenden Revolutionen damit hinfällig geworden. Er sah den *Imperialismus als eine globale Kräftekonstellation,* die die gesonderten, nationalen Geschichtsabläufe übergreift. Auf diese neue globale Situation müsse die Arbeiterklasse mit einer neuen revolutionären Theorie antworten.

Leo Trotzki (Le Bronstein, 1879-1940) hatte schon 1906 in seinem Buch *Ergebnisse und Aussichten* die Vorstellung verworfen, daß dem Sozialismus in Rußland unbedingt eine bürgerliche Revolution vorausgehen müsse.

„Die Produktivkräfte eines Landes und die politische Stärke seiner Klassen werden [...] von verschiedenen sozialen und politischen Faktoren nationaler und internationaler Art überlagert, welche den politischen Ausdruck der ökonomischen Verhältnisse modifizieren, ja manchmal sogar gänzlich verändern. [...] Trotz der Tatsache, daß die Produktivkräfte der USA zehnmal größer als die russischen sind, ist die politische Rolle des russischen Proletariats doch unvergleichlich viel größer als die des amerikanischen Proletariats.“ (Trotzki, zit. in Löwy 1981:53f.)

Als sich Trotzki am Vorabend der Oktoberrevolution der bolschewistischen Partei anschloß, stimmte er mit Lenin darin überein, daß eine sozialistische Revolution sinnvoll sei, auch wenn – wie im Falle Rußlands – der Kapitalismus und die bürgerliche Demokratie noch nicht (voll) entwickelt waren. Er war sich mit Lenin darin einig, daß ein direkte Machtergreifung – wie Lenin sie in seinen *April-Thesen* von 1917 propagiert hatte – gewagt werden müsse.

3.3.3 Lenins Imperialismustheorie

N. I. Bucharin (1888-1938, Kampfgefährte Lenins, u.a. Chefredakteur der Parteizeitung *Prawda* und unter Stalin hingerichtet) veröffentlichte 1917 eine Imperialismusanalyse *(Imperialismus und Weltökonomie),* in der er nachweisen wollte, daß der Imperialismus aus der Verschmelzung von Staat und Kapital zu sogenannten staatskapitalistischen Trusts hervorgegangen sei (Bucharin 1972). In seiner Studie verabsolutierte er die damals zu beobachtende Tendenz eines sich entwickelnden staatsmonopolistischen Kapitalismus.

In einem von ihm geschriebenen Vorwort zu diesem Buch aus dem Jahre 1915 machte Lenin deutlich, daß er Bucharins Auffassungen eigentlich nicht unterschreiben konnte.

> „Die wissenschaftliche Bedeutung von Bucharins Werk besteht vor allem darin, daß er die wesentlichen Daten der Weltökonomie – im Zusammenhang und in Bezug auf den Imperialismus als einer fest umrissenen Entwicklungsphase des am weitesten fortgeschrittenen Kapitalismus – untersucht." (Lenin in Bucharin 1972:10)

Aber dann kritisierte er – an Bucharin vorbei – Kautsky und dessen Prophezeihungen in Bezug auf den Ultra-Imperialismus. Die Zeiten eines solchen – relativ friedliebenden – Kapitalismus, wie Kautsky ihn voraussage, seien bereits vorbei. Lenin schrieb:

> „Schon gegen Ende des 19. und zu Beginn des 20. Jahrhunderts hatte der Warenaustausch eine derartig umfassende Internationalisierung des Kapitals und der ökonomischen Verhältnisse hervorgebracht, und hatte das Wachstum der Großproduktion ein so gewaltiges Ausmaß angenommen, daß die *freie Konkurrenz zunehmend vom Monopol verdrängt wurde.*" (ebd., Hervorhebung v.V.)

Große monopolistische und finanzkapitalistische Verbände würden die Welt unter sich aufteilen. Und selbstverständlich könne man – auf Grund *abstrakter Überlegungen* – zu dem Schluß kommen,

> „daß der Zeitpunkt nicht mehr fern ist, an dem die Magnaten des Kapitals sich zu einem einzigen weltweiten Trust vereinigen werden, der die Rivalitäten und den Kampf des national begrenzten Finanzkapitals durch ein international vereinigtes Finanzkapital ersetzt." (ebd.)

Mit Hilfe einer an Hegel geschulten Dialektik kritisierte Lenin dann Kautskys Vorstellung von einem Ultra-Imperialismus:

Kritik des
Ultra-Imperialismus

> „Es ist unzweifelhaft, daß es eine Tendenz zur Herausbildung eines einzigen weltweiten Trusts gibt, der sich ausnahmslos alle Konzerne und alle Staaten einverleiben will. Doch ist die Entwicklung in diese Richtung einem dermaßen großen Druck ausgesetzt, findet sie in einem dermaßen rasanten Tempo, unter so großen (nicht nur ökonomischen, aber auch politischen, nationalen etc.) Widersprüchen, Konflikten und Kämpfen statt, daß, noch ehe sich ein weltweiter Trust gebildet haben wird, noch ehe sich die jeweiligen nationalen Finanzkapitale zu einem weltweiten Verbund des Ultra-Imperialismus vereinigt haben werden, der Imperialismus unweigerlich zum Einsturz gekommen sein wird, und der Kapitalismus in sein Gegenteil umschlagen wird." (Lenin in Bucharin 1972:15)

Für Lenin war nicht so sehr Bucharins Studie von Belang, sondern Kautskys Artikel über den Ultra-Imperialismus. Denn wenn es richtig sei, so Lenin, daß der Imperialismus das letzte Stadium des Kapitalismus sei, seine tödliche Krise gewissermaßen und nicht, wie Kautsky meinte, ein bloßes Relikt vergangener Zeiten, dann sei nicht ein integrierter Imperialismus (Kautsky), sondern die Revolution angesagt.

1916 veröffentlichte Lenin seine Studie *Der Imperialismus als höchstes Stadium des Kapitalismus* in Form einer langen Polemik gegen Kautsky und die Zweite Internationale. Seine ökonomische Analyse war im wesentlichen eine Synthese von Materialien von Hobson und der Theorie von Hilferding, wobei ihn offensichtlich die Hintergründe und voneinander abweichenden Ausgangspunkte dieser beiden Autoren nicht störten.

Lenins Analyse wich auch in wesentlichen Punkten von der Bucharins ab. Der Imperialismus führe zwar zu weitgehender Vergesellschaftung der Produktion, welche aber die nationalen Grenzen überschreite und daher vom nationalen Staat auch nicht zu kontrollieren sei. Außerdem sei die Verfügung über die Produktion in privaten Händen und unterstehe keineswegs dem Staat. Schließlich führe die Monopolisierung zu Stagnation und wirtschaftlichem Verfall (Coll. Works 22:276).

Die Beziehungen zwischen den nationalen und internationalen kapitalistischen Kartellen und den Staaten, in denen sie ihren Hauptsitz hätten, seien schwankend und unbeständig. Denn die Kapitalentwicklung verlaufe ungleichmäßig und unterschiedlich, während die Aufteilung der Welt in Kolonien und Einflußsphären immer festere Formen annehme.

Lenins Analyse läßt sich in vier Schritte unterteilen:

Unvermeidlichkeit von Kriegen

a) die ökonomische Entwicklung verläuft ungleich(mäßig);
b) die Verteilung der Welt ist abgeschlossen; es gibt keine Kolonialgebiete mehr, die nicht schon in Besitz genommen sind;
c) die ungleiche ökonomische Entwicklung in den verschiedenen Ländern zwingt diese daher zur Neuverteilung der Kolonien und Einflußsphären;
d) der Imperialismus verfügt nur über ein Mittel der Neuverteilung, nämlich den Krieg (Coll. Works 22:275f.).

Chancen für die Revolution

In solchen interimperialistischen Kriegen hätten gut organisierte Revolutionäre die Möglichkeit, dort die Macht zu ergreifen, wo die herrschende Klasse schwach und abhängig sei.

Die deutsche Staatsführung wollte während des Ersten Weltkriegs die Bolschewiki benutzen, um den Kriegsgegner Rußland zu schwächen bzw. auszuschalten, und war bereit, Lenin im April 1917 in einem versiegelten Zug durch Deutschland nach Rußland reisen zu lassen.

„Lenin seinerseits benutzte das Interesse des kaiserlichen Deutschlands an ihm und seiner Partei, um die russische Revolution, die für ihn in Gefahr stand, durch eine liberal-sozialdemokratische Koalition abgefangen zu werden, bis zum Sieg der bolschewistischen Revolution als erste Etappe der Weltrevolution voranzutreiben." (Fischer 1984:308)

Deutschland verlor den Krieg und die Bolschewiki ergriffen die Macht in Rußland. So setzte Lenin seine Imperialismus-Analyse in einen revolutionären Sieg um.

„Der Imperialismus ist der Vorabend der sozialen Revolution des Proletariats",

schrieb er 1920 in dem Vorwort zur deutschen und französischen Ausgabe seiner Imperialismusanalyse

„das hat sich seit 1917 weltweit bestätigt." (Coll. Works 22:194)

110

4 Nationale Selbstbestimmung zwischen Revolution und Völkerbund

4.1 Marxismus und nationale Selbstbestimmung

Ebenso wie die Französische erwuchs auch die Russische Revolution aus dem Unvermögen der bestehenden Gesellschaftsordnung, die im Rahmen einer passiven Revolution aufoktroyierte Modernisierung von Gesellschaft, Staat und Wirtschaft durchzuführen. In beiden Fällen waren es außenpolitische Faktoren, die für eine Zuspitzung der innergesellschaftlichen Spannungen verantwortlich waren: die kriegerische Expansionspolitik Rußlands überforderte bei weitem die Spannkraft der Gesellschaft und führte zu revolutionären Ausbrüchen.

Es gelang den Bolschewiki in der revolutionären Situation des Jahres 1917, die Führungsrolle an sich zu reißen, weil sie sich einerseits auf eine motivierte Anhängerschaft im modernen Industrieproletariat stützen konnten, über eine straffe Parteiorganisation und hochkarätige Kader an Theoretikern und geschulten Agitatoren verfügten, andererseits aber auch besser als andere erkannt hatten, daß die Revolution mehr war als ein bloßer Arbeiteraufstand.

Das zeigte sich deutlich an ihrer Haltung gegenüber der Frage der *nationalen Selbstbestimmung.* Der Kampf um das nationale Selbstbestimmungsrecht sollte dann im Jahre 1918 zu einer direkten Konfrontation zwischen Lenin und Wilson führen.

4.1.1 Staat und Nation in Osteuropa

Nach der Niederlage Napoleons hatten das Russische, Österreichische und Osmanische Reich auf dem Wiener Kongreß Osteuropa neu unter sich aufgeteilt. Jedes dieser drei Reiche stützte sich auf eine Dynastie und eine Religion: auf die orthodoxe Kirche, die römisch-katholische Kirche der Gegenreformation und den (sunnitischen) Islam. Nationalität war hierbei noch ohne Bedeutung; als „Türke" wurde bezeichnet, wer islamischen Glaubens war. Sprachgemeinschaften, die sich – wie weiter oben bereits beschrieben – um lokale Marktökonomien herum bildeten, spielten in den noch überwiegend agrarisch organisierten Gesellschaften kaum eine Rolle. Das änderte sich aber mit dem Aufkommen industrieller Produktionsweisen, ja sogar schon bei den leisesten Anzeichen der herannahenden Industrialisierung, wie Gellner (1991:129) schreibt. Die Religion verlor zunehmend an Einfluß auf das Weltbild und die gesellschaftspolitischen Auffassungen der Menschen; das unmittelbare Verhältnis von Mensch und Natur, bzw. von Herrscher und Untertan, wandelte sich zu einer abstrakten Tauschbeziehung, d.h. zu einer säkularisierten Beziehung.

Diese Entwicklungen schlugen sich auch im politischen Denken nieder. Politische Macht wurde immer deutlicher als Ausfluß eines postulierten Gesellschaftsvertrages definiert (wie z.B. bei Rousseau), an dem alle Menschen in ihrer Eigenschaft als Bürger teilhatten. Und in ähnlicher Weise, wie das Geld zum allgemeingültigen Tauschmittel wurde, entwickelte sich die *Sprache* zum Medium der neuen, säkularen gesellschaftlichen Beziehungen (Goldmann 1977:11).

Da die ursprüngliche Akkumulation für die Landbevölkerung mit gesellschaftlicher Desintegration, d.h. einer Störung der sozialen Beziehungen und einer Krise überkommener Werte und Normen *(Anomie)* einherging, konnte – quasi als Ersatz für das verlorengegangene vorindustrielle Gemeinschaftsgefühl – ein Gefühl nationaler Zusammengehörigkeit als *Pseudogemeinschaft* aufkommen („imagined community"; Anderson 1983; Vieille 1988). Man muß hier allerdings differenzieren. In der

Nationalgefühl und Nationalismus lockeschen Konfiguration, in welcher der Staat nicht dominant in Erscheinung tritt, ist auch das Nationalgefühl eher latent vorhanden, was zu einem großen Teil aus dem langen und allmählichen Entstehungsprozeß von Staat und Nation zu erklären ist. Im hobbesschen Staat dagegen, wo die Wandlung von der agrarischen zur industriellen Gesellschaft durch eine Revolution von oben initiiert wird, die der Gesellschaft ein erhöhtes Entwicklungstempo diktieren, sind sowohl die Krise der sozialen Ordnung (Anomie) als auch der Hang zur Bildung von sozialen Pseudogemeinschaften ausgeprägter (Nairn 1973 und 1981). Hier ist es möglich, daß das Nationalbewußtsein in Politik und Gesellschaft zu einem Wert an sich werden konnte, zu dem, was wir als *Nationalismus* bezeichnen.

Politik und ihre sprachliche Vermittlung hatten im Kontext der passiven Revolution ein größeres Gewicht als Markt und Geld. Je weiter man in Europa nach Osten kam, desto stärker waren Staat und Gesellschaft den Sonderinteressen der feudalen Kräfte (polnische *Schlachta*, rumänische *Bojaren*, ungarischer und kroatischer Adel) ausgeliefert und desto größer war dementsprechend der Freiheitsdrang der unterdrückten Nationalitäten.

Nicht Rousseaus Gesellschaftsvertrag, sondern Hegels Begriff des weltgeschichtlichen Volkes und auch Herders aus derselben Periode stammende Vorstellung vom Freiheitsanspruch des Volkes gegenüber dem Staat übten hier ihren Einfluß aus.

„Deutschland spielte im östlichen Europa bei der Verbreitung und Vermittlung [...] westlicher Ideen – einschließlich des Nationalismus – eine Hauptrolle... Die deutsche Einfärbung des ursprünglich westeuropäischen Ideengutes entsprach den Notwendigkeiten der osteuropäischen Situation besser als die originalen Ideen. Zu der Zeit, als sie im Osten zu einer wirksamen Kraft wurden, hatten sie sich bereits in mindestens zweifacher Hinsicht von ihren westlichen Modellen entfernt" schreibt Sugar (1969:12f.).

4.1.2 Nationale Selbstbestimmung und die osteuropäische Sozialdemokratie

Die nationalen Bestrebungen der zahlreichen Völkerschaften in Osteuropa (Ungarn und Tschechen in Österreich-Ungarn, Serben und Bulgaren im türkischen Reich, Finnen, Polen, Litauer und Ukrainer im Zarenreich) stürzten die drei multinationalen Reiche gegen Ende des vorigen Jahrhunderts in eine tiefe Krise. In Österreich-Ungarn und in Rußland, wo die Industrialisierung eine Arbeiterbewegung hervorgebracht hatte, war die Frage, wie man dem von sozialdemokratischer Seite propagierten Streben nach nationaler Selbstbestimmung entgegentreten sollte, Gegenstand heftiger Debatten.

Während die österreichische Politik zu Zugeständnissen neigte und das osmanische Reich allmählich auseinanderfiel, hatte die russische Politik seit 1881 einen repressiven Kurs eingeschlagen. Diese innenpolitische Unterdrückung war verbunden mit einem großrussischen Chauvinismus, der sich gegen die Nationalitäten in den Grenzregionen Rußlands richtete, und antisemitischer Aggression (etwa die Hälfte der über die Welt verstreuten Juden war in Rußland angesiedelt). Der Gründungskongreß der Zweiten Internationalen (1896) hatte das nationale Selbstbestimmungsrecht als Forderung in sein Programm aufgenommen. Eine genauere Interpretation dieser Forderung stand jedoch noch aus.

Bei der Gründung der Sozialdemokratischen Arbeiterpartei Rußlands (SDAPR) im Jahre 1898 wurde auch der *Bund,* ein Zusammenschluß linker jüdischer Handwerker, als Unterorganisation der Partei zugelassen. Ihm wurde in allen Fragen, die die spezifischen Probleme des jüdischen Proletariats betrafen, weitgehende Autonomie zugestanden. Dieser Bund verlangte auf dem zweiten Parteikongreß der SDAPR 1903, ein Jahr nach dem Lenin seine Vorstellungen über die Parteiorganisation in der Schrift *Was tun?* niedergelegt hatte, daß den Juden in einem zukünftigen sozialistischen Rußland nationale und kulturelle Autonomie gewährt werden müsse (Shaheen 1956:21). nationales Selbstbestimmungsrecht

Die Idee *kultureller Autonomie,* die eine hefige Debatte auslöste und schließlich zum Ausschluß des Bundes aus der Partei führte, stammte aus der österreichischen Sozialdemokratie. Die österreichische Partei begann ab 1897 in ihre nationalen Bestandteile zu zerfallen, wurde allerdings noch von einem vereinigten Parteivorstand geleitet, der an der Idee eines nationalen Einheitsstaates festhielt. Die Provinzen dieses Einheitsstaates sollten möglichst genau mit den Wohngebieten der Nationalitäten zusammenfallen. Die südslawischen Sozialisten wollten aber eine von territorialen Aspekten unabhängige Definition von Nationalität durchsetzen. Um ihnen entgegenzukommen, stellten die Parteiführer Karl Renner (1870-1950), der spätere Kanzler bzw. Staatspräsident Österreichs, und Otto Bauer (1882-1938) dem territorialen Nationalitätenbegriff eine in der Hauptsache *kulturelle* Definition entgegen. Einerseits sahen Renner und Bauer einen großen Territorialstaat als unverzichtbare Grundlage einer zu schaffenden sozialistischen Ordnung. Renner sagte in seiner Schrift *Das Selbstbestimmungsrecht der Völker* (1918) hierzu: kulturelle Autonomie
Austromarxismus

> „Vor einem halben Jahrhundert war ein selbständiges Böhmen oder Ungarn oder Serbien möglicherweise ein weltpolitisches Ideal. Heute aber sind Staaten, deren Durchmesser nicht mehr

als einen Tag Schnellzugfahrt mißt, keine leistungsfähigen Träger der weltpolitischen Ordnung mehr." (zit. in Kloss 1969:493)

Für die Sozialisten war ein Vielvölkerstaat kein geschichtlicher Rückschritt (Atavismus), sondern ein erstrebenswertes Zukunftsmodell. Österreich sei, so sagte der Parteichef Viktor Adler 1897,

> „die Experimentierkammer der Weltgeschichte" (zit. in Talmon 1981:133).

Nationalitätenfrage Andererseits waren diese „Austromarxisten" bereit, die Nationalitäten kulturell anzuerkennen. Renners und Bauers Vorschläge liefen darauf hinaus, daß das kulturelle Leben einschließlich des Schulwesens in einem sozialistischen Österreich-Ungarn durch autonome und von den einzelnen Nationalitäten selbst gewählten Institutionen bestimmt würde, und zwar unabhängig von dem jeweiligen Wohngebiet. Aus der Sicht der Bolschewiki jedoch hätte dies die Nationalitätenfrage verewigt und aus der geschichtlichen und revolutionären Dynamik herausgelöst.

4.1.3 Stalin kontra Renner und Bauer

Im Unterschied zu den eher föderalistisch gesinnten Menschewiki vertraten Lenin und die Bolschewiki den Standpunkt, daß die Frage des nationalen Selbstbestimmungsrechts niemals die Einheit der Arbeiterklasse und die Solidarität der sozialdemokratischen Bewegung untereinander gefährden dürfe. Als sich unter der Führung von Trotzki 1912 die Menschewiki, der Bund, die lettischen, litauischen und polnischen Sozialisten und die Kaukasus-Parteien zu einem starken antibolschewistischen Block zusammengeschlossen hatten und sich u.a. für die Idee der nationalen kulturellen Autonomie aussprachen, entschied Lenin, daß dieser Idee Renners durch eine fundierte theoretische Schrift widersprochen werden müsse (Shaheen 1956:38f.).

Mit diesem Auftrag wurde Stalin (1879-1953) betraut, ein Angehöriger der georgischen Nationalität. Stalin, dessen eigentlicher Name J. W. Dschugaschwili lautete, war mit den Nationalitätenfragen vertraut und fand sich bereit, in Wien eine Studie zu diesem Thema zu erarbeiten. Dabei wurde er, da er die deutsche Sprache nicht beherrschte, vermutlich von Bucharin, der sich ebenfalls damals in Wien aufhielt, unterstützt. Stalins Studie *Der Marxismus und die Nationalitätenfrage* (1913) war praktisch auf Geheiß Lenins zustandegekommen, ließ aber in der Art und Weise, wie er in ihr mit seinen Kontrahenten umsprang und in seiner Simplifizierung des Materialismusbegriffs einen eigenen Stil erkennen.

Stalins Definition der *Nation* war viergliedrig: von einer Nation könne nur ge- Stalins Begriff der Nation sprochen werden, wenn sie über eine einheitliche Sprache, ein gemeinschaftliches Wirtschaftsleben, eine gemeinsame Kultur und – im Gegensatz zum nichtterritorialen Nationalitätenbegriff Renners und Bauers – über ein gemeinsames *Territorium* verfüge (Stalin, Werke Bd. 2:272). Dagegen fehlte in Stalins Definition jeglicher Hinweis auf die emotionalen Aspekte des Nationenbegriffs, die von Liberalen wie J. S. Mill und Romantikern wie Ernest Renan 1861 bzw. 1882 mit „Gemeinschaft von Stolz und Scham" und „Seelengemeinschaft" angedeutet worden waren (Shaheen 1956:45) und die gerade in Osteuropa im Rahmen der aufkommenden Pseudogemeinschaften zur vollen Entfaltung kamen. Stalin sah das Nationalbewußtsein als ein Bedeutung des Nationalbewußtseins politisches Überbauphänomen, das zwar in der Übergangsphase vom Feudalismus zum Kapitalismus eine fortschrittliche Funktion gehabt hatte, danach aber nicht mehr. Eine kategorische Anerkennung der Nationalitäten wie bei Renner und Bauer lehnte er als Richtschnur für das Vorgehen der Arbeiterbewegung dann auch ab, da es nicht sinnvoll sein könne, nationale Differenzen dort wiederzubeleben, wo sie schon längst keine Rolle mehr spielten. Deshalb könne auch das Recht auf nationale Selbstbestimmung nicht verabsolutiert werden (de Leeuw 1971:208). Für die Bolschewiki wurde die Frage der nationalen Selbstbestimmung daher im wesentlichen zu einer taktischen Angelegenheit.

Stalins Standpunkte wurden auf einer Parteikonferenz im Frühjahr 1917 in zwei Punkten zusammengefaßt:

1. Alle zum russischen Reich gehörenden Nationen haben prinzipiell das Recht auf Abtrennung und Bildung eines eigenen Staates.
2. Dieses Recht darf allerdings nicht unabhängig vom Problem der Zweckmäßigkeit eines solchen Schritts im jeweiligen geschichtlichen Augenblick gesehen werden. Die Partei des Proletariats muß darüber in jedem konkreten Einzelfall eine Entscheidung treffen und zwar aus dem Blickwinkel der sozialistischen Revolution (Kloss 1969:494).

4.1.4 Lenins Standpunkt zur Frage der Nation

Neben der bekämpften kategorischen Anerkennung des nationalen Selbstbestimmungsrechts richteten die Bolschewiki ihre Angriffe auch noch gegen eine weitere diesbezügliche politische Position der Sozialdemokratie, die in erster Linie von Rosa Luxemburg vertreten wurde. Sie leugnete, daß der Kampf um die nationale Selbstbestimmung überhaupt irgendeinen positiven Beitrag im revolutionären Prozeß spiele. Schon am Vorabend des ersten Weltkriegs hatte Lenin diesen Standpunkt in verschiedenen Schriften, von denen *Über das Selbstbestimmungsrecht der Nationen* (1914) die bekannteste ist, kritisiert.

Direkter Anlaß für Lenins Kritik war ein Artikel Rosa Luxemburgs (*Nationale Frage und Autonomie*, 1908/9). Lenin ergriff die Gelegenheit, um noch einmal die bolschewistische Position zur historischen Entwicklung und zur historischen Rolle des Nationalgefühls darzustellen und seine voraussichtliche Auflösung im Laufe des gesellschaftlichen Wandels zu skizzieren. Überall in der Welt, so schrieb er, sei der Sieg des Kapitalismus über den Feudalismus mit dem Auftreten nationaler Bewegungen verbunden gewesen. Das Selbstbestimmungrecht der Nationen müsse daher auch als ein Recht auf die Bildung eines *selbständigen Nationalstaats* betrachtet werden. Hierbei seien allerdings zwei Perioden zu unterscheiden.

Phasenmodell der nationalen Bewegungen Die erste beziehe sich auf das Erwachen der nationalen Bewegungen, die Periode, in der auch

> „die Bauernschaft als die zahlreichste und am schwersten in Bewegung zu bringende Bevölkerungsschicht im Zusammenhang mit dem Kampf für politische Freiheit im allgemeinen und für die Rechte der Nationalität im besonderen in diese nationalen Bewegungen hineingezogen wird" (Lenin 1970, I:689).

Im zweiten Entwicklungsabschnitt spiele dagegen diese bürgerlich-demokratische Massenbewegung keine Rolle mehr. Er werde vielmehr dadurch gekennzeichnet, daß der entwickelte Kapitalismus die Nationen immer mehr zusammenführe; der Widerspruch zwischen dem international verflochteten Kapital und der internationalen Arbeiterbewegung gewinne in dieser Periode immer mehr an Bedeutung. In dieser Phase müsse der Klassenkampf auf internationaler Ebene zum zentralen Bezugspunkt werden. Die verschiedenen Länder der Welt seien jedoch auch in dieser Hinsicht *ungleich entwickelt.*

Lenin wollte, daß bei der politischen Lagebeurteilung die spezifische Ausgangsposition Rußlands berücksichtigt werde, das ähnlich wie Persien, die Türkei und China, aber auch die Balkanländer, das Zeitalter der bürgerlich-demokratischen Revolutionen erst nach 1905 betreten hatte. Rußland und seine Nachbarn befänden sich im Grunde noch in der ersten Entwicklungsphase:

> „Eben weil und nur weil Rußland zusammen mit seinen Nachbarländern jetzt diese Epoche durchmacht, brauchen wir in unserem Programm den Punkt über das Selbstbestimmungsrecht der Nationen." (1970, I:694)

Natürlich, so Lenin, habe die Bourgeoisie den Vorteil, nationale Selbständigkeit ohne weiteres propagieren zu können, während das Proletariat diese Forderung den Interessen des Klassenkampfs unterordnen müsse. Wer aber, wie Rosa Luxemburg im Fall Polens – das mehrfach aufgeteilt und fremdbeherrscht war –, das nationale Selbstbestimmungsrecht nur aus dem Grunde ablehne, um der eigenen Bourgeoisie keinen Vorschub zu leisten, der verkenne, daß gerade dadurch den chauvinistischen Kräften in der unterdrückenden [sprich: russischen] Nation in die Hände gearbeitet werde (1970, I:699). An diejenigen seiner russischen Genossen, die sich von der Möglichkeit abschrecken ließen, durch Unterstützung der nationalen Selbstbestimmung die Kontrolle über den großen Staat und sein ökonomisches Potential zu verlieren, richtete er die Frage, ob z.B. die Abspaltung der Ukraine von Rußland nicht gerade dadurch verhindert werden könne, daß man den Ukrainern das Recht auf ihre eigene Sprache, auf Verwaltungsautonomie usw. gewähre (1970, I:709). Der Internationalismus zwischen den Arbeitern unterschiedlicher Nationalitäten könne durch eine Anerkennung des Selbstbestimmungsrechts der unterdrückten Nation durchaus gestärkt werden, wofür die 1905 vollzogene Abtrennung Norwegens von Schweden ein gutes Beispiel sei (1970, I:716).

Lenin formulierte sein Programm daher folgendermaßen:

1. Die Arbeiter müssen dem Druck des Nationalismus widerstehen, und das russische Proletariat muß an der Seite des Proletariats der unterdrückten Nationen kämpfen.

2. Anerkennung nicht nur des Rechts auf nationale Selbstbestimmung, sondern auch des Rechts auf Gründung eines eigenen Staates;

3. „...gleichzeitig damit, eben im Interesse des erfolgreichen Kampfes gegen jeglichen Nationalismus aller Nationen, Verteidigung der Einheit des proletarischen Kampfes und der proletarischen Organisationen, ihrer engsten Verschmelzung in einer internationalen Gemeinschaft, entgegen den bürgerlichen Bestrebungen nach nationaler Absonderung" (1970, I:740).

Das Grundprinzip von Lenins revolutionärer Strategie und Taktik war seine Überzeugung, daß eine Revolution sich nicht an starre Schemata hält. In einer Kritik dogmatischer Revolutionäre, die der Auffassung waren, eine Revolution könne ausschließlich das Werk sozialistischer Arbeiter sein, erklärte er:

„Wer glaubt, eine soziale Revolution sei *denkbar* ohne die Revolten kleiner Nationen in den Kolonien und in Europa, ohne revolutionäre Ausbrüche eines Teils des Kleinbürgertums mit *all seinen Voreingenommenheiten*, ohne eine Erhebung der politisch noch unbewußten proletarischen und halbproletarischen Massen gegen die Unterdrückung durch die Grundbesitzer, die Kirche, die Monarchie und gegen die Unterdrückung der Nation usw. – wer all dies für denkbar hält, der *verneint generell die Möglichkeit einer sozialen Revolution.*" (Coll. Works 22:355)

Nicht nur die internationale Arbeiterbewegung mußte ihr Vorgehen der neuen Situation anpassen; auch die antirevolutionären Kräfte besannen sich auf eine flexible politische Strategie als Antwort auf die revolutionäre Bedrohung. Die intellektuellen Möglichkeiten dazu waren in den vorangegangenen Jahrzehnten bereits vorbereitet worden.

4.2 Eine neue Dynamik der kapitalistischen Gesellschaft

Die Machtergreifung der Bolschewiki und die Gefahr, daß die Revolution auch auf das restliche Europa und die Kolonien übergreifen könnte, zwang die bestehende Ordnung zu einer Reaktion, die sich nicht nur in bloßer Gegengewalt erschöpfen konnte. Die Revolution forderte die Anpassungsfähigkeit der kapitalistischen Gesellschaft heraus und bewirkte eine Überwindung ihrer feudalen und absolutistischen Überreste, die einer entsprechenden Anpassung im Weg standen.

Um die Jahrhundertwende herum war es zu einer ganzen Reihe wissenschaftlicher Durchbrüche und Entdeckungen gekommen, die in den neuen Industriezweigen der Elektrotechnik und Chemie für einen kräftigen Aufschwung sorgten, und, darüberhinaus, ganz allgemein das Vertrauen in die Wissenschaft bei der Lösung der unterschiedlichsten Probleme sprunghaft ansteigen ließen. Dieser Optimismus schlug

Vertrauen in die Wissenschaft

117

sich auch früh in der positivistischen (und später in der neopositivistischen) Soziologie nieder.

4.2.1 Die soziale Frage im Spiegel der Soziologie

Die fortschreitende, arbeitsteilige Entwicklung der europäischen Gesellschaft und zunehmende Vergesellschaftungstendenzen im 19. Jahrhundert sowie die sich daraus ergebenden klassenmäßigen und politischen Gegensätze hatten eine wachsende Spezialisierung der Sozialwissenschaft zur Folge. Im Gegenzug zur marxistischen Lehre von der Emanzipation der Arbeiterklasse durch eine Revolution entstand die *Soziologie* als eine Spezialdisziplin, die sich mit der gleichen Problematik beschäftigte. Beiden gemeinsam war die Abkehr von der spekulativen Philosophie. Bei Marx kam das in seiner berühmten 11. These über Feuerbach zum Ausdruck:

> „Die Philosophen haben die Welt nur verschieden *interpretiert,* es kommt darauf an, sie zu verändern." (MEW 3:7)

Im bürgerlich akademischen Milieu setzte sich dieser Wandel hin zu einer praxisorientierten Wissenschaft nur langsam durch. Psychologie, Geschichtswissenschaft, Ökonomie und Soziologie blieben auf lange Zeit der Tradition der großen philosophischen Systeme verhaftet. Auch viele Denker des frühen 20. Jahrhundert trafen noch keine eindeutige Wahl. In diesem Sinne hat Hughes (1958:14f.) Freud, Croce und Pareto als Figuren des Übergangs bezeichnet.

Auch in der Soziologie spiegelte sich diese Unentschiedenheit wider: zum Teil hatte sie sich von der Philosophie verabschiedet, zum Teil war sie selbst zu einer neuen Philosophie geworden. Sie war, um mit Gramsci zu sprechen,

> „eine Philosophie für Nichtphilosophen, ein Versuch, eine schematische Beschreibung und Klassifizierung historischer und politischer Fakten zu schaffen, und zwar mit Hilfe von Kriterien, die dem Modell der Naturwissenschaft entlehnt waren" (1971:426).

soziale Frage   Die große Blütezeit der Soziologie fiel zusammen mit der Herausforderung der bürgerlichen europäischen Gesellschaft durch die marxistisch inspirierte Arbeiterbewegung, die von den Soziologen nicht als revolutionäre Kraft begrüßt wurde, sondern als Ausdruck der (zu lösenden) *„sozialen Frage"* angesehen wurde. Die Soziologie war von Anfang an auf die „Beherrschbarkeit" der sozialen Problematik ausgerichtet gewesen. Daher distanzierte sie sich auch vom ungezügelten wirtschaftlichen Liberalismus und neigte dort, wo sie sich auf die Praxis einließ, zu *Staatsinterventionen.* Die Soziologen waren nicht schlechthin Apologeten des Status quo, sondern bezogen sowohl Position gegen die reaktionären, feudalen Kräfte als auch gegen die sozialistischen, revolutionären Bestrebungen. Die Soziologie war somit bürgerlich und reformerisch zugleich. In Europa war sie mehr dem sozialdemokratischen Kräftefeld zuzuordnen, während sie in Amerika dem aufgeklärteren Teil der herrschenden Klasse zuarbeitete, der seine Herrschaft auf eine subtilere und humanere Grundlage stellen wollte (Ross 1991:Kap.7)

118

Die Antwort der Soziologie auf die marxistische Lehre vom Klassenkampf war die Idee der *ideologischen Gemeinschaft,* die, wie Therborn darlegt, gleichzeitig ihre wichtigste Entdeckung darstellte. Die Ausgangspunkte der Soziologie von Comte bis hin zu Durkheim und Weber waren nicht die bestehenden gesellschaftlichen Institutionen, wie z.B. das Rechtswesen oder die Staatsorgane, sondern die *Wertegemeinschaft.*

„[Der] Beitrag der Soziologie bestand im Grunde in der Entdeckung und dem Studium der *ideologischen Gemeinschaft,* d.h. der Werte- und Normgemeinschaft menschlicher Organisationsformen unterschiedlichsten Typs und Umfangs. Charakteristisch für die Soziologie war, daß sie es sich zur Aufgabe machte, bei der praktischen Anwendung ihrer Theorie die Festigung dieser Art von ideologischer Gemeinschaft anzustreben. Als Nachfolgerin traditioneller politischer Philosophie wurde die Soziologie daher in mehrerer Hinsicht ein modernes, wissenschaftlich ausgerichtetes Äquivalent für Theologie und Moralphilosophie – ein eher forschender als dogmatischer Wächter der ideologischen Gemeinschaft." (Therborn 1976:224f.)

Das von den Soziologen auf die Gesellschaft angewendete naturwissenschaftliche Modell war evolutionistisch und darauf aus, Gesetzmäßigkeiten der Gesellschaftsentwicklung aufzuspüren. Ein Vorläufer dieser Tendenz war Auguste Comte (1798-1857), der die Entwicklung der Gesellschaft und der Philosophie in drei Stadien unterteilte, nämlich in ein theologisches, ein metaphysisches und ein *positives* Stadium. In dem letztgenannten Stadium würden Wissenschaft und Philosophie ineinander ..gehen. Die von Comtes Zeitgenossen Le Play und Quêtelet entwickelte Methode der sozialen *Statistik* wies in die gleiche Richtung. Comtes Positivismus und die statistische Betrachtung der Gesellschaft bedingten sich gegenseitig; schon allein aus Gründen der Vorhersagbarkeit sozialer Prozesse mußte die Soziologie mehr an einer allmählichen und kontrollierbaren Evolution der sozialen und politischen Verhältnisse interessiert sein als an unberechenbaren revolutionären Veränderungen. Denn, wie Gramsci anmerkte, ist

„die Brauchbarkeit statistischer Gesetze in Wissenschaft und [...] Politik nur solange gesichert, wie sich die Menschen in bezug auf Probleme, [...] die für Historiker und Politiker interessant sind, passiv verhalten" (1971:428).

4.2.2 Der Wiener Kreis

Anfang des 20. Jahrhunderts zeichneten sich auf dem Gebiet der Naturwissenschaften Entwicklungen ab, die in ihrem Verlauf auch die positivistische Soziologie auf eine solidere wissenschaftstheoretische Grundlage stellen sollten. Die Entdeckung der Radioaktivität und die Entwicklung der Quantentheorie eröffneten Einblicke in die (vergängliche und differenzierte) Welt der Atome. Einsteins Relativitätstheorie brach mit den herkömmlichen Raum-Zeit-Vorstellungen. Durch die Entdeckung der Masse-Energie-Äquivalenz wurde die Auffassung von der Materie (Ereignisse in der Raum-Zeit) grundlegend revidiert.

Die Revolutionierung des naturwissenschaftlichen Weltbildes fand ihren Niederschlag auch in den Ideen des Wiener Philosophen und Physikers Ernst Mach, der gegen Ende des 19. Jahrhundert die Begriffe von Raum, Zeit und Kausalität als metaphysisch verworfen hatte und die Natur als einen kontinuierlichen Prozeß auffaßte. Wissenschaft hatte sich nach Mach auf die Erarbeitung von Formeln für funktionelle Beziehungen zu beschränken und diese an der Wirklichkeit zu testen (Lichtheim 1974:88). Mach entwarf auch eine (individualistisch und subjektivistisch geprägte) Lehre der Denkökonomie, d.h. der Spezialisierung und Selbstbeschränkung des Denkens.

> „In Anbetracht der kurzen Lebensspanne des Menschen und seines begrenzten Gedächtnisses, kann er sich nur durch ein äußerst ökonomisches Denken einiges Wissen von Bedeutung aneignen."

Es sei daher Aufgabe der Wissenschaft,

> „die Fakten so vollständig wie möglich und mit dem kleinstmöglichen Aufwand an Kopfarbeit wiederzugeben" (zit. in Pannekoek o.J.:44).

Neopositivismus Der *Wiener Kreis,* wie er später genannt wurde, entstand, als Machs Lehrstuhl für induktive Wissenschaften 1922 von Moritz Schlick übernommen wurde, der zusammen mit Rudolf Carnap u.a. ab 1930 die Zeitschrift *Erkenntnis* herausgab, in deren erstem Heft die Geschichte der Philosophie nochmals für abgeschlossen erklärt wurde (Schlick 1930:5). Der von Schlick u.a. konzipierte sog. *logische Positivismus* oder *Neopositivismus* bemühte sich darum, die Grenzen direkter Wahrnehmung abzustecken und das Gebiet einzugrenzen, auf welchem sinnvolle Aussagen überhaupt möglich sind. Während Marx noch versucht hatte, die Metaphysik und die spekulative Philosophie aus gesellschaftlichen Verhältnissen herzuleiten, hatte für Schlick (1930:8) die Philosophie lediglich die Aufgabe zu entscheiden, welche Fragen überhaupt zu beantworten waren und welche nicht. Metaphysische Fragestellungen wurden als unentscheidbar ausgeschlossen. Philosophie war gleichbedeutend mit Methodologie, sie war – nach Schlick –

> „diejenige Tätigkeit, durch welche der Sinn der Aussagen festgestellt oder aufgedeckt wird. Durch die Philosophie werden Sätze geklärt, durch die Wissenschaften verifiziert." (1930:8)

Diese Auffassung markiert für sich genommen ein Axiom bürgerlichen Denkens, das meint, sich aus seiner metaphysischen Eingebundenheit befreit zu haben.

> „Ausgerechnet die bürgerliche Ideologie, die – wie die bürgerliche Gesellschaft selbst – mit dem Wirtschaftsleben eng verknüpft ist, ist die erste Ideologie in der Geschichte, die in radikaler Weise sowohl profan als ahistorisch ist, die erste Ideologie, die von der Tendenz her alle ‚geheiligten' Werte leugnet, ob es sich nun um die Jenseitigkeit der transzendenten Religionen handelt oder um den immanenten Sinn geschichtlicher Zukunft", schreibt Goldmann (1977:14).

Die Wiener Positivisten wandten sich nicht nur gegen den Marxismus, sondern auch gegen alle reaktionären metaphysischen Systeme, weswegen sie schließlich von den Nazis auf die schwarze Liste gesetzt wurden. Wie der exzentrische, mystisch veranlagte Ludwig Wittgenstein und der Methodologe Karl Popper, die dem Wiener Kreis nahestanden, wichen die meisten Denker nach England und auch nach Amerika aus. A. J. Ayer machte durch sein Buch *Language, Truth and Logic* (1936) die Theorien

120

der Wiener Positivisten auch im angloamerikanischen Sprachgebiet einem größeren Publikum zugänglich.

4.2.3 Logik und Sprache

Das „Positive" am logischen Positivismus bezog sich auf die Übereinstimmung von Theorie und Realität – die, wie Popper 1934 darlegte, nicht durch Verifikation, sondern nur durch ausgrenzende *Falsifikation* festgestellt werden könne – während das „Logische" auf die Mathematik Bezug nahm. Ausgehend vom Werk des Mathematikers G. Frege hatten Bertrand Russell und A. N. Whitehead gezeigt, daß die reine Mathematik nichts anderes ist als eine Fortsetzung der deduktiven Logik. Diese Logik betrifft die Syntax der *Sprache,* in der Sätze formuliert werden; nur Aussagen über räumlich-zeitliche Phänomene (Russell bezieht sich hier ausdrücklich auf die Einsteinschen „Ereignisse in der Raum-Zeit") könnten sinnvollerweise verifiziert bzw. falsifiziert werden (Russell 1961:786).

Die Bedeutung der Sprache bei den Neopositivisten bringt – auf sehr abstrakter Ebene – den bereits oben erwähnten Wandel von einem unmittelbaren Verhältnis zur Natur hin zu einer Tauschbeziehung zum Ausdruck. Wie das Geld das Tauschverhältnis der ökonomischen Sphäre verkörpert, so ist die Sprache das Medium der modernen Gesellschaft geworden. Was sich in Geld bzw. Sprache ausdrückt, wird im bürgerlichen Denken zu einer vom (sprachlichen) Medium abgeleiteten Größe. Goldmann schreibt:

> „Das Medium selbst wird zur absoluten Norm erhoben" [und] „die Möglichkeit allen Erkennens [wird] vom Medium her [bestimmt]". (1977:11)

Dadurch hat sich eine Tendenz herausgebildet, die das Medium Sprache zum (alleingültigen) *Maßstab* möglicher Erkenntnis machen will und nicht mehr als

Maßstab möglicher Erkenntnis

> „bloßes Medium, das den Zugang zu anderen, qualitativen Befunden ermöglicht".

Die Sprachregeln, an die der Neopositivismus die Wissenschaftsausübung binden will, sollen als Richter die Frage entscheiden, was die Wissenschaft überhaupt „sinnvollerweise" untersuchen kann und darf. Zwar bleibt auch nach diesen Maßstäben ein freierer Umgang mit Sprache in anderen Bereichen unbenommen – allerdings nicht in der Wissenschaft, die an strenge Reglementierungen gebunden ist.

Wissenschaft und Sprachspiel

Die Idee, jedem Wort entspreche genau eine empirische Entität, die Wittgenstein anfänglich vertrat, hat er später selbst verworfen.

> „Es gibt kein absolutes Maß für Exaktheit und Präzision",

so faßt Nuchelmans (1969:179) die spätere Erkenntnis Wittgensteins zusammen.

> „Es sind die wechselnden, konkreten Umstände und die Art des Sprachspiels, die letztendlich darüber entscheiden, ob in einem gegebenen Fall der Inhalt einer sprachlichen Aussage ausreichend genau definiert ist oder nicht."

Die Vorstellung einer quantitativen Vergrößerung des Wirkungsgebiets wissenschaftlicher Sprache und eines quantitativen Wachstums der Wissenschaft, die „ihr Wissen" mit Hilfe einer Methodologie von Verifikation bzw. Falsifikation kumuliert, blieb jedoch einflußreich; vielleicht auch durch ihre strukturelle Verwandtschaft mit der Kapitalakkumulation und dem bürgerlichen Weltbild überhaupt.

4.3 Ideologen der amerikanischen Expansionspolitik

Pragmatismus Das amerikanische Gegenstück zum europäischen Neopositivismus war die Strömung des *Pragmatismus,* die einmal wie folgt zusammengefaßt worden ist: „An idea is true if it works." Hierin äußert sich eine völlig vom Praktischen bestimmte Haltung existenziellen Fragestellungen gegenüber, die für die amerikanische Kolonistengesellschaft charakteristisch ist. Verglichen mit dem Denken Wittgensteins, Schlicks und Russells, das die Förmlichkeit des akademischen Milieus Europas widerspiegelte, machte der Pragmatismus den Eindruck simpler Volksweisheiten. Doch auch hierin kündigte sich ein neuer Elan der bürgerlichen Gesellschaft an.

4.3.1 Populismus und Imperialismus

Im Verlauf der langen Expansionsperiode der Kolonistengesellschaft über den amerikanischen Kontinent hatte sich in den Nordstaaten eine spezifische Form eines agrarischen Kleinkapitalismus herausgebildet. Der dynamische und mechanisierte Familienbetrieb, der ein großes Landstück mit geringer Arbeitskraft bewirtschaftete, war der Nährboden, auf dem das gedeihen konnte, was Hofstadter (1955:24) den *agrarischen Mythos* genannt hat. Dieser Mythos einer sich selbstregulierenden und selbstversorgenden lokalen Gemeinschaft wurde allerdings nach dem Bürgerkrieg (1861-1865), in dem die sklavenhaltenden Großfarmer der Südstaaten besiegt wurden, durch die Realität des Weltmarkts zerstört. In den 90er Jahren kam es zu großen Einbrüchen auf dem agrarischen Weltmarkt. Während vorherige Rezessionen durch ihre lokale Streuung bewältigt werden konnten, stürzte diesmal die gesamte amerikanische Landwirtschaft durch den gestiegenen Umfang ihres Agrarexports in eine tiefe Krise. Aus dieser Erfahrung heraus ist die Bewegung des Populismus entstanden. In ihm kamen Provinzialismus und demokratische Bestrebungen zusammen, engstirniger Nationalismus und Antikapitalismus, der im besonderen gegen vermutete „Verschwörungen" der Finanzwelt gerichtet war und dadurch manchmal antisemitische und antibritische Züge hatte (Hofstadter 1955:78).

Die amerikanische Gesellschaft hatte sich in den auf den Bürgerkrieg folgenden Jahrzehnten drastisch gewandelt. Industrialisierung und Immigration hatten eine neue, großstädtische Gesellschaft hervorgebracht, in der Finanzmagnaten, wie J. P. Morgan und C. Vanderbilt, durch Fusionen und Übernahmen, oft unterstützt von britischem Kapital, gigantische Wirtschaftsimperien aufgebaut hatten. Der Populismus war in erster Linie gegen diese „Newcomers", die Vertreter des Weltmarkts, gerichtet, aber auch gegen das neue Immigrantenproletariat, das die Großstädte bevölkerte. Hofstadter (1955:21) hat darauf aufmerksam gemacht, daß das Erbe des Populismus neben einer linken Komponente auch eine weit rechts angesiedelte, isolationistische Vorstellungswelt umfaßt. Hinter dem erklärten Pazifismus großer populistischer Führer, wie etwa W. J. Bryan, verbarg sich ein übler Nationalismus, der sich besonders gegen Europa richtete.

Die traditionelle politische Kultur paßte sich an die neuen ökonomischen Größenordnungen an, indem sie sich darwinistische Kategorien zu eigen machte. Begriffe wie „struggle for life" und „survival of the fittest" prägten das Selbstverständnis der bürgerlichen Schichten und deren gesellschaftliches Weltbild. Außerdem eignete sich dieser biologistische Gesellschaftsbegriff zur Begründung der Überlegenheitsgefühle des weißen Angelsachsen gegenüber den in Massen immigrierenden, häufig sozialistisch gesinnten Ost- und Südeuropäern.

Die Expansion des amerikanischen Kapitalismus konnte so vom weitverbreiteten Sinn für Abenteuer und der Verherrlichung männlicher Stärke und männlichen Kampfgeistes profitieren.

„Bei ihren Versuchen, mit den Frustrationen der städtisch-industriellen Kultur fertig zu werden, flüchteten sich viele Amerikaner – vor allem der Mittelschicht – in sportliche Betätigung und suchten emotionale Spannung und Entspannung in der wilden Natur," bemerkt der Historiker Dallek (1984:29) hierzu.

Diese aufgestauten Emotionen konnten sich in einem Krieg entladen, den die USA 1898 gegen Spanien entfesselte, der schwächsten und zugleich in der westlichen Hemisphäre wichtigsten europäischen Kolonialmacht. Spanien verlor Kuba und die Philippinen; die Philippinen wurden eine Kolonie der USA und auch Kuba ereilte, wenn auch nicht formell, das gleiche Schicksal.

4.3.2 Die Machtpolitik Theodore Roosevelts

Der Krieg gegen Spanien paßte ins amerikanische Klima wachsender Kampfbereitschaft, die eine gewisse Verselbständigungstendenz an den Tag legte und teilweise sogar in Widerspruch zu den rein kommerziellen Interessen der kapitalistischen Klasse geriet. Am stärksten war die Unterstützung des Krieges in den Bundesstaaten, die als Hochburgen des Populismus galten, doch ohne das Einverständnis der Ostküste wäre es wohl nicht zum Krieg gekommen. Der Hurrapatriotismus der Populisten fand seine Entsprechung auch in den höchsten Kreisen der herrschenden Elite.

„In den späten 80er und in den 90er Jahren des 19. Jahrhunderts hatte sich im Osten der USA eine kleine imperialistische Elite gebildet, [...] deren Wortführer so solide und respektable Männer waren wie Henry und Brooks Adams, Theodore Roosevelt, Henry Cabot Lodge, John Hay und A. J. Beveridge." (Hofstadter 1955:91)

Während die Populisten ihre wilden Verschwörungstheorien ausbrüteten, arbeiteten diese Männer (zu denen übrigens auch der Marineoffizier Alfred T. Mahan zählte, einer der Begründer der Geopolitik) an realistischen Plänen zur Eroberung neuer Märkte.

Theodore Roosevelt, der spätere Präsident (1901-1909) der USA, der davor auf Kuba noch Anführer einer aus Privatmitteln finanzierten Kavalerieeinheit, den „Rough Riders", gewesen war, war der Hauptexponent des neuen Machtdenkens. Kolko schreibt:

> „Roosevelt [...] hielt das [...] System des Gleichgewichts der Mächte für die beste Ordnung, da es sowohl zur Vermeidung von Kriegen zwischen den europäischen Staaten beitrug als auch verhinderte, daß diese das zerbrechliche Gleichgewicht vor allem auf dem lateinamerikanischen Kontinent in Gefahr brachten, eine Region, welche die USA zunehmend als ihr eigenes Einflußgebiet einforderten." (1976:42)

Roosevelt verstand es, sich einen gewissen Ruf als Friedensstifter zwischen den europäischen Mächten zu erwerben. Gleichzeitig aber bewunderte er mit angelsächsischem Chauvinismus den britischen Kolonialismus und begrüßte die Entwicklungen zur Bildung einer angloamerikanischen Entente. Höhepunkt dieser Entwicklung war das britisch-amerikanische *Schlichtungsabkommen* von 1911, das einen Krieg zwischen beiden Mächten auch im Konfliktfall ausschließen sollte. Die amerikanische Außenpolitik war seit Roosevelt eine Verquickung von Machtpolitik und reformorientierten Maßnahmen, eine

angloamerikanische Entente

> „seltsame Mischung aus liberalem Internationalismus in Bezug auf die östliche Hemisphäre [...] [und] einer eher im klassischen Sinne imperialistischen Praxis in Bezug auf die westliche Hemisphäre" (Kolko 1976:52).

„big stick" - Politik

Roosevelt faßte seine Politik in dem Satz zusammen: „Speak softly and carry a big stick." In der Panama-Frage (1903) zeigte sich die machtpolitische Seite seiner Politik: Als Kolumbien sich weigerte, einen bereits ausgehandelten Vertrag über das Anlegen eines Kanals durch Panama zu ratifizieren, ermunterte er panamesische Verschwörer durch militärische Garantien zur Unabhängigkeit von Kolumbien. Im Hinblick auf China jedoch zeigte sich seine Politik von ihrer idealistischen Seite: Statt sich einer Politik der Aufteilung in Einflußsphären anzuschließen, trat der amerikanische Botschafter in London und spätere Außenminister Hay bereits 1899 in seinen *Open Door Notes* für die „Unversehrtheit" Chinas ein und für den freien Zugang aller Handelsnationen zum chinesischen Markt.

„open door" - Politik

> „Indem sie an fortschrittliche Anliegen wie Selbstregierung, Gerechtigkeit und [...] Chancengleichheit gegenüber den wirtschaftlichen und politischen Machtzentren appellierte, geriet das progressive Amerika in den Bann der Open-Door-Politik gegenüber China, weil in ihr der amerikanische Reformkatalog mitschwang." (Dallek 1984:55)

Roosevelts Vermittlung im russisch-japanischen Krieg, die 1905 zum Frieden von Portsmouth führte, trug ebenfalls zu der allgemein verbreiteten Vorstellung bei, daß die Politik der USA dem nationalistischen Imperialismus der anderen Mächte moralisch überlegen sei. Roosevelt selbst allerdings betrachtete das Instrument der Schlichtung und andere „verweiblichte" Formen internationaler Politik mit Skepsis, da sie aus „einer sentimentalen Weigerung, den Tatsachen ins Auge zu sehen," her- rührten, wie er es später formulierte (zit. in Dallek 1984:61).

4.3.3 William James und der Pragmatismus

Roosevelt war der Begründer einer internationalen Macht- und Gleichgewichtspoli- tik, die bei den Republikanern zur Tradition geworden ist. Sie stützte sich auf die Prinzipien des Sozialdarwinismus und knüpfte dabei an die *pragmatistischen* Ideen eines William James (1842-1910) an. James war ein aus Boston stammender Psycho- loge und Philosoph, der sich aus dem empfindsamen (tender-minded) Milieu, in dem er aufgewachsen war und zu dem auch sein Bruder, der Romanschriftsteller Henry James, gehörte, loslöste. Er fühlte sich mehr zu der harten Pioniermentalität (frontier- mentality) seiner Landsleute hingezogen, die im Wilden Westen die Kolonisierung vorantrieben.

Ähnlich wie der Neopositivismus war auch der (amerikanische) Pragmatismus darauf aus, eine unmittelbare Entsprechung von Aussage und Erfahrung herzustellen. Dabei bediente er sich nicht formeller Mittel, sondern war handlungsorientiert im Sinne des bereits erwähnten Mottos von James: „An idea is true if it works". D.h., Wert, Wahrheit und Bedeutung von Aussagen wurden nach dem Kriterium der Prak- tikabilität in Bezug auf menschliche Handlungen beurteilt. Der Pragmatismus wurde bereits 1878 von Charles Pierce doziert, stieß damals aber auf wenig Resonanz. Er sollte erst zwanzig Jahre später – durch Lesungen von James – populär werden, der 1898 befand, „daß die Zeit dafür reif sei" (zit. in Horowitz 1973:157).

Kriterium der Praktibilität

Die Empfänglichkeit der amerikanischen Gesellschaft für den Pragmatismus könnte damit zusammenhängen, daß die amerikanische Expansion einer neuen Rechtfertigung bedurfte. Die Expansion der USA hatte mit der Kolonisierung der Westküste ihre „natürliche" Grenze erreicht. Für eine weitere, grenzüberschreitende Expansion mußte eine moralische Rechtfertigung gefunden werden, die sich von den überlebten ideologischen Motiven des europäischen Imperialismus unterschied. Während das bürgerliche Denken in Europa Anstalten machte, sich endgültig von der Last seiner feudalen Vergangenheit durch eine Bereinigung der wissen- schaftlichen Sprache von metaphysischen Resten zu emanzipieren, wandte James sich mit demagogischer Gewalt gegen Theorien als solche. In seinem Buch *Princi- ples of Psychology* (1890) trieb er seinen Spott mit deutschen Gelehrten. Sein Ideal war der gesunde Tatendrang des Pioniers. Ebenso wie auch Theodore Roosevelt war er davon überzeugt, daß durch Sport, Jagd und Kampf die besten Kräfte des Men- schen mobilisiert würden. Krieg sei eine vergleichsweise

Ideal des Pioniers

„geringe Gebühr, die man entrichten muß, um der vermutlich einzigen Alternative zu entge- hen, [nämlich] einer Welt der Pfaffen und Lehrer, der gemeinsamen Erziehung beider Geschlechter, der Tierverhätschelung, der ,Verbraucherverbände', der organisierten Wohltätigkeit, des unbegrenz- ten Industrialismus und unverfrorenen Feminismus. [Eine Welt] ohne Verachtung, ohne Härte und ohne Tapferkeit!" (zit. in Horowitz 1973:159).

Dieser Auffassung wiederum leistete eine pragmatische Haltung Vorschub, die das Resultat wichtiger fand als die Absicht und über den Nutzen die Bedeutung vergaß.

„Nicht die Reinheit der Lehre, sondern der Erfolg war für einen Mann der Tat maßgebend", schreibt Kolko (1976:52).

Verherrlichung der
Männlichkeit

James' Verherrlichung der Männlichkeit hielt ihn übrigens nicht davon ab, sich mit den „Underdogs", den Unterdrückten und Benachteiligten, zu solidarisieren. James war als Verfechter eines naturnahen, abenteuerlichen Lebens, das u.a. in den Romanen und Erzählungen Hemingways beschrieben wurde, der Vorläufer einer Kultur in den USA, die auch im heutigen Amerika noch eine dominante Rolle spielt. Mit harter Hand für die Sache des Rechts einzutreten, so sagte James 1903 in einer Rede, das sei die Aufgabe der

„großen internationalen und kosmopolitischen freiheitlichen Gesellschaft,"

zu der die USA gehörten.

„Überall findet – wenn auch unter immer wieder anderem Namen – der gleiche Kampf statt: Licht gegen Dunkelheit, Recht gegen Macht, Liebe gegen Haß." (zit. in Horowitz 1973:162)

In seinem Buch *Pragmatism, a New Name for Some Old Ways of Thinking* (1907) (Pragmatismus. Ein neuer Name für alte Denkmethoden) versuchte James, derartige Antinomien zu vermeiden, indem er ihre Bedeutung von vornherein abstritt. Umständliche kategoriale Systeme, aus denen sich komplizierte Klassifikationsprobleme ergäben, seien verwerflich: „Eine Unterscheidung, die keinen Unterschied hervorbringt, ist keine Unterscheidung". („A difference which makes no difference, is no difference.") Auch hier können wir, wie schon beim Neopositivismus – wenn auch unverhüllter – eine strukturelle Verwandtschaft mit der Kapitalakkumulation feststellen.

„Die Wahrheit existiert", schrieb James in *Pragmatism* (zit. in Sahakian 1965:394), „zum größten Teil auf Grund eines Kreditsystems. Unsere Gedanken und Überzeugungen befinden sich solange ,in Umlauf', wie sich ihnen nichts in den Weg stellt; darin den Banknoten ähnlich, die solange zirkulieren, bis jemand ihre Annahme verweigert. [...] Klopfe jeden Begriff auf seinen praktischen *Barwert* hin ab und bringe ihn dann im Strom deiner Erfahrungen zum Einsatz."

4.3.4 Die Progressive Bewegung (Progressive Movement)

In den ersten Jahren des 20. Jahrhunderts schien die amerikanische Expansion der „Wildwest-Mentalität" des spanisch-amerikanischen Krieges entwachsen zu sein. Der Populismus hatte Mitte der 90er Jahre seinen Höhepunkt erreicht, und nach der Jahrhundertwende verlagerte sich der politische Schwerpunkt in die großstädtischen Regionen. Das politische System der USA hatte es geschafft, die von den agrarischen Populisten ausgehende Bedrohung zu neutralisieren. Deren Forderungen wurden in eine reformorientierte Politik umgesetzt. Bryan hatte die Demokratische Partei auf den neuen Kurs geführt. Roosevelt als Republikaner begegnete der gewachsenen demokratischen Herausforderung dadurch, daß er sich ihre politischen Zielsetzungen in abgeschwächter Form zu eigen machte. So entstand die – beide Parteien umfassende – sog. *Progressive Movement,* in der die populistische Strömung aufging und bestenfalls als gesonderte Tradition fortlebte (Hofstadter 1955:133). Die Wortführer der Progressiven entstammten der alten besitzenden Klasse, denen der Rang von den Neureichen abgelaufen worden war. Als die junge Generation dieses Landadels den aristokratischen Dünkel ihrer Eltern ablegte „und im Umgang mit den Forderungen der Unzufriedenen eine größere Flexibilität entwickelte", konnte sie sich an die Spitze der progressiven Bewegung setzen (Hofstadter 1955:143).

Zum Instrumentarium progressiver Politik, die allerdings nie über den Rahmen liberaler Wirtschaftspolitik hinausging, gehörten staatliche *Regulierungsmaßnahmen,* d.h. Eingriffe in das freie Spiel der gesellschaftlichen Kräfte. Die Gruppierungen, die staatliche Interventionen durchsetzten, handelten dabei ganz im Geiste des Pragmatismus, d.h. ohne theoretische Vorüberlegungen.

„Die ‚National Civic Federation‘, der einzige Wirtschaftsverband, dem eine konsistente interventionistische Ideologie zugeschrieben wurde, verschwand praktisch nach 1916 – genau zu der Zeit, als die nationale Regulierungspolitik einen Höhepunkt erreichte," schreibt Kolko (1976:12). „Seither spielen theoretische [ökonomische] Konzeptionen bei Wirtschaftsreformern nur eine untergeordnete Rolle; was mehr zählt, sind praktisches Vorgehen und praxisbezogene Vorschläge."

Die pragmatische amerikanische Mischung aus staatlicher Interventions- und liberaler Wirtschaftspolitik, die zu einer Zeit entstand, als die USA (1914) England vom Platz des weltweit größten Finanziers verdrängte, brachte unter den Voraussetzungen der Expansion einen innenpolitischen Kompromiß zwischen den Klassen zustande. Hier zeigen sich bereits die Umrisse eines *neuen Herrschaftskonzepts,* das wegen seiner Synthese von Staatsinterventionismus und Liberalismus als *korporativer Liberalismus* (corporate liberalism) bezeichnet werden kann. Wichtige Komponenten dieser Synthese kamen erst in den 30er Jahren durch die amerikanische Politik des *New Deal* voll zur Entfaltung. Die Progressive Bewegung aber hatte dafür bereits die entscheidenden Voraussetzungen geschaffen.

korporativer Liberalismus

neues Herrschaftskonzept

4.3.5 Dewey und der Idealismus

Bei den Intellektuellen fand die Progressive Bewegung nur zögernd Anklang und ihr intellektueller Anhang blieb relativ bescheiden. Man war kaum bereit, den traditionellen Konservatismus gegen eine dynamischere, reformorientierte Denkweise einzutauschen. Einige der bekannnteren Ausnahmen waren in der Wirtschaftswissenschaft R. Ely und Th. Veblen, auf dem Gebiet der politischen Wissenschaften A. Bentley und Ch. Beard und der Philosoph und Pädagoge John Dewey (1859-1953) (Hofstadter 1955:154).

Dewey bezeichnete seine Version des Pragmatismus als Instrumentalismus, um zu unterstreichen, daß Ideen als Instrumente des Handelns fungieren. Seine Schriften machten ihn zu einer bekannten Persönlichkeit. 1903 erschien seine erste Abhand-

Intrumentalismus

lung *(Studies in Logical Theory)* und 1938 stellte er sein philosophisches System in dem Buch *Logic: Theory of Inquiry* zusammenfassend dar.

Obwohl Dewey entrüstet auf die Kritik Bertrand Russells reagierte, der den Instrumentalismus ein Produkt „des industriellen Zeitalters und des kollektiven Unternehmertums" genannt hatte, hielt Russell zurecht an seiner Kritik fest und präzisierte diese folgendermaßen:

> „[Dr. Deweys] Philosophie ist eine Philosophie der Macht, wenn auch nicht, wie bei Nietzsche, eine Philosphie persönlicher Macht; es ist die Macht der Gemeinschaft, die als wertvoll angesehen wird. Es ist [gerade] dieses Element gesellschaftlicher Macht, das die Philosophie des Instumentalismus für jene so reizvoll macht, die sich eher durch unsere neue Beherrschung der Naturkräfte imponieren lassen, als von den Grenzen, die dieser Beherrschung noch immer gestellt sind." (1961:781)

Tatsächlich unterschied sich Dewey von James durch seine Betonung der Vergesellschaftungprozesse und regulierenden Interventionen, die für die Ideologie der Progressiven Bewegung charakteristisch waren. Das *Erziehungswesen* sah Dewey als ein wichtiges Instrument für die Förderung des Gemeinsinns und die Versöhnung der Klassen an; es müsse dann allerdings mit der literarischen und aristokratischen Tradition der Artes liberales (der „freien Künste") brechen. Verschiedene nationalistische Regierungen (China, Türkei) zogen Dewey als Sachverständigen beim Aufbau ihres Erziehungswesen hinzu (Durant 1968, III:153f.).

Förderung des Gemeinsinns

Wie Kant war Dewey der Ansicht, daß Kriege dem Wesen der Menschen entsprächen, woraus aber nicht notwendigerweise zu folgern sei, daß Krieg unvermeidlich sei. „Handlung" (activity) ist ein Schlüsselbegriff seiner Philosophie, und gewisse, biologisch „angeborene Neigungen" wie Wut, Rivalität und Imponiergehabe würden den Krieg zu einer dem Menschen eigentümlichen Handlung machen. Da Krieg aber ein soziales Phänomen sei, könne er auch verhindert werden; allerdings nicht durch den europäischen Imperialismus, der zum Krieg geradezu auffordere, weil er eine Ordnung sei, die

Vermeidbarkeit von Kriegen

> „im Grunde überall eng mit dem Kriegssystem verbunden ist; ein System des Betrugs und der Machenschaften, des Raubs und der Gewalt" (zit. in Horowitz 1973:169).

Dewey sah im (europäischen) Imperialismus vor allem den Atavismus, den ihm auch Schumpeter zuschrieb. Diese Art von Imperialismus lehnten die „Progressiven" ab. Das führte zum Bruch zwischen James und Dewey, zwischen den Populisten und den Progressiven.

Idealismus

> „Während James der Auffassung war, für Amerikas Interessen wären Konflikte in der Welt unverzichtbar," schreibt Horowitz (1973:169), „ging Dewey vom genauen Gegenteil aus, nämlich daß ‚wir ein ökonomisches Interesse am Weltfrieden haben'."

Dewey prophezeite einen Prozeß transnationaler Verflechtung „freiwilliger Vereinigungen", woraus eine grenzüberschreitende, sich selbst regulierende Gesellschaft entstehen könne.

Dewey schrieb:

„Wenn diese [funktionellen Organisationen] an Bedeutung gewinnen, dann wird der Staat mehr und mehr dazu tendieren, eine regulierende und ausgleichende Rolle zu übernehmen; er wird Verhaltensrichtlinien aufstellen, Konflikte regeln und verhindern [...]. Allerdings werden die freiwilligen Vereinigungen sich von politischen Verbänden unterscheiden. Zusammenschlüsse von Mathematikern, Chemikern, Astronomen, Geschäftsleuten, Arbeiterorganisationen und Kirchen haben übernationalen Charakter, weil ihre Interessen globaler Art sind. So bleibt Internationalismus nicht nur ein erstrebenswertes Ziel, sondern wird Wirklichkeit, ist nicht nur sentimentales Ideal, sondern eine [tatsächliche] Kraft. Doch werden diese Interessen durch die Lehre der Exklusivität nationaler Souveränität ausgeschaltet und an ihrer Entfaltung gehindert. Die Anhängerschaft dieser Lehre ist die größte Barriere bei der Herausbildung einer wirklich international orientierten Einstellung, die als einzige den sich heute vollziehenden Veränderungen auf dem Gebiet der Arbeit, des Handels, der Wissenschaft, Kunst und Religion angemessen wäre." (zit. in Durant 1968, III:160)

4.3.6 Charles Beard und der demokratische Realismus

In der Progressiven Bewegung ließ sich auch eine radikalere Tradition ausmachen, deren Wurzeln im Populismus lagen. Der bedeutendste Vertreter dieser Strömung war Charles A. Beard (1874-1948), der aus einer gutsituierten Farmerfamilie stammte. Während seines Studiums in England hatte er aktiv an der Gründung einer Arbeiteruniversität in Oxford teilgenommen. Als Historiker und Politologe beschäftigte sich Beard mit dem Entwurf eines politischen Kausalitätsmodells, dessen bestimmender Faktor die Ökonomie war. Beard war weder Marxist noch Sozialist, sondern ein Reformer, der sich auf den Materialismus berief. Er war als Berater diverser Regierungsorgane innerhalb und außerhalb der USA tätig; sein bekanntestes Buch, *The Economic Basis of Politics* (1922), wurde in deutscher Übersetzung von der amerikanischen Militärregierung zur demokratischen Umerziehung der Deutschen nach 1945 verteilt (Beard 1957:VIII). Beard war ein scharfer Gegner des Sozialdarwinismus. Er idealisierte seine Jugend, die sich zwischen Blockhütten abgespielt hatte, eine Welt enger nachbarschaftlicher Beziehungen und großer Hingabe für das Gemeinwesen.

Beard erkannte genauso wie Dewey, daß die weltpolitische Rolle der USA wirtschaftlicher Natur war, zog daraus aber radikal andere Schlüsse. Nach dem Ersten Weltkrieg habe Amerika die Rolle des größten Finanziers im Weltmaßstab von England und Frankreich übernommen, schrieb er 1922:

„Die USA sind durch Kapitalinvestitionen zum stillen Teilhaber am Schicksal jeder bestehenden Ordnung in der Welt geworden." (1957:247)

Politische Bündnisse hatten für ihn weniger Gewicht als Wirtschaftsbeziehungen:

„[...] das Gewebe des wirtschaftlichen Verbunds ist aus robusteren Fasern gewirkt."

Aus diesem Grunde kritisierte Beard auch den Idealismus der „open door"-Politik gegenüber China.

„Die künftigen, entscheidenden Jahre im pazifischen Raum werden weder von den Ansichten des Präsidenten Harding zu China noch von dem, was John Hay über China geschrieben hat, geprägt; die Geschicke der nächsten Generation werden von dem bestimmt werden, was unsere Händler, Kapitalisten, Eisenbahningenieure und Geldgeber in China tun." (1957:243)

Realismus   Beard war der erste, der den Idealismus, mit dem die Amerikaner ihr Vorgehen in der Welt rechtfertigten, von einem *realistischen* Standpunkt aus kritisierte.

„Das Entscheidende an der Sache ist, daß weder Europäer noch Japaner bei der Beurteilung der imperialistischen Vorgehensweisen der USA im Orient in wesentlichen Aspekten irgendeinen Unterschied zum Imperialismus anderer Mächte erkennen können."

Dieser Zynismus und Zweifel hinsichtlich der amerikanischen Zielsetzungen mag uns zwar enttäuschen, schrieb Beard (1957:252f.),

„muß aber dennoch begriffen werden, wenn wir die zukünftigen Kräftekonstellationen richtig beurteilen wollen".

Er glaubte, daß Europa an der Schwelle großer Veränderungen stehe. Es gab für ihn keine Anzeichen dafür, daß die Europäer aus dem Blutbad des Ersten Weltkriegs etwas gelernt hätten. Die USA könnten höchstens über den Völkerbund mäßigend auf die Situation einwirken. Angesichts der Tatsache aber, daß sie die Europäer im Grunde ihrem eigenen Schicksal überließen, sollten sie auch konsequent handeln und mit den Bußpredigten an die Adresse Rußlands aufhören. Auch der Kapitalexport ins labile Europa sei zu unterlassen, da er dazu führen werde, daß die USA in die unvermeidliche Endabrechnung der Europäer mit hinein gezogen würde.

Isolationismus   Beard erteilte dem Imperialismus eine Absage und schlug eine *isolationistische*, demokratische Politik vor, der er den Namen „Little Americanism" gab (Beard 1957:262). Die USA sollten die Philippinen und Hawai aufgeben, und ebensowenig, wie man in einer amerikanischen Provinzstadt die Schulden mit Hilfe militärischer Interventionen eintreibe, dürfe das in Mittelamerika und in der Karibik geschehen. Ein solches Amerika dürfe dem Völkerbund beitreten, schrieb Beard, falls alle anderen Länder sich auch zu einer derartigen Politik verpflichteten.

4.4 Wilson, Lenin und der Völkerbund

Beim Ausbruch des Ersten Weltkriegs stellten die europäischen Länder die Rückzahlung ihrer Schulden ein. Daraufhin trat die Mehrheit der amerikanischen Banken für die Aufhebung der Einlösepflicht des Dollars in Gold ein, was die New Yorker Banken allerdings zu verhindern wußten, die zwar nur über ein Fünftel des gesamten amerikanischen Bankenkapitals verfügten, dafür aber über um so bessere Verbindungen zur Politik. So konnte Amerika zum Kreditgeber der Weltökonomie werden. Wall Street war die Schleuse für die kolossalen europäischen (in erster Linie britischen) Investitionen in den USA gewesen und räumte nun ihrerseits England und

Frankreich Kredite ein. Die wichtigste Bank der Wall Street, J. P. Morgan vergab allein 1,4 der insgesamt 1,9 Milliarden Dollar der während des Krieges an diese beiden Länder eingeräumten Kredite. Diese Bank trat sowohl für die atlantische (ökonomische) Bindung mit England ein als auch für die Integration der staatlich-interventionistischen Wirtschaftssteuerung in das Konzept des Liberalismus. Da Wall Street diese Ziele auf Grund ihres – im amerikanischen Kontext – begrenzten wirtschaftlichen Gewichts nicht auf direktem Wege durchsetzen konnte, bediente sie sich bei der Propagierung ihrer Interessen verschiedener Organisationen, wie etwa der National Civic Federation (Kolko 1976:4).

4.4.1 Die „Carnegie Endowment for International Peace" (Carnegiestiftung für den internationalen Frieden)

Morgan gründete mit dem aus Europa hereinfließenden Kapital in den USA große Fusionskonzerne, die sogenannten Trusts. Einer der größten von Morgan übernommenen Konzerne war das Eisen- und Stahlimperium von Andrew Carnegie, der 1848 als 13-Jähriger aus Schottland nach Amerika emigrierte und dort zu großem Reichtum gekommen war. Morgan reorganisierte das Carnegie-Imperium um die Jahrhundertwende zu *U.S. Steel* und zahlte dafür an Carnegie 500 Millionen Dollar, die dieser für philantropische Projekte verwendete.

Carnegie gründete eine Reihe von Stiftungen und Forschungsinstituten, die im intellektuellen Leben Amerikas eine wichtige Rolle spielen sollten und für die Verbreitung liberaler Traditionen im Geiste des britischen Commonwealth verantwortlich waren. Carnegie stiftete mehr als 2500 Bibliotheken in den USA und im englischen Sprachraum; technologische Forschungsstätten (darunter das Carnegie Institute of Technology, die heutige Carnegie-Mellon Universität) sowie die Carnegie Foundation for the Advancement of Teaching. Seine Stiftungen schufen eine bis dahin unbekannte Infrastruktur der Wissensvermittlung. Dabei stand die Intensivierung der Beziehungen zwischen den englischsprachigen Nationen im Mittelpunkt der Aktivitäten. Die 1911 gegründete Carnegie Corporation, die vom Namensträger selbst bis zu seinem Tod 1919 geleitet wurde, hatte sich

> „die Förderung und Verbreitung von Wissen und Verständigung zwischen den Völkern der USA und denen der britischen Dominien und Kolonien" zum Ziel gesetzt (zit. in Nielsen 1985:136).

Im für die USA typischen Phänomen der großen Foundation (Stiftung) kam die gewachsene Vergesellschaftung der Wissenschaft zum Ausdruck. Die maßgeblichen Personen in diesen Stiftungen waren Vertreter der gleichen Kräfte, die auch den gesellschaftlichen Arbeitsprozeß als ganzen bestimmten.

Auch für die internationalen Beziehungen wurde im Jahre 1910 eine eigene Stiftung ins Leben gerufen, die *Carnegie Endowment for International Peace*. Ähnlich wie die Ziele der bereits genannten Teaching Foundation, die den Geist Deweys atmete, waren auch die weltpolitischen Auffassungen Carnegies vom Progressivismus geprägt. Die Carnegie Endowment finanziert(e) Forschungen auf dem Gebiet des Völkerrechts und der (friedlichen) Schlichtung internationaler Konflikte. Carnegie finanzierte auch den Friedenspalast in Den Haag, der seit 1946 Sitz des Internationalen Gerichtshofes ist. Der erste Präsident der Carnegie Endowment wurde Elihu Root, der Außenminister unter Th. Roosevelt war.

4.4.2 Woodrow Wilson und die angloamerikanische Synthese

Idealismus

Mit der Wahl des Demokraten Woodrow Wilson (1856-1924) zum Präsidenten im Jahre 1912 wurde die USA zum erstenmal von einem führenden Vertreter der Progressiven Bewegung und des Völkerrechtsgedankens regiert. In der zweifachen Konfrontation mit Deutschland und der Russischen Revolution wurde Wilson zum Begründer des *Weltordnungs-Idealismus* in der Tradition von Kant. Mit seinem *Völkerbundprojekt,* für das er 1919 den Friedensnobelpreis erhielt, schuf er die erste universelle internationale Organisation, der sich die USA allerdings letztendlich nicht anschlossen.

Obwohl Wilson als Erneuerer in die Geschichte eingegangen ist, vereinigten sich in seiner Person auch einige ältere Traditionen, die auf den englischen liberalen Internationalismus zurückgehen. Hierzu zählt in erster Linie seine *puritanische Ethik,* die zu der stark moralistischen Haltung des späteren Präsidenten, auch gegenüber dem Ausland, beigetragen hat. Diese protestantische Lebenseinstellung vertrug sich übrigens ausgezeichnet mit einer zweiten Tradition, nämlich dem *ökonomischen Liberalismus* von Adam Smith, Cobden und Bright. Als Student und Hochschulpro-

ökologischer Liberalismus

fessor war Wilson ein begeisterter Anhänger des klassischen ökonomischen Liberalismus gewesen, in dem seiner Ansicht nach – auf wirtschaftlicher Ebene – die natürliche Interessenharmonie des Naturrechts zum Ausdruck kam (Sklar 1970:49).

Pragmatismus

Wilsons Entschluß, die Universität zu verlassen, um in der Politik Karriere zu machen, hing mit seiner Einsicht zusammen, daß die natürlichen und gottgewollten Harmonieverhältnisse nicht aus sich selbst heraus zum Durchbruch kämen. Er war wie viele andere Progressive in Amerika der Überzeugung, daß der Kapitalismus sowohl vor der Hochfinanz, die ihn durch Mißbrauch und Pervertierung gefährde, als auch vor den Sozialisten, die ihn erklärtermaßen abschaffen wollten, geschützt werden müsse. Es waren aber gerade die Vertreter der Hochfinanz, wie etwa Morgan, die Wilson als den besten Garanten gegen den Populisten Bryan sahen (Kolko 1963:205). Wilson war – dem damaligen Zeitgeist entsprechend – ein Pragmatiker. Ein Jahr vor seiner Wahl zum Präsidenten im Jahre 1912 sagte er in einer Rede:

> „Wird man niemals aus der Tatsache lernen, daß man Regierungen nicht mit Hilfe von Theorien bilden kann? Theorien werden an die Umstände angepaßt. Theorien sind Verallgemeinerungen von Faktischem, das seinerseits nicht aus Theorien hervorsprießt [...], sondern das Faktische ereignet sich und ignoriert Theorien [...]." (zit. in Sklar 1970:52)

Zugleich jedoch war er sich wie kaum ein anderer der Notwendigkeit bewußt, daß die Politik der wissenschaftlichen Beratung bedürfe. Als er 1918 zu den Friedensverhandlungen nach Paris reiste, hatte er eine wahre Heerschar von Beratern und Experten der unterschiedlichsten Fachgebiete in seiner Begleitung, die bald die

132

„Untersuchungskommission" (The Inquiry) genannt wurde (Hofstadter 1955:155). Die Bedeutung, die er den Möglichkeiten der neuen Soziologie beimaß, ergibt sich auch aus der Tatsache, daß er 1920 einer der stellvertretenden Vorsitzenden des *Institute internationale de sociologie* wurde (Therborn 1976:142).

Wallstreet um 1900

Wilsons Liberalismus darf keineswegs mit einer rückwärtsgewandten Sehnsucht nach den Verhältnissen des 19. Jahrhunderts verwechselt werden; er vertrat einen reformorientierten Liberalismus, der einen Versuch darstellte, die Einflußmöglichkeiten der Politik auf die gesellschaftliche Entwicklung zu vergrößern. Nirgendwo sonst wird die Frontstellung des Progressivismus und des *korporativen Liberalismus* gegen radikalere gesellschaftpolitische Ideologien deutlicher ausgedrückt als in Wilsons These aus dem Jahre 1912: korporativer Liberalismus

„Wenn man den Sozialimus verdrängen will, muß man ihm etwas besseres entgegenhalten." (zit. in: Sklar 1970:92f.)

Diese bessere Alternative sah er allerdings nicht in der überkommen Politik des Gleichgewichts der Mächte, die auf Hume zurückging, sondern verband seine Politik der Offenen Tür mit der kantschen Idee eines lockeschen Kerngebiets. Er orientierte sich dabei an der Politik des Commonwealth und nicht an der britischen Politik des 18. und frühen 19. Jahrhunderts. theotetische Synthese

Wilson hatte sich während seiner Amtsperiode mit einer aktiven Öffentlichkeit auseinanderzusetzen und – nach dem Ausbruch der Russischen Revolution – obendrein mit einer radikalen ordnungpolitischen Alternative, die einen großen Druck auf ihn ausübte, dem Sozialismus wirklich „etwas besseres entgegenzuhalten". In einem Bericht der Expertengruppe (The Inquiry) an Wilson, deren Mitunterzeichner auch Walter Lippmann, der amerikanischer Vertrauensmann des britischen *Round Table* (vgl. Kap. 3.1) war, wurde darauf hingewiesen, daß

„fast überall bei den Völkern dieser Erde das Gefühl herrsche, daß die alte Diplomatie bankrott sei und daß das System des bewaffneten Friedens nicht wieder restauriert werden dürfe" (zit. in Claude 1962:80).

Lippmann – ebenso wie übrigens Dewey – gehörte zu denen, die sich 1916 nach einem mißlungenen Versuch, eine dritte Partei (die Progressive Party von Theodore Roosevelt) zu etablieren, den Demokraten von Wilson anschlossen (Link 1963:239). Wilson hatte in diesem Wahljahr eine große Anzahl Reformen durchgeführt. Dieses und sein Image, die Einbeziehung der USA in den europäischen Krieg verhindert zu haben, führten zu seiner Bestätigung im Präsidentenamt. Nach seinem Wahlsieg brach er allerdings mit dem Neutralitätskurs der USA und erklärte als Verbündeter Englands und Frankreichs den Achsenmächten den Krieg. Davor schon hatte er seinen Außenminister, den Populisten Bryan, durch den pro-britischen Anwalt Lansing ersetzt. Walter Lippmann

Der Kriegseintritt der USA an der Seite der Entente ergab sich aus der Notwendigkeit, die amerikanischen Interessen in Europa zu verteidigen. In erster Linie waren die Interessen der amerikanischen Banken in England und Frankreich betroffen. Wilson verstand es nun, den Kriegseintritt zugunsten privater amerikanischer Kapitalinteressen in Form eines Herrschaftskonzepts zu formulieren, bei dem auch an andere Gruppen Zugeständnisse gemacht wurden.

„Die Schwierigkeit bestand darin, den Leuten klar zu machen, daß das Eingreifen der Regierung zugunsten privater Auslandsinvestitionen nicht nur einigen Sonderinteressen diente, sondern eine Angelegenheit nationalen Interesses war." (Sklar 1970:77)

4.4.3 Wilsons Konzept einer neuen Weltordnung

Schon 1900 hatte Wilson verkündet, daß es die Aufgabe der USA sei, in der Welt im Namen der Freiheit aufzutreten. Er war der Auffassung, der „Westen", worunter er die USA und England verstand, dürfe dem Emanzipationsprozeß der unterentwickelten und damals noch unterdrückten Völker nicht tatenlos zusehen, sondern müsse aktiv eingreifen, um sie für das kapitalistische System zu gewinnen.

„Im Osten wird, ob wir es wollen oder nicht, ein Öffnungs- und Wandlungsprozeß eintreten, den der Westen nach seinen Maßstäben prägen sollte. In die Nationen und Völker, bei denen sich jahrhundertelang nichts verändert hat, sollten wir neues Leben bringen; sie sollten Teilhaber der Welt des Handels und jener Ideen werden, die sich im stetigen Fortschritt europäischer Macht durch die Zeitalter hindurch geformt haben," sagte Wilson. „Es ist unsere besondere Pflicht, ebenso wie die Englands, für die Interessen der Freiheit mäßigend auf diesen Prozeß einzuwirken; den Völkern, die solchermaßen auf die Straße des Wandels hinausgetrieben worden sind, [...] jene Rechtskonventionen zu vermitteln [...], die wir vor langer Zeit aus den mühseligen Prozessen der englischen Geschichte gewonnen haben; ihnen, wenn es uns erlaubt ist, freien Austausch und eine natürliche Entwicklung zu garantieren, die sie schließlich zu gleichwertigen Mitgliedern der Völkerfamilie machen werden." (zit. in Kohn 1968:131)

Recht auf nationale Selbstbestimmung Am Vorabend des Kriegseintritts der USA in Europa betonte Wilson noch einmal, daß Amerika, außer für wirtschaftlichen Liberalismus und Rüstungskontrolle, auch für das *Recht auf nationale Selbstbestimmung* eintreten werde.

„Ich bringe sozusagen in Vorschlag, daß die Nationen sich einstimmig zur Doktrin des Präsidenten Monroe bekennen und sie zur Doktrin der ganzen Welt machen sollen; daß keine Nation danach streben soll, irgendeinen andern Staat oder ein Volk ihrer politischen Macht untertan zu machen; sondern, daß jedes Volk frei bleiben soll, selbst über seine Regierungsform und seinen Entwicklungsgang zu entscheiden [...] und zwar die kleinen Völker ganz ebenso wie die großen und mächtigen,"

sagte Wilson (1919:17f.) vor dem Amerikanischen Kongreß. Anläßlich der amerikanischen Kriegserklärung im April 1917 behauptete Wilson in enger begrifflicher Anlehnung an Kant:

„Wir stehen an der Schwelle eines Zeitalters, in dem man darauf bestehen wird, daß im Verkehr zwischen den Nationen und Regierungen das Handeln und die Verantwortlichkeit für begangenes Unrecht mit demselben Maße bemessen wird wie im Verkehr zwischen den einzelnen Bürgern zivilisierter Staaten." (Wilson 1919:33)

Rechtsgemeinschaft

Die Russische Revolution übte zusätzlichen Druck auf Wilson aus, seine politischen Vorhaben rasch in die Praxis umzusetzen. Direkt nach der Machtergreifung erklärten die Bolschewiki die Kriegshandlungen an der russischen Front für beendet und boten Deutschland Waffenstillstandsverhandlungen an. Die russischen Soldaten erhielten

136

Order, sich mit den Deutschen zu verbrüdern. Am 2. Dezember 1917 begannen in Brest-Litowsk, das heute an der polnisch-russischen Grenze liegt, Waffenstillstands-verhandlungen mit den Deutschen. Trotzki, Volkskommissar des Äußeren und Leiter der sowjetischen Abordnung bei den Friedensverhandlungen, startete in den Wochen nach dem ersten vorläufigen Abkommen einen Propagandafeldzug, der den so dringend benötigten Ausbruch der Revolution in Deutschland bewirken sollte. Hinter den deutschen Linien wurden zehntausende – in Petrograd gedruckte – Zeitungen in deutscher Sprache verteilt. Gleichzeitig richteten die Bolschewiki am 7. Dezember einen von Lenin und Stalin, der damals Kommissar für Nationalitätenfragen war, gemeinsam unterzeichneten „Aufruf an die moslemischen Arbeiter Rußlands und des Ostens". Darin kündigten sie das Abkommen von 1907 auf, in dem England und der Zar die Zweiteilung Persiens festgelegt hatten. Ebenso wurde der Vertrag über die Aufteilung der Türkei für nichtig erklärt und die Besetzung Armeniens aufgehoben.

Am 22. Dezember wurden die Friedensverhandlungen von Brest-Litowsk eröffnet. Zu Beginn richtete Trotzki einen Aufruf an alle Arbeiter und an die „unterdrückten und ausgebluteten Völker Europas". Die russischen Bemühungen in Brest-Litowsk, so schrieb er, zielten darauf ab, den „schamlosen und verbrecherischen Krieg, der Europa umgebracht hat", zu beenden und die Arbeiterklasse aller Länder bei ihren Bestrebungen,

„die Herrschaft des Kapitalismus zu vernichten und die Regierungsgewalt zu übernehmen zum Zwecke eines demokratischen Friedens und der sozialistischen Umgestaltung Europas und der ganzen Menschheit", zu unterstützen (zit. in Fischer 1960:15).

Der deutschen Verhandlungsdelegation unterbreiteten die Bolschewiki ein Programm für den Weltfrieden, worin u.a. auch das Recht auf nationale Selbstbestimmung enthalten war.

Lenin und seine Mitstreiter hatten die Welt zur Revolution aufgerufen. Während Deutschland die Besetzung weiterer Territorien im Osten vorantrieb, kam die Frage auf, wer überhaupt in der Lage sei, die Revolution aufzuhalten. Diese Aufgabe nahm Wilson auf sich.

4.4.4 Wilsons Vierzehn Punkte

Am 3. Januar 1918, während einer Unterbrechung der Friedensverhandlungen in Brest, gab der sich in Petrograd aufhaltende Vertreter des amerikanischen *Committee on Public Information* (die offizielle amerikanische Propagandabehörde) Washington den Rat, Wilson möge noch einmal in aller Öffentlichkeit seine antiimperialistischen und demokratischen Kriegsziele darlegen.

„Es bedarf noch eines inneren Beweises, daß der Präsident an das gemeine Volk Rußlands und Deutschlands denkt [...] und daß er zu ihm spricht." (zit. in Fischer 1960:21f.)

Die Amerikaner in Petrograd würden für eine Übersetzung in russischer und deutscher Sprache sorgen.

Woodrow Wilson, 1856-1924

Am 8. Januar hielt Wilson eine Rede vor dem amerikanischen Kongreß. Er erklärte, daß die russische Delegation in Brest-Litowsk aufrichtig bemüht gewesen sei, eine Grundlage für einen umfassenden Frieden zu finden, daß aber die deutsche Seite auf Macht und Repression aus gewesen sei. Es gebe, sagte Wilson,

> „eine Stimme, die nach jenen Erklärungen der Prinzipien und Zielen ruft [...]. Das ist die Stimme des russischen Volkes" (1919:119).

Vierzehn Punkte Daraufhin wiederholte er in seinen berühmt gewordenen Vierzehn Punkten noch einmal die Zielvorstellungen der USA, die sie durch ihren Kriegseintritt verwirklichen wollten (1919:121). Im wesentlichen lauteten diese Ziele wie folgt:

a) Abschaffung der Geheimdiplomatie („öffentliche Friedensverträge, öffentlich erreicht");
b) eine Politik der Offenen Tür (open door): „Absolute Freiheit der Schiffahrt auf den Meeren" und „Aufhebung sämtlicher wirtschaftlicher Schranken";
c) Rüstungsbegrenzung.

Danach folgten noch einige Ausführungen zum Prinzip der nationalen Selbstbestimmung. Zur Kolonialfrage äußerte er sich nur zurückhaltend, betraf dies ja den Besitz seiner Verbündeten: man solle in dieser Frage „unparteiisch" vorgehen, wobei das Recht der Kolonialvölker auf Selbstbestimmung das gleiche Gewicht haben müsse wie die Ansprüche der Kolonialmächte. Dagegen wurde die Wiederherstellung der vollen Souveränität Belgiens und die Rückgabe Elsaß-Lothringens an Frankreich gefordert. In Bezug auf Osteuropa sollte dem nationalen Selbstbestimmungsrecht ohne Einschränkungen Geltung verschafft werden.

Mit Ausnahme des Eigentumsrechts stimmten Wilsons Programmpunkte praktisch mit den bolschewistischen Vorstellungen überein. Seine vierzehn Punkte spielten eine entscheidende Rolle bei der Entschärfung der revolutionären Situation (Mayer 1970:298).

4.4.5 Der Völkerbund

Der vierzehnte Punkt in Wilsons Programm lautete:

> „Ein allgemeiner Verband der Nationen muß gebildet werden mit besonderen Verträgen zum Zweck gegenseitiger Garantien für die politische Unabhängigkeit und die territoriale Unverletzbarkeit der kleinen sowohl der großen Staaten." (Wilson 1919:127)

Prinzip der kollektiven Sicherheit Die Idee zur Gründung eines Völkerbundes war bereits vor dem Kriegseintritt der USA, während der Periode der amerikanischen Neutralitätspolitik, der Öffentlichkeit vorgestellt worden. Eine zu diesem Zweck ins Leben gerufene Organisation beschloß 1915 auf ihrem ersten Kongreß in Philadelphia die Annahme eines Programmentwurfs, in dem die Schlichtung internationaler Konflikte, das Prinzip *kollektiver Sicherheit* (gemeinsames Auftreten aller Staaten gegen einen Aggressor) und regelmäßig einberufene Kongresse zur Festschreibung des Völkerrechts enthalten waren. Im

Frühjahr 1916 erklärte Wilson sein Einverständnis mit diesen Zielvorstellungen und sagte zu, daß die amerikanische Regierung sich für die Verwirklichung dieser Punkte einsetzen werde. Im Januar 1917, zehn Wochen vor dem Kriegseintritt der USA, legte er dem amerikanischen Kongreß dieses Konzept für einen Völkerbund vor.

Wilson formulierte sein Programm für Demokratie, Rüstungsbeschränkungen, Öffentlichkeit der internationalen Diplomatie und das Prinzip des freien Zugangs der Weltmeere charakteristischerweise in *universalistischen* Begriffen, quasi als naturrechtlicher Ausdruck des Willens eines jeden wohlmeinenden Menschen. Die amerikanischen Interessen wurden zum Allgemeininteresse der gesamten Menschheit erhoben.

universalistische Begriffe

amerikanische Prinzipien

„Das sind amerikanische Prinzipien: das ist amerikanische Politik. Andere können wir nicht vertreten. Und wir finden dieselben Prinzipien und dieselbe Politik überall bei Männern und Frauen, die den Blick in die Zukunft halten, in jeder modernen Nation, in jeder aufgeklärten Volksgemeinschaft. Es sind die Prinzipien der Menschheit, und sie müssen den Sieg behalten." (Wilson 1919:18)

Im Dezember 1917 erklärte Wilson vor dem Kongreß, daß die Friedensverhandlungen nicht zu einer Neuauflage des Wiener Kongresses würden, da die internationale Politik sich vollständig vor den Augen der Weltöffentlichkeit abspielen werde (1919: 100). Im Juli 1918 wiederholte er noch einmal, daß sich der Völkerbund auf das Prinzip der *kollektiven Sicherheit* stützen müsse: es müsse eine Friedensorganisation gegründet werden,

„welche die Gewißheit verschafft, daß die vereinigte Macht der freien Nationen jede Rechtsvergewaltigung verhindern und helfen wird, den Frieden und die Gerechtigkeit durch ein entscheidendes Gericht der Meinung zu sichern, und durch welches alle internationalen Berichtigungen, die von den unmittelbar betroffenen Völkern nicht auf freundschaftlichem Wege erledigt werden können, sanktioniert werden sollen" (1919:167).

Es war den Russen selbstverständlich nicht entgangen, daß Wilson die Forderung nationaler Selbstbestimmung vor allem für die revolutionäre Region Osteuropas propagiert hatte.

„Sie verlangen die Unabhängigkeit Polens, Serbiens, Belgiens und Freiheit für die Völker Österreich-Ungarns," schrieb Karl Radek im Auftrage der Bolschewiki in einem Notenaustausch mit Wilson im September 1918. „Aber seltsamerweise findet in ihren Forderungen die Freiheit Irlands, Ägyptens, Indiens, oder selbst der philippinischen Inseln keine Erwähnung." (zit. in Fischer 1960:102)

Außerdem stellten die Bolschewiki die Frage, wie die edlen Prinzipien des Völkerbundes sich mit der Tatsache vertrügen, daß sich auch amerikanische Truppen an der militärischen Intervention als Antwort auf die russische Revolution beteiligt hätten.

4.4.6 Nationale Selbstbestimmung und Völkerbund

Der dreijährige Bürgerkrieg in Rußland und das Scheitern der Aufstände anderswo besiegelten schließlich das Schicksal dessen, was eine Weltrevolution hätte werden sollen. Nicht das bolschewistische Konzept, sondern das Völkerbundprogramm für die nationale Selbstbestimmung wurde in die Praxis umgesetzt.

Einigen unterdrückten Nationalitäten des zusammengebrochenen Russischen Reichs und Österreich-Ungarns wurde das Recht einer eigenen Staatsgründung zuerkannt (Finnland, den Baltischen Staaten, Polen, der Tschechoslowakei, Jugoslawien). Millionen Ukrainer (in Polen), Sudetendeutsche (in der Tschechoslowakei), Ungarn (in Rumänien) und andere erhielten einen vertraglich abgesicherten Minderheitenstatus. In der Praxis stellte sich aber schnell heraus, daß der Völkerbund gar nicht in der Lage war, diese Minderheitenrechte zu garantieren (Kloss 1969:329-334).

Im *Sykes-Picot*-Abkommen hatten Frankreich und England bereits 1916 ihre Einflußsphären im Türkischen Reich abgegrenzt. Frankreich bekam Syrien, England Bagdad und das südliche Mesopotamien. In Palästina wurde eine internationale Verwaltung eingesetzt, die den Briten besondere Rechte einräumte. Der Friedensvertrag mit dem Türkischen Reich (1920 in Sèvres) war allerdings noch nicht unterzeichnet, als eine nationalistische Revolution in der Türkei die Lage wieder völlig veränderte.

Mandat-System   Das *Mandat-System* des Völkerbunds wurde im Mittleren Osten und anderswo dazu benutzt, das Streben nach nationaler Unabhängigkeit mit dem Imperialismus der Siegermächte in Einklang zu bringen. Es stammte aus der Tradition des britischen Commonwealth und der dort gewachsenen Form indirekter Herrschaftsausübung. Wilson hatte diese Vorstellung übernommen und legte dabei sein großes Prestige in die Waagschale (Hall 1971:242f.). Die deutschen Kolonien in Afrika und anderswo wurden von den Siegermächten im Namen des Völkerbundes nicht als Kolonien verwaltet, sondern als Mandate. Die ehemals türkischen Gebiete, die sogenannten *A-Mandate* (Syrien, Palästina, Mesopotamien), besaßen eine vom Mandatar beaufsichtigte Selbstverwaltung und die staatliche Unabhängigkeit wurde ihnen fest in Aussicht gestellt (Kloss 1969:496; Gathorne-Hardy 1944:107). Die Briten gewährten 1922 ihrem Proktektorat Ägypten formelle Unabhängigkeit; der Irak wurde 1932 selbständig, die französischen Mandate Libanon und Syrien 1943 bzw. 1946.

Im Mittleren Osten spielte *Öl* eine wichtige Rolle. Amerikanische Gesellschaften, die von ihrer Regierung unterstützt wurden, wollten das Prinzip der „open door" angewendet sehen, mußten sich allerdings vorläufig mit einem internationalen Preiskartell und einer Begrenzung des Wettbewerbs im Gebiet des ehemaligen Türkischen Reichs zufriedengeben (das sog. Red Line Agreement) (Larson u.a. 1971:54).

Schon ab 1914 wurde die Schaffung einer jüdischen Heimstätte in *Palästina* von der britischen Elite, besonders von der Rhodes-Milner-Gruppe in Erwägung gezogen. Die zionistischen Juden und ihre Wortführer Theodor Herzl und Chaim Weizmann versuchten bei ihren Bestrebungen, einen jüdischen Staat zu gründen, die imperialistischen Ambitionen der Engländer und deren Rivalität mit den Franzosen zu ihrem eigenen Vorteil zu nutzen (Urofsky 1976:191). Wenn das Prinzip der nationalen Selbstbestimmung wirksam geworden wäre, hätte das Territorium den Palästinensern zugesprochen werden müssen, die rund neun Zehntel der dort ansässigen Bevölkerung ausmachten (Malanczuk 1990:154). Im November 1917 erklärte der britische Premier Balfour, daß Großbritannien einer jüdischen Staatsgründung wohlwollend gegenüberstehe. Außer bestimmten britischen Interessen am Suezkanal

140

spielte bei dieser Erklärung auch die prodeutsche Haltung der russischen Juden eine Rolle, die man durch die Ankündigung neutralisieren wollte, um Rußlands weitere Teilnahme am Krieg nicht zu gefährden (Nederveen Pieterse 1990:276; Gathorne-Hardy 1944:120). 1948 schließlich wurde nach Beendigung des britischen Mandats der Staat Israel gegründet, und ein Großteil der nichtjüdischen Bevölkerung Palästinas wurden vertrieben oder flüchtete.

5 Faschismus und Geopolitik

5.1 Konterrevolution in Europa

Die ausländische Intervention und der Bürgerkrieg drängten die Oktoberrevolution zurück und grenzten sie auf das ehemals russische Reichsgebiet ein. Das weltumfassende Demokratieprogramm Präsident Wilsons wurde ebenfalls zurückgenommen. Die Ablehnung des Völkerbundprojekts durch den amerikanischen Kongreß und der Wahlsieg der Republikaner 1920 führten dazu, daß die USA sich wieder aus der europäischen Politik zurückzog, ökonomisch allerdings präsent blieb.

In den neuen Staaten Mittel- und Osteuropas – und das gilt auch für Spanien und Portugal – gab es keine gesellschaftliche Basis für eine liberaldemokratische Ordnung, geschweige denn für den Sozialismus. Verkrustete politische Strukturen existierten zugleich mit demokratischen Bestrebungen, die in der Konfrontation zwischen Lenin und Wilson Auftrieb erhalten hatten; Großgrundbesitz neben beginnender Industrialisierung; religiöse Abgrenzungen zusammen mit noch ungelösten Nationalitätenfragen: all diese Gegensätzlichkeiten tendierten hin zu einem *starken Staat*. Ein solcher Staat sollte in der Lage sein, sowohl die Wirtschaftsentwicklung anzukurbeln, als auch – nachdem der internationale Klassenkampf an Boden verloren hatte – den innenpolitischen Machtkampf zu beenden.

5.1.1 Begriffliche Abgrenzung des Faschismus

In einer Situation, in der die parlamentarische Legalität nicht in der Lage zu sein schien, den Interessen der konservativen Kräfte ausreichend Geltung zu verschaffen, bot ihnen der Faschismus die Möglichkeit, ihre Macht auf eine neue gesellschaftspolitische Grundlage zu stellen. Der Faschismus war eine Erscheinung der europäischen Peripherie und kann als eine *extreme Variante des hobbesschen Staates* angesehen werden. In Ihrem Buch über die europäische Peripherie bis 1914 schreiben Berend und Ránki: extreme Variante des hobbesschen Staats

> „Die Aufgabe des Staates war es, [...] den Kapitalmangel und die Schwäche der autonomen Wachstumskräfte auszugleichen." (1982:69)

143

Diese Rolle konnte der Staat aber nur da erfüllen, wo die Gesellschaft sich bereits an der Schwelle zu einer politisch und ökonomisch entwickelteren Konfiguration befand.

> „Das Handeln des Staates allein kann die anderen Faktoren nicht ersetzen; es kann nur erfolgreich sein, wenn die inneren und/oder internationalen Umstände entsprechend günstig sind."

Korporativismus Der faschistische Staat konnte gerade dort zur Entwicklung kommen, wo diese Funktion des Staates durch die Herausforderung der sozialistischen Arbeiterbewegung eine extrem konterrevolutionäre Wende nahm. Die hobbessche Konfiguration diktierte dabei geradezu eine *korporative Einteilung* der Gesellschaft in funktionelle Sektoren. Industrie, Landwirtschaft u.a. wurden quasi zu Staatsorganen. Die einzig erlaubte Wechselwirkung zwischen Staat und Gesellschaft ist die des Nationalismus. Alle Spielarten des Faschismus sind als eine Reaktion auf die Auseinandersetzungen mit der Arbeiterbewegung nach der Oktoberrevolution entstanden. Die bereits bestehende hobbessche Beziehung zwischen Staat und Gesellschaft wird vom Faschismus im wesentlichen durch zwei Komponenten ergänzt: einmal durch seine *massenpolitische* Verankerung und zum andern durch seinen *konterrevolutionären Terror,* wobei gegebenenfalls auch die bürgerlich-demokratische Legalität abgeschafft wird (Gossweiler 1982:36 u. 52).

nationalistische Gewaltherrschaft Die *Haupterscheinungsform* des Faschismus ist eine *nationalistische Gewaltherrschaft,* die unter Zuhilfenahme parlamentarischer Mittel zur Macht gelangt und dabei von einer Partei und einer Massenbewegung getragen wird: Mussolini in Italien und Hitler in Deutschland. Die Massenbasis gab eine tragfähige gesellschaftliche Basis ab für eine imperialistische Expansionspolitik, führte aber auch zu Spannungen zwischen dem Staat und den gesellschaftlichen Kräften, welche die faschistischen Regime in den Sattel gehoben hatten.

Semifaschismus Eine zweite Spielart ist die *Militärdiktatur,* wie sie 1919/20 von Admiral Horthy als Reaktion auf die Räterepublik von Bela Kun in Ungarn errichtet wurde. Derartige Diktaturen (wie z.B. das Putschregime Marschal Pilsudskis 1926 in Polen, aber auch das Regime in Portugal und später Spanien unter Franco) wollen wir mit dem Begriff Semifaschismus kennzeichnen, da in diesen Fällen die massenpolitische und expansive Komponente fehlt (vgl. Poulantzas 1974:66).

Parafaschismus Ein weiter Faschismustyp, der eine Art Verbindung zwischen den beiden bereits genannten und der parlamentarischen Legalität darstellt, wird von Scott (1986:15) *Parafaschismus* genannt. Hierunter versteht er das Auftreten ultrarechter Kampfgruppen, von den Freikorps in Deutschland bis hin zu den Todesschwadronen in Lateinamerika. Durch ihre illegalen, heimlichen und oft grenzüberschreitenden Aktivitäten sind diese Gruppierungen nicht selbst in der Lage, einen starken Staat zu schaffen, können dessen Entstehung aber provozieren.

Die Russische Revolution und die Verwüstungen des Ersten Weltkriegs hatten die Staaten Mittel- und Osteuropas in eine Position extremer ökonomischer Abhängigkeit vom lockeschen Zentrum gebracht. Der politische Schulterschluß der kapitalistischen Klassen gegenüber der sozialistischen Revolution wurde allerdings durch die enormen Ungleichheiten, die sich aus dem imperialistischen Frieden ergaben, empfindlich gestört.

144

5.1.2 Revolution und Konterrevolution in Deutschland

Nachdem die deutsche Heeresleitung im August 1918 ihre Niederlage eingestanden hatte, riet General Ludendorff dem Kaiser,

„jetzt auch diejenigen Kreise an die Regierung zu bringen, denen wir es in der Hauptsache zu danken haben, daß wir soweit gekommen sind" (zit. in Malanovski 1968:33).

Somit wurde, noch vor jeglicher Revolution in Deutschland, die SPD an der Regierung (des Prinzen Max von Baden) beteiligt. Diese Regierung war es auch, die im Oktober einen Waffenstillstand auf der Grundlage des Vierzehn-Punkte-Programms von Wilson anbot. Erst danach brachen Aufstände aus und bildeten sich Arbeiter- und Soldatenräte. Am 8. November rief Kurt Eisner (von der abgespaltenen USPD) in Bayern die Republik aus. Einen Tag später tat der SPD-Minister Scheidemann das gleiche in Berlin, nachdem er vor den Absichten des Kommunisten Liebknecht gewarnt worden war, der im Begriff war, ebenfalls eine Republik auszurufen, was er zwei Stunden später dann auch tat.

Am darauffolgenden Tag setzte sich General Groener vom Heereshauptquartier im belgischen Spa mit dem SPD-Parteivorsitzenden Ebert in Verbindung, der erst Reichskanzler und dann – zusammen mit dem USPD-Führer Haase – Vorsitzender des revolutionären Rates der Volksbeauftragten war. Groener bot die Unterstützung der neuen Regierung durch das Militär an, falls diese bereit sei, den „Bolschewismus" zu bekämpfen (Malanovski 1968:69f.).

Somit wurden die SPD und das Militär, ergänzt von Freiwilligenverbänden der aufgelösten Reichswehr *(Freikorps)*, zu den Stützen der neuen Staatsmacht. Den miteinander uneinigen Revolutionären gelang es nicht, eine effektive Gegenmacht zu formieren. Hinzu kam noch eine tief verwurzelte Angst gegenüber Regelverstößen, was Lenin zu dem Stoßseufzer veranlaßte, daß

„die Deutschen keinen Bahnhof besetzen würden, wenn sie zuvor nicht eine Bahnsteigkarte gelöst hätten" (zit. in Malanovski 1968:101).

Es wurde schließlich deutlich, daß die deutsche Revolution, die so sehr von den Bolschewiki herbeigewünscht wurde, lediglich ein Aufstand gegen den autoritären und bürokratischen Staat war, der das Land in den Krieg geführt hatte (Alff 1976:24). Es gab keine Mehrheit für einen Umsturz des kapitalistischen Systems als solchem, weil es offenbar von vielen, auch in der SPD, als die moderne und zukunftsträchtigere Gesellschaftsform angesehen wurde (Schneider/Kuda 1968:43).

Vor diesem Hintergrund gelang es dem rechten Flügel der SPD unter Noske, dem Militär und den Freikorps, die Revolution zu isolieren und zu ersticken. Im Januar 1919 wurden Liebknecht und Luxemburg verhaftet und liquidiert. Einen Monat später wurde Eisner in Bayern ermordet. Die kurzlebige Münchner Räterepublik, die danach ausgerufen wurde, war lediglich der Schlußakt einer bereits gescheiterten Revolution. An demselben Tag, an dem Lenin eine warnende 1. Mai-Adresse an das „Sowjet-Bayern" richtete, wurde die Stadt von Noskes Truppen erobert. Der kommunistische Rätepräsident Leviné wurde zum Tode verurteilt.

5.1.3 Das Versailler Vertragswerk

Die Revolution war im wesentlichen bereits besiegt, als am 28. Juni 1919 der *Versailler Vertrag* unterzeichnet wurde. Die deutschen Zeitungen erschienen an diesem Tag mit einem schwarzen Trauerrand. Deutschland verlor seine Kolonien und seine Flotte und wurde mit Ausnahme eines kleinen, leicht bewaffneten Heeres abgerüstet. Diverse Grenzgebiete mußten abgetreten werden (vor allem Elsaß-Lothringen an Frankreich, Posen und Ober-Schlesien an Polen, sowie Danzig und das Saarland, die einen besonderen Status erhielten), während das linksrheinische Gebiet von den Siegermächten besetzt wurde. Das Reich hatte an Frankreich und Belgien – in der Höhe noch nicht festgelegte – Reparationen in Geld und Naturalien zu zahlen. Bei Nichteinhaltung der Reparationsverpflichtungen konnten die Alliierten zu militärischer Besetzung deutschen Territoriums übergehen.

Keynes Keynes, der Berater der englischen Delegation war, reichte seinen Rücktritt ein und trieb in seiner Schrift *Economic Consequences of the Peace* (1920) seinen Spott mit Wilsons Vierzehn Punkten, die u.a. die Erklärung enthielten, daß es „keine Annektionen, keine Zwangsauflagen und keine Strafaktionen" geben werde. Mit solchen Zusicherungen hatte man die Deutschen an den Verhandlungstisch gelockt, um sie dann mit einem überholten Katalog von Annektionen und maßlosen Reparationsforderungen zu traktieren, deren unbegrenzter Anspruch in keinem Verhältnis zur möglichen Zahlungsfähigkeit des Reichs stand. Außerdem waren z.B. Belgiens

Kritik am Versailler Vertrag Forderungen höher als der Schätzwert des gesamten Vorkriegsvermögens dieses Landes. Die Franzosen verlangten für den Wiederaufbau entsprechend das Doppelte der geschätzten Vermögenswerte ihrer vom Krieg betroffenen Gebiete. Als Ausweg aus dem Dilemma schlug Keynes eine Freihandelsassoziation aus Deutschland und den neugebildeten Staaten vor, der sich auch England anschließen solle. Diese Idee, so legte Keynes dar, käme oberflächlich gesehen zwar dem früheren deutschen Streben nach einem (einheitlichen) *Mitteleuropa* entgegen; aber, wenn

> „wir uns bewußt die Verarmung Zentraleuropas zum Ziel setzen, dann wage ich die Voraussage, daß die Rache nicht lange auf sich warten lassen wird. [...] Nichts wird dann auf längere Sicht den entscheidenden Bürgerkrieg zwischen den reaktionären Kräften und den verzweifelten Ausbrüchen der Revolution aufhalten können; ein Bürgerkrieg, dessen Schrecken den des jüngsten deutschen Krieges übertreffen dürfte und der die Zivilisation und den Fortschritt unserer Generation zerstören wird – und zwar unabhängig davon, wer aus ihm als Sieger hervorgeht." (1920:250)

Zu der Zeit war der erste Akt dieses Bürgerkrieges bereits über die Bühne gegangen. Im August 1919 wurde die Verfassung der *Weimarer Republik* verabschiedet, in der ein – direkt gewählter – Reichspräsident die Tradition des starken Vorkriegsstaates gegenüber dem Parlament fortsetzte. In der Folgezeit geriet die junge Republik unter starken Druck rechtsradikaler Kräfte, deren Auftreten auch zu bewaffneten Reaktionen von linker Seite führten. Die rechten Extremisten rekrutierten ihre Anhängerschaft vor allem aus den *Freikorps*. Die verschiedenen Putschversuche, von Kapp 1920 bis Hitler und Ludendorff 1923, scheiterten jedoch. Ludendorff hatte in gewisser Weise selbst die Ursache für dieses Scheitern erkannt, als er 1923 schrieb, daß

„unsere besitzenden, gebildeten und vor allem die arbeitgebenden Kreise in der Mehrzahl nicht den richtigen Ton der Arbeiterschaft gegenüber fanden [...]. Sie ließen die Seele des deutschen Arbeiters ihrem Einfluß entgleiten, statt sie zu gewinnen und zu bilden." (zit. in Gossweiler 1982:80)

Daß es für die reaktionären Kräfte notwendig war, sich für die Durchsetzung ihrer Ziele eine Massenbasis zu verschaffen und sogar Versatzstücke des sozialistischen Programms in ihre Proganda aufzunehmen, ergab sich aus den Verselbständigungsprozessen der Gesellschaft gegenüber dem Staat, welche in Ländern wie Deutschland und Italien bereits weiter vorangeschritten waren als etwa in Ungarn oder Spanien. Außerdem war durch Krieg und Niederlage ein großes Reservoir an extrem nationalistischem Potential verfügbar, das durch den Versailler Vertrag noch vergrößert wurde. Nationalistische Propagandisten hatten bereits diverse Konzepte entwickelt, wie sich dieser Nationalismus für einen erneuten wirtschaftlichen Wettbewerb Deutschlands mit den Siegermächten nutzen ließe, wobei man von der Notwendigkeit eines starken Staates, in dessen Hände wiederum alle für einen erfolgreichen Konkurrenzkampf erforderlichen Instrumente vereinigt sein sollten, überzeugt war.

Dementsprechend schrieb der Chemiefabrikant und spätere Naziführer Daitz, daß der Kapitalismus zu einem neuartigen Staatssozialismus umgeformt werden müsse:

> „Auf wirtschaftlichem Gebiet werden weder Privatinitiative noch Privatkapitalismus gelähmt werden, aber der Staatssozialismus wird sie insofern seinen Interessen gemäß organisieren, als das Kapital in der Volkswirtschaft konzentriert und nach außen hin einheitlich gelenkt wird [...] Diese Wandlung des Kapitalismus lehnt mit aller ihr innewohnenden Konsequenz eine Wiederherstellung des früheren Gegengewichts, den internationalen Sozialismus, ab. *Sie wird in einen nationalen Sozialismus umschlagen.*" (zit. in Gossweiler 1982:83; Hervorhebungen v.V.)

Konzept des nationalen Sozialismus

Die *staatsmonopolistische* Variante des Kapitalismus, die sich in der Periode des Imperialismus aus dem Bedürfnis der Schwerindustrie und des Großgrundbesitzes an Protektion und staatlicher Hilfe entwickelt hatte, erhielt in der Zwischenkriegszeit mehr Gewicht, als die Krise die soziale Struktur zerstörte und der liberale Kapitalismus endgültig ausgedient hatte. Diese staatsmonopolistische Tendenz, die Polanyi (1957) mit dem Ausdruck *The great Transformation* andeutete, setzte sich in allen Ländern durch. In Deutschland war das soziale Gefüge bereits durch die Verwüstungen des Krieges zerrüttet worden. Die abrupte Proletarisierung vor allem großer Teile der Mittelschicht, ihre soziale und persönliche Verunsicherung sowie das Fehlen einer greifbarer Zukunftsperspektive führten hier zu einem ungeheuerlichen Zusammenbruch des sozialen und gesellschaftspolitischen Bewußtseins. Aus der ideologischen Komplexität der heterogenen deutschen Gesellschaft, die Bloch einmal als

> „ein ganzes Museum deutscher Wechselwirkungen, [einen] anachronistischen Überbau" (1971:130)

bezeichnet hat, ging letztendlich der *Antisemitismus* als der gemeinsame Nenner kollektiven Hasses hervor.

Antisemitismus

Der Antisemitismus wurzelte in einem tieferen, für unentwickelte agrarische Gesellschaften typischen *Antichrematismus*, der Abneigung gegen Geldverleiher und

147

Wucherer. Er bringt abergläubige Haß- und Angstgefühle seßhafter Gemeinschaften gegenüber mobilen räuberischen sozialen Elementen zum Ausdruck. Schon im europäischen Mittelalter wurde dieser Antagonismus von der Kirche in den Verbotsbestimmungen von Zins und Wucher kodifiziert und gegen die Juden eingesetzt. Luther intensivierte und erneuerte diese Kritik, indem er die Korruption in der katholischen Kirche kritisierte. Somit konnte – im Gegensatz zum anglikanisch/kalvinistischen Kerngebiet – an einem tief im Sozialbewußtsein eingedrungenen Antisemitismus appelliert werden, als man argumentierte, der Versailler Vertrag liefere Deutschland an habgierige Gläubigernationen aus (van der Pijl 1984:14)

Daneben fanden sich Gelegenheiten, Leute jüdischer Herkunft für den verlorenen Krieg und das Versailler Vertragswerk verantwortlich zu machen. Unter den großen internationalen Gläubigerbanken befanden sich viele in jüdischen Händen, wie etwa die der Rothschilds; und auch unter den eigenen Unternehmern und Politikern, die bestrebt waren, den in Versaille festgelegten Zahlungsbedingungen nachzukommen (Erfüllungspolitik), befanden sich Juden. So z.B. der Minister und Wirtschaftsführer Walter Rathenau, der zu den beinahe 400 Opfern politischer Morde zählte, die zwischen 1918 und 1922 begangen wurden. Gerechtfertigt wurden diese Morde zum großen Teil mit der Begründung, es handele sich um die Bestrafung von Landesverrätern. Die antijüdischen Vorurteile, Gefühle und Nachstellungen gipfelten im Laufe der zwanziger Jahren in Hitlers These einer „jüdisch-bolschewistischen Weltverschwörung" – und letztendlich im Zweiten Weltkrieg und dem Massenmord an den Juden. Haß bestimmte die Politik:

5.1.4 Mussolinis Machtergreifung in Italien

Im Ersten Weltkrieg hatte sich Italien nach anfänglichem Zögern zwar der Entente angeschlossen und sich dabei tief verschuldet, doch brachte das Ende des Krieges keine Erleichterung für das Land. Die besitzenden Klassen sahen sich auch hier zum einen mit einem enormen ökonomisch-technischen Rückstand gegenüber den reichen Siegermächten konfrontiert, zum anderen wurden ihre Interessen von einer revolutionären Bewegung bedroht, deren Zentrum die Turiner Industrieregion war, die aber auch in ländlichen Gebieten aktiv war.

Schon 1919 begannen die Landbesitzer, bewaffnete Kampfgruppen gegen die aufständischen Bauern einzusetzen. 1920 schloß sich dann die Industrie zusammen, um mit vereinten Kräften die Revolution in den Betrieben zu bekämpfen. Das italienische Gegenstück zu den *Freikorps*, die *Fasci de combattimento,* wurde auch hier von Regierungsseite mit ausgemusterten Soldaten verstärkt.

Der imperialistische Krieg hatte die Ungleichheit zwischen Siegern und eigentlichen Verlierern, zu denen auch Italien gerechnet werden mußte, nur noch zusätzlich verschärft. Aus diesem Grund schlossen sich auch viele sozialistische Intellektuelle und Gewerkschaftsführer dem „nationalen" Kampf gegen Kapitalismus und „Plutokratie" an (Gramsci 1978:450). So konnte sich die Vorstellung von Italien als einer *proletarischen Nation* durchsetzen, was seine Entsprechung im deutschen Nationalsozialismus fand (Gramsci 1977:358). 1922 begaben sich die Faschisten auf dem Höhepunkt ihrer außerparlamentarischen Agitation auf einen erpresserischen „Marsch nach Rom", der mit der Ernennung Mussolinis durch den italienischen König zum Chef einer breiten Koalitionsregierung „belohnt" wurde. 1924 gelang es den Faschisten auf Grund einer Wahlgesetzänderung, mit rund einem Viertel der auf sie entfallenden Wählerstimmmen zwei Drittel der Parlamentssitze zu erobern. Kurz darauf schien es, als hätte Mussolini zu hoch gepokert; das Regime befand sich nach der Ermordung des populären Sozialistenführers Matteotti kurzzeitig in Bedrängnis. Weil sich aber die Gegenkräfte untereinander nicht einigen konnten und zudem die Unternehmerschaft und der Papst Mussolini unterstützten, konnte sich die faschistische Herrschaft wieder konsolidieren. Die Einführung eines totalitären Staates aber, sowie seine auf wirtschaftliche Autarkie abzielende Politik führten zu einem Spannungsverhältnis zwischen dem Regime und dem international orientierten Sektor der Geschäftswelt (Poulantzas 1974:157). Die Außenpolitik Mussolinis war gegen die sogenannte *Kleine Entente* (Tschechoslowakei, Jugoslawien, Rumänien) gerichtet, mit der Frankreich in Osteuropa den Bestand des Versailler Vertrags festigen wollte. Zu diesem Zweck machte Mussolini 1926 Albanien zu einem Vasallenstaat Italiens und unterstützte die Ungarn und Kroaten. Später versuchte das faschistische Italien sein Herrschaftsgebiet in Nordafrika auszubreiten.

5.1.5 Der Dawesplan und Paneuropa

1922 brach praktisch das gesamte Währungssystem Deutschlands infolge einer sich rasch ausbreitenden Inflation zusammen, die wiederum die Folge der im Jahre 1921 vertraglich festgelegten Reparationszahlungen war (6,6 Milliarden Pfund Sterling). Die galoppierende Inflation machte jegliche Reparationszahlung 1923 unmöglich. Als Gegenreaktion besetzten französische und belgische Truppen, unterstützt von einem symbolischen Kontigent italienischer Soldaten, die Mussolini geschickt hatte, das *Ruhrgebiet*. Wie Keynes bereits prophezeit hatte, wurden durch den absurden Umfang des Reparationsprogramms und zusätzlich durch die englische und französische Rückzahlungsverpflichtung der amerikanischen Kriegskredite, die Währungssysteme aller wichtigen Länder in Mitleidenschaft gezogen. Es gab – abgesehen von neutralen Anlegerländern wie die Niederlande und Schweden – nur ein Land, für das die Rückzahlung kommerzieller Kredite Vorrang vor den Reparationszahlungen hatte: die USA.

1924 ergriffen die Amerikaner die Initiative zu einem koordinierten Kreditprogramm *(Dawesplan),* das in erster Linie zur Entlastung des deutschen Staatshaushalts gedacht war, aber auch andere Länder, die sich in finanziellen Schwierigkeiten befanden, miteinbezog (Frankreich, Belgien und Italien). Der Dawesplan und der amerikanische Investitionsstrom nach Deutschland und in andere europäische Länder spielten eine wichtige Rolle bei der Restauration der alten Klassenverhältnisse und fielen zeitlich mit der definitiven Niederlage der progressiven Kräfte zusammen. Außerdem wurden im Dawesplan die deutschen Reparationsverpflichtungen noch einmal bestätigt, womit die USA nachträglich doch noch, wenn auch nur indirekt, den Versailler Vertrag unterschrieben haben (Ziebura 1984:84). Die deutschnationalistischen Ressentiments wurden durch die nun folgende Periode oberflächlicher wirtschaftlicher Entspannung, die das Resultat der amerikanischen Finanzspritze war, etwas abgeschwächt. Zwischen 1924 und 1930 erwarben amerikanische Anleger deutsche Obligationen (Staatspapiere, kommunale Anleihen u.ä.) im Werte von 1,2 Milliarden Dollar, während deutsche Unternehmen für 214 Millionen Dollar Wertpapiere auf dem amerikanischen Kapitalmarkt veräußerten (Kolko 1962).

1925 wurden die *Locarno-Verträge* abgeschlossen. In diesem Sicherheitspakt wurden die deutschen Westgrenzen von den europäischen Großmächten garantiert und verzichteten Deutschland, Frankreich und Belgien auf eine gewaltsame Revision der gemeinsamen Grenze. Eine entsprechende Garantie der deutschen Ostgrenze (das sog. Ostlocarno) wurde allerdings vom deutschen Außenminister Stresemann verhindert. Das bedeutete, daß eine eventuelle zukünftige Expansion Deutschlands eher im Osten als im Westen möglich sein würde. Die koloniale Option spielte bereits keine Rolle mehr. In der Zeitschrift *Der deutsche Gedanke* entwickelte sich im Laufe des Jahres 1926 eine Diskussion über die Bedeutung der europäischen Einheit für Deutschland.

Coudenhove-Kalergi „Durch den Verlust seiner Kolonien ist Deutschland mehr als früher und mehr als alle anderen Großmächte ein rein europäischer Staat geworden", schrieb Graf R. N. Coudenhove-Kalergi (1977:515) in seinem Diskussionsbeitrag. „Seine Zukunft steht und fällt mit der Zukunft Europas [...] Darum ist Paneuropa nicht nur ein Ziel europäischer, sondern auch ein nationales Ziel deutscher Politik."

Paneuropa-Programm Coudenhove-Kalergi hatte 1923 mit der Publikation seines Buches *Paneuropa* Aufmerksamkeit erregt. Er war sich der Bedeutung der Konfrontation zwischen Wilson und Lenin deutlich bewußt, die er als eine Auseinandersetzung betrachtete, bei der „die Seele Europas" auf dem Spiel stand (1958:85). Seiner Meinung nach würde die Einführung der amerikanischer Massenproduktion („Fordismus") diesen Konflikt zugunsten des Kapitalismus entscheiden.

Coudenhove-Kalergi übernahm Wilsons politische Zielvorstellungen in sein eigenes Paneuropa-Programm:

„Friede durch Schiedsgericht; Wirtschaft durch Zollunion; nationale Gleichberechtigung durch Minderheitenschutz." (1977:514)

Dieses Programm brachte ihm die Gunst einiger liberaler Bankiers ein, die ihm ein Startkapital zur Gründung einer Bewegung zur Verfügung stellten. Es gelang ihm, eine Reihe internationalistisch gesinnter Persönlichkeiten in den Vorstand seiner *Paneuropa-Union* zu holen, unter ihnen Exponenten des Britischen Commonwealth, wie etwa Leo Amery; jedoch auch von Gwinner von der Deutschen Bank. Auf einer Rundreise durch Amerika fand Coudenhove Beifall für sein Projekt, u.a. bei N. Murray Butler, dem Präsidenten der Carnegie Endowment, der das Vorwort zur amerikanischen Ausgabe von *Paneuropa* verfaßte (Coudenhove-Kalergi 1958:139).

Obwohl es unterschiedliche Ansichten zur konkreten Gestaltung einer europäischen Einheit gab, lag der wichtigste gemeinsame Nenner doch in der Auffassung

Idee einer europäischen von Keynes, durch eine europäische Zollunion ließe sich die wirtschaftliche Expan-
Zollunion sion Deutschlands in friedliche Bahnen lenken. Der Zustrom ausländischen Kapitals hatte in Deutschland das Entstehen gigantischer Unternehmungen begünstigt, wie

150

der *IG Farben* (1925) und den *Vereinigten Stahlwerken* (1926). Das im gleichen Jahr errichtete Internationale Stahlkartell sollte diesem traditionell der Kriegsvorbereitung dienenden Industriezweig stabile Absatzmärkte sichern (Hexner 1943).

Auch Coudenhove-Kalergi sah sein Paneuropa-Projekt in diesem geschilderten Zusammenhang, meinte aber, daß es sich nicht im Rahmen des Völkerbundes realisieren ließe. 1926 schrieb er, daß die europäische Zollunion nicht nur gegen den „Bolschewismus", sondern ebenso gegen die „Weltherrschaft des angelsächsischen Kapitalismus" gerichtet sei (1977:955).

In dieser Haltung spiegelten sich die extremen Unterschiede zwischen den Staaten in Bezug auf ihre Finanzkraft wider. Ein eigenes Einflußgebiet Deutschlands in Europa sollte die internationale Konkurrenzfähigkeit der deutschen Wirtschaft stärken. Auch England und die USA hatten ein Interesse an einer derartigen deutschen Expansionspolitik, weil sie sich davon eine Erhöhung der Widerstandskraft Deutschlands gegenüber der sozialistischen „Gefahr" erhofften. Sie erblickten hierin die Möglichkeit,

„Europa in jene konservativ-kapitalistische Weltordnug einzubinden, die den adäquaten Rahmen für das Funktionieren des fordistischen Wachstumsmodells abgab" (Ziebura 1984:88).

Anfänglich schien es so, als würde dieses Vorhaben gelingen. Um 1930 hatte die deutsche Industrie bereits in großem Umfang die amerikanischen und britischen Importe von Werkzeugmaschinen, chemischen Erzeugnissen und – in geringerem Maße – Stahlerzeugnissen vom französischen Markt verdrängt (Kühnl 1985:955).

Der behutsame, korporativ-liberale Kurs der SPD und der Zentrumsrechten bedingte für die deutschen Verhältnisse eine Politik des Klassenkompromisses, der Staatsinterventionen und des Internationalismus. Dieser Kurs wurde vor allem von den am weitest entwickelten Sektoren der deutschen Industrie mitgetragen. Ein Konzern wie Siemens etwa, so schreibt Sohn-Rethel (1975:41), war im Interesse der Aufrechterhaltung seiner Qualitätsproduktion auf das Zusammenwirken der Klassen angewiesen und unterstützte ebenfalls die sog. Erfüllungspolitik der Weimarer Republik, um so am internationalen Wettbewerb um die Aufträge für Telephonzentralen und komplette Fabriken teilnehmen zu können. Bei solchen Großaufträgen arbeitete Siemens dann z.B. mit Otto Wolff oder den IG Farben zusammen. Da die deutschen Banken zu schwach waren, um die Finanzierung derartig umfangreicher Aufträge durchzuführen, waren die deutschen Konzerne an guten Beziehungen zu den großen Gläubigerstaaten interessiert. Antisemitismus und Terror gegen Arbeiter war für die modernen deutschen Betriebe, wozu auch z.B. die AEG, Zeiss und Leitz zu rechnen waren, völlig kontraproduktiv. Das gleiche galt auch für den Bereich der Forschung.

In den Jahren, die auf die Locarno-Verträge folgten, schien sich die Infrastruktur eines zusammenhängenden atlantischen Zentrums herauszubilden, in das allem Anschein nach auch Deutschland integriert werden konnte. 1926 trat Deutschland dem Völkerbund bei und in demselben Jahr erhielten auch die Außenminister Frankreichs und Deutschlands, Briand und Stresemann, zusammen den Friedensnobelpreis. 1928 kam es zur Unterzeichnung des Briand-Kellogg-Paktes zwischen den USA, verschiedenen wichtigen europäischen Staaten (worunter auch Deutschland) und Japan. Diesem Vertrag, der militärische Lösungen internationaler Konflikte ausschließen sollte, schlossen sich 63 Staaten (darunter auch die UdSSR) an. 1929 ergriff Briand die Initiative zur Bildung einer europäischen Union und kam es zu einer für Deutschland günstigeren Regelung der Reparationsfrage *(Young-Plan)*. 1930 schließlich trat Briand noch mit Vorschlägen zur Erneuerung und Erweiterung des Locarner Vertragswerks an die Öffentlichkeit. Als jedoch die deutsche Regierung unter Heinrich Brüning 1931 den Plan einer *deutsch-österreichischen Zollunion* bekanntgab, brachen die alten Gegensätze zwischen Frankreich und Deutschland wieder in voller Schärfe auf. Da die französische Regierung alle kurzfristigen Einlagen französischer Depositare bei der Wiener Creditanstalt zurückzog, mußte die Bank, die eine wichtige Schaltstelle für Geschäfte mit dem Südosten Europas war, Konkurs anmelden. Dieser Konkurs wurde zum Auslöser einer weltweiten *Bankenkrise*. Die deutschen Banken, die diese Krise überlebt hatten, wurden staatlicher Aufsicht unterstellt.

Noch bevor die Krise jedoch das Ausmaß des inflationären Chaos von 1923 erreicht hatte, verfügte der amerikanische Präsident Hoover in dem sogenannten *Hoover-Moratorium* die Einstellung der deutschen Reparationszahlungen. 1932, nach Ablauf des Moratoriums, wurde in Lausanne erneut über die Reparationen verhandelt. Man einigte sich auf eine Summe von 3 Milliarden Goldmark, die in Raten bezahlt werden konnte (Nussbaum 1978:325ff.).

5.2 Deutschland und die Geopolitik

Die Geschichte des Heiligen Römischen Reiches, der Zerfall der deutschen Fürstentümer in immer kleinere Einheiten und die über Europa verstreuten Siedlungsgebiete der Deutschen (entlang der Ostseeküste und bis an die Wolga) können erklären, daß der deutsche Nationalismus von Anfang an in einem Spannungsverhältnis zum bestehenden Staatensystem Europas stand. Überdies wurden durch Versailles noch (zusätzlich) gesellschaftliche Kräfte mobilisiert, die mit politischen Mitteln die ökonomische Vorherrschaft der angloamerikanischen Welt bekämpfen wollten.

5.2.1 Ökonomischer Nationalismus kontra Weltwirtschaft

Friedrich List (1789-1846) hatte sich bereits vor seiner Flucht nach Amerika in den 20er Jahren des 19. Jahrhunderts für die Einführung eines Gemeinschaftszolls aller deutschen Staaten eingesetzt. In Amerika geriet er unter den Einfluß von Matthew Carey, eines Verlegers irischer Abstammung, der die These vertrat, daß man dem britischen Freihandelskosmopolitismus eine Politik des ökonomischen Nationalismus gegenüberstellen müsse. Falls das nicht geschehe, würde die Weltwirtschaft durch *Überspezialisierung* ganze Regionen in koloniale Armut treiben (Ross 1991:44-46). Diese Auffassungen spiegeln sich in dem von List nach seiner Rückkehr nach Deutschland publizierten Werk *Das Nationale System der Politischen Ökonomie* (1841) wider. Dabei war der Begriff des „Nationalen" sehr weit gefaßt: List schrieb über die Niederlande und Dänemark, daß

„beide Völkchen ihrer Abstammung und ihrem ganzen Wesen nach der deutschen Nationalität [angehören]" (1977:51)

und propagierte einen Zusammenschluß des eurasischen Kontinents gegen die englische „Seesuprematie". Daß Frankreich Ansprüche auf deutsche Gebiete anmeldete, bedauerte List sehr, sei doch eine Offensive gegen das übermächtige, maritime Reich der Briten im gemeinsamen Interesse aller Staaten des Festlands.

In der Periode des Imperialismus traten die wirtschaftlichen Motive mehr und mehr in den Hintergrund und wurden von chauvinistischen und antisemitischen Aspekten überlagert und verdrängt. Treitschke nannte die Juden „unser Unglück" und dem angelsächsischen „Krämergeist" wurde das deutsche „Heldentum" entgegengehalten, wie etwa bei Werner Sombart in seinem Buch *Händler und Helden* (1915). Einer der „Kriegsschauplätze", auf dem die Helden Widerstand zu leisten hätten, lag auf dem Gebiet des Bevölkerungswachstums, um Deutschland in einen „Grenzwall" gegen die „slawisch-russischen Bevölkerungsmassen" zu verwandeln (Fischer 1984:143). Gleichzeitig gab es bereits (vor der Jahrhundertwende) die ersten Ansätze einer „Demokratisierung" des Imperialismus, die später in den Nationalsozialismus einmündeten. Der *National-Soziale Verein* des Liberalen *Friedrich Naumann* gab 1898 ein Manifest heraus, in dem festgestellt wurde, daß

„die äußere Macht auf die Dauer ohne Nationalsinn einer politisch interessierten Volksmasse nicht erhalten werden kann" (abgedruckt in Opitz 1977:125).

Auf die Frage, wie Deutschland Kolonien erobern könne, wurde in diesem Manifest die Antwort gegeben: „Bei Friedensschlüssen nach glücklichen Seekriegen".

Die Beherrschung der Weltmeere lag jedoch in britisch-amerikanischer Hand. Die Herausbildung eines lockeschen Kerngebiets hatte in beiden Ländern zu der Entwicklung einer Denkrichtung geführt, die gerade hierin den Schlüssel zur Beherrschung der Welt als ganzer sah. Alfred Thayer Mahan (1840-1914), ein Marineoffizier und Freund Theodore Roosevelts, kam in seinem 1897 publizierten Buch *The Influence of Seapower Upon History, 1660-1783* zu dem Schluß, daß die Herrschaft über die Seewege und vor allem über die Engpässe wie etwa Gibraltar und Suez, die britische Weltmacht erst ermöglicht hatte. Mahan schlug die Bildung einer starken

Flotte vor und empfahl Theodore Roosevelt, dabei die gleichgelagerten Interessen von Amerikanern und Briten zu berücksichtigen (Gelber 1966:134).

Mackinder Der allmähliche Niedergang der *Pax Britannica* aber führte in England zu einer pessimistischeren Beurteilung der Seemachtrolle. Die Technologie des 20. Jahrhunderts, insbesondre die Eisenbahn, erlaubte es großen Kontinentalmächten, wie z.B. Deutschland, sich Zugang zu Gebieten zu verschaffen, die früher ausschließlich auf **eurasisches** dem Seewege zu erreichen gewesen waren. Der britische Geograph Halford Mackin-**Kernland** der (1861-1947) erregte 1904 mit einem Vortrag Aufmerksamkeit, in dem er behauptete, daß nicht länger die Beherrschung der Meere, sondern die eurasische Landmasse der Schlüssel zur Weltmachtposition sei. Das Russische Reich mit seinen unermeßlichen Ressourcen sei das „Kernland" *(heartland),* das von einem sichelförmigen Landgürtel *(inner crescent)* umgeben sei – den Küstenstaaten.

> „Wer über Osteuropa herrscht, herrscht über das ‚Kernland'; wer das Kernland beherrscht, beherrscht die eurasische Weltinsel; wer über die Weltinsel herrscht, ist Herr der ganzen Welt." (zit. in Dougherty u. Pfaltzgraff 1971:54)

So lauteten die Merksätze in Mackinders Buch *Democratic Ideals and Reality* aus dem Jahre 1919. Er gab hiermit der britischen Furcht Ausdruck, Rußland könne sich des indischen Subkontinents bemächtigen (Lamb 1968:13).

5.2.2 Ratzel und die politische Geographie

Auch in Deutschland kam um die Jahrhundertwende ein Denkmodell zur Geltung, dessen Ausgangspunkt die Sicherung und Ausdehnung des Herrschaftsgebiets war.

Staat, Volk In der Tradition Fichtes und Hegels hatte sich über Ranke und Herder eine Ideo-**und Geographie** logie herausgeschält, die die Frage der deutschen Nation in einen geschichtlichen Kontext des Auf- und Niedergangs von Völkern situierte. Dabei war infolge der passiven Revolution dem Staat ein alles überragendes Gewicht zugesprochen worden und hatte der hobbessche Kampf aller gegen alle biologistische, sozialdarwinistische Züge angenommen. Das Verlangen nach eigenen Kolonien hatte – neben gewissen feudalen Überresten wie die Überbetonung des Landbesitzes – „das Museum deutscher Wechselbeziehungen" (Bloch) mit einer neuen völkischen Kategorie bereichert: neben die Kernbegriffe von „Staat" und „Volk" trat ein drittes Element, nämlich die „Geographie". In diesem Rahmen wurden auch Vorstellungen noch ältern Datums zu neuem Leben erweckt und zwar die Völkerwanderungen der germanischen und slawischen Stämme.

Rasse „Cap. 2 der Völkerwanderung ist geschlossen", meinte Kaiser Wilhelm II. in einem Telegramm des Jahres 1912. In „Cap. 3 [...] kommt der Kampf der Germanen gegen Russo-Gallien um ihre Existenz. Das kann keine Conferenz mehr lindern, weil das keine große politische, sondern eine Rassenfrage ist. [...] Denn es handelt sich um Sein oder Nichtsein der germanischen Rasse in Europa." (zit. in Fischer 1984:34)

Übrigens finden sich auch schon bei Hegel Elemente einer geographischen Betrachtungsweise des Werdegangs von Völkern, etwa wenn er behauptete, daß

154

„alle großen, in sich strebenden Nationen sich zum Meere drängen" (1972:210).

An dieses Gedankengut konnte Friedrich Ratzel (1844-1904) mit seinen Theorien anknüpfen. Ratzel war reisender Journalist gewesen, der als Freiwilliger am deutsch-französischen Krieg 1870/71 teilgenommen hatte, bevor er einen Lehrstuhl für Geographie an der Technischen Universität von München und später an der Universität von Leipzig innehatte. Ratzel gehörte zur jener Generation deutscher Gelehrter, die mehrheitlich der Auffassung waren, Ratzel

> „daß das Zeitalter scheinbar friedlichen Wettbewerbs der Staaten (im Sinne von Adam Smith) endgültig vorbei sei und daß ebenso die Begrenzung der Großmächte auf das europäische Staatensystem der Vergangenheit angehöre" (Fischer 1984:15).

Er betrachtete den Kampf der Nationen untereinander unter sozialdarwinistischem Blickwinkel und erklärte, dieser Streit beträfe immer einen spezifischen Raum, den *Lebensraum.* Lebensraum

Sein Staatsbegriff war *organizistisch,* d.h. bezog sich auf eine angenommene organische, lebendige Beziehung zwischen dem Grund und Boden und dem Volk, das darauf wohnte.

> „Der Staat ist uns nicht ein Organismus, bloß weil er eine Verbindung des lebendigen Volkes mit dem starren Boden ist, sondern weil diese Verbindung sich durch Wechselwirkung so sehr befestigt, daß beide eins werden und nicht mehr auseinandergelöst gedacht werden können." (Ratzel 1923:4)

Nach Ratzel war es die „Realpolitik", die geeignet sei, dem Volk jenen Raum zu verschaffen, auf dem eine solche, fruchtbare Wechselbeziehung gedeihen könne. Eine derartige Politik würde von geographischen Gegebenheiten diktiert. Ein insularer Staat müsse immer danach streben, die gesamte Insel seiner Herrschaft zu unterwerfen, wofür England ein Beispiel sei. Eine entsprechende Logik habe Preußen gezwungen, sein Staatsgebiet bis zum Rhein auszudehnen. In Anbetracht der Tatsache, daß der territoriale Ehrgeiz der verschiedenen Staaten immer Konflikte verursache, sei ein großes Staatsgebiet die Grundvoraussetzung dafür, in diesem Überlebenskampf erfolgreich bestehen zu können. Realpolitik

Überlebenskampf

1897 veröffentlichte Ratzel seine *Politische Geographie* nachdem er bereits ein Jahr zuvor in einem Artikel die Prämissen seiner Theorie als „wissenschaftliche Gesetzmäßigkeiten" dargestellt hatte. In diesen „Gesetzen" formulierte er noch einmal die Ausgangspunkte des Organizismus, wie etwa der „Lebenslauf" der Völker und Staaten, und machte dann daran die von ihm betonte geographische Dimension fest, wie z.B. die zentrale Funktion der Staatsgrenzen als Träger des staatlichen Wachstums. In diesem letztgenannten „Gesetz" war das allgemeine Prinzip der internationalen Beziehungen folgendermaßen definiert:

> „Die allgemeine Neigung zu territorialer Annektion und Verschmelzung wird von dem einen auf den anderen Staat übertragen, wobei die Intensität dieses Prozesses ständig zunimmt." (zusammengefaßt von Bakker 1967:32)

Krieg war die logische Konsequenz dieser „allgemeinen Neigung zu territorialer Annektion"; bei Ratzel allerdings nahm der Krieg auch noch die Bedeutung eines na- Rolle des Krieges

155

türlichen Vorgangs mit heilsamer Wirkung an. Krieg, so schrieb er in seinem Hauptwerk von 1897, sei

> „geographisch aufgefaßt, eine heftige stoßweise und gewaltsame Bewegung großer Menschenmassen von einem Lande in ein anderes hinein, politisch [aufgefaßt], das gewaltigste Mittel zur Weiterführung des im Frieden stockenden Staatenwachstums und zur Klärung verworrener Völkerverhältnisse" (Ratzel 1923: 65).

Die Haupttriebfeder des Krieges sei der Drang nach Lebensraum.

5.2.3 Mitteleuropa

Deutschland, ein im Vergleich zu England und Frankreich „junger" Staat, hatte bei seinem Kampf um Lebensraum im wesentlichen zwei Hauptaufgaben zu bewältigen: zum einen mußte es einen einheitlichen „mitteleuropäischen" Raum schaffen, zum anderen, um einer drohende Blockade seiner Häfen zuvorzukommen, eine starke Flotte aufbauen. Diese beiden Ideen formten den Kern des Expansionsprogramms des deutschen Imperialismus, und Ratzel war sowohl Mitglied des *Mitteleuropäischen Wirtschaftsvereins* (MWV) als auch des *Alldeutschen Verbandes,* beides Organisationen im Dienste des deutschen Expansionsstrebens.

Der Alldeutsche Verband war in den 90er Jahren auf Betreiben Alfred Hugenbergs, Krupp-Direktor und nationalistische Gallionsfigur, entstanden als Fortführung einer bereits früher von Carl Peters, der ein vehementer Vertreter des deutschen Kolonialismus war, gegründeten Vereinigung. Dieser im wesentlichen von der deutschen Schwerindustrie unterstützte Verband war eine einflußreiche Lobby extrem nationalistischer Ziele, wobei vor allem der Interessenkonflikt mit Frankreich eine wichtige Rolle spielte.

Mitteleuropa-konzeption
Die auf Mitteleuropa bezogene Verbandspolitik des MWV stand mehr in der national-liberalen Tradition von List und Naumann und vertrat die Interessen der jüngeren Industriezweige wie der Elektroindustrie und der Chemie. Der MWV setzte sich für einen mitteleuropäischen Handelsverbund von Deutschland, Österreich-Ungarn und der Schweiz ein, dem sich in erster Linie die Niederlande und die Balkanländer, später auch Italien, Frankreich und Belgien anschließen sollten (Opitz 1977:137).

Julius Wolf
Die Erfahrungen mit dem Proktektionismus hatten dem Gründer und „Chefideologen" des MWV, Julius Wolf, vor Augen geführt, welche entscheidende Rolle die enormen Territorien, über die England und die USA verfügen konnten bei dem Wettbewerb auf dem Weltmarkt spielten. Wolfs Schriften zur Notwendigkeit, dem angelsächsischen Wirtschaftsraum einen europäischen Verbund entgegenzustellen, fanden das Interesse führender Unternehmer. Was Georg von Siemens, Gründer der Deutschen Bank, kurz vor seinem Tod an Wolf schrieb, kann ein kleines Licht auf den Entstehungsprozeß eines Herrschaftskonzepts werfen: Es bedürfe noch einiger Anstrengung, die divergierenden Interessen mit dem mitteleuropäischen Gedanken in Einklang zu brengen. Jedoch,

156

„der Gedanke ist wertvoll genug, um aus dem Gebiet der Literatur einmal herausgehoben zu werden." Siemens sprach die Hoffnung aus, „die jetzt mit mir zusammengehende Gruppe von Industriellen und Kaufleuten für die Frage [zu] interessieren" (entnommen aus: Opitz 1977:150).

Mitteleuropäische Strategie und eine größere Rolle Deutschlands in der Welt hingen eng miteinander zusammen, weil – wie es ein prominenter Bankier formulierte – nur mit einer

„breitere[n] Basis in Europa [...] die volkswirtschaftliche Grundlage der deutschen Weltpolitik" geschaffen werden könne (zit. in Fischer 1984:16; vgl. 209).

In der Rivalität Deutschlands mit dem lockeschen Zentrum erwies sich die Heterogenität seiner Industrie jedoch als Handikap: Bestimmte Sektoren waren durchaus auf dem Weltmarkt konkurrenzfähig, während andere Bereiche bereits Schwierigkeiten hatten, den scharfen Wettbewerb in Europa zu überleben, wie etwa die deutsche Eisen- und Stahlindustrie gegenüber der französischen. Diese ungleichgewichtige Situation, die überdies noch durch den großen Einfluß des Großgrundbesitzes und die Stärke der Arbeiterbewegung zugespitzt wurde, erforderte einen hobbesschen Staat. Das Fehlen einer grenzübergreifenden, sich selbst regulierenden Gesellschaft verhinderte einen informellen Zusammenschluß jener Kräfte und Interessen, auf dessen Grundlage ein ziviles Mitteleuropa hätte gebaut werden können.

Die beiden Weltkriege haben die Unwahrscheinlichkeit einer friedlichen Expansion unter Beweis gestellt. In beiden Fällen wurde der Versuch, Europa dem deutschen Kapital unterzuordnen, von machtpolitischen Ambitionen in der Tradition Bismarcks durchkreuzt. Bereits nach dem deutsch-französischen Krieg sagte der Sozialist Wilhelm Liebknecht über das preußisch-deutsche Kaiserreich:

„Auf dem Schlachtfeld geboren, das Kind des Staatsstreichs, des Krieges und der Revolution von oben, muß es ruhelos von Staatsstreich zu Staatsstreich, von Krieg zu Krieg eilen und entweder auf dem Schlachtfeld zerbröckeln oder der Revolution von unten erliegen." (zit. in Alff 1976:56)

5.2.4 Der autoritäre Realismus Carl Schmitts

Das Entsetzen über die Bedingungen des Versailler Vertrags in Deutschland wurde u.a. in der Kritik des politischen Liberalismus von dem Staatsrechtsgelehrten Carl Schmitt (1888-1985) ausgedrückt. Schmitt, dessen Auffassung vom starken Staat im hobbesschen Sinne schon in seinen Frühschriften zu finden ist, war ausgehend von einer klerikal-autoritären politischen Position ein Feind des Parlamentarismus. Dennoch verteidigte er gerade wegen der Bestimmungen des Ausnahmezustandes, der seiner Auffassung nach die Integrität des Staates garantierte, die Weimarer Verfassung und daher auch die Präsidentialherrschaft Hindenburgs (ab 1930) (Bendersky 1987a:42).

Als Vertrauter und Berater von General Kurt von Schleicher unterstützte Schmitt dessen vor der Machtübernahme Hitlers unternommenen, einem zivilen keynesianischen Konzept verpflichteten Versuch, einen starken Staat mit einer von den Parteien losgelösten Massenbasis zu errichten. Als die Nationalsozialisten aber nach der

Kritik des politischen Liberalismus

Machtübernahme am 30. Juni 1934 ein Blutbad an der SA-Reichsleitung und dem Arbeiterflügel der NSDAP anrichteten und auch Schleicher den Tod fand, war Schmitt schon zu den neuen Machthabern übergewechselt. Gerade zur Verteidigung dieser von SS-Kommandos ausgeführten Morde betonte Schmitt, daß es in Hitler-Deutschland keine Machttrennung mehr geben könne:

> „Aus dem Führertum fließt das Richtertum...“

Führertum und Richtertum entstammten dem Überlebenstrieb des Volkes, und auch alle sonstigen Staatsinstitutionen ließen sich auf diesen zurückführen:

> „In der höchsten Not bewährt sich das höchste Recht und erscheint der höchste Grad richterlich rächender Verwirklichung dieses Rechts. Alles Recht stammt aus dem Lebensrecht des Volkes.“ (abgedruckt in Poliakov/Wulf 1989:329)

Mit dieser vulgär-hegelianischen Formulierung, die einen in Wirklichkeit innerparteilichen Kampf ausblendete, brachte Schmitt seine schon früher geäußerte radikal-autoritäre Kritik am Liberalismus und die Befürwortung eines hobbesschen Staates zum Ausdruck. Er tat dies wahrscheinlich um so heftiger, da er als Vertrauter Schleichers auch gegen die Parteien, einschließlich der NSDAP, Stellung bezogen hatte (Gottfried 1987:203).

Schmitt hatte schon in den zwanziger Jahren den Liberalismus englisch-amerikanischer Prägung als im Kern entpolitisiert charakterisiert, da er an die Stelle des Staates die Gesellschaft, an die Stelle des Willens ein soziales Ideal oder Programm und da er weniger das Volk sondern vielmehr das Publikum bzw. den Arbeitnehmer oder den Konsumenten in den Mittelpunkt seiner Gesellschaftstheorie gestellt habe.

> „Aus *Herrschaft und Macht* wird an dem geistigen Pol Propaganda und Massensuggestion, an dem wirtschaftlichen Pol *Kontrolle*.“ (Schmitt 1963:71)

Begriff des Politischen Aus diesem Geist heraus, so betonte Schmitt in seinem Essay der *Begriff des Politischen,* der auf einer Rede aus dem Jahr 1927 basierte, sei Deutschland der Versailler Vertrag aufoktroyiert und später in das Vertragswerk von Locarno eingebunden worden. Daher könne auch kein politischer Frieden erreicht werden; nur moralischer Pathos (Schuld, Verantwortung) und wirtschaftliche Ausbeutung seien zu erwarten. Schmitt sah die Wurzel dieses, seiner Auffassung nach grundlegenden Begriffswandels (vom Politischen zum Ethisch-Ökonomischen) in dem Sieg, den das industriell-kommerzielle Großbritannien über das Frankreich Napoleons errungen hatte. Seither seien die kriegerischen von handeltreibenden Völkern unterworfen, und nicht mehr, wie das zuvor der Fall war, umgekehrt.

Freund oder Feind Im wahren Sinne politisch seien nur jene sozialen Beziehungen, in denen es sich um den Unterschied zwischen *Freund* und *Feind* handelt. Letztlich entscheide sich in der Ausnahmesituation des Krieges bzw. Bürgerkrieges, wer als Freund bzw. Feind zu betrachten ist. Es gibt für Schmitt nichts Höheres als diesen Gegensatz, der nicht auf moralische oder wirtschaftliche Kategorien reduziert werden könne. Er leitete daraus seinen machtpolitischen Realismus und den – notwendigen – Pluralismus der Staatenwelt ab. Konflikte könnten daher auch

„weder durch eine im Voraus getroffene generelle Normierung, noch durch den Spruch eines ‚unbeteiligten‘ und daher ‚unparteiischen‘ Dritten entschieden werden" (Schmitt 1963:27).

Schmitt definiert den Feind als

„in einem besonders intensiven Sinne existenziell etwas anderes und Fremdes" (Ebd.).

Wegen seiner Betonung der Fremdartigkeit des Feindes wird Schmitt die Bewunderung der rassistischen Neuen Rechten zuteil (siehe De Benoist 1983, II:11-13); damals aber lag seine Absicht vor allem darin, der ethisch-legalistisch fundierten Unterwerfung Deutschlands durch die Westmächte und dem weltpolitischen Idealismus Wilsons und Briands entgegenzutreten. Indem er das Politische als absolute Existenzfrage definierte und sie in das Zentrum der Analyse der internationalen Beziehungen rückte, konnte Schmitt auch die „Friedensillusion" von Versailles angreifen. In dem unklaren Zustand zwischen Krieg und Frieden, der von Versailles geschaffen wurde, sei es wichtiger, so Schmitt in einer Rede von 1938, zu entscheiden, wer der Feind ist, als zu diskutieren, ob Frieden herrsche oder schon Krieg (1963:107-8).

absolute Existenzfrage

5.2.5 Haushofer und die Geopolitik

Versailles wurde auch von Vertretern der politische Geographie angegriffen. Der prominenteste Exponent der neuen *Geopolitik* war Karl Haushofer (1869-1946), von dem Stefan Zweig später schrieb:

„Persönlich hat Haushofer in der Partei, soviel ich weiß, nie eine sichtbare Stellung eingenommen...ich sehe in ihm keineswegs... eine dämonische ‚graue Eminenz‘, die im Hintergrunde versteckt, die gefährlichsten Pläne aushecht und sie dem Führer souffliert. Aber daß es seine Theorien waren, die mehr als Hitlers rabiateste Berater die aggressive Politik des Nat.-Soz. unbewußt oder bewußt aus dem eng Nationalen ins Universelle getrieben, unterliegt keinem Zweifel" (abgedruckt in Poliakov/Wulf 1989:54).

Haushofer hatte seine Laufbahn in der Armee begonnen. Nach seinem Studium an der Militärakademie wurde er 1908 vom bayerischen Generalstab in einer Beraterfunktion nach Japan geschickt, wo er geographische Studien über Japan anstellte, die er dann später in seiner Dissertation weiter vertiefte. Nach dem Ersten Weltkrieg erhielt er eine Professur für Politische Geographie an der Universität München, wo er seine Theorien auf dem Gebiet der internationalen Beziehungen ausarbeitete. Sein Werk knüpfte an das von Ratzel an, war aber auch den Auffassungen Mahans, Mackinders und des deutschgesinnten Schweden Rudolf *Kjellén* verpflichtet, von dem der Befriff „Geopolitik" stammt.

Die Geopolitik Haushofers wurde von seinen deutschen Fachkollegen größtenteils negiert und im Ausland, z.B. in Frankreich, wegen ihrer politisch riskanten Implikationen kritisiert. Die Seminare und Vorlesungen Haushofers wurden allerdings sehr gut besucht und die *Zeitschrift für Geopolitik,* die er gemeinsam mit dem Verleger Vowinckel 1924 gegründet hatte, war ein vielgelesenes Blatt. Schon bald wurde das Fach Geopolitik auch an anderen Universitäten eingeführt. Die Zeitschrift

Zeitschrift für Geopolitik

bekannte sich ab 1931 ausdrücklich zum Nationalsozialismus, als Haushofer, dessen Sohn Albrecht und Vowinckel allein die Redaktion bildeten. Die Installation Hitlers wurde redaktionell begrüßt als Zeichen

„eines tiefgreifenden Willens zur geopolitischen wie soziopolitischen Umgestaltung im Herzen des europäischen Erdteils" (zit. in Bakker 1967:50).

Autarkie
Von den Themen der Geopolitik, die allesamt eine lange Tradition in Deutschland hatten, war das Thema der *Autarkie* das weitaus wichtigste. Autarkie, d.h. wirtschaftliche Selbstversorgung, hätte Deutschland unabhängig von den Launen des Weltmarktes gemacht. (Übrigens wurde das Thema der Autarkie auch in einen engen Zusammenhang mit dem Erhalt der natürlichen Umwelt gestellt. Vgl. hierzu Fried 1939:111.)

Nach der Auffassung Haushofers verkörpert der Krieg den natürlichen Zustand der internationalen Beziehungen, der einem Staat nur die Wahl läßt, Hammer oder Amboß zu sein. Nur das Volk könnte sich ein freies Dasein sichern, dem es gelänge,

„seinen Lebensraum so zu gestalten, daß er in einem Kriege wirtschaftliche Autarkie zuläßt" (zit. in Bakker 1967:57).

Weltkräftefeld
Es wäre allerdings ein Mißverständnis, hierin eine Tendenz zur Selbstgenügsamkeit zu sehen. Staaten strebten nach Macht und räumlicher Ausdehnung; allerdings nicht ins Blaue hinein, sondern entlang natürlicher, von geographischen Gegebenheiten bestimmter „Stoßrichtungen" (Bakker 1967:63). Aus der Gesamtheit all dieser Stoßrichtungen ließe sich ein geopolitisches *Weltkräftefeld* ableiten, das die Expansionsrichtungen der Staaten sichtbar mache. Bei der Beantwortung der Frage, welche Staaten am meisten expansionsgerichtet seien, benutzten Haushofer und seine Gruppe *quantitative Daten,* wie etwa die Bevölkerungsdichte: je dichter die Besiedlung, desto größer sei der nach außen gerichtete Expansionsdrang. Das durch die Gebietsverluste aus dem Versailler Vertrag zwischen Frankreich und Rußland eingeklemmte Deutschland war bei all diesen Erwägungen natürlich die Hauptbezugsgröße. Die natürliche Stoßrichtung der Expansion Deutschlands ging gen Osten und sollte durch Auswanderung und Kolonisierung erreicht werden. Da die deutsche Sprache die *Lingua franca* (Verkehrssprache) Osteuropas bis zum Dnjepr sei, liefe die deutsche „Kulturgrenze" von Leningrad quer durch Rußland bis ans Schwarze Meer (Bakker 1967:93).

quantitative Daten

Organizismus
Aus dem *Organizismus,* der Lehre vom Staat als einem Organismus, der einen spezifischen Werdegang besitzt, leiteten die Geopolitiker einen in seinen Konsequenzen sehr extremen Staatsbegriff her. Sie befleißigten sich eines Pseudohegelianismus, der den Staat als eine mythische Seinsgröße auffaßte, bei der „Volk", „Territorium" und „Ökonomie" lediglich untergeordnete Aspekte waren, lediglich äußere Erscheinungsformen einer ideellen *Wesenheit.* Außerdem hatte der moderne Staat des 20. Jahrhunderts in ihrer Mächtigkeit noch nie dagewesene technische Instrumente zu seiner Verfügung, um militärische, wirtschaftliche und rassenpolitische Ziele zu verwirklichen. Oder, wie der Nazi-Propagandist Fried später formulierte, erscheine – verglichen mit früheren Staatsformen –

160

„der moderne Großstaat wahrhaft als ein Leviathan: in gewaltigeren Ausmaßen und mit einer vervielfachten Bevölkerung. Aber was dieses neue Gebilde des 20. Jahrhunderts von den zerrissenen und qualvollen Übergängen des 19. Jahrhunderts unterscheidet, ist das einzige, wichtigste Merkmal: es lebt, es stellt wirklich einen lebenden Organismus dar an Stelle eines öden, leblosen Mechanismus" (Fried 1939:83).

Haushofers Theorie entsprach unter den damaligen Umständen vor allem der wirtschaftlichen Interessenlage jener deutschen Unternehmer, die traditionell die mitteleuropäische Option favorisierten. Die *Zeitschrift für Geopolitik* wurde aus einem Fonds unterstützt, in dessen Geschäftsverwaltung die Vorstände der Unternehmerverbände, des Großhandelsverbands, die Direktoren der Deutschen und der Dresdner Bank und des Siemens-Konzerns vertreten waren. Außerdem verbreitete Haushofer sein Gedankengut als Mitarbeiter sehr vieler nationalistischer Blätter und in gelegentlichen Artikeln in der Tages- und Wochenpresse. Das Militär versorgte er mit recht begehrtem, „suggestiv demographischem, historischem und wirtschaftlichem Kartenmaterial", das bei der Propaganda für die Revision bestehender Grenzen von Nutzen war.

Rasse und Raum

Darüberhinaus versuchten sich Haushofer und seine Mitarbeiter auch an einer Synthese von Hitlers Antisemitismus und anderen Rassentheorien allgemeiner Art. Einen Zusammenhang glaubte man in „lebensgesetzlichen Beziehungen zwischen Rasse und Raum, zwischen Blut und Boden" entdeckt zu haben, wie in einem Beitrag zu dem von Haushofer redigierten Buch *Raumüberwindende Mächte* (1934) dargelegt wurde (Bakker 1967:50). Auch die beneidete angloamerikanische Welt beruhe ja auf der strikten Wahrung „rassischer" Prinzipien, wie Fried schrieb.

Blut und Boden

„Alle neuzeitlichen großen Staats- und Reichsbildungen müssen um diese polaren Beziehungen [nämlich ‚Blut und Boden', d.V.] gelagert sein, wollen sie dauernde organische Lebewesen werden [...] Gerade die beiden angelsächsischen Weltreiche zeigen die hohe politische Bedeutung dieser Bindungen und Wechselwirkungen: das britische Weltreich ist ungemein zersplittert über die Erde [...], es wird aber dennoch zusammengehalten von der unbedingt gewahrten Einheit der Rasse." (1939:97f.)

Hitler

Auf Betreiben von Rudolf Hess, dem langjährigen Weggenossen Hitlers, und dem Landwirtschaftsexperten Walter Darré wurde 1931 die *Arbeitsgemeinschaft für Geopolitik* gegründet, deren wissenschaftlicher Leiter Karl Haushofer wurde. 1934 wurde die Geopolitik der Arbeitsgemeinschaft zur offiziellen NSDAP-Doktrin der Außenpolitik. Haushofer war seit 1921 mit Hess befreundet, der Hitler während seiner Gefangenschaft, die er wegen des fehlgeschlagenen Putschversuchs vom November 1923 abbüßte, beim Verfassen von *Mein Kampf* unterstützte. Es ist daher anzunehmen, daß Haushofer und Hitler sich in dieser Periode gegenseitig beeinflußt haben. An der Entstehung des zweiten Bandes von „Mein Kampf" war Haushofer wohl direkter beteiligt; jedenfalls scheint er die Fahnenkorrektur vorgenommen zu haben.

Bakker sieht im 14. Kapitel, „Ostorientierung oder Ostpolitik", einen Beweis Haushoferschen Einflusses. Der heutige Leser dieses Kapitels muß allerdings über beträchtliches „geistiges Sitzfleisch" verfügen: schweift Hitler doch – nach einem Abriß Haushoferscher Definitionen – bald vom eigentlichen Thema seines Kapitels ab und verliert sich in Betrachtungen über die „Vernegerung" Frankreichs, die zur

„Entstehung eines afrikanischen Staates auf europäischem Boden" führen würde, etc. (Hitler 1933:730). Erst danach greift er sein ursprüngliches Thema wieder auf, nämlich, daß sich hinter dem russischen Bolschewismus das jüdische Streben nach Weltherrschaft verberge. Überhaupt hätte Deutschland schon vor dem Ersten Weltkrieg seine kolonialen Bestrebungen fallen lassen sollen und sich mit England auf eine gegen Rußland gerichtete, „entschlossene europäische Politik kontinentalen Bodenerwerbs" verständigen müssen, meint Hitler (1933:753). Dann folgen wiederum seitenlange Betrachtungen über den eigentlichen Hauptfeind Frankreich, bevor er zu dem Schluß gelangt, daß „nicht West- und nicht Ostorientierung" das Ziel nationalsozialistischer Außenpolitik sein werde, sondern

„Ostpolitik im Sinne der Erwerbung der notwendigen Scholle für unser deutsches Volk" (1933:757).

5.3 Krise und Kriegsvorbereitungen

Auch in der Zeit vor 1931 fanden die Ansichten der Geopolitiker schon großen Anklang, doch schien die nationale und internationale Situation stabil genug zu sein, um den deutschen Nationalismus und Rechtsextremismus nicht hochkommen zu lassen.

5.3.1 Mitteleuropäische Autarkie und Kriegsvorbereitungen

Während die Politik Brünings im In- und Ausland rasch jegliche Manövrierfähigkeit verlor, gewann der von Sohn-Rethel als bankrott bezeichnete Teil der deutschen Ökonomie politisch zunehmend an Bedeutung. Die Schwerindustrie, insbesondere die Eisen- und Stahlkonzerne, die – nach einem Treffen ihrer Vertreter mit Hitler in Bad Harzburg – die sog. *Harzburger Front* bildete (Sohn-Rethel 1975:51), konnte die wirtschaftlich konkurrenzfähigeren Sektoren der deutschen Wirtschaft politisch überflügeln.

Einige Monate nach dem Debakel der deutsch-österreichischen Zollunion wurde die Nachfolgeorganisation des MWV, der *Mitteleuropäische Wirtschaftstag* (MWT), von der Vereinigung Essener Stahlbarone übernommen. Neuer Vorstand wurde der Krupp-Direktor T. von Wilmovsky. Durch den Einfluß der Stahlindustrie änderte sich auch die Haltung des MWT gegenüber Frankreich. Max Hahn, der Geschäftsführer des MWT, wies 1931 Frankreich die Schuld an der ausbleibenden (wirtschaftlichen) Vereinigung Europas zu, während sich Dreiviertel der Erde bereits zu großen Wirtschaftsblöcken zusammengeschlossen habe.

„Die französische Politik hat bisher folgerichtig [...] immer an dem Gedanken der Zersplitterung, der Atomisierung Europas festgehalten." (zit. in Opitz 1977:583)

Die Ablösung der auf Aussöhnung mit den Siegermächten gerichteten Politik durch einen antifranzösischen Kurs machte auch den letzten Hoffnungsschimmer auf eine deutsche Teilnahme an der europäischen Herrschaft über Afrika zunichte, nachdem als Folge der Versailler Verträge der deutsche Wunsch nach eigenen Kolonien bereits zu Grabe getragen worden war.

„Seitdem sich zuletzt noch Japan und Italien in diesen Vorgang einschieben konnten, bleibt als einzige abendländische Großmacht Deutschland übrig, das über keinen kolonialen Besitz und über keine kolonialen Einflußgebiete verfügt, das also bei dieser Aufteilung leer ausgegangen ist und dem daher nichts anderes verbleibt, als sich wieder seinem natürlichen Einflußgebiet und Lebensraum in Mittel- und Osteuropa zuzuwenden." (Fried 1939:162)

Das Bündnis zwischen Schwerindustrie und Landwirtschaft, das 1932 zustande kam, war in einer Neuorientierung des deutschen Handels auf Europa begründet und damit in einer Abkehr vom Weltmarkt. Die Agrarwirtschaft investierte in den Ölsaatanbau in den südlichen Donaustaaten, an dem der IG Farben sehr gelegen war. Dieser Wirtschaftsriese umfaßte sowohl Konzernabteilungen, die dem weltmarkt- und kompromißorientierten Herrschaftskonzept der Brüningfront nahestanden (wie Bayer und Agfa), als auch Sektoren der Dünger- und Sprengstoffproduktion, die mehr mit den Interessen der Harzburger Front übereinstimmten. Außerdem hatten die IG Farben 1929 einen – im Rahmen der Autarkiepolitik bedeutsamen – Produktionsvertrag mit der amerikanischen Rockefellergruppe zur Herstellung von synthetischem Benzin abgeschlossen. Ende 1932 schlossen sich die IG Farben unter ihrem neuen Aufsichtsratsvorsitzenden Carl Bosch definitiv dem Lager der „mitteleuropäischen Autarkisten" an (Sohn-Rethel 1975:77). Im sogenannten *Keppler-Kreis,* einem 1932 auf Initiative Schachts zustandegekommenem Beratungsgremium, das die Zielvorstellungen der Nazis mit den Interessen der Unternehmer auf einen Nenner bringen sollte, waren die Elektro- und die chemische Industrie allerdings nicht vertreten (Stegmann 1976:47).

Bereits 1930 – vier Jahre vor dem vereinbarten Datum – hatte die Weimarer Regierung die Aufhebung der Rheinlandbesetzung erwirkt. Im Zuge der zunehmend rechts-nationalistischen Entwicklung wollte die deutsche Regierung darüberhinaus auch die Revision des Wiederbewaffnungsverbotes erreichen. Auf der Abrüstungskonferenz von 1932 in Genf forderte Reichskanzler von Papen eine den anderen europäischen Mächten vergleichbare Rüstung auch für Deutschland. Als dies abgelehnt wurde, verließ er die Konferenz, kam aber nach der Zusicherung zurück, Deutschland dürfe im Rahmen eines für Frankreich akzeptablen Sicherheitssystems aufrüsten, bis es die militärische Stärke Frankreichs erreicht habe.

1933 wurde Hitler vom Reichspräsidenten Hindenburg zum Reichskanzler ernannt, nachdem dieser die Versicherung erhalten hatte, daß Hitler das Vertrauen der Wirtschaft genieße (Stegmann 1976:59). Im Oktober 1933 verließ Deutschland den Völkerbund (Japan hatte ihn bereits im Februar verlassen; Italien folgte 1937 nach Beendigung des Abessinien-Krieges).

Die praktische Ausführung der *Mitteleuropa-Strategie* wurde nun tatkräftig in Angriff genommen. Krupp und die IG Farben beschafften sich (über belgische Strohmänner) Finanzmittel zum Kauf von Kupfer-, Zink- und Bauxitminen in Jugoslawien; die IG Farben legte in Rumänien, Bulgarien und Ungarn Sojabohnenplan-

Mitteleuropa-Strategie

tagen an (Sohn-Rethel 1975:126f.). Im übrigen hatten z.B. die IG Farben und Bosch ihre Auslandsinvestitionen und Lizenzverträge durch Tarnkonstruktionen unsichtbar gemacht (Aalders/Wiebes 1990).

Es wurden Strategien entworfen, um die Völkerschaften der UdSSR, vor allem die Ukrainer, Georgier und andere Kaukasusvölker, für die deutschen Interessen zu instrumentalisieren. Zu diesem Zweck wurden – oftmals finanziert von Konzernen wie Nobel und Shell, die durch die Oktoberrevolution ihren Besitz in der Sowjetunion verloren hatten – Agitatoren geschult, die dafür sorgen sollten, daß die von Separatisten geforderten Gebiete die wichtigsten Kohle-, Erz- und Ölvorkommen umfaßten (Sohn-Rethel 1975:133). 1933 forderte Wirtschaftsminister Hugenberg auf einem wirtschaftspolitischen Gipfeltreffen in London die Abtrennung der Ukraine von der UdSSR. Hitler verurteilte diesen Vorstoß Hugenbergs allerdings als zu voreilig und entließ seinen Minister (Bennhold 1991:1236). Im März 1936 besetzten deutsche Truppen das Rheinland und Hitler kündigte den Vertrag von Locarno auf. Im Oktober und November 1936 schloß er Verträge mit Italien und Japan *(Antikominternpakt)* ab. Es wurde immer deutlicher, daß wichtige Teile der herrschenden Kreise im Westen der Auffassung waren, Nazi-Deutschland verfolge eine in der europäischen Situation durchaus plausible Politik und schlage im Rahmen der mitteleuropäischen Tradition lediglich eine besonders scharfe antikommunistische Gangart an. Beim Münchner Abkommen von 1938 waren England und Frankreich sogar bereit, die tschechoslowakische Integrität zu opfern und verlangten als Gegenleistung nur die Zusicherung der Deutschen, ihren politischen Ehrgeiz auf Südosteuropa und die Sowjetunion zu beschränken.

5.3.2 Der Nazi-Staat

Bis 1936 war Hitler Regierungschef einer nationalistischen Parteienkoalition; erst danach kam es zur völligen Einparteienherrschaft und Führerdiktatur. Die anfängliche Teilung der Macht hatte eine wichtige Funktion beim Übergang zu einer Politik der Kriegsvorbereitung.

> „Die relative Stabilität dieses Herrschaftssystems resultierte nicht zuletzt daraus, daß es ihm gelang, im Sinne des traditionellen Sozialimperialismus des Kaiserreiches die Massen vom inneren Protest auf ein äußeres Ziel, die Wiedererlangung der deutschen Großmachtstellung in Mitteleuropa und in der Welt, manipulativ umzulenken." (Stegmann 1976:68)

Die erste Phase der faschistischen Machtausübung war im allgemeinen geprägt vom ursprünglichen Charakter der Partei als Massenpartei. In diesem Stadium wurden dem Volk – oftmals unter Mißbilligung der vordem herrschenden Klasse, die den Faschismus unterstützte – Zugeständnisse gemacht. Die radikalisierte Mittelschicht wurde zur regierenden Klasse. Erst die schon erwähnte Ausschaltung des linken Flügels der faschistischen Partei, die 1934 mit der Ermordung des SA-Chefs Röhm einsetzte, beendete diese „bonapartistische" Episode, wie Poulantzas darlegt (1974:98). Die Ablösung Hugenbergs und die Annäherung zwischen dem erweiterten Keppler-

Kreis, der sich jetzt Freundeskreis Himmler nannte, und der SS waren Vorbedingungen für diese Abrechnung (Stegmann 1976:61-68).

Die Herrschaft einer *Staatsklasse* ist ein Merkmal des hobbesschen Staates. Die Identität von herrschender und regierender Klasse ergibt sich zum einen aus der Notwendigkeit, mit dem weiter entwickelten lockeschen Kerngebiet konkurrieren zu müssen, zum anderen aus der relativ schwach entwickelten gesellschaftlichen Grundlage. Der Staat, der eine passive Revolution durchmacht (im Falle Deutschlands *passiv* sowohl dem amerikanischen Fordismus wie der Planwirtschaft der UdSSR gegenüber), versucht, von oben herab den Prozeß der Klassenbildung zu stimulieren. Das besondere Kennzeichen faschistischer Herrschaft ist es nun, daß sie in einer Situation, in der sich die Gesellschaft bereits verselbständigt hat, den Staat als Machtinstrument einer herrschenden Klasse, deren äußere und innere Machtposition bedroht ist, *erneut einführt*. Darum ist der Faschismus auch als *reaktionär* zu bezeichnen; er ist gemessen am bereits erreichten Entwicklungsstand der Gesellschaft ein geschichtlicher Rückfall (Atavismus). Sobald er jedoch seine Herrschaft etabliert hat, entzieht sich der Faschismus dem Zugriff der ehemals herrschenden Klasse, auch wenn diese ihre „strukturelle" Macht behält (Cox 1987:190). Es ist aber nicht sie, sondern die faschistische Staatsklasse, welche die „Fähigkeit zur direkten Anwendung instrumenteller Macht" besitzt. Zwar können Banken und Industrie auch weiterhin als kapitalistische Unternehmen funktionieren, müssen sich aber dem faschistischen Staat unterordnen und sind staatlichen Zwängen und Interventionen ausgesetzt.

In Deutschland wurde zum Zwecke der Kriegsvorbereitung die Wirtschaft in eine Kommando-Wirtschaft umgewandelt. Der Zugriff des Staates auf die Ökonomie wurde im wesentlichen über die *Reichsgruppe Industrie* und das Steuerungsinstrument der staatlichen Produktionsplanung (Vierjahrespläne) realisiert. Der von Schacht aufgestellte erste Vierjahresplan half der Schwerindustrie, die Hitler an die Macht gebracht hatte, wieder auf die Beine. Danach etablierten die Nazis eine wirtschaftliche Diktatur, die den Rest der Ökonomie, vor allem auch die Chemie und Elektroindustrie mobilisierte. Als Chef des Reichsluftfahrtministeriums, das Ende 1936 den Aufgabenbereich des ehemaligen Amtes für Kriegswirtschaft übernahm und seine Befugnisse auf die zivile Wirtschaft ausdehnte, war Hermann Göring verantwortlich für die Durchführung des zweiten Vierjahresplans. In den *Hermann-Göring-Werken* wurden Unternehmen zusammengefügt (u.a. Erzbergbau und Hüttenwerke), die eigentlich nicht mehr rentabel produzierten, auf die im Rahmen der Kriegswirtschaft aber dennoch nicht verzichtet werden konnte (Sohn-Rethel 1975:92-95;130).

Diese Werke wurden dann ihrerseits zu einem Motor aggressiver Außenpolitik. Der Aufbau der Waffenindustrie war ja, solange Deutschland selbst noch keinen Krieg führte, nur durch den Export von Rüstungsgütern in die Spannungsgebiete Südosteuropas und in die Kriegsregionen Chinas und Spaniens möglich.

Staatsklasse

165

5.3.3 Umverteilung durch Bürgerkrieg

Nachdem die mitteleuropäische Strategie 1931 in ein Debakel gemündet war, mischte sich Deutschland zunehmend in Bürgerkriege ein, um sich Zugang zu strategisch wichtigen Regionen zu verschaffen. Krupp finanzierte 1932 bzw. 1933 die Aufstände der Slowenen und Kroaten in Jugoslawien, während die deutsche Gegenspionage und die Reichswehr Waffen lieferten (Sohn-Rethel 1975:126). Im spanischen Bürgerkrieg (1936-1939) spielte Deutschland eine ähnliche Rolle. Spanien gehörte wirtschaftlich zum Einflußgebiet des britischen und französisch-belgischen Kapitals, doch startete der spanische Minister Gil Robles 1935 ein öffentliches Investitionsprogramm, dessen Ausführung in deutsche Hände gelegt werden sollte. Als Gegenleistung wurden Abbaurechte im Bergbau angeboten, was für Nazi-Deutschland sehr attraktiv war, da durch den Wahlsieg der Volksfront in Frankreich 1936 ein Teil der für die Wiederaufrüstung notwendigen Rohstoffbeschaffung gefährdet schien. So schien sich für die Deutschen ein Zugang zu den spanischen Eisen-, Kupfer- und vor allem den strategisch bedeutsamen Pyrit- und Quecksilbervorkommen zu eröffnen. Gleichzeitig wurden mit italienischen Betrieben Verträge zur Kohle- und Zinngewinnung abgeschlossen. Als die Wahl zugunsten der spanischen Volksfront ausgefallen war, war das Engagement der faschistischen Staaten für den Aufstand Francos daher nur allzu verständlich. Nachdem dieser die Pyritminen von Rio Tinto erobert hatte, wurde deren Produktion, nach einer Entschädigung der britischen Eigentümer, ebenso wie die Kupfererzproduktion nach Deutschland verfrachtet (Bougoüin u. Lenoir 1938:9). Ganz reibungslos verlief die deutsche Aneignung spanischer Rohstoffvorkommen allerdings nicht. Es kam auch zu Unstimmigkeiten zwischen Franco und den Beauftragten Görings in Spanien (Thomas 1986:765f.).

Die Briten versuchten durch die Aufnahme von Wirtschaftsbeziehungen zum Franco-Regime ihre Interessen zu retten. Doch fürchtete sich ein Großteil der herrschenden Klasse Großbritanniens mehr vor der Volksfrontregierung als vor den Deutschen. Minister Ribbentrop stützte sich bei seiner Einschätzung, daß die Briten sich bei einer deutschen Eroberung des europäischen Kontinents passiv verhalten würden, auf die spanischen Erfahrungen (Sohn-Rethel 1975:144).

5.3.4 Krieg und europäischer Großraum

Großraumwirtschaft

Nach dem Sieg über Frankreich im Jahre 1940 richtete sich der Wirtschaftsminister Funk mit einer Denkschrift *Kontinental- und Großraumwirtschaft* an Hermann Göring. Darin trat er für einen „Neuaufbau einer europäischen Kontinentalwirtschaft unter deutscher Führung" ein, Göring erwiderte hierauf, daß noch während des Krieges die Ökonomien der besetzten Gebiete – auch auf dem Wege der Kapitalbeteilung – so umfassend wie möglich in deutschen Besitz übergehen müßten (vgl. Opitz 1977:758). Zu diesem Zweck wurde auch das Instrument der Arisierung, d.h. des Enteignens jüdischen Eigentums, vielfältig eingesetzt. Durch den Anschluß Öster-

166

reichs war die (inzwischen wieder eröffnete) Wiener Creditanstalt in deutschen Besitz übergegangen und damit verfügte Deutschland über ein wichtiges wirtschaftliches Sprungbrett nach Südosteuropa. Auch bei der Besetzung und der anschließenden Neugliederung der Tschechoslowakei waren viele Unternehmen in deutsche Hände geraten. Ähnliches wiederholte sich, als die Deutschen 1941 Jugoslawien in einen kroatischen und einen serbischen Staat aufspalteten (OMGUS 1985:236).

Im Januar 1941 wurde von den Nazis eine *Gesellschaft für europäische Wirtschaftsplanung und Großraumwirtschaft e.V.* gegründet. Verschiedene Seiten hatten auf diese Gründung gedrängt, so u.a. der früher schon erwähnte Chemieindustrielle Daitz, der inzwischen auf eine maßgebliche Stelle im Auswärtigen Amt der NSDAP aufgestiegen war. (Poliakov/Wulf 1989:363; Dok. 80, 82, 91 in Opitz 1977). Daitz wurde Führer dieser Organisation, deren Vorstand und wissenschaftlicher Beirat sich auch aus verschiedenen Theoretikern des Großraumkonzeptes zusammensetzte.

Die Eroberungen Deutschlands machten eine geopolitische Akzentverschiebung in Richtung der inneren Organisation des Reiches sowie eine Stabilisierung der Verhältnisse zu anderen Großmächten wünschenswert. Der SS-Brigadeführer und juristische Experte der Gestapo, Werner Best, der nach dem Krieg zum Tode verurteilt wurde, sich aber schon 1951 wieder auf freiem Fuß befand, hatte zusammen mit anderen, u.a. dem wissenschaftlichen Berater Himmlers, Professor Reinhard Höhn, in der 1940 gegründeten Zeitschrift *Reich, Volksordnung, Lebensraum,* in diese Richtung argumentiert. Sie griffen dabei zurück auf Carl Schmitt, der 1939 mit seiner Schrift *Völkerrechtliche Großraumordnung* eine Weiterentwicklung des geopolitischen Denkens anregte (vgl. Best in Poliakov/Wulf 1989:497f; Höhn in Opitz 1977:933f). Großraumordnung

Schmitt war 1936, als die Nazis die Koalition mit Weimar-Konservativen beendeten, einigen Angriffen seitens einer SS-Zeitschrift ausgesetzt, die er nach dem Kriege als Beweis für seinen Bruch mit den Nazis heranzog (Bendersky 1987b:91-3). 1941-42 aber befand er sich neben Best und Höhn im Kreis derjenigen, die Daitz zur Schaffung einer neuen „europäischen Großraumorganisation" zusammengerufen hatte. Schmitt

Der direkte Anlaß für Schmitts Vorstellungen von einer *Großraumordnung* war der Anschluß Österreichs und die Notwendigkeit, diesen Vorgang irgendwie völkerrechtlich zu sanktionieren (Opitz 1977:36). Schmitt argumentierte, daß das Völkerrecht eine Tendenz der Entterritorialisierung erfahren habe, die auf den Einfluß „jüdischen Denkens" zurückzuführen sei. Schon 1823 habe sich aber mit der Monroe-Doktrin eine neue Konzeption des Völkerrechts entwickelt. Die Monroe-Doktrin habe, da sie sich gegen europäische Legitimitätsansprüche richtete, einen Großraum – und zwar Amerika – definiert, in dem eine spezifische Konzeption von Ordnung vorherrsche und in dem eine Intervention *raumfremder Mächte,* wie Schmitt sie nannte, untersagt worden sei (Schmitt 1977:643). Wilson habe diese Doktrin in einem universalistisch-imperialistischen Sinne erweitert. Nach Schmitt sollte Deutschland in der internationalen Politik einen Platz einnehmen, der zwischen dem überholten zwischenstaatlichen Völkerrecht des *ius publicum europäum* und diesem Universalismus zu lokalisieren sei. Aufbauend auf der Idee der Monroe-Doktrin (aber die „Rassenmischung" der USA explizit ablehnend), schlug Schmitt vor, den Begriff des Reichs Begriff *Reich* als zentrale Kategorie in das Völkerrecht einzuführen.

„Eine Großraumordnung gehört zum Begriff des Reiches, der hier als eine spezifisch völker-rechtliche Größe eingeführt werden soll. Reiche in diesem Sinne sind die führenden und tragenden Mächte, deren politische Idee in einen bestimmten Großraum ausstrahlt und die für diesen Groß-raum die Interventionen fremdräumiger Mächte grundsätzlich ausschließen." (Schmitt 1977:643)

Dennoch könnte es Staaten und Völker geben, die zwar innerhalb des Großraumes lägen, die aber nicht Teil des Reiches seien; es brauche auch keine Identität zwischen Reich und Großraum zu bestehen, wohl aber müsse eine gemeinsame politische Sprache und Gedankenwelt existieren. Mit dieser Theorie kam Schmitt in die Nähe des von Gramsci erarbeiteten Hegemoniekonzeptes (Ulmen 1987:70), was wiederum die Faszination für ihn seitens der hegemoniebestrebten Neuen Rechten von heute verständlich macht.

Wirsing | Die Eroberung großer Teile der Sowjetunion brachte Deutschland dem erklärten Ziel völliger Autarkie wesentlich näher. In einer SS-Denkschrift von 1942 wurde sogar über die Möglichkeit flexibler Herrschaftsmethoden, ähnlich denen des briti-schen Commonwealth, spekuliert. Die Deutschen wären nicht als koloniale Freibeu-ter im Stil des 19. Jahrhunderts in Rußland eingedrungen, schrieb der Verfasser G. Wirsing (1977:916) damals. Leitmotive der weiteren Entwicklungen sollten vielmehr Planung und Großraumwirtschaft bei gleichzeitiger freier

„Initiative der verschiedensten Unternehmungen" sein. „Für Deutschland und Europa kann und muß die Entwicklung des russischen Raumes auf längere Sicht die fast völlige Unabhängigkeit von Übersee und damit die Errichtung einer völlig unangreifbaren Bastion bedeuten."

Die Bindungen zwischen dem deutsch-europäischen und dem russischen Wirt-schaftsraum sollten eher locker gestaltet werden.

„Die klügsten Köpfe der britischen Reichsführung haben in den letzten Jahren vor dem zwei-ten Weltkrieg in ganz ähnlicher Weise erkannt, daß sie ihr Empire nur dann aufrechterhalten könn-ten, wenn sie den Ausbeutungs-Imperialismus in ‚cooperative imperialism' umwandeln würden, in ein System der Zusammenarbeit der einzelnen Reichsteile unter Aufrechterhaltung der britischen Führung. Diese Umstellung des britischen Weltreiches auf moderne und unserer Zeit gemäße Ideen ist nicht mehr geglückt. [...] Wir dagegen haben die geschichtlich geradezu unerhörte Möglichkeit, daß wir [...] hier in Rußland von vornherein nach diesen der heutigen Zeit angepaßten Gesichts-punkten arbeiten und unsere Ordnung entsprechend aufbauen können." (Wirsing 1977:917)

Ein Jahr später, im September 1943, wurde in einer Denkschrift des Auswärtigen Amtes zur Gründung eines europäischen Staatenbundes festgestellt, daß ein derar-tiger Bund, der durch eine Initiative der Achsenmächte zustandekommen solle, den angeschlossenen Staaten Freiheit und Unabhängigkeit zugestehen müsse,

„damit sie in der Lage sind, ihren durchaus verschiedenen nationalen Aufgaben gerecht zu werden, und ihre besonderen Funktionen im Rahmen des Ganzen schöpferisch und freudig zu erfüllen" (entnommen aus Opitz 1977:959).

Beck und Goerdeler, die später wesentlich am Attentat vom 20. Juli 1944 beteiligt waren, hatten schon 1941 darauf hingewiesen, daß ein solches Unternehmen nur dann Aussicht auf Erfolg habe, wenn der Krieg in einem frühen Stadium beendet würde, es zu einer Zusammenarbeit mit England und Amerika käme und die Ras-senideologie abgeschwächt würde.

168

Das Dritte Reich hatte allerdings die Kräfte, die eine solche gemäßigte Politik eventuell hätten durchsetzen können, bereits vernichtet. Auch die letzte mögliche Barriere, die die Realisierung des geopolitischen und rassistischen Programms der Nazis hätte modifizieren können, wurde beseitigt.

5.4 Japanische Großraumwirtschaft im Pazifik

Von den schätzungsweise 54,8 Millionen Toten des Zweiten Weltkriegs starben etwa 38 Millionen in Europa und der Sowjetunion – an der Front, durch Bombenangriffe, in den Gaskammern der SS. Gleichzeitig wurde im Pazifik ein Krieg zwischen Japan und den USA ausgetragen, dem 13,6 Millionen Asiaten zum Opfer fielen und 229.000 US-Amerikaner (Zahlenmaterial aus Kühnl 1980:477).

5.4.1 Revolution von oben und Imperialismus

Um 1870 herum gehörte Japan zu jenen Staaten (wie auch Italien und Preußen/ Deutschland), die sich über eine Revolution von oben einen Platz in der sich welt-weit ausbreitenden Staatenordnung erobern wollten. Ab 1868, dem Jahr der so-genannten Meiji-Restauration, gelang es Japan, sich dadurch einer Unterwerfung durch die USA zu entziehen. Der hobbessche Staat, der den Anschluß an das indu-strielle Zeitalter erreichen wollte, prägte die Politik und die Gesellschaft Japans weit nachhaltiger als das in den beiden anderen genannten Ländern der Fall war. Am Vorabend des Krieges mit den USA schrieb der Japanologe Norman über Japan:

„Vieles aus der Meiji-Periode ist im gegenwärtigen Japan noch lebendig, ja erlebt sogar eine Blüte: Das Wachstum und Auswuchern der Bürokratie und der militärischen Kaste; der Mangel an Selbstvertrauen bei Parlament und Parteien; die staatlichen Eingriffe in die Unternehmen [...]." (1940:3)

Durch die sprunghafte Entwicklung des Landes konnten die feudale Mentalität und Lebensweise der japanischen Gesellschaft nahezu unbeschädigt in die neuen indu-striellen Verhältnisse eingehen:

„In der japanischen Gesellschaft gab es bis 1945 keinen Zweifel an der Göttlichkeit des Kai-sers. [...] Ein Wertesystem, das aus der Verschmelzung und Zusammenfügung kaiserlicher Ord-nungsprinzipien mit den Normen der dörflichen Gemeinschaft herrührte: das war die Realität, die man in der japanischen Gesellschaft antreffen konnte." (Kato 1971:16)

Die Verfassung von 1889 war nach preußischem Muster entworfen worden; dar-überhinaus hatten die Kriegs- und Marineminister einen direkten Zugang zum Kai-ser, wodurch u.a. eine beherrschende Einflußnahme der Militärs auf die Landes-politik gegeben war. Die vom Staat initiierte kapitalistische Entwicklung diente einer (nationalistischen) Expansion, die nicht von Entdeckern oder Unternehmern ausging, sondern von

„einer gewaltorientierten Bewegung, die von der Nation als ganzer gebilligt und vorangetrieben wurde" (B.L. Putman, zit. in Norman 1940:199).

Das Militär propagierte eine rassistische Sicht der Weltgeschichte, wobei Japan die Aufgabe zugefallen sei, als der Schutzpatron Asiens in dem bevorstehenden Kampf der weißen gegen die nicht-weißen Rassen aufzutreten (Allen 1971:21).

1895 annektierte Japan nach einem Krieg mit China die Insel Formosa und brachte Korea in seinen Einflußbereich. Der Nationalismus erreichte einen vorläufigen Höhepunkt, als Rußland zusammen mit Frankreich und Deutschland die Japaner in diesem Konflikt zur Mäßigung zwangen. Seit dieser „Schmach" wuchs in Politik und Gesellschaft die Bereitschaft, die japanischen Großmachtansprüche mit Hilfe einer rigorosen Außenpolitik durchzusetzen. 1904/5 wurde Rußland in einem Krieg besiegt, bei dem es um den Zugang zu Nordchina (Mandschurei) und die japanische Kontrolle über Korea ging, das dann 5 Jahre später annektiert wurde. 1914 erklärte Japan Deutschland den Krieg und besetzte das sich in deutscher Hand befindliche chinesische Tsingtau.

Das rief wiederum die USA auf den Plan. 1917 erkannten die Amerikaner die besonderen Interessen Japans in China an. Japan mußte als Gegenleistung die amerikanische Politik der *open door* akzeptieren, gab jedoch seine Bestrebungen, die Mandschurei zu seinem exklusiven Einflußgebiet zu machen, nicht auf. Im *Washingtoner Flottenabkommen* von 1921/22 wurden die Flottenstärken festgelegt, und, was noch wichtiger war, eine Politik der „offenen Tür" in China vertraglich geregelt. England und Japan wurden so gezwungen, die Vorherrschaft der USA anzuerkennen (Ziebura 1984:127). Tatsächlich waren die wirtschaftlichen Beziehungen der USA zu Japan viel intensiver als mit China. Erst ab Mitte der 20er Jahre begannen die USA auf die Integrität Chinas hinzuarbeiten.

5.4.2 Großraumwirtschaft und japanischer Faschismus

Das japanische Gegenstück zur deutschen Mitteleuropapolitik war das *Coexistence and Coprosperity*-Programm. Dieses Programm sollte als Grundlage der Expansion in China fungieren und später den gesamten ostasiatischen Raum umfassen. Zur Frage, wie das Programm in die Praxis umzusetzen sei, herrschten auch hier entgegengesetzte Auffassungen. Es gab einerseits eine Strömung, die sich für eine zivile Strategie der ökonomischen Durchdringung und des Internationalismus einsetzte, andererseits eine Bewegung, die das Programm mit militärischer Gewalt durchführen wollte, und zwar durch Expansion, die von der Mandschurei aus erfolgen sollte (Ziebura 1984:141).

Die erstgenannte Strömung, die vom Baron Shidehara und der exportorientierten Leichtindustrie angeführt wurde, konnte ihre Position bis 1930/31 behaupten. Doch stärkte die Wirtschaftskrise von 1929 auch in Japan die nationalistischen und militaristischen Kräfte, zu denen außer dem Militär des Generals Tanaka auch der Agrar-sektor und der militär-industrielle Komplex um Mitsubishi, dem Krupp Japans, zählten. Nach 1931 dominierte dieser Kräfteblock mit seinem Konfrontationskurs die japanische Politik, was letztendlich den Krieg zur Folge hatte, erst 1937 mit China, dann 1941 mit den USA.

Die japanische Entsprechung zum europäischen Faschismus entstand gegen En-de der 20er Jahre, die auch Japan eine Periode des Aufschwungs und der Rückkehr zum Liberalismus des 19. Jahrhunderts zu bescheren schienen. In Japan kam auch eine gewisse Lockerung der gesellschaftlichen Umgangsformen zustande, die sich schlecht mit den militaristischen Strömungen des Landes vertrug. Im Militär entstand eine Bewegung, die als die *Showa-Restauration* bekannt geworden ist. Ähnlich wie der Feudalstand während der Meiji-Restauration seinen Landbesitz dem Kaiser übergeben mußte, so sollten nunmehr die politischen Parteien und die Kapitalisten ihre Macht bzw. ihre Reichtümer dem Kaiser und der Nation zurückgeben. Der Begründer dieser Richtung war Kita Ikki, der häufig als der eigentliche Gründervater des japanischen Faschismus angesehen wird. Kita propagierte einen politischen Kurs, der nach innen hin nationalsozialistischen Charakter hatte und nach außen hin rein imperialistisch ausgerichtet war (Storry 1967:173).

Eine eigenmächtige militärische Operation der japanischen Armee in der Man-dschurei gegen die chinesischen Truppen (1931) führte zur Bildung des neuen Staa-tes *Mandschukuo,* der von einem Marionettenregime der Japaner regiert wurde. Die bürgerlichen Politiker Japans, die dieses Vorgehen zaghaft verurteilten, wurden nun Opfer von Mordanschlägen ultranationalistischer Jugendlicher, die größtenteils Offiziersanwärter waren. 1932 wurde Premierminister Inukai ermordet, wonach die Regierungsgewalt faktisch in die Hände des Militärs überging. Der Kriegsminister wurde zur wichtigsten Figur der Regierung. Innerhalb des Militärs setzte sich die *Kodo-ha* durch, eine imperialistische Bewegung, die viele frührere Anhänger der Showa-Restauration auf ihre Seite ziehen konnte. Ein Putschversuch dieser Bewe-gung im Jahre 1936 scheiterte allerdings. Auch Kita Ikki, einer der Verschwörer, wurde zum Tode verurteilt. Obwohl durch die Kodo-ha das Ansehen der Armee geschädigt war, änderte sich nichts an der faktischen Ausübung der Re-gierungsgewalt durch das Militär, auch wenn die Regierungsgeschäfte formell von Aristokraten geleitet wurden. Einer von ihnen, Fürst Konoye, der auch einigemale Premierminister war, stimmte 1940 der Gründung einer nationalen Partei zu, „die dem kaiserlichen Thron zur Seite stehen sollte", woraufhin sich alle anderen Parteien auflösten (Storry 1967:208).

5.4.3 Der Krieg im Pazifik und die Geopolitik

1941 kam es über das Vordringen der Japaner in China und Indochina zum offenen Konflikt mit den USA und den europäischen Kolonialmächten. Japan wurde mit einem Handelsembargo belegt, das wegen der Rohstoffabhängigkeit Japans einen Krieg fast unausweichlich machte. Die Armee trat entschieden für eine militärische Lösung des Konflikts ein, und im Oktober 1941 wurde der Rücktritt von Konoye erzwungen, zu dessen Nachfolger der Kriegsminister Tojo ernannt wurde. Im Dezember 1941 beantworteten die Japaner ein amerikanisches Ultimatum mit einem Überraschungsangriff auf Pearl Harbour auf Hawai.

Anders als bei ihren europäischen Gesinnungsgenossen gelang es den japanischen Faschisten nicht, eine eigenständige politische Kraft zu werden, was an der gescheiterten Machtergreifung von 1936 gelegen haben kann.

> „Es wäre vorschnell zu behaupten, daß sie definitiv oder auch nur entscheidend geschlagen worden wären. Doch hat es den Anschein, als ob die japanische Unternehmerschaft von der Erfahrung Deutschlands profitiert hätte, wo sich die völlige Kontrolle des Staates und der Außenpolitik durch die Nazis als ein Ungetüm offenbart hat, das ausgerechnet die Interessen und die Männer, die es in den Sattel gehoben haben, bedroht." (Norman 1940:6f.)

Großraumwirtschaft   Das Ziel japanischer Expansionspolitik war genau wie in Deutschland eine Großraumwirtschaft, die man mit geopolitischer Phraseologie zu rechtfertigen suchte. Kurz nach Abschluß des Dreimächtepakts zwischen den Achsenmächten im September 1940, in dessen erstem Artikel von einer

> „Abgrenzung der durch die Natur selbst auf unserem Erdball gegebenen Großräume" die Rede war, schrieb der japanische Botschafter in Berlin in einem Brief an Haushofer: „Dieser Dreimächtepakt entstammt gänzlich Ihren Gedanken, die Sie in Ihren Artikeln der Geopolitik immer wieder erörtert haben." (zit. in Bakker 1967:125ff.)

Ein eigenständiger Beitrag Japans zum Pakt war jedenfalls das Versprechen, Asien zu dekolonisieren. Doch wurde die Verwirklichung dieser in Tokio entworfenen Pläne durch die terroristische Kriegsführung der japanischen Armee und insbesondere des mit der SS vergleichbaren *Kempei* (Militärpolizei) größtenteils zunichte gemacht. Zwar arbeiteten einige Nationalisten asiatischer Länder mit den Japanern zusammen (Bose in Indien, Sukarno in Niederländisch-Indien); im allgemeinen jedoch wurden die Japaner vom nationalen Widerstand bekämpft. Wie Storry schreibt, war

> „das Anwachsen des Kommunismus ein bedeutsames Vermächtnis der miserablen japanischen Herrschaft" (1967:218).

Die kommunistische Welt, die sich nach der Niederlage der Achsenmächte 1945 noch um einige neue Staaten erweiterte, stellte nach dem Zweiten Weltkrieg eine noch größere Herausforderung für die Länder des lockeschen Zentrums dar und wurde zu einem Hemmschuh für dessen weitere Expansion.

6 Der Stalinismus und die Zwei-Lager-Theorie

6.1 Die UdSSR als hobbesscher Staat

Das Scheitern der Revolutionen außerhalb Rußlands in den ersten Jahren nach der Oktoberrevolution ermöglichte den besitzenden Klassen eine internationale Gegenoffensive, die in den am heftigsten umkämpften Ländern zum Faschismus führte.

Spätestens ab 1924 wurde deutlich, daß durch das Scheitern der Weltrevolution die Verwirklichung des Sozialismus unmöglich geworden war. Die bolschewistischen Revolutionäre hatten zwar die ausländischen Interventionen überlebt und im Bürgerkrieg die „weißen" Heere besiegt, doch war es ihnen nicht gelungen, die Revolution in die entwickelten kapitalistischen Länder zu tragen. In dem Gebiet, das von dem ehemaligen Zarenreich übrig geblieben war, waren die Entwicklungsmöglichkeiten der Revolution daher äußerst begrenzt. Die westlichen Mächte, so schrieb Lenin in seiner letzten Schrift,

> „haben es nicht geschafft, die neue, von der Revolution geschaffene Ordnung zu beseitigen. Es gelang ihnen aber, ihre zügige Vorwärtsbewegung zu blockieren, welche die Prophezeihungen der Sozialisten gerechtfertigt und es späteren Generationen erlaubt hätte, all die Mittel und Möglichkeiten auszuschöpfen, die zusammengenommen den Sozialismus ergeben hätten." (Coll. Works 33:498)

6.1.1 Die Komintern

Im März 1919 war Lenin bereits zu der Einschätzung gelangt, daß die Revolution das Staatensystem nicht wie eine Flutwelle überrollen werde, sondern sich bestenfalls in Schüben fortpflanzen würde. Dabei ging er von der Annahme aus, daß es zwischen den verschiedenen nationalen Revolutionen Unterbrechungen geben werde.

> „Wir leben nicht einfach in einem Staat, sondern in einem Staatensystem. Es ist undenkbar, daß die Sowjetunion auf Dauer neben den imperialistischen Staaten existieren kann", erkärte er auf dem 8. Parteikongreß der russischen Kommunisten. „[...] Es wird zu einer ganzen Reihe schrecklicher Zusammenstöße zwischen der Sowjetrepublik und den bürgerlichen Staaten kommen. Wenn

die herrschende Klasse – das Proletariat – an der Macht bleiben will, wird sie die Fähigkeit dazu durch ihre militärische Organisierung unter Beweis stellen müssen." (Coll. Works 29:153)

demokratischer Zentralismus

Zur Förderung der Weltrevolution wurde ebenfalls im März 1919 die *Kommunistische Internationale* (Komintern oder auch 3. Internationale) gegründet, die in dieser Situation nach der Art eines Generalstabs funktionierte. Sie umfaßte nationale Sektionen in vielen Ländern und war nach dem Vorbild der straff geführten bolschewistischen Partei entworfen, d.h. sie gehorchte dem Prinzip des demokratischen Zentralismus: nach Diskussionen wurden Beschlüsse gefaßt, an deren konforme Ausführung sich ein jeglicher streng zu halten hatte.

Lenins Analyse des Imperialismus als das letzte, dekadente Stadium des Kapitalismus wurde nunmehr zur offiziellen strategischen Grundlage der internationalen kommunistischen Bewegung erhoben. Zwar wurde auf dem 3. Komintern-Kongreß im Juni 1921 eingeräumt, daß der amerikanische Kapitalismus an Stärke zugenommen und „sich das Zentrum der Weltökonomie von Europa nach Amerika verschoben" habe. Daraus wurde aber lediglich die Schlußfolgerung gezogen, daß diese,

„in der Geschichte beispiellose kapitalistische Expansion, unweigerlich in ungewöhnlich heftige revolutionäre Ausbrüche münden wird" (zit. in Claudin 1975:66).

In demselben Maße, wie sich die Perspektiven einer internationalen Revolution verschlechterten, verlagerte die Sowjetunion ihre aktive Außenpolitik immer mehr auf die Ebene der *Diplomatie*. Die Erkenntnis, daß man alles daransetzen müsse, um der russischen Bevölkerung eine Verschnaufpause zu verschaffen, führte dazu, daß die Komintern ihre Auslandssektionen zur Zurückhaltung mahnte. Aus dem Blickwinkel der Sowjetunion bestand zwischen der Berücksichtigung russischer Belange und dem Anliegen der Revolution (verständlicherweise) kein Widerspruch. Auf dem 4. Komintern-Kongreß Ende 1922 wurde u.a. die These vertreten, daß

„die russischen Proletarier [...] ihre Pflicht als Vorkämpfer der Revolution dem Weltproletariat gegenüber völlig erfüllt [haben]. Das Weltproletariat muß nun seinerseits seine Pflichten erfüllen. Die verarmten und geknechteten Arbeiter aller Länder müssen moralisch, ökonomisch und politisch ihre Solidarität mit der Sowjetunion erklären." (zit. in Fontein 1975:177f.)

Von der Seite der kolonisierten Völker war keine unmittelbare Solidarität zu erwarten, auch nicht von den Völkerschaften des ehemals russischen Reiches. Auf dem Kongreß der Völker des Ostens in Baku 1920

zwei revolutionäre Konzepte

„zeigte sich, daß zwei revolutionäre Konzepte existierten [...], dasjenige von Marx und Lenin, die weltweite Revolution des Proletariats, brüderlich und grenzüberschreitend, und die Revolution der unterdrückten Nationen" (Carrère d'Encausse 1979:15).

Der Kampf der Nationen für Selbständigkeit bzw. gegen Kolonialisierung wurde allerdings von der Kominternspitze lediglich als ein Nebenkriegsschauplatz betrachtet, da eine Stärkung des Sozialismus von den unterentwickelten Völkern nicht erwartet wurde. Ab 1920 machte sich auch unter den Bolschewiki die Sorge breit, daß die staatliche Einheit der Sowjetunion auf Grund der internen Nationalitätenkonflikte möglicherweise auseinanderbrechen könnte. In ihren Aufrufen an die kolonialisierten

174

Völker auf dem Kongreß in Baku offenbarte sich ein Mangel an wirklichkeitsgerechten Konzeptionen.

„Die Führungsspitze der Komintern appellierte an die primitivsten Emotionen und trieb die Delegierten zu Ausbrüchen anti-westlicher Ressentiments. Den Höhepunkt bildete die Rede Sinowjews, in der er 800 Millionen Asiaten zur Ausrufung eines ‚wahrhaft heiligen Krieges‘ aufforderte, um den ‚Kampfesgeist, der einst die Völker des Ostens auf den Feldzügen gegen Europa unter der Führung ihrer großen Eroberer‘ beseelt hatte, wiederzubeleben.“ (Rosenstone 1982:378)

Erst auf seinem Sterbebett sprach Lenin darüber, daß, da die Bourgeoisie der entwickkelten kapitalistischen Länder in der Lage sei, ihren Arbeitern eine „Stillhalteprämie“ zu zahlen, eine weltweite Krise des Kapitalismus wohl eher von den erwachenden Völker der imperialistischen Peripherie (India, China) ausgelöst werden würde.

Die sich häufenden Mißerfolge der Revolution im Ausland führten zu einer Verschärfung der zentralistischen Kommandostruktur der Komintern. Auf dem 5. Kongreß (1924), der ganz im Zeichen des Scheiterns der deutschen Revolution stand, erhielt das Exekutivkomitee weitgehende Befugnisse zugesprochen: seine Anweisungen mußten „unmittelbar“ umgesetzt werden. Außerdem war es berechtigt,

„Beschlüsse sowohl der Zentralorgane wie der Sektionskongresse aufzuheben bzw. abzuändern und selbst Anordnungen zu treffen, zu deren Ausführung die Zentralorgane verpflichtet sind“ (zit. in Claudin 1975:113).

Somit war die Komintern praktisch zu einem Instrument (nationaler) sowjetischer Außenpolitik geworden.

6.1.2 Die Neue Ökonomische Politik (N.Ö.P.) – Schwierigkeiten und Dilemmata

Wie die französische, so war auch die russische Revolution die Folge der extremen Belastungen, die der Gesellschaft, durch eine von oben verordnete Revolution aufgebürdet wurden. Die Bolschewiki hatten zwar auf Grund ihres Rückhalts im Proletariat die Führung der Revolution an sich reißen können, die Realitäten der russischen Gesamtgesellschaft jedoch standen durchaus im Widerspruch zum Internationalismus der Bolschewiki (Hough 1990:48). Die Frage, ob Rußland nach dem Scheitern der ausländischen Revolutionen über die geeignete Grundlage zum Aufbau des Sozialismus verfüge, wurde anfänglich negativ beantwortet. Obgleich der Konzentrationsgrad des Kapitals in Rußland sehr hoch war (mehr als 41 Prozent der Arbeiter waren in Betrieben mit mehr als 1000 Arbeitern beschäftigt, während der vergleichbare Anteil in den USA nur 18 Prozent betrug (Trotzki 1978:37), war das lediglich die Folge der zaristischen Wirtschaftspolitik, die komplette Industriekomplexe in einem durchgängig vorkapitalistischen Umfeld angesiedelt hatte (van der Linden 1983:61). 80 Prozent der Bevölkerung lebte noch in meist primitiven Verhältnissen auf dem Lande. Die Landflucht in die Städte, die eine Folge des Ersten Weltkriegs war, hatte sich durch den anschließenden Bürgerkrieg wieder umgekehrt.

Gleichzeitig wurde der revolutionäre Impetus der Basis durch die Herausbildung einer Parteidiktatur gelähmt, die – mit Unterstützung der Geheimpolizei *(Tscheka)* – alle Macht auf sich zu konzentrieren trachtete (Elleinstein 1973, I:163-169). Durch diesen Vorgang, den Carrère d'Encausse (1980) das *Konfiszieren der Macht* nennt, setzte der Staat objektiv die zaristische Tradition der *passiven Revolution* fort. Die Bolschewiki sahen sich vor die Aufgabe gestellt, den Prozeß der ursprünglichen Akkumulation weiter voranzutreiben, d.h. die Schaffung und Bereitstellung von Investitionsmitteln für die Industrie zu sichern, und gleichzeitig ein ausreichend großes industrielles Arbeitsheer verfügbar zu machen.

passive Revolution

N.Ö.P

Direkt nach dem Bürgerkrieg kam Lenin zu dem Schluß, daß nur eine staatlich kontrollierte und gezielt eingesetzte Wiedereinführung von Marktelementen der geschundenen russischen Ökonomie wieder auf die Beine helfen könnte. Diese sog. *Neue Ökonomische Politik* (N.Ö.P.) förderte die privatwirtschaftliche Initiative und führte rasch zu einer Wiederbelebung der unternehmerischen Mittelschicht (Bauern, Händler). Diese Entwicklung spaltete allerdings die Gesellschaft in einen sozialistischen städtischen Sektor und einen privatwirtschaftlichen ländlichen Bereich.

> „Die leninistische N.Ö.P. zwischen 1921 und 1928 verordnete ein zweigeteiltes Rußland. Die städtischen Industriezentren wurden verstaatlicht, sozialisiert und unter strikte politische Aufsicht gestellt, während der ländliche Bereich, in dem die grundherrliche Ordnung abgeschafft war, sich auf einen relativ anarchischen politischen Zustand hinbewegte." (Laird 1970:37)

Die politische Situation wurde noch unübersichtlicher durch die große Selbständigkeit, die den Nationalitäten zum Zwecke einer schnellen Alphabetisierung in kultureller und verwaltungstechnischer Hinsicht eingeräumt wurde (Carrère d'Encausse 1979:25).

Es zeigte sich aber, daß eine ursprüngliche Akkumulation unter dezentralisierten Marktverhältnissen nicht zu verwirklichen war. Als die Marktbeziehungen zwischen Industrie und Agrarsektor so sehr gestört waren, daß die Bauern ihre Getreidelieferungen an die Städte einstellten, intervenierte die Parteiführung um Stalin, indem sie dreißigtausend Parteiaktivisten aufs Land schickte, die mit Gewalt die landwirtschaftliche Produktion beschlagnahmten (Elleinstein 1973, II:111).

Zwangskollektivierung

Daß zur gleichen Zeit die Tscheka zu einer neuen Geheimpolizei, der *GPU*, umgeformt wurde, unterstreicht den gewaltsamen Charakter der nun folgenden Zwangskollektivierung. In der noch als Kollektiv funktionierenden Parteiführung kam es zu einer Krise. Bucharin protestierte im Zentralkomitee gegen die Art und Weise, wie die Revolution von oben durchgesetzt wurde.

> „Er war es, der im Zentralkomitee das [...] provokative Wort vom ‚staatlichen Leviathan' benutzte, der das Ergebnis der systematischen ‚militärisch-feudalen Ausbeutung der Bauernschaft' sei, die Stalin und seine Anhänger betrieben, um die Industrialisierung voranzutreiben." (Lewin 1985:19f.)

6.1.3 Die Entstehung einer Staatsklasse unter Stalin

Die Fortsetzung und Erneuerung des hobbesschen Staats, der die Revolution unter veränderten politischen Bedingungen in der Gesellschaft durchsetzte, begann mit der Errichtung der bolschewistischen *Parteidiktatur* im Dezember 1917. Der Aufbau der Roten Armee während des Bürgerkriegs festigte die institutionelle Grundlage des Staates. Dieser „Staat" bestand 1920/21 aus der Russischen Föderativen Republik und einer Anzahl angrenzender Sowjetrepubliken, deren Souveränität praktisch aber in den Händen Rußlands lag. Das strategisch wichtige Georgien, in dem die Menschewiki an der Macht waren, wurde 1921 mit Gewalt bolschewistischer Kontrolle unterstellt. 1922 setzte Stalin als Volkskommissar für Nationalitätenfragen einen Zusammenschluß der Republiken zur *Union der Sozialistischen Sowjetrepubliken* (UdSSR) durch. Zwar hatte er auf Drängen Lenins die formale Gleichheit der Republiken untereinander in den Unionsvertrag aufgenommen, doch fußten die tatsächlichen Beziehungen zwischen dem russischen Zentrum und den umliegenden Republiken auf „Vorherrschaft und russischem Chauvinismus", auch wenn dies erst nach 1928 in seinem ganzen Ausmaß zum Tragen kommen sollte (Carrère d'Encausse 1979:22).

Schon 1920 waren Ausschüsse des Zentralkomitees und der örtlichen Parteikomitees mit der aktenmäßigen Erfassung und der Ernennung von Parteifunktionären beauftragt worden. 1922, als Stalin Generalsekretär des ZK wurde, waren bereits mehr als zehntausend Funktionäre von diesen Ausschüssen ernannt worden, eine Zahl, die sich in den folgenden Jahren noch erhöhte. Auf diese Weise entstand ein System der *Nomenklatura,* einer registrierten *Staatsklasse* von Funktionären (Voslensky 1984:48f.). Die Parteiwahlen folgten den Empfehlungen von „oben"; weil außerdem 1921 ein Verbot innerparteilicher Fraktionsbildung erlassen worden war, entwickelte sich die Partei zu einer der Staatsklasse untergeordneten Instanz. Nur Parteimitgliedern stand der Zugang zur Nomenklatura offen. Im Unterschied zum Mitgliederschwund anderer kommunistischer Parteien und trotz der Schrumpfung des Industrieproletariats im eigenen Land, stieg die Mitgliederzahl der sowjetischen KP (KPdSU) kontinuierlich: innerhalb eines einzigen Jahres (1923/24) verdoppelte sie sich auf 750.000 (Voslensky 1984:50).

> „Die Partei," schreibt McAuley, „wandelte sich von einer Organisation der Industriearbeiter zu einer Partei des Verwaltungsapparats. Die Ursachen dafür lagen einerseits in der Karriere von Industriearbeitern im Regierungs- und Parteiapparat, andererseits schlossen sich Angestellte der Partei an, um einen Arbeitsplatz zu erhalten oder abzusichern." (1977:72)

Parallel zu diesem Prozeß konnte man den allmählichen Machtzuwachs Stalins in der Parteiführung beobachten. Er verstand es, seine Machtposition durch wechselnde Koalitionen mit „rechten" bzw. „linken" Kräften der Partei weiter auszubauen. Zu den „Rechten" zählten die Anhänger der N.Ö.P. und einer Normalisierung der sowjetischen Außenbeziehungen. Der wichtigste Exponent dieser Strömung war in den 20er Jahren Bucharin. Die „Linken", deren prominentester Vertreter Trotzki war, traten für ein Programm der beschleunigten Industrialisierung und für das Vorantreiben der Weltrevolution ein.

Parteidiktatur

Staatsklasse

177

Beide Strömungen fanden gleichermaßen Rückhalt bei der alten, internationalistisch orientierten Intelligenz. Nach dem Bürgerkrieg und vor allem nach der Wende von 1928 hatte sich eine neue Schicht von Intellektuellen gebildet, deren Einfluß rasch größer wurde. Diese neue Schicht verfügte nicht mehr über den intellektuellen Scharfsinn der alten:

> „Ihr Interesse an dem großen Weltgeschehen war schwach oder noch gar nicht erwacht; ihr fehlte jedes wirkliche Gespür für die schicksalshafte Verbundenheit Rußlands mit dem Rest der Welt. Ihr Hauptinteresse richtete sich auf Maschinen und technische Erfindungen, auf kühne Entwicklungsprojekte in den zurückgebliebenen Provinzen, auf Posten in der Verwaltung," schreibt Deutscher hierzu (1966:335f.).

Trotz ihrer Unbildung und einer gewissen geistigen Grobschlächtigkeit,

> „wußte [diese neue Intelligenz] doch einen außerordentlichen Lerneifer mit großer Schlauheit und geistiger Empfänglichkeit zu verbinden: Eigenschaften, die Pioniere auszeichnen."

Stalin hatte vieles mit dieser neuen Schicht gemein. Und je geringer der Einfluß der alten Internationalisten auf Grund des sich immer deutlicher abzeichnenden Scheiterns der internationalen Revolution wurde, desto bedeutender wurde Stalin als Vertreter des innenpolitischen Machtapparats, der Nomenklatura, der technischen Kader und der ihm zugeordneten Verwaltungsbürokratie. Die Ämter, die er bis dahin innegehabt hatte (Volkskommissar für Nationalitätenfragen, Generalsekretär, Chef der Arbeiter- und Bauerninspektion, einer Behörde, der u.a. die Kontrolle der für die Industrialisierung unentbehrlichen, sog. Bourgeois-Spezialisten oblag), hatten in der Periode der internationalistischen Orientierung der sowjetischen Politik nur geringes Gewicht; nun, da sich die Verhältnisse änderten, avancierten sie zu Schlüsselpositionen im Machtapparat.

Aus dieser Machtposition heraus gelang es Stalin und seinen Anhängern – mit Unterstützung der „Rechten" (Bucharin, Sinowjew, Kamenew) –, Trotzki aus allen Regierungs- und Parteiämtern zu entfernen. 1929 mußte er ins Exil und wurde 1940 in Mexiko von einem spanischen Sowjet-Agenten ermordet. Ab 1934 ging Stalin zum Angriff auf die „Rechten" über. Danach wurden repressive Maßnahmen gegen die übriggebliebenen Reste des Internationalismus und der alten, vor allem der Leningrader, Intelligenz ergriffen. Nach der provokatorischen Ermordung des populären Kirow 1934 startete Stalin nun auch innerhalb der KPdSU eine systematische Terrorkampagne, die ihren Höhepunkt in den Moskauer Schauprozessen der Jahre 1936-1938 erreichte und mit der nahezu vollständigen Liquidierung der alten bolschewistischen Garde endete (Medwedew 1976).

6.1.4 Der „Aufbau des Sozialismus in einem Land"

Die Strategie vom „Aufbau des Sozialismus in einem Land" wurde von Stalin in den Jahren 1924-1925 entwickelt. Er benutzte dabei Zitate aus den frühen Schriften Lenins, um seine Strategie posthum vom Revolutionsführer absegnen zu lassen (Stalin Werke 9:26ff.). Rückendeckung suchte er auch bei Bucharin, dessen Vorstellungen über die Normalisierung der sowjetischen Außenbeziehungen übernommen wurden. Auch Trotzkis Industrialisierungs- und Zwangskollektivierungsprogramm wurden in das Strategiekonzept integriert.

Am 1. Oktober 1928 trat der *Erste Fünfjahresplan* in Kraft, der eine jährliche Steigerungsrate der industriellen Produktion zwischen 17 und 25 Prozent vorsah. Nach dem Ausbruch der Weltwirtschaftskrise entschloß man sich zu einer zusätzlichen Erhöhung der Produktion, da Stalin fürchtete, die Bourgeoisie im Westen könne sich aus Gründen des Machterhalts mit dem Faschismus verbünden, wodurch die Sowjetunion kurzfristig mit einem Angriffskrieg zu rechnen habe. Die Ökonomen, die die ursprünglichen Planziffern festgestellt hatten, wurden als Konterrevolutionäre verurteilt und deportiert (Elleinstein 1973, II:130). So wurde die neue – für die Planökonomie vitale – Wissenschaft vom wirtschaftlichen Wachstum bis auf wenige Ausnahmen (Kantorowitsch und der in die USA emigrierte W. Leontief) völlig zugrunde gerichtet (Kuczynski 1977:13f.). Die Notwendigkeit, die Grenzen des Machbaren aus politischen Gründen bis zum Äußersten zu verschieben, führte in der Sowjetunion zu einem *strukturellen Konflikt zwischen technischem Sachverstand und politischer Führung*. Auch wenn man einmal die Paranoia und andere persönliche Eigenschaften Stalins unberücksichtigt läßt, so lieferte dieser Konflikt für sich genommen schon eine ausreichende Erklärungsgrundlage für die Zyklen von Terror und relativer Rückkehr zur Normalität (Konrád/Szelényi 1981:134). Durch die sich ständig wiederholenden Terrorwellen konnte der sowjetische Staat sein Herrschaftsmonopol, mit welchem der hobbessche Staat die Gesellschaft nach seinem Willen strukturiert, maximieren und jegliche Regung gesellschaftlicher Eigeninitiative ersticken. Staatsterror

„Der Staat wirkte auf eine hektische, überhastete und zwingende Weise auf die Sozialstruktur ein und preßte seine Gruppen und Klassen in eine Schablone, die das Übergewicht und die Eigengesetzlichkeit des administrativen Zwangsapparats verstärkte. Der Staat trat nicht als ‚Dienstleistungsinstanz' auf, sondern benutzte die ihm zur Verfügung stehenden mächtigen Instrumente (zentrale Planung, moderne Kommunikations- und Kontrollmechanismen, Informationsmonopol, beliebiger Einsatz seiner Gewaltmittel) dazu, die soziale Gemeinschaft seinem *Diktat* zu unterwerfen." (Lewin 1985:265)

Der Hang zur Autarkie, der diese Periode kennzeichnet (einerseits spektakulärer Anstieg der Industrieproduktion, andererseits Abnahme des Außenhandels, besonders während der zweiten Planperiode), hat allerdings nicht zur Abkopplung der UdSSR von der kapitalistischen Weltökonomie geführt. Getreu dem Nachahmungscharakter passiver Revolutionen, hatte sich auch der Sowjetstaat bei seiner Industrialisierungspolitik an die bereits vom Kapitalismus hervorgebrachten Muster gehalten, insbesondere an die neuesten Methoden der Massenproduktion aus den USA. Bei der Konzipierung der ersten beiden ökonomischen Planperioden und zum Zwecke des Management-Trainings wurde zwischen 1928 und 1930 eine amerikanische Ingenieurfirma eingeschaltet. Autarkie und
Nachahmung

„Die Sowjets haben", schreibt A.C. Sutton, „westliche Hilfe ganz gezielt für einzelne, festumrissene Ziele in Anspruch genommen, um neue, gigantische Produktionskomplexe zur Massenproduktion vereinfachter, im Westen bereits bewährter, Standardmodelle zu errichten, deren Design für lange Zeit unverändert blieb. Somit gehörten – nach dem Technologietransfer aus dem Westen –

179

Vereinfachung, Standardisierung und Massenproduktion zu den beherrschenden Aspekten sowjetischer Industriepolitik." (zit. in Spohn 1975:240)

Hieraus läßt sich auch – im Rahmen des Konflikts zwischen technischer Kompetenz und politischer Zielvorgabe innerhalb der Staatsklasse – die zwiespältige Haltung dem entwickelten Kapitalismus gegenüber erklären: einerseits eine von Mißgunst geprägte Bewunderung, andererseits eine kategorische Ablehnung.

6.2 Der sowjetische Marxismus und die internationalen Beziehungen

Die Abkehr von der Weltrevolution und die Hinwendung zu einer von oben gesteuerten revolutionären Umgestaltung der Sowjetunion selbst, hatten eine „Nationalisierung" des Marxismus sowie eine allmähliche Abschottung gegenüber marxistischen Strategiedebatten im Ausland zur Folge. Von Stalin selbst ist bekannt, daß ausländische Kommunisten ihm gleichgültig waren. Ebenso gering war sein Interesse für die Komintern (Carr 1982:403f.). Mit Ausnahme des 5. Komintern-Kongresses 1924, wo er zwar auf den Wandelgängen zu finden war, den Plenarsitzungen aber fernblieb, war er bei keinem Kongreß der Kommunistischen Internationale je anwesend.

6.2.1 Sowjetischer Marxismus und Stalinismus

Plechanows Positivismus

Obgleich es zwischen dem Denken Lenins und Stalins sehr große Unterschiede gab, sind auch wichtige Kontinuitäten und Übereinstimmungen zwischen den beiden festzustellen. Der Vater des russischen Marxismus war Plechanow, der in der positivistischen, geradlinigen Tradition der von Kautsky geprägten deutschen Sozialdemokratie stand (Löwy 1981:34). Auch für Lenin stellte sich anfänglich die Ökonomie als ein Prozeß dar, dessen Entwicklungsphasen notwendigen und objektiven Charakter hatten und die Politik bestimmten: das bourgeoise Denken sei bürgerlich, das Denken der Arbeiterklasse proletarisch, es sei denn, der proletarische Lebensstandard nähere sich dem des Bürgertums, und so weiter.

Wie wir bereits gesehen haben, war der Schock über den Kriegsbeginn 1914 und über die Rolle, welche die Arbeiterbewegung hierbei gespielt hatte, für Lenin Anlaß gewesen, sich in das Studium der Dialektik zu vertiefen. Jedoch war Lenin durch seine praktisch-politische Arbeit bereits zu dem Schluß gelangt, daß es im schematischen Marxismus der Sozialdemokratie keinen Platz für revolutionäre Initiativen

Theorie der Avantgardepartei

gab. Schon 1902 hatte Lenin seine Theorie über eine *Avantgardepartei* von Berufsrevolutionären aufgestellt. Diese Partei solle die Arbeiter, deren objektive Lebensumstände aus sich selbst heraus bestenfalls ein gewerkschaftliches Bewußtsein hervorbringe, auf eine sozialistische Perspektive einstimmen. Bereits in dieser Frage

180

wich Lenin vom Modell Kautskys und Plechanows ab. Seine politische Theorie, schreibt van der Linden, war

„eine Verknüpfung des Jakobinertums der Narodniki mit dem Sozialdemokratismus von Kautsky. Das Jakobinertum ist immer das ideologische Produkt von Klassenverhältnissen, in denen eine kleine Minderheit sich gezwungen fühlt, im Namen des Volkes zu sprechen. [...] Der Leninismus deutet den Beginn eines revolutionären Bruchs mit der Sozialdemokratie an – ein Bruch, der noch nicht vollständig ist, jedoch jakobinische Züge trägt." (1983:76)

In der kodifizierten offiziellen Version des Sowjet-Marxismus *(Marxismus-Leninismus)* wurden nach Lenins Tod die dialektischen Aspekte seines Denkens und seiner politischen Strategie eliminiert. Nicht Lenins analytische Ansätze von 1914, sondern seine Schrift *Materialismus und Empiriokritizismus* aus dem Jahre 1908 avancierte zum philosophischen Grundlagentext des Sowjet-Marxismus (vgl. Pannekoek o.J.). Marxismus - Leninismus

Die jakobinische Komponente des Leninismus war im Rahmen der vom hobbesschen Staat gelenkten Revolution von oben bedeutungslos geworden; der Marxismus-Leninismus wurde zur Ideologie der neuen Staatsklasse erhoben und wies, wie Goldmann (1971) darlegt, auffallende Übereinstimmungen mit den Auffassungen der deutschen Sozialdemokratie um die Mitte des 19. Jahrhunderts auf, insbesondere mit dem Denken Lassalles.

„Der Lassalleismus wird in der Tat durch eine äußerst disziplinierte, hierarchische Organisation der Arbeiterpartei, durch eine sehr stark staatsbejahende Arbeiterideologie, durch die große Bedeutung des Parteiführers und durch eine Alliancepolitik gekennzeichnet, die, um die demokratische Bourgeoisie bekämpfen zu können, selbst eine Alliance mit den reaktionären Kräften in Aussicht stellt." (141)

Die objektiven Ursachen hierfür sind u.a. in der faktischen Rolle des Staates, in der Disposition der Arbeiterführer zur (potentiellen) Staatsklasse und anderen Faktoren zu suchen, die ebenso wie in Preußen bzw. im Deutschen Reich des 19. Jahrhunderts auch in der Sowjetunion zur Zeit der ersten Fünfjahrespläne wirksam waren (Lefebvre 1976:278f.). Darüberhinaus hatte der Stalinismus aber auch einzigartige Merkmale, die sich daraus ergaben, daß er eine Ideologie der realen Machtausübung und des industriellen Aufbaus war. Der darin enthaltene Widerspruch zwischen technischer Kompetenz und realer Macht führte zu einer Dualität im Sowjet-Marxismus: auf der einen Seite gab es einen *Ökonomismus*, der sich die Entwicklung Ökonomismus der Produktivkräfte zur zentralen Aufgabe machte und keinen Begriff der Politik als solcher enthielt, auf der anderen Seite herrschte ein politischer *Voluntarismus*, der Voluntarismus den Begriff des Klassenkampfes seiner strukturellen Aspekte beraubte und ihn auf einen Streit zwischen „progressiven Kräften" und „Reaktion", zwischen „guter Absicht" und „Menschenliebe" zum einen, „Betrug" und „Intrigen" zum anderen reduzierte. Wer nicht im Gleichschritt der progressiven Kräfte mitmarschierte, wurde dem Lager der Gegenpartei zugerechnet (Agententheorie).

6.2.2 Einkreisung und friedliche Koexistenz

Theorie der Einkreisung

Die nuancierten Theorien Lenins, Trotzkis und Bucharins über die internationalen Beziehungen, zwischen denen es Unterschiede und häufig auch Widersprüche gab, wurden unter dem stalinistischen Regime abgelöst durch den (simplen) Gegensatz zwischen dem „Sozialismus in *einem* Land" und den imperialistischen Staaten, die die UdSSR eingekreist hatten.

Bedeutung des Völkerrechts

Nach der Gründung der UdSSR ergab sich das praktische Problem, ob die Sowjetunion das Völkerrecht, das ja ein Produkt der kapitalistischen Ordnung war, anerkennen und sich ihm unterstellen sollte. Nachdem die radikale Haltung, das Völkerrecht gänzlich zu negieren, durch das Ausbleiben der Weltrevolution aufgegeben werden mußte, bildeten sich in dieser Frage zwei Schulen. Die eine, dessen Hauptvertreter Korowin war, war der Auffassung, die UdSSR könne zwar mit bestimmten westlichen Staaten *Verträge* abschließen, brauche sich aber nicht an Rechtsbräuche und Präzedenzfälle zu halten, da diese lediglich die bürgerliche Wertegemeinschaft widerspiegelten. Die andere Schule, dessen führender Kopf *Paschukanis* war, argumentierte dagegen, daß eine solche Gemeinschaft nicht existiere, und daß die unterschiedlichen Quellen des Völkerrechts Formen seien, die durch das Auftreten der Sowjetunion mit neuen, eigenen Inhalten erfüllt würden. Diese Rechtsauffassung setzte sich zunächst durch, bis auch sie in den 30er Jahren vom sowjetischen Generalstaatsanwalt Wyschinski aufgegeben wurde (Kubálková/Cruickshank 1980:129-132).

Wyschinski

Wyschinski, der nach dem Zweiten Weltkrieg sowjetischer Abgeordneter bei der UN wurde, vertrat die Auffassung, daß Recht und Gesetz, falls die Situation dies erfordere, beiseite geschoben werden müßten (Medwedew 1976:502). Als Hauptankläger in allen großen politischen Prozessen der UdSSR setzte er dieses Prinzip in die Praxis um. Auch seine Einmischungen in die Völkerrechtsdebatte waren rein destruktiver Natur.

Stalin hatte Lenins Definition des Imperialismus als letztes Stadium des Kapitalismus übernommen, worin die Widersprüche zwischen den kapitalistischen Staaten sich immer mehr zuspitzen würden. Wie Stalin später darlegte, hätten sich in den 20er Jahren die Widersprüche zwischen England, Frankreich, den USA und Japan sowie zwischen den Siegern und Verlierern des Ersten Weltkriegs immer weiter verschärft; am Vorabend des 6. Komintern-Kongresses sah er dann allerdings den Hauptwiderspruch jener Zeit im Kampf Englands gegen die USA um die Welthegemonie. Dieser Streit könne sich, wie er damals glaubte, rasch zu einer kriegerischen Auseinandersetzung entwickeln. Außerdem müsse die UdSSR mit erneuten Interventionen rechnen. In diesem Konflikt werde sich die UdSSR nicht auf den Völkerbund verlassen können. Vom

> „heutigen bürgerlichen Pazifismus mit seinem Völkerbund, mit seinen ‚Friedens'-Predigten, mit dem ‚Verbot' des Krieges, mit seinem ‚Abrüstungs'-Geschwätz," (Stalin, Werke 11:176),

friedliche Koexistenz

usw. hätten die Arbeiter nichts zu erwarten. Aus dieser Einschätzung heraus schien es für die noch schwache Sowjetunion ratsam, außenpolitisch behutsam aufzutreten. Der im Zentrum sowjetischer Außenpolitik stehende Begriff der *friedlichen Koexi-*

stenz war also anfänglich aus einer taktischen Beurteilung heraus erwachsen, wobei man sich keinerlei Illusionen über die Absichten der Gegenseite machte. Die Sowjetunion könne bestenfalls versuchen, die Rivalitäten innerhalb des imperialistischen Blocks zu fördern. Mit dieser Grundhaltung nahm die UdSSR an den Wirtschaftskonferenzen von 1922 und 1927 teil (Kubálková/Cruickshank 1980:148).

In den späten 20er Jahren fand eine Bedeutungsverschiebung des Begriffs der friedlichen Koexistenz statt, der seitdem weniger taktisch, sondern eher als erstrebenswerter Dauerzustand gesehen wurde. (Kubálková/Cruickshank 1980:107). Mit der Machtergreifung der Nationalsozialisten und der Zerschlagung der deutschen KP (sowie aller anderen Parteien) nahm die Bedrohung der UdSSR allerdings ganz konkrete Gestalt an.

6.2.3 Varga und das Bündnis mit „friedliebenden" kapitalistischen Staaten

Eugen Varga (1879-1964) war gebürtiger Ungar und bekleidete nach der ungarischen Revolution 1919 als Nationalökonom einige wichtige Wirtschaftsämter in der Ungarischen Räterepublik von Bela Kun. Nach der Zerschlagung der Revolution wurde er nach Österreich gebracht und dort interniert. Noch während seiner Gefangenschaft schloß er sich der Kommunistischen Partei Ungarns an und beschäftigte sich mit den Gründen für das Scheitern der sozialistischen Revolutionen in Europa. Er kam zu dem Schluß, daß die Revolutionäre einerseits die Zähigkeit der kapitalistischen Ideologie und andererseits des kapitalistischen Systems selbst unterschätzt hätten, das ideologische und politische Mittel (Staatsinterventionen) einsetze, um sein Überleben zu sichern (Altvater in Varga 1974:X-XI).

Zwischen 1920 und 1922 hielt sich Varga in Moskau auf, wo er sich mit Agrarfragen beschäftigte; nach der Aufnahme diplomatischer Beziehungen zwischen der UdSSR und Deutschland (anläßlich des *Rapallovertrags* von 1922) wurde er als Wirtschaftsberater an die sowjetische Botschaft in Berlin geschickt. Dort entwickelte er sich zum wichtigsten Wirtschaftsexperten der Komintern. 1927 wurde er mit der Leitung des *Instituts für Weltwirtschaft und Weltpolitik* in Moskau beauftragt. Stalin machte ihn zu seinem persönlichen Berater, was übrigens nicht verhinderte, daß auch er Opfer stalinistischer Repression wurde. In erster Linie war Varga Experte auf dem Gebiet der kapitalistischen Konjunkturanalyse, wodurch sein anfängliches Gespür für die Wichtigkeit politisch-ideologischer Prozesse schnell in den Hintergrund gedrängt wurde.

Varga war einerseits Begründer des sowjetischen Dogmas der „allgemeinen Krise des Kapitalismus", das sich eng an die leninsche Imperialismusanalyse anlehnte und behauptete, daß der Kapitalismus unweigerlich zugrunde gehe; andererseits konstatierte er 1924, daß sich gewisse stabilisierende Tendenzen im Kapitalismus abzeichneten (Kuczynski 1977:14f.). „allgemeine Krise des Kapitalismus"

Die eigentlich politischen Themen fielen in Vargas Institut in den Zuständig-
keitsbereich anderer (Jerussalimski, Lemin); doch auch Varga kam auf Grund seiner
Konjunkturanalysen zu politischen Einschätzungen und Voraussagen. In seiner
Studie *Die große Krise und ihre politischen Folgen* (1934) kam Varga zu dem
Schluß, daß der imperialistische Krieg bald ausbrechen werde. Nach einer Periode
relativer Stabilisierung, in der die Widersprüche zwischen den imperialistischen
Staaten untereinander bzw. zwischen ihnen und der Sowjetunion an Schärfe verloren
zu haben schienen, wurde 1928 auf dem 6. Komintern-Kongreß eine erneute Zuspit-
zung des Konfliktpotentials festgestellt. Man fürchtete, daß die imperialistischen
Staaten die anstehende Neuverteilung ihrer Interessensphären auf Kosten der Sowjetunion regeln könnten,

> „auf Kosten dieses Landes der Sowjets, der Zitadelle der Revolution [...], die schon allein
> durch ihr Bestehen die Arbeiterklasse und die Kolonien revolutioniert, die Organisierung eines
> neuen Krieges behindert, die Neuaufteilung der Welt verhindert und die Kapitalisten daran hindert,
> sich auf dem umfangreichen Markt der Sowjetunion breitzumachen, dessen sie gerade jetzt ange-
> sichts der Wirtschaftkrise so bedürfen" (Varga 1974:317).

Varga warf die Frage auf, warum es nicht schon längst zu einem Angriffskrieg gekommen sei. Die Gründe dafür sah er zum einen in der Konsolidierung der Sowjet-
macht und ihrer konsequenten Friedenspolitik, zum anderen im völkerrechtlichen
Kurs der UdSSR, der in Nichtangriffsverträgen mit einigen Nachbarstaaten zum
Ausdruck komme, außerdem im Bündnis mit Frankreich und dem Beitritt der Sowjetunion zum Völkerbund. (Beides war 1934 zustande gekommen.) Dadurch habe
sich die UdSSR dem *Lager der eher friedliebenden Staaten* angeschlossen.

> „Durch den Austritt Japans und Deutschlands, jener zwei Mächte, deren führende Politiker ge-
> genwärtig einen gegenrevolutionären Krieg gegen die Sowjetunion nicht nur vorbereiten, sondern
> auch offen propagieren, gewannen innerhalb des Völkerbundes jene Großmächte – vor allem
> Frankreich – das Übergewicht, deren Bourgeoisie gegenwärtig (wenn auch vielleicht nur für ganz
> kurze Zeit) für die Aufrechterhaltung des Versailler Systems, für die Erhaltung des Friedens im
> allgemeinen und als Ergebnis auch der Sowjetunion sind", schrieb Varga (1974:319).

Lenins Imperialismusanalyse war und blieb Grundlage für Vargas eigene Analysen,
in denen der Aspekt der Neuverteilung und der Rivalität zwischen den imperialistischen Staaten eine zentrale Rolle spielte. Vargas Ökonomismus („politische *Folgen*
der Krise") implizierte, daß eine Zuspitzung der Wirtschaftskrise notwendigerweise
auch in einer Vertiefung der politischen Rivalitäten der Imperialisten untereinander
resultieren werde. Obwohl nach Auffassung Vargas die Rivalitäten der nichtfaschi-
stischen imperialistischen Staaten untereinander ebenfalls zunahmen (er glaubte
damals sogar an einen amerikanisch-britischen Neuverteilungskrieg), maß er doch
der Unterscheidung zwischen einem agressiv-faschistischen Lager und einem demo-
kratisch-pazifistischen bzw. liberal-demokratischen Lager größeres Gewicht bei.
Seine Auffassungen wurden zum Ausgangspunkt der Diplomatie Stalins bis 1939,
obwohl sich dieser über die Motive des friedliebenden Lagers keine Illusionen
machte (Werke 13:267). Ziel seiner Außenpolitik war es, die Sowjetunion mit Hilfe
eines Systems kollektiver Sicherheit, die das Grundprinzip des Völkerbunds war,
gegen die deutsche und japanische Bedrohung zu schützen.

imperialistischer Krieg

Lager der
friedliebender Staaten

184

6.2.4 Volksfrontpolitik und der Hitler-Stalin-Pakt

Nach dem Desaster des ultralinken Kurses des 6. Kongresses im Jahre 1928 kam es erst 1935 zu einem weiteren Komintern-Kongreß. In Anbetracht der Tatsache, daß alle tonangebenden sowjetischen Führer inzwischen abgesetzt waren und in Erwartung ihrer endgültigen Ausschaltung aus den Führungspositionen der Komintern, wurde der 7. (und letzte) Komintern-Kongreß zu einer fast ausschließlichen Angelegenheit nichtrussischer Kommunisten. Eine der wichtigsten Persönlichkeiten auf diesem Kongreß war G. Dimitrow (1882-1949), Gewerkschaftsführer und Mitbegründer der bulgarischen KP, der sich nach dem gescheiterten Aufstand in seinem Land 1923 nach Österreich abgesetzt hatte. Nach Hitlers Machtergreifung wurde er als Mitglied des Exekutivkomitees der Komintern verhaftet. In den auf den Reichstagsbrand folgenden Prozessen, mit denen die Nazis die Kommunisten in Mißkredit bringen wollten, verstand Dimitrow es jedoch, die Rollen umzudrehen. Sein couragiertes Auftreten in diesem Prozeß und eine weltweite Soldaritätskampagne zwangen die Nazis schließlich, ihn freizulassen.   *Dimitrow*

1935, auf dem Komintern-Kongreß in Moskau, erklärte Dimitrow, daß

> „die Weltöffentlichkeit noch niemals [...] so großes Interesse an einem internationalen Kongreß der Kommunisten bekundet habe wie an unserem heutigen" (zit. in Carr 1982:413).

Für ihn war dieses Interesse das unbeabsichtigte Produkt des Faschismus selbst:

> „Der Sieg des Faschismus [hat] bei den Massen Gefühle des [...] Hasses und Zorns wachgerufen, ihre revolutionäre Einstellung gefördert und bedeutet einen großen Schritt vorwärts auf dem Weg zu einer einheitlichen Front gegen den Faschismus." (Dimitrow 1973:21)

Dimitrow wies auch auf formale Übereinstimmungen zwischen dem sowjetischen und dem faschistischen Staat hin. Auch der Faschismus versuche eine Monopolposition zu erreichen und verfolge eine Politik des wirtschaftlichen Nationalismus.

> „Doch führen die Existenz des kapitalistischen Systems, die Existenz unterschiedlicher Klassen und die Verschärfung der Klassengegensätze unweigerlich zur Erschütterung und zum Zusammenbruch des politischen Monopols der Faschisten. Es ist kein Sowjetland, wo die Diktatur des Proletariats ebenfalls von einer monopolistischen Partei verwirklicht wird, dessen politisches Monopol allerdings mit den Interessen von Millionen von Arbeitern übereinstimmt und sich zunehmend durch die Errichtung einer klassenlosen Gesellschaft gestärkt weiß." (Dimitrow 1973:21)

Die Kommunisten müßten diese (nationalen wie internationalen) Widersprüche der kapitalistischen Gesellschaft zur Isolierung des Faschismus im In- und Ausland ausnützen. Gerade in diesem Punkt aber brachen die Interessengegensätze zwischen der Sowjetführung und den ausländischen Parteien der Komintern auf. Eine antifaschistische Einheitsfront mit sozialdemokratischen und radikal-demokratischen Kräften (Volksfront) durfte nach Ansicht der Sowjetführung in keinem Fall zu einer Verunsicherung des „friedliebenden Lagers", in das die UdSSR sich ja einbinden wollte, führen. Daher zensierten die Sowjetvertreter auf diesem Komintern-Kongreß alle ihnen in dieser Hinsicht nicht opportun erscheinenden Beiträge (Carr 1982:416). Die Wahlsiege der Volksfront in Frankreich und Spanien im Jahre 1936 führten zu einem Konflikt mit Stalin, als dieser dem französischen Kommunistenführer Thorez die Regierungsteilnahme untersagte. Nach Ansicht des damaligen Führers der kommunistischen Jugend und späteren Architekts des Eurokommunismus in Spanien, Carrillo, offenbarte dieser Konflikt,

> „daß die Volksfrontpolitik nicht bloß eine an die Außen- und Verteidigungspolitik der Sowjetunion gegen die faschistische Aggression gebundene Initiative war [...], sondern daß in dieser Politik zwei schöpferische Kräfte [gemeint sind die sowjetische und die westeuropäische Strategie, d.V.] aufeinandertrafen, von denen eine von der Peripherie kam, die von den konkreten nationalen Realitäten diktiert war und sich von der anderen unterschied" (1977:123).

Während die westeuropäischen Parteien an einer politischen Offensive gehindert wurden, um die Beschwichtigungspolitiker („appeasers") in den herrschenden Kreisen Frankreichs und Englands nicht zu provozieren, wurde in den Moskauer Prozessen der internationalistische Flügel der Bolschewiki eliminiert. Sogar auf Spanien dehnte die GPU ihre „Trotzkistenjagd" aus. Die Beschuldigungen liefen immer auf ein vermeintlich „trotzkistisch-faschistisches" Komplott hinaus, worin die Furcht Stalins zum Ausdruck kam, daß die Westmächte bei einer allzu revolutionären Strategie der Kommunisten in Europa der faschistischen Aggression gegen die Sowjetunion freie Hand lassen würden.

Hitler-Stalin-Pakt, August 1939. Unterzeichnung durch die Außenminister von Ribbentrop (vorn) und Molotow (links, hinter Ribbentrop); rechts: Stalin)

Die schleppend verlaufenden Verhandlungen über ein Bündnis gegen Hitler, aber vor allem die Bemühungen der Briten nach dem Fall Prags (1939), um die wirtschaftliche Zusammenarbeit mit dem Dritten Reich zu intensivieren, veranlaßten Stalin, Hitler einen Nichtangriffspakt anzubieten (Fleming 1961:92ff.). Außenminister Molotow, ein Vertrauter Stalins, der, um die „Empfindlichkeiten" der Nazis nicht zu reizen, seinen jüdischen Vorgänger Litwinow im Amt abgelöst hatte, schloß am 23. August 1939 mit seinem Nazi-Kollegen Ribbentrop einen Nichtangriffspakt ab, in dessen geheimen Zusatzprotokoll die Möglichkeit offengehalten wurde, Polen und die Baltischen Staaten aufzuteilen bzw. der UdSSR zuzusprechen.

6.2.5 Die Anti-Hitler-Koalition

Die Auswirkungen des Hitler-Stalin-Pakts auf die kommunistischen Parteien außerhalb der Sowjetunion, die gerade durch ihre antifaschistische Solidarität mit der sich im Bürgerkrieg befindlichen spanischen Republik neuen Anhang gewonnen hatten, waren katastrophal. Die sowjetische Propaganda, die eine opportunistische Variante der Imperialismustheorie benutzte, um den drohenden Krieg als eine ausschließliche Angelegenheit zwischen zwei gleichermaßen verwerflichen imperialistischen Blökken darzustellen, aus dem die Arbeiter sich herauszuhalten hätten, hatte eine tiefgreifende Demoralisierung und Demobilisierung der westlichen kommunistischen Parteien zur Folge. Diese Malaise wurde durch Äußerungen Molotows noch verschlimmert, die den Anschein erweckten, als wäre dieser Nichtangriffspakt mit Hitler-Deutschland der Beginn einer dauerhaften Bündnisbeziehung, die zu einer Neuverteilung der Einflußzonen in Europa führen könne (Claudin 1975:296f.). Unter diesen Voraussetzungen hatten Vargas Analysen lediglich noch rein ideologischen Charakter. In einem Beitrag für eine Zeitschrift der Komintern aus dem Jahre 1940 (Titel: *Der englisch-amerikanische Gegensatz im zweiten imperialistischen Krieg*) versuchte er mit umfangreichem Datenmaterial seine These zu belegen, daß, trotz der amerikanischen Unterstützung Englands im Krieg gegen Hitler, die USA die bedrängte Lage der Engländer ausnützen würden, um den Einfluß des amerikanischen Kapitals im britischen Empire auszuweiten (1974:405).

„Auf den ersten Blick", schreibt Claudin, „machen die Komintern-Dokumente aus der Periode des [Hitler-Stalin-] Pakts einen sehr orthodoxen Eindruck, als ob es darum ginge, Kriege (getreu der Devise Lenins) zum Vorantreiben der Revolution auszunutzen." (1975:300)

Nachdem Hitler seine militärischen Ziele im Westen vorläufig erreicht hatte, startete er 1941 mit der größten Armee, die die Welt jemals zu Gesicht bekommen hatte, den Angriff auf die Sowjetunion *(Unternehmen Barbarossa).* Von einer Gleichstellung der „Wall Street-Räuber" mit dem Nazi-Regime – eine These, die Varga noch in seinem genannten Beitrag vertreten hatte – war jetzt keine Rede mehr. Nach Hitlers Invasion der UdSSR betonte Stalin wieder stärker den Kurs der „friedlichen Koexistenz", der auf die Anerkennung und Respektierung der UdSSR durch andere Mächte abzielte, und versuchte als „friedliebender Staat" Anschluß an die Anti-Hitler-Koalition zu finden. Es wurde nicht mehr von einem „zweiten imperialistischen

Krieg", sondern von einem „antifaschistischen Krieg" gesprochen. Daß zuvor recht freundschaftliche Beziehungen zu Nazi-Deutschland bestanden hatten, wurde nun schlichtweg abgestritten.

Nach anfänglichen militärischen Niederlagen, die auch eine Folge der Dezimierung der militärischen Elite während der Moskauer Prozesse waren, gelang es der verteidigenden Sowjetarmee nach der deutschen Niederlage bei Stalingrad (1942/43) schließlich, das Blatt zu wenden. Zur Moblisierung der Bevölkerung bediente sich das Sowjetregime slawisch-patriotischer Parolen, förderte das Wiederaufleben des russischen Nationalismus und setzte für seine Zwecke auch überwunden geglaubte Symbole der zaristischen und orthodox-kirchlichen Vergangenheit ein. Es waren nicht zuletzt die Bestialitäten der Nazis selbst, die dem Kampfeswillen und der Opferbereitschaft der sowjetischen Bevölkerung Auftrieb gaben. Stalin setzte alle Hebel in Bewegung, um die Unterstützung der Westmächte zu erlangen, vor allem, um sie zur Errichtung einer (entlastenden) zweiten Front zu bewegen. Er war sogar bereit, die kommunistische Bewegung diesem Ziel zu opfern. Als äußerste Geste seines guten Willens löste er 1943 einseitig die Komintern auf. Trotz aller Anstrengungen jedoch landeten Amerikaner und Briten erst 11 Monate vor Ende des Krieges in der Normandie. Stalin glaubte jedoch bedingungslos an die guten Absichten der Westalliierten, was wiederum zu einem Optimismus innerhalb des auflebenden kommunistischen Widerstandes gegen die faschistische Herrschaft führte. Claudin bemerkt dazu:

„Dementsprechend nährten die führenden Köpfe der kommunistischen Bewegung bei den Massen die Illusion, daß Gleichheit und Brüderlichkeit zwischen Nationen durchaus mit dem Fortbestand der imperialistischen Großmächte zusammengehen könne; eine Illusion, die darin bestand, daß diese Mächte, da sie an der Seite der Sowjetunion gegen ihre kapitalistischen Rivalen gekämpft hätten, wirklich den Aufbau einer idealen Welt beabsichtigen würden." (1975:30)

6.3 Die Zwei-Lager-Theorie

Nach dem Krieg war es das Ziel der sowjetischen Führung, die Anerkennung und den Status, den sie auf Grund ihrer Rolle im Bündnis gegen den Faschismus erlangt hatte, zu konsolidieren. Diese frisch errungene diplomatische Anerkennung, die in den Abkommen von Jalta und Potsdam 1945 bestätigt wurde, wurde jedoch durch das Aufkommen diverser – den Status quo bedrohender – Volksbewegungen überall in der Welt wieder gefährdet. Außerdem erlebten in allen kommunistischen Parteien, und besonders stark in den europäischen, die Auffassungen des 7. Komintern-Kongresses eine Renaissance. Obwohl der Personenkult um Stalin immer krassere Formen annahm, orientierte sich die praktische Politik in den osteuropäischen Staaten eher an der N.Ö.P. der zwanziger Jahre als am Stalinismus (Claudin 1975:461). Die undogmatische Wirtschaftspolitik und die Pläne für eine regionale Zusammenarbeit wie etwa die einer südslawischen Föderation zwischen Jugoslawien und Bulgarien fanden zwar in Moskau keine Gnade, im allgemeinen jedoch spielten

„die Sowjets [...] in der anfänglichen Nachkriegsentwicklung Osteuropas eine im wesentlichen opportunistische, nichtideologische Rolle" (Kolko 1972:215).

Diese Situation sollte sich bereits im Jahre 1947 drastisch verändern. Die Truman-Doktrin läutete den Beginn des Kalten Krieges ein. Das Wirtschaftsembargo, das mit dem Marshallplan verbunden war, zwang die Länder Zentraleuropas, wie z.B. die Tschechoslowakei, sich entweder für eine Integration in den atlantischen Block zu entschließen oder selbst vom Wirtschaftsembargo getroffen zu werden. Der schlummernde Konflikt zwischen dem Stalinismus und seiner autarken Planwirtschaft auf der einen Seite und – auf der anderen Seite – den mehr gemischten Ökonomien, die auf vielseitige und offene Wirtschaftsbeziehungen angewiesen waren, brach nun in aller Heftigkeit auf. Bei den Auseinandersetzungen zwischen stalinistischen und Volksfront-Kommunisten die zwischen 1947 und 1949 stattfanden, gewannen überall die Stalinisten die Oberhand. Nicht so allerdings in Jugoslawien, wo der Kommunist Tito eine auf nationale Interessen gestützte Politik durchsetzen konnte, was dann aber den Ausstoß aus dem sowjetischen Block nach sich zog.

In der UdSSR selbst kam es zu einer Verhärtung des ideologischen Klimas, unter der vor allem die Technokraten der Staatsklasse zu leiden hatten. 1948 wurde Lyssenkos antiwissenschaftliche Theorie einer dialektisch-materialistischen Vererbungslehre trotz heftiger Opposition prominenter Biologen der UdSSR als einzig richtige anerkannt (Nove 1978:298). Der Chef des staatlichen Planbüros Woznessenski, der für eine Lockerung des extremen Zentralismus eingetreten war, wurde 1949 verhaftet und wenig später ohne Prozeß erschossen. Diese erneute Verschärfung des stalinistischen Zugriffs auf die sowjetische Gesellschaft fand ihren Niederschlag auch in einer veränderten Haltung auf dem Gebiet der Weltpolitik.

6.3.1 Shdanow und die Zwei-Lager-Theorie

Vargas Buch *Veränderungen in der kapitalistischen Wirtschaft im Gefolge des Zweiten Weltkrieges* von 1946 wurde ein Jahr nach seiner Veröffentlichung Gegenstand heftiger Debatten, die im Rahmen des verschärften ideologischen Klimas bald in eine Hetze gegen den Autor ausarteten. Dafür waren in erster Linie A. A. Shdanow (im Literaturverzeichnis unter Zhdonov aufgeführt) (1896-1948) und Woznessenski – bevor dieser selbst von der Bildfläche verschwand – verantwortlich.

Shdanow war ein enger Vertrauter Stalins. Nach der Ermordung Kirows 1934 Shdanow wurde er Parteisektretär in Leningrad und war nach dem Krieg verantwortlich für die Bildungs- und Kulturpolitik der UdSSR. Als extrem xenophobischer Exponent innerhalb der Parteispitze agierte Shdanow sowohl vehement gegen Varga, der die Auffassung vertreten hatte, Staatsinterventionen könnten dem kapitalistischen System durchaus eine Überlebenschance sichern, als auch gegen die Technokraten, deren Wortführer der Leiter der Planungsbehörde Woznessenski war. Diese hatten sich für eine Effektivierung der Planung und für technologisch verbesserte Produktionsmethoden eingesetzt. Dem stellte Shdanow eine Intensivierung der ideologischen Schulung und die Stärkung der Vorreiterrolle der Partei entgegen. Durch diese Prioritätensetzung sollte, was dem damaligen Kurs der Sowjetführung entsprach, der Einfluß der Militär- und Wirtschaftsexperten zurückgedrängt werden. Eine Verhaftungswelle ungekannten Ausmaßes unter den Spezialisten zerstörte den neuen Optimismus vieler Sowjetbürger, die gehofft hatten, daß sich die Lebensbedingungen nach dem Krieg endlich entscheidend verbessern würden (Medwedew 1976:480f.).

Reaktion auf den Marshallplan

Die amerikanische Marshallplanoffensive trug zwangsläufig zur Festigung der Position Shdanows bei. Er nahm die Neugründung einer kommunistischen Internationale, das *Kominform,* im September 1947 zum Anlaß, um seine neue Sicht der weltpolitischen Lage zu verkünden. Wie sehr dieser Schritt mit dem Marshallplan zusammenhing, zeigte schon allein die Tatsache, daß – außer den osteuropäischen Parteien, der französischen und der italienischen KP – keine andere kommunistische Partei eingeladen worden war, selbst die chinesische nicht.

Shdanow hatte in erster Linie die Aufgabe, darzulegen, wie es dem britisch-amerikanischen Imperialismus gelingen konnte, überall in der Welt Kolonialkriege zu entfesseln und kommunistische Minister aus verschiedenen westeuropäischen Regierungen entfernen zu lassen, ohne daß die Sowjetunion dagegen aufgetreten sei (Claudin 1975:392). Er rückte die Dinge in ein neues Licht, um die Enttäuschung, die in Moskau über die offensive Politik des Westens herrschte, zu verbergen. Der vergangene Krieg habe den Charakter eines „Befreiungskampfes gegen den Faschismus" gehabt, führte Shdanow aus, und die führende Rolle der Sowjetunion bei der Niederwerfung des faschistischen Aggressors hätte

„das Kräfteverhältnis zwischen dem sozialistischen und dem kapitalistischen System drastisch zugunsten des Sozialismus verschoben" (Zhdanov 1960:155).

Begriffe wie „Anti-Hitler-Koalition" oder „friedliebende kapitalistische Staaten" wurden nun aus dem politischen Wortschatz gestrichen. Hinter den besiegten faschistischen Regimen Deutschlands und Japans erkannte man nunmehr die Umrisse

„reaktionärer imperialistischer Elemente überall in der Welt, ganz besonders aber in Großbritannien, Amerika und Frankreich, [die] große Hoffungen auf Deutschland und Japan gesetzt hätten [...und zwar] erstens, als Kräfte, die besonders geeignet waren, einen Schlag gegen die Sowjetunion zu führen, [...] und zweitens, als Kräfte, denen man zutraute, die revolutionäre [...] Bewegung in Deutschland selbst und in den von den Nazis heimgesuchten Ländern zu zerschlagen."

Dies, so führte Shdanow aus, sei auch der wahre Hintergrund der Beschwichtigungspolitik (Appeasement) der Westmächte gegenüber Hitler gewesen. Der Ausgang des Krieges hätte diese Absicht jedoch durch das enorm gestiegene Prestige der UdSSR durchkreuzt. „Statt geschwächt zu werden, hat die Kraft der UdSSR zugenommen." Außerdem sehe sich der Westen mit einer Krise des Kolonialismus konfrontiert, auf die er lediglich eine militärische Antwort parat habe (Niederlande-Indonesien, Frankreich-Vietnam). Daher entfesselten die USA nun eine Offensive, die nach Auffassung Shdanows ihrer Intention nach nur mit der faschistischen Aggression zu vergleichen sei.

190

„Genau wie die Nazis, die sich bei den Vorbereitungen ihrer räuberischen Aggression das Mäntelchen des Antikommunismus übergeworfen hatten, um sich die Möglichkeit zu verschaffen, alle Völker – und nicht zuletzt ihr eigenes Volk – zu unterjochen, so tarnen auch die gegenwärtig herrschenden Kreise Amerikas ihre expansionistische Politik – und sogar ihren Angriff gegen vitale Interessen ihres schwächeren imperialistischen Rivalen Großbritannien –, indem sie sich mit haltlosen Argumenten auf eine Verteidigung gegen den Kommunismus berufen." (Zhdanov 1960:157)

Zur gleichen Zeit wurde mit Varga abgerechnet. Da er die These aufgestellt hatte, der Kapitalismus habe durch staatliche Steuerungsmaßnahmen ein neues dynamisches Stadium erreicht, warf ihm Shdanow „bürgerliche Methoden", einen „Geist der Verbeugung und Verherrlichung vor dem kapitalistischen Ausland" vor, und schließlich beschuldigte er ihn des „unpatriotischen Verhaltens" (Kuczynski 1977:28). Der Terrorwelle, die nun die Sowjetunion heimsuchte, konnte Varga nur entgehen, indem er öffentlich Selbstkritik übte. Das Institut für Weltwirtschaft und Weltpolitik wurde geschlossen.

Die *Zwei-Lager-Theorie* wurde zur neuen Staatsdoktrin erhoben und bestimmte bis in die Breschnew/Tschernenko-Ära die Koordinaten des weltpolitischen Denkens der Sowjetführung. Die Vorstellung der Existenz zweier Lager – eines kapitalistischen und eines sozialistischen – herrschte in der Sowjetunion genaugenommen bereits seit den ersten Jahren nach der Oktoberrevolution. In der ersten Verfassung der Sowjetunion wurde sie sogar zum offiziellen Ausgangspunkt sowjetischer Außenpolitik gemacht. Doch läßt sich – in Anbetracht der faktischen und theoretischen Außenpolitik der UdSSR bis zum Ende des Zweiten Weltkrieges – nicht abstreiten, daß die erneute Wiederbelebung und Ausarbeitung der Zwei-Lager-Theorie eine bedeutende Wende in der sowjetischen Beurteilung der internationalen Beziehungen einläutete. Zwei-Lager-
Theorie

6.3.2 Stalinisierung des Ostblocks

Zu Beginn des Kalten Krieges wurden die osteuropäischen Staaten einer strengen sowjetischen Kontrolle unterstellt. Die Sowjets versuchten ihre Herrschaft in erster Linie über die kommunistischen Parteien und über die Polizei- und Militärapparate wirksam werden zu lassen. In Polen wurde sogar der Posten des Verteidigungsministers mit einem sowjetischen Marschall besetzt. Lediglich Jugoslawien konnte sich dem sowjetischen Zugriff entziehen. Tito war es gelungen, die Kontrolle über den eigenen Geheimdienst zu erhalten (Claudin 1975:492).

Außerdem brach nun der alte Konflikt des Jahres 1935 zwischen dem Volksfrontkurs der nicht-sowjetrussischen Parteien und der stalinistischen Politik des Staatsterrors wieder auf. In allen osteuropäischen Ländern wurden Säuberungsaktionen durchgeführt, die in einer Neuauflage stalinistischer Schauprozesse endeten, nur daß sie diesmal gegen die Generation des 7. Komintern-Kongresses gerichtet waren, die am Spanischen Bürgerkrieg und am antifaschistischen Widerstand teilgenommen hatte. In Ungarn und Bulgarien wurden 1949 Schauprozesse inszeniert (Dimitrow starb eines natürlichen Todes, bevor ein Prozeß eröffnet werden konnte) und 1952 in der Tschechoslowakei, wobei einer geradezu hypnotisierten Bevölkerung die skurrilsten Geständnisse von Landesverrat präsentiert wurden. Da die Beschuldigten seinerzeit mit Unterstützung des amerikanischen Geheimdienstes OSS in ihre von den Nazis okkupierten Heimatländer zur Organisierung des Widerstands eingeschleust worden waren, gab es gegen sie genügend „Beweismaterial" (Steven 1974). Nur in Rumänien konnten 1952 ähnliche Prozesse vom damaligen Staatsoberhaupt Gheorghiu-Dej durch die Ausweisung des sowjetischen Geheimdienstchefs Berija vereitelt werden (Burchett 1980:147). Aus dem „Geständnis" Artur Londons, einem Spanienveteran, der bis zu seiner Verhaftung Staatssekretär in Prag war, lassen sich die Momente der damaligen Gleichschaltung herausfiltern:

Es wurde erstens der Vorwurf des *Internationalismus* erhoben, der in der Anklage noch immer Trotzkismus genannt wurde – nun allerdings um den Vorwurf des Titoismus erweitert – und als unvereinbar mit dem patriotischen Aufbau des Sozialismus im eigenen Land galt (London 1970:159 u. 272). Zweitens wurde ihnen vorgeworfen, daß die mittel- und osteuropäischen Länder ihre *wirtschaftlichen Außenbeziehungen* nicht sofort auf die Sowjetunion gerichtet, sondern mit dem Westen Handel getrieben hätten (London 1970:267).

Polen, die DDR, Ungarn, die Tschechoslowakei sowie Bulgarien und Rumänien bildeten 1949 zusammen mit der UdSSR den *Rat für gegenseitige Wirtschaftshilfe* (RGW). Die Ökonomien der RGW-Länder wurden nun nach dem Muster der sowjetischen Planwirtschaft neu organisiert. Dieses Unternehmen lief auf eine Reproduktion des sowjetischen Modells vom „Sozialismus in *einem* Land" hinaus, da *zwischen* den einzelnen Mitgliedsländern nur eine relativ schwach entwickelte Arbeitsteilung zustande kam (Boot 1982).

Als Antwort auf die durch die westliche Embargopolitik hervorgerufene Frontstellung der beiden Machtblöcke gegeneinander, wäre aber gerade eine der kapitalistischen Arbeitsteilung vergleichbare Entwicklung auch im RGW-Raum erforderlich gewesen. Noch 1952 äußerte sich Stalin (1972:31) optimistisch über die Zukunft der ökonomischen Entwicklung. Der Marshallplan hatte seiner Einschätzung nach lediglich das Entstehen eines „zweiten Weltmarktes" (sprich: des RGW-Marktes) bewirkt. Mit sowjetischer Hilfe würde sich eine homogene Entwicklung der UdSSR, Osteuropas und Chinas herstellen lassen. Diesen Ländern stünde ein derartig spektakuläres Wirtschaftswachstum bevor, daß sich schon sehr bald „die Notwendigkeit ergeben werde, auswärtige Märkte für ihren Produktionsüberschuß finden zu müssen."

6.4 Entstalinisierung und Konflikte zwischen sozialistischen Ländern

Stalins Optimismus war insofern konsequent zu nennen, da er direkt das Schema des (im Verhältnis zum erfolgreichen Sowjetblock) wirtschaftlichen Niedergangs des Kapitalismus anwendete und von der daraus folgenden Zuspitzung der Gegensätze innerhalb des imperialistischen Lagers ausging. Während des Krieges habe sich bereits gezeigt, daß

„der Kampf der kapitalistischen Länder um Märkte und ihr Wille, Mitkonkurrenten zu vernichten, in der Praxis stärker gewesen waren als die Widersprüche zwischen dem kapitalistischen und dem sozialistischen Lager" (Stalin 1972:35).

Vargas Einschätzung, daß die Gefahr eines neuerlichen imperialistischen Verteilungskampfes auf Grund der staatsinterventionistischen Steuerungsinstrumente der kapitalistischen Staaten weniger akut geworden sei und außerdem durch eine gemeinsame Frontbildung des Westens gegen die sozialistischen Staaten noch zusätzlich verringert würde, wurde von Stalin verworfen. Varga, der durch die Entwicklungen zynisch geworden war, nannte, als er 1953 im Rahmen einer Rehabilitierung für sein Buch einen Staatspreis empfing, diese Schrift sein „dickstes und dümmstes Buch" (Kuczynski 1977:28). 1956 wurde das *Institut für Weltwirtschaft und internationale Beziehungen* (russisch: IMEMO) gegründet, das praktisch eine Neugründung des von Varga geleiteten und 1949 geschlossenen Instituts bedeutete. In den veränderten Verhältnissen nach Stalins Tod, in denen eine Vergesellschaftung des weltpolitischen Denkens in der UdSSR stattfand, gab es allerdings keinen Platz mehr für einen Chefideologen.

6.4.1 Entstalinisierung und Normalisierung

Als Stalin 1953 starb, hatte die Sowjetgesellschaft ein Entwicklungsniveau erreicht, das eine gewisse Entideologisierung der Verhältnisse erforderlich machte. Die objektiven Sachzwänge der wirtschaftlichen Entwicklung führten zu der Erkenntnis, daß auch eine Planwirtschaft nicht ohne die Berücksichtigung gewisser technischer Kriterien funktionieren kann – eine Einsicht, die Stalin paradoxerweise bereits in seiner erwähnten Schrift des Jahres 1952 verkündet hatte. Zuerst hatte es den Anschein, als ob nach dem Tod des Diktators und dem Sturz seines Henkers Berija, eine neue Generation von Technokraten unter der Führung von Malenkow die Macht erobern konnten (E. Crankshaw in Khrouchtchev 1971:22).

Aus dem Machtpoker zwischen Technokraten und stalinistischer Partei kam allerdings mit Nikita S. Chruschtschow (1894-1971) ein Kompromißkandidat zum Vorschein, der sich bis 1964 an der Macht behaupten konnte. Auf dem XX. Parteikongreß der KPdSU 1956 sorgte er mit einer (anfänglich geheimgehaltenen) Rede, in der er die stalinistischen Verbrechen enthüllte, für eine Sensation. Unter Chruschtschow schlug die sowjetische Politik neue Wege ein, die der sich seit 1955 abzeichnenden internationalen Entspannung sowie den Anfängen der Entkolonialisierung Rechnung trugen. Maßgebend für diese Wende war die von Chruschtschow selbst verkündete Erkenntnis, daß

Chruschtschow

„sich die internationalen Beziehungen allmählich über die Grenzen der Beziehungen zwischen den Ländern, die hauptsächlich von Völkern der weißen Rasse bewohnt sind, hinaus zu wirklich weltweiten Beziehungen erweitern" (zit. in Kubálková/Cruickshank 1980:160).

Diese Haltung fand ihren Niederschlag in einer versöhnlicheren Politik der UdSSR gegenüber Jugoslawien und in einer Annäherung an neutrale ehemalige Kolonien,

„Zone des Friedens"

wie z.B. Indien. Diese Politik wurde von der Vorstellung geleitet, daß der Ostblock gemeinsam mit den neutralen (blockfreien) Staaten eine „Zone des Friedens" in der Weltpolitik forme, womit die Sowjetunion gleichzeitig die Idee einer in zwei Blöcke gespaltenen Welt, in denen sich zwei Lager unversöhnlich gegenüberstanden, aufgab (Kubálková/Cruickshank 1980:163).

atomarer
Pazifismus

Die Länder dieser „Zone des Friedens" vertraten gemeinschaftlich den Standpunkt, daß Kriege durch die Existenz von Atomwaffen obsolet geworden seien, da es keine Sieger mehr geben könne.

„friedliche
Koexistenz"

Unter Chruschtschow verschob sich daher der Begriff friedliche Koexistenz inhaltlich ein zweites Mal, d.h. er reflektierte nun, daß ein Atomkrieg das Ende der menschlichen Zivilisation bedeuten würde (Kubálková/Cruickshank 1980:164f.).

Das IMEMO war in dieser Periode ein wichtiger Stützpfeiler und eine Inspirationsquelle der Politik Chruschtschows. Die unter dem Stalinismus mit einem Tabu belegte These Vargas, daß der Kapitalismus durch staatliche Steuerungsmaßnahmen den technischen Fortschritt stimulieren könne,

> „kam im folgenden Jahrzehnt wieder zu Ehren und wurde von hochrangigen Funktionären tatkräftig unterstützt, die für die Ausbreitung des Handels und anderer Beziehungen mit dem Westen optierten," schreibt Malcolm (1989:47).

Staatsinterventionismus
als Systemkorrektur

Bei der Einschätzung des Kapitalismus in der UdSSR und der DDR ließ man die Ansicht fahren, Staatsinterventionen dienten lediglich der Machterhaltung der „Monopolbourgeoisie", sondern deutete sie ab etwa 1956 als notwendige Systemkorrekturen zum Zwecke der Zentralisierung einiger Kapitalfunktionen (Wirth 1972:194f.).

> „Seither haben sich die führenden Akademiker des IMEMO bemüht, Argumente für die Erweiterung der Zusammenarbeit des sowjetischen Blockes mit der übrigen Weltökonomie zusammenzutragen, indem sie die organisierten und dynamischen Züge der westlichen Ökonomien betonten und auf deren Tendenz, im Rahmen der sich beschleunigt vollziehenden ‚wissenschaftlich-technologischen Revolution' immer intensivere Formen wechselseitigen Zusammenwirkens zu entwickeln, aufmerksam machten," schreibt Malcolm (1989:47).

wissenschaftlich-
technologische
Revolution

Der Begriff der *wissenschaftlich-technologischen Revolution* kontrastiert mit der These der allgemeinen Krise des Kapitalismus. Obwohl beide Auffassungen im offiziellen Sprachgebrauch nebeneinander anzutreffen sind, drücken sich in ihnen doch ideologisch gegensätzliche, von verschiedenen gesellschaftlichen Gruppen vertretene, Interessen aus, nämlich die des technokratischen Teils der Staatsklasse gegenüber denen des ideologisch-politischen Apparats.

Mit diesen Themen (Mondialisierung der internationalen Politik, atomarer Pazifismus, internationale Arbeitsteilung mit dem Kapitalismus) nahm Chruschtschow bereits die spätere außenpolitische Orientierung der Ära Gorbatschow vorweg (vgl. Klein 1988). In den 50er und 60er Jahren allerdings führten diese Zielsetzungen zu heftigen Konflikten mit den Neostalinisten im In- und Ausland. Als Chruschtschow mit seinem oft unberechenbarem Vorgehen gefährliche Situationen heraufbeschwor, wie etwa mit dem vermessenen Entschluß, Atomwaffen auf Kuba zu stationieren, geriet er in die Defensive. 1964 wurde er von einer Koalition von Technokraten, an deren Spitze Kossygin stand, und neostalinistischen Apparatschiks, deren Wortführer

194

Leonid I. Breschnew war, abgesetzt. Letzterer übernahm das Amt des 1. Sekretärs (später wurde er Generalsektretär) und blieb bis zu seinem Tode (1982) im Amt.

6.4.2 Konflikte zwischen sozialistischen Staaten

Die Erwartung Stalins, daß die sozialistischen Staaten in naher Zukunft den sich in einer Krise befindlichen Kapitalismus überflügeln würden, ging von einem Konzept des „sozialistischen Marktes" aus, das nicht mit den Realitäten übereinstimmte. Einer reibungslosen Kooperation auf diesem vermeintlichen Markt standen sowohl strukturelle wie konjunkturelle Hindernisse im Wege. „sozialistischer Markt"

In *struktureller* Hinsicht wurde die internationale Arbeitsteilung der sozialistischen Staaten untereinander erschwert, weil sie allesamt nach dem tendenziell autarkischen Modell des „Sozialismus in *einem* Land" organisiert waren, d.h., jedes Land hatte versucht, eine zentrale Planwirtschaft mit eigener Schwerindustrie usw. aufzubauen. Jedes Land wurde von einer gesonderten Staatsklasse beherrscht, die sich der Idee nationaler Souveränität verschrieben hatte. Das hobbessche Verhältnis von Staat und Gesellschaft eignet sich zwar für eine Politik forcierter Entwicklung und darüberhinaus zur Durchsetzung eines gewissen sozialpolitischen Standards, kann aber keine – dem lockeschen Kerngebiet vergleichbare – tragfähige Grundlage für eine grenzüberschreitende Vergesellschaftung schaffen. strukturelle Hindernisse

In *konjunktureller* Hinsicht wird die Arbeitsteilung zwischen den verschiedenen Ländern behindert von der Ungleichzeitigkeit ihrer jeweiligen Zyklen von Ideologisierung und Normalisierung der gesellschaftlichen Verhältnisse, die ein Resultat der Widersprüche zwischen Ideologie und technischer Expertise sind. Die ursprüngliche Akkumulation im Sozialismus der 30er Jahre war mit einer extremen ideologischen Politisierung durch den Stalinismus verbunden gewesen und wurde von einer Periode der Normalisierung während des Krieges abgelöst. Der Beginn des Kalten Krieges hatte nach 1947 erneut zu einer ideologisch- stalinistischen, bis zu Stalins Tod andauernden Repressionswelle geführt, in welcher der planwirtschaftliche Zentralismus weiter ausgebaut wurde. Ihren Höhepunkt fand sie in einem Wiederaufflammen terroristischer Schauprozesse in fast allen osteuropäischen Satellitenstaaten der UdSSR. konjunkturelle Hindernisse

Noch zu Lebzeiten Stalins schien sich eine weitere Phase der Normalisierung anzukündigen. Stalin selbst kritisierte die ideologisierten Auffassungen in der Sprachwissenschaft. Marcuse behauptet, daß diese

> „wohl eine nützliche Funktion in der ‚magischen' Verwendung der marxschen Theorie gehabt hätten. Doch gerieten sie mit der Entwicklung des technologischen und industriellen Fortschritts in der sowjetischen Gesellschaft [...] in Konflikt mit fundamentaleren Zielen [...] und mußten Platz machen für umfassendere, ‚normale' und internationalistische Konzeptionen." (1971:131)

Die Phase der ursprünglichen Akkumulation in der UdSSR war ja zum größten Teil abgeschlossen. Ähnliches galt für die meisten osteuropäischen Länder, insofern diese nicht sogar schon viel weiter entwickelt waren, wie etwa die DDR oder die Tschechoslowakei.

In der sich parallel vollziehenden Normalisierung der *Außenpolitik* unter Chruschtschow traten auch in dieser Hinsicht Unterschiede an den Tag; denn,

> „während in manchen [Ländern] das Gesetz der ursprünglichen sozialistischen Akkumulation
> seine Schuldigkeit bereits getan hatte, mußte es seine Wirkung in anderen erst noch entfalten"
> (Senin 1973:61).

Und in dem Moment, wo die „magische" Ideologie in manchen Ländern ihre Aufgabe bereits erledigt hatte und nun (technokratische) Normalisierung und internationale
Zusammenarbeit auf dem Programm standen, konnte es für andere wiederum gerade
notwendig sein, um im Kontext des hobbesschen Modells durch eine ideologische
Kampagne die Mobilisierung aller nationalen Hilfsmittel zu erreichen.

Außerdem erweckte die Rede Chruschtschows auf dem XX. Parteitag wieder die
nationalkommunistischen Kräfte des 7. Komintern-Kongresses zu neuem Leben. In
Ungarn kam es 1956 zu einem (allerdings nicht nur von Nationalkommunisten getra-
genen) Aufstand, der von der Sowjetunion blutig niedergeschlagen wurde.

Bei der Entstehung anderer Konflikte spielte die ungleiche Entwicklung eine
Hauptrolle. Chruschtschow versuchte 1962 im Rahmen des RGW eine Arbeitsteilung
mit Rumänien zu erreichen. Gheorghiu-Dej, Rumäniens eigenwilliger Diktator,
wollte jedoch erst den Prozeß der ursprünglichen Akkumulation, d.h. den Aufbau
einer eigenen Schwerindustrie, vollenden. Er verweigerte seine Mitarbeit an einer
supranationalen Planung,

> „die Rumänien zu einer Ölreserve, einem Getreidelager und zu einem Rohstofflieferanten ge-
> macht hätte" (Marcou 1979:176).

Mao Tse-tung   Der bedeutendste Konflikt fand jedoch zwischen China und der Sowjetunion statt.
Mao Tse-tung hatte 1958 eine Kampagne gestartet, die die ursprüngliche Akkumula-
tion nach einem anderen Muster als dem sowjetischen (Kollektivierung und
Zwangsindustrialisierung) verwirklichen wollte. Mit dieser Kampagne („Großer
Sprung nach vorn") waren eine heftige Agitation gegen den „Revisionismus", in der
Tito im besonderen als der große Bösewicht hingestellt wurde, und eine antiimperia-
listische Hysterie gegen die USA verbunden, die als ein „Papiertiger" dargestellt
wurde (de Graaf 1968:102f.).

Die Sowjetunion dagegen hatte gerade den Weg der Annäherung an die USA
eingeschlagen und warnte die Chinesen vor einer Herausforderung des amerikanischen Kapitalismus. Im privaten Kreis machte Chruschtschow sich über die experi-
mentellen chinesischen Volkskommunen lustig. Als 1959 bekannt wurde, daß die
UdSSR mit den USA in Verhandlungen über die bereits zugesagte sowjetische Hilfe
beim Aufbau eines chinesischen Atompotentials getreten war und seine Neutralität
bei einem indisch-chinesischen Grenzkonflikt erklärte, kam es zu einem Bruch zwischen beiden Ländern. Die UdSSR stoppte alle Hilfeleistungen an China (Burchett
1980:206f.).

Kulturrevolution   1966 begann in China die radikal-antibürgerliche Kampagne „Große (Proletarische) Kulturrevolution", und mit ihr erreichte der Konflikt eine neue Qualität.
Erneut konnte man hier einen für die Phase der ursprünglichen Akkumulation typischen „magischen" Gebrauch des Marxismus beobachten (vgl. *Das Rote Büchlein*

196

mit Mao-Zitaten). Sogar erfolgreiche Ölbohrungen wurden auf eine konsequente und korrekte Anwendung maoistischen Gedankenguts zurückgeführt.

Die weltpolitischen Verhältnisse wurden mit Hilfe der von den Maoisten aufgestellten Theorie der „Umzingelung der Städte", d.h. des Kerngebiets, erklärt, auf die wir im 10. Kapitel näher eingehen werden. Erst in der Periode 1969-1973 begann sich – begünstigt von einer Öffnung der USA gegenüber China – ein Wandel in der chinesischen Außenpolitik abzuzeichnen. Auch die Theorie wurde der neuen Situation angepaßt. Die Beurteilung der individuellen Rolle der einzelnen Staaten rückte jetzt mehr in den Vordergrund. Die UdSSR wurde nunmehr nicht bloß als ein Handlanger des Imperialismus gesehen, sondern – mit dem Etikett „sozialimperialistisch" versehen – als eine selbständige imperialistische Macht (O'Leary 1980:47f.)

6.4.3 Der „Wettlauf der Systeme"

Nach der Absetzung Chruschtschows entwickelten sich in der Sowjetführung wieder neostalinistische Tendenzen, die sich u.a. in einer gewissen Neubelebung der Zwei-Lager-Theorie äußerten, was zu der Formulierung einer Theorie über den Wettlauf der Systeme führte. Allerdings verhinderte diesmal die Vergesellschaftung des Theoriebetriebs, d.h. seine Verteilung über viele Institute und Strömungen, die eindeutige Vorherrschaft eines einzigen Ansatzes wie zu Zeiten Shdanows. Man muß daher vielmehr von einem Theorienkomplex sprechen. *Wettlauf der Systeme*

Die neue Führung vertraute auf die Fähigkeit der Sowjetunion, auf dem Rüstungssektor (einschließlich der Atomwaffen) mit den Amerikanern gleichziehen zu können. Die Logik des Wettrüstens beinhaltete aber gleichzeitig auch den Zwang, die amerikanischen Innovationen nachzuahmen. So ergab sich die Situation, daß die UdSSR auf jeden qualitativen Vorsprung der USA mit einer imitierten und standardisierten Version reagierten (Holloway 1984:152-157). Anfang der 70er Jahre hatte die Sowjetunion quantitativ etwa das Niveau des Militär- und Nuklearpotentials der USA erreicht.

So erhielt der Begriff der friedlichen Koexistenz im Rahmen der *Détente* noch eine *vierte Bedeutung*. Wie Kubálková/Cruickshank es formulieren, bezeichnete der Terminus nunmehr *friedliche Koexistenz erzwungen*

„jenes Stadium der Beziehungen zwischen Kapitalismus und Sozialismus, das, als Ergebnis eines unvorteilhaften ‚Kräfteverhältnisses‘, den Kapitalismus nötigte, dem Druck der Friedlichen-Koexistenz-Kampagne nachzugeben und ihn dazu veranlaßte, alle Prinzipien, auf denen das Konzept beruhte, wenn auch widerstrebend, anzuerkennen" (1980:209).

Diese Form der friedlichen Koexistenz unterscheide sich von jener der Chruschtschow-Periode durch die Möglichkeiten einer dem Sozialismus und dem Frieden förderlichen Entwicklung. Ein DDR-Autor formulierte damals:

„Die durch die Macht des Sozialismus *der imperialistischen Aggressivität gesetzten Grenzen* begünstigen in entscheidendem Maße den Kampf der Friedenskräfte im Kapitalismus gegen die aggressivsten Teile des Monopolkapitals, ohne jedoch die Aggressivität des Imperialismus zu beseitigen." (Klein 1975:10)

197

Der Druck, welcher von einem immer stärker werdenden Sowjetblock ausgehe, führe zu einer Differenzierung innerhalb der kapitalistischen Welt und berühre die Rivalitäten zwischen den kapitalistischen Staaten.

> „Es entstand ein neues Gebiet der Widersprüche zwischen den Imperialisten, die Frage nach dem Verhältnis zum sozialistischen System." (Tomaschewski 1973:190)

Wie der Einmarsch der Warschauer-Pakt-Staaten 1968 in die Tschechoslowakei jedoch deutlich machte, wurden die bestehenden Blockgrenzen sorgsam abgesichert und eine Demokratisierung des bestehenden Sozialismus, dessen Verwässerung man befürchtete, im Bedarfsfall mit Gewalt rückgängig gemacht. Die dritte Komponente des Theorie-Komplexes über den „Wettlauf der Systeme" – neben der durch Parität auf militärischem Gebiet *erzwungenen* friedlichen Koexistenz und der „objektiven" Stärkung der friedliebenden und kooperativen Kräfte innerhalb des Kapitalismus – zielte auf die Stärkung der sich am Sozialismus orientierenden Staaten der Dritten Welt ab. 1965 schaffte die UdSSR die Importzölle für Güter aus den Entwicklungsländern ab. Nach der anfänglichen Begeisterung während der Chruschtschow-Periode für die „nationale Bourgeoisie" der Entwicklungsländer unterstützte die Sowjetunion im Laufe der Zeit immer mehr jene Kräfte, die für die Einrichtung zentralistischer Planwirtschaften kämpften und Bündnisbeziehungen zum Sowjetblock aufnehmen wollten (Hough 1986).

Auf der Konferenz kommunistischer Parteien in Moskau 1969 wurde erklärt:

> „Das sozialistische Weltsystem ist die entscheidende Kraft im antiimperialistischen Kampf. Das sozialistische Weltsystem, vor allem die Sowjetunion, ist der unentbehrliche Stützpfeiler jeglichen Befreiungskampfes." (zit. in: Klein 1975:11)

Nach der Konsolidierung der sowjetischen Einflußzone in Europa unter Stalin und der Neubestimmung der weltpolitischen Rolle der UdSSR unter Chruschtschow, wurde im Laufe der 70er Jahre durch die Krise des amerikanischen Imperialismus eine Expansion des sowjetischen Sozialismus begünstigt. Die sowjetische Unterstützung der Revolutionen in Afrika und Mittelamerika und die immensen Kosten für die Aufrechterhaltung der militärischen Parität sollten allerdings in naher Zukunft das Schicksal der Sowjetunion besiegeln.

7 Atlantische Synthese und Realismus

7.1 Neuorientierung nach dem Ersten Weltkrieg

Gleich nach dem Ersten Weltkrieg hatte es den Anschein, als nähme das angloamerikanische, lockesche Kerngebiet auf der weltpolitischen Bühne feste Formen an. Dem Universalismus Wilsons war allerdings kein langes Leben beschert; er sollte erst während des Zweiten Weltkrieges wiederauferstehen. In der Zwischenzeit waren viele deutsche und mitteleuropäische Intellektuelle nach Amerika geflüchtet; eine Fluchtbewegung, die – wie sich herausgestellt hat – von weltgeschichtlicher Bedeutung war. Auf der Grundlage dieser „Transfusion" europäischen Intellekts kam es zu einer kulturellen *atlantischen Synthese,* die ganz entscheidend das weltpolitische Denken und Handeln der USA beeinflußt hat. atlantische Synthese

In der Konfrontation mit den hobbesschen Konfigurationen des Faschismus und des Sozialismus/Stalinismus wurden in Amerika weltpolitische Theorieansätze entwickelt, die man am besten als *machtpolitischen Realismus* zusammenfassen kann. Der Realismus hat versucht, die übereinstimmenden Merkmale dieser beiden Herrschaftsformen (Faschismus und Sozialismus) im Begriff des *Totalitarismus* zusammenzufassen; dieser Begriff hatte zunächst eine propagandistische Stoßrichtung, reflektierte als ideologisches Konzept aber auch durchaus Aspekte der politischen Realität. machtpolitischer Realismus Totalitarismus-theorie

7.1.1 Der Rat für auswärtige Beziehungen (Council on Foreign Relations)

Wie wir bereits im 3. Kapitel gezeigt haben, wird das lockesche Modell der sich selbst regulierenden, transnationalen Zivilgesellschaft durch die wichtige Rolle, welche die *politikvorbereitenden Körperschaften* bei der politischen Entscheidungsfindung spielen, gekennzeichnet. Das britsche Commonwealth hatte zwei unterschiedliche Typen solcher Körperschaften hervorgebracht, die keine Organe des eigentlichen Staatsapparats waren: die informellen Sachverständigengremien, die an der Grenze von Staat und ziviler Gesellschaft anzusiedeln, und andere, die gänzlich privat organisiert sind. Zu den letzteren zählen die bereits erwähnten *Round Table Groups.*

Durch den gemeinsamen Kampf Amerikas, Großbritanniens und seiner europäischen Verbündeten im Ersten Weltkrieg bot sich die Chance eines engeren Zusammenrückens der englischsprachigen Welt, was ja bereits ein Ideal Cecil Rhodes gewesen war. Ein wichtiger Aspekt bei den zu vertiefenden Beziehungen betraf die Gründung eines gemeinschaftlichen Gremiums der Politikvorbereitung, das nach dem Muster der Round Tables funktionieren sollte. Am Rande der Versailler Friedensverhandlungen einigten sich amerikanische und britische Delegierte auf die Gründung einer Organisation, die ein gemeinschaftliches und kontinuierliches Studium der internationalen Beziehungen gewährleisten sollte.

Institute of International Affairs Der wichtigste Initiator dieses Projekts war der Brite Lionel Curtis, Sekretär des Round Table. Auch Zimmern war daran beteiligt. Auf amerikanischer Seite sind besonders James T. Shotwell, ein Historiker der Columbia University in New York, der zum Versailler Untersuchungsausschuß Wilsons („Inquiry") gehörte, und Thomas Lamont zu erwähnen, der Bankier bei J. P. Morgan und Mitglied der amerikanischen Round-Table-Group war. Die Bemühungen resultierten 1919 in der Gründung des *Institute of International Affairs* (Institut für internationale Angelegenheiten), das eine britische und eine amerikanische Sektion haben sollte. Die Funktionsfähigkeit des amerikanischen Instituts schien allerdings lange Zeit gefährdet, da Wilsons Völkerbundprojekt im Amerikanischen Kongreß auf Ablehnung stieß. Es konnte erst 1922 nach der Fusion mit einem anderen, ähnlich gelagerten Gesprächskreis unter Council on Foreign Relations dem Namen *Council on Foreign Relations* (CFR) seine Arbeit aufnehmen (Shoup/Minter 1977:16). Das britische Schwesterinstitut nannte sich *Royal Institute of International Affairs.* Im CFR waren sowohl Befürworter als auch Gegner der Ratifikation des Völkerbundvertrags vertreten. Ehrenvorsitzender wurde Elihu Root, der unter Theodore Roosevelt Außenminister gewesen war und 1910 zum ersten Präsidenten der (bereits an früherer Stelle besprochenen) Carnegie Endowment for International Peace ernannt worden war. Vorstand des CFR wurde John W. Davis, Botschafter unter Wilson in London und 1924 selbst Präsidentschaftskandidat der Demokraten. Beide Männer waren Anwälte und waren in die höchsten Finanzkreise eingeführt: Davis war erster Anwalt J. P. Morgans. Mit Hilfe eines Rundschreibens an die 1000 reichsten Familien Amerikas wurde das Gründungskapital für die Zeit- Foreign Affairs schrift *Foreign Affairs* zusammengebracht.

Im Rahmen des CFR und seiner Zeitschrift ließ man die unterschiedlichsten außenpolitischen Optionen und Theorien aufeinandertreffen, aus denen dann ein konsensfähiges Herrschaftskonzept herausgearbeitet werden sollte. Auch die Wissenschaft sollte hierzu ihren Beitrag leisten. 1927 startete man ein eigenes Forschungsprogramm.

Auch Veränderungen der inneramerikanischen Machtverhältnisse und neue gesellschaftliche Herrschaftskonzepte beeinflußten die Arbeit des CFR. Besonders der Einfluß bestimmter Kreise der Hochfinanz ist kaum zu überschätzen.

Völkerrecht Aus der Anfangsperiode wäre hier an erster Stelle der Finanzmagnat J. P. Morgan zu nennen, ein Vertreter des liberal-internationalistischen Denkens, das in den ersten Jahrzehnten des 20. Jahrhunderts vorherrschend war. Auch die diesen Ideen –

und insbesondere der Idee des *Völkerrechts* – nahestehende Carnegie-Stiftung spielte eine große Rolle.

Die amerikanische Außenpolitik der Progressiven hatte seit der Jahrhundertwende im Zeichen internationaler Konfliktschlichtung und anderer völkerrechtlicher Regelungen gestanden, und das Personal des Außenministeriums (State Department) bestand in der Hauptsache aus Juristen, die auch in der Periode zwischen den beiden Weltkriegen die Schaffung einer internationalen Rechtsgemeinschaft anstrebten, was dann über das Washingtoner Flottenabkommen und den Briand-Kellogg-Pakt in dem verspäteten Zutritt der USA zum Internationalen Gerichtshof in Den Haag resultierte (1935). Dem Völkerbund traten sie zwar nicht bei, wurden 1934 aber Mitglied der Internationalen Arbeitsorganisation (ILO) und beteiligten sich an den (informellen) Expertenausschüssen des Völkerbundes (Picciotto 1989).

Noch 1927 vertrat Shotwell, der prominenteste Wissenschaftsvertreter im CFR, die Ansicht, daß die Lehre der internationalen Beziehungen praktisch identisch sei mit einer Völkerbundkunde. Ganz im Geiste der idealistischen Auffassungen von Angell und Zimmern sah man die sich selbst regulierende, transnationale Gesellschaft als eine Rechtsgemeinschaft, in der, wie man meinte, die klassischen machtpolitischen Aspekte an Gültigkeit verloren hätten (Fox 1968:5). 1930 waren die meisten der (damals 24) amerikanischen Hochschullehrer auf dem Gebiet der internationalen Beziehungen Völkerrechtsspezialisten. Das änderte sich erst im Laufe der 30er und 40er Jahre. *(Margin: Völkerbundkunde / transnationale Rechtsgemeinschaft)*

Damals entwickelte sich – in Wechselwirkung mit dem (im 3. Kapitel besprochenen) staatsmonopolistischen Herrschaftskonzept – ein neuer, machtpolitisch orientierter Realismus, der in den USA übrigens rasch im „korporativen Liberalismus" aufging. Gleichzeitig entwickelte sich die Rockefeller-Gruppe zum neuen Machtzentrum innerhalb der herrschenden Klasse Amerikas, die ihren Einfluß auch im CFR Geltung verschaffte. Hierbei dürfen wir aber nicht an direkte Eingriffe in die Arbeit des CFR denken, sondern eher an – dem lockeschen Modell entsprechenden – indirekte und informelle Steuerungsmechanismen.

> „Die Art der Vorherrschaft im CFR – erst von Morgan und dann von Rockefeller – sollte nicht mit einer Kommandostruktur oder einer Diktatur gegenüber den Vertretern anderer Finanzgruppierungen verwechselt werden. Sie folgt vielmehr dem Modell informeller Führung und Koordination im allgemeinen Rahmen der Zusammenarbeit." (Shoup/Minter 1977:107)

In den 20er Jahren legten die Rockefeller den Grundstein für ein eigenes Netzwerk philantropischer Einrichtungen, deren Renommierstück die *Rockefeller Foundation* wurde. Diese Stiftung entwickelte sich im Laufe der Zeit zum größten finanziellen Förderer (sponsor) des amerikanischen Wissenschaftsbetriebs. Ihr Engagement in den Sozialwissenschaften begann mit einem Projekt zur Erforschung der Arbeitsbedingungen. *(Margin: Rockefeller Foundation)*

7.1.2 Arbeit und Arbeitsverhalten

Um die Jahrhundertwende war die amerikanische Arbeiterbewegung zu einer sozial-politisch relevanten Kraft geworden. Die Wirtschaft reagierte hierauf zum einen mit der Einführung neuer Produktionsverfahren und maschineller Fertigungsmethoden, um die teure Facharbeit zu ersetzen. Zum andern begann man mit der Erforschung des Verhaltens, der Denkweisen und Lebensgewohnheiten der Arbeiter, um so zu einer wissenschaftlichen Betriebsführung *(scientific management)* zu gelangen. Amerika hatte auf diesem Gebiet eine Vorreiterfunktion, weil hier die qualifizierten Arbeitskräfte am teuersten waren. Außerdem hatten die Betriebe durch die um 1890 einsetzende Fusionswelle eine Größe erreicht, die neue Formen der Arbeitsorganisation möglich und notwendig machte (Noble 1977:261).

Taylorismus   Die Schlüsselfigur dieser scientific-management-Bewegung, dem sie auch ihren Namen verdankt, war der Ingenieur F. W. Taylor. Er begann 1880 mit einer Untersuchung des Arbeitsprozesses in der Metallverarbeitung. Um das Arbeitstempo zu steigern, schlug Taylor vor, das Fachwissen der Arbeiter zu inventarisieren und anschließend seine Arbeitshandlungen bis in jede Einzelheit hinein durch Vorschriften zu steuern. Die Einführung eines Stücklohns und das Gewinnstreben des Arbeiters würden gewährleisten, daß er – zu seinem eigenen Nutzen und zum Wohl des Betriebs – in diesem System eine maximale Leistung erbringen würde (Héron 1976). Der *Taylorismus* stand ganz im Trend der neuen Naturwissenschaft:

> „Vom Energiebegriff, einem Knotenpunkt des Positivismus und der bürgerlichen Kultur der Jahrhundertwende, ließ sich Taylor bei seinem Versuch leiten, herauszufinden, wie viele Meterkilogramm ein Arbeiter in einem Tage billigerweise zu verrichten im Stande ist'." (Vahrenkamp 1976:15)

Am Vorabend des Ersten Weltkrieges nahm das Interesse der neuen Managementwissenschaft an den körperlichen Aspekten der Arbeit ab und verlagerte sich mehr auf die psychischen Aspekte des Arbeitsprozesses. Die Annahme Taylors, daß der Arbeiter bei seiner Arbeit rein ökonomische Motive verfolge, wurde nunmehr als Irrtum gesehen. Die Erkenntnis, daß das Arbeitsverhalten durch eine schwer zu durchdringende Vielfalt von Motiven rationaler und irrationaler Art bestimmt wird, war für die Anhänger des Scientific Management Grund genug, die introspektive Motivationsforschung völlig beiseite zu schieben (Noble 1977:298ff.). Der maßgebliche Theoretiker dieser Richtung war der Psychologe J. B. Watson, der der Ansicht war, nicht das Bewußtsein der Menschen, sondern nur ihr objektiv beobachtbares und meßbares Verhalten (behavior) könne Forschungsgegenstand einer wissenschaftlichen Psychologie sein.

Behaviorismus   Der sogenannte *Behaviorismus* knüpfte an die Untersuchungen über bedingte Reflexe – d.h. nicht angeborener, sondern andressierter Reaktionen – bei Tieren an, für die der russische Mediziner I. P. Pawlow 1904 den Nobelpreis erhalten hatte. Auch Watson führte ab 1903 Tierversuche durch. Die hauptsächlichen Ziele seiner psychologischen Experimente waren die Entdeckung von Reiz-Reaktion-Verbindungen (Stimulus-Response oder S-R-Theorien) und das Studium des menschlichen *Lernverhaltens* (O'Neill 1968:133). Nach 1920 beendete Watson seine akademische

Tätigkeit und begann an einer neuen Karriere in der Werbebranche. Pawlows Experimente, in denen er u.a. durch ein Geräuschsignal Speichelfluß bei Hunden auslöste, sowie die Arbeiten Watsons und dessen Nachfolgers B. F. Skinner, der Ratten konditionierte, ergänzten Taylors Befunde.

„Die Entstehung der industriellen Psychologie in den 20er und 30er Jahren eröffnete den Lern- und Konditionierungstheorien ein neues Feld praktischer Anwendungsmöglichkeiten, das es bis dahin noch nicht gegeben hatte," schreibt Lichtheim, „[...] der Behaviorismus stellte Methoden bereit, die zunehmend zur Rationalisierung des industriellen Managements eingesetzt wurden. Grundlage dieser Erneuerungen waren hauptsächlich die in den Betrieben vor Ort durchgeführten empirischen Untersuchungen, von denen Taylors *Principles of Scientific Management* (1911) der als ‚Zeit- und- Bewegungs'-Studie bekanntgewordenen Lehre [von den rationellen Bewegungsabläufen bei der Arbeit, d.V.] zum Durchbruch verhalfen." (1974:210)

Taylorismus und Behaviorismus waren Teil eines Komplexes neuer sozialwissenschaftlicher Methoden, die sich mit der Erforschung von Arbeitsprozessen beschäftigten. Dazu gehörte auch die Wissenschaft von der *Sozialstatistik*, an deren Entwicklung das *Bureau of Labor* in Massachusetts seit den 80er Jahren des vorigen Jahrhunderts maßgeblich beteiligt war (Zeisel in Jahoda u.a. 1975:133). Die statistische Methode war naturwissenschaftlich orientiert. So erklärte einer ihrer Begründer gegenüber der Regierungskommission für industrielle Angelegenheiten:

„*Warum* etwas getan wird, läßt sich durch die statistische Methode nicht wirklich beantworten. Was im allgemeinen auf diese Weise erfaßt werden kann, ist was getan wird." (zit. in Derber 1967:58, Hervorh. v.V.)

Dieses mechanistische Menschenbild wurde im Laufe der 20er Jahre durch umfassendere Theorieansätze, die mehr an das soziologische Thema der „ideologischen Gemeinschaft" anknüpften, korrigiert.

7.1.3 Die Rockfeller-Stiftung und die Erforschung des Arbeitsprozesses

Der Industrielle J. D. Rockefeller hatte schon vor der Jahrhundertwende mit Hilfe anrüchiger Geschäftsmethoden eine monopolartige Stellung in der amerikanischen Ölbranche erworben. Obwohl er später im Zuge einer Antimonopolkampagne der US-Regierung seinen Standard Oil Trust in verschiedene Gesellschaften aufspalten mußte, dehnte er sein Wirtschaftsimperium auch auf andere Branchen aus.

Schon vor der Jahrhundertwende spendete er große Beträge an wohltätige Einrichtungen, meistens an die Kirche. 1892 stellte er den ehemaligen Prediger F. T. Gates an, der als Koordinator seine Spendentätigkeit systematisieren sollte. Eine von Gates ersten Taten war eine Spende in Gesamthöhe von 35 Millionen $

„für die Umformung der Universität von Chicago – bis dahin eine drittklassige Lehranstalt baptistischen Ursprungs – zur größten pädogogischen Einrichtung des Landes" (Nielsen 1985:84).

Wie bei seinem großen Vorgänger Carnegie standen auch die philantropischen Aktivitäten Rockefellers im Zeichen des amerikanischen Progressivismus, der u.a. für

John Davidson Rockefeller
1839-1937

eine Verbesserung des Schul- und Gesundheitswesens eintrat. Als Gates den Rockefellers vorhielt, daß sie noch einmal in ihrem vielen Geld ertrinken würden, gründeten diese 1913 die Rockefeller Stiftung (Rockefeller Foundation) in der Absicht,

„den menschlichen Fortschritt in all seinen Facetten zu fördern" (Nielsen 1985:85).

Ein Jahr später geriet der Rockefeller-Clan ins Gerede, weil die Direktion eines Rockefellerbetriebs in Colorado ein Blutbad unter streikenden Arbeitern und deren Familien angerichtet hatte. Der kanadische Politiker und spätere Premierminister Mackenzie King, der für die Rockefeller-Stiftung eine Studie über Arbeitsprozesse erstellt hatte, entwarf daraufhin ein innerbetriebliches Konsultationsmodell (zwischen Betriebsleitung und Arbeitern), um das Eindringen der Gewerkschaften in die Betriebe zu verhindern (Collier/Horowitz 1976:121).

Diese Firmenpolitik entsprach der politischen Tendenz des Progressivismus, um durch Reformen offene Formen des Klassenkampfs zu verhindern. Ein solches Programm verlangte allerdings die Einführung humanerer Methoden im Umgang mit den Arbeitern als die, welche vom Taylorismus und Behaviorismus propagiert wurden.

R. F. Hoxie von der Universität von Chicago war der Begründer des sozialpsychologischen Ansatzes zur Erforschung des Arbeitsprozesses. Nach Hoxie entstehen Gewerkschaften – wie andere Interessenverbände auch – durch eine gemeinschaftliche Erfahrungswelt der Arbeiter, die in gleichen Lebensverhältnissen begründet liegt und eine

„mehr oder weniger einheitliche, entwickelte und effektive Haltung bzw. Gruppenpsychologie" hervorbringt (zit. in Derber 1967:64).

Human-Relations-Schule

Diese Auffassung wurde von den Untersuchungen des Psychologen Elton *Mayo* von der Harvard-Universität bestätigt. Mayo begründete die Human Relations-Schule der industriellen Psychologie. Er und seine Mitarbeiter entdeckten während ihrer

Hawthorne-Experiment

Hawthorne-Experimente (die ihren Namen einer Telefonfabrik von AT & T verdanken), daß weder wirtschaftliche noch ergonomische Anreize, sondern der *Teamgeist* der für die Produktivitätssteigerung wichtigste Faktor ist.

„Die Arbeiter bildeten ein soziales System, das zwar informell, aber wirklich ausschlaggebend war für die Arbeitshaltung der Arbeiter. Dieses soziale System konnte sich gegen das Management richten, aber auch – wenn die Manager sich die Mühe machten, dieses System und seine Funktion für die Arbeiter zu begreifen – zum Vorteil des Managements eingesetzt werden." (Whyte 1963:37)

Mayo

Das Menschenbild, das dieser Sichtweise zugrunde lag, unterschied sich radikal von dem Taylors, der von einem von seinen (ökonomischen) Instinkten geleiteten Arbeiter ausging. Mayo hielt dem entgegen, daß dem

„Wunsch nach einem guten Verhältnis zu seinen Kollegen, dem sogenannten menschlichen Gemeinschaftssinn [human instinct of association] ein weitaus größeres Gewicht zukommt als den rein persönlichen Interessen und [anderen] Begründungszusammenhängen, auf die zahlreiche Pseudo-Grundsätze des Managements gegründet sind" (zit. in Bendix 1963:313.).

204

Die an diese Erkenntnisse sich anschließende Erforschung des *Gruppenverhaltens* Social Science Research Council (group attitudes), mit der sich A. Kornhauser und andere beschäftigten, inspirierte auch Wissenschaftler aus anderen Bereichen. Die Rockefellers entwickelten sich zu den wichtigsten finanziellen Förderern dieses neuen Forschungszweiges. 1923 wurde mit Unterstützung von Beardsley Ruml, dem Manager des *General Education Fund* der Familie Rockefeller, und dem sehr finanzstarken *Laura Spelman Rockefeller Memorial* zum Zweck der systematischen Förderung der neuen Sozialwissenschaften der *Social Science Research Council* (SSRC) gegründet. Auf der ersten Jahresversammlung des SSRC machte Ruml den Wissenschaftlern deutlich, daß ein Bruch mit alten, traditionellen Wissenschaftskonzepten angesagt sei:

> „Die Konferenz ist nicht so sehr zum Zweck des wissenschaftlichen Ideenaustausches, sondern vielmehr zum Zweck der Entwicklung einer Perspektive einberufen worden, aus der sich neue Ideen ergeben könnten." (zit. in Karl 1974:135; vgl. auch Ross 1991:402)

Ende der 20er Jahre zogen sich die Rockefellers aus dem Management ihrer Ölkonzerne zurück und verlegten ihre Interessen auf die neuerworbene Chase National Bank (heute: Chase Manhattan Bank) (Menshikov 1973:258-261). Gleichzeitig konzentrierten sie all ihre philantropischen Projekte auf die zentrale Rockefeller Foundation. Auch danach blieb die Stiftung in ihrer Förderungspolitik der reformerischen Umgestaltung der „ideologischen Gemeinschaft" (vgl. 4. Kapitel) verpflichtet. Nach dem Zweiten Weltkrieg förderte die Rockefeller Foundation aus diesem Geist heraus auch die wissenschaftlichen Studien zur europäischen Integration.

Die Dynamik der Pioniermentalität (Frontier) machte den Mittleren Westen der USA zum bevorzugten Experimentierfeld für den Einsatz neuer industrieller Techniken. Die Möglichkeiten der Mechanisierung und Standardisierung der Produktion und des sozialen Zusammenlebens schienen unbegrenzt, da sich hier noch kaum eine feste Sozial- und Berufsstruktur herausgebildet hatte. Die Schlachthöfe Chicagos wurden durch ihre Massenproduktion – genau wie später die Ford-Werke in Detroit – weltbekannt (Giedion 1987:168). Die Universität von Chicago war ein Zentrum des wissenschaftlichen Studiums der neuen Sozialstrukturen. Auch Mayos Experimente waren im Staat Illinois durchgeführt worden.

7.1.4 Merriam

Charles E. Merriam (1874-1953) war Sohn eines Postboten aus Iowa. 1900 wurde er nach seinem Studium (u.a. in Paris und Berlin) an die Universität von Chicago berufen. Obwohl er Staatsrecht und Philosophie studiert hatte, war er der Ansicht, daß eine Gesellschaft wie die amerikanische ihren Zusammenhalt und ihre Vitalität nicht in erster Linie irgendwelchen Staatstheorien oder staatlichen Institutionen zu verdanken habe, sondern vielmehr der Tatsache, daß sie eine ideologische Gemeinschaft bilde. In seinem Buch *A History of American Political Theories* (1903) vertrat er die These, daß eine solche ideologische Gemeinschaft während des Amerikanischen Bürgerkriegs entstanden sei. „Der Bürgerkrieg war die notwendige und letzte Revolution." Nun stünde lediglich noch die konsequente Durchsetzung der durch die Revolution erreichten Veränderungen auf dem Programm (Karl 1974:48).

Im Umgang mit seinem älteren Bruder John, der Biologe war und ab 1918 den National Research Council leitete, entwickelte Merriam eine gewisse Hochachtung vor naturwissenschaftlichen Methoden. Außerdem war er sehr fasziniert von der Rolle, die professionelle Organisationen – wie die, wofür sein Bruder arbeitete – bei der Weiterentwicklung der Wissenschaften spielten. Anfänglich war Merriam als Kommunalpolitiker in Chicago und als amerikanischer Propagandist in Italien während des Ersten Weltkrieges Anhänger einer reformorientierten Politik. Nach dem Krieg wandte er sich mehr und mehr den neuen Sozialwissenschaften zu.

> „Merriam schlug nunmehr eine Wissenschaft vor, die von der ‚Methode' her definiert und auf ‚Kontrolle' hin ausgerichtet war. Sie sollte von gut organisierten, professionellen Strukturen zur Förderung der Forschung getragen sein." (Ross 1991:396)

Als Führer des progressiven Parteiflügels der Republikaner in Chicago war Merriam auch Mitglied im exklusiven City Club. So unterhielt er gute Beziehungen zu den führenden Industriellen der Stadt, wie etwa zu Julius Rosenwald (dem Inhaber des Versandhauses Sears, Roebuck), der mit seiner Stiftung (Rosenwald Fund) ein wichtiger finanzieller Förderer des Wissenschaftsbetriebs und Ausbildungswesens war. Auch zu Rockefeller stand Merriam in engem Kontakt, was ihm bei seiner ersten Wahl in den Stadtrat bereits zum Vorwurf gemacht wurde (Karl 1974:61).

Durch seinen Hintergrund war Merriam geradezu dazu vorbestimmt, die von den Rockefellers erstrebte Neuorganisierung der Sozialwissenschaften in Angriff zu nehmen. Auf der Jahresversammlung der American Political Science Association 1920 plädierte er für die Einführung neuer Forschungsmethoden wie der Sozialstatistik und zeigte sich außerdem entschlossen, die gewünschten Veränderungen organisatorisch zu beschleunigen. Obwohl die Rockefellers den Sozialwissenschaften wegen des möglichen Einflusses „europäischer Ideologien" mißtrauten, arbeiteten Merriam und Ruml eng bei der Gründung des (von den Rockefeller-Stiftungen und dem Rosenwald Fund finanzierten) SSRC zusammen (Karl 1974:131-134).

quantitative Aspekte | In Anlehnung an den Engländer Graham Wallas glaubte auch Merriam, durch die Betonung der *quantitativen Aspekte* der Politik den Absolutheitsanspruch der politischen Traditionen zurückdrängen zu können. Der Ort der Politik war seiner Auffassung nach in erster Linie die sich selbst regulierende Gesellschaft:

regulative Instanzen | > „Neben der eigentlichen Regierung wird sehr viel private Regierungsarbeit geleistet. Die Grenze zwischen beiden ist weniger scharf als allgemein angenommen wird. Die Gesellschaft kennt viele regulative Instanzen; es existieren viele Arten unter- und übergeordneter sowie gleichrangiger Verfügungsgewalten und es gibt viele verschiedene Führungsinstanzen, die das Einverständnis der Geführten genießen." (Merriam 1945:V)

206

Seine Erfahrungen in Italien hatten sein Vertrauen in die Möglichkeiten, dieses „Einverständnis der Geführten" zu beeinflussen, gestärkt. Der wichtigste Hebel dazu war seiner Ansicht nach das *Wahlverhalten*. Obwohl sich – ähnlich wie bei Hoxie und Dewey – im Laufe der 20er Jahre auch bei Merriam die Erkenntnis durchsetzte, daß soziale Gegensätze unvermeidbar seien, hielt er an seinem Glauben fest, daß unter der Oberfläche der gesellschaftlichen Konflikte doch eine ideologische Gemeinschaft schlummere.

ideologische Gemeinschaft

> „Merriams Hoffnung [...] war die Erziehung zu umfassenderer Gruppenloyalität und Gruppenbindung." (Ross 1991:454)

Das Streben nach Durchdringung und Beherrschung des Arbeitsprozesses hatte also zwei theoretische Ansätze hervorgebracht, die zwar zum Teil deckungsgleich waren, aber innerhalb der neuen, neopositivistischen Methode jeweils eigene Akzent setzten; zum einen den Behaviorismus, der durch gezielte Reize das Verhalten der Menschen mechanisch zu beeinflussen versuchte, und zum anderen den sozialpsychologischen Ansatz, der durch Beobachtungen und Messungen des menschlichen Verhaltens Einfluß auf Haltungen und Einstellungen von Gruppen, die einer ideologischen Gemeinschaft angehören, nehmen wollte.

7.2 Die atlantische Synthese

Während in den USA durch den Einfluß der großen Stiftungen die Vergesellschaftung der Sozialwissenschaften schnelle Fortschritte machte, wurde das Bild auf dem europäischen Kontinent noch vom Typ des traditionellen Gelehrten bestimmt. Allerdings begann sich der Einfluß z.B. der Rockefeller Foundation auch auf Europa auszudehnen, besonders dort, wo es um die Durchführung wissenschaftlicher Großvorhaben ging, wofür das Forschungsprojekt Charlotte Bühlers in Wien exemplarisch war. Die Studie *Die Arbeitslosen von Marienthal* (1933) ist wohl die berühmteste Arbeit, die aus diesem Projekt hervorgegangen ist (Jahoda u.a. 1975:10). Auch wurde eine Anzahl individueller Lehrstühle gesponsert, wie der des später ins Ausland geflüchteten Berliners Holborn (Carnegie Foundation). Die Bemühungen Merriams und Rumls um die systematische Neustrukturierung der europäischen Sozialwissenschaften mißlangen aber. Die Niederlassung einer Filiale der Rockefeller Foundation in Paris kam nicht zustande und eine großangelegte Ländervergleichsstudie über das Ausbildungswesen (in neun verschiedenen Ländern) wurde ein Reinfall. R. Michels, der das Projekt in Italien leitete, weigerte sich, den dortigen Faschismus in seine Untersuchungen miteinzubeziehen. Außerdem hatte er in seiner Schrift *Sittlichkeit in Ziffern?* den Wert solch einseitig quantitativ angelegter Studien angezweifelt (Zeisel in Jahoda u.a. 1975:138).

Marienthal-Studie

Der Spelman Fund stiftete der Universität von Cambridge einen Betrag von 30.000 Pfund zur Gründung eines Lehrstuhls für Politische Wissenschaften. Die Politologie war ein neues Phänomen an europäischen Hochschulen. In Deutschland emanzipierte sich das Fach erst während der Weimarer Republik vom Staatsrecht – eine Generation später als die Soziologie, die aus der Nationalökomie und der Sozialpolitik hervorgegangen war. Die später in die USA emigrierten deutschen Politologen kamen überwiegend aus dem Bereich der Rechtswissenschaften (Söllner 1990:632f.)

7.2.1 Intellektuelle Emigration in die USA

Die transatlantische Flucht kontinentaleuropäischer Gelehrter, die nach der Machtergreifung Hitlers einsetzte, bedeutete für die intellektuelle Infrastruktur der USA einen in seiner Dimension kaum zu überschätzenden Zustrom an Wissenschaftlern. (Übrigens wurden auch hier die jüdischen bzw. die politisch links stehenden Emigranten mit antisemitischen und anderen Vorurteilen konfrontiert, Walther 1991:138.)

Die Emigranten repräsentierten nicht nur einen großen Teil des reichen kulturellen Erbes Zentraleuropas, sondern auch eine spezifische Geisteshaltung. In einem Rückblick (1960) erinnerte sich Paul Lazarsfeld, der der sogenannten *Frankfurter Schule* angehörte, daß sie Amerika in dem Bewußtsein betreten hätten,

„daß die verlorene Revolution aus uns Sozialpsychologen gemacht habe" (zit in Jahoda u.a. 1975:13).

In Amerika gerieten Lazarsfeld und andere Mitglieder der Frankfurter Schule (M. Horkheimer, Th. W. Adorno, H. Marcuse, E. Fromm und W. Benjamin) in den Bann der „Suburbs", wo jeglicher Gedanke an Klassenkampf absurd erscheinen mußte. Adorno und Horkheimer sahen in Los Angeles, wo sie sich während des Krieges aufhielten, einen Mikrokosmos der Zukunft, aus dem das Europa der Aufklärung verbannt war (Davis 1990:48). Ihre Kulturkritik dieses in ihren Augen beängstigend leeren, modernen Kapitalismus sollte ein wichtiges Moment der Studentenrebellion von 1968 werden.

In den meisten Fällen verlor sich jedoch die spezifisch europäische Haltung der Emigranten im Kontakt mit dem amerikanischen Wissenschaftsbetrieb. Die einzige wissenschaftliche Einrichtung in den USA, in der eine integrierte deutsche Exiluniversität geplant war – die *New School of Social Research* in New York –,

„war und ist jedoch nach Konzeption und Funktion als Teil der amerikanischen Ostküsten- und besonders der New Yorker Hochschullandschaft anzusehen" (Walther 1991:137).

Die in Zentraleuropa (vor allem in Deutschland und Österreich) gemachten Erfahrungen der Emigranten mit den Auswirkungen der massenpsychologischen Techniken des Dritten Reichs, mit dem Marxismus, der Lehre Freuds und dem Wiener Neopositivismus, flossen in die von Leuten wie Merriam und Ruml organisierten wissenschaftlichen Netzwerke der USA ein. Lazarsfeld bemerkt hierzu:

„Wir Wiener wollten zeigen, daß komplexe sozialpsychologische Begriffe quantitativ faßbar sind – eine typische Kombination des Einflusses der Bühlers und des logischen Positivismus, repräsentiert durch den ‚Wiener Kreis‘." (zit. in Jahoda u.a. 1975:20)

Sein 1944 veröffentlichtes Buch *The People's Choice* wurde zur Grundlage der modernen Wahlforschung (Rose 1990:29f.).

Zwar wurden die neuen Immigranten in den Sozialwissenschaften rasch tonangebend (z.B. Lazarsfeld und Marie Jahoda in New York, Schüler des Gestaltpsychologen Kurt Lewin am Survey Center der Universität von Michigan, Adorno und Else Frenkel-Brunswick mit ihrer Studie zur autoritären Persönlichkeit); ihre Talente wurden aber überwiegend absorbiert von großangelegten, vergesellschafteten Projekten der angewandten Sozialwissenschaften (social engineering), die sich in den USA als Reaktion auf die Probleme modernen Managements entwickelt hatten. Die Bemühungen M. Sommerfelds und A. Vagts (dem Schwiegersohn von Charles Beard, der sich bereits 1932 während einer Londonreise entschied, nicht mehr nach Deutschland zurückzukehren), die deutschen Sozialwissenschaftler am amerikanischen Wissenschaftsbetrieb vorbei in einem eigenen Forschungsprojekt zu vereinen, scheiterten trotz der Unterstützung von Beard (Walther 1991:139-141).

In diesem Sinne war die – nach einem Wort des ebenfalls emigrierten Architekten Siegfried Giedion (1987:806) – „zweite Entdeckung Amerikas" eine kulturelle und wissenschaftliche Synthese ersten Ranges, und zwar eine von welthistorischer Bedeutung. atlantische Synthese

„Der große Auszug aus Europa nach Amerika seit den dreißiger Jahren und die Neuansiedlung dort entsprechen in ihrer Tragweite den Hellenisierungswellen des Altertums und der Übersiedlung griechischer Gelehrter aus dem eroberten Konstantinopel nach Florenz." (Ungers 1981; vgl. aber Neumann 1978:420)

Amerikanischer Progressivismus und europäisch-demokratische bzw. sozialdemokratische Haltungen verschmolzen zu einer neuen Einheit, die nach dem Krieg als Stützpfeiler des korporativen Liberalismus fungieren sollte. Die amerikanischen Sozialwissenschaften wurden dabei gesehen

„als der szientische Kern einer ganzen Kultur [...] [da] in ihr Demokratie, Wissenschaftsglauben und Fortschritt miteinander identifiziert waren" (Söllner 1990:637).

Durch die amerikanische Besatzung und den Marshallplan kehrte das in Amerika modifizierte Erbe europäischer Wissenschaft wieder nach Europa zurück. Dadurch erlangte die atlantische Systhese den Status einer Weltsprache, eines universellen Idioms als Ausdruck der Welthegemonie des atlantischen Kerngebiets (Ungers 1981). Von den emigrierten deutschen Politikwissenschaftlern z.B. kehrte ein Drittel schon früh nach Westdeutschland zurück, während ein weiteres Drittel regelmäßige Kontakte mit Deutschland unterhielt (Söllner 1990:646). Status einer Weltsprache

7.2.2 Einbindung in die außenpolitische Infrastruktur

Auch beim Zustandekommen der atlantischen Synthese spielte die Rockefeller Foundation eine wichtige Rolle.

„Hauptsächlich auf Grund des persönlichen Engagements ihres hervorragenden Präsidenten Raymond Fosdick, leistete sie [die Foundation] einen bedeutenden Beitrag zur Rettung führender europäischer Wissenschaftler und Intellektueller." (Nielsen 1985:86)

Das gilt auch für jene Wissenschaftler, die sich im weitesten Sinn mit internationalen Studien beschäftigten – denen im übrigen auch die Vergleichende Politikwissenschaft gehörte. Wenn wir die vierzig vor 1930 geborenen kontinental-europäischen Immigranten mit einer Vergleichsgruppe von 174 – als prominent einzustufender – Wissenschaftlern, die im *Bibliographical Directory* der American Political Science Association von 1968 (APSA) aufgeführt sind, vergleichen, so läßt sich feststellen, daß Rockefeller überproportional häufig als Sponsor der Immigrantengruppe genannt wird – was übrigens in noch stärkerem Maße für die Guggenheim-Foundation zutrifft. (Diese Liste, die die Namen der vom europäischen Festland geflüchteten Erwachsenengeneration sowie jene der in der Periode des Marshallplans erwachsen gewordenen Nachfolgegeneration enthält, ist am Ende dieses Kapitels als Anhang aufgenommen; vgl. S. 237ff)

Im Zeitraum 1931/32 und im Jahre 1933 startete der SSRC eine großangelegte Initiative, um die durch den ungehinderten Aufstieg faschistischer Aggressorstaaten in die Krise geratene Völkerbundkunde zu reorganisieren. Man entfernte die amtierenden Professoren der Sektion für Internationale Beziehungen aus ihren Funktionen und übertrug die Aufsicht über die Forschungsarbeit in diesem Bereich einer Gruppe von prominenten, international operierenden Finanzleuten. James Shotwell von der CFR wurde Direktor und

„ein geschäftsführender Ausschuß unter Leitung Owen D. Youngs kam an die Stelle des vormals akademischen Ausschusses des SSRC" (Fox 1968:5, Fußnote).

Young war u.a. Generaldirektor von General Electric, einem jener Konzerne, in denen die Einführung der neuen Managementmethoden am weitesten fortgeschritten war. Young war maßgeblich an der Konzeption des Dawesplans aus dem Jahre 1924 beteiligt; die modifizierte Version dieses Plans von 1929 trägt seinen Namen.

Die europäischen Neuankömmlinge fanden auch bei der Kriegsführung der Amerikaner Verwendung.

„Da sie sehr gut ausgebildet waren und meistens zumindest eine Fremdsprache beherrschten, schienen sie sehr geeignet für den ‚intellektuellen' Kriegseinsatz, womit die Regierung nachrichtendienstliche und propagandistische Tätigkeiten meinte." (Pells 1985:9)

Häufig wurde eine Kriegsverwendung von den Immigranten auch begrüßt, weil sie dadurch den USA einen Loyalitätsbeweis liefern wollten bzw. konnten (Söllner 1990:645). Franz Neumann wurde zur leitenden Figur der Forschungsabteilung im *Office of Strategic Services* (OSS, später umbenannt in CIA), während Holborn dem offiziellen Abteilungschef William L. Langer zur Seite gestellt wurde. Ihre radikalen

Demokratisierungspläne für das Nachkriegsdeutschland wurden jedoch 1944 vom Weißen Haus abgelehnt und spielten lediglich in abgeschwächter Form bei der Neuordnung Deutschlands eine gewisse Rolle (Walther 1991:142f.).

Aus unserer bereits erwähnten Namenliste der 40 europäischen Wissenschaftler wird ersichtlich, daß deren Mitarbeit an der politischen Planung im Rahmen des CFR, der (im nächsten Kapitel näher zu betrachtenden) RAND Corporation oder des Außenministeriums keineswegs auf die Zeit des Krieges beschränkt war. Die Emigranten waren – eigenen Angaben zufolge – überproportional in diesem Bereich tätig (18 von 40, also knapp die Hälfte, gegenüber einem Drittel bezogen auf die gesamte Prominentenliste). Hierbei sind militärische und geheimdienstliche Tätigkeiten allerdings nicht mitgerechnet worden.

Die Verbindungen zwischen dem Außenministerium, den Nachrichtendiensten und der Wissenschaft der internationalen Politik blieben auch nach dem Zweiten Weltkrieg intakt. 1966 erklärte ein Staatssekretär des Außenministeriums, daß die Regierung in jenem Jahr 30 Millionen Dollar für den universitären Forschungbereich Internationale Beziehungen ausgegeben habe.

„Hier im Ministerium, in unserer externen Forschungsabteilung, sind wir über mehr als 5000 Studien zu außenpolitischen Vorgängen unterrichtet, die gegenwärtig an amerikanischen Universitäten erstellt werden. Unser außenpolitisches Dokumentationszentrum stellt den Beamten des Außenministerums und anderer Behörden jeden Monat 400 unveröffentlichte akademische Studien zur Verfügung. Bei uns selbst laufen monatlich über 200 universitäre Studien ein." (zit. in Windmiller 1968:121)

Auch die Verbindungen zum OSS/CIA blieben bestehen. Die Zu- bzw. die Mitarbeiter des OSS sahen im Nachrichtendienst eine Art Universität; auch der CIA konnte sich noch dieser (offenen) Wertschätzung der Wissenschaftler etwa bis Mitte der 60er Jahre erfreuen (Windmiller 1968:121). Nach der Legitimitätskrise des CIA, die eine Folge des Vietnamkrieges war, gaben die Behörden nur noch spärlich Auskunft über ihre (finanziellen) Verflechtungen mit der internationalen Politikwissenschaft. Doch gelangten ab und zu durchaus noch Informationen an die Öffentlichkeit, wie etwa in den Anhörungen der Senatskommission Church 1975.

7.2.3 „Eine Welt" (One World)

Nach dem Kriegseintritt der USA schien der Optimismus, der die amerikanische Gesellschaft im Zuge der New Deal-Politik ergriffen hatte, auch auf die Außenpolitik auszustrahlen. Franklin D. Roosevelt, seit seinem großen Wahlsieg im Jahre 1932 demokratischer Präsident der USA, stand einer neuerlichen Demokratiekampagne (Crusade for Democracy) allerdings sehr skeptisch gegenüber. 1920, im Jahr der vernichtenden Wahlniederlage des Demokraten James Cox gegen Harding, war Roosevelt Kandidat für das Amt des Vizepräsidenten gewesen und er scheute sich nun, mit einer aktiven weltpolitischen Rolle Amerikas, der damals vom Wähler eine überdeutliche Abfuhr erteilt worden war, erneut in Verbindung gebracht zu werden (Neumann 1967:33). Die Politik des New Deal hatte Roosevelt allerdings – trotz der   New Deal eher bescheidenen ökonomischen Resultate dieses Programms – zu großer Popularität und Ansehen in weiten Kreisen der Bevölkerung verholfen. Schon 1935 hatte Charles Beard die Prophezeihung gewagt, daß Roosevelt bei der ersten sich bietenden Gelegenheit auf einen Konflikt mit Japan, dem zu diesem Zeitpunkt unmittelbarsten Rivalen der USA, hinsteuern werde. Es sei nun einmal einfacher, einen Krieg zu führen als eine Krise zu bewältigen, meinte Beard (1957:241). Am 26. November 1941 stellten die Amerikaner nach geheimen Beratungen mit Großbritannien Japan vor das Ultimatum, sich aus China und Indochina zurückzuziehen und die Politik der Offenen Tür (open door) zu respektieren. Japan hatte die Wahl zwischen Demütigung oder Krieg – eine Wahl, die dem herrschenden faschistischen Regime nicht schwer fiel. Einige Tage später vernichteten sie die amerikanische Kriegsflotte in Pearl Harbour auf Hawai.

Atlantikcharta Schon im August desselben Jahres hatten sich Roosevelt und Churchill in der *Atlantikcharta* über die Weltordnung der Nachkriegszeit verständigt. Die Charta, die im Januar 1942 zum Grunddokument der UN wurde *(Erklärung der Vereinten Nationen),* enthielt u.a. die Forderungen nach freien, ungehinderten weltwirtschaftlichen Beziehungen und nach Entkolonisierung. Die Aussicht, daß die Kolonialreiche Englands und Frankreichs durch die Penetration amerikanischen Kapitals aufbrechen, daß die Achsenmächte zur *bedingungslosen* Kapitulation gezwungen würden (eine Forderung, die Roosevelt im Januar 1943 bekanntgab), als auch die Erwartung, daß die Sowjetunion durch an bestimmte Bedingungen geknüpfte Kredite in die Weltwirtschaft eingebunden werden könte, weckten in breiten Kreisen der amerikanischen Öffentlichkeit den Eindruck, daß ihr Land auf dem Weg war, die Führungsmacht einer neuen, freien Weltordnung zu werden. Dieser Optimismus spiegelte sich
„One-World"- auch in dem Buch *One World* des republikanischen Präsidentschaftskandidaten von
Konzeption 1940, Wendell Willkie, wieder. Es erschien 1943, in eben dem Jahr, in welchem die optimistische Stimmung in der amerikanischen Gesellschaft ihren Höhepunkt erreicht hatte.

> „Wir müssen uns von der beschränkten Idee exklusiver Bündnisse und regionaler Blöcke lossagen, die im Endeffekt lediglich zu größeren und besser organisierten Kriegen führen, und zu einer wirksamen Einheit der Welt gelangen," schrieb Willkie. „Wenn Isolationismus und Imperialismus nicht von wirklicher Kooperation abgelöst werden, [...] wird es auch eine dauerhafte Sicherheit nicht geben." (zit. in Dallek 1984:124)

In *One World* manifestierte sich deutlich der Stimmungswandel in Amerika: sogar ein republikanischer Kandidat sah sich nun veranlaßt, mit dem amtierenden demokratischen Präsidenten um die Ehre einer aktiven Außenpolitik zu wetteifern.

Auch Merriam entfaltete in seinem Buch *Systematic Politics* (1945) eine Sicht der Weltpolitik, in welcher die Theorie des lockeschen Zentrums – ganz im Sinne der Tradition des Idealismus – auf die Weltordnung der Nachkriegszeit übertragen wurde. Merriam legte dar, daß die Macht des nationalen Staates seit der Jahrhundertwende zwar von großen ökonomischen Kartellen untergraben worden sei (1945:267). Dennoch konstatierte er, daß trotz gegenteiliger Prophezeihungen das Britische Commenwealth und die föderalistische USA ihre Fähigkeit unter Beweis gestellt hätten, auch lange Konflikte erfolgreich durchstehen zu können; im Gegensatz zum Völkerbund, der bei der Erfüllung seiner Aufgabe, die Staatengemeinschaft zu stabilisieren, versagt habe (1945:269 u.271).

Die Atlantikcharta und die Vereinten Nationen (UN) würden die Gestalt der neuen Weltordnung bereits andeuten; viele Fragen seien aber noch offen. Merriam glaubte, daß eine auf Rechtsbeziehungen fußende Staatenordnung durchaus möglich und realistisch sei. Daß demokratische Staaten innerhalb einer solchen Rechtsordnung existieren können, hätten die USA und das Commonwealth bereits demonstriert. Er sehe nicht ein, warum das mit sozialistischen Staaten nicht ebenfalls möglich sein solle. neue Weltordnung

> „Kapitalismus, Sozialismus und Demokratie können durchaus Friktionen zuwegebringen, die in bewaffnete Konflikte münden; es gibt aber keinen inhärenten und zwingenden Grund anzunehmen, daß irgendeines dieser Systeme grundsätzlich unfähig sei, sich in einer von Recht und Gesetz getragenen Welt bewegen zu können." (Merriam 1945:275)

Und obwohl er eingestand, daß

> „es manchen gibt, der einen Krieg der Verbreitung des Sozialismus vorzieht",

so sei doch die prinzipielle Frage nach der Vereinbarkeit von sozialistischem Staat und Weltrechtsordnung dadurch noch nicht negativ beantwortet. Eine solche Ordnung solle aber nicht auf einer reinen Vertragsgrundlage errichtet werden, weil bei Verträgen oft latent Kriege oder Kriegsdrohungen eine Rolle spielten. Besser sei es, vom *Vertrag-Konsensus-Modell* auszugehen. Hierbei bezieht sich Merriam auf die liberale, sich selbst regulierende Gesellschaft. Vertrag-Konsensus-Modell

> „Vertrag, Konsensus und gegenseitiger Nutzen sind nicht etwa [...] unpraktikabel oder idealistisch. Auf ihnen basieren große Bereiche des modernen Lebens."

Eine Rechtsordnung erwachse aus der Verbreitung solcher vertragsähnlichen Beziehungen, wobei Konflikte

> „in Übereinstimmung mit anerkannten Grundsätzen und Verfahren und durch Schlichtungsinstanzen." (Merriam 1945:278)

bereinigt werden. Auch andere, wie z.B. der Vizepräsident Wallace und der Staatssekretär des Außenministeriums Sumner Welles, vertraten diese optimistische Einschätzung der weltpolitischen Nachkriegssituation. Seit den dreißiger Jahren hatte sich allerdings eine andere Strömung herausgebildet, die einen neuen machtpolitischen Realismus propagierte.

7.3 Der neue machtpolitische Realismus

Aus unterschiedlichen Richtungen und mit unterschiedlichen Begründungen wurde das optimistische „One World"-Szenario bereits während der dreißiger Jahre einer vielfältigen Kritik unterzogen. Hieraus entstand eine Kritik idealistischer Theorien der *Pax Britannica*, wie u.a.der Theorie Angells (vgl. Kapitel 3). Ähnlich wie Machiavelli seinerzeit seine Theorie der Machtpolitik vor dem Hintergrund des Niedergangs von Florenz entworfen hatte, so entstanden auch in England am Ausklang der Empire-Ära Denkrichtungen, in denen die eigene Herrlichkeit relativiert wurde.

7.3.1 Carr

Edward Hallett Carr (1892-1982) stammte aus einem bescheidenen Fabrikantenmilieu und hatte in Cambridge studiert. Mehr oder weniger zufällig kam er während der Friedensverhandlungen nach Paris, wo seine diplomatische Karriere als Assistent und Berater des Foreign Office für Völkerbundfragen begann. Die Russische Revolution hatte – wie er selbst sagte – sein Leben verändert, indem sie sein Geschichtsbewußtsein geschärft und seine Skepsis gegenüber der liberalen Ideologie geweckt habe, wozu auch seine intensive Beschäftigung mit russischer Literatur beigetragen haben dürfte. Der für einen Engländer der Oberschicht „exotische" Einblick in die Lebensphilosophien Dostojewskis und Herzens, die Erfahrung der Revolution und die nach seinem Urteil „engstirnige, blinde und dumme" Reaktion des Westens darauf, brachten ihn zu der Einsicht,

> „daß die liberale, moralistische Ideologie, mit der ich groß geworden bin, keineswegs, wie ich immer angenommen hatte, in der modernen Welt für selbstverständlich gehalten wurde, sondern von sehr intelligenten Leuten, die außerhalb unserer erlesenen Kreise (,charmed circle') lebten und die Welt mit anderen Augen sahen, scharf und überzeugend angegriffen wurde [...]" (zit. in Deutscher 1983:80).

Lehre der internationalen Beziehungen

1936 trat Carr eine Wilson-Professur für internationale Politik in Aberystwyth an, obwohl sein Vertrauen in den Völkerbund und dessen Architekten bereits merklich abgenommen hatten. In seinem Buch *International Relations since the Peace Treaties* (1937) legte er eine Kritik der Völkerbund-Politik vor, worin er u.a. die Locarno-Verträge als Teil einer Machtverschiebung beschrieb, die den deutschen Expansionsdrang in östliche Richtung lenken sollte (Carr 1937:96f.). In seinem Buch The *Twenty Years' Crisis, 1919-1939*, das zwei Jahre später erschien, präzisierte Carr seinen politischen Standpunkt. Dieses Buch gilt allgemein als der Grundstein der modernen *Lehre der internationalen Beziehungen*, in dem er darlegt, daß die guten Absichten des Völkerbunds nicht länger das weltpolitische Denken bestimmen dürften.

> „Die Ereignisse nach 1931 legten deutlich die Unangemessenheit bloßen Wunschdenkens als Basis der internationalen Politikwissenschaft bloß und ermöglichten zum erstenmal eine ernsthafte, sowohl kritische als auch analytische Beschäftigung mit internationalen Problemen." (Carr 1964:9)

Ebensowenig meinte er aber, daß politische Prozesse,

> „wie der Realist glaubt, lediglich eine Aneinanderreihung von Erscheinungen sind, die von mechanischen Kausalgesetzen gelenkt werden" (1964:13).

„Politische Wissenschaft muß auf der Erkenntnis der wechselseitigen Abhängigkeit von Theorie und Praxis fußen, welche nur durch eine Verknüpfung von Utopie und Realität erreicht werden kann."

Verknüpfung von Utopie und Realität

Zu der Zeit der Niederschrift seines Buches *The Twenty Years' Crisis* war sein Glaube an den Völkerbund noch nicht ganz verschwunden und richteten sich seine Einwände vor allem gegen die „liberal moralistic ideology", in der er erzogen worden war, d.h. gegen die Utopie des liberalen Internationalismus samt ihrer Unterstellung einer Interessenharmonie und die sich daraus ergebenden Friedenserwartungen. Dieses Harmonieideal stehe sehr wohl im Dienste bestimmter *Interessen*, nämlich der Interessen jener Staaten, denen die Wahrung des *Status quo* am meisten nütze. Politik sei immer Machtpolitik, behauptete Carr.

Machtpolitik

„Was man 1931 gemeinhin die ‚Rückkehr zu einer Politik der Macht' nannte, drückte in Wirklichkeit das Ende des Machtmonopols aus, das die *Status-quo-Mächte* innegehabt hatten." (1964:103)

Macht kann sich also in unterschiedlichen Formen manifestieren. Carr weist vor allem auf die Macht der Meinungsbildung *(power over opinion)* hin, auf die Macht der Propaganda, die als Faktor in der Konfrontation zwischen Wilson und Lenin, wie wir gesehen haben, von entscheidender Bedeutung gewesen sein dürfte.

Formen der Macht

Im Zentrum des Carrschen Denkens stand seine Überzeugung, daß kein Staat auf internationaler Ebene mehr Rechte für sich beanspruchen könne als andere – jedenfalls nicht in der Praxis.

„Eine *Pax Germanica* oder eine *Pax Japonica* [...] war a priori nicht absurder und anmaßender als es das Konzept einer *Pax Britannica*"

im 17. Jahrhundert gewesen sei (Carr 1964:235). Mit dieser Sichtweise reihte er sich in die Anhängerschaft einer Beschwichtigungspolitik *(appeasement)* gegenüber Deutschland ein. 1939 wurde er Redakteur bei der Times, die ebenfalls diese politische Linie vertrat.

appeasement

„Von seiner Empörung gegen die Ungerechtigkeiten und Stupiditäten der Versailler Vereinbarungen mitgerissen, hatte er in Deutschland lange – zu lange – nur das wehrlose Opfer dieser Abmachungen gesehen und neigte dazu, Hitler als einen ganz gewöhnlichen Staatsmann zu sehen, der sich gegen sie auflehnte," schreibt Tamara Deutscher (1983:79).

Über das Münchner Abkommen, das die Tschechoslowakei den deutschen Forderungen opferte, war er in seinem Buch *The Twenty Years' Crisis* zu einem positiven Urteil gekommen.

„Wenn die europäischen Machtverhältnisse es 1938 schon unumgänglich machten, daß die Tschechoslowakei Teile ihres Territoriums verlor und eventuell ihre Unabhängigkeit, so war die Verhandlungslösung von München – einmal abgesehen von dem Aspekt der Gerechtigkeit – einer kriegerischen Konfrontation der Großmächte in dieser Frage oder einem regionalen Krieg zwischen Deutschland und der Tschechoslowakei vorzuziehen." (zit. aus Fox 1968:64ff; in der Ausgabe von 1946 war diese Passage gestrichen worden.)

Carr sah zwischen dem Nazismus und dem Stalinismus, die er für zwei Varianten ein und derselben Planwirtschaft hielt, auch unter dem Aspekt der internationalen Politik Übereinstimmungen. In seinem Bestreben, den anmaßenden Idealismus Wilsons zu entlarven, neigte er dazu, den Machthunger dieser beiden Systeme nicht nur zu unterschätzen, sondern sogar zu beschönigen. Dabei suchte er Rückendeckung bei anderen politischen Denkern wie etwa bei Machiavelli, Hobbes und Niebuhr (auf den wir weiter unten noch ausführlicher eingehen werden), die Machtstreben als das wesentliche Merkmal der menschlichen Gattung ansahen (Carr 1964:112).

Hierdurch und durch seine offensichtliche Vorliebe für die hobbesschen „Outsider" der Weltpolitik, geriet er zu Unrecht in den Ruf eines einseitig orientierten Denkers des machtpolitischen Realismus. Sein eigentlicher Beitrag zur Politikwissenschaft bestand in seiner Erkenntnis, daß sowohl ein System kollektiver Sicherheit als auch jegliche Gleichgewichtspolitik, ja sogar Krieg und Frieden, *immer auch Formen sind, in denen sich Machtpolitik manifestiert.*

Auf die Frage, ob der Nationalstaat auch in Zukunft die Grundeinheit der Weltpolitik bleiben werde, antwortete Carr 1939, daß es eine Tendenz zur überstaatlichen Integration gäbe. Um den Fortbestand größerer politischer Einheiten nicht zu gefährden, dürften diese einen bestimmten Umfang allerdings nicht überschreiten, da es ansonsten zu einer Desintegration komme (Carr 1964:230). 1945 plädierte er in seinem Buch *Nationalism and After* für eine regionale Integration auf den Gebieten der Verteidigungs- und Wirtschaftspolitik. Großbritannien solle sich zur Blockbildung auf der Grundlage seiner Commonwealth-Erfahrungen, d.h. auf der Grundlage informeller Kooperation, entschließen, um sich einer amerikanischen bzw. sowjetischen Vorherrschaft entziehen zu können. Ganz in der lockeschen Tradition stehend, wenn auch weniger idealistisch als Merriam, schreibt Carr, daß es nun gelte, rund um die Commonwealth-Länder, d.h. rund um die Länder des Sterling-Blocks, eine „enge Interessengemeinschaft" zu formen, der sich auch weitere befreundete Staaten anschließen könnten. Diese Gemeinschaft solle weniger auf der Grundlage von Verträgen errichtet werden, sondern vielmehr von praktischer Kooperation und Handelsabsprachen getragen sein, „die mehr die Form kommerzieller Transaktionen als internationaler Verträge" haben sollten (Carr 1945:72).

In demselben Jahr geriet er aber ins Kreuzfeuer konservativer Kritik. Nachdem er bereits als Anhänger der Beschwichtigungspolitik (*appeaser*) und als heimlicher Propagandist der Labour-Politik, die er während des Krieges in der *Times* vertreten haben sollte, abgestempelt worden war, wurde er nunmehr im Parlament von Randolph Churchill beschuldigt, ein Sprachrohr sowjetischer Interessen zu sein (Thompson 1979:108). Carr zog sich daraufhin aus der Politik zurück und wandte sich wieder seiner akademischen Tätigkeit zu. Er verfaßte eine Geschichte der Sowjetunion, von der zwischen 1950 und 1977 insgesamt 14 Bände erschienen sind.

7.3.2 Die amerikanischen Realisten der 30er Jahre

Die Auffassungen des um die Jahrhundertwende von James und anderen popularisierten machtpolitischen Realismus waren für die Politik des amerikanischen Isola-

216

tionismus gegenüber Europa prägend gewesen. Beards „little Americanism", der aus der populistischen Tradition hervorgegangen war, ist hierfür ein gutes Beispiel.

In dieser Tradition ist auch Frederick Schuman, der Autor des Werkes *International Politics* (1933), anzusiedeln. Beard hatte in seinem Vorwort für die Erstausgabe geschrieben:

> „Professor Schuman hat Pionierarbeit geleistet, indem er mit den geheiligten Konventionen des abstrakten internationalen Rechts und der internationalen Politik gebrochen hat und es stattdessen gewagt hat, in realistischer Weise das internationale Geschehen als Ganzes ins Auge zu fassen." (zit. in Schuman 1969:IX)

Schumans Theorie des machtpolitischen Realismus basierte auf der These der Psychoanalyse, daß alle Menschen, wenn auch nur im Unterbewußtsein, von einem starken Drang zu Inzest, Mord und Selbstmord beherrscht seien. In einer geregelten Gesellschaft müßten diese Impulse unterdrückt werden. In einer

> „ungeregelten und anarchischen Gemeinschaft, wie z.B. der westlichen Staatengemeinschaft" aber, „läßt man zu, daß sich derartige Impulse, denen man sich kollektiv hingibt, ohne eine Strafe befürchten zu müssen, in der uralten Institution des Krieges frei ausleben können und stellt dafür sogar noch Ruhm und Ehre in Aussicht" (Schuman 1969:268).

Diese sanktioniert ausgelebte Mordlust bedürfe allerdings einer gesellschaftlichen Rationalisierung auf der Ebene dessen, was Freud das *Über-Ich* nenne, auf der Gewissensebene also, die das Reich der Moral sei. Das erkläre, warum der schmutzigste Krieg immer zugleich auch mit der Beschwörung höchster Ideale einhergehe.

Die Immigranten aus Zentraleuropa leisteten einen wichtigen Beitrag zur Kritik an der idealistischen Vorstellung einer neuen Weltordnung, konnten sie doch den amerikanischen Optimismus der Progressiven aufgrund ihrer europäischen Erfahrungen nicht teilen. Franz Neumann, einer der bedeutendsten deutschen Emigranten, schrieb 1952, daß „unser Beitrag" zur amerikanischen Diskussion in erster Linie „eine eher skeptische Grundeinstellung" gewesen sei (1978:420). Die Wortführer des machtpolitischen Realismus am – 1935 mit Hilfe der Rockefeller Foundation gegründeten – *Institute of International Studies* zu Yale waren, neben F. S. Dunn, der aus Deutschland geflüchtete, 1892 in der Schweiz geborene, Arnold Wolfers und der Niederländer Nicolas J. Spykman (1893-1943). Unter Wolfers' Einfluß hatte sich Spykman der Strömung des machtpolitischen Realismus angeschlossen und in seinem Buch *America's Strategy in World Politics* aus dem Jahre 1942 geschrieben:

> „Die internationale Gemeinschaft ist eine Welt, in welcher der Krieg als ein Instrument nationaler Interessenpolitik fungiert. Sein Territorium dient dem Staat als militärische Ausgangsbasis für seine Kämpfe und auf ihm bereitet er sich während des provisorischen Waffenstillstands, den man Frieden nennt, auf den nächsten Krieg vor." (zit. in Kaplan 1984:20)

Das Yale-Institute war das Zentrum des neuen machtpolitischen Realismus. Der spätere Außenminister J.F. Dulles, der gemeinsam mit seinem Bruder, dem OSS-bzw. CIA-Chef Allen Dulles, in Amerika u.a. die Interessen der IG Farben vertrat, war als Vorsitzender eines Sachverständigengremiums vom Institut beauftragt worden, ein Gutachten für die zehnte *International Studies Conference* 1937 in Paris, die dem Thema „Methoden eines friedlichen Wandels" gewidmet war, vorzubereiten

(Fox 1968:49ff.). Noch im Jahre 1939 hatte Dulles auf einer Konferenz des *Weltkirchenrats*, in dem er eine wichtige Rolle spielte, für Aufregung gesorgt, indem er erklärte, Hitlers territoriale Ambitionen für gerechtfertigt zu halten (Visser't Hooft 1971:104).

Lippmann   Der einflußreiche Journalist Walter Lippmann, ebenfalls Mitglied in Dulles' Sachverständigengremium, gehörte schon in jungen Jahren zum engsten Kreis Präsident Wilsons und hatte während der Russischen Revolution am Round Table teilgenommen. Im Unterschied zu Dulles, der wie der Rockefeller-Clan vor allem besondere Beziehungen zu Deutschland unterhielt, war Lippmann ein ausgewiesener Repräsentant der „Special Relationship" mit England. Aber auch er war der Ansicht, daß Amerika seinen weltpolitischen Universalismus mäßigen solle. 1935 schrieb er, daß der Völkerbund sich in erster Linie als eine europäische Angelegenheit erwiesen habe, dessen Fortbestand gänzlich vom Erhalt des Friedens in Europa abhinge. Daher

> „tun wir gut daran, uns aus der europäischen Politik herauszuhalten."

Es sei besser, alle Kräfte in die Wiederbelebung der amerikanischen Wirtschaft zu investieren und

> „die politischen Spannungen zu mildern, indem wir überall den Wirtschaftsaufschwung unterstützen."

Ausgehend von der eigenen New Deal-Politik, verkündete Lippmann,

> „daß wir, indem wir bei uns den sozialen Wiederaufbau weiter vorantreiben, diejenigen in der Welt, die sich für Frieden und Freiheit einsetzen, durch unser gutes Beispiel ermutigen können" (Lippmann 1936:350).

1943 warnte Lippmann erneut davor, dem Trugbild der „One World"-Idee zu erliegen. Die Teilnahme der Sowjetunion an der Anti-Hitler-Koalition habe nur vorübergehenden Charakter, so lautete sein Urteil; es sei klüger, die Zukunft auf die Gemeinschaft der englischsprachigen Länder zu bauen.

atlantische Gemeinschaft
> „Es gibt eine große Gemeinschaft auf dieser Welt, deren Mitglieder weder ausgestoßen werden können, noch aus eigener Bewegung austreten können. Das geographische Zentrum dieser Gemeinschaft ist der Atlantik. Die Sicherheit dieser Gemeinschaft liegt in dem Verhältnis der beiden größten Mächte, nämlich Großbritanniens und der USA, zueinander begründet. [...] Ihr Bündnis ist das Kraftzentrum, von dem aus das Sicherheitsbündnis für die gesamte Region organisiert werden muß, an dem, wenn sich dieses Bündnis als stark genug erweisen wird, die anderen Mitglieder der Gemeinschaft in ihrem eigenen Interesse und aus freien Stücken festhalten werden." (Lippmann 1943:98f.)

In Lippmanns Auffassungen spielte die Vorstellung eines aktiven amerikanischen Engagements in der Weltpolitik noch eine gewisse Rolle, während andere eher geneigt waren, den Sowjets die alleinige Verantwortung für ihre Einflußsphäre in Osteuropa zu überlassen. Der Immigrant Heinz Eulau, der während des Krieges regelmäßig als Kommentator der sowjetischen Außenpolitik in dem progressivistischen Blatt *New Republic* auftrat, stand auf dem Standpunkt, daß Stalin konservativ und nur auf Stabilisierung der Verhältnisse aus sei.

„Der sowjetische Einfluß könnte" sich in Osteuropa „als ein Faktor der Stabilität erweisen." (zit. in Pells 1985:39)

7.3.3 Niebuhr und die Sünde

Die Frage, ob Deutschland nach dem Zweiten Weltkrieg in die atlantische Gemeinschaft, die als Gegengewicht gegenüber der Sowjetunion gesehen wurde, integriert werden sollte, spielte damals in den politischen Kreisen der USA eine wichtige Rolle. Stärker noch als die späteren Immigranten setzte sich Reinhold Niebuhr (1892-1971) für die Einbindung Deutschlands ein. Er wurde zu einem der Hauptvertreter der pessimistischen Strömung, die als Gegenreaktion auf den von Wilson geprägten „One World"-Idealismus in den USA entstand, und war einer der ideologischen Wegbereiter des machtpolitischen Realismus, der später die amerikanische Politik des Kalten Krieges bestimmen sollte.

Niebuhr war als Sohn deutscher Immigranten in den USA geboren. Doch muß für ihn seine deutsche Herkunft sein Leben lang ein Problem gewesen sein, was sich u.a. darin äußerte, daß er sehr darauf erpicht war, als ein echter Amerikaner zu gelten (Fox 1985:Kap.3). Als junger Pfarrer gehörte er zur „Social Gospel"-Bewegung, die das „Reich Gottes auf Erden" verwirklichen wollte; sein Radikalismus hielt sich allerdings in Grenzen, da der Begriff der Sünde in seinem Denken eine geradezu obsessive Rolle spielte. Schon 1913 hatte er in einer Predigt verkündet, daß der Klassenkampf ein Ausfluß des menschlichen Egoismus sei und daß im Sozialismus bestenfalls der Egoismus des Kapitals vom Egoismus der Arbeiter abgelöst werden würde (Fox 1985:23). Seine Sozialkritik richtete sich daher in erster Linie gegen eine Kultur des Konsums, deren Entstehung er in dem Amerika Henry Fords und den goldenen zwanziger Jahren zu beobachten glaubte. Dem stellte Niebuhr eine Rückbesinnung auf den Wertekatalog der protestantischen Ethik entgegen, der aus der Sicht Max Webers Grundlage für Entstehung und Erfolg des Kapitalismus gewesen war. Die rege Industriemetropole Detroit, wo er am Anfang seiner Karriere als Prediger tätig war, galt ihm als Musterbeispiel arbeitsamer Lebenseinstellung und protestantischer Tugenden (Fox 1985:89 u. 102).

(Randnotiz: Kritik des Fordismus)

Lafeber sieht in Niebuhr einen Mann, der

„das amerikanische Denken der Gegenwart wahrscheinlich am nachhaltigsten [...] beeinflußt"

hat. Niebuhr, schreibt Lafeber,

„unterstrich die Bedeutung der Sünde und ihrer Macht [...] in der Gesellschaft. Er nahm Abstand vom ‚sentimentalen Optimismus', der die amerikanische Mentalität in der Periode zwischen 1900 und 1930 geprägt hat. [...] Aufgrund ihrer Habsucht, ihrer Beschränktheit und ihres Unvermögens, die Grenzen ihrer eigenen Macht zu erkennen, sind die Menschen Ängsten anheimgefallen, die einem konstruktiven Gebrauch ihrer Freiheit im Wege standen. Diese Ängste äußerten sich in einem Machtstreben, welches seinerseits wieder Konflikte verursacht hat" (1980:47f.).

(Randnotiz: gegen den sentimentalen Optimismus)

Anfang der 20er Jahre war Niebuhr für eine Organisation tätig, aus der später der Weltkirchenrat entstand. Da Rockefeller der wichtigste Sponsor dieser Organisation und Dulles ihr bedeutendster Wortführer auf dem Gebiet der internationalen Politik war, ist es wenig verwunderlich, daß auch Niebuhr sich als Anhänger des von der Tendenz her prodeutschen Isolationismus profilierte. Den Franzosen gegenüber empfand er eine tiefe Abneigung, da er ihnen die Hauptschuld an den Versailler Verträgen gab. Die einzige Hoffnung der Deutschen seien Amerika und England, „die einzigen Nationen, deren Handeln nicht von Rachegedanken bestimmt wird", so sein Fazit einer Deutschlandreise am Vorabend des Dawesplans (Fox 1985:79).

Kritik des Pazifismus   Seine Vorstellungen über die Rolle des *Willens* als Gegengewicht gegen das blinde Wirken der geschichtlichen Kräfte stammten von William James; er folgte James sogar in dessen Ablehnung des Pazifismus. In seiner Biographie nennt Fox Niebuhr einen „ganz und gar von James geprägten Pragmatisten" (Fox 1985:84; vgl. auch 32 u. 35). Doch lehnte er die Wissenschaftsgläubigkeit der Progressiven ab.

> „Niebuhr warnte davor, sich voll auf die Vernunft und besonders auf den Glauben an die Wissenschaft zu verlassen, da sowohl Vernunft als auch Wissenschaft sich häufig weigerten, die zur Lösung weltlicher Probleme notwendigen religiösen und historischen Erkenntnisse einzubeziehen", schreibt Lafeber (1980:47).

1932 erklärte Niebuhr, daß die japanische Invasion in der Mandschurei demonstriert habe, daß der Pazifismus des Völkerbundes auf einer Illusion beruhe.

> „Vielleicht sehen wir hier den Beweis dafür, daß Beziehungen zwischen Gruppen eine andere Ethik erfordern als die Beziehungen von Individuen innerhalb einer Gruppe", schrieb er (zit. in Fox 1985:132).

Immoral Society   In seinem Buch *Moral Man and Immoral Society* aus dem Jahre 1932 ging Niebuhr, der inzwischen eine landesweit bekannte Persönlichkeit geworden war, hart mit dem Progressivismus ins Gericht und polemisierte besonders gegen John Dewey. Es war seine Absicht, das Vertrauen der angelsächsischen Welt in die sich selbstregulierende Gesellschaft zu erschüttern. Sein Wunsch nach einem stärkeren Staat hing wohl eng mit seiner Verwurzeltheit in der deutsch-lutherischen Tradition zusammen. Er schrieb:

> „Der Traum von einer dauerhaft friedlichen und brüderlichen Gesellschaft wird niemals gänzlich zu verwirklichen sein."

Und fügte – ganz im Geiste Hobbes' – hinzu, daß sich die Gesellschaft „in einem beständigen Kriegszustand" befinde (zit. in Fox 1985:140).

Während des Zweiten Weltkriegs schloß sich Niebuhr einer Gruppierung an, die den isolationistischen Kurs der amerikanischen Sozialisten durchbrechen wollte. Auf der anderen Seite jedoch blieb er bei seiner Ablehnung des angelsächsischen Idealismus in Bezug auf eine neue Weltordnung. Die Sowjetunion, so meinte er, solle sich nach dem Krieg gemeinsam mit England und Amerika die Weltherrschaft teilen. Den Russen kam seiner Ansicht nach dabei die Aufgabe zu, die Selbstgefälligkeit der angelsächsischen Völker entgegenzuwirken und zu verhindern, daß die Welt Opfer eines hemmungslosen Kapitalismus werde. 1943 ging Niebuhr mit finanzieller Unterstützung der Rockefeller Stiftung nach England, um die englische Öffentlichkeit mit seinen Vorstellungen über die Weltpolitik der Nachkriegsperiode vertraut zu machen (Fox 1985:211 u. 217).

7.4 Der Kalte Krieg

In den letzten Kriegsjahren hatte es den Anschein, als fehle es den USA an der nötigen Energie – in sowohl wirtschaftlicher wie sozialpsychologischer Hinsicht –, um die Idee einer „einheitlichen Welt" (One World) zu realisieren. Außerdem begannen sich durch die Wende des Krieges nach Stalingrad neue weltpolitische Realitäten abzuzeichnen, die eine Verwirklichung des vorausgesagten amerikanischen Zeitalters als utopisch erscheinen ließen. In einer Situation, in dem das öffentliche Bewußtsein Amerikas fast ausschließlich auf die Bewältigung inländischer Probleme fixiert war (Dallek 1984:147), nominierte der Parteikonvent der Demokraten 1944 nicht den noch amtierenden Vizepräsidenten und Anhänger des „One World"-Gedankens Henry Wallace für dieses Amt, sondern Harry F. Truman. Truman war ein Exponent der isolationistischen Strömung, der als Senator nach dem deutschen Einmarsch in die Sowjetunion noch von sich gegeben hatte, man solle den Schlächtereien zwischen Deutschen und Russen vorerst freien Lauf lassen. Ein Eingreifen der USA zugunsten einer der beiden kriegführenden Parteien wäre erst dann nötig, wenn sich die Niederlage einer Partei abzeichne (LaFeber 1980:6). Daß er nichts von der großen Vision einer unter amerikanischer Führung zu realisierenden „One World" hielt, belegt auch seine die diplomatischen Gepflogenheiten gröblich verletzende Schimpftirade gegen den sowjetischen Außenminister Molotow, weil die UdSSR nach seinem Dafürhalten die gegen Kriegsende gemachten Vereinbarungen in Bezug auf Polen gebrochen hatte (Fleming 1961:268).

Die russische Vorgehensweise in Polen und im übrigen Osteuropa wich nicht von der im Oktober 1944 in vertraulichen Gesprächen zwischen Stalin und Churchill ausgehandelten Verteilung der Einflußsphären ab. Sie entsprach lediglich dem Vorgehen der Engländer in den ihnen zugewiesenen Gebieten, wie z.B. Griechenland. Im Februar 1945 wurde auf *Jalta* in Anwesenheit von Präsident Roosevelt die Verteilung der Balkanregion *de facto* bestätigt und durch einen allgemein gehaltenen Zusatz zur Erweiterung der polnischen Exilregierung ergänzt. Verweisend auf die Situation in Griechenland und Belgien, ließ Stalin jedoch wissen, keine Einmischung der Westmächte in Polen zu dulden (Kolko 1968:396). Das *Potsdamer Abkommen* vom Juli 1945, das Deutschland der Souveränität der vier Siegermächte unterstellte und die Reparationsfragen regelte, war im übrigen eine Bestätigung der Vereinbarungen von Jalta.

7.4.1 Die Offensive gegen die New-Deal-Politik

In dem in den USA herrschenden Klima des Pessimismus und der Frustration über das Scheitern der internationalen Absichten Amerikas kamen immer mehr jene Stimmen zur Geltung, die von Anfang an für eine Mäßigung des „One World"-Optimismus eingetreten waren. Marginale Organisationen, wie etwa das *America First Committee,* zu deren prominenten Mitgliedern u.a. J. F. Dulles zählte, oder – auf dem Gebiet der Wissenschaft – das 1941 gegründete *Committee on Social Thought,* fanden jetzt größere Beachtung in der Öffentlichkeit. Einer der Prominenten dieses Komitees war F. von Hayek, ein nach England emigrierter, ultraliberaler österreichischer Ökonom. Hayeks Buch *The Road to Serfdom* (1945) war eine einzige Mißbilligung interventionistischer Staatspolitik. Auch andere Emigranten zogen gegen die vermeintliche Gefährdung des Liberalismus zu Felde. Karl Poppers *The Open Society and its Enemies* (1945) war ein Versuch, die totalitären Implikationen der Philosophien von Platon, Hegel und Marx herauszuarbeiten (Hewison 1981:44).

Das Taft-Hartley-Gesetz (1946) sollte die während der Regierungszeit Roosevelts gewachsene Macht der Gewerkschaften wieder zurückdrängen. Das geschah unter dem Vorwand der Bekämpfung kommunistischer Tendenzen. Im März 1947, zehn Tage nach der Verkündung der Truman-Doktrin, gab Truman einen Erlaß heraus, der den FBI mit weitreichenden Kompetenzen zur Überprüfung der Staatstreue aller Arbeitnehmer, die im Dienst föderaler Einrichtungen standen oder sich dort um eine Stelle bewarben, ausstattete (Pells 1985:266). Das war der Beginn einer harten antikommunistischen und ebenfalls gegen den New Deal gerichteten Kampagne, die eng mit dem Namen des Senators J. McCarthy verknüpft ist.

McCarthyismus   Ein wichtiger Aspekt des *McCarthyismus* und der Tätigkeit des Ausschusses zur Untersuchung „unamerikanischer Umtriebe" war die *Offensive gegen die Vertreter des One World-Gedankens.* Henry Wallace, der auch weiterhin beharrlich für eine Zusammenarbeit mit den Russen eintrat, wurde im Handelsministerium kaltgestellt und 1946 entlassen. Jeder, der sich auf irgendeine Art und Weise an der Planung und dem Aufbau der Vereinten Nationen beteiligt hatte, geriet nun in die Schußlinie. Harry Dexter White, Staatssekretär im Finanzministerium und Architekt des Bretton-Woods-Abkommens, in welchem die Gründung der Weltbank und des Internationalen Währungsfonds, dessen Direktorium White angehörte, beschlossen worden war, wurde als vermeintlicher Sowjetspion unter Anklage gestellt und starb – einige Tage nach einem demütigenden Verhör vor einem Senatsausschuß – an einem Herzinfarkt. William Remington, ein Beamter des Handelsministeriums, wurde verurteilt und im Gefängnis von einem Mitgefangenen ermordet. Das größte Aufsehen erregte aber der berüchtigte Prozeß gegen Alger Hiss, einem Diplomaten, der eine wichtige Rolle bei der Gründung der UN gespielt hatte und 1947 Präsident der Carnegie-Stiftung für den internationalen Frieden geworden war (Pells 1985:270f.). Hiss wurde wegen Meineids zu fünf Jahren Zuchthaus verurteilt. Auch Paul Hoffman, der für die Ausführung des Marshallplans verantwortlich und Präsident der Ford-Stiftung war, wurde ein Opfer der McCarthy-Periode. In dem Maße, wie die Enttäuschung über die weltpolitischen Entwicklungen zunahm, intensivierte sich auch die Jagd auf angebliche Verräter. Nach dem „Verlust" Chinas im Jahre 1949 wurden die China-Experten aus dem Außenministerium gejagt; nach der Zündung der ersten sowjetischen Atombombe begann die Verfolgung all jener, die während des Krieges auf dem Gebiet der Atomwissenschaft mit den Russen zusammengearbeitet hatten. Der Lehrkörper der Universitäten wurde – unter Kündigungsandrohung – zu Erklärungen verpflichtet, in denen er versichern mußte, nicht kommunistisch zu sein bzw. keinerlei kommunistische Sympathien zu hegen (Degler 1968:38). Hunderte von Mitgliedern der Kommunistischen Partei wurden zu langjährigen Haftstrafen, teilweise bis zu zwanzig Jahren, verurteilt.

7.4.2 Totalitarismus und antikommunistischer Konsens

Auch aus den Reihen der ehemaligen Anhänger des New Deal wurde jetzt gefordert, sich deutlicher vom Kommunismus abzugrenzen. James Burnham, Ex-Trotzkist und Autor des Buches *The Managerial Revolution* (1941), vertrat die These, daß die Politik Stalins nach geopolitischen Maßstäben zu beurteilen sei. Ausgehend von seinem sibirischen Zentrum strebe der Kreml nach Vorherrschaft über Eurasien, ein Begriff, der damals kaum gebräuchlich war, aber umso geeigneter war, tiefsitzende Ängste zu mobilisieren (Pells 1985:79).

Niebuhr hatte anfänglich noch vor einer Gleichsetzung von Stalinismus und Faschismus gewarnt und Verständnis für die sowjetischen Invasionsängste gefordert. Nach einer Deutschlandreise im September 1946 glaubte er jedoch über genügend Hinweise für die Absicht der Sowjets zu verfügen, ihre Herrschaft auf ganz Europa auszudehnen. *Time, Life* und *Reader's Digest* sorgten dafür, daß Niebuhrs neue Erkenntnisse eine Millionen zählende Leserschaft fanden. Auf Betreiben des CIA-Chefs Allen Dulles, war Niebuhr inzwischen in den Council on Foreign Relations und in den Beraterstab des Außenministeriums aufgenommen worden.

In der innenpolitischen Szene war er durch seine Auffassung, daß der Kommunismus weit gefährlicher als der Nazismus sei, da er einerseits weniger abscheulich, andererseits aber weitaus heidnischer sei, die geeignete Figur dafür, den Bruch mit Wallace und dessen Gedankengut voranzutreiben (Fox 1985:227-229). Ende 1946 wurde die Organisation *Americans for Democratic Action* (ADA) ins Leben gerufen. Vorsitzender der Gründerversammlung war Niebuhr. Viele namhafte ehemalige Anhänger des New Deal beteiligten sich an den Aktivitäten der ADA: Roosevelts Witwe Eleanor und der spätere Präsidentschaftskandidat Hubert Humphrey, außerdem Gewerkschaftsführer und Intellektuelle wie Arthur Schlesinger jr., John Kenneth Galbraith und andere. Eine der wichtigen Zielsetzungen der ADA war es, Wallace an der Gründung einer neuen Partei zu hindern, indem man versuchte, das Streben nach einem Sozialstaat vom Idealismus des „One World"-Gedankens ideologisch abzukoppeln (Pells 1985:109).

„Wir hätten – wie ich glaube – bessere Erfolgsaussichten in unserem Kampf gegen einen fanatischen Gegner, wenn wir uns unserer Reinheit und unserer Tugend weniger sicher wären", schrieb Niebuhr (1966:180) in einem – 1949 in *Foreign Affairs* erschienenen – Artikel mit dem Titel *The Illusion of World Government*. Gleichzeitig aber ließ er keinen Zweifel darüber aufkommen, daß Osteuropa der Sowjetunion überlassen bleiben müsse und daß die Hoffnung auf eine gewaltsame Zurückdrängung der Russen eine Illusion sei (Fox 1985:232).

The Illusion of World Government

Der von Dulles, Niebuhr und anderen – auch um den Preis eines amerikanischen Alleingangs in den westlichen Besatzungszonen – vertretene Kurs einer raschen Aussöhnung mit Deutschland sowie der allgemein herrschende antikommunistische Konsens waren Wegbereiter einer Strömung, die mit Hilfe der sogenannten Totalitarismus-Theorie die Verwandtschaft der stalinistischen UdSSR und des faschistischen Deutschlands betonte. Hauptexponenten dieser Strömung waren die neuen Immigranten aus Europa, allen voran die in Deutschland geborene Hannah Arendt. Arendt veröffentlichte ihre Betrachtungen zu diesem Thema in der New Yorker Zeitschrift *Partisan Review* und sah im Totalitarismus eine Antwort auf die Verfallstendenzen der westlichen Gesellschaften. Berühmt wurde ihr Buch *The Origins of Totalitarianism* aus dem Jahre 1951. Der Schlüsselbegriff ihrer Analyse des Imperialismus als Brutstätte totalitärer Ideologien ist das, was Wehler „Sozialimperialismus" und Arendt „die Allianz von Kapital und Pöbel" (1968:155) nennt. Dieses populistische Element sei das Fundament totalitärer Staaten. Der Arendtsche Ansatz überzeuge zwar, wie Pells darlegt,

Totalitarismus-Theorie

Arendt

Allianz von Kapital und Pöbel

> „mit [seiner] Beschreibung der politischen und sozialen Unruhen, die dem Aufstieg der totalitären Bewegungen vorausgingen [...], wurde [aber] desto theoretischer, je mehr es um die Beschreibung der Handlungsgesetze des Totalitarismus ging. Das zeigte sich im besonderen, als sie zu erklären versuchte, warum ihrer Ansicht nach die Expansion ein notwendiges Merkmal totalitärer Staaten ist." (1985:95)

In der in Amerika vorherrschenden Stimmung der Erbitterung gegenüber der Sowjetunion, verstärkten die Erkenntnisse der totalitarismustheoretischen Ansätze zusätzlich das Gefühl, eine Wiederholung von „München" unbedingt vermeiden zu müssen und sich auf keine Beschwichtigungspolitik (appeasement) gegenüber der UdSSR einlassen zu dürfen. Über die Instrumentalisierung der Theorie für die Zwecke des Kalten Krieges sollte man jedoch nicht den rationalen Kern des Totalitarismusbegriffs verkennen, der – auch in den späteren Beiträgen anderer Emigranten wie z.B. Friedrich und Brzezinski – wichtige Einblicke in die strukturelle Verwandtschaft zweier unterschiedlicher Systeme hobbesschen Typs ermöglicht hat. Vom Standpunkt des liberalen Kapitalismus aus gesehen sind beide Systeme trotz ihres unterschiedlichen politischen Charakters (ein Tatbestand, der in der Totalitarismustheorie unberücksichtigt bleibt) identische Hemmnisse für eine fortschreitende Expansion des freien Weltmarktes (Williams 1962).

7.4.3 *Kennan und das Konzept der Eindämmungspolitik (containment)*

Kennan

Die Dämonisierung der Sowjetunion mit dem Ziel, die „One World"-Idee zu diskreditieren und durch einen machtpolitisch-realistischen Kurs zu ersetzen, findet sich auch im Denken des 1904 geborenen George Kennan. Kennan war einer jener jungen amerikanischen Diplomaten, die nach der Russischen Revolution als Beobachter der Entwicklungen in der Sowjetunion in Europa stationiert wurden und die Yergin (1980:19) die Riga-Generation nennt, benannt nach der lettischen Stadt, die den Amerikanern bis zum Zeitpunkt ihrer diplomatischen Anerkennung der UdSSR im Jahre 1933 als Horchposten diente. Kennan, der zeitweilig auch in Berlin lebte und Kontakte mit emigrierten, antikommunistischen Russen unterhielt, schrieb noch in seinen Memoiren, daß er

> „niemals – weder damals noch zu irgendeinem späteren Zeitpunkt – die Sowjetunion als einen geeigneten Bundesgenossen oder wirklichen bzw. möglichen Partner für dieses Land [sprich: USA] in Erwägung gezogen" habe (zit. in Yergin 1980:21).

Für die Dauer der großen Anti-Hitler-Koalition, die sich nach Hitlers Überfall auf die UdSSR geformt hatte, hatten die auf Normalisierung der zwischenstaatlichen Beziehungen gerichteten (und von Yergin [1980:66] die „Axiome von Jalta" genannten) Vorstellungen von Wallace, Sumner Welles und des Botschafters Joseph Davies das amerikanisch-sowjetische Verhältnis dominiert. Diese amerikanische Politik der Normalisierung hatte sich zum Ziel gesetzt, den sowjetischen Staatssozialismus durch Gewährung von Krediten für eine offene Weltwirtschaft zurückzugewinnen.

Im Februar 1946, als die Verschlechterung des amerikanisch-sowjetischen Verhältnisses bereits unübersehbar war, weigerten sich die Russen dem Internationalen Währungsfonds und der Weltbank beizutreten. Diese Nachricht nahm Kennan, der damals stellvertretender Botschafter in Moskau war, zum Anlaß für sein berühmtgewordenes, an das amerikanische Außenministerium gerichtetes *Long Telegram* (Cox 1991:23ff.), das nach Meinung von Yergin   Long Telegram

> „eine die bisherige Linie Roosevelts revidierende Richtschnur für den zukünftigen Umgang mit den Russen darstellte" (1980:168).

Darin wurde Stalin von Kennan als ein fanatischer Revolutionär apostrophiert, mit dem keine friedliche Koexistenz möglich sei.

Die Begeisterung der Vertreter eines harten antisowjetischen Kurses in Washington über diese „glänzende Analyse" (Minister Byrnes) war grenzenlos. Der Rat Kennans, den Konflikt mit der UdSSR zu dramatisieren und die Öffentlichkeit in Alarmbereitschaft zu versetzen, wurde befolgt, indem man über eine undichte Stelle das Telegramm an das *Time-Magazin* weiterleitete, die damals meistgelesene Zeitschrift in den USA. Time ließ sich diese Gelegenheit nicht entgehen und publizierte einen großen Artikel und eine Karte, auf der die von der sowjetischen Expansion bedrohten Gebiete aufgeführt waren. Eine ähnliche Analyse von J. F. Dulles für den Council of Foreign Relations wurde in *Life* einem großen Publikum zugänglich gemacht (Yergin 1980:174). Die antisowjetische Stimmung erreichte allerdings ihren Höhepunkt durch die am 5. März 1946 von Churchill in Fulton/Missouri gehaltene Rede über den *Eisernen Vorhang*. In dieser Rede, die in monatelanger, gemeinsamer Vorbereitung mit Truman und dessen Beratern entstanden war, lancierte Churchill die Idee eines Militärblocks aller englisch-sprachigen Länder. Die Trumpfkarte dieses Bündnisses sollte das amerikanische Atombombenmonopol sein.

Der wahre Grund für die augenscheinlich kämpferische Attitüde Churchills ist   Truman-Doktrin

(Marginalien:) Eisener Vorhang

225

jedoch eher in der tiefen Wirtschaftskrise, in der sich Großbritannien befand, zu suchen und der Unfähigkeit, eingegangene Außenverpflichtungen ökonomischer und militärischer Art zu erfüllen (Burnham 1990). Diese Verpflichtungen wurden dann größtenteils durch die Verkündigung der *Truman-Doktrin* im März 1947 von der USA übernommen, die allen vom Kommunismus bedrohten Ländern der Welt ihre Unterstützung zusicherte.

X-Artikel   Kennan, der im Mai Chef des neugeschaffenen Planungsstabes des Außenministeriums geworden war, heizte die Stimmung mit seinem – in *Foreign Affairs* veröffentlichten und mit „X" unterzeichneten – Artikel *The Sources of Soviet Conduct* noch weiter an. Darin schilderte er die Bedrohung der angelsächsischen Demokratien durch die Sowjetunion in düsteren Farben.

> „Ihr glühender Fanatismus," schrieb Kennan/‚X‘, „der von der traditionellen, angelsächsischen Bereitschaft zum Kompromiß unberührt geblieben ist, war zu grimmig und zu sehr von Mißgunst beherrscht, als daß er eine dauerhafte Teilung der Macht überhaupt ins Auge hätte fassen können. Aufgrund ihrer Verwurzelung in der russisch-asiatischen Welt, aus der sie [die russischen Kommunisten, d.V.] hervorgegangen sind, waren sie skeptisch gegenüber den Chancen einer dauerhaften und friedlichen Koexistenz mit gegnerischen Mächten."

Daher müsse sich die amerikanische Politik

Eindämmung
> „auf eine geduldige, doch ebenso entschlossene und umsichtige Eindämmung [containment] der expansiven Tendenzen der Russen" konzentrieren (Kennan 1951:113; Hervorh. v. V.).

Kennan war, trotz der Schärfe seines Artikels, in der Tat an einer Eindämmung und nicht etwa an einem *Rollback* des kommunistischen Einflusses gelegen. Ähnlich wie Niebuhr, den er als „unser aller Vater" angedeutet hatte und den er auch später an seinen Planungsgesprächen teilnehmen ließ (Fox 1985:238), war auch Kennan der Meinung, daß man die Russen nicht bis zum äußersten unter Druck setzen dürfe. Doch, so schrieb er, läge

> „es in der Macht der USA, den Druck auf die sowjetische Politik ganz enorm zu erhöhen" (1951:120).

In welchem Maße in dieser Periode die realistische Anerkennung der Grenzen amerikanischer Macht die Politik des Außenministeriums bestimmte, mögen auch die Titel einiger von Kennan und seinen Planungsstabmitarbeitern etliche Jahre später veröffentlichten Bücher veranschaulichen: *Realities of American Foreign Policy* (Kennan, 1955), *Dream and Reality* (Louis Halle, 1959) und *The Limits of Foreign Policy* (Ch. B. Marshall, 1954; nicht zu verwechseln mit dem Außenminister George Marshall.) (siehe: Fox 1968:ff).

1949/1950 wurde der Containment-Kurs allerdings revidiert. Nach der Chinesischen Revolution und der Zündung der ersten russischen Atombombe ersuchte Truman den Amtsnachfolger Kennans im Planungsstab, den Bankier Paul Nitze, um die Erstellung einer Studie (das sog. Dokument NSC-68), die die Möglichkeiten einer Rollback-Politik – auch unter dem Aspekt eines eventuellen Einsatzes von Gewaltmitteln – untersuchen und empfehlen sollte (NSC-68: 12 u. 21; vgl. Cox 1991:19).

Kennan selbst blieb aber bei seiner Ablehnung

„der Selbstidealisierung und dem Verfolgen absoluter Ziele in der Weltpolitik" (1962:372).

1958 erklärte er, die rasche Regeneration der Sowjetunion nicht vorausgesehen zu haben. Er unterstrich, daß der Westen seine Widerstandfähigkeit gegen den Kommunismus vor allem durch inneren Fortschritt erhöhen sollte (1958:94). Kennan bekleidete noch einige Botschafterposten, blieb aber ein aufmerksamer Kritiker allzu aggressiver amerikanischer Politik.

7.4.4 Morgenthau

Der machtpolitische Realismus Carrs, Niebuhrs und Kennans erlebte noch eine späte akademische Reprise im Werk von Hans J. Morgenthaus (1904-1980, nicht zu verwechseln mit Roosevelts Finanzminister Henry Morgenthau). In seiner deutschen Dissertation aus dem Jahre 1929 hatte auch Morgenthau schon konstatiert, daß das internationale Recht einer einseitig ausgerichteten Machtpolitik nichts entgegenzusetzen habe. Nach einem Streifzug durch Europa (Genf, Madrid) verschlug es ihn schließlich in die USA. Hier begegnete er erneut einem Antisemitismus, unter dem er bereits in seinen jungen Jahren in Bayern zu leiden gehabt hatte (Nobel 1985:2f.).

Morgenthau wurde 1943 zum Professor für internationale Politik an die Universität von Chicago berufen, wo er die Nachfolge von Quincy Wright antrat. Seine pessimistische Einstellung widersetzte sich aber dem dort herrschenden „One World"-Idealismus. Morgenthaus erstes Buch *Scientific Man versus Power Politics* (1946) ist ein Zeugnis dieses Konflikts. Er wandte sich gegen die Vorstellung, daß die Politik, ähnlich wie Religion, Philosphie oder Kunst, wissenschaftlich völlig zu erfassen sei. Auch lehnte er den Einsatz naturwissenschaftlicher Modelle zur Beschreibung sozialer Wirklichkeiten ab und distanzierte sich somit von den Auffassungen der Neopositivisten und Progressiven (Nobel 1985:34).

1948 veröffentlichte er das Werk *Politics Among Nations,* das noch im Jahre 1977 das am häufigsten benutzte Einführungslehrbuch in die Internationale Politikwissenschaft war. Der zweite Platz wurde von *International Politics* aus der Feder des Schweizer-Kanadiers K. J. Holsti eingenommen (Groom/Mitchell 1978:28). Politics Among Nations

Morgenthau ergänzte in seiner Variante das Niebuhrsche Thema des in Sünde geborenen Menschen durch eine eigene Anthropologie.

„Die menschlich Natur," schrieb er, „in welcher die politischen Gesetzmäßigkeiten wurzeln, hat sich seit den Bemühungen der chinesischen, indischen und griechischen Philosophie um die Erkenntnis dieser Gesetze nicht mehr verändert." (1968:4)

Das *Machtstreben* liege in der menschlichen Natur beschlossen; der Kampf um Macht sei daher das Kernstück sowohl der Innen- als auch der Außenpolitik. Die Weltpolitik werde gänzlich von diesem Kampf bestimmt: Machtstreben

„Die weltpolitisch aktiven Nationen sind fortwährend damit beschäftigt, sich auf organisierte Gewalteinsätze (sprich: Kriege) vorzubereiten, sie auszuführen oder sich von ihnen zu erholen."

Auch innerhalb der Nationen sei dieser hobbessche Zustand noch kaum überwunden: Machtkampf die Angst vor Gewalt spiele im Hintergrund eine nicht zu übersehende Rolle, und

> „der Unterschied zwischen Innen- und Weltpolitik sei in dieser Hinsicht nur gradueller und nicht qualitativer Natur" (1968:36).

So spiegeln sich in den Auffassungen Morgenthaus die Ängste und Frustrationen wider, von denen sein persönliches Leben, die amerikanischen Nachkriegsjahre und die damalige Weltpolitik insgesamt überschattet waren.

Anhang zu Kapitel 7:

*Die atlantische Synthese im Bereich der internationalen
Politikwissenschaft.*

40 international orientierten Politologen, die vor 1930 auf dem europäischen
Festland geboren wurden und im Jahre 1968 Mitglied der American Political Science
Association (APSA) waren. Die Angaben: Geburtsland und Geburtsjahr, politische
(nicht-nachrichtendienstliche) Betätigungen (bei Behörden, Ministerien, Stiftungen
u.ä.), Sponsor/Geldgeber wurden entnommen: APSA, Biographical Directory, Washington 1968, 5. Auflage.

Name	Emigrations- land	Jahr	Politische Beratertätigkeit	Geldgeber (Stiftung)
Arendt, H.	Dld.	1906	(--)	Rock.,Ggh.*
Aspaturian, V.V.	UdSSR	1922	RAND Corp.**	Rock.
Braunthal, G.	Dld.	1923	US Air Force	(--)
Brzezinski, Z.	Pol.	1928	Außenminist. CFR'	Ggh.
Burin, F.S.	Dld.	1922	Außenminist.	Maxwell
Dallin, A.	Dld.	1924	Außenminist.	(--)
Deutsch, K.W.	Öst.	1912	(--)	Ggh.
Eckstein, H.	Dld.	1924	(--)	(--)
Ehrmann, H.W.	Dld.	1908	(--)	(--)
Eulau, H.	Dld.	1915	(--)	Ford
Feierabend, I.K.	Tsch.	1927	(--)	(--)
Feld, W.	Dld.	1910	Außenminist.	(--)
Friedrich, C.J.	Dld.	1901	OMGUS ***	(--)
Haas, E.B.	Dld.	1924	Außenminist.	Rock.
Halpern, M.	Dld.	1924	Außenminist.	(--)
Harsanyi, J.F.	Ung.	1920	(--)	Rock.
Herz, J.H.	Dld.	1908	(--)	Rock.
Iklé, F.Ch.	Schweiz	1924	Außenminist. US Air Force RAND Corp.	(--)
Kautsky, J.H.	Öst.	1922	Außenminist.	Rock.
Kertesz, S.D.	Ung.	1904	(--)	Rock., Ggh.
Kolkowicz, R.	Pol.	1929	RAND Corp.	(--)
Lanyi, G.A.	Ung.	1913	(--)	Rock.
Linz, J.	Dld.	1926	(--)	(--)
Liska, G.	Tsch.	1922	(--)	Rock.

Loewenstein, K.	Dld.	1891	(--)	Rock., Ggh., Carnegie
Macridis, R.C.	Türk.	1918	(--)	Rock., Ford
Modelski, G.	Pol.	1926	(--)	(--)
Morgenthau, H.J.	Dld.	1904	Außenminist. CFR	(--)
Nettl, J.P.	Dld.	1926	(--)	(--)
Organski, A.F.K.	Ital.	1923	(--)	Carnegie, Ford
Pauker, G.J.	Rum.	(--)	RAND Corp.	Ford
Ra'anan, U.	Öst.	1926	Isr. Botschaft in USA, UN	(--)
Rudolph, S.H.	Dld.	1930	(--)	Ford, Howard
Rustow, D.A.	Dld.	1924	Außenminist. RAND Corp.	Ggh.
Sidjanski, D.	Jug.	1926	(--)	(--)
Strauss-Hupé, R.	Öst.	1903	Verteidigungs- minis. CFR	
Szent-Miklosy, I.	Ung.	1909	(--)	(--)
Wittfogel, K.A.	Dld.	1896##	(--)	(--)
Wolfers, A.O.	Schweiz	1892##	Außenmin.##	(--)
Zawodny, J.K.	Pol.	1921	(--)	Ford

*   Guggenheim Foundation
**   RAND Corporation (Research ANd Development), Santa Monica
*** amerik. Besatzungsbehörde (Office of Military Government for Germany, United States)
\#   Council on Foreign Relations
\#\#   In APSA nicht enthaltene Angaben ergänzt aus: Who's who in America (1965-65), Chicago, Marquis

Ergänzung des Anhangs:

Um das Bild vollständiger zu machen, folgen hier noch einige prominente Emigranten, die 1968 nicht auf der APSA-Liste vorkommen, aber doch – im weiteren Sinne – der internationalen Politikwissenschaft zuzurechnen sind.

Name	Land	Jahr	Polit. Beratrertä-tigkeit	Geldgeber (Stiftung)
Bendix, R.	Dld.	1916	(--)	Carnegie
Hoffmann, S.	Öst.	1928	CFR	(--)
Holborn, H.	Dld.	1902	Außenminis. CFR	Carnegie, Rock.
Hoselitz, B.F.	Öst.	1913	UN, UNESCO	(--)
Kissinger, H.A.	Dld.	1923	Außenminis. CFR	Rock.
Knorr, K.E.	Dld.	1911	Außen- und Vert.min., RAND Corp.	(--)
Kohn, H.	Öst.	1891	CFR	Harris, Moore
Mitrany, D.	Rum.	1888	[For.Office]	Carnegie
Neumann, S.	Dld.	1904	OMGUS, CFR	(--)
Neumann, J.von	Ung.	1903	RAND	(--)
Rapoport, A.	Rußl.	1911	(--)	(--)
Schumpeter, J.A.	Öst.	1883	(--)	(--)
Speier, H.	Dld.	1905	RAND Corp.	(--)
Stoessinger, J.G.	Öst.	1927	(--)	(--)
Spykman, N.J.	Niederld.	1893	(--)	(--)
Vagts, A.	Dld.	1892	(--)	(--)

Quellen: Who's Who in America 1964-65 (Chicago, Marquis); Mitrany 1975; Walther 1991; Lanyi u. Williams 1966

8 Strategische Theorie und Systemtheorien im Atomzeitalter

8.1 Die Atombombe und der Kalte Krieg

Die Atombombe war während des Krieges in strengster Geheimhaltung im Forschungszentrum von Los Alamos in New Mexico entwickelt worden. Die auf diverse Hinweise gestützte Vermutung, daß Hitler ebenfalls an dem Bau der Bombe arbeite, half den Wissenschaftlern, ihre moralischen Bedenken gegenüber dieser schrecklichen Anwendung der Physik zu überwinden. Am 6. August 1945, um 8.15 Uhr vormittags, warf der amerikanische Bomber *Enola Gay* eine Atombombe über Hiroshima im südlichen Japan ab. Die Explosion traf die Stadt völlig überraschend, da Hiroshima weder militärische Einrichtungen besaß, noch von einem Luftalarm vor den drei Bombern gewarnt worden war, die sich, nachdem zuvor ein Aufklärungsflugzeug das Zielgebiet überflogen hatte, der Stadt in einer Höhe von 8500 m näherten. Die *Enola Gay* erreichte im Schwebeflug mit abgestellten Motoren das Stadtzentrum und drehte nach dem Abwurf der Bombe rasch ab. Wenig später überquerte der Bomber noch einmal das Zielgebiet, um die Wirkung der Bombe in Augenschein zu nehmen. Später schrieb der Kommandant:

> „Die Stadt, die vor wenigen Minuten noch klar im Sonnenlicht unter uns gelegen hatte, war nunmehr ein häßlicher Schmutzfleck. Sie war völlig unter diesem grauenvollen Teppich von Rauch und Feuer begraben." (Tibbets 1985:227)

Die Bombe tötete 140.000 Menschen; 163.293 wurden verwundet. Dem Lichtblitz und der Druckwelle folgten Brände, die nach etwa 20 Minuten ausbrachen. Eine Viertelstunde nach der Explosion setzte ein radioaktiver Fallout ein, der acht Stunden lang auf die Stadt herabregnete. Drei Tage später wurde eine zweite Bombe über Nagasaki abgeworfen. 74.000 Menschen fanden den Tod. Die Zahl der Verwundeten war noch höher (Hiroshima 1969:16).

Für den aus Deutschland emigrierten Schriftsteller und Kulturphilosophen Günther Anders symbolisieren diese Bombenabwürfe den Beginn eines Zeitalters, in dem die völlige Vernichtung des menschlichen Lebens auf der Erde möglich geworden ist. Wie er in seinen Essayfolgen *Die Welt als Phantom und Matrize* und *Die Antiquiertheit des Menschen* (beide aus dem Jahre 1956) darlegte, sei die Menschheit

Nationale Souveränität = ein Anachronismus

233

im Atomzeitalter gezwungen, sich die Technik, die sie selbst hervorgebracht hat, um ihres eigenen Überlebens willen, immer wieder aufs neue zu unterwerfen. *Nationale Souveränität* sei im Lichte dieser Tatsachen ein *Anachronismus* geworden, notierte Anders 1958 anläßlich einer Reise zum Atomaren Abrüstungskongreß in Tokio in seinem Tagebuch (1965:59f.). Es sei nicht bloß so, daß die Politik lediglich über eine neue Waffe verfüge, sondern jegliche Politik werde fortan unter den Bedingungen der „atomaren Situation" stattfinden (Anders 1965:10).

8.1.1 Ende des Weltkriegs – Beginn des Kalten Krieges

Die offizielle Begründung für den Abwurf der Bomben lautete, Japan habe ausschließlich auf diese Weise zur Kapitulation gezwungen werden können. Schon im Juli aber hatte Japan Schritte unternommen, um mit Hilfe sowjetischer Vermittlung den Krieg zu beenden. Der japanische Botschafter Sato in Moskau empfing am 13. Juli ein Telegramm aus Tokio, in dem die Rede war vom „Herzenswunsch des Kaisers, den Krieg rasch zu beenden." Da die Amerikaner den geheimen Nachrichtenkode der Japaner bereits dechiffriert hatten, kannten sie den Inhalt dieses Telegramms. Japan hatte den Krieg nur darum noch nicht beendet, weil es sich der Forderung nach einer bedingungslosen Kapitulation nicht beugen wollte. Die Japaner stellten die Bedingung, daß der Kaiser nicht abgesetzt werden dürfe. Die Amerikaner waren bereit, diese Bedingung zu akzeptieren, wollten ihre Bereitschaft jedoch nicht öffentlich bekanntgeben. Der niederländische Richter des Tribunals, vor dem sich die japanischen Kriegsverbrecher zu verantworten hatten, stellte nach Einsicht in die Protokolle der japanischen Kabinettssitzungen fest, daß es zur Beendigung des Krieges keiner Atombomben bedurft hätte (Röling 1970:168).

Als wahrscheinlicheres Motiv für die Bombenabwürfe wird genannt, daß Truman auf der Potsdamer Konferenz, die er bis nach dem ersten erfolgreichen Atomtest verschoben hatte und auf der er die Ergebnisse früherer Verhandlungen zwischen Churchill und Stalin sowie die Übereinkünfte von Jalta revidieren wollte, aus einer Position der Stärke heraus mit den Russen verhandeln wollte.

„Wenn sie explodieren, und ich denke, daß das gelingt," meinte Truman, „dann habe ich gewiß etwas in der Hand, womit ich diese Burschen zum Schwitzen bringen kann." (zit. in Röling 1970:171)

Auch Minister Byrnes hatte sich in diesem Sinne ausgelassen. Die Kapitulation Japans hing wesentlich mit der sowjetischen Kriegsführung zusammen, da die UdSSR gemäß der getroffenen Vereinbarungen am 8. August ihre Offensive gegen die Japaner in der Mandschurei starten sollte. Truman und Byrnes waren jedoch der Ansicht, es sei besser, eine sowjetische Einflußnahme in Ostasien zu verhindern (LaFeber 1980:27).

„Der Abwurf der Atombombe war weniger das militärische Finale des Zweiten Weltkriegs," schrieb der britische Physiker P.M.S. Blackett, „als vielmehr die erste große Operation des jetzt beginnenden diplomatischen Kalten Krieges mit der Sowjetunion." (zit. in Allen 1952:28)

234

Es hatte natürlich auch eine gewisse Rolle gespielt, daß man das Produkt so vieler Anstrengungen nicht leicht „unerprobt" lassen konnte, umso mehr, da inzwischen beim Atomprojekt erhebliche (wirtschaftliche und militärische) Interessen im Spiel waren. Nach dem Tod Präsident Roosevelts kamen mehr und mehr Politiker aus den Südstaaten zum Zuge, deren Gefühle und Interessen oft rundweg anti-japanisch waren. Truman sprach über die Japaner als wären sie Tiere und keine Menschen, während Byrnes früher Gouverneur von South Carolina gewesen war, das unter dem großen Konkurrenzdruck der billigen japanischen Textilprodukte zu leiden gehabt hatte. Diese Ressentiments dürften auch zum Schicksal der Einwohner von Hiroshima beigetragen haben (Lutteken 1984:264). Daß zusätzlich noch eine Bombe auf Nagasaki abgeworfen wurde, läßt sich zum Teil wohl auch aus der Tatsache erklären, daß neben der über Hiroshima abgeworfenen *Uraniumbombe,* deren Technologie vom Konzern Union Carbide entwickelt worden war, auch der Konkurrent Du Pont die Eignung seiner *Plutoniumbombe* (Du Pont de Nemours 1952:117) im Hinblick auf zukünftige Produktionsaufträge der US-Regierung unter Beweis stellen wollte. Ein am Plutoniumprojekt beteiligter Atomphysiker sagte später, daß

„der Zeitpunkt um den 10. August herum eine mysteriöse Frist war, die wir, die tagtäglich an der Fertigstellung der Bombe arbeiteten, um jeden Preis einhalten mußten" (zit. in Allen 1952:28).

(Später zog sich Du Pont übrigens zugunsten von General Electric aus der Plutoniumindustrie zurück. Ibd.:81-83.)

6. August 1945. Abwurf der Atombombe auf Hiroshima.

Das Atombombenprojekt war aus der anglo-amerikanischen Zusammenarbeit erwachsen, die nach der Atlantischen Konferenz von Roosevelt und Churchill vereinbart worden war. Auf der Konferenz von Quebec im Jahre 1943 verständigte man sich auf die Übersiedlung britischer Kernphysiker in die USA sowie auf die Mitwirkung Kanadas und auf strikte Geheimhaltung gegenüber der UdSSR. Man sah in der Atombombe ein geeignetes Mittel zur Durchsetzung einer globalen Vormachtstellung der englischsprachigen Nationen. Admiral Leahy unterstrich nach dem Abwurf der Bomben, daß die USA nicht nur über die stärksten konventionellen Streitkräfte der Welt verfügten, sondern überdies gemeinsam „mit unserem britischen Verbündeten das Geheimnis der weltweit fürchterlichsten Waffe" besäßen. Byrnes ließ noch im gleichen Monat verlautbaren, daß Friede unmöglich sei, solange es noch Staaten gebe, die wirtschaftliche Blockbildung betrieben und den USA keinen Zugang zu ihren Märkten gewährten (LaFeber 1980:27).

Baruchplan Die Amerikaner standen nun vor dem Problem, wie die Atomwaffen für die Verwirklichung der politischen Zielsetzung eines „American Century" eingesetzt werden könnten. Die USA machten – zunächst im Rahmen der UN – den Vorschlag eines internationalen Organs zur Kontrolle der Atomenergie *(Baruchplan)*. Dieser Plan, der nach dem amerikanischen Wirtschafts- und Börsenfachmann Bernard M. Baruch benannt war, sah vor, daß alle atomaren Einrichtungen der unbeschränkten Aufsicht der UN unterstellt werden. Sei dies einmal verwirklicht, sollten alle Länder die sich in ihrem Besitz befindlichen Atomwaffen vernichten. Da aber die USA zu diesem Zeitpunkt die einzige Atommacht der Welt war, hätte die Annahme dieses Plans die Zementierung der atomaren Monopolstellung Amerikas bedeutet. Die übrige Welt hätte dann alle atomaren Projekte, auch die der friedlichen Nutzung der Atomenergie, der Aufsicht der UN-Behörden unterstellen müssen. Die Russen lehnten diesen Plan ab und forderten eine sofortige Vernichtung aller Atomwaffen (Kolko 1972:105f.). Somit war auch diese Facette der „One World"-Idee obsolet geworden, da sich die UdSSR gegen ihre Einverleibung in diese Welt widersetzte.

8.1.2 Die Strategie der massiven Vergeltung

Eine der Aufgaben, vor die sich die Truman-Regierung nach Kriegsende gestellt sah, waren die Reduzierung der militärischen Ausgaben und die der Friedenssituation angemessene Reorganisation der Streitkräfte. Die Mannschaftsstärke des Heeres wurde rasch von 8 auf 1,9 Mio. (1946) gesenkt. Vergleichbare Reduzierungen wurden auch in anderen Teilstreitkräften durchgeführt (Kolko 1972:92). Implizit ging man wohl von der strategischen Doktrin aus, daß die Interessen Amerikas im wesentlichen von der Luftwaffe und den Atomwaffen geschützt werden könnten. 1947 wurden das Kriegs- und das Marineministerium zu einem einzigen Verteidigungsministerium zusammengefügt.

Ein Jahr später wurden auf Initiative der Briten hin geheime Verhandlungen zwischen den USA, Kanada und Großbritannien über die Bildung eines atlantischen Militärbündnisses aufgenommen (Wiebes/Zeeman 1982). Der NATO-Vertrag des Jahres 1949 verpflichtete die USA jedoch eher symbolisch als tatsächlich zur Garantierung des Status quo in Europa. Die in jüngster Zeit ins öffentliche Interesse gerückten Gladio-Verbände in Westeuropa, deren Aufgabe es war, eventuelle politische

Umwälzungen aus dem Untergrund heraus zu bekämpfen, verstärken den Eindruck, daß die NATO in ihren Anfangsjahren die innere Sicherheit im Auge hatte (Müller 1991).

Um einen kostspieligen Rüstungwettlauf zu verhindern, schlug Senator McMahon bereits im August 1949 vor, die USA sollten in absehbarer Zeit,

„unterstützt von der übrigen Welt, vor die Vereinten Nationen treten und erklären, daß die Weigerung, einem vernünftigen und objektiv angemessenen Abrüstungsvorschlag zuzustimmen, als ein Akt der Aggression aufgefaßt wird" (SFRC/MAP:406).

Das bereits erwähnte Dokument NSC-68 aus dem Jahre 1950, in dem eine offensive Politik propagiert wurde, empfahl jedoch, daß ein derartig weitreichender Abrüstungsvorschlag nur unter der Voraussetzung einer Kurswende der sowjetischen Politik in die Praxis umgesetzt werden dürfe.

„Falls, entgegen unserer Erwartung, die Sowjetunion den Vereinbarungen zur Kontrolle auf dem Gebiet der Atomenergie und der konventionellen Rüstung zustimmen sollte, ohne aber ihre Politik zu ändern, müßten wir uns die Zustimmung zu solchen Vereinbarungen sehr genau überlegen." (NSC-68:47)

Anfang der 50er Jahre waren Ausgabenkürzungen unvermeidlich geworden. Die Unterstützung der übrigen Welt, mit der man die atomare Abrüstung der UdSSR erreichen wollte, war ausgeblieben, auch während des Koreakrieges, in dem der Westen unter UN-Flagge gegen den Kommunismus kämpfte. Als General MacArthur Atomwaffen gegen China einsetzen wollte, äußerte der amerikanische Außenminister Acheson (1969:436) die Befürchtung, die westliche Koalition könne dann auseinanderbrechen.

Nach der Regierungsübernahme der Republikaner, schlug der Außenminister J. F. Dulles in einer Rede vor dem CFR in New York im Januar 1954 den Knoten durch und erklärte, die USA würden eine mögliche Wiederholung von Aggressionen wie im Falle Koreas mit dem Einsatz von Atomwaffen beantworten. Anstatt die konventionellen Streitkräfte der USA in Übersee (vor allem in Europa) zu verstärken, sollte man die

„Verteidigungskräfte der jeweiligen Länder durch weitere Abschreckungsmittel massiver Vergeltung stärken".

Damit war die Strategie der massiven Vergeltung (*massive retaliation*) offiziell zur Militärdoktrin erhoben worden.

Strategie der massiven Vergeltung

„Hierdurch wird nun die Möglichkeit eröffnet, einen größeren Sicherheitsstandard zu erreichen und zu teilen, und zwar zu geringeren Kosten," wie Dulles weiter in seiner Rede ausführte (zit. in Brodie 1970:248f.).

Der Chef des amerikanischen Generalstabs, Admiral Radford, erklärte in einer geschlossenen Sitzung der Senatskommission für Auswärtige Angelegenheiten im April 1954, daß die Rolle der Landmacht zwar nicht unterschätzt werde, daß

„der Schwerpunkt aber bei den Fortschritten [...] der modernen Luft- und Seemacht liegt, bei neuen Waffen, bei einer höchst mobilen und offensiv ausgerüsteten strategischen Reserve" (SFRC VI:215).

Diese Einschätzung verursachte eine heftige Kontroverse innerhalb des Generalstabs und führte zum Rücktritt der Landmacht-Generäle Maxwell Taylor, Ridgeway und Gavin. Hierbei spielte auch die starke republikanische Orientierung der Luftmacht und der an der Westküste konzentrierten Luftfahrtindustrie eine Rolle, während die Landstreitkräfte mehr dem amerikanischen Süden und der demokratischen Partei zuzuordnen waren. Im Gegensatz zu der Ausrichtung des Heeres auf „Manpower" und der damit zusammenhängenden sozial- und beschäftigungspolitischen Orientierung, kam die isolationistische Festungsmentalität der Luftwaffe (Fortress America) der konservativen Haushalts- und Außenpolitik Eisenhowers mehr entgegen. Die Atombombe erlaubte ja auch „tatsächlich den größten Knall für nur wenig Moneten" („the biggest bang for a buck" Wolfe 1979:53-56).

Bereits 1951 überschritt der Luftwaffen-Etat zum ersten Mal die Haushaltszuweisungen für Heer und Marine, wodurch gleichzeitig auch der nach dem Zweiten Weltkrieg in die Krise geratenen Luftfahrtindustrie geholfen war (McCarthy 1970:268). General Motors, in der Periode 1950-1953 noch der größte Rüstungslieferant, war 1960 bereits auf den 20. Platz zurückgefallen. Der erste Rang als größter Rüstungskonzern wurde jetzt von General Dynamics, einem Flugzeug- und Raketenproduzenten, eingenommen (Weidenbaum 1963:76f.).

8.1.3 Die RAND Corporation

Die Luftfahrtindustrie hat auch Pate gestanden bei der Bildung des wichtigsten Brain-Trusts, den der amerikanische Militär- und Verteidigungsapparat jemals hervorgebracht hat. Einige Mathematiker und Ingenieure, die im Krieg für den Flugzeugbauer Douglas gearbeitet hatten, gründeten 1945 eine Organisation, die sich RAND nannte, ein Akronym, das für „Research ANd Development" stand. Ihre Absicht war es, beratend bei der Entwicklung neuer Waffen für die Luftmacht mitzuwirken. Die Luftwaffe unterstellte das RAND-Projekt dem General Curtis LeMay, dem späteren Kommandanten der strategischen Luftflotte. Weil es schien, als ob Douglas so eine Sonderstellung im Verhältnis zum Verteidigungsministerium eingeräumt worden sei, wurde unter dem Druck der anderen Luftfahrtunternehmen ein Beratungsgremium gebildet, das aus den Chefs von Boeing, Northrop und North American bestand. Schließlich wurde RAND 1948 auch formell unabhängig vom Douglas-Konzern (Smith 1966:40-60). Außer der Luftfahrtindustrie wurden auch die Rockefeller Foundation, die Carnegie Corporation und die Wells Fargo Bank aus San Francisco als Sponsoren gewonnen; der größte Geldgeber war aber die *Ford Foundation*, die damals gerade von einer bescheidenen philantropischen Organisation im Staat Michigan in eine der größten Stiftungen der USA umgestaltet worden war. Als Vermittler zwischen RAND und der Ford-Stiftung trat der Jurist H. R. Gaither auf. Gaither, der ein Intimus von Douglas war und gute Kontakte zur Ban-

238

kenwelt von San Francisco unterhielt, war dann bis zu seinem Tode 1961 der Dreh- und Angelpunkt des RAND-Projekts. 1948 wußte er Henry Ford II von der Wichtigkeit des Projekts zu überzeugen, das 1949 seinen ersten großen Forschungsauftrag von den Luftstreitkräften erhielt und damit offiziell aus der Taufe gehoben war (Smith 1966:67-84).

8.2 Die strategische Konflikttheorie

Anfänglich hatte die Wissenschaft auf die Atombomben von Hiroshima und Nagasaki in sehr unterschiedlicher Weise reagiert. Es entstand sofort eine Bewegung von Atomwissenschaftlern gegen den Rüstungswettlauf, die auch weiterhin an dem Ideal der „One World" festhalten wollte. Dieses Ideal war gegen Ende des Krieges noch einmal in dem Bestseller *The Anatomy of Peace* von Emery Reves dargestellt und von Albert Einstein u.a. wärmstens zur Lektüre empfohlen worden (Niess 1985; Reves 1947).

Doch auf einer Konferenz, die von Edward Shils, einem Soziologen aus Chicago, organisiert wurde, und an der auch Naturwissenschaftler wie etwa Leo Szilard, der den Abwurf der Bombe kritisiert hatte, und David Lilienthal, der spätere Chef der *Atomic Energy Commission* (AEC), teilnahmen, stellte der Ökonom Jacob Viner die These auf, die Atomwaffe sei ihrem Wesen nach eine Vergeltungswaffe, mit der auf einen militärischen Angriff geantwortet werden könne. Sie trüge dazu bei, den Krieg auszumerzen.

> „Durch die Atombombe wird ein Überraschungsangriff zu einem unbedeutenden Element der Kriegsführung. Einer Vergeltung in gleichem Umfange kann man nicht entrinnen, und in diesem Sinne ist die Atombombe eine Waffe, die abschreckt, ein friedensstiftendes Machtmittel." (zit. in Kaplan 1984:27)

Abschreckungsfunktion

8.2.1 Die Einbeziehung der Sozialwissenschaften in das RAND-Projekt

Bernard Brodie (1910-1978), der auch an dieser Konferenz teilnahm, gehörte zu denjenigen, die dagegen ausdrücklich an den militärischen Einsatzmöglichkeiten der neuen Waffen interessiert waren. Brodie sah, wie er 1948 äußerte, im clausewitzschen Sinne in der Atombombe

Brodie

> „eher ein Instrument des Krieges – und somit auch ein Instrument der internationalen Politik – als die Strafe eines zornigen Gottes" (zit. in Kaplan 1984:33).

Instrument des Krieges

Er und W. T. R. Fox kamen von der Yale University, einer einflußreichen Hochburg des Realismus, wo sie zusammen mit einem anderen Neuankömmling, dem deutschen Flüchtling Klaus Knorr, die Tradition von Wolfers, Dunn und dem 1943 gestorbenen Spykman fortsetzten. Brodie, dessen Stern im Aufgehen begriffen war, wie seine Beraterposten beim Außenministerium und beim damaligen Kriegsministerium beweisen, war auch leitender Redakteur der von der Yale-Gruppe herausgegebenen Essaysammlung *The Absolute Weapon* (1946) gewesen. Er schrieb hierin, daß im Zentrum der Militärstrategie des Atomzeitalters die *Abschreckung* (deterrence) stehen müsse, was zu erreichen sei, indem man das Waffenarsenal, mit dem ein Überraschungsangriff erwidert werden könnte, vor Vernichtung schützt (Kaplan 1984:30f.).

Das Yale Institute of International Studies wurde allerdings aufgelöst und seine Funktionen mehr oder weniger von anderen Instituten übernommen, z.B. vom Center for International Studies in Princeton, das der Leitung von Knorr unterstand (Fox 1968:54). Die Yale-Gruppe als solche fiel auseinander. Außerdem verlagerten die Yale-Wissenschaftler ihr Interesse mehr auf abstrakt-theoretische Themen.

Die entstandene Lücke wurde von der RAND-Gruppe ausgefüllt. Welche Bedeutung diesem Projekt bereits in seiner Anfangsphase beigemessen wurde, läßt sich schon an der Tatsache ablesen, daß Warren Weaver, Präsident der Rockefeller Foundation, die Eröffnungsrede auf der RAND-Konferenz im September 1947 hielt. Auf dieser Konferenz wurde die Bildung einer sozialwissenschaftlichen und einer ökonomischen Sektion beschlossen. Leiter dieser Abteilungen wurden der deutsche Emigrant Hans Speier bzw. Charles J. Hitch (Smith 1966:63). Unter ihrer Federführung entwickelte sich RAND im Laufe der 50er Jahre zum wichtigsten Beratungszentrum der amerikanischen Außen- und Sicherheitspolitik. Im Mittelpunkt der gesellschaftlich hochangesehenen RAND-Aktivitäten stand – außer Analysen der Sowjetunion, mit denen Wissenschaftler wie N. Leites, M. Fainsod, R. Garthoff, H. Dinerstein u.a. eine Pionierleistung vollbrachten, und neben der Erarbeitung wirtschaftsmathematischer Ansätze, wie etwa der Systemanalyse und dem linearen Programmieren des Verteidigungsetats – die strategische Konflikttheorie.

Oppenheimer Nachdem auch die Sowjetunion die ersten Atombombentests durchgeführt hatte,
Teller versuchte RAND, die verantwortlichen Politiker von der Notwendigkeit zur Entwicklung einer neuen Waffe, der *Wasserstoffbombe,* zu überzeugen. Es gelang einer RAND-Delegation schließlich, Lovett (Verteidigung), Acheson (Außenministerium) und zuletzt auch Truman für das H-Bombenprojekt zu gewinnen. Beim ersten Test im November 1952 wurde die kleine Insel Elugelab im Stillen Ozean von der Landkarte gefegt. Im grimmigen Klima der McCarthy-Ära wurde jeder, der es wagte, für eine Periode der Besinnung zu plädieren, mundtot gemacht. 1953 wurde J. R. Oppenheimer, der „Vater" der Atombombe, auf Betreiben des Luftwaffenstabes zum Sicherheitsrisiko erklärt, da er sich gegen das Bombardieren sowjetischer Städte ausgesprochen hatte. Edward Teller, der „Vater" der H-Bombe, trat bei den Anhörungen der AEC (Atomic Energy Commission) als Zeuge der Anklage gegen Oppenheimer auf (Kaplan 1984:84).

8.2.2 Die Spieltheorie

Es war auch Teller, der 1953 das sog. *Teapot Committee* aus der Taufe hob, das die Möglichkeit eines gelenkten, mit Atomsprengköpfen ausgerüsteten, strategischen Raketensystems untersuchen wollte. Sein wichtigster Mitstreiter in dieser Kommission war John von Neumann (1903-1957), ein amerikanischer Mathematiker ungarischer Abstammung. Neumann war an der Entwicklung der Atombombe beteiligt und gehörte zu jenen, die keine moralischen Bedenken gegen den militärischen Einsatz vom Atomwaffen hatten. Er war der Meinung, daß der Rüstungswettlauf in einen totalen Krieg gegen die Sowjetunion münden würde. Er hatte auch einen Computer entwickelt, mit dem die für die Produktion der H-Bombe notwendigen Berechnungen ausgeführt werden konnten (Kaplan 1984:63f.). von Neumann

Außerdem war Neumann der Begründer der Spieltheorie. 1928 hatte er in der deutschen Zeitschrift *Mathematische Annalen* einen Artikel unter dem Titel *Zur Theorie der Gesellschaftsspiele* veröffentlicht. Darin legte er in mathematischen Begriffen die logische Struktur strategischer Gesellschaftsspiele dar (z.B. Schach und Damespiel). Er suchte hierbei nach einer optimalen Strategie, die es erlauben würde, aus verschiedenen alternativen Handlungsmöglichkeiten die jeweils richtige Wahl zu treffen, wobei die absolute *Rationalität* beider Spieler vorausgesetzt wurde. Neumann zeigte, daß den unterschiedlichen Varianten einer Spielsituation jeweils eigene, logische Lösungen zuzuordnen sind. Dieses Vorgehen erlaubte es, in bestimmten Spielsituationen mit Sicherheit die beste Strategie zu wählen (Rapoport 1960:261-264). Spieltheorie Rationalität

1944 veröffentlichte Neumann zusammen mit Oskar Morgenstern eine Studie unter dem Titel *Theory of Games and Economic Behaviour,* deren erweiterte Edition aus dem Jahre 1947 die Spieltheorie berühmt machte, wenn auch vorerst ihr Anwendungsgebiet auf ökonomische „Spielsituationen" beschränkt war – wie etwa auf die Interaktionen zwischen Versicherungsgesellschaften und ihren Kunden, wobei es galt, eine möglichst hohe Versicherungsprämie zu erzielen.

Als John D. Williams, ein prominenter Mathematiker, Neumann eine Beraterfunktion in der RAND Corporation anbot, machte dieser die Spieltheorie auch dort bekannt (Smith 1966:283ff.). Mit ihrer Hilfe wurde das verzwickte Problem der Planung „weiterer Hiroshimas" radikal von historischen und ethischen Überlegungen getrennt.

> „Hiermit verfügten wir nun endlich über eine strenge und allgemeine Theorie rationaler Konfliktlösung",

schrieb Anatol Rapoport, ein 1911 in Rußland geborener Mathematiker und Biologe, der an der Universität von Michigan tätig war. Er sollte sich später zu einem der fundiertesten und schärfsten Kritiker der auf die internationale Politik angewandten Spieltheorie entwickeln, wie seine Studien *Fights, Games and Debates* (1960) und *Strategy and Conscience* (1964) belegen. Rapoport

> „Bahnbrechende wissenschaftliche Theorien", so erklärte Rapoport (1966:268) den Durchbruch der Spieltheorie, „werden mit offenen Armen empfangen, wenn sie zur richtigen Zeit daherkommen, d.h., wenn die intellektuelle Atmosphäre reif ist für eine neuartige Methode auf irgendei-

nem Forschungsgebiet. Es scheint mir, daß die Spieltheorie, die sich gegen Ende des Zweiten Weltkrieges an der Schwelle zum Atomzeitalter ankündigte, sich in der glücklichen Position befand, auf ein klar empfundenes, intellektuelles Bedürfnis zu stoßen."

rationale
Konflikttheorie

Das Bedürfnis nach einer *rationalen Konflikttheorie* war aus dem Zweifel heraus erwachsen, ob ein Atomkrieg – in Anbetracht der gewaltigen Verwüstungen, die ein totaler Krieg anrichten würde – überhaupt als eine rationale Form der Kriegsführung denkbar sei. Rapoport verglich die damalige Situation nach dem Zweiten Weltkrieg mit der Zeit nach den Napoleonischen Kriegen. Diese Kriege, in der die männliche Zivilbevölkerung in Massen zum Kriegsdienst eingezogen wurde (Levée en masse), zeichneten sich durch eine bis dahin unbekannte Grausamkeit – auch gegenüber der Zivilbevölkerung – aus. Wie wir bereits an früherer Stelle gezeigt haben, muß das Werk von Clausewitz auch als ein Versuch verstanden werden, das Kriegshandwerk wieder „ehrbar" zu machen („eine Fortsetzung der Politik mit anderen Mitteln") und als ein dem menschlichen Geist würdiges Betätigungsfeld darzustellen. Auf durchaus vergleichbare Weise lieferte die Spieltheorie nach Beendigung des Weltkrieges eine intellektuelle Rechtfertigung für die Planung atomarer Konfliktsituationen.

„Hier lag nun die theoretische Formulierung einer unverfälscht rationalen Konfliktwissenschaft vor, in welcher der Konflikt von seinen emotionalen Aspekten gesäubert war," so Rapoport (1966:271f.). „Dies [...] ist nun eine wahrhaft vortreffliche Art des Denkens, so vorzüglich, wie man sie nur in den profundesten wissenschaftlichen Analysen antrifft, und doch ein gänzlich auf den Konflikt bezogenes Denken, und zwar auf den rationalen Konflikt in seiner reinsten Form. [...] Daher mußte die Spieltheorie nicht nur jenen als eine gewaltige intellektuelle Errungenschaft erscheinen, die ihre tiefe mathematische Durchdringung bewunderten, sondern auch denjenigen, die nach einer philosopischen Verankerung ihrer machtorientierten Weltsicht verlangten."

permanente
Konfliktsituation

Die Spieltheorie ist die Rationalisierung der *permanenten Konfliktsituation*, die ihrerseits das Fundament des machtpolitischen Realismus ist. Ebensowenig wie es der Zweck einer Schachpartie sein kann, daß die Spieler beschließen, das Spiel besser nicht zu spielen, können auch die Spieler des strategischen Spiels aus der Spielsituation ausscheiden. D.h., daß der Frieden nur als Remis möglich ist. Die Theorie schließt implizit ein möglicherweise gemeinschaftliches Interesse beider

machtpolitischer
Realismus

Spieler von vornherein aus und basiert darauf, daß keiner der Spieler dem anderen vertrauen kann (Kaplan 1984:66).

Formal hat die Spieltheorie die Gestalt einer Matrix, in der jeder möglichen Strategie der beteiligten Spieler ein numerischer Wert zugeordnet wird. Aus dieser Kreuztabelle läßt sich unter der Voraussetzung einer einfachen Konfliktstruktur für jeden Mitspieler eine optimale Strategie berechnen. Bei der Übertragung der Spieltheorie auf reale Konfliktsituationen werden von den Theoretikern internationaler Beziehungen verschiedene Spieltypen unterschieden, so z.B. das sog. Gefangenendilemma (*prisoners' dilemma*) oder das *chicken game*. Mit diesen Spieltypen meinte man grundlegende strategische Probleme, die sich aus der atomaren Bedrohungssituation ergaben, analysieren zu können.

Das *Prisoners' Dilemma*-Spiel, das auf einer Geschichte basiert, in der zwei Gefangene zwar die Möglichkeit haben, freigelassen zu werden, jeder dazu aber dem anderen völlig vertrauen muß, rationalisiert die Wahl einer Rüstungsstrategie, die auf Mißtrauen beruht.

242

Das *Chicken-Game* – eigentlich ein bei amerikanischen Auto-Rowdys verbreitetes „Spiel", bei dem zwei Autos in voller Geschwindigkeit aufeinander zufahren, um zu sehen, wer als erster aufgibt und ausweicht – wurde zu einem Modell der Rationalisierung der Politik des *brinkmanship* von Dulles, womit seine Politik der äußersten Risikobereitschaft gemeint ist, eine Politik des Bluffs, die am Rande des Abgrundes balanciert.

Im Laufe ihrer weiteren Entfaltung wurde die Spieltheorie im Bereich der Sozialwissenschaften zum Repräsentanten hobbesscher Axiome (vom permanenten Machtkampf und der inhärent bösen Absicht des Anderen). Zu dieser Entwicklung hatte in den 50er Jahren maßgeblich der RAND-Ökonom und spätere Nobelpreisträger K. J. Arrow beigetragen, der auf der Grundlage der Spieltheorie eine allgemeine politische und Gesellschaftstheorie aufgestellt hat *(Social Choice and Individual Values*, 1951).

8.2.3 RAND-Strategen über den totalen Atomkrieg

Die Strategie der massiven Vergeltung hatte zur Voraussetzung, daß die Fähigkeit zum Vergeltungsschlag unter allen Umständen gegeben sein mußte. Brodies Ruf lag in der Tatsache begründet, daß er als erster 1946 auf diesen Sachverhalt aufmerksam gemacht hatte. Wenn diese Fähigkeit zu einem Zweitschlag überhaupt einen Sinn ergeben sollte, mußte man allerdings von der These ausgehen, daß die Sowjetunion einen Überraschungsangriff auch wirklich beabsichtigte. *(margin: Fähigkeit zum Vergeltungsschlag)*

Die Begründung für diese These wurde von Albert Wohlstetter erarbeitet. Wohlstetter, in New York geboren, kam 1951 zur ökonomischen Abteilung der RAND Corporation. Seine Aufgabe war es, Kostenberechnungen für diverse Arten strategischer Atomwaffensysteme anzustellen, da, wie bereits erwähnt, die Finanzierbarkeit der Militärausgaben seinerzeit Anlaß zu heftigen politischen Kontroversen war. Militärstützpunkte nahmen eine hohe Priorität in der damaligen amerikanischen Außenpolitik ein. Dänemark z.B. war als NATO-Mitglied nicht zuletzt wegen seiner Stützpunkte auf Grönland sehr willkommen. Auch die Ausdehnung der amerikanischen Verteidigungsgarantien (nach 1950) auf die späteren NATO-Mitglieder Griechenland und Türkei, als auch auf den Iran, muß unter diesem Aspekt gesehen werden. Die Annäherungspolitik gegenüber Spanien war ebenfalls von der Absicht geleitet, dort amerikanische Stützpunkte zu errichten (Kolko 1972:661f.). *(margin: Wohlstetter)*

Wohlstetter kam zu dem Schluß, daß die strategischen Atombomber auf Stützpunkten in unmittelbarer Nähe der UdSSR stationiert werden müßten, wodurch sie aber gleichzeitig zu bevorzugten Zielscheiben möglicher sowjetischer Präventivschläge würden. *(margin: Problem des Überraschungsangriffs)*

Auch in einer von Wohlstetters Frau Roberta über Pearl Harbour angefertigten Studie, die sie im Auftrag von RAND erstellte, spielt das Thema des Überraschungsangriffs eine zentrale Rolle. Für Wohlstetter wurde die Möglichkeit eines präventiven Erstschlags der Sowjetunion immer mehr zur axiomatischen Gewißheit. Aus der Tatsache, daß die UdSSR die Fähigkeit zu einem vernichtenden Erstschlag hatte, wurde gefolgert, daß sie diesen Erstschlag auch wirklich einmal in die Tat umzusetzen beabsichtigen könnte. Damit, schreibt Kaplan (1984:109), hatte man die Grenzen der politikwissenschaftlichen Analyse überschritten und das Gebiet der abstrakt-logischen Kosten-Nutzen-Theorie betreten, in dem abstrakte, quantitative Größen, wie etwa die Anzahl der Waffen- und Trägersysteme, zum einzigen Entscheidungs-maßstab werden.

Wohlstetters Studien bestätigten also Brodies These, daß die *Fähigkeit, einen Überraschungsangriff mit einem Vergeltungsschlag beantworten zu können,* höchste Priorität verdiene. 1956 wandte er seine Methode auch bei einer Untersuchung eines möglichen Konfliktfalls mit interkontinentalen Raketen an (Kaplan 1984:117).

Instabilität des Gleich-
gewichts des Schreckens 1959 faßte Wohlstetter die Ergebnisse seiner Studien in einem *Foreign Affairs*-Artikel (*The Delicate Balance of Terror*) zusammen. Er wies darauf hin, daß die Vorstellung, der beiderseitige Besitz von Massenvernichtungswaffen garantiere (paradoxerweise) den Frieden, durch die technologische Entwicklung überholt sei: die H-Bomben seien inzwischen so klein geworden, daß sie ohne weiteres von inter-kontinentalen Raketen transportiert werden könnten.

„Die wichtigste Schlußfolgerung hieraus," schrieb Wohlstetter (1974:339), „ist die, daß wir mit einer gewaltigen Zunahme der Angriffskraft rechnen müssen, die die Sowjets ohne längere Vorwarnungszeit gegen uns einsetzen können; außerdem mit einer Zunahme der beachtlichen russischen Kapazität, einen entscheidenden Angriff ohne Vorwarnungszeit lancieren zu können."

Worauf sich diese Annahme eines bevorstehenden Angriffs gründete, wurde nicht näher erläutert, wohl aber, daß die Anhänger einer Entspannungspolitik begreifen müßten, daß man in Zeiten drohender Gefahr gut daran täte, in „Spannung zu leben".

„Die Auffassung, daß sich ein sorgfältig geplanter Überraschungsangriff beherrschen ließe [...], ist irrig und – da sie fast überall vorherrscht – sogar furchtbar gefährlich," behauptete Wohl-stetter (1974:357).

Er war der Meinung, daß es äußerst schwierig sei, einen totalen thermonuklearen Krieg zu vermeiden.

Das abstrakte Durchspielen von allerlei Varianten der atomaren Kriegsführung verschaffte den Militärspezialisten (*defense intellectuals*) eine neuartige Beschäfti-gung, die dafür in der RAND Corporation ideale Rahmenbedingen vorfanden. Die Attitüde, mit der diese Strategen auftraten, ist einmal mit der des Schamanen, dem Zauberer der arktischen Urvölker, verglichen worden, der einen direkten Draht zu den Göttern hatte und eine Maske trug, die ihn selbst auf die gleiche Stufe mit jenen Mächten zu stellen schien, welche zu beschwören er vorgab. Anstatt sich gegen Konsequenzen des Wettrüstens zu empören,

„rechnet der Atomstratege in distanzierter Kühle Megatonnen und Megatote auf, um jegliche gefühlsbetonte Abweichung von der maschinellen Logik der Massenvernichtung zu tilgen" (Fischbach 1984:5f.).

absoluter Feind Das militarisierte Zerrbild eines *absoluten Feindes,* das die McCarthy-Ära hervorge-bracht hatte – McCarthy selbst wurde erst gestoppt, als er in seinem Übereifer auch die Streitkräfte säubern wollte (Barnet 1972:72) –, wurde in der zweiten Hälfte der 50er Jahre von diesen „technokratischen Schamanen" weiter ausgemalt und verfei-nert.

Auch Wohlstetters Rolle kann innerhalb der RAND Corporation als die einer magischen Figur gesehen werden, der zusammen mit seinen Anhängern eine eigene Welt kreierte, worin sich die Zahlenspiele des Vernichtungskrieges durchaus auf eine merkwürdige Art mit einem Habitus des *Savoir-vivre* zu vertragen schienen (Kaplan 1984:122f.). Zahlenspiele des Vernichtungskrieges

Der Prototyp des defense intellectual par excellence war allerdings der – 1922 geborene – Physiker Herman Kahn. Kahn war nach dem Kriege im Rahmen des H-Bombenprojektes zur RAND gestoßen und entdeckte dort seine Vorliebe für strategische Probleme. Angesichts der ungeheuren Vernichtungskraft der Atomwaffen kam er zu der Überzeugung, daß die amerikanische Strategie der massiven Vergeltung einem Plan zur totalen Zerstörung der Welt gleichkomme. Er zeichnete das Bild einer „Doomsday Machine", eines Wasserstoffbombenarsenals, das von einem riesigen Computer gezündet werden sollte, sobald dieser einen unakzeptablen Vorgang auf sowjetischer Seite entdeckt zu haben glaubt. Die Zahl der Toten würde dann Milliardenhöhe erreichen. Wenn Kriegsführung – im clausewitzschen Sinn – eine zielgerichtete und steuerbare Handlung bleiben solle, sei es notwendig, ein abgestuftes System der Abschreckung zu entwerfen. Hierzu konstruierte Kahn in seinem Buch *On Thermonuclear War* aus dem Jahre 1960 eine Stufenleiter der Eskalation in 44 Schritten. Für jede dieser 44 Eskalationsstufen wurde die Zahl der Opfer (in Megatoten) vorgerechnet. Die Eskalationsdoktrin ging davon aus, daß die USA den Verlauf des Krieges mit Hilfe der auf jeder einzelnen Eskalationsstufe wirksamen Abschreckung (*intrawar deterrence*) steuern könnte, mit anderen Worten: die Eskalation beherrschen könne (Kaplan 1984:223); d.h., in jedem Moment des Krieges die Macht habe zu entscheiden, ob die nächsthöhere Stufe der Eskalationsleiter betreten werden soll oder nicht – ob z.B. in einer konventionellen Auseinandersetzung taktische Atomwaffen eingesetzt werden sollen oder nicht. Kahn Doomsday Machine Eskalationsdoktrin

Als Replik auf den Vorwurf, daß sein Eskalationsmodell eine Anleitung zum Massenmord sei, veröffentlichte Kahn 1962 ein zweites Buch: *Thinking About the Unthinkable*.

Auch Kahn ging bei seinen Überlegungen von einem massiven Überraschungsangriff der Sowjets aus, bzw. von einer bewußt kalkulierten und dosierten sowjetischen Provokation. In einem Artikel des Jahres 1960 sagte er, daß ein Aufstocken der amerikanischen Verteidigungsausgaben an sich bereits einen Sieg über die UdSSR bedeute (und umgekehrt).

„Wenn wir glauben, daß die Verdopplung des Verteidigungsetats in eine finanzielle Katastrophe münden oder zum direkten Bankrott führen würde, so kann diese Haltung im Endeffekt einen russischen Sieg an der diplomatischen, politischen und außenpolitischen Front zur Folge haben." (Kahn 1990:303)

Kahns Auffassungen deckten sich im großen und ganzen mit denen der Rüstungsindustrie, und neben seiner Tätigkeit für RAND arbeitete er nacheinander auch noch für drei verschiedene Konzerne der Luftfahrtindustrie. 1961 ließ er sich jedoch an der Ostküste nieder und gründete dort sein eigenes *Hudson Institute*, da er RAND eine zu unkritische Haltung gegenüber der Luftwaffe vorwarf (Smith 1966:83ff.). Es ist nicht auszuschließen, daß diese Kritik Kahns mit der relativ rückläufigen Bedeutung der Luftwaffe zusammenhing (deren RAND-Budget 1959 auf dem Niveau des Vorjahres eingefroren wurde) und der verschlechterten wirtschaftlichen Lage in der Flugzeugindustrie, deren Gewinne 1959 gegenüber dem Vorjahr auf die Hälfte gesunken waren (Weidenbaum 1963:81).

8.2.4 RAND und der begrenzte Atomkrieg

Glaubwürdig-
keitsproblem

Die Hauptkritik Kahns an der massiven Vergeltung, daß sie nämlich auf eine totale Vernichtung der Menschheit hinauslaufe, wurde auch von anderen Strategen geteilt. Die Gründe für die Ablehnung dieser Strategie waren nicht so sehr moralischer sondern militärstrategischer Natur: Die Strategie der massiven Vergeltung sei als *Kriegsführungsstrategie* ungeeignet und daher – auch in den Augen des Feindes – unglaubwürdig.

Schelling

Kahns Vorstellung einer zu beherrschenden Eskalationsleiter durch eine auf jeder Eskalationsstufe erneut wirksamen Abschreckung (*intrawar deterrence*) war nur einer von vielen Lösungsvorschlägen, die allesamt einen Ausweg aus dem Dilemma suchten, das ihnen nur die Wahl zwischen totaler Passivität und totalem Krieg ließ. W. W. Kaufmann, ebenfalls RAND-Stratege, vertrat Ende der 50er Jahre eine sog. Counterforce-Strategie, bei der in einem Atomkrieg nicht die sowjetischen Städte, die als Geiseln dienen könnten, sondern die Streitkräfte der UdSSR zerstört werden sollten (Kaplan 1984:218). Ein weiterer RAND-Stratege, Th. C. Schelling, Verfasser des Buches *The Strategy of Conflict* (1961) und ab 1960 Berater der amerikanischen Luftwaffe, entfaltete in einer Artikelserie, die später als Sammlung *(Arms and Influence,* 1966) veröffentlicht wurde, seine Theorie des offensiven „Nötigungscharakters" des Einsatzes von Kernwaffen (*compellence*) als Alternative zu einer lediglich passiven Abschreckung.

> „Wir sollten für den Fall, daß wir um den Einsatz von Atomwaffen nicht umhinkönnen, einen Plan für den Krieg, der ein Krieg der Nerven, der demonstrativen Aktionen und der Verhandlungsangebote sein wird, ausarbeiten, in dem die zu zerstörenden Feindziele nicht nur nach örtlichtaktischen Gesichtspunkten bestimmt werden," führt Schelling (1966:112f.) aus. „[...] Wir sollten unsere Angriffsziele nicht auf Grund ihrer taktischen Bedeutung auswählen, sondern davon abhängig machen, welchen Charakter die Sowjetführung dem Krieg beimißt und wie sie unsere Absichten beurteilt."

politische Funktion
der Atomwaffen

So sollte während des Krieges eine gewisse Kommunikation zwischen den Kriegsparteien zustande gebracht werden. Die Zerstörung z.B. einer Stadt würde somit auch gleichzeitig ein Verhandlungsangebot an den Gegner bedeuten, auf das dieser wiederum „antworten" müsse, usw. Diese *politische* Funktion der Atomwaffen mache ihre eigentliche Bedeutung aus, so Schelling; und wenn man sich jemals nach Hiroshima und Nagasaki wiederum für den Atomwaffeneinsatz entscheide, müsse dies in politischer Absicht geschehen und nicht aus kriegstaktischen Erwägungen heraus. Ein lediglich taktischer Einsatz würde die Kernwaffe „vulgarisieren" und ihren Wert als „Kommunikationsmittel" untergraben (Schelling 1966:116).

In seinem Buch *Strategy in the Missile Age* (1959) faßte Bernard Brodie die Ausgangspunkte der neuen Strategie zusammen. In Anlehnung an Wohlstetter, des-

246

sen Pearl Harbour-Vergleich er ebenfalls übernahm, plädierte er für eine ausgewiesene und öffentlich

"bekannte Fähigkeit unsere Vergeltungsstreitmacht zu schützen" (Brodie 1970:185).

Gemeint waren zum Beispiel Atomwaffen auf U-Booten und Silos für Interkontinentalraketen. Auch lebenswichtige Industriebereiche müßten ihre Produktion unter die Erde verlegen (1970:216). Brodie schlug vor, sich die größten Städte des Gegners als Ziele für einen Zweitschlag vorzuhalten. Die stärksten Waffensysteme, ein perfektioniertes und automatisches Bedienungssystem, das auch nach einem Angriff noch funktionfähig sei, und die Mitteilung der eigenen Absichten an den Gegner sollten diesen zum Einlenken zwingen. Außerdem sollten dem bereits bestehenden Arsenal noch zu entwickelnde Waffen mit besonders großer Zerstörungskapazität (*super-dirty weapons*) zugefügt werden (1970:291f.). geschützte Vergeltungs-streitmacht

Neben diesen demonstrativen Vorbereitungen auf einen totalen Krieg verlangte Brodie auch noch die Entwicklung von Waffensystemen, die sich zum Einsatz in einem begrenzten Krieg eigneten. Unter Hinweis auf die antistalinistischen Aufstände in der DDR im Jahre 1953 und 1956 in Ungarn vertrat er die These:

"Wenn wir in derartigen Konflikten wirkungsvoll auftreten und auf der Grundlage einer starken Position politisch handlungsfähig bleiben wollen, ohne zugleich den totalen Krieg zu riskieren, dann müßten wir an der Entwicklung einer militärischen Kapazität interessiert sein, die im Rahmen der NATO das Führen begrenzter Kriege erlaubt." (1970:337) begrenzter Krieg

Die strategische Notwendigkeit, den Verteidigungsetat aufzustocken, wurde von Brodie noch zusätzlich in einen wirtschaftlichen Zusammenhang gebracht:

"Die beträchtliche Schrumpfung der Militärausgaben in den Jahren 1953-1958 [...] stellt wahrscheinlich eine der wichtigsten Ursachen für die relative Stagnation der Wirtschaft dar." (1970:371)

Anstatt an einer Obergrenze des Verteidigungshaushalts in Höhe von 10% des Brutosozialprodukts festzuhalten bzw. für eine Begrenzung der Staatsschulden zu plädieren, forderte er eine Erhöhung der Verteidungsausgaben auf 13 bis 14 %, was seiner Meinung nach ausgereicht hätte, um sowohl die Vergeltungsstreitmacht als auch die Kapazitäten für einen begrenzten Krieg zu finanzieren (1970:377).

Das Problem, ob es wünschenswert sei, begrenzte Kriege auch mit Atomwaffen zu führen, ließ Brodie selbst unbeantwortet, stellte aber die Frage, ob man sich ein Volk vorstellen könne, daß auch tatsächlich mit Hilfe amerikanischer Atomwaffen befreit werden wolle. Allerdings wies er nachdrücklich auf Kissinger hin (1970:321f.), der einen begrenzten Atomkrieg durchaus für realistisch hielt.

8.2.5 *Kissinger*

Der 1923 in Deutschland geborene Henry A. Kissinger verdankt seinen Ruf ursprünglich seinem in den 50er Jahren geleisteten Beitrag zur Kritik der massiven Vergeltung, wobei er sich weniger mit den abstrakten Überlegungen der strategischen Konflikttheorie beschäftigte, sondern ihr ein ideologisches Rahmenwerk zur Seite stellte, das auf seiner Interpretation der europäischen Politik nach der Französischen Revolution beruhte.

Kissinger, der wegen seiner jüdischen Herkunft 1938 nach Amerika auswandern mußte und dort ab 1951 an der Harvard Universität lehrte, vertrat in seiner Dissertation *A World Restored* aus dem Jahre 1954, die drei Jahre später mit dem Untertitel *Castlereagh, Metternich and the Restoration of Peace 1812-1822* neu verlegt wurde, **Frieden nicht die** die Auffassung, daß das Ziel der Erhaltung des Friedens nicht die höchste Norm der **höchste Norm** Außenpolitik sein dürfe. Gleichgewichtige Machtverhältnisse, so Kissinger, könne es nur dann geben,

> „wenn die internationale Ordnung einsieht, daß man sogar zum Zwecke des Friedenserhalts keine Abstriche von gewissen Grundsätzen zulassen darf" (zit. in Dougherty/Pfaltzgraff 1971:88).

Legitimität durch Auf dem Verhandlungswege könnten Konfliktlösungen nur in einem auf *Legitimität* **internationales System** beruhenden internationalen System erreicht werden. Die Französische Revolution aber habe einen Staat hervorgebracht, der nicht legitim gewesen sei, d.h., in welchem eine Ordnung herrschte, die von anderen Staaten nicht anerkannt wurde. Damit habe das Mächtegleichgewicht des 19. Jahrhunderts seine Flexibilität verloren: es habe sich nunmehr nicht länger um Konflikte innerhalb eines allgemein akzeptierten ordnungspolitischen Rahmens gehandelt, sondern der Fortbestand dieses Rahmens selbst habe auf dem Spiel gestanden. Die Lehre, die man aus der Diplomatie der Periode 1812-1822 ziehen müsse, sei, daß man zwar mit revolutionären Regimen verhandeln könne, aber nur, wenn man auch gleichzeitig zum Krieg bereit sei. Andererseits dürften aus einer derartigen Situation keine Kriege entstehen, die den Legitimationsrahmen als solchen, also die bestehende Ordnung selbst, gefährden könnten (Dougherty/Pfaltzgraff 1971:88).

Eine auf diesem Prinzip basierende Ideologie machtpolitischen Zuschnitts – womit übrigens nicht die Absicht verfolgt wurde, dieses Prinzip zur Grundlage einer neu zu schaffenden Weltordnung zu machen – verschaffte der strategischen Konflikttheorie eine politische Einbettung. Die praktische Anwendbarkeit dieses Rezepts wurde durch den später dem Buch *A World Restored* angefügten Untertitel *The Politics of Conservatism in a Revolutionary Age* nachdrücklich unterstrichen.

Kritik der massiven 1955 wurde der ehrgeizige Kissinger von McGeorge Bundy, dem damaligen **Vergeltung** Rektor von Harvard und späteren Sicherheitsberater Kennedys, als Leiter einer CFR-Studiengruppe über Atomwaffen empfohlen. So lernte er General Gavin kennen, der ein erklärter Gegner der massiven Vergeltung war, außerdem Paul Nitze und andere einflußreiche Persönlichkeiten. Die Einsichten, die er während seiner neuen Tätigkeit gewonnen hatte, gab er in seinem Buch *Nuclear Weapons and Foreign Policy* (1957) wieder, das eine zusammenfassende Darstellung der Einwände gegen die *massive Vergeltung* war und gleichzeitig ein Appell an den Kampfeswillen der USA.

> „Gegenüber dem methodisch betriebenen, fast unmerklichen Vormarsch des Kreml," schrieb er, „dessen Schritte so subtil bemessen sind, daß – für sich genommen – keiner von ihnen das Risiko eines totalen Krieges ‚wert' scheint, [...] befindet sich unsere Politik völlig in der Defensive." (1958:6 u.8) Und weiter: *„Unsere Militärdoktrin war nicht in der Lage, eine zwischenzeitliche Anwendungsmöglichkeit für die neuen Waffen zu finden."* (1958:9; Hervorhebungen v.V.)

248

Durch Waffenlieferungen an Ägypten, gegen die die USA nichts unternehmen konnten, hatte die UdSSR ihren Einfluß auch auf den Mittleren Osten ausgedehnt. Um ein weiteres Vordringen der Russen in die weltpolitische Peripherie zu verhindern, müßten die USA die Fähigkeit erwerben, einen begrenzten atomaren Krieg führen zu können, argumentierte Kissinger. Das stehende Heer müsse vergrößert werden und man solle sich mit dem Gedanken vertraut machen, daß ein Krieg zwischen Atommächten nur ein Atomkrieg sein könne, der allerdings

Theorie des begrenzten atomaren Krieges

> „unter dem Niveau eines totalen Krieges bleiben sollte" (Kissinger 1958:166).

Inzwischen hatte Kissinger auch Nelson Rockefeller kennengelernt, der damals gemeinsam mit seinen drei Brüdern ein großes Projekt – die *Rockefeller Panel Studies* – initiiert hatte, dessen Ziel die Neuformulierung aller wesentlichen Bereiche amerikanischer Politik, sprich: die Erarbeitung eines „persönlichen Manifests für eine Rockefeller-Partei", war (Collier/Horowitz 1976:326). Rockefeller machte Kissinger zum Chef seines *Special Studies Project* für Fragen der internationalen Sicherheit. Daneben gab es noch eine zweite Projektgruppe zum Thema Außenpolitik, deren Leitung Dean Rusk, Präsident der Rockefeller Foundation und späterer Außenminister Kennedys, hatte.

Kissingers Gruppe (Panel II) bestand aus altgedienten Mitarbeitern der CFR-Studiengruppe, wie etwa G. Dean, dem Leiter des Ressorts Kernenergie bei General Dynamics, und neuen Leuten, wie dem Atomwissenschaftler Teller, die alle – wie Rockefeller auch – von der Notwendigkeit absoluter militärischer Überlegenheit überzeugt waren.

Strategie der militärischen Überlegenheit

> „Der abschließende Bericht von Panel II ließ sich – Punkt für Punkt – ohne weiteres als eine Kritik der Verteidigungspolitik Eisenhowers und, insbesondere, der Regierungpolitik der militärischen Ausgabenbeschränkungen lesen," schreiben Collier/Horowitz (1976:327).

Die Bedenken gegen einen Atomwaffeneinsatz versuchte Kissinger im Abschlußbericht durch die Versicherung zu entkräften,

> „daß sehr massive Atomwaffen so eingesetzt werden könnten, daß die Zivilbevölkerung davon kaum merklich in Mitleidenschaft gezogen wird" (zit. in ibd.328).

Kissinger trat nun als Berater in den Dienst Nelson Rockefellers, dessen Versuche, das amerikanische Präsidentenamt zu erobern, zwar fehlschlugen, durch dessen Unterstützung aber Kissinger Außenminister unter Nixon und Ford wurde. In seinem Buch *The Troubled Partnership* (1965) unterstrich Kissinger noch einmal seine Verbundenheit mit der realistischen Tradition der Republikanischen Partei, indem er schrieb, die europäischen Mächte hätten nach der Entkolonialisierung ihre Weltmachtpositionen verloren und somit wären die USA

> „das nunmehr einzige NATO-Mitglied mit weltweiten Interessen" (Kissinger 1965:9).

Daraus leitete Kissinger die Aufgabe der USA ab, den „Feind", d.h. die gegen die Legitimität der bestehenden Ordnung gerichteten Kräfte, eigenmächtig zu bekämpfen und ihm mit einer zwar verhandlungsorientierten, aber auch kriegsbereiten Politik entgegenzutreten. Damit wiederholte er lediglich den Standpunkt, den er bereits in seiner Dissertation vertreten hatte. Seit dem Amtsantritt Nixons wurden die UdSSR und China (im Geheimen) vom Präsidenten und seinem Sicherheitsberater Kissinger, der später Außenminister wurde, davon unterrichtet, daß die USA in Vietnam einen Atomwaffeneinsatz in Erwägung zögen, und 1972 wurde sogar öffentlich damit gedroht (Ellsberg 1981:21).

8.2.6 Der Gaither-Bericht und die „Raketenlücke" (missile gap)

Nach Stalins Tod im Jahre 1953 flaute der Kalte Krieg rasch ab. Der amerikanische Verteidigungshaushalt wurde gekürzt, und auch die ansonsten so privilegierte Luftwaffe und die Flugzeugindustrie mußten zur Beeinflussung der öffentlichen Meinung übergehen, um zumindest einen Teil der erwünschten Geldmittel bewilligt zu bekommen. 1955 versetzte man die Öffentlichkeit in Panik, indem man ein „Bomber gap" konstatierte, d.h. eine zahlenmäßige Unterlegenheit gegenüber der russischen Bomberflotte. Obwohl sich später herausstellte, daß das wahre Verhältnis 4:1 zugunsten der USA war, wurden der Luftwaffe 800 Mio. Dollar an zusätzlichen Mitteln bewilligt, wenn auch Eisenhower einer Ausweitung der B-52 Bomberproduktion nicht zustimmte (McCarthy 1970:269).

Nelson Rockefeller, der damals auch Chef von Eisenhowers Expertengruppe für psychologische Kriegsführung war, teilte die Meinung der RAND-Strategen, daß die USA mit einem russischen Überraschungsangriff rechnen müßten. Er versuchte den Präsidenten von der Notwendigkeit eines umfangreichen Atombunkerprojekts zu überzeugen, womit man Entschlossenheit und Kampfeswillen demonstrieren könne. Daraufhin wurde im Sommer 1957 die sogenannte Gaither-Kommission eingesetzt (Kaplan 1984:127), der „Schwergewichte" wie John McCloy (eine Schlüsselfigur im wirtschaftlichen und politischen Leben der Nachkriegszeit, Hochkommissar für Deutschland, Aufsichtsratsvorsitzender bei Rockefellers Chase Manhattan Bank und Präsidiumsmitglied der Ford-Stiftung) und Robert A. Lovett (Bankier, Ex-Verteidigungsminister und Präsidiumsmitglied der Ford-Stiftung) angehörten (Burch 1980:150f.).

Der Rockefeller-Clan hatte im Kalten Krieg sehr unversöhnliche Standpunkte vertreten (Perlo 1960:421), was aber nicht bedeutete, daß sich seine Revolte gegen den Eisenhower-Kurs nur auf die Verteidigungspolitik beschränkte. Die Interessenvertreter der Rockefeller, die in allen „Panels" und auch in der Gaither-Kommission vertreten waren, betonten immer wieder,

> „daß sich die Wachstumsrate der amerikanischen Wirtschaft – durch eine konsistentere Anwendung der wirtschaftspolitischen Konzepte von Keynes und die Durchführung strategischer Steuersenkungen – erheblich über das schwächliche Niveau der Eisenhower-Periode hinaus steigern ließe. Sie vertraten auch ausdrücklich den Standpunkt, daß höhere Wachstumsraten eine Zunahme der öffentlichen Ausgaben erlaube." (Ferguson/Rogers 1986:51f.)

Wie sogar Keynes einmal eingeräumt hatte, sei eine Kriegsökonomie die beste (und vielleicht einzige) Form, in der eine staatliche Ankurbelungs- und Aufschwungspolitik optimal durchzuführen sei; außerdem gab es

„einen engen Zusammenhang zwischen den ‚wachstumsträchtigen' Branchen und jenen Industriezweigen, in denen die wichtigsten Rüstungsproduzenten tätig waren" (Weidenbaum 1963:77).

Die Gaither-Kommission hatte gerade ihre Arbeit aufgenommen, als die USA im Oktober 1957 von der Lancierung des russischen Sputniks aufgeschreckt wurde. Vor allem die Strategen, die jeglichen Fortschritt der UdSSR unter dem Aspekt eines dadurch näherrückenden Überraschungsangriffs beargwöhnten, brachen in Panik aus. In dieser ängstlichen und aufgeregten Zeit stieß auch Paul Nitze zur Gaither-Kommission.

Sputnikeffekt

Nitze

Nitze vertrat die Ansicht, daß man sich nicht auf die Verteidigung der westlichen Hemisphäre beschränken dürfe. Es gelte vielmehr zu begreifen, daß der Kreml einen globalen Angriff auf alle freiheitlichen Einrichtungen führe. Es sei die Aufgabe der USA,

„ein weltweites Klima zu schaffen, in der das amerikanische System überleben und gedeihen kann" (zit. in Kaplan 1984:140).

Mit dem bereits erwähnten Dokument NSC-68 hatte Nitze seinerzeit eine Beendigung der Sparrunden bei den Militärausgaben bewirkt. Der Gaither-Abschlußbericht vom November 1957, der nur 29 Seiten stark war, sagte wiederum eine sowjetische Drohung voraus, die 1959 oder 1960 akut werden würde.

Nach dem Geschmack der Gaither-Kommission ließ die Reaktion Eisenhowers sehr zu wünschen übrig, und nach Kontakten Nitzes und anderer Kommissionsmitglieder mit der Presse erschienen im November und Dezember desselben Jahres große Artikel in der *New York Times* und der *Washington Post,* in denen das Ausmaß der russischen Bedrohung in aller Ausführlichkeit behandelt wurde. Die demokratische Opposition, besonders John F. Kennedy, griff diese Gelegenheit auf und forderte die Veröffentlichung des Berichts. In einem Klima, in dem in breiten Kreisen Amerikas das Gefühl vorherrschte, die Nation befinde sich in Todesgefahr, während Eisenhower in Untätigkeit verharre, erlebten die Strategen inner- und außerhalb der RAND-Corporation ihre „finest hour".

Der Wahlkampf des Jahres 1960 stand ganz im Zeichen der vermeintlichen Raketenlücke (*missile gap*), d.h. eines Rückstands der USA im Bereich der Interkontinentalraketen. Nitze hatte, um die verantwortlichen Politiker vom Ernst der Lage zu überzeugen, vorgeschlagen, daß in den RAND-Stellungnahmen diejenigen Punkte besonders herausgestrichen werden müßten, die „die Wahrheit an Deutlichkeit übertreffen" (zit. in Kaplan 1984:140). Ein solcher Punkt war die Raketenlücke, die von dem Nachrichtdienst der Luftwaffe „entdeckt" worden war. Alle drei Teilstreitkräfte stürzten sich auf die Entwicklung umfangreicher Raketenprogramme bis Kennedys Außenminister McNamara 1961 feststellen mußte, daß auch die Raketenlücke eine ähnliche Fabel gewesen war, wie vier Jahre zuvor die Bomberlücke (Stubbing 1986:5 u.134).

8.3 Rüstungswettlauf und Systemtheorie

Die strategische Konflikttheorie hatte die Aufgabe, Kriegsszenarios zu entwerfen, und war fast ausschließlich im Auftrag der Streitkräfte und der Rüstungsindustrie entwickelt worden. Das Hauptanliegen dieser Wissenschaftsrichtung war die Beantwortung der Frage, wie man einen atomaren Konflikt gestalten müsse, um ihn zu *gewinnen.*

Kritik der strategischen Konflikttheorie
In seiner Kritik dieses Denkansatzes sagte Rapoport 1964, daß die politische Wissenschaft, oder

> „zumindest jener Teil von ihr, welcher ein Übermaß an ‚neo-hobbesschem‘ Ideengut aufweise,“

ebenso wie die Ökonomie eine trostlose Wissenschaft (*dismal science*) sei.

> „Wie die Ideen der primitiven Wirtschaftslehre, so stützen sich auch die Ideen des primitiven politischen Denkens auf eine grobschlächtige Interpretation des Existenzkampfes , was ebenso zu unerbittlichen Schlußfolgerungen über die Unvermeidbarkeit von Machtkämpfen geführt hat und folglich auch zu ihrer Rechtfertigung beiträgt.“ (1966:280)

Systemdynamik
Es bestehe aber auch die Möglichkeit, sagt Rapoport, daß das strategische Verhalten einzelner Staaten eine *eigene Dynamik* des Zusammenspiels der Staaten hervorbringe, die in Wechselwirkung wiederum das Verhalten der Einzelstaaten in großem Maße determiniere. Die Frage, um die es hier geht, betrifft die Ebene der Problemanalyse: man kommt zu unterschiedlichen Ergebnissen, je nachdem, ob man für einen konkreten Fall das Verhalten von Individuen, sprich: von *Einzelstaaten,* untersucht, oder das *System* einer Gruppe, bzw. das Zusammenwirken der gesamten Staatengemeinschaft betrachtet (Singer 1966; Waltz 1968).

8.3.1 Rüstungswettläufe und Kriege

Die Imperialismustheorien von Lenin, Luxemburg und anderen, die die Kriege aus den imperialistischen Rivalitäten heraus zu erklären versuchten, hatten der Erforschung der Kriegsursachen einen gewaltigen Impuls gegeben. Krippendorff (1975:116 Fußnote) hat darauf aufmerksam gemacht, daß vieles von dem, was zwischen den beiden Weltkriegen an Kriegsursachenforschung geleistet worden ist, von dem Bestreben getragen war, die theoretische Vorherrschaft des Marxismus auf diesem Gebiet zu durchbrechen. Ein Beispiel für diese Tendenz ist die im 3. Kapitel erwähnte Imperialismustheorie von Schumpeter, ein weiteres Beispiel ist die Theorie des Russen P. A. Sorokin (1889-1968). Sorokin war während des ersten Stadiums der Revolution Sekretär von Kerenski gewesen und mußte 1922 in die USA flüchten (Rademaker 1978, 3:678). Auf der Grundlage einer eigenen Kultursoziologie erklärte er Kriege und Revolutionen aus zyklischen Bewegungen kultureller Deutungsmuster (Singer 1990:228).

Der 1890 geborene Völkerrechtsexperte Q. Wright, Professor für internationale Politik an der Universität von Chicago, entwickelte in seinem Buch *A Study of War* (1942) einen neopositivistischen Analyseansatz zur Kriegs*ursachen*forschung. Wright
Kriegsursachen-
forschung

Wright gelangte zu seinen Hypothesen, indem er sechs große Kriege auswählte – angefangen bei den moslemischen Eroberungsfeldzügen bis hin zum Ersten Weltkrieg – und alle gängigen Erklärungsversuche für diese Ereignisse zusammenfaßte.

„So unterschiedlich viele der jeweiligen Umstände auch gewesen sein mögen, so weist doch jeder dieser sechs Kriege [...] normative, psychologische, politische und rechtliche Ursachen auf." (Wright 1966:131)

Bei der Untersuchung des Ersten Weltkriegs sei er auf eine Unzahl von ursächlichen Erklärungen gestoßen, woraus ersichtlich würde, daß man Begriffe wie „Ursache" genauer definieren müsse.

„Wissenschaftlich betrachtet liegt die Ursache für Veränderungen in der Veränderung irgendeiner beliebigen Variablen einer Hypothese, die alle Beziehungen zwischen den Bestimmungsfaktoren eines Prozesses bzw. eines Gleichgewichtszustands umfaßt." (Wright 1966:132)

Die Begriffe Bewegung (*process*) und Gleichgewicht (*equilibrium*) deuten auf einen Zusammenhang, der sich in Form eines Systems darstellen läßt, mit anderen Worten: als eine Gruppe von Variablen, die in einer spezifizierten Beziehung zueinander stehen. Aus den Änderungen der Wertigkeiten müßte man dann innerhalb des Modells erklären können, warum das System umschlägt, d.h. vom Frieden in den Kriegszustand überwechselt (Rudner 1966:89). Auf der Grundlage des Begriffs „System" wurde später eine allgemeine Systemtheorie außenpolitischen Verhaltens entwickelt.

Wright war neben seiner akademischen Tätigkeit auch in der praktischen Politik aktiv. Er übte diverse Beratertätigkeiten bei der Marine, dem Außenministerium, der amerikanischen Besatzungsbehörde in Deutschland (OMGUS), den Nürnberger Prozessen, der UNESCO und anderen wichtigen Organisationen aus. 1939/40 hatte er sich außerdem an der Kampagne zur Unterstützung Englands beteiligt.

Eine wichtige Grundlage für Wrights eigene Studien war das Werk von Lewis F. Richardson (1881-1953) gewesen, den Rapoport für den ersten systemtheoretischen Denker auf dem Gebiet der Rüstungwettläufe hält. Richardson

Richardson, britischer Meteorologe und Pazifist, war der Ansicht, daß ein Hauptgrund für das Ausbrechen des Ersten Weltkriegs, den der Kriegsverweigerer als Sanitätsgehilfe miterlebt hatte, darin bestanden habe, daß sich die Regierenden der Konsequenzen ihres Handelns nicht bewußt gewesen seien. Im Grunde treffe dasselbe auch für die Gelehrten auf dem Gebiet der internationalen Politik zu, deren Urteil, so Richardson, nicht auf Tatsachen, sondern auf Intuition und Rhetorik beruhe (Singer 1990:229).

Richardsons Artikel *Generalized Foreign Policy* aus dem Jahre 1939 wurde vor allem durch die Zitate in Wrights Buch *A Study of War* einer breiteren Öffentlichkeit bekannt (Kaplan 1984:14).

Richardson ging bei seinem Systemmodell von der Annahme aus, daß Rüstungswettläufe zwischen Staaten eine eigene Dynamik entwickeln. Diese Rüstungs- Rüstungsdynamik

dynamik versuchte er in einem Gleichungssystem abzubilden, in dem unterschiedliche Bestimmungsfaktoren von Rüstungswettläufen, wie etwa das Rüstungsniveau, und die Intensität der gegenseitigen Feindschaft, aber auch hemmende Faktoren, wie z.B. die Kosten, berücksichtigt werden. Mit diesem Modell berechnete er, wie sich der Rüstungswettlauf in den letzten sechs Jahren vor dem Ersten Weltkrieg vollzogen haben könnte. Die Voraussagen seines Modells erwiesen sich bei einem überprüfenden Vergleich mit den tatsächlichen Militärausgaben als richtig. Außerdem stellte Richardson die provozierende These auf, daß es nicht zum Weltkrieg, sondern zu einem vereinten Europa gekommen wäre, wenn das Handelsvolumen zwischen der Entente (England, Frankreich, usw.) und den Zentralmächten (Deutschland usw.) 5 Mio. Pfund höher gewesen wäre, bzw., wenn die Rüstungsausgaben um diesen Betrag niedriger gewesen wären. Mit Hilfe dieses Modell untersuchte er auch die *Rüstungswettläufe* der Zeit zwischen den beiden Weltkriegen; später beschäftigte er sich mit einer vergleichbaren Analyse des Rüstungswettlaufs zwischen der USA und der UdSSR ab 1948 (Rapoport 1966:258f.).

Singer 1960 wurden posthum Richardsons Bücher *Arms and Insecurity* und *Statistics of Deadly Quarrels* veröffentlicht. Seine Methode, durch die Analyse statistischer Zusammenhänge zwischen Kriegen und den sie fördernden bzw. hemmenden Faktoren Gesetzmäßigkeiten im Auftreten von Kriegen zu entdecken, wurde in den 60er und 70er Jahren vor allem von J. David Singer und seinen Mitarbeitern am *Correlates of War Project* der Universität von Michigan in Ann Arbor aufgegriffen und weitergeführt (Singer 1990).

8.3.2 Allgemeine Systemtheorie

Konfliktvermeidung als Erkenntnisinteresse Im Unterschied zur strategischen Konflikttheorie, die Konflikte nicht hinterfragt, sondern als gegeben annimmt, sieht der von systembedingten Strukturen ausgehende Theorieansatz Konflikte vielmehr als ein *Problem*; sein Erkenntnisinteresse ist nicht die Erarbeitung von siegreichen Strategien, sondern die *Konfliktverhinderung*. Da der Krieg aus dieser Sicht nicht länger lediglich eine Frage strategischer Wahlmöglichkeiten, sondern im allgemeinen das unvorhergesehene Resultat einer Reihe von Prozessen ist, deren Zusammenhang in einem Systemmodell dargestellt werden kann, spielt der Wissenschaftler hier auch nicht länger die Rolle eines Strategen, der sich selbst parteilich „in den Konflikt hineinbegibt".

Zu den Formeln des Systems, die zeigen, wie aus einem Rüstungswettlauf ein Krieg entstehen kann, schrieb Richardson:

„Die Gleichungen sind lediglich Indikationen dafür, was geschehen könnte, wenn Menschen nicht nachdenken." (zit. in Rapoport 1966:257)

Im Laufe der 50er Jahre wurden an die Arbeiten von Richardson anschließend allgemeinere Systemkonzeptionen entwickelt, die dem System selbsttätige Steuerungsmechanismen und Fähigkeiten zum Denken zuschrieben. Die Forschungsergebnisse der *allgemeinen Systemtheorie* wurden auf die internationalen Beziehungen übertragen.

Die allgemeine Systemtheorie wurde vom österreichischen Biologen L. von Bertalanffy (1901-1972) entwickelt. Er arbeitete an der Wiener Hochschule und konnte sich während des Faschismus mit Unterstützung der Rockefeller Foundation über Wasser halten. Ab 1949 war er Gastdozent in Kanada und Kalifornien und gründete 1954 zusammen mit Anatol Rapoport und anderen die Gesellschaft für allgemeine Systemtheorie *(Society for General Systems Theory)* (Bertalanffy 1968:15).

Bertalanffy wandte sich in seinem mehrbändigen Werk *Theoretische Biologie,* dessen Bände 1932, 1942 und 1951 in Berlin herausgebracht worden waren, gegen den Versuch, die Biologie auf ein mechanistisches Modell zu reduzieren. In einem solchen (behavioristischen) Modell wurden nach seiner Überzeugung die spezifischen Probleme lebender Organismen und des menschlichen Verhaltens (wie etwa „Organisierung" und „Zielstrebigkeit") als metaphysisch beiseite geschoben, was ein roboterähnliches Menschenbild zur Folge habe (Bertalanffy 1962:v-vii). Der Biologe dagegen müsse den Organismus als ein Ganzes, als ein System, betrachten und erkennen, daß es Systeme auf unterschiedlichen Niveaus gebe. Ein System sei ein *Komplex von Elementen, zwischen denen Interaktion stattfindet.* Verschiedene Niveaus von Komplexität und Gegenstandsbereichen könnten auf der Basis der *Isomorphie,* d.h. struktureller und gestaltmäßiger Übereinstimmungen, als Systeme aufgefaßt werden.

> „Das bedeutet, daß die Welt, d.h., die Gesamtheit der wahrnehmbaren Ereignisse, strukturelle Übereinstimmungen aufweist, die sich als isomorphe Ordnungszusammenhänge auf den verschiedenen Niveaus oder Bereichen manifestieren," schrieb Bertalanffy (1968:87).

Für Bertalanffy war die Biologie gleichzeitig ein Gesellschaftsmodell. In seiner Sicht sind alle lebenden Organismen, vom Pantoffeltierchen bis hin zur menschlichen Gesellschaft, *offene* Systeme, die auf ihre Umgebung einwirken bzw. auf sie reagieren. Sie tauschen Materie oder Informationen mit ihrer Umgebung aus, regenerieren die Komponenten, aus denen sie bestehen (Subsysteme), und zwar mit dem Ziel der *Selbstbehauptung* des Systems (Pflanze, Gesellschaft).

Da in der neopositivistischen Tradition die Postulierung solcher Ziele und Zwecke als unwissenschaftlich galt, war es für die wissenschaftliche Aufwertung und Verbreitung der Systemtheorie von Wichtigkeit, daß die *Kybernetik,* die Lehre von der maschinellen Informationsverarbeitung, den Begriff *Feedback* (Rückkopplung) einführte (Little 1978:186). Ein System kann mit Hilfe von Rückkopplungsmechanismen Informationen über die Wirkung von Handlungen verarbeiten. Dieses Prinzip war während des Krieges als Nebenprodukt der Forschung bei der amerikanischen Luftabwehr entdeckt worden.

8.3.3 Ökonomische und soziologische Makro-Konzeptionen

Die sozialen, ökonomischen und politischen Krisen der ersten drei Jahrzehnte dieses Jahrhunderts führten zum Verlust des traditionellen Gemeinschaftscharakters der

Gesellschaft. In Deutschland entstanden als Reaktion hierauf organizistische Tendenzen, in Amerika kam der Progressivismus zur Entwicklung. Die Zerrüttung der traditionellen gesellschaftlichen Strukturen verlangte nach neuen sozialen Schutzmechanismen (Polanyi 1957). Es ist daher nicht verwunderlich, daß versucht wurde, die (neuen) gesellschaftlichen Phänomene zeitgemäß, umfassend und zusammenhängend darzustellen. Daß man sich dabei nicht länger mit der Betrachtung von *Mikrostrukturen* begnügen konnte, leuchtet ein, da diese ja gerade ungeeignet waren, die Krise, zu der sie geführt hatten, zu überwinden. Daher setzte in dieser Periode (ähnlich wie in der Biologie) auch in der Ökonomie und Soziologie die Suche nach *Makrozusammenhängen* ein. Auf vielen Gebieten war das Streben zu beobachten, die neuen dynamischen Kräfte unter Berücksichtigung möglicher Störungen des sozialen Gleichgewichts mit dem Erhalt der bestehenden gesellschaftlichen Verhältnisse in Einklang zu bringen. Beispiele hierfür sind die Beschäftigungstheorie von Keynes und verwandte Wirtschaftstheorien der nach Amerika emigrierten Russen Leontief und Kuznets. Wie – im Fall von Keynes – die Stimulierung der Nachfrage, oder – in der Terminologie von Leontief – gewisse *Inputs* (z.B. Einkommen) in *Outputs* (z.B. Schaffung von Arbeitsplätzen) umgesetzt werden können, ohne z.B. die herrschenden Eigentumsverhältnisse zu gefährden, ließ sich mit Hilfe systemtheoretischer Modelle darstellen (O'Connor 1972:380f.; Nicholson/Reynolds 1967:16f.).

Parsons In der Soziologie, die ihre Entstehung als Wissenschaft ja der Sozialen Frage verdankt (Therborn 1976), entwickelte der Amerikaner Talcott Parsons seine der Systemlehre verwandte Theorie des *Strukturfunktionalismus.* Parsons (1902-1979) studierte in Deutschland und stellte in den 30er und 40er Jahren seine Theorie der Struktur- „Pattern Variables" auf. Erhalt der wesentlichen Grundstrukturen, gleichzeitig aber funktionalismus auch Anpassungsfähigkeit an Veränderungen, Zielstrebigkeit und Zunahme der integrativen Fähigkeiten des Systems: das waren die Schlüsselbegriffe Parsons, mit denen er die Vorstellungen des Progressivismus, mit dem er verwachsen war, in die Soziologie übersetzte (Rademaker 1978, 2:523). Die Politik des New Deal, die nach einer Antwort auf die Krise des liberalen Internationalismus strebte, gleichzeitig aber die rigiden Lösungen des Staatskapitalismus bzw. Sozialismus vermeiden wollte, ist nachhaltig von den genannten ökonomischen und soziologischen Theorien geprägt worden.

Easton In der Politikwissenschaft lieferte David Easton eine Synthese von allgemeiner Systemtheorie, Makro-Ökonomie und strukturell-funktionaler Soziologie. Easton, der 1953 durch seine Arbeit *The Political System* bekannt wurde, definiert Inputs als „Forderungen an das politische System" und Outputs als „politische Entscheidungen", die er als *autoritative Werteweisungen* bezeichnet (Easton 1965a, 1965b).

8.3.4 Anwendungen der Systemtheorie auf die Weltpolitik

Aus dem Vorhergehenden wird verständlich, warum die Systemtheorie im Verlauf der 50er Jahre sowohl auf die politischen Konzepte steigenden Einfluß gewann, als auch als Analysemodell immer mehr zu Ehren kam.

Da waren zunächst die Irritationen über die lustlose Wirtschaftskonjunktur unter Eisenhower, was außer den bereits erwähnten Rufen nach einer aktiveren Rolle des Staats auch eine lebendige Diskussion über die Bedingungen wirtschaftlichen Wachstums auslöste. Die vermutete Sowjetstrategie der Einflußnahme auf den Entkolonialisierungsprozeß hatte sowohl zu Konsequenzen im militärischen Bereich geführt (Strategie des begrenzten Atomkrieges), als auch Auswirkungen auf die ökonomische Wachstumstheorie gezeitigt, da die UdSSR gerade auf diesem Gebiet innovative Ansätze zu bieten schien.

Innerhalb der RAND-Corporation hatte man eine Systemtheorie zur optimalen Berechnung von Verteidigungsetats entwickelt. Charles Hitch, der Leiter der RAND-Abteilung für Ökonomie, hatte am Vorabend von Kennedys Wahlsieg zusammen mit seinem Mitarbeiterstab in dem Buch *The Economics of Defense in the Nuclear Age* einige Maßnahmen zur Erhöhung der Effizienz der Rüstungsausgaben vorgeschlagen (Hitch/McKean 1974). Andere RAND-Wissenschaftler plädierten für eine aktivere Rolle der amerikanischen Regierung bei der Förderung der industriellen Forschung (Nelson 1968).

Nachdem Kennedy die Wahl – nicht zuletzt wegen seines Versprechens „to get the country moving again" – gewonnen hatte und der vorgeschlagene Verteidigungsetat in neuer Rekordhöhe bewilligt war, konnte man endlich die Strategie der massiven Vergeltung fallen lassen und durch die neue Strategie der f*lexiblen Reaktion* (*flexible response*) ersetzen, wonach alle Teilstreitkräfte mit neuen Waffensystemen für alle Stufen der Eskalationsleiter ausgerüstet wurden (Ambrose 1980:272). Außerdem richtete McNamara im Pentagon ein Büro für Systemanalyse ein, um die Bewilligungsanträge der Streitkräfte quantitativ auf Kosten, Zweckmäßigkeit, etc. prüfen zu lassen (Stubbing 1986:267). Hitch und einige andere RAND-Leute wurden ins Pentagon geholt, wo sie den gesamten Verteidigungsetat auf der Grundlage der bei RAND entwickelten Verfahren reorganisieren sollten. 1965 ordnete Präsident Johnson die Einführung des RAND-Budgetsystem bei allen Ministerien an (Smith 1966:112f.). — flexible Reaktion

Ein weiterer Grund für den Aufstieg der Systemtheorie gerade gegen Ende der 50er Jahre war die Kritik an der strategischen Konflikttheorie als solcher. Rapoport war hierbei besonders in Erscheinung getreten, und auch die Neuauflage von Richardsons Arbeiten war ein Indikator für die zunehmende Besorgnis über die Intensität des atomaren Rüstungswettlaufs. Außerdem hatten die Ökonometrie und Leontiefs Input-Output-Modelle durch ihre quantitativ-statistische Ausrichtung bewirkt, daß man auch die sowjetische Planwirtschaft mit objektiverem, weniger ideologisch gefärbtem Blick wahrzunehmen begann. Bei dem sozialdemokratisch orientierten niederländischen Ökonometriker Tinbergen führten die Besorgnis über die Gefahren des Rüstungswettlaufs und die mit Zustimmung begrüßte Tatsache, daß die UdSSR zunehmend

„mathematische Verfahren, die früher als ‚bourgeois' abgelehnt worden waren, in der Wirtschaftsplanung einsetzt" (zit. in Mattick 1974:288),

zu der Annahme, daß es Möglichkeiten einer Annäherung zwischen Ost und West gebe. — Konvergenztheorie

Die Idee der *Konvergenz,* d.h. der strukturellen Angleichung kapitalistischer und sozialistischer Industriestaaten, die in erster Linie von einer neuen Generation der technokratischen Intelligenz getragen wurde, deren Exponenten u.a. John F. Kennedy und Willy Brandt waren, führte auch zur Gründung des *International Institute for Applied Systems Analysis (IIASA)* in Wien. Nach jahrelangen Verhandlungen, die 1967 begannen, einigten sich H. Raiffa von der Harvard Universität und J. Gwischiani, der Schwiegersohn des sowjetischen Premiers Kossygin, auf eine Zusammenarbeit amerikanischer und russischer Wissenschaftler, die auf der Grundlage der Systemtheorie gemeinschaftliche Probleme in Angriff nehmen sollten. Trotz großer Zurückhaltung von sowjetischer Seite beteiligten sich 1974 immerhin 70 Wissenschaftler, wovon 13 aus der UdSSR und 17 aus der USA kamen, an den Studienprojekten des Instituts, das sich heute z.B. mit Umweltfragen beschäftigt (Int. Herald Tribune vom 24.9.74).

Weil die Systemtheorie weniger eine eindeutig bestimmte Forschungsmethode ist (Little 1978:187), sondern vieleher eine gemeinsame Sprache zur Beschreibung der unterschiedlichsten Phänomene darstellt, ließen sich auf ihrer Grundlage wissenschaftliche Dispute austragen, wofür die Debatte der 60er Jahre über die *Struktur des internationalen Systems* ein gutes Beispiel ist.

Kaplan

In seinem Buch *System and Process in International Relations* (1957) beschrieb Morton Kaplan sechs, unterschiedliche Systeme samt ihrer Verhaltensregeln, Übergangsregeln (von einem System zum anderen) und anderer Variablen.

Systemtheorie

Kaplans Systeme beschränkten sich im wesentlichen auf zwei Haupttypen, die er später noch um einige andere Variationen ergänzte: zum einen *auf den bipolaren* Typus (zwei Großmächte), zum anderen auf den *multipolaren* Typus. An dieser Typologie entzündete sich in den 60er Jahren eine Debatte, in der sowohl der sowjetisch-chinesische Konflikt wie auch die antiamerikanische Haltung Frankreichs unter De Gaulle eine Rolle spielten. Einige waren der Auffassung, daß ein multipolares Weltsystem, das das traditionelle Staatensystem des Mächtegleichgewichts in Erinnerung ruft, stabiler sei als ein bipolares, da die einzelnen Staaten mehrere potentielle Rivalen im Auge behalten müßten und die Möglichkeiten für Rüstungswettläufe geringer wären (Dougherty/Pfaltzgraff 1971:131). K. Waltz (1969) behauptete das Gegenteil, da zwei Großmächte sich auf Grund ihres Kernwaffenarsenals gegenseitig in Schach hielten und darüber hinaus durch ihre Macht auch eventuell destabilisierendes Verhalten ihrer Verbündeten kontrollieren könnten.

8.4 Polemologie und Gesellschaftskritik

Die Kritik der strategischen Konflikttheorie, die vor allem von Rapoport vorangetrieben worden war, fand auch bei jungen europäischen Politikwissenschaftlern
Gehör, die in den 60er Jahren versuchten, eine grundsätzliche und umfassende Kritik
des Rüstungswettlaufs zu formulieren. Hier ist z.B. der Deutsche D. Senghaas (1972)   Senghaas
zu nennen, der die Situation permanenter Kriegsvorbereitung und ihre gesellschaftlichen Folgeerscheinungen analysierte; außerdem der Norweger J. Galtung, der die ge-   Galtung
sellschaftlichen Ursachen struktureller und direkter Gewalt untersuchte.

Doch auch in der USA selbst war bereits in der Zeit nach dem Ersten Weltkrieg
als Reaktion auf die Intervention der USA Kritik an der Rüstungsindustrie entstanden, die vor allem den Munitionskonzern Du Pont de Nemours traf, der während des
Krieges seinen Personalbestand auf das Zehnfache aufgestockt hatte und mit seinen
Kriegsgewinnen andere Betriebe über den Erwerb von Aktienpaketen kontrollieren
konnte, u.a. General Motors (Du Pont de Nemours 1952:73 u.81). Die Kritik, die
sich an der Macht der Rüstungskonzerne bereits in den „radikalen" 30er Jahren
entzündet hatte, führte schließlich zu Anhörungen im amerikanischen Senat
(Hellema 1977a:59).

8.4.1 Die Theorie des militärisch-industriellen Komplexes

Wie bereits dargestellt, wurde die Regierung unter Präsident Eisenhower Ende der
50er Jahre zur Zielscheibe der Kritik, da man ihr Versäumnisse in der Verteidigungspolitik vorwarf. Der aus dem Amt scheidende Präsident warnte seinerseits in
seiner Abschiedsrede im Jahre 1961:

> „Wir müssen darauf achten, daß der militärisch-industrielle Komplex, gewollt oder ungewollt,
> keinen unqualifizierten Einfluß auf die Arbeit der Regierungskommissionen erlangen kann. Die
> Möglichkeiten eines verhängnisvollen und unangebrachten Machtzuwachses sind gegeben und
> werden auch weiterhin bestehen." (zit. in Galbraith 1969:49)

Nach dem Krieg hatten innerhalb des amerikanischen Verteidigungshaushalts
signifikante Umverteilungen stattgefunden. 1950/51 wurden 75 % des Etats für
Personal- und Wartungskosten ausgegeben; 1960 war dieser Anteil auf 50 % ge-
schrumpft. In der gleichen Periode stiegen die Ausgaben für militärische Neuan-
schaffungen von 20% auf 35,4 %. Dreiviertel dieser Ankäufe wurden bei den 100
größten Unternehmen getätigt (Weidenbaum 1963:68 u.73). Die Kritik an dieser
Situation entzündete sich im wesentlichen an zwei Punkten:

Zum einen an der Rolle, die die Rivalität zwischen den Teilstreitkräften bei der
Ankaufpolitik spielte und an der Rolle der pensionierten Offiziere als Berater der
Rüstungsindustrie. So schrieb C. Wright Mills in seinem Buch *The Power Elite:*   Mills

„Im zurückliegenden Jahrzehnt sind viele Generale und Admirale, anstatt sich in den Ruhestand zu begeben, Mitglieder von Aufsichtsräten geworden." (1959:213f.)

Kritik am militärisch-industriellen Komplex

Ein zweiter Kritikpunkt betraf die monopolartige Beziehung zwischen Pentagon und Rüstungsindustrie. 1968 wurden von den Aufträgen, die ein Gesamtvolumen von 43 Mrd. Dollar hatten, nur 11,5 % öffentlich ausgeschrieben, der Rest wurde jeweils an einen einzigen (57,9 %) bzw. an zwei Auftragnehmer (30,6 %) vergeben (Galbraith 1969:36f.). Die monopolistische Position der Rüstungsunternehmen spiegelte sich auch in ihrer Profitrate wieder, die weit über dem Niveau der übrigen Unternehmen lag (Hellema 1977b:12). 1970 kam Melman (1970:3 u.71) zu dem Schluß, daß das Pentagon durch den enormen Umfang seiner „staatskapitalistischen" Aktivitäten einen unverhältnismäßig großen Anteil des gesellschaftlichen Reichtums für sich beanspruche, was die Konkurrenzposition der amerikanischen Wirtschaft gegenüber ihren zivilen ausländischen Konkurrenten geschwächt habe. In der neueren Literatur wird dagegen konstatiert, daß die amerikanischen Rüstungsausgaben im Hinblick auf die ausländische (vor allem japanische) Konkurrenz gerade als Ausgleich für eine fehlende Industriepolitik der USA gesehen werden müßten (Junne 1985).

Der Theorie des militärisch-industriellen Komplexes (MIK) und der diesbezüglichen sowjetischen und DDR-Literatur wurde vorgehalten, daß die UdSSR selbst über einen MIK verfüge, der eine große Belastung für ihre Wirtschaft darstelle (Aspaturian 1972). Grundsätzlicher und weitreichender war die Kritik des britischen Historikers und Friedensaktivisten Edward Thompson, daß nämlich der Rüstungswettlauf Politik überhaupt unmöglich mache und ein Zeitalter der Zerstörung (*exterminism*) eingeleitet habe. So betrachtet, schreibt Thompson:

„*haben* die USA und die UdSSR keine militärisch-industriellen Komplexe, sondern sie *sind* derartige Komplexe" (1982:22).

8.4.2 Nuklearer Imperialismus

Hellema konstatiert, daß die Theorie des MIK

„übersieht, daß die Rüstung das Kernstück der Beziehungen der imperialistischen Staaten zu den von ihnen beherrschten Ländern ist, sowie der Angelpunkt des Verhältnisses der imperialistischen Staaten untereinander" (1977b:21).

Daß der Besitz von Kernwaffen zu einem wichtigen Teil das Verhältnis zur imperialistischen Peripherie mitbestimmte, hat Mike Davis in einer Kritik an Thompson herausgearbeitet.

erweiterte Abschreckung

Davis (1982:42) ist der Auffassung, daß dem Kalten Krieg eine – in großen Teilen – rationale Strategie zugrundeliege, die ihren Wert für das westliche System vor allem im Streit um die unterentwickelte Peripherie der kapitalistischen Welt unter Beweis stelle. Während die westliche Welt den Schwerpunkt der ideologischen Konfrontation nachdrücklich in Europa situiere, weil hier der Systemvergleich zugunsten des Kapitalismus ausfalle, sei doch festzuhalten, daß der Kernwaffenbesitz in Wirklichkeit die internationalen Beziehungen weltweit reguliere und bestimme. Über diesen Regelmechanismus werde der interne Zusammenhalt des westlichen Blocks erzwungen, wodurch ein Zentrum entstanden sei, das mit ungeheurer Stärke auf jede Herausforderung von außen reagieren könne. Die Funktion der Abschreckung reiche weit über den eigentlichen Ost-West-Konflikt hinaus; man müsse von „erweiterter Abschreckung" *(extended deterrence)* sprechen (1982:53f.). Die militärische Drohung sei nicht nur ein ökonomischer Krieg gegen den Ostblock, sondern habe auch die Funktion, die UdSSR von einer aktiven Einmischung in die Nord-Süd-Konflikte abzuhalten. Von 145 militärischen Konflikten, die zwischen 1945 und 1983 stattgefunden haben, haben sich 139 in der Dritten Welt abgespielt (Gallenkamp 1986:53).

> „Die meisten Gewaltkonflikte nach 1945 sind dann auch nicht aus dem Ost-West-Konflikt entstanden, sondern hängen eng mit dem Wechselverhältnis von Herrschaft und Widerstand zwischen den und innerhalb der Länder zusammen, die in den Nord-Süd-Konflikt verwickelt sind."

Der Sinn der von den USA angestrebten atomaren Superiorität auf allen Stufen der Eskalationsleiter liege nicht so sehr in der Fähigkeit, tatsächlich einen Atomangriff ausführen zu können, sondern vielmehr

> „in der davon ausgehenden Drohung in Krisen und Konflikten, die sich auf einer niedrigeren Gewaltsstufe abspielen" (Gallenkamp 1986:57).

Die ökonomische Kriegsführung reicht bis an die Anfänge der Russischen Revolution zurück. Nach dem Marshallplan wurden die Embargoaktivitäten systematischer im Rahmen der *COCOM*-Verhandlungen organisiert, bei denen die USA und ihre Verbündeten sich auf bestimmte Güter einigten, die nicht in den Ostblock geliefert werden durften (Wolf 1973:53-55).

ökonomische Kriegsführung

   Die Embargopolitik des Westens, auch gegen Cuba und Vietnam, wurde fortwährend durch den Druck verstärkt, der vom Rüstungswettlauf ausging. In der Konfrontation zwischen dem wirtschaftlich viel reicheren Westen und dem sowjetischen Block, hat das Bestreben der UdSSR, mit dem Rüstungsniveau der USA Schritt zu halten, die eigene wirtschaftliche und sozialpolitische Entwicklung schwer belastet. Schon 1962 gab der demokratische Senator Humphrey zu verstehen, daß die Notwendigkeit, mit den Verteidigungsausgaben der USA mithalten zu müssen, die internen Spannungen in der UdSSR erhöhten (zit. in Vilmar 1973:186f.). Die Bedeutung dieser Strategie für die schließliche Destabilisierung der Sowjetunion ist schwerlich zu überschätzen.

9 Atlantische und europäische Integration

9.1 Fordismus und Nachkriegsplanung

Die im vorigen Kapitel behandelten strategischen Konflikttheorien konzentrieren sich auf die Konflikte zwischen Staaten. Auch die Systemtheorie einschließlich Rapoports Kritik der neo-hobbesschen Politikwissenschaft bleibt in ihrer Analyse auf der Ebene des Staatensystems stecken, da sie den Staat lediglich in abstrakter Weise betrachtet. Die materielle, gesellschaftliche Beschaffenheit bleibt weitgehend unberücksichtigt.

Dagegen wies etwa der konservative französische Soziologe Raymond Aron darauf hin, daß internationale Systeme lediglich Auskristallisierungen

> „des zwischenstaatlichen Aspekts der Gesellschaft sind, die von den Bevölkerungen, welche gesonderten Staatsgewalten unterliegen, geformt wird".

Es sind die Bevölkerungen selbst (und nicht etwa die Staaten), die in ihrer Gesamtheit die *transnationale Gesellschaft* formen. Diese Gesellschaft, so fährt Aron fort, *transnationale Gesellschaft*

> „zeigt sich im Warenaustausch, in der Migration, in gemeinsamen Anschauungen, in grenzübergreifenden Organisationen und – schließlich – in Festen und Wettbewerben, an denen die Mitglieder all dieser Bereiche teilnehmen können" (1968:105).

Integration ist am besten als ein Prozeß zu beschreiben, in dem die transnationale Gesellschaft sich von einer spezifischen Gruppe von Staaten emanzipiert und diese zur *Abstimmung untereinander und zur Zusammenarbeit im politischen Bereich* zwingt. *Integration*

Obwohl in den Diskussionen über Integration der Begriff der „Abtretung nationaler Souveränitätsrechte" an *supranationale* Instanzen immer wieder auftaucht, läuft Integration unter kapitalistischen Verhältnissen nicht auf die Schaffung eines neuen Staatengebildes auf höherer Ebene hinaus. David Calleo (1976:20) bemerkt in diesem Zusammenhang zur Europäischen Gemeinschaft, daß

> „im Gegensatz zur weitverbreiteten Theorie über den Integrationsprozeß, die Bedeutung der Gemeinschaft, die sehr groß ist, weder in den wenigen supranationalen Aufgaben, die der Europäischen Kommission obliegen, noch in derem langwierigen Bemühen, den Status einer gesamteuropäischen Regierung zu erlangen, zu suchen ist, sondern vielmehr in ihrer Rolle als zentraler Rah-

263

men für kontinuierliche und organisierte Konsultationen und Verhandlungen zwischen den nationalen Regierungen und der europäischen Bürokratie zu sehen ist."

Wenn hierbei nationale Kompetenzen ausgehöhlt werden, so kommt das nicht einer supranationalen Staatsmacht zugute, sondern dient – darin dem Bedürfnis der Gesellschaft folgend – dem Aufbau eines neuen *juristischen* Rahmenwerks auf der Grundlage europäischer Reglementierungen und europäischer Rechtsprechung (Cohen-Tanugi 1987:183).

In unserer Begriffsumschreibung von Integration war lediglich von einer spezifischen, am Integrationsprozeß beteiligten Staatengruppe die Rede, wurde aber die transnationale Gesellschaft absichtlich nicht näher spezifiziert. Der Emanzipationsprozeß der sich selbstregulierenden Gesellschaft ist ja historisch mit der Herausbildung zunächst der britischen und dann der amerikanischen Hegemonie auf engste verbunden, und die europäische Integration ist die Eingliederung europäischer Staaten ins ursprünglich angelsächsische, lockesche Kerngebiet, wobei auch andere europäische Traditionen, wie etwa die deutsche *Mitteleuropa*-Politik, durchaus eine eigene Rolle spielen. Sie sind allerdings nur von untergeordneter Bedeutung.

„Die beherrschende Durchdringung Westeuropas durch die USA seit Ende des Zweiten Weltkrieges wird – von marginalen Friktionen abgesehen – durch die Träger der Europäischen Gemeinschaft nicht an–, sondern aufgegriffen, und zwar zur Durchsetzung der eigenen sozialen und ökonomischen Interessen. Dabei ist zu beobachten, daß die Verwirklichung dieser Interessenkoalition sich nur teilweise der Brüsseler Institutionen bedient", schreibt Tudyka (1975:8).

9.1.1 Fordismus und Internationalisierung

Henry Ford Die transnationale Gesellschaft, von der hier die Rede ist, ist selbstverständlich immer ein konkretes Gebilde, das von bestimmten Formen der Kapitalakkumulation und bestimmten Klassenverhältnissen geprägt ist. In der Nachkriegszeit (bis in die 60er Jahre hinein) war der *Fordismus*, die Massenproduktion langlebiger Konsumgüter, die vorherrschende Akkumulationsweise des korporativen Liberalismus. Henry Ford entwickelte sein System der Autoproduktion am Fließband in Detroit zur Zeit des Ersten Weltkriegs. Eine extrem differenzierte Arbeitsteilung ermöglichte eine enorme Produktivitätssteigerung; doch zum Ausgleich der ebenfalls zugenommenen Monotonie und des rasanten Arbeitstempos mußten auch relativ hohe Löhne gezahlt werden (die berühmten „five dollar a day"). Außerdem ließ Ford – wie Gramsci in seinen diesbezüglichen Gefängnisschriften schildert (*Americanism and Fordism*) – kontrollieren, ob seine Arbeiter auch ein regelmäßiges Leben führten, was er zur Ausübung der anstrengenden Fließbandarbeit für unerläßlich hielt. Dem standen auf der anderen Seite allerdings auch gewisse betriebliche Leistungen gegenüber und – nicht zuletzt – die Aussicht, die selbstproduzierten Produkte auch selbst erwerben zu können: durch die neuen Produktionsmethoden war ein Auto für die besserverdienenden Arbeiter durchaus erschwinglich geworden.

264

Auch Ford war, ähnlich wie Hobson, ein Kritiker der imperialistischen Spekulation. War der Antisemitismus bei Hobson nur latent spürbar, so hatte Ford diesen zum militanten Dogma erhoben. Er finanzierte allerlei berüchtigte antisemitische Publikationen und unterstützte auch den Aufstieg der Nazis (Pool 1978).

Ford glaubte, daß sich auf der Grundlage gesunder wirtschaftlicher Prinzipien eine intensive Vernetzung der Gesellschaft realisieren ließe, wenn man der Industrie nur die nötigen Freiheiten gewähren würde, ja, diese Vernetzung könnte sogar internationale Ausmaße annehmen.

„Politische Grenzziehungen und politische Meinungen spielen eigentlich keine große Rolle," behauptete er. „Wandel und Fortschritt werden in Wirklichkeit von den ökonomischen Verhältnissen erzwungen." Aus diesem Blickwinkel gesehen „besteht zwischen einem internationalen und einem lokalen Problem nur ein geringfügiger Unterschied" (Ford 1929:24).

Durch die Generalisierung seiner Erfahrungen mit der neuen, arbeitsteiligen Methode der Massenproduktion war Ford durchaus in der Lage, in großen Zügen die Folgen der Mechanisierung, Standardisierung und der Arbeitsteilung für die Entwicklung der transnationalen Gesellschaft und sogar für eine weitergehende wirtschaftliche und politische Integration abzuschätzen. _Arbeitsteilung_

„In Wirklichkeit könnten alle Probleme auf ein einziges zurückgeführt werden. Alle Teilprobleme sind miteinander verflochten. Löst man eines von ihnen, so wird auch ein anderes seiner Lösung nähergebracht, usw.," meinte Ford (1929:44f.). „Maschinen können das in der Welt bewirken, was der Mensch durch Predigen, Propaganda oder das geschriebene Wort nicht erreichen konnte [...] Flugzeuge und Funk [...] verbinden die Welt in einer Weise, wie es von keinem anderen System geleistet werden kann. Die universale Sprache des Films, die Geschwindigkeit des Flugzeugs und das demnächst internationale Programm des Funks werden in naher Zukunft die ganze Welt zu einer vollständigen Einheit werden lassen. Wir dürfen also einer staatlichen Einheit der Welt entgegensehen." _Integration_

9.1.2 Die Politik des New Deal

Das vom amerikanischen Staat in den zwanziger Jahren erlassene Alkoholverbot _(Prohibition)_ und Roosevelts im Rahmen des New Deal ab 1933 geführte Politik der Kaufkraftsteigerung, mit der er der wachsenden sozialen Unzufriedenheit unter den von der resoluten Sparpolitik hart betroffenen Arbeitern und Bauern begegnen wollte, liefen auf eine Umstrukturierung der amerikanischen Gesellschaft im Sinne des fordschen Industriemodells hinaus.

Ford war besser als jeder andere in der Lage, die Folgen dieser neuen Entwicklungen abzuschätzen. Er sah ihre Bedeutung im Kontext des gesamtwirtschaftlichen Kreislaufs, der mit der Schaffung einer (kaufkräftigen) Nachfrage ansetzt – ein Gedanke, den Keynes später genauer ausarbeiten sollte.

„Der Erlaß der Prohibition," erklärte Ford (1929:43), „hat dafür gesorgt, daß das Geld der Arbeiter reichlicher als zuvor auf die Sparkonten und ins Portemonnaie der Arbeiterfrauen geflossen ist. Sie [die Arbeiter] verfügen nun über mehr freie Zeit, die sie mit ihrer Familie verbringen. [...]

Sie haben mehr Gelegenheit, allerlei Dinge kennenzulernen und – nebenbei bemerkt – auch mehr zu kaufen. Dies ist gut fürs Geschäft und vermehrt den Wohlstand. Im gesamtwirtschaftlichen Kreislauf fließt das Geld wiederum der Industrie zu und von dort aus zurück in die Geldbeutel der Arbeiter."

Während der New Deal-Periode glich sich die amerikanische Ökonomie immer mehr dem fordschen Modell an, da dieses als *produktive* Antwort auf – zum einen – die sozialen Forderungen der Arbeiterbewegung und – zum anderen – auf die immanenten Notwendigkeiten einer planvollen, industriellen Großproduktion auch für die Gesamtwirtschaft als attraktiver Ausweg aus der Krise erscheinen mußte.

Während der Dollar abgewertet wurde und die Investitionsbanken (J. P. Morgan u.a.) wie auch die Börse von der Regierung Roosevelt unter staatliche Aufsicht gestellt wurden (was Keynes später die notwendige „Euthanasie des [unproduktiven, von seinen Zinsen lebenden, d.V.] Privatiers" nannte; 1970:376), bildeten sich im Laufe der 30er Jahre und während des Krieges jene strukturellen Veränderungen heraus, die eine industrielle Kaufkraft- und Arbeitsmarktpolitik ermöglichten. Das bedeutete, daß in einer Zeit revolutionärer Gefahr die Finanzwelt ihres beherrschenden Einflusses auf die gesellschaftlichen Selbstregulierungsmechanismen beraubt wurde. Mit Hilfe des Gesetzgebers wurde die Macht über die soziale Strukturierung der Gesellschaft der Massengüterindustrie und ihren Gewerkschaften übertragen. Selbstverständlich gelang es spezifischen Bankengruppen, Anschluß an diese neue Entwicklung zu finden.

Der Schlußstein der sozialökonomischen Entwicklung der Epoche des New Deal war der *Marshallplan*. Er höhlte zum einen die im New Deal zunächst errungene Machtposition der amerikanischen Arbeiterklasse weiter aus, die bereits durch das Taft-Hartley-Gesetz und die aufkommende McCarthy-Ära geschwächt worden war, indem er Europa durch die Einführung des Fordismus in ein arbeitsteiliges Konkurrenzverhältnis zur amerikanischen Wirtschaft brachte. Zum anderen bedeutete der Marshallplan, daß der während des New Deal herangereifte Korporatismus (Gesamtwirtschaftliche Organisation der Konkurrenz- und Arbeitsverhältnisse) in eine Internationalisierungsstrategie einbezogen wurde. Ford hatte auch hier als einer der ersten die Zeichen der neuen Entwicklungen richtig zu deuten gewußt und mit einer Strategie direkter Auslandsinvestionen zur Entstehung multinationaler Konzerne *(Multinationals)* beigetragen (Ferguson 1984).

9.1.3 *Konzepte für die Nachkriegsperiode*

Erst durch die faktische Teilung Europas nach dem Zweiten Weltkrieg wurde das feudale Osteuropa (und innerhalb Deutschlands die ostelbischen Gebiete des preußischen Junkertums) endgültig vom westlichen Europa abgetrennt. Damit konnte auch in Westeuropa die sogenannte „rational-demographische Anordnung (composition)" (Gramsci), die sich entsprechend dem amerikanischen Muster vorwiegend aus Unternehmern und Lohnarbeitern zusammensetzte, Einzug halten. Der Osten dagegen, dessen Sozialstruktur von einem dicken

„Bodensatz von Saturierung und Verkrustung der Verwaltungsbürokratie und der Intellektuellen, der Geistlichkeit und der Landherren, des kommerziellen Piratentums und des Berufsmilitärs" (Gramsci 1971:281),

gekennzeichnet war, fiel unter die Herrschaft der Sowjetunion und der von ihr abhängigen kommunistischen Regime.

Schon während des Krieges hatten sich die europäischen Exilregierungen mit der Frage der internationalen Neuordung des Westens nach der deutschen Niederlage befaßt. Vor dem Hintergrund des Hitler-Stalin-Paktes kann es kaum verwundern, daß die Initiative hierzu von pro-westlichen Polen ausging. Im Februar 1941, vier Monate vor dem deutschen Überfall auf die Sowjetunion, nahm General Sikorski, der starke Mann der polnischen Exilregierung in London, zusammen mit seinem Berater Joseph Retinger, Gespräche mit anderen europäischen Regierungen über eine zukünftige wirtschaftliche Zusammenarbeit auf.

Ende 1941 wurden diese Gespräche institutionalisiert und erhielten durch die Abmachungen zwischen Roosevelt und Churchill (Atlantikcharta) vom August desselben Jahres eine atlantische Dimension. Der Artikel 5 der Charta, die im übrigen im wilsonschen Geist verfaßt war, war deutlich von Auffassungen des New Deal geprägt. Dieser Artikel plädierte für Verbesserung der Arbeitsbedingungen, für mehr Wirtschaftswachstum und einen Ausbau der sozialen Sicherheit, wodurch der klassisch liberale Themenkatalog (Politik der offenen Tür, nationale Selbstbestimmung und Gewaltverzicht) durch staatsinterventionistische Elemente ergänzt wurde. Somit wurde das Herrschaftskonzept des korporativen Liberalismus zum Leitgedanken der weiteren Gesprächsrunden in London. Im Januar 1942 stimmten die europäischen Regierungen der Charta zu, indem sie die Erklärung der Vereinten Nationen akzeptierten.

Herrschaftskonzept des korporativen Liberalismus

Retingers Planungsgruppe ging später in die European League for Economic Cooperation *(ELEC)* auf. Die ELEC war laut Statut

„eine überparteiliche Organisation, die nicht auf eine große Mitgliederzahl abzielt, sondern durch konstruktive Lösungsvorschläge für die gegenwärtigen Wirtschaftsprobleme meinungsbildend wirken will." Ihre Mitglieder „repräsentieren die Elite des modernen europäischen Liberalismus [...] und bejahen den Freihandelsgedanken der International Chamber of Commerce, zu der sie vielfältige persönliche Verbindungen unterhält" (Rebattet 1962:4f.).

Daneben existierte noch ein zweiter, sich mit der Retinger-Gruppe teilweise überschneidender, Gesprächskreis, der vom niederländischen Prinzgemahl Bernhard geleitet wurde. An ihm nahmen vorwiegend Niederländer, Briten und Amerikaner teil. In diesem Kreis spielte der Vorstand des Unilever-Konzerns, Paul Rijkens, eine wichtige Rolle. In Abstimmung mit Retinger (der später zusammen mit Rijkens und Prinz Bernhard die Bilderberg-Konferenzen und die *Fondation Européenne de la Culture* als Konsultations- bzw. Propagandainstitution der atlantischen Integration ins Leben rief) verfaßte er einige wichtige Dokumente, in der die Absicht führender westeuropäischer Persönlichkeiten zum Ausdruck kam, sich der angloamerikanischen Welt anschließen zu wollen (Rijkens 1965:110-112 u.134).

9.1.4 Mitrany

Diese elitären Gesprächskreise bezogen ihre Ideen in erster Linie von Intellektuellen, die der Tradition des Commonwealth, bzw. dem New Deal-Gedanken verpflichtet waren und für eine Organisierung des lockeschen Kerngebiets eintraten. Ihre Ideen waren in hohem Maße vom technokratischen Gedankengut des New Deal geprägt und lassen sich treffend mit der Auffassung illustrieren,

> „daß die Probleme des modernen Amerika nicht länger ideologischer, sondern technischer und verwaltungstechnischer Art sind. Sie können nicht von Massenbewegungen, sondern nur von profunden Experten bewältigt werden." (Pells 1985:130)

Diese technokratische Tendenz trug die Handschrift der neu entstandenen Manager- und Technikerschichten, die die bereits erwähnte Funktionärsschicht bildeten (Bihr 1989). Diese Klasse bildete sich im Zuge der Vergesellschaftung der Produktion und des öffentlichen Lebens heraus und ist nicht, wie etwa das Bürgertum (die Bourgeoisie), das Produkt unternehmerischer Initiative oder Vererbung von Eigentum. Sie realisiert ihre gesellschaftlichen Aufstiegschancen über das Unterrichts- und Ausbildungswesen, was erklären dürfte, warum diese Schicht (jedenfalls tendenziell) relativ stark zu demokratischen Einstellungsmustern neigt. J. K. Galbraith spricht in diesem Kontext von einer neuen Klasse, die sich durch ihr Interesse an einem gut funktionierenden öffentlichen Unterrichtswesen auszeichnet, angenehme Tätigkeiten hinter dem Schreibtisch, einen Beruf, in dem Kreativität und technisches Know-how zur Entfaltung kommen können, bevorzugt und großen Wert auf eine sinvolle Freizeitgestaltung legt (Pells 1985:172).

Diese technokratische Einstellung findet sich auch in dem Buch *A Working Peace System* von David Mitrany (1888-1975), das 1943 im Rahmen des *Royal Institute of International Affairs* publiziert wurde, wieder. Mitrany wurde in Rumänien geboren und ging 1912 nach London. Während des Ersten Weltkrieges verrichtete er nachrichtendienstliche Tätigkeiten für diverse Ministerien, wurde aber auch Mitglied in der *League of Nations Society* (eine Art „Förderverein" des Völkerbunds) und kam so mit der *Fabian Society* in Berührung, einer Gesellschaft britischer Sozialisten, die Wirtschaftsdemokratie und Gesellschaftsreformen anstrebte. In den 20er Jahren arbeitete er unter Leitung von James Shotwell sieben Jahre an einem Forschungsprojekt der *Carnegie Endowment* zur sozialökonomischen Geschichte des Ersten Weltkrieges, wobei ihm aufgefallen war, daß alle alliierten kriegführenden Staaten – nicht koordiniert, sondern jeder für sich – ähnliche Maßnahmen zur Zentralisierung der Rohstoffbeschaffung, der Produktion und der Distribution getroffen hatten (Mitrany 1975:17).

Das Hauptanliegen von *A Working Peace System* will dagegen, auf die Möglichkeiten zur internationalen Zusammenarbeit aufmerksam machen.

> „Die wirtschaftliche Autarkie der Individuen oder der lokalen Gemeinschaft ist durch die Entwicklungen auf dem Gebiet der Kommunikation, durch die Erschließung neuer Länder, neuer Energiequellen und neuer Werkstoffe sowie durch das Ansteigen der Massengüterproduktion durchbrochen worden. Durch diese Faktoren sind die Völker einander immer nähergerückt." (Mitrany 1966:27)

268

Man stehe nunmehr vor dem klassischen kantschen Dilemma: zwischen einer einheitlichen Weltökonomie einerseits und dem Fortbestehen gesonderter, souveräner Staaten andererseits. Nach der Ansicht Mitranys ließe sich dieser Widerspruch mit ähnlichen Mitteln wie jenen überwinden, mit deren Hilfe man es auch geschafft hatte, die Notwendigkeit der binnenwirtschaftlichen Planung mit dem Erhalt der individuellen Freiheit in Einklang zu bringen. Als Alternative zum *intergouvernementalen* Organisationsprinzip des Völkerbundes bzw. zum *föderativen* Integrationsprinzip, bei dem die einzelstaatlichen Souveränitätsrechte formell an eine höhere Instanz abgetreten werden, schlug Mitrany

> „einen *funktionalen Ansatz* [vor], der – durch die Beschränkung der [supranationalen] Amtsgewalt auf bestimmte Zuständigkeitsbereiche – die traditionelle Verschmelzung von [nationalstaatlicher] Obrigkeit und ihrem unwiderruflich feststehenden Hoheitsgebiet aufzubrechen trachtet" (Mitrany 1966:27).

funktionaler Ansatz

Das nationalstaatliche Souveränitätsprinzip stehe einer Weiterentwicklung der internationalen Arbeitsteilung im Wege, weil es die

> „nationale und die internationale Gesellschaft als zwei verschiedene Welten [sieht und dadurch] die sozialen Naturkräfte gewissermaßen in ihrer freien Entfaltung hemmt" (1966:82).

Mitrany hielt es für notwendig, einen Entwicklungsprozeß „technischer Selbstbestimmung", wie er sich ausdrückte, in Gang zu setzen, der eine Verbesserung der *technischen Zusammenarbeit* zum Ziel hatte sowie die Koordination praktischer Aufgabenbereiche und die Schaffung neuer, für diese Aufgaben zuständiger Behörden. Außerdem müßten internationale Planungsinstitutionen und, schließlich, eine Art internationale politische Dachorganisation geschaffen werden, wobei er der Ansicht war, daß das Entstehen einer Institution von selbst die Herausbildung weiterer nach sich ziehen werde. All diese Instanzen müßten frei miteinander kooperieren können. Ein Prozeß institutioneller Selbstgenerierung und institutioneller Verflechtung auf immer höherem Niveau würde sich – bei genügender Freizügigkeit – selbst in Gang halten und letztlich auch zu einer politischen Integration führen. Diesen Prozeß nannte Mitrany (1966:82) die *Logik der Verästelung* (logic of ramification) und einen *Föderalismus auf Raten* (federalism by installments).

technische Zusammenarbeit

Förderalismus auf Raten

Hierbei orientierte sich Mitrany an der pragmatischen Politik des New Deal-Modells, die er als einen natürlichen, quasi biologischen Prozeß betrachtete. Roosevelt hatte versucht, der auftretenden Probleme jeweils mit Ad-hoc-Maßnahmen Herr zu werden.

> „Es ist kein Versuch unternommen worden, sich bei [diesem Vorgehen] auf eine allgemeine Herrschaftstheorie oder ein [bestimmtes] Regierungssystem zu beziehen. Jede Regierungstätigkeit generiere nach und nach und aus sich selbst heraus weitere Maßnahmen und gleicht darin der funktionalen Arbeitsteilung organischer Zellen." (Mitrany 1966:56)

Trotzdem habe diese Periode im Endeffekt zu einer Umwandlung des

> „lockeren, föderativen Systems in eine stark zentralisierte Nationalregierung" (1966:32)

geführt. Was Mitrany am New Deal in besonderem Maße beeindruckt hatte – er arbeitete in den 30er Jahren an der Harvard Universität –, war die *Tennessee Valley Authority* (TVA), wodurch die Wasserwirtschaft in sieben Südstaaten geregelt wurde, ohne daß es zum üblichen reflexhaften Gerangel um staatliche Zuständigkeiten und Souveränitätsrechte gekommen war (Mitrany 1975:26).

Er war der Auffassung, daß in der zu erwartenden Notsituation nach Kriegsende eine ähnliche Politik auch auf internationaler Ebene dringend erforderlich sei. Er hoffte auf die Initiierung eines Prozesses, in dessen Verlauf sich „dauerhafte Instrumente und allgemeine Normen für das Zusammenleben" der Völker herausbilden würden. Gleich nach Kriegsende müsse deutlich gemacht werden, daß der Wiederaufbau ausschließlich im internationalen Rahmen zu betreiben sei und nicht den *nationalen* Autoritäten überlassen werden dürfe, was auf eine Wiederholung der negativen Erfahrung mit dem Völkerbund hinauslaufen müßte (1966:58-60). Ein pragmatisches und grenzüberschreitendes Zusammenwirken technischer Spezialisten werde nach und nach die Staatsgrenzen, die staatlichen Hoheitsrechte und sogar die „große Politik" bedeutungslos machen.

- Zur Zeit der Abfassung seines Buchs war Mitrany im Dienst des britischen Außenministeriums mit der Aufgabe der Nachkriegsplanung (*post-war-planning*) betraut. In dieser Eigenschaft kam er in Kontakt zu Leuten wie Rijkens, der sich im Auftrag der niederländischen Regierung mit ähnlichen Fragestellungen beschäftigte. 1944 wurde Mitrany nach Fürsprache Rijkens politischer Berater bei Unilever, eine Funktion, die er bis 1960 innehatte. Daneben blieb er auch weiterhin der Princeton-Universität (USA) verbunden (Mitrany 1975:31).

9.1.5 Das Committee on Economic Development

In vorausschauenden amerikanischen Unternehmer- und Politikerkreisen war bereits während des Zweiten Weltkriegs große Sorge um die Zukunft des kapitalistischen Systems in der Nachkriegszeit aufgekommen. Man befürchtete, daß die amerikanischen Arbeiter nach dem Krieg eine radikale Neuauflage des New Deal-Experiments fordern würden. Außerdem war man sehr beunruhigt über die *Zukunft Europas* und die spürbare Umbruchstimmung in den europäischen Kolonialreichen.

Der Teil der Unternehmerschaft, der die New Deal-Politik unterstützt und sich im *Business Advisory Council* (BAC) organisiert hatte,

> „fürchtete eine über den New Deal hinausgehende Wirtschaftsplanung, die sich ganz auf die inländische Lösung inländischer Probleme konzentrieren würde" (Eakins 1969:144).

Ja, man fürchtete sogar, daß die Malaise der Nachkriegsperiode und wirtschaftliche Depressionen eine staatlich gelenkte Ökonomie heraufbeschwören könnten. In Kreisen des BAC glaubte man (ähnlich wie Rijkens), daß man einer sich auf die Probleme der Nation beschränkenden Politik nur durch internationale Strategien der Wirtschaftsankurbelung begegnen könne.

Der Generaldirektor des Autokonzerns Studebaker, Paul Hoffman, hatte sich bereits zu Beginn des Krieges mit dem Vorschlag eines Forschungsprojekts über die Zukunft der Demokratie an die Direktoren der Chicagoer Universität, Hutchins und Benton, gewandt. Diese Universität hatte einen wichtigen Beitrag zur Entwicklung der neuen Sozialwissenschaften geleistet und war außerdem eine Hochburg des Keynesianismus. Beardsley Ruml, der Mittelsmann zwischen der Rockefeller Foundation und der akademischen Welt, nahm auch an der von Hoffman initiierten Forschungsgruppe teil und avancierte schnell zum Star der Veranstaltung. Er war es auch, der Präsident Roosevelt von den Vorteilen der keynesianischen Politik der Haushaltsdefizite (deficit spending) zu überzeugen wußte (Silk 1981:242 u.250; Kadushin 1974:99).

Die Zusammensetzung der Gruppe machte deutlich, daß es den Initiatoren vor allem darum ging, meinungsbildend zu wirken, was zeigt, welchen Stellenwert sie der „ideologischen Gemeinschaft" beimaßen. Neben Repräsentanten der Konsumgüterindustrie und des Großhandels waren auch Spitzenleute der Reklame- und Zeitschriftenbranche vertreten. Im September 1942 entstand aus der Fusion dieses Komitees mit einer Planungsgruppe des Handelsministers Jesse Jones das *Committee on Economic Development (CED)*. Während Minister Jones, für den Planung eher ein Schimpfwort war, seine Planungsgruppe zum Zwecke der Erörterung inländischer Probleme gegründet hatte, wurde in dem CED von den Vertretern der Wirtschaft rasch das Thema der dringend notwendigen außenpolitischen Kooperation von Staat und Wirtschaft auf die Tagesordnung gesetzt (Eakins 1969:151). Außerdem wurde von liberaler Seite – etwa von Roosevelts Außenminister Cordell Hull – Druck ausgeübt, um den Staatsinterventionismus des New Deal mit der traditionellen „Open Door"-Politik der USA zu verknüpfen (Gardner 1971:327f.).

Das CED betonte in seinen Studien immer wieder, daß die amerikanische Wirtschaft nach dem Krieg den Zugang zu ausländischen Märkten dringend benötige, um nicht in eine Depression zu geraten. Zwei Jahre nach Kriegsende, als der Nachholbedarf der inneramerikanischen Nachfrage im großen und ganzen gedeckt und die Lebensmittelversorgung in Europa in eine Krise geraten war, die von Regierungen der „nationalen Einheit", in denen oft auch Kommunisten vertreten waren, zum Anlaß für weitreichende Sozialisierungsmaßnahmen hätte genommen werden können, wurden die während des Krieges vom CED entwickelten wirtschaftlichen Vorstellungen wieder aktuell. 1947 aber, nach der Verkündung der Truman-Doktrin und aufgrund der in den USA allgemein herrschenden antikommunistischen Stimmung, wäre das Wirtschaftsprogramm des CED im republikanisch dominierten Kongreß allein seiner wirtschaftlichen Vorteile wegen nicht angenommen worden. Daher mußte der im Geiste des CED konzipierte Marshallplan ebenfalls als eine antikommunistische Maßnahme formuliert und präsentiert werden.

Committee on Economic Development (CED)

9.2 Der Marshallplan (European Recovery Program, ERP) und die Ford Foundation

Das ERP war mehr als nur ein rein wirtschaftliches Hilfsprogramm: Mit ihm wurde auch ein in den USA herangereiftes, spezifisches Modell kapitalistischer Entwicklung nach Europa verpflanzt. Neben der Lebensmittelhilfe, womit die Überschüsse der amerikanischen Landwirtschaft abgebaut werden konnten, bestanden die Hilfeleistungen aus Krediten zur Modernisierung der *industriellen Infrastruktur* und aus der direkten Kreditvergabe an einzelne Konzerne, die sich häufig in amerikanischem Besitz befanden. Ein weiteres Ziel der Hilfe war die Umformung der Arbeitsorganisation im Sinne des Fordismus. Im Rahmen des Hilfsprogramms wurden auch *Programme zur Produktivitätssteigerung* angeboten, Rundreisen europäischer Gewerkschaftsführer durch die USA organisiert, und – im Zeichen des Kalten Krieges – auf eine Spaltung der Gewerkschaften hingearbeitet, in solche, die bereit waren, im Tausch für ein System kollektiver Tarifverhandlungen auf einen prinzipiell antikapitalistischen Kurs zu verzichten, und in solche, die daran nicht mitwirken wollten (Carew 1987). In Frankreich spaltete sich die CGT in eine kommunistische und eine antikommunistische Organisation; in Italien fiel nicht nur die Gewerkschaftsbewegung, sondern auch die Sozialdemokratie auseinander. Schließlich war die Gewährung der ERP-Hilfe von der Bedingung abhängig gemacht worden, daß die teilnehmenden europäischen Staaten ihre *Kolonien*, in denen gemäßigte nationale Befreiungsbewegungen nach Unabhängigkeit strebten, nicht mit Gewalt in ihrem Besitz zu halten versuchten. Die Niederlande wurden auf diese Weise gezwungen, ihre militärischen Expeditionen in Indonesien zu beenden; während Frankreich bei seinem Vorgehen in Vietnam unterstützt wurde. Außerdem mußten die ERP-Länder ihre *ökonomischen Verbindungen mit Osteuropa* abbrechen (Wolf 1973:52).

9.2.1 Der Fordismus und die EGKS (Montanunion)

Zur Durchsetzung ihrer Zielvorstellungen verfügten die USA über große Druckmittel. Jedes am ERP-Programm teilnehmende Land mußte z.B. den Gegenwert empfangener Hilfen in inländischer Währung auf Gegenwertkonten einzahlen, die unter Aufsicht der ERP-Behörden standen. Dadurch konnten die Amerikaner doppelt soviel Mittel zuweisen, wie sie selbst aufbrachten. In den Ländern Osteuropas, die aus unterschiedlichen Gründen die Marshallhilfe nicht akzeptierten (sogar der UdSSR hatte man, auf Betreiben Frankreichs, ein Angebot unterbreitet), vor allem aber in Polen und der Tschechoslowakei, hatten die russische Weigerung, den Amerikanern auf diese Weise einen Zugriff auf Osteuropa zu verschaffen, und das daraufhin einsetzende westliche Wirtschaftsembargo, große gesellschaftliche Konsequenzen. Die kommunistische Machtergreifung in Prag vom Februar 1948 ist das wohl dramatischste Beispiel (Kolko 1972:Kap.14).

Der Hauptzweck des ERP-Programms war die Einführung des amerikanischen Gesellschaftsmodells, des Fordismus, in Europa. Paul Hoffman wurde Chef der *European Cooperation Administration (ECA),* einer für die Durchführung der Marshallplanhilfe geschaffenen Verwaltungsbehörde, die von den Europäern u.a. Liberalisierung des innereuropäischen Handels und Zahlungsverkehrs forderte. Ein weiteres, wichtiges Ziel des ERP-Programms war die Umrüstung der europäischen Stahlbetriebe auf Breitbandwalzwerke, wodurch eine Umstellung der schweren Blockwalzstraßen auf die Herstellung von dünnen Stahlblechen für die Autoindustrie und die Produktion von langlebigen Konsumgütern erreicht werden sollte (vgl. van der Pijl 1978). Da die europäische Stahlindustrie aus Tradition zur Kartellbildung (Aufteilung der Märkte, Sicherung des höchstmöglichen Preisniveaus) neigte und erneut kartellisiert in der Lage gewesen wäre, die Entwicklung der Autoindustrie und anderer Massengüterindustrien zu hemmen, war es mit der Lieferung neuer Walzwerke allein nicht getan.

Als zu Beginn des Jahres 1950 die Produktion der westdeutschen Stahlindustrie, die bis dahin von der *Internationalen Ruhrbehörde* kontrolliert worden war, rasch anstieg, unterbreitete der französische Außenminister Robert Schuman im Mai den nach ihm benannten Plan, um die Kohle- und Stahlindustrie einer übernationalen, d.h. die Souveränität der Nationalstaaten einschränkenden, „Hohen Behörde" zur Koordinierung der Investitionsvorhaben zu unterstellen. Außerdem sollte der Eisen-, Kohle- und Stahlmarkt liberalisiert werden. Hieraus entstand die *Europäische Gemeinschaft für Kohle und Stahl (EGKS),* wie die Montanunion offiziell heißt. Die Funktion dieser Gemeinschaft war die Schaffung größerer Wirtschaftsräume – die BRD, Frankreich, Italien und die Beneluxländer waren die sechs Teilnehmer –, was eine der wichtigsten Vorbedingungen für die Einführung des fordistischen Gesellschaftstyps (Massenkonsum in Verbindung mit industrieller Massenproduktion) in Europa darstellte. Keiner hat das deutlicher zur Sprache gebracht als Paul Hoffman, als er amerikanischen Senatoren die Auswirkungen des Schumans-Plans erläuterte.

Schuman-Plan

„Wir nehmen eine Tonne Stahl und stellen daraus ein Automobil her. Sie wissen, daß sich in Europa nur wenige Menschen ein Auto leisten können. Wenn also der Prozeß von Lohnanstieg und Preissenkung in Gang gesetzt wird, werden wir eine große Ausweitung des europäischen Marktes erleben, der dann auch in der Lage sein wird, diesen erhöhten Produktionsausstoß aufzunehmen. [...] Henry Ford hat bei uns diesen Mechanismus eingeführt, er hat eine Revolution bewirkt, von der wir immer noch profitieren – und ich glaube, daß der Schuman-Plan dasgleiche auch in Europa zustande bringen wird." (SFRC 2:546 u.548)

9.2.2 Die Ford Foundation

Die Verbindung des fordschen Modells mit dem New Deal und die Internationalisierung beider Konzepte im Rahmen des Marshallplans fanden die volle Unterstützung der *Ford Foundation,* die sich von einer regionalen philantropischen Organisation zur größten Privatstiftung der USA entwickelt hatte.

„Die Ford Foundation fühlte sich den der Marshallplanhilfe zugrundeliegenden Wertvorstellungen zutiefst verpflichtet," schreibt Carew (1987:194).

Als die Ford Foundation über das Erbe Henry Fords und seines früh verstorbenen Sohns Edsel verfügen konnte, bedeutete das eine gewaltige Zunahme ihrer Aktivitäten; der Anteil der jährlichen Fördermittel, die in den Bereich „internationale Problematik" flossen, erhöhte sich nach und nach auf 20-25 % (Bell 1973:117).

Auf Grund dieser Entwicklung beauftragte das Stiftungskuratorium 1948 H. R. Gaither, den Vorstand der RAND-Corporation, damit, die Aufgaben der groß gewordenen Ford Foundation neu zu definieren. Gaither empfahl der Stiftung in seinem Bericht, den er unter dem Titel *The Establishment of Peace* anbot, im wesentlichen eine Förderung der Bemühungen um weltweite Integration und ein verstärktes Engagement für einen Kompetenzzuwachs der Vereinten Nationen. Um die VN allerdings nicht zum Spielball unliebsamer Interessen werden zu lassen, empfahl er zusätzliche Anstrengungen, um

weltweite Integration

> „das Auftreten der US-Regierung und der amerikanischen Privatunternehmen auf der internationalen Bühne strukturell und verfahrensmäßig" (Bell 1973:118)

zu verbessern. Später führte die Foundation noch aus, daß sie „die Gesellschaft als Ganze" zu ihren Interessengebieten zähle und bereit sein müsse,

> „in einer Zeit, in der die Probleme und ihre Lösungen sich nicht um nationale Grenzen scheren, [...] global zu handeln" (zit. in Bell 1973:118).

Die Politik der Ford Foundation zeichnete sich dadurch aus, daß sie

> „nicht nur umfassender, sondern auch einfallsreicher als die der [anderen] etablierten Stiftungen" war (Lundberg 1969:500).

Auf Wunsch Henry Fords II wurde Paul Hoffman zum Vorstand der Ford Foundation ernannt. Außer Hoffman selbst, der den Rektor der Universität von Chicago, R. Hutchins, zu seinem Assistenten machte, waren u.a. Reinhold Niebuhr, Owen Roberts, Bundesrichter und Mitbegründer des *Atlantic Union Committee* (eine Pressuregroup für die atlantische Einheit), und der Bankier Frank Altschul im Stiftungskuratorium vertreten. Die atlantische Einheit war ein Hauptanliegen der Foundation; ihr „International Affairs"-Programm

> „wurde zur zweiten Heimat des Mitarbeiterstabes der Marshallplanhilfe" (Carew 1987:195).

Gleich zu Beginn der McCarthy-Ära geriet auch die Ford Foundation unter Beschuß und die großen Stiftungen wurden in einer Reihe von Kongreß-Hearings auf kommunistische „Umtriebe" hin überprüft. Hoffman nahm, auch wegen stiftungsinterner Probleme, seinen Hut (Silk 1981:128).

reformerische Strategie

Trotz aller Schwierigkeiten hielt die Stiftung aber – aus der Überzeugung heraus, daß eine *reformerische Strategie* die beste Verteidigung gegen den Sozialismus sei – an ihrem progressiv-liberalen Kurs fest. Die Stiftung war der Ansicht, daß ihre Strategie à la Wilson gerade in Bezug auf Asien,

„angesichts der großen Spannungsherde, die den Weltfrieden bedrohten und angesichts der Nähe zur UdSSR und zu Rotchina",

von besonderem Nutzen sein könnte. Außerdem würde sie in dieser Region dazu beitragen können,

„den aufkommenden Nationalismus in konstruktive und demokratische Bahnen zu lenken" (zit. in Bell 1973:119).

Eine derartig reformbetonte Haltung in Bezug auf die Bewältigung internationaler Probleme, die in ähnlicher Form erst während der Amtszeit Kennedys wieder zu einiger Geltung kommen sollte, war ein Produkt der Marshallplan-Periode, in der versucht wurde, das amerikanische Modell des New Deal auf den Rest der Welt zu übertragen.

Überhaupt waren die großen Privatstiftungen, allen voran die Rockefeller- und die Carnegiestiftung, Hochburgen der „Progressiven". Die Ford Foundation war lediglich die visionärste unter ihnen – und zwar in einem solchen Maße, daß der 1976 aus der Stiftung scheidende Henry Ford II sich veranlaßt sah, in seiner Abschiedsrede eine positivere Haltung „unserer Wirtschaftordnung gegenüber" anzumahnen (Nielsen 1985:66).

Trotz aller Überlagerungen gibt es einen deutlichen Zusammenhang zwischen den Gründungsdaten der großen Stiftungen und den in der jeweiligen Periode dominanten Herrschaftskonzepten: Der Carnegie-Stiftung kann man den liberalen Internationalismus der Periode um den Ersten Weltkrieg zuordnen, Rockefeller steht für die staatmonopolistische Tendenz der Zwischenkriegsperiode und Ford ist mit dem korporativen Liberalismus des Marshallplans verbunden.

In Westeuropa hat sich die Ford Foundation Anfang der 50er Jahre bei der Gründung von Unternehmervereinigungen (nach dem Modell des CED) engagiert (Carew 1987:196). Das Herzstück ihres Programms zielte allerdings auf die Umstrukturierung der Arbeitsorganisation im Sinne des Fordismus ab. Zu diesem Zweck hob sie ein Projekt

Umstrukturierung der Arbeitsorganisation

„zur Analyse der Arbeitsprobleme im Rahmen der Wirtschaftsentwicklung" aus der Taufe. „Wenn es überhaupt jemals ein akademisches Projekt gegeben hat, das es allein schon auf Grund seiner Größenordnung zu intellektueller Hegemonie gebracht hat, so war es sicherlich dieses", schreibt Carew (1987:197).

Dieses Projekt bildete einen der Kristallisationspunkte der im Kapitel 7 beschriebenen atlantischen intellektuellen Synthese. An ihm haben auch verschiedene deutsche Emigranten mitgewirkt, wie z.B. Reinhard Bendix, Henry Ehrmann u.v.a. Im nächsten Kapitel werden wir auf dieses Projekt zurückkommen

9.3 Theorien zur atlantischen und europäischen Integration

Die Bildung einer atlantischen Gemeinschaft beruhte auf Ideen, die wir bereits in den von Cecil Rhodes entwickelten Vorstellungen zu einer Gemeinschaft englischsprachiger Völker angetroffen haben. Im Frühjahr 1948 begannen Verhandlungen zwischen den USA, Kanada und Großbritannien – an denen vor allem Großbritannien sehr interessiert war –, die in den NATO-Vertrag von 1949 mündeten (Wiebes/Zeeman 1982). 1947 wurde bereits die Arbeit der Nachrichtendienste auf der Grundlage des *UKUSA Agreement* koordiniert, woran sich außer den drei genannten Ländern auch Australien und Neuseeland beteiligten (Richelson/Ball 1990).

Das Problem, wie die angelsächsische Gesellschaft über ihre militärische und nachrichtendienstliche Zusammenarbeit hinaus zu einer politischen Gemeinschaft im Sinne einer „ideologischen Gemeinschaft" zusammengeführt werden könnte, die auch Frankreich und Deutschland umfassen sollte, wurde in der Periode der Marshallplanhilfe zum Studienobjekt politologischer Forschung. 1950 wurde an der Princeton Universität das *Center for Research on World Political Institutions* gegründet, dessen Direktor R. W. van Wagenen war. Finanzielle Starthilfe für dieses atlantische Gemeinschaftsprojekt wurde vom Mellon Trust geleistet, der über Querverbindungen zu den Carnegie-Stiftungen verfügte.

9.3.1 Karl Deutsch

Kommunikations-
netzwerke

In der Projektgruppe von van Wagenen saß auch der 1912 in Prag geborene Karl W. Deutsch. Deutsch hatte in Prag promoviert und ging 1939/40 zur Harvard Universität. Während des Krieges arbeitete er für den OSS und das Außenministerium. Danach lehrte er an verschiedenen amerikanischen Hochschulen. Deutsch entwickelte eine kybernetische Variante der Systemtheorie, in der Begriffe wie Information, Steuerung und Kommunikation eine zentrale Rolle spielen. Der bestimmende Faktor des Integrationsprozesses liegt für ihn in der Entstehung von Kommunikationsnetzwerken, die wiederum das Produkt intensiver Arbeitsteilung und intensiven Informationsaustausches sind und sich relativ deutlich von anderen Netzwerken abgrenzen (Tooze 1978:215f.; vgl. Deutsch 1968).

1953 erschien sein Buch *Nationalism and Social Communication;* die darin enthaltenen Begriffsbestimmungen wandte er dann in seiner Studie *Political Community at the International Level* (1954) auf die Problematik der internationalen Integration an. Seine Ausgangsthese war, daß sich die Menschen der Qualität der politischen Gemeinschaft, in der sie sich bewegen, erst dann bewußt werden, wenn sie mit dieser Gemeinschaft unzufrieden sind. Von den sich in einer solchen Situation ergebenden Handlungsoptionen, beispielsweise der Spaltung bzw. des Zusammenschlusses der bestehenden Gemeinschaft zu einer größeren Einheit, untersucht Deutsch die letztere (Deutsch 1970:4). Er geht davon aus, daß das Aufgehen einzelner Staaten in ein größeres Ganzes zu einer Positionsverbesserung der sich selbstregulierenden Gesellschaft gegenüber der Staatsmacht führen kann. Obwohl die

„emporstrebenden Supermächte bzw. die großen, im Entstehen begriffenen, politischen Gemeinschaften der Gegenwart und der (absehbaren) Zukunft um vieles größer sein werden als die jetzt bestehenden", schrieb Deutsch 1954,

braucht dieser Integrationsvorgang nicht notwendigerweise auch mit einer Zunahme staatlicher Macht verbunden zu sein. In einem föderalen Bund würde dieser Effekt – er bezieht sich hierbei nicht auf ein konkretes Beispiel – wahrscheinlich nicht auftreten; man müsse eher mit einer „Konzentration zentraler Befehlsgewalt" rechnen. Allerdings

„könne die Konzentration politischer Befehlsgewalt weit niedriger ausfallen als sie heute noch ist, wenn die Erhaltung des Friedens durch ein dezentralisiertes bzw. pluralistisches Sicherheitsbündnis gewährleistet würde. In einem solchen Fall werde die Unterwerfung unter eine einzige Befehlsgewalt durch gegenseitige Verantwortung, Kommunikation und Kooperation ersetzt. [Ein solches Verhältnis] existiert bereits zwischen den englischsprachigen Mitgliedern des britischen Commonwealth oder auch zwischen Schweden und Norwegen und in gewissem Maße zwischen allen skandinavischen Staaten" (1970:27).

Obwohl Deutsch in seinem ideengeschichtlichen Abriß weder Locke noch Kant erwähnt, ist die Verwandtschaft seiner Auffassungen mit der Theorie des lockeschen Zentrums augenfällig. Er definiert die politische Gemeinschaft im Sinne des soziologischen Konzepts der ideologischen Gemeinschaft. Zur Verdeutlichung der von ihm benutzen Begriffe zitiert Deutsch aus einem Arbeitspapier van Wagenens aus dem Jahre 1952. *Integration* ist

Integration

„die Schaffung einer Art Gemeinschaft mit formellen oder informellen Institutionen bzw. Formen der Praxis, die genügend stark und umfänglich ist, um – ‚ziemlich‘ verläßlich und für eine ‚lange‘ Periode – einen friedlichen Wandel zwischen den Gemeinschaftsmitgliedern zu gewährleisten."

Als *Sicherheitsgemeinschaft* (security community) wäre dann eine bereits integrierte Gruppe zu bezeichnen (Deutsch 1970:33). Integration ist – mit anderen Worten – der *Entstehungsprozeß* „verbindender und vereinigender Gewohnheiten", der eine Sicherheitsgemeinschaft *zum Resultat* hat.

Sicherheitsgemeinschaft

Deutsch verweist auf mehrere Teilprozesse, die zu Integration und Sicherheitsgemeinschaften führen, z.B. die Herausbildung einer kollektiven Identität und zunehmende Interdependenzen. Sein Schlüsselbegriff ist *Transaktion*. Der ständig steigende Umfang politischer, kultureller und ökonomischer Transaktionen zwischen bestehenden Gemeinschaften stelle immer größere Forderungen an die Möglichkeiten der Institutionen, diesen Wandel mit friedlichen Mitteln zu organisieren. Die Grundsteine einer politischen Gemeinschaft, sagt Deutsch (1970:40), sind Zwang (enforcement) und Ausführung(sbereitschaft) (compliance), wobei vor allem letzterer großes Gewicht beizumessen sei, da Zustimmung und Erfüllungsbereitschaft

Transaktion

„in ausreichendem und verläßlichem Maße" vorhanden sein müssen, „um sich in den übrigbleibenden Fällen von Zuwiderhandlung erfolgreich und zu einem wirtschaftlich wie kulturell vertretbaren Preis durchsetzen zu können".

Meßbarkeit
von Integration

Schließlich wirft er die Frage nach der *Meßbarkeit* des Integrationsprozesses auf, d.h. nach quantitativen Indikatoren für Integration. Dabei zieht er einen klaren Trennungsstrich zwischen dem soziologisch-statistischen Ansatz und der verstehenden Wissenschaftstradition.

> „In der heutigen Politik weiß man, wie wenig zuverlässig verbale Aussagen im Rahmen von Meinungsumfragen im Hinblick auf die Erfassung tieferliegender Haltungen bei Individuen sind; ebenso ist man sich über die Neigung der Individuen im klaren, ihre Einstellungen unter der Einwirkung späterer Erfahrungen wieder zu ändern." (Deutsch 1970:47)

Deutsch dagegen ist der Ansicht, daß nicht Meinungen und Einstellungen, sondern der Umfang empirisch meßbarer Transaktionen ein zuverlässigeres Maß für den Integrationsprozeß sei.

9.3.2 Die atlantische Gemeinschaft

1957 veröffentlichte die Princeton-Gruppe eine Untersuchung unter dem Titel *Political Community and the North Atlantic Area*. In dieser Studie wurde der Ost-West-Konflikt ausgeklammert; man wollte ausschließlich die Friedenssituation *innerhalb* der nordatlantischen Region analysieren. Das war eine auf den ersten Blick sehr beschränkte und wenig ehrgeizige Problemstellung, da ja zu diesem Zeitpunkt der Kalte Krieg geradezu der Garant dieses Friedens war und damit für die Analyse von kaum zu überschätzender Bedeutung gewesen wäre.

Gemeinschafts-
bildung

Deutsch und seine Mitautoren entschieden sich aber für einen Ansatz, bei welchem die Nordatlantische Gemeinschaft als Modell der Zukunft fungierte. Dabei sah man den Kalten Krieg lediglich als eine kurzfristige, vorübergehende Erscheinung an, während (auf längere Sicht gesehen) die interne Organisation der Gemeinschaft als das Hauptproblem zu gelten habe,

> „weil sie nicht nur für die Konfrontation zwischen den östlichen und westlichen Nationen im 20. Jahrhundert von Bedeutung ist, sondern für den gesamten darunterliegenden Fragenkomplex, der die Beziehungen politischer Einheiten zueinander – unabhängig von den jeweiligen Zeitumständen – betrifft [...] Wir suchen nach Wegen, die uns neue Erkenntnisse über die Prozesse und Bedingungen für einen langfristigen und dauerhaften Frieden vermitteln können." (Deutsch 1957:3)

Ihrer Auffassung nach war die Staatengemeinschaft des nordatlantischen Gebiets der Kern einer sich entwickelnden, dauerhaften Zone des Friedens. Als Vergleichsmaterial für die Analyse des nordatlantischen Integrationsprozesses untersuchten sie zehn Beispiele historischer Gemeinschaftsbildung: u.a. die Entstehung Englands und dessen spätere Vereinigung mit Wales, den Prozeß der italienischen und deutschen Nationenbildung, aber auch das Scheitern zwar intensiv miteinander verbundener, aber unintegrierter Gemeinschaften, wie etwa die österreichisch-ungarische Doppelmonarchie, die Amerikanische Union (Bürgerkrieg und Wiedervereinigung) und die englische Union mit Schottland (Deutsch 1957:16f.). Dabei war man bestrebt, Nationalismus als Erklärungsfaktor auszuklammern.

Die historische Vergleichsanalyse zeigte, daß sich Integrationsprozesse nicht willkürlich vollziehen.

> „Es ergab sich, daß die größeren, stärkeren und politisch sowie verwaltungstechnisch, ökonomisch und bildungsmäßig fortgeschritteneren politischen Einheiten in der Lage waren, jene Kraftzentren zu bilden, in deren Umgebung sich in den meisten Fällen integrative Prozesse vollziehen konnten." (Deutsch 1957:38)

Die Untersuchung empfiehlt allerdings eine Beibehaltung gesonderter Souveränitäten, da derartige

> „pluralistische Sicherheitsgemeinschaften, die von verschiedenen Völkern und Ländern gebildet wurden, eine viel höhere Überlebensquote gehabt zu haben scheinen, als ihre intensiv miteinander verschmolzenen Pendants" (1957:66).

Eine sich ähnelnde, grenzübergreifende Parteienlandschaft sei ebenfalls integrationsfördernd (1957:78).

„Der Funktionalismus," schreiben die Autoren in offensichtlicher Abgrenzung von Mitrany, der an derselben Universität tätig war, „ist zu sehr überschätzt worden" (1957:81). Ohne Mitranys Verästelungslogik *(logic of ramification)* ausdrücklich beim Namen zu nennen, konstatieren sie, daß sie bei ihren historischen Untersuchungen einen derartigen Schneeballeffekt nicht oder kaum hätten feststellen können (1957:119). *[Randnotiz: Kritik des Funktionalismus]*

Dagegen konnten sie das bestätigen, was Walt Rostow in seiner Theorie der Wirtschaftsstadien Take-off (Start des industriellen Wachstums) genannt hat (vgl. Kapitel 10).

> „Bevor das Startstadium erreicht ist, ist politische Integration höchstens ein Thema für Theoretiker, Schriftsteller und eine Handvoll Politiker," schreiben sie (1957:83f.). „Nach dem Startstadium aber greifen breite politische Bewegungen oder Regierungen oder wichtige Interessengruppierungen dieses Thema auf, das dann oft zum Gegenstand mehr oder weniger stark organisierter Öffentlichkeitsarbeit wird und ein großes Echo in breiten Bevölkerungskreisen findet."

Die Autoren kommen abschließend zu dem Urteil, daß die Schaffung einer pluralistisch strukturierten Sicherheitsgemeinschaft unter Beibehaltung der staatlichen Souveränität der Teilnehmer noch die besten Möglichkeiten für eine Integration des nordatlantischen Gebiets (und implizit auch der ganzen Welt) biete (1957:162). Der Grundstein für eine solche Entwicklung sei bereits gelegt. *[Randnotiz: pluralistisch strukturierte Sicherheitsgemeinschaft]*

> „Innerhalb der [nordatlantischen] Region sind einige Länder bereits pluralistisch integriert. Das gilt vor allem für die USA und Kanada. Zusammen mit Großbritannien und Irland bilden diese Länder eine Vierergruppe, bei der die meisten Bedingungen für eine Integration bereits erfüllt scheinen, so daß man versucht ist, in ihnen den potentiellen, nordatlantischen Kern zu sehen." (Deutsch 1957:199)

Trotz ihrer Kritik am Funktionalismus empfehlen sie dann, im Rahmen der NATO funktionelle atlantische Organisationen zu schaffen, wie etwa die Montanunion und die (damals gerade vorgeschlagene) EURATOM. Außerdem plädieren sie für den weiteren Ausbau der NATO selbst, die ihrer Auffassung nach eine Schlüsselfunktion im nordatlantischen Integrationsprozeß einnehme (1957:202f.).

279

9.3.3 Intergouvernementale und föderalistische Integration in Europa

Schon in den 20er Jahren war Graf Coudenhove-Kalergi für ein vereintes Europa eingetreten. Obwohl sein paneuropäisches Projekt (wie wir bereits im 5. Kapitel gesehen haben) sowohl gegen den „Bolschewismus" als auch gegen den „angelsächsischen Kapitalismus" gerichtet war, begann Churchill sich während des Krieges für Coudenhoves Pläne zu interessieren, wobei er allerdings – im Unterschied zu Coudenhove – die nationalen Souveränitätsrechte nicht einschränken wollte und davon ausging, daß Frankreich bei diesem Projekt eine wichtige Rolle zukommen müsse. Churchill war der Auffassung, daß ein europäischer Einigungsprozeß eine Sache *zwischen Regierungen* (Terminus technicus: intergouvernemental) sei und auch ausschließlich auf *staatlicher Ebene* ausgehandelt werden sollte. Nach dem Krieg wurde auf sein Betreiben hin die *United Europe Movement (UEM)* gegründet, die vor allem Frankreich für die Idee einer intergouvernementalen europäischen Zusammenarbeit zu gewinnen suchte. Churchills Initiative führte schließlich im Jahre 1949 zur Errichtung des *Europarats,* in dem anfänglich zehn Regierungen zusammenarbeiteten (Duclos 1960).

Der Europarat (nicht zu verwechseln mit dem „Europäischen Rat der Staats- und Regierungschefs", der eine EWG-Institution ist) ist eine die europäischen Regierungen beratende Institution ohne Vollmachten und kein gutes Beispiel für Integration im modernen Sinne.

föderalistische europäische Ordnung

Dem Bestreben Churchills, die Einigung Westeuropas auf die üblichen Formen *zwischenstaatlicher Kooperation* zu beschränken, stand die Forderung nach einer bundesstaatlichen, *föderalistischen*, europäischen Ordnung gegenüber. Parallel zum relativen Rückzug der Amerikaner aus der Europapolitik nach der ersten Phase des Marshallplans gewannen die föderalistischen Strömungen an Bedeutung. Die USA suchten nach kostengünstigeren politischen Lösungen, was z.B. auf militärischem Gebiet – wie wir bereits an anderer Stelle gezeigt haben – in der atomaren Strategie der massiven Vergeltung zum Ausdruck kam. Auch in der europäischen Politik konnte man sich diesem Trend nicht verschließen. Das (übrigens 1954 am französischen Widerstand gescheiterte) Vorhaben, um außer der Montanunion (EGKS) auch eine *Europäische Verteidigungsgemeinschaft* (EVG) zu bilden, basierte ursprünglich auf dem sogenannten Plevenplan aus dem Jahre 1950. Er stellte – zusammen mit dem etwas früher lancierten Schumanplan – einen französischen Versuch dar, die wiedererstarkende militärische bzw. wirtschaftliche Macht Westdeutschlands in europäische Strukturen einzubinden. Die Verhandlungen verliefen sehr zäh, gerade weil hier wichtige nationale Kompetenzen auf dem Spiel standen.

War das Hauptinteresse der Amerikaner zunächst die Liberalisierung des Handels in Westeuropa gewesen, so räumten sie allmählich dem Ausbau Europas zu einem antikommunistischen Bollwerk immer mehr Priorität ein. 1953 erklärte Außenminister Dulles, daß er noch immer ein Befürworter des (umstrittenen) EVG-Projekts sei, weil

„Deutschland [dadurch] zu einer wirkungsvollen Macht aufsteigen und zum bestmöglichen Bollwerk werden wird. [...] Wenn das gelingt, können wir allmählich unsere Hilfeleistungen verringern" (SFRC 5:323).

Ein Jahr zuvor hatte der Vorsitzende der Senatskommission für auswärtige Angelegenheiten geäußert, daß

„im Interesse einer effektiven militärischen und ökonomischen Integration eine Form der politischen Föderation gefunden werden muß, die natürlich von den Europäern selbst geschaffen werden sollte" (zit. in Beloff 1963:96).

Im Spektrum der sich als „europäisch" verstehenden Organisationen wurde diese föderalistische Integrationsauffassung in erster Linie von der *Europäische(n) Union der Föderalisten (EUF)* vertreten. Als 1947 ein organisationsübergreifender Koordinationsausschuß zur Förderung der europäischen Einheit gebildet wurde und sich im Oktober verschiedene Organisationen zur *Europäischen Bewegung* zusammenschlossen, waren die Vertreter der von Churchill beeinflußten UEM und der ELEC noch in der Mehrheit. Churchills Schwiegersohn Sandys wurde zum Vorsitzenden und Retinger zum Sekretär des Koordinationsausschusses gewählt. 1948 und 1949 aber kam es bereits zu Konflikten, als Sandys versuchte, die föderalistische EUF ihres Einflusses zu berauben, indem er sie zur Propagandaabteilung der Europäischen Bewegung machen wollte. Spinelli, der italienische Führer der Föderalisten, wußte das allerdings zu verhindern und regte seinerseits – als Vorgriff auf eine zu erwartende gesamteuropäische Föderation – an, bereits jetzt einen Kern kooperationswilliger Staaten zu bilden, dem sich später auch andere Länder würden anschließen können. Von diesem Augenblick an wurde die Europäische Bewegung auch aktiv vom US-Außenministerium und vom CIA unterstützt (Rebattet 1962).

9.3.4 Haas und die funktionalistische Integrationstheorie

Der Funktionalismus Mitranys stellte einen Versuch der Umgehung der beiden politisch-konstitutionellen Extreme dar: statt einer völligen Beibehaltung nationaler Souveränität, bzw. deren Überantwortung an supranationale, föderale Institutionen, trat er für einen allmählichen, durch internationale Selbstregulierungsprozesse sich ergebenden Abbau nationaler Kompetenzen ein. Die Integration bestimmter Sektoren – ein gutes Beispiel dafür ist die Montanunion – konnte als der erste Schritt eines Integrationsprozesses im Sinne Mitranys aufgefaßt werden.

Während der ersten Phase der Marshallplanhilfe traten die Amerikaner, wie bereits erwähnt, nachdrücklich für eine Liberalisierung des Handels ein und, wie Klaus Knorr in einem amtlichen Dokument vom Mai 1948 schrieb, sollte die Hilfe nicht an Staaten gegeben werden, weil dies

„die künstliche Unabhängigkeit mancher Nationalökonomien der Region [Europa d.V.] wiederbeleben [würde], anstatt deren gegenseitige Abhängigkeit zu stärken. Letzteres könne besser durch Hilfestellung beim Wiederaufbau privater westeuropäischer Industrieunternehmen erreicht werden als durch Hilfeleistungen an einzelne Länder" (zit. in Beloff 1963:44).

Dieser Ansicht war auch Jean Monnet, Leiter der Wirtschaftsplanungskommission Frankreichs und erster Vorsitzender der Hohen Behörde (der Montanunion). Monnet verfügte – als internationaler Finanzfachmann – bereits seit den 20er und 30er Jahren

Jean Monnet, 1888-1979

über umfangreiche atlantische Beziehungen und hatte eine gewisse Rolle bei der alliierten Kooperation während der beiden Weltkriege gespielt. Er kann als der wichtigste Architekt der europäischen Integration gelten. Obwohl er, wie man in seinen Memoiren (1976:335) lesen kann, keine hohe Meinung von den „frommen Wünschen der Funktionalisten" gehabt hat, ist seine „Methode" jedoch, wie er seinen Standpunkt wiederholt nennt, gewiß von der Erfahrung funktionaler Kooperation geprägt worden, die er bereits als französischer Regierungsbeauftragter bei den französisch-britischen Versorgungstruppen in London während des Ersten Weltkriegs gesammelt hatte.

Haas   Nach dem Start des EGKS-Projekts wollte man überprüfen, ob das von Mitrany entworfene Szenario auch wirklich funktionierte. Ernst B. Haas, 1924 in Deutschland geboren, Professor an der Universität von Kalifornien in Berkeley, veröffentlichte 1958 – ausgehend von einer mit Hilfe der Rockefeller Foundation zustande gekommenen Studie – ein Buch unter dem Titel *The Uniting of Europe*. Hierin beschäftigte er sich mit der Frage, ob es – unter der Voraussetzung eines auch faktisch sich vollziehenden funktionalistischen Integrationsprozesses – erste Anzeichen einer entstehenden *neuen politischen Gemeinschaft* gebe; anders ausgedrückt, ob außer negativen Effekten (z.B. der Aushöhlung nationalstaatlicher Kompetenzen) auch positive Effekte (z.B. eine neue political community) zu erkennen seien. Haas faßte Integration als einen

politische Gemeinschaft   „Prozeß [auf], bei dem politische Akteure aus Bereichen, welche bis dahin eindeutig der nationalen Zuständigkeit zugerechnet wurden, überzeugt werden, ihre Loyalitäten, Erwartungen und politischen Aktivitäten auf ein neues Zentrum zu richten, dessen Institutionen Rechtshoheit gegenüber den früher souveränen Nationalstaaten besitzen oder beanspruchen. Am Ende eines politischen Integrationsprozesses steht eine neue politische Gemeinschaft, die den ehemaligen politischen Einheiten übergeordnet ist." (Haas 1968:16)

Der westeuropäische Einigungsprozeß vollzog sich allerdings nicht ohne Reibungen und unvorhergesehene Wendungen. Nachdem das föderalistische EVG-Vorhaben, womit auch die Realisierung einer Europäischen Politischen Gemeinschaft verknüpft gewesen wäre, endgültig am Widerstand des französischen Parlaments gescheitert war, setzten die westeuropäischen Länder die Wiederbewaffnung Deutschlands im Rahmen der *Westeuropäischen Union* (WEU) durch, einer Organisation, die ihre Existenz einem Beistandspakt, der von einigen westeuropäischen Ländern in den Nachkriegsjahren zur Kontrolle westdeutscher Rüstungsbestrebungen vereinbart worden war, zu verdanken hatte. Aus Protest gegen den dadurch ermöglichten NATO-Beitritt der BRD im Mai 1955 gründete die UdSSR fünf Tage später den Warschauer Pakt.

In der Folgezeit wurde eine Initiative der Beneluxstaaten zum Ausbau der wirtschaftlichen Integration aufgegriffen; gleichzeitig wurden in England (durchaus auch gegen US-amerikanische Interessen gerichtete) Pläne entwickelt, um über ein Freihandelsabkommen das europäische Festland an das britische Commonwealth anzubinden. Dieser Plan war aber – spätestens nach dem von der USA und den Sowjets erzwungenen Abbruch der französisch-britischen Militärintervention während der Suezkrise – 1956 endgültig zur Illusion geworden. Die Vorschläge der EGKS-Länder zur Schaffung eines gemeinsamen Marktes, dessen Einführung in Westdeutschland auch mit dem Wunsch nach einer politischen Union verbunden wurde, liefen 1957 auf die Gründung der *Europäischen Wirtschaftsgemeinschaft* (EWG) und der *Europäischen Atomgemeinschaft* (EURATOM) hinaus. England aber schloß sich 1959 mit Dänemark, Norwegen, Österreich, Portugal, Schweden und der Schweiz zur *Europäischen Freihandelsassoziation* (EFTA) zusammen; sehr zum Ärger der USA, die kein Interesse an einer besonderen britischen Einflußzone hatten (Beloff 1963:133f.).

Erst unter Kennedy wurde ein erneuter Versuch unternommen, die Einheit des Westens durch eine „atlantische", politisch-wirtschaftliche Offensive zu realisieren. Aber während in der konservativen Partei Englands nach der Suezkrise ein Umbruch stattgefunden hatte, der zur Wiederherstellung guter Beziehungen zu den USA und zur Aufgabe der Illusion einer eigenen britischen Einflußzone geführt hatte (Overbeek 1990:95 u.102), boten die politischen Verhältnisse in Frankreich nach dem Antritt de Gaulles im Jahre 1958 ein anderes Bild. Auch Frankreich hatte sich, ähnlich wie Großbritannien, Belgien und die Niederlande, der Herausforderung der Entkolonialisierung zu stellen. Im Unterschied jedoch zu den drei genannten Ländern, die sich in die von den USA dominierte, neokoloniale Ordnung einfügten, gab es in Frankreich starke Kräfte, die sich dem amerikanischen Führungsanspruch widersetzten, nicht zuletzt aus Ressentiment darüber, daß sie von den Amerikanern nach ihrer militärischen Niederlage in Indochina (1954) aus der Region verdrängt worden waren (Fleming 1961, 2:697).

Inzwischen hatte sich die Algerienfrage dramatisch zugespitzt. Die Übernahme der Regierungsgeschäfte durch de Gaulle 1958 geschah unter dem Eindruck eines drohenden Putsches französischer Militärs in Algerien, die befürchteten, Paris könne Algerien in die Unabhängigkeit entlassen. De Gaulle und die ihn unterstützenden Gruppierungen wollten unter allen Umständen verhindern, daß die USA den Franzosen ihre Friedensbedingungen in der Algerienfrage diktieren könnten. Außerdem herrschte in Frankreich Mißtrauen gegen ein amerikanisches Atomwaffenmonopol, da der Fähigkeit, in einer turbulenten Zeit des Übergangs vom Kolonialismus zum Neokolonialismus mit einem Einsatz von Atomwaffen drohen zu können, große Bedeutung beigemessen wurde, vor allem angesichts vorhandener Interessengegensätze zwischen den atlantischen Mächten. Kurze Zeit nach seinem präventiven Griff zur Macht schlug de Gaulle unter Hinweis auf die prekäre Situation in Indochina vor, die verschiedenen Atomwaffenarsenale im Rahmen der NATO einer gemeinsamen Kontrolle der USA, Großbritanniens und Frankreichs zu unterstellen. 1959 hatte de Gaulle außerdem verlauten lassen, daß er ein zusätzliches NATO-Abkommen über Afrika wünsche (Spaak 1971:323; vgl. 313).

Der englische Premier Macmillan hatte inzwischen dem Ersuchen Kennedys nachgegeben, – als Ausgleich für den Verzicht auf eine versprochene Atomrakete unter britischem Kommando – drei mit Polarisraketen ausgerüstete U-Boote zu akzeptieren. Das englische Einlenken in dieser Frage werteten die Gaullisten als eine Hinwendung zu den Vereinigten Staaten; der bereits 1961 eingereichte Antrag der Briten auf Mitgliedschaft in der EWG wurde dann 1963 durch ein französisches Veto abgewiesen (Overbeek 1990:102).

9.3.5 Neofunktionalismus und Systemtheorie

Spill-over-
Effekt Haas sah die Gründung der EWG (und der EURATOM) als Bestätigung dafür an, daß die von Mitrany behauptete funktionalistische „Logik der Verästelung" auch in der Praxis funktionierte. Die anfängliche Zusammenarbeit auf dem Kohle- und Stahlsektor hatte tatsächlich einen weitergehenden Integrationsprozeß auch in anderen Bereichen der Wirtschaft in Gang gesetzt. Diesen Effekt nennt Haas *Spill-over* (Überlauf- oder Ausbreitungseffekt). Wir haben aber bereits angedeutet, mit wieviel Widersprüchen und Rückschlägen diese Entwicklung verbunden war. Die Frage nach der parallel sich vollziehenden Entwicklung einer politischen Gemeinschaft versuchte Haas in erster Linie mit der Untersuchung des Abstimmungsverhalten der Politiker bei der Ratifizierung der EGKS- und der 1957 vereinbarten EWG-Verträge (Römische Verträge) zu beantworten. Außerdem untersuchte er die Haltung politischer Parteien sowie von Unternehmerverbänden und Gewerkschaften in Bezug auf die europäische Integration. Dabei interessierte ihn vor allem, ob innerhalb der verschiedenen, pauschal dem bürgerlichen Lager zuzurechnenden Gruppierungen (die Einstellungen kommunistischer Organisationen wurden von ihm nicht berücksichtigt) eine *pluralistische Mehrheit für Integration* entstanden war. Denn nur bei einer ausreichend großen Mehrheit für die Europäischen Verträge ließ sich ja das Entstehen einer politischen Gemeinschaft, die eine Basis für die weitere Integration Europas abgeben könnte, einigermaßen glaubwürdig behaupten. Die Tatsache, daß den unterschiedlichen nationalen Standpunkten ebensoviele unterschiedliche Motive zugrunde lagen, bewertete er als positiv, da

> „die Tatsache, daß die nationalen Gruppierungen von einer Vielzahl unterschiedlicher Motivationen dominiert werden, die Herausbildung supranationaler Ideologien in einem späteren Stadium erleichtern dürfte" (Haas 1968:158).

Dieser Optimismus wurde jedoch durch de Gaulles Zurückweisung des britischen EWG-Beitrittsgesuchs auf eine harte Probe gestellt. Im Vorwort zur zweiten Auflage seines Buchs *The Uniting of Europe* schrieb Haas, daß ein einziger „großer Fuß" genügt habe, um die Politik der kleinen Schritte zu blockieren.

> „Erfolgreiche funktionalistische Entscheidungsstrukturen haben, wenn man sie in Ruhe läßt, die Neigung sich stetig auszudehnen. In Europa aber hat de Gaulle störend auf sie eingewirkt." (Haas 1968:XXIV)

der politische Faktor Der „dramatic-political" Faktor, d.h. die theatrale, emotionengesteuerte Seite der Politik, hatte sich in diesem Falle als stärker erwiesen als das, was Haas als supranationale Ideologie bezeichnet hatte. Er mußte zugeben, daß das Konzept der politischen Gemeinschaft zu sehr reine Doktrin gewesen sei. Es sei nicht fähig gewesen, den Integrationsprozeß, dessen große Abhängigkeit von kleinen Fortschritten und technokratischer Regelsucht sich in der Praxis gezeigt hatte, zu tragen und zu vertiefen.

Funktionalismus als
systematischer
Lernprozeß Inzwischen hatte Haas, wiederum mit Unterstützung der Rockefeller Foundation, sein Interesse auf die ILO (*International Labour Organisation*, eine Spezialorganisation der UNO) gerichtet. In seiner Studie über diese Organisation *(Beyond the*

284

Nation-State) aus dem Jahre 1964 findet sich auch eine neue Umschreibung der funktionalistischen Integrationstheorie. Ausgehend von der Systemtheorie, die zu jener Zeit, wie wir wissen, viel Anklang fand, und im Bewußtsein der Konsequenzen des französischen Vetos, traf Haas nun eine Unterscheidung zwischen der Absicht (purpose), d.h. der erklärten Zielvorgabe eines internationalen Akteurs (Staat oder Organisation) und dessen Funktion (function), worunter er den unbeabsichtigten Effekt einer Handlung verstand, aus welchem der Akteur allerdings seine Schlußfolgerungen ziehen und dementsprechend seine Zielvorgaben anpassen könne. Ein solchermaßen begriffener Funktionalismus ist dann nicht länger bloße Strategie, sondern wird zu einem *systematischen Lernprozeß.* Daher kann der Spill-over-Effekt von Maßnahmen, die unterhalb der eigentlich politischen Ebene ergriffen werden und die Integration voranbringen, auch nicht länger als zwangsläufig eintretendes Nebenprodukt des Handelns an sich aufgefaßt werden, sondern als vom Willen des Akteurs mitbestimmt.

„Wenn die Akteure auf der Grundlage ihrer interessengeleiteten Wahrnehmung bereit sind, das in einem bestimmten Kontext über Integration Gelernte auch in einer neuen Situation anzuwenden, wird das Gelernte verallgemeinert." (Haas 1964:48)

Diesen Ansatz bezeichnet man als *Neofunktionalismus.*   Neofunktionalismus

Die US-amerikanischen Hoffnungen auf eine drastische Liberalisierung des europäischen und des Weltmarktes sowie auf eine rasche westeuropäische Einigung und die Schaffung einer neuen atlantischen bzw. europäischen politischen Gemeinschaft stellten sich im Laufe der 60er Jahre in wesentlichen Bereichen als trügerisch heraus. Nach dem Veto gegen den EWG-Beitritt der Briten verfolgte Frankreich eine Politik der Annäherung an Westdeutschland, die in den Deutsch-Französischen Vertrag (sog. Freundschaftsvertrag) vom Januar 1963 mündete, der eine Intensivierung der deutsch-französischen Zusammenarbeit in allen wichtigen politischen, ökonomischen und militärischen Fragen vorsieht. Die Bedeutung dieses Vertrags wurde allerdings durch die atlantische Orientierung großer Teile der westdeutschen Politik und Unternehmerschaft stark eingeschränkt (van der Pijl 1984:195). Nach dem Rücktritt Adenauers Ende 1963 gewann die atlantische Strömung in der Regierung Erhard die Oberhand. Ein deutscher Vorstoß, die Integration durch die Schaffung einer politischen Union zu beschleunigen, führte 1965/66 zur bisher schwersten Krise innerhalb der EWG, die auch für die NATO nicht folgenlos blieb. Frankreich blockierte die Annahme der deutschen Vorschläge, denen sich auch andere EWG-Mitglieder angeschlossen hatten, durch abrupten Abbruch der Verhandlungen im Juli 1965 und kündigte wenig später auch seine Mitgliedschaft der NATO-Militärorganisation auf. So war es auch diesmal nicht gelungen, trotz Einigkeit der übrigen fünf EWG-Mitglieder, Frankreichs Vorbehalte gegen eine atlantisch orientierte und den amerikanischen Interessen entgegenkommende Integration aus dem Wege zu räumen. Monetäre Probleme, Kritik an der Investitionspolitik der Amerikaner und ihrer Kriegsführung in Vietnam sowie die Frage der Finanzierung des kurz zuvor beschlossenen gemeinsamen Agrarmarkts haben die ablehnende Haltung Frankreichs wesentlich mitbestimmt (Kniazhinsky 1984:221f.).

Diese Entwicklungen führten zu einer allgemeinen Ernüchterung bei den Anhängern der europäischen Integration und zu einer realistischeren Bewertung des Integrationsprozesses. In seinem (zusammen mit S. A. Scheingold verfaßten und 1970 publizierten) Buch *Europe's Would-be Polity* (Die europäische Scheinordnung) stellte L. N. Lindberg zwar eine Formel auf, die die Darstellung eines Integrationsprozesses als „Systemgleichung" erlaubte; die Autoren mußten jedoch andererseits einräumen, daß die bisher erreichte Integration Westeuropas ausschließlich das Werk von Eliten gewesen sei. Die Regierungswechsel in England (nach dem französischen Veto gegen das britische Beitrittsgesuch) und in der BRD (nach dem Deutsch-Französischen Vertrag) hatten dem politischen Beobachter ein Bild politischen Taktierens und innerfraktioneller Streitereien gezeigt, das die Ideen über eine pluralistische Mehrheit und über eine gemeinsame supranationale Ideologie zweifelhaft machte. Die Autoren beschrieben den Streit um die Weiterentwicklung der europäischen Integration daher auch nicht mit dem Konzept des Spill-over, sondern benutzten Begriffe aus der Arena der amerikanischen Innenpolitik (Lindberg/Scheingold 1970:119).

9.3.6 Die amerikanische Herausforderung und die Antwort Europas

Der Widerstand, den Frankreich unter de Gaulle einer von den USA aus gesteuerten atlantischen und europäischen Integration entgegenbrachte, wurde von einer viel breiteren Kräftekonstellation innerhalb Europas getragen, als man auf Grund des folkloristischen Erscheinungsbildes der Politik des französischen Präsidenten vermuten sollte. (Vgl. etwa die positive Beurteilung de Gaulles in Willy Brandts Memoiren.) Andererseits war der verschiedentlich als „euronationalistisch" umschriebene Standpunkt der Gaullisten auch in Frankreich selbst umstritten (Lerner/Gordon 1969). Das hing eng mit der Penetration der französischen und europäischen Ökonomien durch das multinationale amerikanische Kapital zusammen, wogegen sowohl aus politischen Gründen als auch auf Grund konkurrenzpolitischer Erwägungen Widerstand bestand. Die Versuche der Franzosen, einen selbständigen europäischen Rahmen für die Internationalisierung des Kapitals zu schaffen, resultierten 1965 in der Einsetzung einer EWG-Kommission unter Leitung von R. Marjolin, auf deren Empfehlung hin Frankreich wenig später eigene Vorschläge für eine Europäische Unternehmensverfassung unterbreitete. Diese und ähnlich gelagerte Initiativen wurden jedoch durch die Verschärfung der Krise der euro-atlantischen Integration (1965/66) durchkreuzt und verhindert.

Servan-Schreiber   Die französischen Vorschläge waren von dem Gedanken geleitet, daß die westeuropäische Wirtschaft der amerikanischen gleichwertig werden müsse. Davon handelte auch das Buch *Le défi américain* (Die amerikanische Herausforderung), das der 1924 geborene französische Publizist J. J. Servan-Schreiber 1967 veröffentlichte.

Servan-Schreiber hatte als Pilot der von de Gaulle geführten Freien Französischen Streitkräfte während des Zweiten Weltkriegs ein abenteuerliches Leben geführt und später als enger Mitarbeiter von P. Mendès-France Karriere gemacht. Dieser hatte als französischer Ministerpräsident Mitte der 50er Jahre den Indochinakrieg beendet und war Anhänger einer Modernisierung der französischen Wirtschaft auf der Grundlage des Fordismus. Zur Unterstützung der politischen Bestrebungen von

Mendès-France gründete Servan-Schreiber 1953 das politische Wochenblatt *L'Express*. Seine Anklageschrift gegen den Kolonialkrieg in Algerien, die er nach Ableistung seines Militärdienstes dort verfaßte, machte ihn in ganz Frankreich bekannt (Mendès-France 1974:58).

Le défi américain wurde zum Bestseller, da in diesem Buch heftige Kritik an der amerikanischen Politik im allgemeinen und der Vietnampolitik im besonderen mit einem Plädoyer für die Interessen jener Bereiche der europäischen Wirtschaft verknüpft wurde, die durch technologische und betriebsstrukturelle Modernisierung der amerikanischen Konkurrenz entgegentreten wollten.

„Die heutige Entwicklung," schrieb Servan-Schreiber (1967:207), „läuft darauf hinaus, daß die europäische Industrie nach und nach von der Übermacht der US-amerikanischen zerstört wird. Für eine Gegenoffensive ist daher eine Strategie erforderlich, die jene Unternehmen, die dieser Herausforderung am besten gewachsen sind, systematisch unterstützt."

Für diese Förderung müßten etwa 50 bis 100 europäische Unternehmen selektiert werden, die in der Lage seien, gegen die amerikanische Konkurrenz auf dem Weltmarkt erfolgreich bestehen zu können.

Um einer „Kolonisierung Europas durch die USA" entgehen zu können – und in diesem Punkt wich Servan-Schreiber von der gaullistischen Vorstellung eines Europa der Vaterländer ab –, sei eine auf Mehrheitsbeschlüssen basierende Entscheidungsstruktur der EWG politisch unentbehrlich (Servan-Schreiber 1967:227).

Er forderte, daß die Sozialisten die Vormachtstellung der französischen Kommunisten im linken Lager durchbrechen und sich zu einer eigenständigen Partei mit Führungsanspruch entwickeln sollten. Dieses Ziel könne erreicht werden, wenn sie politisch für die notwendige Modernisierung und Rationalisierung der europäischen Wirtschaft eintreten würden. Ähnlich wie die nordeuropäische Sozialdemokratie müsse sich die französische von einer sozialistischen Arbeiterpartei zu einer demokratisch-modernistischen Kraft entwickeln, die auch und besonders für mittlere und höhere Wählerschichten aus Verwaltung, Wirtschaft und Wissenschaft attraktiv sei. Servan-Schreiber sah in F. Mitterrand die geeignete Führungspersönlichkeit einer solchen Partei (ibd.:273; vgl. Bihr 1989).

9.3.7 *Europäische Integration und sozialistische Strategie*

Die Thesen von *Le défi américain* wurden von der Wirklichkeit des französischen Mai 1968 und einem ungeahnten Aufschwung der Arbeiter- und Studentenbewegungen in ganz Europa eingeholt. Aus diesen Protestbewegungen heraus, die sich vor allem gegen die amerikanische Kriegsführung in Vietnam richteten, entstanden auch einige neue Theorien zum westeuropäischen Integrationsprozeß, die allesamt auf die eine oder andere Weise auf die Thesen Servan-Schreibers reagierten.

Ein wichtiger Ausgangspunkt bei dieser sich entfaltenden *Europa-Debatte* waren die (im nationalen, europäischen und atlantischen Rahmen) festzustellenden großen Fusionsbewegungen innerhalb der westeuropäischen Industrie, die vor allem seit 1965 in Gang gekommen waren. Im Laufe der 60er Jahre hatte sich außerdem

Europa-Debatte

gezeigt, daß (u.a. im Rahmen der *Ostpolitik* Willy Brandts) sich Teile des europäischen Kapitals eigene Expansionsräume in Osteuropa zu erschließen suchten. Eine der diese Debatte beherrschenden Fragen war, welche Bedeutung die skizzierten Entwicklungen für die Arbeiterbewegungen in den europäischen Ländern habe.

Mandel
In seinem Buch *Die EWG und die Konkurrenz Europa-Amerika* aus dem Jahre 1968 legte der belgische Marxist Ernest Mandel in einer Reaktion auf Servan-Schreiber dar, daß das europäische Kapital in Wirklichkeit bereits dem amerikanischen Konkurrenzkapital den Kampf angesagt habe. Anhand einiger Beispiele (Hoogovens-Hoesch, Dunlop-Pirelli, Agfa-Gevaert) zeigte er die Tendenz zur Bildung internationaler europäischer Konzerne auf, eine Tendenz, die seiner Ansicht nach künftig noch zunehmen werde. Er behauptete, daß die gegenseitige Verflechtung und Durchdringung des europäischen Kapitals größer sei als die des nationalen Kapitals (1970:44). Mandel vertrat in dieser Debatte eine Position, die Trotzki vor ihm bereits einmal eingenommen hatte. In der damaligen Diskussion, in die sich auch Lenin eingemischt hatte, ging es um die Frage, ob die Arbeiterbewegung die Schaffung von „sozialistischen Vereinigten Staaten von Europa" in ihre Strategie miteinbeziehen solle oder nicht. Es war klar, daß eine solche Strategie überhaupt nur Sinn machte, wenn es ein „europäisches Kapital" gab.

Außerdem war Mandel der Ansicht, daß eine ökonomische Krise den Integrationsprozeß entweder weit zurückwerfen oder drastisch beschleunigen würde. In Krisenzeiten ersuche das Kapital erfahrungsgemäß um staatliche Unterstützung; erst wenn die fiskalischen, finanziellen und monetären Instrumente von den Nationalstaaten an übergeordnete europäische Instanzen abgetreten worden seien, könne es aber Hilfe von der EWG erwarten. Dann sei die Integration allerdings bereits unumkehrbar geworden (Mandel 1970:113).

europäische Bourgeoisie
Die Implikationen der Analyse Mandels, daß nämlich eine europäische Bourgeoisie bereits im Entstehen begriffen sei, was eine Antwort der Arbeiterbewegung erforderlich mache, standen in einem gespannten Verhältnis zur sowjetmarxistischen Beurteilung der europäischen Integration. Es liege im Interesse der UdSSR, daß sich die einzelnen europäischen Staaten sowohl gegen die Hegemonie der USA als auch gegen das Wiedererstarken des westdeutschen Kapitalismus zur Wehr setzten. Daneben wurde in Einzelstudien aus der UdSSR und der DDR (z.B. Klein 1965:143f.) auf die Tatsache hingewiesen, daß Frankreich versuche, mit Hilfe seiner eigenen Methoden der Wirtschaftssteuerung, die es eventuell auch auf die europäische Ebene übertragen wolle, seine Konkurrenzfähigkeit gegenüber der im allgemeinen als überlegen eingeschätzten westdeutschen Industrie zu verbessern. Auch die Entspannungspolitik und der Ost-Westhandel entwickele sich, nach Ansicht der osteuropäischen Autoren, zu einer Arena kapitalistischer Rivalitäten, zum einen zwischen den europäischen Ländern untereinander und zum andern zwischen Westeuropa und den USA (Tomaschewski 1973:190).

Die globale Einschätzung des Integrationsprozesses durch die kommunistischen Parteien lief darauf hinaus, daß diese Entwicklung es dem Imperialismus ermögliche, die ihm eigene, d.h. systemimmanente Umverteilung seiner Einflußsphären weiterzuführen, ohne daß es diesmal zu einem Krieg, der durch den Ost-West-Gegensatz und die Stärke des sozialistischen Lagers ausgeschlossen sei, kommen werde (Collectif 1971, 2:173).

Sowohl die Sowjetunion wie auch die kommunistischen Parteien Westeuropas sahen eine gewisse Notwendigkeit für die Arbeiterbewegung, sich mit Teilen ihrer „eigenen" Bourgeoisie, die durch die Internationalisierung des Kapitals in die Defensive gedrängt worden seien, zu verbünden. Die französischen Kommunisten machten diese Einschätzung zur Grundlage ihrer Koalitionsbestrebungen mit der sogenannten nationalen Bourgeosie, die – nach Vorstellung der Kommunisten – im Geist der Volksfrontpolitik der 30er Jahre zusammen mit den Arbeitern für mehr Demokratie kämpfen sollte.

Poulantzas

Der in Paris lehrende Grieche Nicos Poulantzas hat diese Auffassung wie auch den von Mandel benutzten Begriff des europäischen Kapitals einer eingehenden Kritik unterzogen. Er hatte diverse Studien zum Verhältnis von Staat und kapitalistischer Klassenstruktur veröffentlicht, wobei er sich auf den strukturalistischen Materialismus des Philosophen L. Althusser stützte.

amerikanische
Hegemonie

In seinem Artikel *L'internationalisation des rapports capitalistes et l'Etat-Nation* (Die Internationalisierung der kapitalistischen Produktionsverhältnisse und der Nationalstaat) aus dem Jahre 1973 zeigte Poulantzas auf, daß die Zahl der Fusionen zwischen amerikanischen und europäischen Konzernen die der innereuropäischen Fusionen weit übertraf (Poulantzas 1976:71). Die *amerikanische Hegemonie* in Europa habe aber noch eine tiefergehende Ursache: der Internationalisierungsprozeß vollziehe sich nämlich im Rahmen amerikanischer Produktivitäts- und Managementnormen. Das bedeute, daß europäische Unternehmen erst einmal mit den amerikanischen Standards gleichziehen müßten, bevor sie es wagen könnten, sich dem Wettbewerb der internationalisierten und weitgehend von amerikanischen Konzernen dominierten Branchen auszusetzen (ibd.:75).

Zwischen den einzelnen Nationalstaaten spiele sich ein Konkurrenzkampf mit dem Ziel ab, soviele Internationalisierungsprozesse und internationalisierte Konzerne wie möglich national zu binden. Dem amerikanischen Kapital würden, um es ins Land zu holen, günstige Investitions- und Profitbedingungen gewährt. Es erfahre jede nur denkbare Unterstützung, manchmal, wie im Falle der europäischen Länder, sogar gegen die Interessen des amerikanischen Staates.

„Dieses System [..] tendiert nicht zur Schaffung wirklich supranationaler und überstaatlicher Institutionen oder Instanzen." (Poulantzas 1976:85)

regionalistische
Fragmentierung

Imperialistische Rivalitäten ließen sich weder am Verhältnis zwischen nationalem und internationalem, noch am Verhältnis zwischen europäischem und amerikanischem Kapital festmachen, sondern kämen in jedem Land als besondere Konflikte zwischen politischen und unternehmerischen Strömungen, die unterschiedlichen Interessensorientierungen innerhalb des Internationalisierungsprozesses angehörten, zum Ausdruck. Daher sei das Ergebnis fortschreitender Internationalisierung nicht Integration, sondern regionalistische Fragmentierung (Baskenland u.ä.) (ibd.:92).

In Poulantzas' Perspektive verdrängen die Institutionen der Integration keineswegs die Nationalstaaten (womit wir wieder bei der Analyse von z.B. Calleo oder Cohen-Tanugi vom Beginn dieses Kapitels angelangt sind), sondern sind, wie die nationalen Staaten selbst, lediglich Bestandteile dessen, was Poulantzas *die kapitalistische Reproduktion der gesellschaftlichen Klassen im Weltmaßstab* nennt (1976:96).

289

Trend zum autoritären Staat Poulantzas glaubte nicht an die Tendenz einer weltweiten Vereinheitlichung (1976:96f.), und war daher auch nicht der Ansicht, daß das amerikanische Modell exemplarisch für die zukünftige Entwicklung des Weltsystems sei. 1973 diagnostizierte Poulantzas erste Anzeichen einer weltweiten Krise, die aber nicht etwa die (seiner Ansicht nach noch immer unangefochtene) US-amerikanische Vormachtstellung gefährden werde. Am Horizont sah er weniger eine mondiale Ausbreitung des lockeschen Zentrums, sondern eher innerstaatliche Veränderungsprozesse, in die sich die Einzelstaaten flüchten, um in der weltweiten Konkurrenz bestehen zu können. Den in ganz Westeuropa in den späten 70er Jahren sich herauskristallisierenden Komplex von Terrorismus und staatlichem Antiterrorismus deutete Poulantzas als Vorzeichen eines Trends zum starken Staat und zu autoritären politischen Systemen.

10 Abhängigkeit und Revolution in der Dritten Welt

10.1 Ungleicher Tausch und Zentrum-Peripherie-Struktur

Die Erdteile, die im Zuge der europäischen Expansion kolonisiert oder informell *abhängige* angegliedert wurden, ohne selbst Teil des angelsächsischen Zentrums zu werden, *Akkumulation* gerieten in einen Prozeß *abhängiger Akkumulation.* Darunter verstehen wir, daß der Prozeß der ursprünglichen Akkumulation, der die Bevölkerung von Grund und Boden trennt und Reichtum in Form von Kapital anhäuft, direkt verknüpft war und noch immer ist mit dem Kapital der entwickelteren Gesellschaften, die sich durch Raub und Handel dieses Reichtums bemächtigten. Als Folge dieses Abhängigkeitsverhältnisses entwickelte sich – neben den traditionellen Machthabern – eine bourgeoise Oberschicht *(Kompradoren),* die eng mit der ausländischen Kolonialmacht zusammenarbeitete. Im Unterschied zu den Gesellschaften, in denen sich die Kapitalakkumulation autonom vollzog, entstanden auf diese Weise Gesellschaften, die an ein *externes Zentrum der Kapitalakkumulation* gekoppelt sind (Amin 1976:57). Die *Amin* so entstandene kapitalistische Peripherie hat sich bis heute nicht aus dieser Abhängigkeit lösen können.

In diesem Kapitel wird uns zunächst das Phänomen des abhängigen Kapitalismus beschäftigen, dann die Theorien, welche die sozialistisch orientierten Revolutionen in der Dritten Welt mitgeprägt haben, und schließlich die amerikanische Modernisierungstheorie und ihre Kritiker.

10.1.1 Das lateinamerikanische Modell

Anfang des 19. Jahrhunderts nutzten die Länder Lateinamerikas die Besetzung der Iberischen Halbinsel durch Napoleon zur Durchsetzung ihrer politischen Unabhängigkeit. Die politischen Verhältnisse in Südamerika waren vom feudalen Grundbesitz und vom Katholizismus, der im 16. und 17. Jahrhundert aus Spanien und Portugal eingeführt worden war, bestimmt. Doch hatte die Unabhängigkeit, die den US-amerikanischen und britischen Handelsinteressen sowie den Belangen der einheimischen *Kompradoren* entgegenkam und dementsprechende Unterstützung fand, den

Zugriff der Gegenreformation und des parasitären Militärs auf diese Gesellschaften kaum gelockert.

> „Diese Regionen des amerikanischen Kontinents," notierte Gramsci in seinen Gefängnisschriften (1971:22), „befinden sich noch auf der Entwicklungsstufe des Kulturkampfs und der Dreyfus-Affäre, d.h. in einer Situation, in der die säkularen und bürgerlichen Elemente noch nicht so weit sind, daß sie die klerikalen und militaristischen Einflüsse und Interessen der Säkularpolitik des modernen Staates unterzuordnen vermögen."

Obwohl zwischen einer städtisch-liberalen Handelsklasse und einem konservativen Block von Klerus und Großgrundbesitzern unterschieden werden muß, hatten sich um diese beiden Pole herum gesellschaftliche Gruppierungen etabliert, die den Staat faktisch annektiert hatten. Was diese Gruppierungen miteinander verband, waren

> „ihre grundlegende Übereinstimmung in Überzeugungen und Denkweisen, ihre völlige Verachtung der Massen und ihre kultisch anmutende Selbstsucht. Sie fühlten sich mehr ihrer Klasse und Kaste verpflichtet als der Nation" (Gerassi 1968:26).

Die Militärdiktatur wurde zur gängigen Staatsform, und der Caudillo, der militärische Machthaber, war das moderne Gegenstück zum Condottiere, dem politischen Militärkommandanten aus der Zeit Machiavellis. In Mittelamerika konnte nicht einmal andeutungsweise von einem Staatswesen die Rede sein. Es wird von einem amerikanischen Botschafter berichtet, dem es während einer Reise durch die Landenge Mitte des 19. Jahrhunderts nicht gelang, eine geeignete Autorität zu finden, der er sein Beglaubigungsschreiben hätte vorweisen können (Garraty/Gay 1981:811).

Allein schon der Hinweis auf die an früherer Stelle erwähnte *Monroe-Doktrin* aus dem Jahr 1823 dürfte ausreichend deutlich machen, wie begrenzt die von den USA (unter stillschweigender Zustimmung Englands) abgesteckten Möglichkeiten einer eigenständigen Politik Lateinamerikas in Wirklichkeit waren. Die Bedingungen für die (abhängige) Akkumulation und den Prozeß der Staatenbildung in Lateinamerika wurden weitgehend vom informellen angelsächsischen Imperialismus bestimmt.

Mexiko mit seiner überwiegend indianischen Bevölkerung wurde Mitte des 19. Jahrhunderts in einen Krieg mit den USA verwickelt, die 1845 Texas annektiert hatten. Als Folge der mexikanischen Niederlage kam es zu einer bürgerlichen Revolution, die Frankreich (Napoleon III.) durch eine militärische Intervention zu unterdrücken versuchte. 1910 brach in Mexiko erneut eine Revolution aus, die erste demokratische Revolution des 20. Jahrhunderts. Die aufständischen Bauern selbst waren aber nicht in der Lage, eine eigenständige Staatsmacht zu formen; sie haben jedoch durchaus die von bürgerlichen Politikern und Militärs geschaffene Staatsstruktur mitgeprägt. Die Merkmale des mexikanischen Staats und seiner Gesellschaft, in denen Löwy (1981:166f.) das Resultat einer unvollendeten Volksrevolution sieht, sind:

1. eine „bonapartistische Demokratie" (Löwy spielt hiermit auf die Herrschaft Napoleons III. in Frankreich an), d.h. eine populistische Einparteienherrschaft mit einer starken, personengebundenen Staatsmacht;

2. eine Landreform, die zwar die halbfeudalistischen Haziendas beseitigte, doch wiederum einen stark konzentrierten, diesmal kapitalistischen Landbesitz hervorgebracht hat, während die landlose bäuerliche Bevölkerung weiter verarmte;

3. eine größtenteils verstaatlichte Infrastruktur (Transport, Verkehrsverbindungen, Versorgungseinrichtungen) und, im Falle Mexikos, eine Ölindustrie, die im Laufe der 30er Jahre zu einem starken, staatskapitalistischen Sektor geworden ist und Mexiko eine gewisse Verhandlungsposition gegenüber dem mächtigen Nachbarn im Norden gesichert hat.

Dieser Staats- und Gesellschaftstyp *(bonapartistischer Staatskapitalismus)* hat sowohl als Entwicklungsmodell für die kapitalistische Peripherie, als auch bei der Entstehung neuer theoretischer Ansätze zur Weltpolitik eine große Rolle gespielt.

bonapartistischer Staatskapitalismus

10.1.2 *Importsubstitution und hobbesscher Staat*

Der bonapartistische Staatskapitalismus ist eine Variante dessen, was wir bereits mit dem Begriff hobbesscher Staat zu beschreiben versucht haben, ein Staat, der durch eine Revolution von oben Einfluß auf die gesellschaftliche Entwicklung erlangen will, um sich in der Konfrontation mit dem politisch und ökonomisch stärkeren lockeschen Zentrum behaupten zu können.

Zur Realisierung eines ausgeprägten hobbesschen Verhältnisses von Staat und Gesellschaft mangelte es den lateinamerikanischen Staaten des 19. und 20. Jahrhunderts an der notwendigen ökonomischen und politischen Autonomie. Der Prozeß der abhängigen Akkumulation, der durch die starke Machtposition der *Kompradores* auf Dauer gestellt wurde, verhinderte eine vergleichbare Entwicklung wie etwa in der Sowjetunion (und davor bereits in Europa und Japan).

„Es gibt keine Möglichkeit für eine von nationalen bürgerlichen Kräften dominierte nationale Entwicklung. [...] Die europäische Geschichte des 19. Jahrhunderts wird sich im Mexiko des 20. Jahrhunderts nicht wiederholen," meint J. L. Reyna (zit. in Löwy 1981:169).

Das Zusammentreffen zweier Umstände, nämlich einerseits die Eingliederung der Gesellschaften in die Weltwirtschaft, was u.a. Proletarisierung und Landflucht großer Teile der Bevölkerung zur Folge hatte und andererseits der Abfluß des Reichtums ins Zentrum, vereitelten den Aufbau einer eigenen, nationalen Industrie. Der mit einer eigenen industriellen Entwicklung auf Dauer notwendig werdende relative Ausgleich sozialer Gegensätze fand daher auch nicht statt, was zu einer katastrophalen Kluft zwischen Arm und Reich geführt hat. Unter solchen Bedingungen nahm der Staat den Charakter eines „Ausnahme- oder Notstandsstaat[s] in Permanenz" an (Sonntag 1973:174). Die Regime von Cardenas im Mexiko (1934-1940) bzw. Peron in Argentinien (1944-1955) sind noch am ehesten dem hobbesschen Modell vergleichbar, wobei Populismus und Korporatismus diesem Staatstyp ein autoritär-sozialistisches bzw. semi-faschistisches Gepräge gaben.

Ausnahmestaat in Permanenz

In Brasilien, das seine Unabhängigkeit im Gegensatz zu den übrigen Ländern Lateinamerikas ohne Krieg gegen das Mutterland erlangen konnte (der portugiesische Regent Brasiliens rief sich selbst 1822 zum autonomen Kaiser des Landes aus), vollzog sich unter der Monarchie ein allmählicher Aufbau eines bürokratischen Staates, in dem nach dem Krieg mit Paraguay (1865-1870) das republikanische und nach Modernisierung strebende Berufsmilitär zu einem wichtigen politischen Faktor wurde. Nach einer republikanisch geprägten Periode ab 1889, in der vor allem Sao Paulo als mächtigster Bundesstaat das föderalistische brasilianische Staatswesen faktisch beherrschte, wurde 1930 unter Führung von Getúlio Vargas auch hier ein starker – und in gewisser Hinsicht sogar progressiver – Staat etabliert, der allerdings auch eine semi-faschistische Periode erlebte (Estado Novo, 1937-1945). Ganz allmählich ließ dieser hobbessche Staat auch mehr „Gesellschaft" zu, wie Lamounier (1989:121) es ausdrückt. Daß die Gesellschaft größere Artikulationsmöglichkeiten erhielt, war nicht etwa eine Errungenschaft der Gesellschaft selbst; vielmehr wurde der Rahmen für eine zukünftige Interessenvertretung durch den Staat selbst abgesteckt:

> „Ein Großteil der eingeführten Gesetze [wurden] als Vorwegnahme"

zukünftiger Entwicklungen erlassen.

Diese politische Entwicklung wurde mit dem Versuch einer *Importsubstitutionspolitik* verknüpft, d.h. drastische Importbeschränkungen, die zu Preissteigerungen führten, sollten die im Inland produzierten Güter wettbewerbsfähiger machen. Durch diesen Mechanismus sollte eine einheimische und für die Binnennachfrage produzierende Industrie auf die Beine gestellt werden. Anders ausgedrückt: die Kapitalakkumulation sollte – zumindest in Teilbereichen – im Lande selbst konzentriert werden. Voraussetzung eines derartigen Kurses in den genannten Ländern war aber, daß die Staaten ihre schmale gesellschaftliche Grundlage verbreiterten und ihre traditionell oligarchische Staatsform durch ein Interessenbündnis (Sozialpakt) zwischen den gesellschaftlichen Klassen auflockerten. Gleichzeitig wurde das Industrieproletariat auf populistischem und korporativem Wege mobilisiert, um die neu entstehende, nationale Industriebourgeoisie in ihrem Machtkampf gegen die alte Oligarchie zu unterstützen (Fernandez Jilberto 1987:74). Trotz relativer Erfolge wurden jedoch die Oligarchie und die Kompradores nicht entscheidend geschwächt und aus den Schlüsselpositionen der Macht vertrieben. Daher bezeichnet Löwy diesen Prozeß als eine *Semi-Revolution von oben* (1981:164).

Semi-Revolution von oben

Ähnliche Entwicklungsmuster (wie in Mexiko und später in Brasilien und Argentinien) gab es auch in der Türkei unter Atatürk (1919-1938), in Indien unter Nehru (1947-1964), in Ägypten unter Nasser (1952-1970) und in Indonesien unter Sukarno (1945-1966). Diese Semi-Revolutionen von oben zeichneten sich durch die Herrschaft einer

> „bonapartistischen Führerfigur [aus], die, von der breiten Masse getragen, einige bedeutende Reformen durchführt," schreibt Löwy (ibd).

Die Reformen aber blieben instabil und gefährdet, gerade weil der Bestand des Sozialpakts in so großem Maße von der Person und dem Charisma des jeweiligen Machthabers abhängig war. Die oft als Träger des selbständigen wirtschaftspolitischen Kurses beschworene nationale Bourgeoisie hat sich ebenfalls als wenig zuverlässig erwiesen. Kolko (1989:45f.) spricht daher lieber von einer

„doppelgesichtigen Elite, die fähig ist, sowohl die Rolle des Nationalisten als auch die des Kompradoren zu spielen."

Durch die Vormachtstellung der USA auf dem Subkontinent, die beispielsweise 1954 durch ihre einflußreiche Rolle beim Sturz der Regierung Arbenz in Guatemala erkennbar war, mußte das Zusammenrücken der lateinamerikanischen Staaten fast zwangsläufig anti-amerikanische Züge annehmen. Als 1954 bekannt wurde, daß Brasilien, Argentinien und Chile über ein Kooperationsabkommen (den sog. ABC-Block) verhandelten, das ihre Unabhängigkeit den USA gegenüber vergrößern sollte, wurde der brasilianische Präsident Vargas von antikommunistischen Militärs zum Rücktritt gezwungen. In einem Brief, den er bei seinem Selbstmord hinterlassen hatte und der als sein politisches Vermächtnis gilt, klagte er seine Belagerer an als „Kräfte, welche die gegen das Volk gerichteten Interessen koordinierten." Diese Kräfte seien durch die Beschränkungen des Profittranfers ins Ausland und die Verstaatlichungen im Öl- und Energiesektor auf den Plan gerufen worden. Ausländische Konzerne machten Supergewinne von 500%, während Brasilien zu überhöhten Preisen importieren müsse (zit. in Füchtner 1972:184).

Obwohl die Authentizität dieses Briefs umstritten ist, so beschreibt er doch treffend die Stimmungslage des national engagierten Teils der lateinamerikanischen Bourgeoisie, unter deren wirtschaftspolitische Bestrebungen durch rechtsorientierte Militärputsche (Brasilien 1964, Chile 1973) ein (vorläufiger) Schlußstrich gezogen wurde.

10.1.3 Dependenztheorie und ungleicher Tausch

Die Erfahrungen mit der Entwicklung eines hobbesschen Staatstypus und der Importsubstitutionspolitik zwischen 1930 und 1960 veranlaßten diejenigen, die diesen Prozeß aktiv mitgetragen und begleitet hatten, zu einer theoretischen Kritik der weltwirtschaftlichen Mechanismen, die sowohl Anlaß wie auch Ursache des Scheiterns der lateinamerikanischen Experimente gewesen waren. Diese Kritik hat sich in den *Dependencia*-Theorien niedergeschlagen.

Raúl Prebisch war ökonomischer Berater und Arbeitsminister derjenigen Generäle, die 1955 Peron aus seinem Amt gejagt hatten und wurde 1964 erster Generalsekretär der UNCTAD, der neu ins Leben gerufenen Welthandelskonferenz der UNO. Er war ebenfalls als Leiter eines Forschungsprojekts der ECLA (*Economic Commission for Latin America*) tätig, einer (1947 gegründeten) Planungsorganisation der UNO, die ihren Sitz in Santiago de Chile hatte. Die Zielsetzungen der ECLA waren vor allem praktischer Natur und theoretische Arbeiten waren eher Nebenprodukte (Kay 1989:25). Ausgehend von seinen Erfahrungen mit der argentinischen Politik der Importsubstitution formulierte Prebisch eine Kritik der klassischen Handelstheorie des komparativen Kostenvorteils, nach der jedes Land sich auf diejenigen Wirt-

[Marginalie: Prebisch Kritik an der Theorie des komparativen Kostenvorteils]

295

schaftssektoren spezialisieren soll, in denen es vergleichsweise am kostengünstigsten produzieren kann. Durch ihre Rolle als Lieferanten von Agrarprodukten und Rohstoffen seien diese Länder zur Peripherie des industriell entwickelten Zentrums geworden. Das Austauschverhältnis zwischen den Rohprodukten der Peripherie und den industriellen Produkten des Zentrums habe sich beständig zuungunsten der Peripherie verändert, d.h. die Exportpreise für landwirtschaftliche Produkte und Rohstoffe seien relativ zu denen der Importpreise für industrielle Produkte immer mehr gesunken.

Terms of trade Die Verschlechterung der *Terms of trade* (Handelsbedingungen) ist der zentrale Ausgangspunkt der prebischen Analyse, die er in seiner Veröffentlichung *The Economic Development of Latin America and Its Principal Problems* aus dem Jahre 1950 zum erstenmal formuliert hat. Die Ursache dieser negativen Entwicklung sieht Prebisch in den sog. Demonstrationseffekten, d.h. in der Nachahmung westlicher Konsummuster durch die Oberschichten der Peripherie, was zu einer überproportionalen Einfuhr von Industriegütern geführt habe. Dieser gesteigerte Importbedarf zwinge dann die Peripherie, auch zu ungünstigen Preisen, die sich durch eine stetig sinkende bzw. stark fluktuierende Nachfrage des Zentrums nach Rohprodukten ergäben, immer mehr zu exportieren.

Dieser Umstand sowie das Versagen ausländischer Investoren, eine eigenständige, auf die Vergrößerung der Binnenmärkte gerichtete industrielle Entwicklung zustande zu bringen, führten Prebisch zu der Zielvorstellung, *über eine Verbesserung der Terms of trade und über eine eigenständige Industrialisierung eine Veränderung der internationalen Arbeitsteilung herbeizuführen* (Szentes 1985:43). Zu diesem Zweck müsse auch die auf die Schaffung eines Binnenmarktes gerichtete Importsubstitution ausgedehnt werden. Weitere Exportmärkte sollten, z.B. durch die Schaffung bzw. den Ausbau regionaler Freihandelszonen (wie etwa der LAFTA in Lateinamerika) erschlossen werden (Kay 1989:46). Diesen Zielkatalog, der über die UNCTAD realisiert werden sollte, übernahm die Bewegung der blockfreien Länder. Als es der OPEC (Organisation der Erdöl exportierenden Länder) 1973 gelang, eine Ölpreiserhöhung zu erzwingen, schien es, als ob die genannten Ziele eine Realisierungschance hätten.

Die Prebische Analyse der weltwirtschaftlichen Strukturen hatte allerdings deren Furtado spezifisch kapitalistischen Charakter sowie den sozialpolitischen Verhältnissen keine Aufmerksamkeit geschenkt. Diese Aspekten versuchte Celso Furtado gerecht zu werden. Furtado war Minister für Wirtschaftsentwicklung in Brasilien und Architekt eines sozialökonomischen Dreijahresplanes, dessen Durchführung 1964 aber durch den Militärputsch verhindert wurde. Während seiner Amtszeit versuchte er zwischen den Blöcken der konservativen brasilianischen und US-amerikanischen Kräfte und der sich immer rascher radikalisierenden Opposition im eigenen Lande zu lavieren (Füchtner 1972:204). Aus seinen Erfahrungen mit der *Kompradoren-Elite* gelangte er in einer langen Serie von Publikationen, die mit der Veröffentlichung von *Development and Underdevelopment* (1964) ihren Anfang nahm, zu dem Ergebnis, daß eine kleine Elite von Großgrundbesitzern, Bürokraten und freien Berufsständen in der Peripherie den Lebensstil der Elite aus Ländern mit viel höherer Arbeitsproduktivität kopiere. Es sei ihr gelungen, Produktionsstrukturen durchzusetzen, die ganz auf die Befriedigung ihrer Luxusbedürfnisse abgestellt seien. Die nationalen Entwicklungsstrategien seien somit nur an den Bedürfnissen einer kleinen Oberschicht orientiert gewesen. Aus einem „kulturellen Dualismus" sei so ein „Dualismus der Produktion" entstanden, wodurch der Lebensstandard der großen Bevölkerungsmehrheit gesunken sei (Furtado 1972:324 u. 327). Diese Einschätzung spiegelt in erster Linie die lateinamerikanische Situation wider, in der die nationalen *Enklaven* einer kleinen Kompradorenelite (mehr als in Asien und Afrika) für die Fremdbestimmung ihrer Nationalökonomien durch die Interessen der USA und Europas verantwortlich zu machen sind (Szentes 1985:60).

Luxusbedürfnisse

Dualismustheorie

10.1.4 Dekolonialisierung in Asien und Afrika

In Asien und Afrika setzte die Phase der Entkolonialisierung zwar erst später ein, ist aber häufig von ähnlichen Klasseninteressen, die mit den überkommenen sozialen und internationalen Verhältnissen aus der Kolonialzeit verflochten waren, geprägt gewesen. Die Abtretung der Macht an den indischen Nationalkongreß im Jahre 1947 beruhte auf einem Kompromiß zwischen der starken nationalen Bourgeoisie und den Kolononialherren. Die indische Bourgeoisie hatte sich im Laufe einiger Jahrzehnte einen Großteil der nationalen Wirtschaft (vor allem der Industrie) angeeignet und hatte gegen Ende des Zweiten Weltkriegs, trotz großer Entbehrungen der eigenen Bevölkerung, dem englischen Mutterland sogar Kredite gewährt (Roy: 1986;13). Dieser Kompromiß war von der gemeinsamen Furcht vor einem revolutionären Dekolonialisierungsprozeß diktiert. Mit Sorge beobachtete man das Aufkommen einer starken sozialen Bewegung im Lande sowie die Meutereien in der indischen Armee, wobei es zu gemeinsamen und koordinierten Aktionen von Moslimen und Hindus gekommen war. 1944 hatte die indische Bourgeoisie, angeführt von den Familien Tata und Birla, den Briten bereits Vorschläge für eine Selbstverwaltung Indiens vorgelegt. Erst Gandhi und Nehru aber gelang es, auf der Grundlage dieser Pläne und angesichts der revolutionären Situation Indien in die Unabhängigkeit zu führen.

„Die Vereinbarungen von 1947," schreibt Roy (1986:29), „stellten somit den fortschrittlichsten *Kompromiß* dar, der zum Rückzug der politischen Macht der Briten aus Indien geführt hat; zugleich bedeuteten sie für die nationale Bewegung Indiens einen ernsthaft *kompromittierten* Fortschritt, da der Fortschritt strukturell beschränkt war."

Der Dekolonialisierungsprozeß in Indonesien dagegen hatte mehr populistische Züge, da die nationale Revolution hier in erster Linie von den aufständischen Massen der Landbevölkerung getragen wurde (Wertheim 1977:232). Ein niederländischer Funktionär der Kolonialverwaltung stellte im Nachhinein fest, daß man es in Indonesien – im Unterschied zu Indien – versäumt habe, sich rechtzeitig mit gemäßigt nationalistischen Kräften zu arrangieren und dadurch den Dekolonialisierungsprozeß in eine Konfrontation zwischen Kommunisten und Nichtkommunisten habe abgleiten lassen (Idenburg 1961:130f.). Obwohl Sukarno 1948 den kommunistischen Kräften einen schweren Schlag zugefügt hatte, wich er doch nicht von seiner radikalpolitischen Rhetorik ab und gewährte auch den Kommunisten ausreichenden Spielraum, so daß sie allmählich wieder zu einer bedeutenden politischen Kraft wurden. Nach der Unabhängigkeit stützte sich die populistische Herrschaft Sukarnos vor allem auf die Schicht der Kleinbauern, die er idealisierte. Das ging aber nur so lange gut, wie es noch nicht zum offenen Konflikt zwischen Großgrundbesitz und den landlosen Bevölkerungsmassen gekommen war (Wertheim 1977:282). Als jedoch 1960 eine durchgreifende Landreform durchgeführt wurde, war der offene Schlagabtausch unausweichlich geworden. Fünf Jahre später wurde Sukarno durch einen von Amerika unterstützten Militärputsch, dem ein wahres Blutbad unter den Revolutionären folgte, gestürzt.

Ägypten war schon 1922 selbständig geworden und schlug in den 50er Jahren unter Nasser einen radikaleren Kurs ein; auf den Unabhängigkeitskampf in Algerien werden wir später noch einmal zurückkommen. In den meisten Fällen war das Aufkommen einer einheimischen politischen Oberschicht in Afrika jedoch das Produkt einer Mischung aus Autonomiebestrebungen und Arrangements mit den jeweiligen Kolonialmächten. Als man nach dem Zweiten Weltkrieg in Großbritannien und in Frankreich erkennen mußte, daß eine intensivere ökonomische und militärische Ausbeutung der Kolonien nur um den Preis ihrer politischen Unabhängigkeit zu erreichen war, hatten sich bereits einheimische Eliten herausgebildet, die in den kolonisierten Gesellschaften allerdings kaum über eine gesellschaftspolitische Grundlage verfügten (Hargreaves 1988:113).

Das nach Stalins Tod allmählich einsetzende Tauwetter in den Ost-West-Beziehungen wurde zumindest von den stärkeren Staaten der Peripherie zur Verringerung ihrer Abhängigkeit und zur Konsolidierung des eigenen Staatsapparats genutzt. Es gab auch Ansätze zu Blockbildungen innerhalb der Peripherie, die ohne Beteiligung – und manchmal sogar gegen den Willen – der USA und der europäischen Kolonialmächte zustandekamen. Die Zusammenarbeit der großen lateinamerikanischen Länder, die eine Politik der Importsubstitution verfolgten, geschah in der Absicht, ihre relativ schwachen Inlandsmärkte zu entwickeln (Kolko 1989:46).

Bandung-Konferenz   Vielfach orientierte sich das Unabhängigkeitsstreben afrikanischer und asiatischer Länder eher am Beispiel der chinesischen Revolution von 1949 und des Rückzugs der Franzosen aus Indochina im Jahre 1954. Im April 1955 fand im indonesischen Bandung eine Konferenz von 29 – überwiegend asiatischen und afrikanischen

298

– Staaten statt. Auf dieser Konferenz spielte China (in der Person seines Premiers Chou En-lai, der 1954 zusammen mit Nehru ein Grundsatzprogramm zur friedlichen Koexistenz der Staaten proklamiert hatte,) eine Hauptrolle und schwang sich mit Nachdruck zum Wortführer der Dritten Welt auf. Die erklärten Ziele der Konferenz waren: Dekolonialisierung, Gleichheit zwischen Nationen und Völkern, Nichteinmischung und Blockfreiheit (Singham/Hune 1986:66). 1956 wurde bei einem Treffen von Tito, Nehru und Nasser der Grundstein gelegt für die *Bewegung der blockfreien Staaten,* die 1961 erstmals in Belgrad zu einer Konferenz, an der 25 Staaten teilnahmen, zusammentrat.

10.1.5 Amin und die internationale Kapitalakkumulation

Der Ägypter Samir Amin, Jahrgang 1931, entwickelte auf der Grundlage einiger Elemente der Dependenciatheorie (strukturelle Abhängigkeit und innergesellschaftliche Widersprüche in den peripheren Ländern) eine Theorie der Gesellschaftsveränderung. Amin hatte als junger Wirtschaftswissenschaftler die ökonomische Entwicklungspolitik Nassers mitgetragen, die auch in Ägypten die Merkmale einer Revolution von oben trug. 1970 wurde er, nachdem er bereits als Berater in diversen afrikanischen Staaten tätig gewesen war, Direktor des Afrikanischen Instituts für Wirtschaftsentwicklung und Planung in Dakar.

Amins Analysen, die sich in seinen beiden Hauptwerken *L'accumulation à l'échelle mondiale* aus dem Jahre 1971 (Amin 1974) und *Le développement inégal* (1973) findet, machen in erster Linie auf den mondialen Zusammenhang der Unterentwicklung aufmerksam, dessen er sich in seiner praktischen Arbeit immer mehr bewußt wurde. Auch die scheinbar vorkapitalistischen Regionen der Weltgesellschaft sind Bestandteile der kapitalistischen Produktionsweise. Die organische Einheit des Akkumulationsprozesses, der sein Zentrum in sich selbst hat und Bourgeoisie und Proletariat zu einer nationalen Einheit verbindet, ist in diesen vorkapitalistischen Regionen jedoch zerbrochen (Amin 1974:599). *[mondialer Zusammenhang]*

> „In einer nach außen gerichteten Ökonomie kann die Einheit der Gegensätze im nationalen Kontext nicht erreicht werden; diese Einheit ist zerbrochen und kann nur im mondialen Rahmen wiedergefunden werden."

Gleichzeitig scheint Amins Theorie von seinen praktischen, staatskapitalistischen Erfahrungen mitgeprägt worden zu sein, da er die Einheit der Weltökonomie vor allem auf der Ebene der Handelsbeziehungen ansiedelt und analysiert (Szentes 1985:220f.).

Auch Amin sieht in der technologischen Abhängigkeit der Peripherie langfristig einen der Hauptgründe für den ungleichen Tausch, ein Thema, dem er sowohl in seiner Analyse *Kapitalakkumulation auf Weltebene,* wie auch in seinem anderen Hauptwerk große Aufmerksamkeit schenkt. Die Nachteile, die sich für die Peripherie durch den Austausch mit den entwickelten kapitalistischen Ökonomien ergeben, entstünden aber auch durch Ausbeutung und Auslaugung der Agrarflächen sowie *[Kapitalakkumulation auf Weltebene]* durch Raubbau an anderen natürlichen Ressourcen, was auf die Dauer ebenfalls eine Verarmung der Peripherie zur Folge haben werde (Amin 1973:131).

„Self-reliance"-Theorie Seine *Self-reliance*-Theorie, einer Strategie der Abkopplung vom Weltmarkt, scheint auch in gewissem Maße den Interessen der nationalen Bourgeoisie verpflichtet zu sein. Amin ist der Auffassung, daß der weltweite Kapitalismus nur durch ein sozialistisches Weltsystem überwunden werden könne; sein Sozialismusbegriff, schreibt Szentes (1985:248) in einer Analyse der Theorien Amins, sei jedoch stark idealistisch gefärbt und gebe keine befriedigende Antwort auf die Frage, wie er politisch zu verwirklichen wäre. Der osteuropäische Staatssozialismus war für Amin jedenfalls kein gangbarer Weg zur Realisierung des Sozialismus; er hielt ihn eher für eine verkappte Form des Kapitalismus.

Auch andere Autoren leisteten einen Beitrag zur Debatte, wie z.B. der 1946 vor dem griechischen Bürgerkrieg nach Frankreich geflohene A. Emmanuel *(L'échange inégal* aus dem Jahre 1969; Emmanuel 1972); im allgemeinen waren die Themenstellungen aber stark von den Problemen und Erfahrungen der peripheren, staatskapitalistischen Länder geprägt.

10.1.6 Fanon und die algerische Revolution

Ein wichtiges Element der Unabhängigkeitsbestrebungen in den afro-asiatischen Ländern war das Thema der Rassengleichheit. Der aus Madagaskar stammende und in Frankreich ausgebildete schwarze Psychiater Frantz Fanon (1925-1961) wurde durch sein Buch *Les damnés de la terre* (Die Verdammten der Erde) aus dem Jahre 1961, worin er diesen Aspekt zum zentralen Thema der Dekolonialisierung erhob, berühmt. 1952 publizierte er seine Erfahrungen als Psychiater auf den Französischen Antillen *(Schwarze Haut, Weiße Masken);* während des algerischen Unabhängigkeitskrieges arbeitete er in einem Lazarett.

Problem des Rassismus Fanon trat 1960 als Wortführer der vorläufigen Regierung der Republik Algerien auf einer Konferenz afrikanischer Staaten und Völkerschaften in Accra (Ghana) auf. In einer Reaktion auf die Äußerung des damaligen ghanesischen Präsidenten Nkrumah, daß die Afrikaner nicht darum schon Rassisten seien, nur weil sie als schwarze Bevölkerungsmehrheit die Regierungsmacht forderten, zumal sie nicht die Absicht hätten, die Weißen zu vertreiben, wies Fanon darauf hin, daß in Algerien selbst solche gemäßigten Auffassungen und Äußerungen bereits Mordgelüste bei den französischen Kolonisten auslösen würden. Der Kolonialismus als solcher beruhe ja in letzter Instanz auf Gewaltherrschaft und Rassenhaß. Die Greueltaten, die seit Beginn des bewaffneten Kampfes im Jahre 1954 von den Franzosen begangen worden waren, deutete Fanon als Ausdruck ihres Schuldgefühls über und der Angst vor den Folgen der strukturellen Gewalt, die dem kolonialen System innewohne (Fanon in Hermans 1960:118).

In der FLN, der nationalen algerischen Befreiungsbewegung, dominierten die kleinbürgerlichen Kräfte. Die ehemals prosperierende arabische Händlerschicht war durch die französischen Kolonisten zur Bedeutungslosigkeit degradiert worden; sogar die kommunistische Partei war „kolonisiert" und funktionierte lediglich als

300

eine Sektion der französischen KP. Dafür, daß die algerische Revolution nach ihrem Sieg (trotz durchgreifender Landreformen und Nationalisierungen) nicht – wie etwa die kubanische – eine sozialistische Wende nahm, führt Löwy verschiedene Gründe an: die Befreiungsarmee habe nicht aus Volksmilizen bestanden, sondern sei eine streng hierarchisch organisierte, reguläre Armee gewesen; der alte Staatsapparat sei übernommen worden; durch die Flexibilität des französischen Neokolonialismus sei es unter de Gaulle rasch gelungen, in Algerien wieder Fuß zu fassen; und schließlich habe der Marxismus im Befreiungskampf so gut wie keine Rolle gespielt (Löwy 1981;171f.).

Dem letztgenannten Mangel wollte Fanon abhelfen.

„Wenn man den kolonialen Zusammenhang genau unter die Lupe nimmt," schrieb er (1968:40), „dann zeigt sich, daß die [gesellschaftliche] Ausgrenzung bereits bei der Frage beginnt, ob man zu einer bestimmten Rasse bzw. Gattung gehört oder nicht. In den Kolonien [...] ist man reich, weil man weiß ist, und man ist weiß, weil man reich ist. Daher sollte der Marxismus immer dann, wenn er sich mit Problemen des Kolonialismus beschäftigt, seinen analytischen Horizont erweitern."

Im übrigen war Fanon der Ansicht, daß sowohl der Kampf zwischen Kolonialismus und Antikolonialismus als auch der zwischen Kapitalismus und Sozialismus an Bedeutung verlören.

„Was heute zählt, was sich als Problem bereits am Horizont abzeichnet, ist die Notwendigkeit einer Umverteilung des Wohlstands. *Entweder wird die Menschheit eine Lösung für dieses Problem finden, oder aber an ihm zugrundegehen.*" (1968:98; Hervorh.v.V.)

Einmal abgesehen davon, daß Fanon sich von revolutionärer Gewalt eine reinigende Wirkung versprach, sah er die Lösung der Probleme in dem Streben nach einer Neuen Weltwirtschaftsordnung – ein Begriff, der aber erst in den 70er Jahren geprägt worden ist. Vor dieser Zeit war Fanon, im Alter von 36 Jahren, bereits an Krebs gestorben.

10.2 Revolution und Befreiungskampf – China, Kuba, Vietnam

Seit der Russischen Revolution wurde der Emanzipationsprozeß der Peripherie auch von radikaleren, nach sozialistischer Gesellschaftsveränderung strebenden, Strömungen beeinflußt. Die Konsolidierung der UdSSR (Sozialismus in *einem* Land) hatte aber zur Folge, daß sich die sowjetische Führung bei der Unterstützung auswärtiger Revolutionen eher zurückhaltend verhielt. Das wurde zum erstenmal im Spanischen Bürgerkrieg deutlich und zeigte sich auch im Verhältnis zur Chinesischen Revolution.

„Noch 1948 gab Stalin Mao den Rat [...], mit der Kuomintang Frieden zu schließen. Als er von Maos Plänen einer Großoffensive erfuhr, verwarf er sie als unrealistisch und leichtsinnig," schreibt Deutscher (1966:576). „[Stalin] dachte geringschätzig über Partisanen, zweifelte an den Chancen des Kommunismus in China und stand jeder Revolution argwöhnisch gegenüber, die ohne seine Einwilligung durchgesetzt werden sollte und außerhalb seines militärischen Machtbereichs stattfand."

10.2.1 China und der Maoismus

Die Guerilla, die der Chinesischen Revolution 1949 zum Sieg verhalf, orientierte sich – trotz aller offiziellen Treuegelöbnisse an die Adresse von Lenin und Stalin – an einer gänzlich eigenständigen Revolutionstheorie, die sich bereits in den 20er Jahren von der Sowjetstrategie einer Arbeiterrevolution in den Städten abgekehrt hatte. Die von der Komintern empfohlene Strategie eines Zusammengehens mit der nationalen Bourgeosie, die sich in der Kuomintang organisiert hatte, war ja für die chinesische kommunistische Partei *(KPCh)* in eine Katastrophe gemündet. Es war zu blutigen Kommunistenverfolgungen gekommen, und gegen Ende 1927 waren die kommunistischen Organisationen in den Städten durch die Kuomintang fast restlos zerschlagen worden.

Mao Tse-Tung   Gezwungenermaßen leitete Mao Tse-Tung (1893-1976) eine Neuorientierung der Parteistrategie auf die ländlichen, bäuerlichen Regionen ein. Mao, Mitbegründer der KPCh und selbst Sohn eines Bauern, war bereits in den 20er Jahren aufgrund seiner Erfahrungen mit der Bauernbewegung seiner Heimatprovinz Hunan zu der Einsicht gelangt, daß in China nicht die Arbeiter, sondern die Bauern der eigentlich revolutionäre Faktor seien, weshalb die KPCh nur über eine Bauernrevolution zur Macht gelangen könne. Sein Versuch, nach den Niederlagen von 1927 und 1929 einen Bauernaufstand zu organisieren, schlugen aber fehl, und er mußte vorübergehend seinen Platz in der Parteiführung räumen. Die geschlagene KPCh konnte sich auf ihrer Flucht, die sie erst in den Süden, dann auf dem berühmt gewordenen *Langen Marsch* an der tibetanischen Grenze entlang nach Norden führte, trotz enormer Verluste wieder konsolidieren. 1935 wurde Mao Parteiführer. Die Eroberung der Region rundum Yenan in der nördlichen Provinz Schensi (das sog. *befreite Gebiet),* das den Kommunisten als Experimentierfeld für soziale Reformen und als Trainingsbasis für ihre Volksarmee, die komplette Divisionen umfaßte, diente, hatte auch beträchtliche Auswirkungen auf die Lehre und das politische Programm der Revolution (Wertheim 1977:354).

Während des Zweiten Weltkriegs gelangte Mao zu der Auffassung, daß

„der einzig gangbare Weg, die Probleme zu bewältigen, den Feind zu besiegen und ein neues China aufzubauen, in einer Politik der Stärkung und Ausweitung der gegen Japan gerichteten Nationalen Einheitsfront liegt und in der Mobilisierung der dynamischen Kräfte der ganzen Nation" (Mao 1971:143).

nationaler   Da die Kuomintang ihre Aufgabe eher darin sah, die Kommunisten, anstatt die Japa
Unabhängigkeits-   ner zu bekämpfen, wurde nicht sie, sondern die KPCh immer mehr zum Symbol des
kampf   nationalen Unabhängigkeitskampfes, was zu einem stetigen Anstieg ihrer Mitgliederzahlen führte (1937: 30.000; 1945: 1,2 Mio.) (Löwy 1981:116).

Mao lieferte in seinen Schriften aus dem Jahre 1937 *(Über die Praxis* und *Über den Widerspruch)* eine eigene, didaktisch gefärbte Interpretation des Verhältnisses von Dialektik und historischer Erfahrung. In der zweiten Schrift unterschied er zwischen äußeren und inneren Ursachen für Veränderung. Er führte aus, daß eine äußere Ursache, z.B. die russische Oktoberrevolution, zwar Voraussetzung für einen Wandel (in China) sein könne, daß dieser Wandel selbst aber nur auf der Grundlage der „inneren Entwicklungsgesetze" (Chinas) stattfinden könne. Er nannte die „innere Ursache" die *Grundlage* jeglicher Gesellschaftsveränderung (Mao 1971:89).

innere Ursache

Diese nur scheinbar abstrakte Positionsbestimmung macht deutlich, welches Gewicht Mao und seine Anhänger einem eigenständigen, den innerchinesischen Gegebenheiten entsprechenden, Weg zum Sozialismus beimaßen. Das äußerte sich auch in seinem Konzept der *nationalen Demokratie.* Sie war als Übergangsphase zum Sozialismus gedacht. In ihr sollte keine Diktatur des Proletariats herrschen, sondern eine Diktatur des Volkes in Form eines revolutionären Bündnisses aller Klassen (einschließlich der nationalen Bourgeoisie), allerdings unter Führung der KPCh. Nach der Auffassung von Löwy (1981:117) stellt dieses Konzept aber nur einen unvollständigen Bruch mit dem Stalinismus dar. Anders ausgedrückt: was beide Konzepte gemeinsam haben, ist die Strategie der Revolution von oben.

nationale Demokratie

Revolution von oben

Der Maoismus kann als ein Versuch bezeichnet werden, eine spezifische Form der sozialistischen Revolution für koloniale und halbkoloniale Länder zu entwickeln. Insofern ist es auch nicht verwunderlich, daß China eine wichtige Rolle auf der Bandung-Konferenz spielte.

Nach van Ness (1970:10) war die Periode des chinesischen revolutionären Internationalismus auf die Jahre 1949-1952 beschränkt. Erst ab 1958 zeigte die Außenpolitik wieder militantere Züge. In einer Zeit, in der in der UdSSR ein Prozeß der außenpolitischen Normalisierung eingesetzt hatte (siehe: Kap. 6), verfolgte China – unter dem Einfluß der inländischen Kollektivierungsoffensive „Großer Sprung nach vorne" – gerade einen Kurs der verstärkten Abgrenzung von der Außenwelt, eine Periode, in welcher der „magische" Gebrauch der marxschen Theorie Hochkonjunktur hatte.

1965 entwickelte Lin Piao, Weggefährte Maos auf dem „Langen Marsch" und u.a. ab 1959 Verteidigungsminister, eine allgemeine Revolutionstheorie, in der er das historische Schema der Chinesischen Revolution zum Rezept für eine weltweite Revolution erhob. In seinem aufsehenerregenden Artikel aus dem Jahre 1965 über Maos Theorie des Volkskrieges sagt Lin, daß

Lin Piao

„die marxistisch-leninistische Theorie der proletarischen Revolution die Theorie der Übernahme der Staatsmacht mit Hilfe revolutionärer Gewalt ist, die Theorie, die den Krieg gegen das Volk mit einem Volkskrieg beantwortet" (Lin 1968:343).

„Viele Länder und Völker in Asien, Afrika und Lateinamerika sind im Augenblick in großem Maße der Aggression und Unterjochung durch die Imperialisten, die von den USA und ihren Lakaien angeführt werden, ausgesetzt," schrieb Lin (1968:346). „Die politischen und ökonomischen Grundbedingungen in vielen dieser Länder sind denen des alten China ähnlich. [...] Aus diesem Grunde findet [Maos] Theorie der Errichtung revolutionärer Stützpunkte in den ländlichen Regionen und der Umzingelung der Städte vom Lande aus, in diesen Ländern immer mehr Beachtung. Wenn wir die Welt als Ganze betrachten, könnten Nordamerika und Westeuropa als die ‚Städte der

Welt' bezeichnet werden; dementsprechend wären Asien, Afrika und Lateinamerika die ,ländlichen Weltregionen'."

Also kam er zu dem Schluß, daß – in Anbetracht des aus verschiedenen Gründen ins Stocken geratenen revolutionären Elans der Arbeiter in den „Städten" – die „Städte" vom „Lande" umzingelt seien, und daher das Schicksal der Weltrevolution entscheidend vom revolutionären Kampf der Völker Asiens, Afrikas und Lateinamerikas abhinge (1968:347).

Trotz dieser radikalen Töne, die besonders während der *Kulturrevolution* (1966-1969) zu hören waren, unterstützte die chinesische Führung in den peripheren Ländern eher nationaldemokratische und keineswegs sozialistische Revolutionen (van Ness 1970:50). Hier zeigt sich deutlich, daß die an den eigenen nationalen Erfahrungen und Belangen sich orientierende Komponente der chinesischen Politik in der Praxis das internationalistische Interesse an einer Weltrevolution übertraf. Es wurden Länder wie etwa Tansania unterstützt, das eine dem chinesischen Modell ähnliche Entwicklung anstrebte, einen eigenständigen politischen Kurs entsprechend dem *Self-reliance*-Konzept (Vertrauen auf die eigenen Kräfte) verfolgte und keine Anbindung an die Sowjetunion suchte. Überhaupt scheinen große Bereiche der chinesischen Außenpolitik in den 70er Jahren von dem Konfrontationskurs mit der UdSSR, die *sozialimperialistisch* genannt wurde, bestimmt gewesen zu sein. Auch die Annäherungsversuche an die USA Anfang der 70er Jahre deuten auf eine von nationalen Interessen geleitete Politik Chinas hin (O"Leary 1980:47).

Nach dem Tod Maos (1976) und dem Sturz Lin Piaos intensivierte sich die chinesisch-amerikanische Zusammenarbeit: Die Kooperation erstreckte sich (ab 1979) sogar auf den nachrichtendienstlichen Sektor (Richelson/Ball 1990:171f.).

Dschutsche-Ideologie | Eine mit der maoistischen sehr verwandte Revolutionslehre ist die *Dschutsche-Ideologie* des koreanischen Führers Kim Il Sung, bei der die Transformation einer spezifisch *nationalen* Erfahrung in eine allgemeine Theorie wegen der Kleinheit des Kim Il Sung | Landes noch augenfälliger ist. Kim, der 1945 im Norden der Halbinsel an die Macht kam, versuchte in seiner Theorie eine Synthese zwischen sozialistischer Revolution und nationalem Unabhängigkeitskampf. Abgesehen von ihren autoritären Implikationen, trägt die Theorie anti-imperialistische Züge. In einem der offiziellen Dokumente (Kim 1982:43) wird der Imperialismus in erster Linie als Kulturimperialismus beschrieben, gegen dessen Widerstand das koreanische Volk seine nationale Unabhängigkeit (*Dschadschusong*) erkämpfe.

10.2.2 Kuba und die trikontinentale Revolution

Die Kubanische Revolution beseitigte 1959 den „Zuckerplantagen mit Nachtclub"-Status der Insel und ebenso die faktische Vorherrschaft der nordamerikanischen Unterwelt auf Kuba. Der darauf folgende Versuch des CIA, durch eine von ihm inszenierte Invasion von Exilkubanern in der Schweinbucht eine Gegenrevolution zu entfesseln, mißlang aber. Die USA belegte Kuba daraufhin mit einer Wirtschaftsblockade, welche die Insel nur durch wirtschaftliche und militärische Anlehnung an die UdSSR überleben konnte.

Ursprünglich hatte die Kubanische Revolution eine sowohl antikapitalistische wie antikommunistische Stoßrichtung. Die kommunistischen Parteien Lateinamerikas (einschließlich der kubanischen) waren Moskau-orientiert und hatten ihre Basis im städtischen Proletariat. Fidel Castro Ruz (geb. 1926) hielt die Städte jedoch für „Friedhöfe der Revolution" (zit. in Wertheim 1977:355). Der erfolgreiche Kampf der kubanischen Fidelisten wurde von kleinen, beweglichen Guerillagruppen, die ca. 15 Mann (und Frau) stark waren, getragen. Der Rechtsanwalt Castro war 1953 nach einem gescheiterten Angriff auf die Moncada-Kaserne gefangengenommen worden, wurde aber 1955 amnestiert und konnte sich nach Mexiko absetzen, von wo aus er noch im selben Jahr – als Führer der „Bewegung des 26. Juli 1953", dem Datum des Angriffs auf Moncada – mit einem Boot, das den Namen „Granma" („Omi") trug, nach Kuba zurückkehrte. Fidel Castro

Durch das US-amerikanische Wirtschaftsembargo und die Bereitschaft der UdSSR, mit den Kubanern Handelsverträge abzuschließen, entwickelte sich die Revolution innerhalb von zwei Jahren in eine sozialistische Richtung. An der *internationalistischen* Ausrichtung des Gedankenguts der kubanischen Revolution änderte das allerdings wenig. In Anlehnung an Trotzki hat Castro eine eigene Version der permanenten Revolution entwickelt. Im Gegensatz zur UdSSR und China glaubte er nicht mehr an eine fortschrittliche Rolle der nationalen Bourgeoisie im Kampf gegen den Imperialismus.

> „Unter den gegenwärtigen historischen Bedingungen in Lateinamerika kann die nationale Bourgeosie den antifeudalen und antiimperialistischen Kampf nicht mehr anführen," Kritik der nationalen Bourgeoisie

erklärte Castro 1962, kurz nach dem Ausschluß Kubas aus der Organisation Amerikanischer Staaten (OAS).

> „Die Erfahrung lehrt uns, daß diese Klasse [...] auch dann, wenn ihre Interessen im Widerspruch zu denen des Yankee-Imperialismus stehen, unfähig ist, sich ihm zu widersetzen, da sie aus Furcht vor einer sozialen Revolution wie gelähmt und durch den Aufschrei der ausgebeuteten Massen verängstigt ist." (Castro 1969:103)

Eine weitere herausragende Figur der lateinamerikanischen Revolutionsbestrebungen war der Argentinier Ernesto „Che" Guevara (1928-1967). Che ging im Alter von 24 Jahren nach Guatemala. Als die dortige demokratische Regierung Arbenz 1954 durch eine US-amerikanisch-honduranische Intervention zu Fall gebracht wurde, wich Che nach Mexiko aus, schloß sich dort der Gruppe Fidel Castros an und entwickelte sich zum Cheftheoretiker der kubanischen Revolution. Nach dem Sieg Castros wurde er Präsident der kubanischen Nationalbank und war bis 1965 Industrieminister. Er verband seinen ökonomischen Sachverstand mit einer aktiven internationalistischen Politik und setzte sich beispielsweise zur Unterstützung revolutionärer Bewegungen für die Schaffung internationaler Freiwilligenverbände nach Vorbild des Spanischen Bürgerkriegs ein (Hodges 1977:18). In seiner Schrift *Guerilla Warfare* von 1960 faßte er die Lektionen der kubanischen Revolution in drei Thesen zusammen. Erstens könnten die Revolutionäre durch ihr *gutes Beispiel* die Unterstüt- „Che" Guevara zung der Massen gewinnen; zweitens, auch wenn die objektiven Voraussetzungen für eine Revolution noch nicht gegeben seien, könne eine aufständische Vorhut eine revolutionäre Situation *schaffen*, und drittens seien in der lateinamerikanischen Situation die *ländlichen Regionen* die Basis des revolutionären Kampfes (Hodges 1977:20). Ches Theorie der Guerilla, die von der Schaffung verschiedener „Brand-herde" ausging, wurde – nach einem Begriff aus dem Spanischen Bürgerkrieg – auch

Focus-Theorie als *Focus-Theorie* bezeichnet.

Übrigens erkannte Che, daß die USA kein zweites Kuba dulden würden. Daraus ergab sich für ihn die Konsequenz, daß der revolutionäre Kampf auf ganz Latein-amerika auszudehnen und an vielen Fronten gleichzeitig zu führen sei. R. Debray, ein französischer Marxist, der wegen Unterstützung der lateinamerikanischen Revo-lution im Gefängnis gesessen hatte und später seine damaligen Auffassungen zum bewaffneten Kampf einer kritischen Überprüfung unterziehen sollte, kam in seinem Buch *Revolution in der Revolution* aus dem Jahre 1967 zu ähnlichen Schlüssen. Eine Revolution könne sich strenggenommen an keinen Vorbildern orientieren, weil der revolutionäre Prozeß ständig neue Situationen schaffe, wodurch auch die „Qualität" der gegenrevolutionären Kräfte immer mehr gesteigert werde.

„Die Revolution," schrieb er (zit. in Wertheim 1977:353), „hat die Kontrarevolution revolu-tioniert. [...] Kuba hat das materielle und ideologische Niveau der imperialistischen Reaktion in die Höhe geschraubt, und zwar *schneller als das Niveau der revolutionären Avantgarde.* "

Um ihre Vorstellungen einer Internationalisierung der Revolution verwirklichen zu können, bemühten sich die Kubaner um die Gründung einer neuen Internationalen, die 1966 dann auch in Havanna ihre erste Konferenz abhielt. Diese *Solidaritätskon-ferenz der Völker Afrikas, Asiens und Lateinamerikas (OSPAAAL)* und die von ihr herausgegebene Zeitschrift *Tricontinental* hatten aber vom ersten Augenblick an mit großen äußeren Widerständen zu kämpfen. So wurde z.B. der Marokkaner Ben Barka, Vorsitzender des Vorbereitungsausschusses der Trikontinentalen, in Paris entführt und ermordet.

Che Guevara hatte sich 1964 bzw. 1965 in Reden vor der UNCTAD und der af-ro-asiatischen Soldidaritätskonferenz in Algier den staatskapitalistischen Ländern angeschlossen und deren Strategie unterstützt, um über die UNO eine strukturelle Veränderung des Welthandels zu erreichen (Hodges 1977:20f.). Diese Orientierung bestimmte auch weiterhin die Politik Kubas, vor allem während der Periode des kubanischen Vorsitzes der Bewegung der Blockfreien Länder (vgl. Castro 1983). Die Einbindung in die sowjetische Sphäre tat der internationalistischen Orientierung der kubanischen Außenpolitik keinen Abbruch. Man unterstützte auch weiterhin arme Länder mit Direkthilfen (Ärzte und Lehrer) und schickte 1975 sogar Militär nach Angola, um bei der Verteidigung des Landes, das Portugal kurz zuvor in die Unab-hängigkeit entlassen hatte, gegen die Invasion Südafrikas zu helfen.

1967 kam Che Guevara zu dem Schluß, daß die US-amerikanische Kriegsfüh-rung in Vietnam in eine Sackgasse geraten sei. Er war der Ansicht, daß der Imperia-lismus zu besiegen sei, wenn es gelänge, weltweit „zwei, drei oder vier Vietnams" zu kreieren. Er selbst ging als Anführer einer kleinen revolutionären Brigade nach Bolivien, um seine Auffassungen in die Praxis umzusetzen (Hodges 1977:20). Sein Versteck wurde jedoch von einem US-Spionagesatelliten entdeckt. Das bolivianische

306

Militär spürte ihn auf und lieferte ihn und seine Gruppe an Exilkubaner aus, von denen er ermordet wurde (Club Turati 1975:39).

10.2.3   Vietnam und Ho Chi Minh

Die vietnamesische Revolution war das Ergebnis eines langen antikolonialen Kampfes, in dessen Verlauf die patriotrischen Kräfte die sozialistischen Strömungen oft dominierten. Obwohl der vietnamesische Unabhängigkeitskampf in mancherlei Hinsicht mit dem chinesischen zu vergleichen ist, weist er doch viele Besonderheiten auf, da er zum einen eine sehr viel kompromißbereitere Sozialismusvariante hervorbrachte und zum anderen in eine direkte militärische Konfrontation mit den USA mündete. Ho Chi Minh (Pseudonym für Nguyen Van Thanh, 1890-1969) verschlug es als Schiffsjungen 1911 nach England und nach dem Ersten Weltkrieg nach Frankreich. Bei den Friedensverhandlungen von Versailles überreichte er ungebeten eine Note zur vietnamesischen Unabhängigkeit. 1920 beteiligte er sich an der Gründung der französischen kommunistischen Partei. Nach seiner Ausweisung aus Frankreich und Aufenthalten in der UdSSR und China gründete er 1941 den *Vietminh*, die Liga für die Unabhängigkeit Vietnams.

Im September 1945 verkündete der Vietminh in Hanoi die vietnamesische Unabhängigkeit. Die Franzosen begannen daraufhin einen Krieg, der sich für sie zum militärischen Desaster entwickelte und 1954 mit der dramatischen Niederlage bei Dien Bien Phu endete. Frankreich war seit 1950 bemüht, seinen Kolonialkrieg in Vietnam als Kampf gegen den Kommunismus schlechthin darzustellen, was die Unterstützung der USA zur Folge haben sollte. Diese Internationalisierung des Krieges hatte für Vietnam besonders weitreichende Konsequenzen, zumal da die UdSSR auf der Genfer Indochina-Konferenz die im Anschluß an die Friedenskonferenz über Korea und am Tage der französischen Niederlage in Vietnam begann, durch Zugeständnisse die internationale Lage zu entspannen hoffte (Lacouture 1966:10). Daher mußte sich der Vietminh mit einer Teilung des Landes und der Zusage gesamtvietnamesischer Wahlen zufrieden geben. Doch schon am ersten Tag nach Abschluß dieser Konferenz machte der Westen seine Intentionen deutlich: er gab die Gründung der SEATO bekannt, eines militärischen Bündnisses zwischen den USA, Großbritannien, Australien, Neuseeland, Frankreich, Thailand, den Philippinen und Pakistan. Außerdem stellte sich heraus, daß der neue Machthaber in Südvietnam, Diem, nicht die Absicht hatte, die vereinbarten Wahlen auch durchführen zu lassen. Im Gegenteil. Mit politischer und finanzieller Rückendeckung der USA baute er Südvietnam zu einem antikommunistischen Vorposten auf und schaltete die oppositionellen Kräfte im Lande aus. Das führte zur Gründung der von Nordvietnam unterstützten Nationalen Befreiungsfront von Südvietnam (FNL). Die FNL entwarf ein 10-Punkteprogramm im Geiste der Bandung-Konferenz, auf die sie sich auch ausdrücklich berief (NLF 1967:220).

Ho Chi Minh war mehr auf Moskau (vor allem auf Chruschtschow) als auf Peking orientiert und zählte Ho Chi Minh

„aufgrund seines Temperaments, seiner intellektuellen Neigungen und politischen Überzeugungen zum ‚rechten Flügel' der Marxisten-Leninisten, ähnlich wie Bucharin oder Togliatti" (Lacouture 1966:46).

Im Unterschied zu den Chinesen begrüßte er die Entstalinisierung in der Sowjetunion (Ho 1980:212). Angesichts der langen Geschichte chinesischer Vorherrschaft über Vietnam ist diese Haltung Ho Chi Minhs wenig verwunderlich. Außerdem sah Ho Chi Minh, der selbst einer der Gründerväter der Komintern gewesen war, Mao nicht als eine über jede Kritik erhabene Autorität. Das galt ebenso für seine Mitkämpfer Pham Van Dong und (den Militärstrategen) Vo Nguyen Giap. Es gab aber – vor allem unter der jüngeren Generation – auch eine prochinesische Strömung innerhalb der vietnamesischen Kommunisten, die sich vor allem von der Idee pan-asiatischer Solidarität leiten ließ (Lacouture 1966:43-47).

Ho hatte auf seinen vielen Reisen die weltweiten Auswirkungen und Implikationen von Kolonialismus und Rassismus mit eigenen Augen gesehen. Seit den 20er Jahren schrieb er über rassistische Praktiken, wie das Lynchen von Schwarzen in den USA, die Behandlung der einheimischen vietnamesischen Frauen durch die Franzosen und generell über die gewalttätigen Aspekte des Kolonialismus (Shibata 1973:135-137). Auf Grund seiner Erfahrungen mit der Gründung der Kommunistischen Partei Frankreichs (KPF) und der Komintern war er, ähnlich wie Lenin, zu der Auffassung gelangt, daß der Imperialismus – und das sei sein wirklicher Stachel – es verstehe, die Arbeiter im entwickelten Kapitalismus zu korrumpieren, sie im chauvinistischen Sinne zu beeinflussen und damit von der Revolution und der Solidarität mit den kolonialisierten Völkern abzuhalten. In einer Ansprache auf dem Gründungskongreß der KPF, während der er wiederholt um Ruhe bitten mußte, erklärte Ho, daß er den Beitritt zur Komintern als ein

„formelles Versprechen der Sozialistischen Partei [werte], der kolonialen Frage endlich die Bedeutung beizumessen, die ihr zukommt" (Ho 1980:26).

Internationalismus
Internationalismus bedeutete für Ho Chi Minh Gleichwertigkeit und Gleichstellung der antikolonialen Unabhängigkeitskämpfe mit den Kämpfen der Arbeiter in den Zentren des Kapitalismus. Diese Forderung erhob er immer wieder, manchmal mit großer Verbitterung über das geringe Maß an Solidarität. Während des Vietnamkrieges wies Ho bis zuletzt immer wieder auf die Notwendigkeit hin, bei den westlichen Bevölkerungen um Verständnis und aktive Unterstützung des vietnamesischen Anliegens zu werben. Es war dann ja auch zum großen Teil der innenpolitischen und gesellschaftlichen Krise im Westen zu verdanken, daß die USA den Vietnamkrieg 1975 nach 15 Jahren mit einer militärischen Niederlage beenden und sich aus Vietnam zurückziehen mußten.

10.3 Die amerikanische Modernisierungstheorie und der Vietnamkrieg

Die Versuche peripherer Länder, um auf staatskapitalistischem oder sozialistisch-zentralistischem Wege einen handlungsfähigen Staat zu etablieren, der die Produktivkraftentfaltung der Gesellschaft aus den Fesseln externer, d.h. abhängiger Kapitalakkumulation zu lösen imstande wäre, behinderten auf Dauer – unabhängig davon, ob diese Versuche sozialistischer Art waren oder nicht – die weitere Expansion der entwickelten kapitalistischen Metropolen. Eine Forschungsgruppe unter der Leitung von W. Y. Elliott (Harvard-Politologe und u.a. Berater Roosevelts nach dem Krieg) erklärte Mitte der 50er Jahre, daß sich der Begriff der „kommunistischen Bedrohung" im Grunde auf gewisse Veränderungen in Nationalökonomien beziehe, Veränderungen, die ihren

„Willen und Fähigkeit verringert haben, die industriellen Ökonomien des Westens zu komplementieren" (zit. in Chomsky 1985:6).

Der Westen war daher bestrebt, die Ökonomien dieser hobbesschen, peripheren Formationen wieder für die Kapitalverwertungsinteressen der Metropolen zu öffnen (Open Door-Politik). „Open door" wurde zur entscheidenden Meßlatte, die der Westen bei seiner Beurteilung der politischen Entwicklungen in den peripheren Formationen anlegte.

10.3.1 Das Ford-Projekt „Labour Problems in Economic Development"

Im Zusammenhang mit der Marshallplanhilfe und im Rahmen der Aktivitäten der Ford-Stiftung wurde dem Thema der *Organisation des Arbeitsprozesses,* das – wie bereits dargestellt – eng mit der Verhaltensforschung verknüpft war, besondere Aufmerksamkeit gewidmet, handelte es sich hierbei doch um eine wesentliche Vorbedingung für das Funktionieren der „open door"-Politik. Das im vorhergehenden Kapitel bereits erwähnte und 1952 begonnene riesige Forschungsprojekt *Labour Problems in Economic Development* wurde von amerikanischen Wissenschaftlern geleitet, die sich in der New Deal-Periode mit der Erforschung der Grundlagen des Industriellen Friedens beschäftigt hatten. Diese Wissenschaftler sollten jetzt untersuchen,

„warum es, trotz aller Anstrengungen und trotz des enormen Umfangs der weltweiten amerikanischen Investitionen in der Nachkriegszeit, noch immer Widerstände gab, die in der amerikanischen Industrie gültigen Normen und Werte zu übernehmen," schreibt Carew (1987:196) und gelangt zu dem Ergebnis: „Ein Großteil der Studien, in denen eine universell geltende Logik der Industriegesellschaft unterstellt wurde, gingen von der Annahme aus, die ideale Gesellschaftsform sei die ‚gemanagte‘ und ‚offene‘ ‚Wohlstandsgesellschaft‘ des Westens, die in den USA ihr bisher höchstes Entwicklungsstadium erreicht habe.“

Viele der an diesem Projekt beteiligten Wissenschaftler beschäftigten sich Ende der 50er Jahre, als die Marshallplanhilfe ausgelaufen war und die amerikanischen Mittel verstärkt in die Peripherie flossen, auch mit den Problemen der politischen Modernisierung jener peripheren Gesellschaften, die nach dem Zweiten Weltkrieg ihre Eigenstaatlichkeit erlangt hatten. Dabei ging es nicht zuletzt darum, Einfluß auf den sozialen Wandel dieser jungen politischen Formationen auszuüben, um die Widerstände gegen eine Übernahme ordnungspolitischer Modelle des Westens aus dem Weg zu räumen und diese Gesellschaften im Sinne der Politik der „offenen Tür“ zu öffnen bzw. offenzuhalten.

Hier wäre neben W. Galenson, der bereits im Rahmen des Ford-Projekts Untersuchungen über die Organisation der Arbeit in Entwicklungsländern durchgeführt hatte, vor allem der gebürtige Berliner Reinhard Bendix (geb. 1916) zu nennen, der 1956 die Studie *Work and Authority in Industry* veröffentlicht und in den USA sehr viel für die Rezeption des Soziologen Max Webers geleistet hat *(Max Weber, An Intellectual Portrait,* 1960). Erwähnenswert ist außerdem noch B. F. Hoselitz (geb. in Wien 1913), der in den 50er Jahren eine Forschungsabteilung („Kultur und Wirtschaftsentwicklung“) an der Universität von Chicago leitete und in dieser Periode an UNO-Missionen in u.a. El Salvador und Indien teilgenommen hat.

Lipset

Ein weiterer Teilnehmer am Ford-Projekt war der 1922 geborene Seymour M. Lipset, der zusammen mit Bendix einige Studien zur sozialen Mobilität und zur Sozialstruktur veröffentlicht hatte. 1959 entwickelte Lipset in seinem Buch *Political Man* einen stark normativen *Demokratiebegriff,* den er auch den sich entwickelnden jungen Staaten in der Peripherie zur Norm machte. Seiner Ansicht nach basiert Demokratie auf gemeinsamen Wertvorstellungen und auf der konstitutionell verankerten Möglichkeit, die (legitimen) Eliten ablösen zu können. Nicht demokratisch – nach seiner Definition – sind politische Systeme, in denen in den letzten 25 Jahren „totalitäre“ Bewegungen faschistischer bzw. kommunistischer Prägung mehr als 20 Prozent der Wählerstimmen erringen konnten (Lipset 1969:48). Sein Demokratiebegriff fußte also weniger auf genuin demokratischen Grundsätzen wie etwa dem Prinzip der Volkssouveränität, sondern definierte sich mehr vom Resultat her: demokratisch war jenes System, das wie das amerikanische als „offene“ Gesellschaft beschrieben werden konnte.

Demokratiebegriff

Nach Lipsets Verständnis, gehörten – neben den USA – auch das englischsprachige Kerngebiet, Skandinavien, die Beneluxstaaten und die Schweiz zu den demokratischen Musterbeispielen „offener“ Gesellschaftsformationen. In seinen Untersuchungen, die von der (auf den Ökonomen Myrdal zurückgehenden) These ausgingen, daß in einer reichen Gesellschaft die Kluft zwischen Arm und Reich allmählich kleiner werden würde, wurden die sozialistischen, aber auch staatskapitalistischen Gesellschaftsformationen (wie z.B. das peronistische Argentinien und einige instabile europäische Demokratien, die seine „20%-Norm“ nicht erfüllten) als nicht oder nur ungenügend demokratisch von den Modellgesellschaften des angloamerikanischen Kerngebiets abgegrenzt. Die diesbezüglichen Relativierungen von M. Mead, R. Benedict und anderen Anthropologen wurden in dieser Periode beiseite geschoben, da sie der Intention, die Gesellschaften des angloamerikanischen Kerngebiets zur absoluten demokratischen Norm zu erheben, nicht dienlich waren. Anfang der 60er Jahre, als sich viele Länder von ihrem Kolonialstatus befreiten, strich Lipset in seinem Buch *The First New Nation* aus dem Jahre 1963, die beispielgebende Funktion der USA als demokratische Mustergesellschaft noch deutlicher heraus. Diese Studie bezog sich in ihrer vergleichenden Analyse nur noch auf die Gesellschaften der USA, Englands, Australiens und Kanadas.

In seiner Studie zur Modernisierungstheorie, auch Entwicklungstheorie genannt, schreibt Packenham (1973:202f.), daß

Westliche Demokratie als Norm

„die liberale, konstitutionelle Spielart der Demokratie – ausdrücklich oder zumindest implizit und sicherlich auf lange Sicht gesehen – für das ‚wahre Nonplusultra‘ politischer Entwicklung gehalten wurde. [...] Bisweilen wurde das englische oder amerikanische System sogar ausdrücklich als mustergültiger Maßstab für Demokratie schlechthin herangezogen. Wenn kein anderes Land konkret genannt wurde, dann fungierte eins dieser beiden Länder als implizite Norm."

Reinhard Bendix publizierte 1964 seine Studie *Nation-building and Citizenship* (Nationenbildung und Bürgerrechte), eine sich eng an Weber anlehnende Analyse. Darin macht er die „geordnete Ausübung einer die ganze Nation umfassenden staatlichen Gewalt" zum entscheidenden Kriterium für den Prozeß der Staaten- und Nationenbildung (Bendix 1969:23). Die rechtzeitige Ausdehnung des Wirkungsbereichs der Zivilgesellschaft (ein Begriff, der von Weber vermittelt, auf Hegel zurückgeht), d.h. die gesellschaftliche Integration der unteren Klassen durch Zubilligung der Bürgerrechte, hielt Bendix für das beste Mittel, um dem Kommunismus entgegenzuwirken, weil – seiner Auffassung nach – dadurch die Klassengegensätze in einer sich selbstregulierenden Zivilgesellschaft gemildert würden (1969:89). Obwohl das englische Beispiel im Zentrum seiner Betrachtungen steht (außerdem werden noch Japan, Deutschland, Rußland und Indien behandelt), kommt Bendix zu dem Schluß, daß das expansive Europa zwar seine „Fähigkeit" zur Zerstörung oder Zerrüttung sozialer Strukturen außerhalb Europas bewiesen habe, in den meisten Fällen aber außerstande gewesen sei, die beschädigten Strukturen durch wirksame andere zu ersetzen. In dieser Hinsicht distanziert sich Bendix also vom Optimismus Lipsets (1969:360).

Zivilgesellschaft

10.3.2 *Sozialpsychologie und politische Entwicklung*

Neben diesen aus der Forschung zum Thema der Arbeitsorganisation hervorgegangenen Untersuchungen wurden im Laufe der 50er Jahre auch von der *Sozialpsychologie* kommende Theorieansätze zum Problem der politischen Entwicklung formuliert. Systemtheorie, soziologische Analysen auf der Grundlage quantifizierbarer Variablen – alle Spielarten der neopositivistischen Verhaltenswissenschaften nahmen sich jetzt dieses Themas an.

„In den 50er und 60er Jahre konnte man die Konsolidierung dieser ‚revolutionären' Ansätze beobachten," schreibt Packenham (1973:224f.). „Die Saat der sogenannten politikwissenschaftlichen Chicagoer Schule aus den 20er und 30er Jahren (Merriam, Gosnell, Lasswell und anderen) war aufgegangen und zur Blüte gekommen. [...] Konkreter gesagt: Es war in entscheidendem Maße dem

SSRC-Committee on Comparative Politics (,Vergleichende Lehre der politischen Systeme') zu verdanken, daß der bereits früher erwähnten Aufforderung, neue Wege in der Sozialforschung einzuschlagen, so begeistert Folge geleistet wurde. Während der Amtszeit (1954-1963) von Professor Gabriel A. Almond als Vorsitzendem dieses Komitees wurden auch die besagten ökonomischen, soziologischen und psychologischen Theorieansätze entwickelt. Kaum eine andere akademische Institution hat jemals so nachhaltig den Kurs der Forschung auf einem Teilgebiet der Sozialwissenschaften bestimmt wie gerade dieser Ausschuß in jenem Jahrzehnt."

Almond   Almond (Jahrgang 1911) hatte in Chicago studiert und neben seiner akademischen Karriere diverse Beraterfunktionen auf dem Gebiet der Außen- und Sicherheitspolitik ausgeübt. Während des Krieges arbeitete er für die amerikanische Kriegspropaganda und auch nach dem Krieg setzte er seine Beratertätigkeiten (u.a. für das Außenministerium und die Marine) fort. Nach dem Erscheinen seines Buchs *The Appeals of Communism* (1954) wurde er zudem Berater der RAND-Corporation.

Modernitätsnorm   Almond beschäftigte sich hauptsächlich mit der Frage, was die gemeinsamen politischen und soziokulturellen Merkmale der Staaten des angloamerikanischen Kerngebiets sind, um dem Rest der Welt auf diese Weise eine „Modernitätsnorm"

politische Kultur   vorhalten zu können. Zu diesem Zweck führte er den Begriff *politische Kultur* ein, womit er bestimmte Muster politischen Verhaltens und Handelns meinte. Denn obwohl die USA, England und die ursprünglichen Commonwealth-Länder unterschiedliche politische Systeme (im Parsonsschen Sinne) besaßen, konnte dennoch nach Almonds Ansicht von einer einzigen politischen Kultur in all diesen Ländern gesprochen werden, einer Kultur, deren Gemeinsamkeiten in einer Homogenität der Werte und in ihrer Säkularität begründet sein sollte. Mit diesem Merkmal meinte er jenen Aspekt politischer Kultur, den Gramsci als die sich selbstregulierende Zivilgesellschaft bezeichnet hatte:

Individualisierung   „eine Individualisierung der [sozialen] Rollen und ein größeres Maß an Autonomie für die Rollenträger. Jeder dieser Rollenträger mischt sich selbsttätig ins politische Geschäft ein. Im allgemeinen können die Rollenträger unmittelbar miteinander in Verhandlungen treten [d.h., es bestehen keine Verhandlungsbarrieren, d.V.]. Im politischen System herrscht ein Klima wie auf dem Markt." (Almond 1956:399)

In den vorindustriellen politischen Systemen dagegen könne – durch das Aufeinandertreffen westlicher und traditioneller Verhältnisse – eine charismatische, d.h. um eine starke Führungspersönlichkeit zentrierte, politische Kultur entstehen. Und obwohl sie zu autoritärem, gewaltsamem Auftreten neige, handele es sich im Grunde nur um einen Übergang zur Akzeptanz westlicher Normen und Werte, schrieb Almond 1956.

In seinem Vorwort zu dem vom ihm (und J. S. Coleman) herausgegebenen Sammelband *The Politics of the Developing Areas* führte Almond aus, daß die in den weniger entwickelten Ländern vorherrschenden kommunitären Traditionen (Abstammung, Kastenzughörigkeit und Sprachgruppen) einer politischen Gewaltenteilung, wie sie sich in den USA oder in England entwickelt habe, im Wege stehe (Almond/Coleman 1960:57f.). In dem (zusammen mit S. Verba veröffentlichten) Buch *The Civic Culture*, kam Almond wieder auf die Idee einer sich selbstregulierenden Gesellschaft zurück, in der sich schrittweise, langsame und konsensorientierte

312

Wandlungsprozesse vollzögen. Dies sei zwar charakterisch für das angloamerikanische Kerngebiet, wie aber können

„Einrichtungen und Verhaltensweisen, die so fragil, so kompliziert und so subtil sind, losgelöst aus ihrem historischen und kulturellen Entstehungszusammenhang, in einen anderen Kontext hineingepflanzt werden?" (Almond/Verba 1963:9).

Die eigentliche Aussage dieser Studie liegt in der Feststellung, daß – im Unterschied zu den USA und England – anderswo (d.h. in Westdeutschland, Italien und Mexiko) die Klassenschranken weniger durchlässig und die politischen Fronten verhärteter seien, weswegen auch Umfang und Grad des Ideenaustausches und der Handlungsverflechtungen zwischen Zivilgesellschaft und Staat niedriger seien (Ibd.:143).

Auch andere Autoren waren darum bemüht, mit Hilfe der Sozialpsychologie einen Weg zu finden, auf dem sich das britisch-amerikanische Modell auf die Peripherie übertragen ließe. E. A. Shils war der Ansicht, daß die Intellektuellen in den peripheren Gesellschaften zur „Sachlichkeit, zu aufgabenorientiertem Verhalten und professioneller Verantwortlichkeit" erzogen werden müßten, womit eine wichtige Voraussetzung für politische Entwicklung und Modernisierung erfüllt wäre (Shils 1963:69). ^{Shils}

D. C. McClelland, ein Sozialpsychologe der Harvard-Universität, entwickelte in seinen Büchern *The Achievement Motive* (1953) und *The Achieving Society* (1962) die Auffassung, daß eine Verbreitung leistungsorientierter Werte (*achievement*) über Marktmechanismen und Massenmedien sowie die Unterminierung väterlicher Autorität und die Bekehrung zum Protestantismus, in der Lage seien, traditionsgebundene Wertvorstellungen und soziokulturelle Bindungsmuster (*ascription*) zu überwinden (Frank 1971c:47f.). ^{McClelland}

Die Ford-Stiftung finanzierte die Untersuchungen Almonds und McClellands und anderer. In dem Zeitraum 1952 – 1966 ließ sie 240 Mio. $ in den Bereich „non-Western studies" fließen. Außerdem unterstützte sie aktiv politische und gesellschaftliche Kräfte, die bereit waren, vor Ort an den gewünschten Veränderungen mitzuwirken. Die für diese Zwecke zur Verfügung gestellten Mittel beliefen sich in dem Zeitraum 1951 – 1959 auf 500 Mio. $, die größtenteils in von Nationalismus und Revolutionen gefährdete Regionen geschleust wurden. Nach der Unabhängigkeit Ghanas lief 1958 das Afrika-Programm der Stiftung an; das Lateinamerika-Programm 1959, kurz nach der kubanischen Revolution. In Indien wurde die Kongreßpartei und in Chile die regierende christdemokratische Partei gefördert. Obwohl auch Militärdiktaturen nicht prinzipiell von Hilfeleistungen ausgeschlossen waren, wurde die Stiftungspolitik im allgemeinen jedoch von der Suche nach gemäßigten Alternativen zur Revolution bestimmt (Bell 1973:118-120). Unter Kennedy wurde diese Praxis zur *Leitlinie* der offiziellen Politik erhoben. Um (auf Dauer) Revolutionen verhindern und die Peripherie für den Westen offenhalten zu können, hielt man vor allem eine Entwicklung der peripheren Ökonomien für notwendig.

10.3.3 Rostow und die Theorie der ökonomischen Wachstumsstadien

Die Regierungsperiode Eisenhower zeichnete sich durch eine zurückhaltende Politik gegenüber der Peripherie aus. Sowohl Kolonialmächte als auch Diktaturen (wie etwa die südkoreanische und taiwanesische) konnten auf die Nachsichtigkeit der USA zählen.

> „Das ist nicht die Art von Leuten, die wir unter normalen Umständen gerne unterstützen würden,"

erklärte Dulles in Bezug auf die genannten Diktaturen in einer geschlossenen Ausschußsitzung des Senats 1953.

> „Normalerweise würden wir versuchen, andere zu bekommen. Doch in den gegenwärtigen Zeiten, inmitten der aufgewühlten Welt unserer Tage und ihrer geistigen Zerrissenheit, wissen wir genau, daß wir uns dieses nicht erlauben können, wenn wir nicht die Kontrolle über die ganze Situation verlieren wollen." (SFRC V:378)

Als die USA sich 1956 wegen der – in ihren Augen – zu eigenständigen Politik Nassers weigerten, den Bau des Assuanstaudamms – wie versprochen – zu finanzieren, war die UdSSR sofort bereit, diese Lücke zu nutzen (Ambrose 1980:220f.). Es zeigte sich, daß die USA bei einer zu kleinlichen Politik ihren eigenen Interessen schaden würde. Nach der Suezkrise, die eine mittelbare Folge der amerikanischen Weigerung war, nahm die (innenpolitische) Kritik an der Politik Eisenhowers zu. In einem von demokratischen Senatoren 1959 verfaßten, offenen Brief an Eisenhower wurde eine stärker ökonomisch anstatt militärisch orientierte Entwicklungspolitik gefordert. J. F. Kennedy, einer der Mitunterzeichner, profilierte sich – ähnlich wie in der Frage der Nuklearstrategie – auch in diesem Punkt als Exponent eines offensiveren Kurses (Packenham 1973:59).

Dieser Brief stützte sich auf eine Studie aus dem Jahre 1957, die gemeinsam von M. Millikan, dem Direktor des *Center for International Studies* am *Massachusetts Institute of Technology (MIT)* in Boston, und dem 1916 geborenen Walt W. Rostow erstellt worden war (vgl. Millikan/Rostow 1958).

Rostow Rostow hatte als Rhodes-Stipendiat in Oxford studiert und während des Krieges für den OSS gearbeitet. Schon als Heranwachsender hatte er, wie er André Gunder Frank 1958 bei dessen Studienaufenthalt am MIT einmal anvertraute, es als seine Lebensaufgabe betrachtet,

> „der Welt eine bessere Alternative zu Karl Marx anzubieten" (Frank 1991:17).

Nach Lehrtätigkeiten in Oxford und Cambridge und einer Funktion in der Economic Commission for Europe, einer UN-Institution aus der Zeit des Marshallplans, kehrte er 1951 in die USA zurück. Rostows 1962 publiziertes Buch *The Stages of Economic Growth* ist die popularisierte Version einer früheren Studie zur Wirtschaftsgeschichte. Der Untertitel *A Non-Communist Manifesto* spiegelt seine Ambition wider, eine Alternative zu Marx zu entwerfen.

In Rostows Theorie wird *Unterentwicklung* nur als *ökonomisches Problem* aufgefaßt und mit fehlender Industrialisierung gleichgesetzt. Alle Entwicklung begänne in diesem Sinne mit dem Stadium der Unterentwicklung. Er unterscheidet diverse *Stufen des Modernisierungsprozesses*. Nach einem Anlaufstadium, in dem die Voraussetzungen für den Beginn des Wachstums geschaffen werde, folge eine Periode wirtschaftlichen Aufstiegs, die dann in der entscheidenden Phase einen „Sprung" zum stetigen, sich selbst aufrechterhaltenden Wachstum *(take-off into self-sustained growth)* mache, wonach die Gesellschaft fast automatisch ihren Reifezustand erreiche, den der Massengüterproduktion und des Massenkonsums. Das Ziel der amerikanischen Entwicklungspolitik müsse es daher sein, ihre Hilfeleistungen an die Peripherie auf die Initiierung dieses „Take-off"-Effekts hin zu orientieren.

Unterentwicklung als ökonomisches Problem

Stufen des Modernisierungsprozesses

Seine Theorie, die am MIT und an der Harvard-Universität entwickelt und nach dem Fluß, der diese beiden Einrichtungen verbindet, als „Charles River Approach" bezeichnet worden ist, wurde nach Kennedys Amtsantritt Grundlage der offiziellen Regierungspolitik. Man hoffte auf diesem Weg das revolutionäre Potential der Peripherie zu verringern und so dem Ziel einer lockeschen Weltgemeinschaft einen Schritt näher zu kommen.

„Zur Realisierung der Ziele der ‚Charles River'-Gruppe [...], nämlich einen ‚Take-off' zustande zu bringen und ‚die Explosivität des Modernisierungsprozesses' zu entschärfen, waren nicht nur wirtschaftliche Investitionen nötig, sondern auch soziale Veränderungen: Land- und Steuerreformen, mehr unabhängige Verbände und Organisationen, so wie eine breitere politische Partizipation der Bevölkerung. Die Verwirklichung all dieser Vorhaben [...] würde eine große Menge positiver politischer Ergebnisse zeitigen: mehr Demokratie, weniger Kommunismus, und [...] letztendlich eine ‚Weltgemeinschaft' stabiler, unabhängiger, demokratischer und friedfertiger Staaten." (Packenham 1973:62f.)

Dieses Programm, so äußerte sich Kennedys Berater, der Historiker A. M. Schlesinger jr., sei geeignet, die jungen Staaten, die in dieser Periode in großer Zahl auf die Bühne der Weltgeschichte drängten, davon zu überzeugen, daß es besser sei, „ihre Revolutionen auf Locke statt auf Marx" zu gründen (ibd.: 63).

10.3.4 Die Anwendung der Verhaltenswissenschaften während des Vietnamkrieges

Die amerikanische Modernisierungstheorie ist in enger Auseinandersetzung mit den praktischen Herausforderungen der Politik entwickelt worden. Die Kennedy-Regierung wurde gleich nach ihrem Amtsantritt mit diversen, für sie provokativen Ereignissen in der Peripherie (Kuba und Südostasien) konfrontiert. Die Antwort des Präsidenten auf die kubanischen Ereignisse war (nach der gescheiterten Invasion in der Schweinebucht) die Allianz für den Fortschritt (*Alliance for Progress*), ein Hilfsprogramm für Lateinamerika, das den Geist von Wilson atmete und den in der Ford-Stiftung herrschenden Auffassungen entsprach.

In Bezug auf Südostasien konnten die USA an die Erfahrung der Briten anknüpfen. Die Engländer hatten 1955 in dieser Region (im heutigen Malaysia) einen Krieg gegen eine Befreiungsbewegung gewinnen können. Eine bestimmte politische Strategie der Briten hatte entscheidend zu diesem Ergebnis beigetragen: Man hatte nämlich (mit Erfolg) versucht, ein englandfreundliches Regime an die Macht zu bringen, und diesem anschließend eine breite Massenbasis in der Bevölkerung verschafft. Der Erfinder dieser Strategie, die als „Hearts & Minds"-Methode bekannt geworden ist,
Thompson   war Sir Robert Thompson, u.a. Autor des Buches *Defeating Communist Insurgency* aus dem Jahre 1967.

Pye   Auch die Amerikaner hatten ihre Lehren aus diesem britischen Vorgehen gezogen. Lucian W. Pye, ebenfalls Mitarbeiter des MIT, stellte 1956 in seinem Buch *Guerilla Communism in Malaya: Its Social and Political Meaning* die These auf, daß der Erfolg politischer Modernisierung und Entwicklung maßgeblich vom persönlichen Image einer geeigneten politischen Leitfigur abhinge. Mit Hilfe der Massenmedien könnte diese sich effektvoll in Szene setzen und so die Unterstützung der Massen gewinnen (Pool 1963:243).

Die harte Politik des Diem-Regimes, das 1954 mit Hilfe der USA die Regierungsmacht in Südvietnam übernommen hatte, stellte Kennedy gleich zu Beginn seiner Präsidentschaft vor ein Dilemma. Kurz vor seinem Amtsantritt hatte er Beziehungen zu gemäßigten Oppositionskreisen in Südvietnam aufgenommen, wobei der New Yorker Kardinal Spellman eine Vermittlerrolle gespielt hatte (Lacouture 1966:26). Im Oktober 1961 entsandte der Präsident – unter Umgehung des Außenministeriums – eine persönliche Abordnung nach Vietnam, die von General Maxwell Taylor und Rostow geleitet wurde (Bowles 1971:361).

Die Rostow-Taylor-Mission kam 1961 mit der Empfehlung zurück, die militärische Präsenz der USA in Vietnam zu verstärken und gleichzeitig das Diem-Regime unter Druck zu setzen, um in Südvietnam ein Pazifizierungsprogramm durchzuführen. Zusammen mit A. E. Staley – Asienexperte und Vorsitzender einer US-Mission in Vietnam – erarbeitete Taylor ein solches Programm. In ihm war u.a. die Evakuierung und Neuansiedlung der Bevölkerung aus jenen Gebieten vorgesehen, die zu „freien Feuerzonen" erklärt werden sollten. Dieser Plan wurde dann unter Hinzuziehung von Sir Robert Thompson zum *Strategic Hamlet*-Plan umformuliert (Kolko 1985:132). In 12.000 solcher „Hamlet"-Neuansiedlungen sollten die „Hearts & Minds" der Vietnamesen erobert werden, und zwar durch eine Strategie, die Packenham (1973:83) als

„ein kurioses Gemisch aus Zwangsarbeit und liberal-konstitutionellen Taktiken"

bezeichnet. Das Strategic Hamlet-Konzept

„verlangte eine Umsiedlung der Bauern in befestigte Wehrdörfer, umgeben von Stacheldrahtzäunen und Gräben, die mit Bambusspeeren gesichert waren. [...] Jeder ‚Hamlet' sollte in geheimer Abstimmung seinen eigenen politischen Vertreter wählen können." ... Jedoch „scheint der erste Teil dieser Vorgaben konsequenter durchgeführt worden zu sein als der zweite."

Im Herbst 1962 kam es zu Meinungsverschiedenheiten zwischen den Amerikanern und dem Diem-Klan, da es den Anschein hatte, als würde der Hamlet-Plan dazu

316

benutzt, die unter amerikanischem Druck durchgeführte Landreform wieder rückgängig zu machen. Rostow trat im Dezember dafür ein, den korrupten Diem-Klan
durch ein neues Regime aus den Reihen nationalistischer vietnamesischer Militärs zu
ersetzen.

> „Das Vertrauen, daß man den zivilen Regierungen in der Dritten Welt nach 1945 geschenkt
> hatte, hat sich als Fehlkalkulation herausgestellt," so faßt Kolko (1985:117) Rostows Analyse
> zusammen. „Militärregime haben sich als viel bessere Vermittler westlicher Werte und als äußerst
> vielversprechende Modernisierer der traditionellen Ordnung erwiesen. Und weil die USA sowohl
> die Unterstützung [dieser Regime] als auch deren direkte Ausbildung in eigener Regie durchführte,
> drang Rostow auf eine stärkere Ausnutzung dieser Instrumente zur Durchsetzung amerikanischer
> Interessen. Ihr ‚wohlmeinendes autoritäres Regime' würde für Einheit im Lande sorgen und die
> Belange der weniger kompetenten Bürger sicherstellen."

Militärregime als
Modernisierer

In anderen, vergleichbaren Studien aus dieser Zeit wurden die Militärs in der Peripherie als nationalbewußt, „puritanisch" im Sinne von „unbestechlich", als Anwälte
des Gemeinwohls und als „über den Parteien und Ideologien stehend" eingestuft
(vgl. Janowitz 1964:63-65).

Kennedy selbst erklärte im September 1963 im CBS-Fernsehen, daß es der
Diem-Regierung nicht gelinge, die Bevölkerung für sich zu gewinnen. Dies sei aber
eine notwendige Voraussetzung für einen militärischen Sieg, der nur von den Vietnamesen selbst, nicht aber von den Amerikanern errungen werden könne, betonte er
(Bowles 1971:452). Im November 1963 wurde Diem, nachdem die USA ihn wiederholt zum Rücktritt gedrängt hatten, bei einem Staatsstreich getötet, und die Regierungsmacht gelangte in die Hände des nationalistischen Generals Minh. Drei Wochen später aber wurde auch Kennedy in Dallas ermordet.

Rostow, der Sicherheitsberater des Kennedy-Nachfolgers Johnson wurde, entwickelte sich rasch zu einem

> „leidenschaftlichen, ja geradezu übereifrigen Falken und die Tage der Kennedy-Periode schie-
> nen in weite Ferne gerückt" (Goldman 1969:510).

Nach einem fingierten Zwischenfall im Golf von Tonkin gab der Kongreß 1964
Präsident Johnson einen Freibrief für ein militärisches Eingreifen der USA in Vietnam. (Im übrigen: Einige Monate nach Kennedys Tod war auch General Minh bereits wieder von der politischen Bildfläche verschwunden.) Die Staatsstreiche in
Brasilien 1964 und in Indonesien 1965, die amerikanische Militärintervention in der
Dominikanischen Republik sowie der Beginn der Bombardierungen Nordvietnams
deuten darauf hin, daß Washington eine härtere Gangart gegenüber der Peripherie
eingeschlagen hatte. Nach mehreren Militärrevolten kamen in Südvietnam 1965 die
Generäle Thieu und Ky an die Macht. Thieu hielt sich bis zum Ende des Krieges, auf
dessen Höhepunkt sich 500.000 US-Soldaten in Vietnam befanden.

Die USA verließen sich nun immer weniger auf die sozialpsychologische
„Hearts & Minds"-Methode. Innerhalb der Modernisierungstheorie wurde sie von
streng behavioristischen Ansätzen à la Watson und Pawlow verdrängt. Charles Wolf
von der RAND-Corporation legte in seinem Buch *United States Policy and the Third
World* aus dem Jahre 1967 dar, daß es nicht länger darum gehe, Herzen zu erobern,
sondern *Verhalten* zu beeinflussen.

317

„Die Beschlagnahme von Hühnern, das Niederreißen von Häusern oder die Zerstörung von Dörfern haben im Rahmen der Abwehrstrategie durchaus ihre Berechtigung, allerdings nur dann, wenn sie angemessen eingesetzt werden, nämlich zur Bestrafung derjenigen, die die Rebellen unterstützt haben," schrieb Wolf (zit. in Chomsky 1969:48). „Wie hart das Vorgehen der Regierungskräfte auch sein möge, so [darf] es doch keine Mißverständnisse darüber geben, daß es sich hierbei lediglich um wohlüberlegte Maßnahmen zur Korrigierung des Verhaltens jener Bevölkerungsteile handelt, die sich an der Rebellion beteiligt haben."

Huntington Auch die Intellektuellen reagierten auf den rasch steigenden Einsatz militärischer Mittel. Der Harvard-Politologe S. Huntington schlug in der *Foreign Affairs*-Ausgabe vom Juli 1968 vor, die Idee der Modernisierung Vietnams vorerst fallen zu lassen und zunächst die Bevölkerung mit militärischer Gewalt zu zwingen, ihre Rebellion aufzugeben. 1970 erschien eine (vom Pentagon finanzierte) Studie von T. R. Gurr, in der die These vertreten wurde, daß eine Bevölkerung durch konsequenten Einsatz von Gewaltmitteln vom Widerstand abzubringen sei. Vielleicht war hierin auch eine versteckte innenpolitische Anspielung enthalten, ein Vorschlag, wie mit der wachsenden inneramerikanischen Opposition gegen den Vietnamkrieg zu verfahren sei (Gurr 1970:256 u.262).

Die amerikanische Politologie wollte Vietnam zum Experimentierfeld machen, auf dem der praktische Nutzen der Verhaltenswissenschaften nachgewiesen werden sollte.

„Die Ereignisse in Vietnam [...] veranschaulichen den Sachverhalt, daß man bei den meisten Menschen nicht so sehr über abstrakte Appelle etwas erreichen kann. Sie lassen sich viel eher von konkreten Aktionen überzeugen, wenn sie annehmen, daß diese ihrer persönlichen Sicherheit dienen und zur Befriedigung ihrer ökonomischen, sozialen und psychologiscḥen Wünsche beitragen," schrieb M. Halperin von der Harvard-Universität. „So haben wir uns zwar, um das mit einem Beispiel zu illustrieren, einige Leute durch die großflächigen Bombardierungen in Südvietnam zu Feinden gemacht. Gleichzeitig wurde den Leuten klargemacht, daß der Vietkong nicht mehr für ihre Sicherheit einstehen konnte, wie noch vor Beginn der Bombardierungen, und daß der Glaube an einen bevorstehenden Sieg des Vietkong sich als eine gefährliche Fehleinschätzung erweisen könnte." (zit. in Chomsky 1969:49)

Im April 1975 jedoch, mußte, trotz all dieser Beteuerungen, der letzte amerikanische Hubschrauber vom Dach der amerikanischen Botschaft in Saigon Vietnam fluchtartig verlassen. Der Preis dessen, was Senator J. W. Fulbright, Vorsitzender des außenpolitischen Senatsausschusses, einmal die „Arroganz der Macht" genannt hatte (Fulbright 1970), war hoch: zehntausende Tote bei den Amerikanern und ihren Verbündeten, schätzungsweise eine Millionen Tote auf vietnamesischer Seite und ein total zerstörtes Land. Darüber hinaus wurde auch noch Kamboscha in den Abgrund gestürzt, das die Amerikaner 1970 angriffen.

318

10.4 André Gunder Frank

In den USA und in Europa entstanden im Lauf der 60er Jahre Theorieansätze, die sich kritisch mit dem Neokolonialismus und dem Vietnamkrieg auseinandersetzten. Einerseits wurde wieder an die Imperialismustheorien, die Anfang des 20. Jahrhunderts entstanden waren, angeknüpft. Beispiele hierfür sind Harry Magdoff, der zusammen mit P. Sweezy die Redaktion der Zeitschrift *Monthly Review* leitete und 1969 das Buch *The Age of Imperialism* veröffentlichte, und der Franzose P. Jalée (1973).

Die Modernisierungstheorie wurde auch direkter Kritik unterzogen, z.B. von Bodenheimer (1970) und dem 1929 in Berlin geborenen und mit seinen Eltern – sein Vater war ein pazifistischer Schriftsteller – in die USA geflüchteten Andre Gunder Frank.

10.4.1 *Kritik der Modernisierungstheorie*

Frank hatte in Chicago und Michigan studiert und begann seine Laufbahn als Mitarbeiter am bereits erwähnten Forschungszentrum von Hoselitz in Chicago, wo er zu dem Schluß kam, daß die Faktoren, welche den Gang der wirtschaftlichen Entwicklung bestimmen, in erster Linie gesellschaftlicher Natur waren (Frank 1991:17). Bei seinem Forschungsaufenthalt 1958 am MIT-Center for International Studies, kam er mit dem dort arbeitenden Rostow und anderen Modernisierungstheoretikern in persönlichen Kontakt.

> „Mir wurde zusehends klarer," schrieb er später (Frank 1991:18), „daß die amerikanische Entwicklungsforschung, inklusiv der meinen, [...] gar nichts zur Lösung der Entwicklungsproblematik beitrug, sondern tatsächlich selbst ein Teil des Problems war, da sie darauf aus war, sowohl die Sicht auf das wirkliche Problem als auch auf die richtige Lösung, die nur politischer Natur sein konnte, zu verstellen."

Nach Aufenthalten im nachrevolutionären Kuba und in den radikalen afrikanischen Staaten Ghana und Guinea, ließ sich Frank in Chile nieder. Bei seinen Rundreisen in anderen lateinamerikanischen Ländern war er in Kontakt gekommen mit diversen Theoretikern; z.B. mit dem Peruaner A. Quijano, einem ECLA-Mitarbeiter, der eine Theorie über die *Marginalisierung* der einheimischen Wirtschaft durch das Auslandskapital aufgestellt hatte.

In Brasilien, wo Frank an verschiedenen Universitäten arbeitete, nahm er an den Debatten über die ECLA-Strategie, die *Alliance for Progress* und über den Bruch zwischen Moskau und Peking teil, wobei er übrigens die Position Pekings vertrat, da auch er den (vermeintlichen) Revisionismus Moskaus ablehnte. Er lernte dort auch den Anthropologen und Innenminister D. Ribeiro kennen, der nach dem Putsch gegen die brasilianische Regierung im Jahre 1964 ein Berater Allendes in Chile wurde. In der Zeitung *Jornal do Brasil* veröffentlichte Frank einen seitenlangen Artikel

(„Hilfe oder Ausbeutung") gegen eine vom amerikanischen Botschafter Gordon, der später auch beim Putsch mitmischte, verfaßte Lobeshymne auf die Vorteile der Entwicklungshilfe. Außerdem kritisierte er die Mängel der Reformpolitik des brasilianischen Wirtschaftsministers und Entwicklungsökonomen Furtado (Frank 1991:22).

1963 schrieb Frank in Brasilien seine ersten ausführlicheren Analysen. Eine davon (1971c) beschäftigte sich kritisch mit der Modernisierungstheorie; in einer anderen (1975) stellte er in groben Zügen seine Theorie über *Die Entwicklung der Unterentwicklung* dar. In der erstgenannten Studie *(Sociology of Development and Underdevelopment of Sociology)*, die erst nach vielen Umwegen 1967 publiziert werden konnte, behauptete er in einer detaillierten Kritik der Modernisierungstheorie, daß,

Kritik der
Stadientheorie

„wenn die unterentwickelten Länder tatsächlich die gleichen Wachstumsstadien der jetzt entwickelten Länder durchlaufen sollten, sie ebenso, wie jene in früheren Zeiten, andere Völker finden müßten, die sich ausbeuten und damit in die Unterentwicklung treiben ließen" (1971c:25).

Kritik der Entwicklungs-
hilfe

Auch wies er mit Hilfe regierungsamtlicher Statistiken der USA nach, daß – im Gegensatz zur landläufigen Meinung – Entwicklungshilfe keine einseitige Angelegenheit ist, bei der die Hilfe und das Kapital nur in eine Richtung, nämlich in die Peripherie fließt, sondern zeigte, daß in dem Zeitraum 1950-1965 ein Nettokapitalstrom von 16,6 Milliarden $ von der Peripherie in die USA transferiert wurde (1971c:29).

10.4.2 Entwicklung der Unterentwicklung

Werttransfer

Daß sich dieser Werttransfer in die hegemonialen Zentren bis in die Periode der Entdeckung Amerikas zurückverfolgen läßt und sich seither strukturell verfestigt hat, belegte Frank in seiner zweiten Studie aus dem Jahre 1963 *(On Capitalist Underdevelopment)*, dessen erste Zeilen wie folgt lauten:

„Unterentwicklung ist nicht mit einem Mangel an Entwicklung gleichzusetzen. Vor der Entwicklung gab es keine Unterentwicklung. Entwicklung und Unterentwicklung sind keine vergleichbaren Größen in dem Sinne, daß manche Gebiete entwickelter oder unterentwickelter wären als andere: Entwicklung und Unterentwicklung sind vielmehr miteinander verknüpft, einerseits durch die geschichtliche Entwicklung, die sie gemeinsam in den letzten Jahrhunderten durchlaufen haben, andererseits durch den gegenseitigen, d.h. reziproken Einfluß, den sie geschichtlich aufeinander ausgeübt haben, immer noch ausüben und auch in Zukunft ausüben werden." (1975:1)

Frank stützte sich hierbei auf den Satz des Franzosen Y. Lacoste aus dem Jahre 1961, daß

„Unterentwicklung grundsätzlich das Ergebnis der Penetrierung durch das kapitalistische System"

sei, kritisierte diesen aber auch zugleich, da Lacoste behauptet hatte, der Kolonialismus an sich bringe, wenn man z.B. die Entwicklung der Ex-Kolonien USA und Australien betrachte, nicht notwendigerweise Unterentwicklung hervor. Frank wies darauf hin, daß der Unterschied darin liege, daß

320

„in den USA und den Dominions [des britischen Empires...] Kapital und Kolonisten zusammen erschienen sind, und dort mit vereinten Kräften die Arbeit aufgenommen haben" (1975:8).

Außerdem könne man durchaus von einem kolonialen Verhältnis innerhalb der USA sprechen, dem die Südstaaten unterworfen gewesen seien (ibd.:4). In seinem Buch *Capitalism and Underdevelopment in Latin America. Historical Studies of Chile and Brazil* aus dem Jahre 1967 entwarf Frank eine Metropolen-Satelliten-Struktur, wobei der Satellitenstatus innerhalb des kapitalistischen Weltsystems als derjenige Faktor ausgemacht wurde, der die Unterentwicklung erklärt. Er zeigte, daß Unterentwicklung nicht nur die Folge des Werttransfers in die kapitalistischen Metropolen sei, sondern vor allem durch die *Verformungen* der Sozialstrukturen entstehe. Diese Verformungen seien ihrerseits das Ergebnis der Einbindung peripherer Regionen in die kapitalistische Weltökonomie.

Metropolen-Satelliten-Modell

„Wenn ein Land oder ein Volk erst einmal zum Satelliten einer externen kapitalistischen Metropole geworden ist, dann entsteht [im Innern der penetrierten Gesellschaft] bald eine eigene, auf Ausbeutung basierende ,Metropolen-Satelliten'-Struktur, die die Organisation der einheimischen Wirtschaft, der Politik und des sozialen Zusammenlebens dieses Volks übernehmen und beherrschen wird" (Frank 1971a:34f.). „Die Widersprüche des Kapitalismus entfalten sich so auch im Innern dieser Gesellschaften, erzeugen Entwicklung in den nationalen Metropolen [der Satelliten] und Unterentwicklung im Innern der Satelliten, genauso wie das auf globaler Ebene geschieht, allerdings mit dem entscheidenden Unterschied, daß die Entwicklung der nationalen Metropole, im Gegensatz zur kapitalistischen Weltmetropole, unter Beschränkungen, Demütigungen und Unterentwicklung leidet, da die nationale Metropole ja gleichzeitig auch Satellit ist."

Verformung der Sozialstruktur

Da nach Franks Ansicht Unterentwicklung nicht die Urstufe der Entwicklung ist, wie Rostow behauptete, sondern die *Kehrseite* der Entwicklung in den kapitalistischen Weltmetropolen, vertritt er die These, daß ein Land weniger Unterentwicklung erleide und mehr Aussichten auf eine eigenständige, lokale Entwicklung habe, je schwächer seine Anbindung an ein entwickeltes Zentrum (Metropole) ist. Diese Auffassung war noch der Dependencia-Theorie, die von den Anhängern einer staatskapitalistischen Entwicklung formuliert worden war, verhaftet.

Auf einem Kongreß in Mexiko 1969 wurde ihm vorgeworfen, er berücksichtige zu wenig den relativ autonomen geschichtlichen Aspekt der Klassenverhältnisse in den unterentwickelten Gesellschaften selbst. In seiner Abhandlung *Lumpenburguesía: lumpendesarrollo (Lumpenbourgeoisie und Lumpenentwicklung)* aus dem Jahre 1970 beschäftigt sich Frank – als Reaktion auf diese und ähnliche kritische Anmerkungen – stärker mit der Analyse der Klassenverhältnisse. Mit Lumpenbourgeoisie meinte er jenen Teil der Unternehmerklasse, der *wegen* der Abhängigkeit (von der externen Metropole) keine Rolle bei der eigenständigen Entwicklung der nationalen Wirtschaft spiele. Die Periode 1930-1950 hatte gezeigt, daß, nachdem die durch die Weltwirtschaftskrise und den Zweiten Weltkrieg gelockerten Beziehungen zwischen Lateinamerika und den Metropolen wiederhergestellt waren, die Versuche einer eigenständigen Industrialisierung (Peron, Vargas, Cárdenas) größtenteils wieder rückgängig gemacht wurden, weil die Bourgeoisie sich erneut an den Interessen der Metropolen orientierte. Es sei diese „Lumpenbourgeoisie", die die „Lumpenentwicklung" aufrechterhalte (Frank 1971b:89f.).

Lumpenbourgoisie

Übrigens wies er in einem späteren Buch *Crisis in the Third World* (Frank 1981) auf die gemeinsamen Merkmale der Importsubstitionspolitik nach der Weltwirtschaftskrise und während des Zweiten Weltkrieges und der Industrialisierungsprozesse der 70er Jahre hin, womit wir beim Thema des letzten Kapitels angelangt sind.

11 Transnationale Beziehungen und die Auseinandersetzung um die Weltordnung

11.1 Multinationale Konzerne und Internationalisierung des Kapitals

Der multinationale Konzern (MNK), d.h. ein Konzern, der eigene Tochterunternehmen im Ausland hat, stellte in den 60er Jahren die Theoriebildungen auf dem Gebiet der internationalen Politik vor neue analytische Probleme. Obwohl die ersten Veröffentlichungen zum Thema des internationalen Kapitalexports bereits zu Anfang dieses Jahrhunderts erschienen waren, handelten sie lediglich vom internationalen Kreditwesen und dem Besitz ausländischer Wertpapiere. In der neueren Diskussion standen die Direktinvestitionen von Industriekonzernen (in der Peripherie wurde vor allem in die Gewinnung von Bodenschätzen investiert) im Mittelpunkt des Interesses.

1914 noch war Großbritannien Spitzenreiter auf dem Gebiet der internationalen Kapitalverflechtung (mit einem Auslandsbesitz von über 18 Mrd. $ und internationalen Direktinvestitionen von 4 Mrd. $). 1929 wurde es bei den Direktinvestitionen von den USA übertroffen. Anfang der 50er Jahre hatten US-Konzerne ca. 19 Mrd. $ (1955) an Direktinvestitionen vorzuweisen und verfügten (1952) über 1365 industrielle Tochterunternehmen im Ausland (Großbritannien dagegen „nur" über 540) (Andreff 1976:85-88).

11.1.1 Internationalisierungsprozeß und Staat

Zur Durchsetzung und Absicherung ihrer allgemeinen Existenzbedingungen haben Unternehmen gemeinsame Interessen – Interessen, die sie in der Regel kollektiv vertreten. Gleichzeitig sind sie aber auch Konkurrenten, deren Handeln von ihren gewinnorientierten Einzelinteressen geleitet wird. Daher sind die kapitalistischen Unternehmen auf einen *Staat* angewiesen, der die sogenannten öffentlichen Aufgaben für sie wahrnimmt (z.B.: Garantie und Schutz des Privateigentums, des Vertrags-

und Arbeitsrechts, Schaffung einer stabilen Währung, Bereitstellung einer genügend großen und möglichst billigen Arbeitskräftereserve, Absicherung allgemeiner Wettbewerbsregeln). Der Staat übernimmt, wie Marx es ausdrückte, die Rolle des „Gesamtkapitalisten" oder die Funktion des „Kapitals im allgemeinen", das als solches gar nicht existiert, da es aus miteinander konkurrierenden Einzelkapitalen besteht. Der Aktionsradius der Einzelkapitale ist aber nicht an Staatsgrenzen gebunden, so daß sich der Staat mit anderen Staaten auseinandersetzen muß, die ihrerseits auch wiederum für die Interessen eines „Gesamtkapitals" einstehen.

> „Die in staatlicher Gesetzgebung enthaltene reale Zusammenfassung zum Kapital im allgemeinen war historisch national beschränkt," schreibt Knieper (1976:47). „Nur innerhalb des Herrschaftsterritoriums war der Staat aus der Konkurrenz zur Wahrung des auch realen Allgemeinwillens herausgehoben, international dagegen war er selbst Partei im Konkurrenzkampf der nationalen Kapitale."

Die extrem gestörten politischen und wirtschaftlichen Kräfteverhältnisse nach dem Zweiten Weltkrieg hatten zur Folge, daß die USA nicht nur im eigenen Hoheitsbereich, sondern auch für die übrige kapitalistische Welt als „Staat" im obengenannten Sinne fungierte. Als im Laufe der 60er Jahre in Europa und vor allem in Frankreich Widerstand gegen diese Rolle der USA aufkam, rückte der unausgewogene Charakter der ökonomischen Penetration durch die Amerikaner und im besonderen die *extraterritoriale Rechtshoheit*, der die amerikanischen Auslandskonzerne unterlagen, in den Mittelpunkt des Interesses.

11.1.2 Atlantische Spannungen – Behrman und Vernon

In Amerika waren es vor allem Betriebswirtschaftler, die zum erstenmal die Rolle der MNKs im Kontext der internationalen Beziehungen untersucht haben. Es handelte sich um Wissenschaftler, die sich im Rahmen ihrer Tätigkeit für internationale Organisationen und Regierungsbehörden eingehend mit Handels- und Investitionsfragen beschäftigt hatten.

J. N. Behrman (geb. 1922) war unter Kennedy Staatssekretär im Handelsministerium, wo er die Abteilung für internationale Angelegenheiten leitete; er war außerdem bei der ILO beschäftigt und Lehrer an der Princeton- und George Washington-Universität gewesen. 1970 publizierte er *National Interests and the Multinational Enterprise,* in denen er u.a. diverse Interessenkonflikte zwischen den USA und Frankreich unter die Lupe nahm. So geriet z.B. der französische LKW-Konzern Berliet bei einer Lieferung nach China in Schwierigkeiten, weil die an diesem Geschäft beteiligte französische Tochter des US-Konzerns Fruehauf nach amerikanischer Gesetzgebung nicht in kommunistische Länder liefern durfte. Konflikte entstanden auch bei den Versuchen der amerikanischen Computerindustrie, die französische Firma Machines Bull zu übernehmen, weil der elektronische Sektor von den Franzosen als ein wichtiger Eckpfeiler ihrer Unabhängigkeit betrachtet wurde.

nationales Interesse und multinationaler Konzern

324

„Investitionen amerikanischer Unternehmen würden als weniger bedrohlich erfahren werden, wenn sie sich über die gesamte Ökonomie des Gastlandes verteilen würden." (Behrman 1970:38)

Als die aus dem wirtschaftlichen Konzentrationsprozeß in den europäischen Ländern erneut hervorgegangenen Großkonzerne ihrerseits verstärkt internationalisieren wollten, kam es zu Konflikten zwischen den europäischen Staaten und den USA. Die europäischen Staaten mußten in ihrer Rolle als „Gesamtkapitalisten" ihre nationalen Konzerne bereits im eigenen Land gegen die ausländische (sprich: amerikanische) Konkurrenz unterstützen. Vor allem der französische Staat förderte aktiv die Konzentrationsbewegung seiner einheimischen Unternehmen zu internationalisierungsfähigen Großkonzernen und war aus diesem Grund bestrebt, Übernahmen bestimmter einheimischer Firmen durch die Amerikaner zu verhindern. Die USA sahen diesen staatlichen Interventionismus als Behinderung des freien Wettbewerbs, der in Europa sowieso weniger geschützt war als in den USA (Anti-Trust-Gesetze). Europäische Firmen, die Direktinvestitionen auf dem US-Markt tätigen wollten, wurden dann auch oftmals der Übertretung amerikanischer Anti-Trust-Gesetze beschuldigt. Ab Beginn der 70er Jahre machten auch die Europäer mehr Gebrauch von ihren im EWG-Vertrag festgelegten Anti-Trust-Bestimmungen, die nun auch verstärkt gegen US-Konzerne angewendet wurden.

Behrman betonte, es sei dringend notwendig, daß die Staaten ihre unterschiedlichen Politiken in diesem Bereich besser aufeinander abstimmen. Wenn Regierungen sich nicht schnell genug auf gemeinsame Richtlinien einigen können,

„werden die Unternehmen bereits eigene ökonomische Verhaltensmuster geschaffen haben. [...] Wenn die Unternehmen ihre eigenen Interessen durchsetzen und die Regierungen diesen Entwicklungen nur hinterherhinken können, so werden sich daraus immer wieder neue Spannungen ergeben." (Behrman 1970:191)

Eine Einigung in dieser Frage wurde erschwert durch die Differenz zwischen der angelsächsischen Tradition, die die Selbstregulierung der Gesellschaft durch eine Vorgabe allgemeiner Rechtsregeln sicherstellt, und der interventionistischen Tradition der hobbesschen Staaten mit ihren – in alle Details des gesellschaftlichen Zusammenlebens eingreifenden – staatlichen Regulierungen. Mit diesem Problem beschäftigte sich der amerikanische Betriebswirtschaftler Raymond Vernon. Der 1913 geborene Vernon übte diverse Funktionen im Staatsdienst aus, u.a. bei der handelspolitischen Abteilung des Außenministeriums, war gleich nach dem Kriege Mitglied des Beratungsausschusses zur Entflechtung japanischer Großbetriebe (*Zaibatsu*), danach Delegationsmitglied – und zuletzt auch Vorsitzender – der amerikanischen GATT-Mission in Genf und übernahm 1959 eine Lehrtätigkeit an der Harvard Business School. Außerdem gehörte er dem CFR an und war Direktor des Center for International Affairs an der Harvard-Universität.

Die Harvard Business School leistete Pionierarbeit bei der Ausbildung eines neuartigen internationalen Managertyps und begann 1965 mit der Realisierung des sog. *Multinational Enterprise Project,* das größtenteils von der Ford Foundation finanziert wurde. Vernon war Projektleiter und veröffentlichte 1971 die Studie *Sovereignty at Bay. The Multinational Spread of US Enterprises* (Bedrängte Souveränität. Die multinationale Ausbreitung amerikanischer Konzerne).

325

Hierin führte er die Auseinandersetzungen um die MNKs zum Teil auf das divergierende Rollenverständnis der verschiedenen Staaten in Bezug auf ihre gesellschaftlichen und insbesondere wirtschaftspolitischen Aufgaben zurück. Obwohl es auch Unterschiede zwischen den USA und England gibt (z.B. eine engere Bindung zwischen dem britischen Staat und den im Ausland opererierenden britischen Konzernen), konstatiert Vernon doch, daß

> „der nicht-diskriminierende Charakter der britischen Regulierungen sowie das Konzept der Fairneß, dem sich die britische Regierung verpflichtet fühlt, die Spannungen zwischen US-kontrollierten Unternehmen und dem Gastland auf einem niedrigen Niveau hält" (Vernon 1973:212).

Dagegen herrsche in Frankreich eine lange staatsinterventionistische Tradition, die bis in die vornapoleonische Zeit zurückreiche und auch nach 1945 (Modernisierungsplan von Monnet) weiterwirke. Die Unternehmensstrategien sowohl der Privat- als auch der Staatsbetriebe würden in enger Zusammenarbeit mit den wichtigen Ministerien des Landes entwickelt. Auch Vernon verweist auf den bereits erwähnten Konflikt in der Computerindustrie, den die französische Regierung „initiiert und überwacht" habe (Vernon 1973:215).

Produkt-
zyklustheorie
Ausgangspunkt für Vernons eigentliche Theorie über die multinationalen Konzerne war die internationale Expansion amerikanischer Betriebe der verarbeitenden Industrie, vor allem der Autoindustrie. In seiner Theorie wird das Verhalten des MNKs von den Lebensphasen eines Produkts, dem sog. *Produktzyklus* bestimmt. Dieser Zyklus beginne mit einem innovativen Produkt, das zunächst den einheimischen Markt erobere und dort eine zeitweilige Monopolstellung aufbaue. Danach werde es auch auf ausländischen Absatzmärkten vertrieben (Exportphase). Wenn dieses Unternehmen im Laufe der Zeit seine Marktführerschaft schwinden sehe (weil sein Produkt von anderen imitiert wird), könne es seinen ursprünglichen Vorteil nur erhalten, wenn es sein Produkt auf den Exportmärkten selbst produziere, d.h. Produktionsstätten im Ausland errichte.

In Anbetracht der Tatsache, daß es Ende der 60er Jahre noch keine Anzeichen einer ähnlichen Entwicklung in Europa und Japan gab, ging Vernon davon aus, daß die Multinationalisierung ein überwiegend amerikanisches Phänomen bliebe.

> „Die Welt wird sich wohl darauf einstellen müssen, daß sich die amerikanische Variante des MNK-Phänomens bezüglich ihres Umfangs und ihrer Stärke [von allen anderen] unterscheidet." (Vernon 1973:114)

1979 mußte er allerdings feststellen, daß nicht nur die ausländischen Direktinvestitionen in den USA drastisch zugenommen hatten, sondern auch, daß MNKs auf andere Art und Weise, als in seiner Produktzyklustheorie beschrieben, entstehen können. Das beschleunigte Größenwachstum europäischer und japanischer Konzerne, eine exportorientierte Industrieentwicklung in vielen Ländern sowie das Aufkommen von Konzernen, die (ausschließlich) für den Weltmarkt produzieren (z.B. in den asiatischen Stadt- und Inselstaaten), störten erheblich die Vorstellung vom exklusiv operierenden und in seiner Stellung unangefochteten amerikanischen Mammutkonzern (Fennema/van der Pijl 1987:302f.).

326

11.1.3 Internationalisierung und die Macht des Kapitals

Auch in Frankreich war das Phänomen der MNKs Gegenstand von Debatten und Theoriebildungen, was angesichts der beschriebenen französischen Haltung gegenüber Direktinvestitionen und – allgemeiner – angesichts der eigenständigen Rolle, die Frankreich im atlantischen Kontext spielen wollte, nicht verwunderlich ist. In Frankreich wurde der Prozeß der Multinationalisierung (und die daraus resultierenden international-politischen Aspekte) nicht von der betriebswirtschaftlichen Perspektive des Einzelunternehmens aus analysiert, sondern auf makroökonomischer Ebene, als eine die Gesamtwirtschaft betreffende Internationalisierungstendenz. Die französischen Theoretiker setzten daher nicht auf der Ebene des Einzelkapitals, der einzelnen Unternehmen, an, sondern auf der gesamtkapitalistischen (volkswirtschaftlichen) Ebene.

Christian Palloix, Leiter einer Forschungsgruppe an der Universität von Grenoble, ging 1973 in *Les firmes multinationales et le procès d'internationalisation* davon aus, daß allein die Betrachtung des Produktzyklus (Vernon) und seiner Folgen für die interne Unternehmensstrategie, den Internationalisierungsprozeß in seiner Totalität nicht erfassen könne. Es handele sich hierbei um einen Prozeß, der sowohl die *Internationalisierung des Produktionsprozesses,* als auch die internationale Zirkulation der Produkte und des Geldkapitals (Kapitalanlagefonds, Kredite) umfasse. Ein Staat (und hier bezieht Palloix sich selbstverständlich auf Frankreich) strebe innerhalb des internationalen Systems nach einer autonomen Position, indem er die Internationalisierung bestimmter *Industriezweige* unterstütze, so daß sich MNKs herausbilden könnten, die ihr Zentrum im eigenen Land hätten (Palloix 1973:20). _{*(Marginalie: Palloix Internationalisierung des Produktionsprozesses)*}

Diese Auffassung, die auch die Grundlage der im 9. Kapitel umrissenen Analyse von Poulantzas bildete, wurde durch eine Pariser Forschergruppe kritisiert, der auch W. Andreff angehörte. Andreff argumentierte in seinem Buch *Profits et structures du capitalisme mondial* aus dem Jahre 1976, daß die Analyse von Internationalisierungsprozessen nicht auf der Ebene der industriellen Branchen, sondern auf der Ebene historisch gewachsener *Sektoren* ansetzen müsse. Im 20. Jahrhundert habe sich (nach dem Konsumgütersektor des 18. und dem Produktionsmittelsektor des 19. Jahrhunderts) ein neuer Sektor formiert, der die Bereiche der Transportmittelindustrie, der elektrotechnischen und chemischen Industrie umfasse und Merkmale der beiden historischen Sektoren in sich vereine. Durch das hohe Tempo der technischen Innovationen würde in diesem neuen Sektor die höchste Profitrate erzielt. Auch die Internationalisierungstendenz sei hier am größten, ebenso die Zahl der Firmenfusionen. Dieser Sektor *verselbständige* sich immer mehr gegenüber den Einzelstaaten. Zusammen mit den Banken würden die Unternehmen dieses Sektors das Finanzkapital im hilferdingschen Sinne (siehe Kapitel 3) bilden (Andreff 1976:232). _{*(Marginalie: Andreff)*}

Dabei knüpfte er an einen niederländischen Beitrag zu dieser Debatte an, die inzwischen auch international geführt wurde, wie ein von der Palloix-Gruppe 1974 in Grenoble organisierter Kongreß zeigte. Der Amsterdamer Politologe M. Fennema verteidigte dort seine These vom internationalen Finanzkapital und untersuchte in seiner Studie *International Networks of Banks and Industry* von 1982 die Personalverflechtungen (Doppelfunktionen) zwischen den 176 größten Industriekonzernen _{*(Marginalie: Fennema, atlantisches Netzwerk)*}

327

und Banken Nordamerikas, Europas und Japans. Fennemas Studie wies die Existenz eines *atlantischen Netzwerks* auf der Ebene personaler Doppelfunktionen nach. Vor allem deutsche Banken hatten zwischen 1970 und 1976 ihre Position in diesem Netzwerk verstärken können (Fennema 1982:117 u. 191). Doch stelle dieses internationale Netzwerk auf Grund interner Konkurrenzverhältnisse keine geschlossene Einheit dar. Es sei zwischen Wirtschaft und Politik anzusiedeln.

Die „international inkorporierte Elite", die sich aus den wichtigsten Personen des Netzwerks rekrutiere, übe ihre Macht im Namen bestimmter *Kapitalfraktionen*, d.h. Konglomeraten von Einzelkapitalen, aus, zwischen denen es historisch gewachsene Affinitäten, gemeinsame Auffassungen, gelegentlich auch nationale Bindungen oder andere gemeinschaftliche Merkmale gebe (Hickel 1975). Sie entwerfen die notwendigen Strategien, um den Herausforderungen und Krisen des kapitalistischen Systems begegnen zu können (Fennema 1982:208f.)

internationale
Konsensfindung

Diese Strategien finden ihren Niederschlag in Herrschaftskonzepten (Bode 1979), ein Begriff, der bereits an früherer Stelle besprochen worden ist. Wird in einer bestimmten Problemlage ein Konsens zwischen Kapitalfraktionen erreicht, dann handelt es sich um eine temporäre Übereinkunft, die einem fraktionsübergreifenden, gemeinsamen Interesse des Kapitals dient und im internationalen Kontext eine Funktion hat, die im nationalen Rahmen mit der Rolle des Einzelstaats als „Gesamtkapitalist" vergleichbar ist. Die privaten Konsultationsmechanismen (wie die Bilderberg-Konferenzen und die Trilaterale Kommission) sind neben den (semi-) amtlichen Planungsgruppen im Rahmen des IMF, der OECD oder der BIS wichtige Zwischenstationen auf dem Wege zur Konsensfindung. In diesen Gremien findet – unter Beteiligung von Politikern, Intellektuellen und Medienvertretern – ein gewisser Vorverständigungsprozeß statt, mit dem Ziel, divergierende Strategien der einzelnen Kapitalfraktionen hinsichtlich bestimmter politischer Entwicklungen aufeinander abzustimmen. Die Funktion dieser Eliteforen für die Entwicklung und Durchsetzung tonangebender Konzepte im international-politischen Bereich ist auch in den Untersuchungen des Engländers Stephen Gill über die Trilaterale Kommission, auf die wir weiter unten zurückkommen werden, thematisiert worden.

11.2 Reformbewegungen und Weltsystemtheorie

Ein wichtiges Element bei der Schaffung und Aufrechterhaltung der weltweiten Dominanzposition des angelsächsischen Kerngebiets war sein beherrschender Zugriff auf die Rohstoffreserven der kapitalistischen Welt und der Peripherie. Die Konsolidierung dieser Dominanz war das Ergebnis zweier Weltkriege, und nur Frankreich hatte sich – wenn auch mit beträchtlichem Abstand zum angelsächsischen Zentrum – eine gewisse Selbständigkeit erhalten können. Die transatlantischen Spannungen der 60er Jahre wegen der US-Investitionen in Europa, der Vietnampolitik und wegen des sinkenden Werts des US-Dollars, mit dem beides finanziert worden war, entluden sich 1971 in dem Beschluß der Nixon-Regierung, die

Verpflichtung, jederzeit Dollars gegen Gold zu tauschen, einseitig aufzukündigen. Das bedeutete u.a., daß die USA jetzt ungehindert Dollars drucken konnte, wodurch sie auch ihre Rohstoffe immer billiger einkaufen konnte.

11.2.1 Die Ölkrise und die Neue internationale Wirtschaftsordnung (NIWO)

Im Dezember 1973 versuchte die Organisation der Erdölexportierenden Länder, *OPEC,* durch eine Erhöhung des Rohölpreises die Erosion der Staatseinkünfte aufzuhalten und schien damit auch anderen rohstoffexportierenden Ländern der Peripherie einen beispielhaften Weg zu weisen. Die Ölkrise, ausgelöst durch die amerikanische Unterstützung Israels im Jom-Kippur-Krieg, beschleunigte den Prozeß der Blockbildung in der Dritten Welt, der 1955 in Bandung seinen Anfang genommen hatte (Overbeek 1982:147). Es hatte den Anschein, als ob die Dritte Welt plötzlich in ihren zähen Verhandlungen über Entwicklungshilfe, Rohstoffpreise und Zugang zu den westlichen Märkten, die sie seit 1964 im Rahmen der UNCTAD (anfänglich unter dem Vorsitz von Prebisch) führte, einen entscheidenden Schritt vorwärts gekommen wäre. 1974 wurden in der UNO die *Erklärung über die Errichtung einer Neuen internationalen Wirtschaftsordnung* (NIWO) und die *Charta der wirtschaftlichen Rechte und Pflichten der Staaten* angenommen. Im gleichen Jahr noch geriet die kapitalistische Ökonomie zum ersten Mal seit 1929 wieder in eine weltweite Rezession (Mandel 1978). Diese ökonomische und politische Krisensituation führte zu einer erheblichen Schwächung der westlichen Position in der Welt: Rückzug der USA aus Indochina, Zusammenbruch des portugiesischen Kolonialreichs in Afrika. In den USA gesellte sich zu dieser Krise noch der unrühmliche Untergang Nixons im Watergate-Skandal.

Das NIWO-Programm umfaßte die folgenden Forderungen:

— Steigerung der Entwicklungshilfe;
— Neuverhandlungen über die Verschuldung der Dritte-Welt-Länder;
— das Recht, ausländische Investitionen (gegen Entschädigung) zu enteignen;
— größere Kontrolle der multinationalen Konzerne;
— Zugang zu (neuen) Technologien;
— Ausweitung der Zollpräferenzen für Exporte aus der Dritten Welt und
— Errichtung eines vom Westen mitfinanzierten Stabilisierungsfonds, der die Rohstoffpreise vor Preisfluktuationen schützt.

Diese Forderungen knüpften an die bereits von den peripheren staatskapitalistischen Ländern vorgebrachten Proteste gegen die ungünstigen Austauschrelationen (Terms of Trade) an.

„Die NIWO," schreibt Lake (1987:220), „würde zwar das kapitalistische System und den Weltmarkt beibehalten, diese aber gleichzeitig so modifizieren, daß die schwächsten Glieder des internationalen Systems einen größeren Teil der Erträge erhalten."

Seiner Ansicht nach gab es große Übereinstimmungen zwischen der NIWO und dem Sozialkeynesianismus, der von der europäischen Sozialdemokratie vertreten wurde. Als 1975 in Paris der sog. Nord-Süd-Dialog eröffnet wurde (dessen Konferenzen bis 1977 dauerten und ohne Ergebnis blieben), schienen die europäischen Länder, allen voran die sozialdemokratisch regierten skandinavischen Länder sowie die Niederlande, anfänglich zu Konzessionen bereit zu sein.

Das Programm der NIWO war einerseits auf Drängen hobbesscher, peripherer Staaten zustande gekommen, andererseits aber auch das Resultat einer *Multilateralisierung* staatsinterventionistischer und planerischer Tendenzen in der Weltwirtschaft. Mexiko und Algerien, die hier eine Vorreiterrolle spielten, wollten von der Möglichkeit, bei westlichen Banken verstärkt Kredite aufzunehmen, Gebrauch machen. Die Aufgabe des Gold-Dollar-Standards hatte bereits eine spektakuläre Dollarschwemme zur Folge gehabt. Darüberhinaus waren durch die Ölpreiserhöhung die als Kreditmasse verfügbaren Dollarvorräte außerhalb der USA (die sog. *Eurodollars*) noch weiter angestiegen. Außer Mexiko und Algerien versuchten auch Brasilien und Südkorea mit Hilfe großer Darlehen zu niedrigen Zinsen eine exportorientierte Industrialisierung durchzuführen (Frieden 1981).

11.2.2 Der Club of Rome und die europäische Sozialdemokratie

Das Rivalitätsverhältnis zu den USA, die Konfliktbereitschaft der europäischen Arbeiter und das erneute Aufleben emanzipatorischer Bewegungen in der Peripherie sowie der durch die Entkolonialisierung beträchtlich erweiterte (wirtschafts)politische Spielraum der europäischen Länder ermöglichten es diesen, auch in der Außenpolitik eigene und neue Wege einzuschlagen. Sowohl die *Ostpolitik* Willy Brandts als auch die durch den konservativen Premier Heath betriebene Annäherung Großbritanniens an die EWG, die 1973 in eine Mitgliedschaft mündete, relativierten das Konzept der *Pax Americana* und belasteten die „Special Relationship" zwischen Großbritannien und der USA. Zwar verließ de Gaulle ein Jahr nach den Mai-Unruhen 1968 die politische Bühne; seine Politik aber stieß nun auf europaweite Resonanz.

Die Sozialdemokratie wurde zur tonangebenden Kraft in der Europapolitik. Die Ursache für diese Entwicklung reicht bis in die 60er Jahre zurück und ist in der veränderten sozialen Basis der Sozialdemokratie, die mehr und mehr zur Interessenvertretung der technokratischen Mittelschichten geworden war, zu suchen (Bihr 1989). Pragmatisches Management und technokratische Steuerung waren an die Stelle des traditionellen Reformsozialismus getreten.

Grenzen des Wachstums

Der *Club of Rome* war eine Initiative von A. King (OECD-Planungsstab) und A. Peccei (Spitzenmanager bei Olivetti, Fiat und beim Ingenieurbüro Italconsult). Mit finanzieller Unterstützung der Agnelli-Stiftung (benannt nach dem Eigentümer des Fiat-Konzerns) riefen sie ein Projekt ins Leben, das – auf der Grundlage der Systemtheorie – Instrumente und Methoden für eine globale Wirtschaftsanalyse erarbeiten sollte. Hieraus ist dann wenig später der *Club of Rome* hervorgegangen, der sich aus Vertretern (meist westlicher) internationaler Planungs- und Forschungsinstitute

330

(aber auch des im 8. Kapitel genannten Ost-West-Instituts IIASA) und prominenten Bankiers und Industriellen rekrutiert. 1970 wurde aus den Mitteln der Volkswagen-Stiftung der erste Forschungsauftrag vergeben. Das Ergebnis war eine MIT-Studie unter dem Titel *Die Grenzen des Wachstums* (1971). In diesem Bericht wurden mit Hilfe der Systemanalyse aus bekannten Daten zukünftige Entwicklungstendenzen des Wirtschaftswachstums extrapoliert. Außerdem enthielt dieser Bericht Vorhersagen zur Bevölkerungsentwicklung, Umweltverschmutzung und zu einer möglichen Erschöpfung der Rohstoffreserven. Peccei folgerte aus den Daten, daß die Menschheit nur eine Überlebenschance habe, wenn es gelinge, innerhalb eines Jahrzehnts ein ökonomisches Nullwachstum zu realisieren (Braillard 1982:93).

Die Ölkrise erhöhte die Schockwirkung dieses Befunds noch zusätzlich, verdeutlichte aber auch gleichzeitig, daß ein Nullwachstum für die Dritte Welt nicht akzeptabel sein konnte. 1976 erschien die Studie *Reshaping the International Order* (RIO-Bericht), die von internationalen Experten unter Federführung des niederländischen Wirtschaftswissenschaftlers J. Tinbergen zusammengestellt worden war. Sie war eine Reaktion auf das NIWO-Programm. Tinbergen (geb. 1903), der 1969 den Nobelpreis für Wirtschaftswissenschaften erhalten hatte, war ein namhafter Sozialdemokrat und war als Berater für diverse UNO-Organisationen tätig gewesen. Neben entwicklungspolitischen Studien hatte er auch Beiträge zur bereits erwähnten Konvergenztheorie (Angleichung von Kapitalismus und Sozialismus) geliefert. Seine RIO-Studie (ein Bericht an den Club of Rome) war vom niederländischen Minister für Entwicklungshilfe, dem ehemaligen Schüler Tinbergens, Pronk, finanziert worden. Die darin empfohlenen Methoden zur Lösung der aufgezeigten Probleme waren einem verbindlichen und stabilisierenden Staatsinterventionismus verpflichtet, der in dieser Periode, in welcher in 14 Ländern Sozialdemokraten Regierungsverantwortung trugen, eine Blüte erlebte. Die Autoren wandten sich gegen „das unerbittliche Wirken der Marktkräfte" und betonten, daß ihr Bericht sich daher auch nicht mit oberflächlichen ökonomischen Korrekturen begnüge (Tinbergen 1977:15).

Eine zentrale NIWO-Forderung war die *Kontrollmöglichkeit multinationaler Konzerne* mit Hilfe eines verbindlichen Verhaltenskodexes. Diese Forderung wurde auch im RIO-Bericht wiederholt, der zusammen mit konkreten Entwürfen für einen Verhaltenskodex in die Arbeit der neu errichteten *UN-Kommission für transnationale Unternehmen* eingeflossen ist. Die Interessen der Staatsklassen in den Dritte-Welt-Ländern, wo umfängliche Nationalisierungen durchgeführt wurden, und die Belange der – vor allem westeuropäischen – sozialdemokratischen Parteien und Gewerkschaften waren allerdings divergent. Daher konnten die MNKs, obwohl sie sich damals in der Defensive befanden, nicht zu wirklich essentiellen Zugeständnissen gezwungen werden. Die Auseinandersetzungen zu diesem Thema verloren sich in fruchtlosen Diskussionen. Schließlich einigte man sich auf einen äußerst rudimentären, von Vertretern der Kapitalseite weitgehend selbst entworfenen Verhaltenskodex, der die (für das Funktionieren des Kapitalismus unabdingbaren) Formen der Regulierung des Wettbewerbs (Wettbewerbsklauseln) garantierte und weltweit synchronisierte (de Kemp 1985:123).

Der Bericht der sog. *Brandt-Kommission* war dem RIO-Bericht sowohl vom theoretischen Ansatz als auch von den vorgeschlagenen Problemlösungsstrategien her sehr ähnlich. Die Initiative hierzu war von Robert McNamara, Verteidigungsmi-

RIO-Bericht

Tinbergen

Brandt-Bericht

Willy Brandt, 1913-1992

nister unter Kennedy und Johnson und danach Präsident der Weltbank (1968-1981), ausgegangen. Er befürchtete das Scheitern des Nord-Süd-Dialogs und bat daher 1977 Brandt, einen unabhängigen Untersuchungsbericht zu „Entwicklungsproblemen im Weltzusammenhang" zu erstellen. Brandt stellte eine Kommission zusammen, der u.a. der Brite Heath (Ex-Premier), der US-Amerikaner Peter Peterson (Bankier und Ex-Minister) und der schwedische Sozialist Olaf Palme angehörten. Aus der Dritten Welt nahmen sowohl Vertreter diktatorischer wie auch demokratischer Regime teil (z.B. Adam Malik aus Indonesien und A. Jamal aus Tansania). Außerdem arbeiteten noch Mitglieder des Club of Rome mit, wie der französische Politiker E. Pisani.

Der Bericht, den die Kommission 1980 zusammenstellte (ein weiterer Bericht wurde 1983 vorgelegt), wird von Anthony Sampson, der das Manuskript redigiert hat, folgendermaßen charakterisiert:

„Um die Reichen davon zu überzeugen, daß sie einen Teil ihres Wohlstands mit den Armen teilen müßten, [...] wurde immer doppelgleisig argumentiert; zum einen wurden moralische und philantropische Argumente vorgetragen, zum anderen nüchtern-realistische (Sicherheit, größere Absatzmärkte, langfristiger Wohlstand). [...] Brandt betonte, daß beide Aspekte – langfristig gesehen – nicht zu trennen seien. Der Bericht empfahl ein Notprogramm zur Nahrungsmittelsoforthilfe und zur Lieferung anderer Hilfsgüter an die ärmsten Länder, dessen Umfang etwa 4 Mrd. Dollar betragen sollte, wies aber auch auf die Notwendigkeit eines zukünftigen internationalen Besteuerungssystem hin, womit eine größere Kontinuität der Hilfeleistungen erreicht werden könnte." (Sampson 1982:324)

11.2.3 Osteuropäische Reaktion auf die Reformbewegung

Brucan Die Annahme, daß ein Kompromiß zwischen den Interessen der reichen kapitalistischen Länder und den Forderungen der Dritten Welt, wie sie etwa im NIWO-Programm enthalten sind, und damit auch ein Ausgleich zwischen Ost und West, möglich sei, wurde in dem 1978 veröffentlichtem Buch *The Dialectics of World Politics* des Rumänen S. Brucan eingehend untersucht.

Brucan hatte während des Krieges an der kommunistischen Widerstandsbewegung teilgenommen, die 1945 mit Unterstützung der UdSSR an die Macht gekommen war. 1956-1959 war er Botschafter in den USA und anschließend UNO-Botschafter. Danach arbeitete er an der Universität von Bukarest. Brucans Buch ist ein Ausdruck seiner Erfahrungen, die er in den USA, in der UNO und als Mitglied der Tinbergen-Gruppe gemacht hatte. (Im Club of Rome waren mehrere Rumänen vertreten; Brucan war einer der Autoren des RIO-Berichts.)

Nach Ansicht Brucans hatte die stalinsche Doktrin vom Sozialismus in einem Land eine Bedeutungsverschiebung des Begriffs „Internationalismus" bewirkt.

„Eine große Anzahl sozialistischer Staaten, die sich in vielem voneinander unterscheiden, mußte die Entdeckung machen, daß, um ein Staatswesen unter den gegenwärtigen Herausforderungen und externen Konkurrenzbedingungen erfolgreich leiten zu können, die nationale Integrationskraft erhalten und gestärkt werden mußte." (1978:28f.)

Aus vielen Beispielen, die die mannigfaltigen Interessengegensätze der sozialistischen Staaten untereinander illustrierten, leitete Brucan die Erkenntnis ab, daß die Rolle der sozialistischen Ideologie in Bezug auf die internationalen Beziehungen eine andere sei als im inländischen Kontext.

Sein Buch enthält eine Theorie, die besagt, daß Perioden grenzüberschreitender Klassenwidersprüche und Perioden nationaler Gegensätze einander in einem gewissen Rhythmus ablösen. Innergesellschaftliche Revolutionen, die sich über ihre Staatsgrenzen hinaus ausbreiten, wie etwa die Französische oder die Russische Revolution, führten zwangsläufig zu zwischenstaatlichen (inter-nationalen) Konflikten.

> „Auf der Ebene der Gesellschaft ist der Klassenkampf der alles beherrschende Faktor der Politik; auf der internationalen Ebene aber nicht. [...] Daher erweisen sich politische Initiativen, Vereinbarungen und Kompromisse, die im innenpolitischen Bereich zwischen konfligierenden Parteien oder Klassen ohne Aussicht auf Erfolg wären, zur Konfliktregelung auf internationaler Ebene als sehr geeignet." (Brucan 1978:29)

Auch in der Sowjetunion wurde – am Vorabend von Perestroika und Glasnost – dafür plädiert, den „Klassenkampf" auf den nationalen Bereich zu beschränken und sich im internationalen Bereich an ein „planetarisches Konzept" zu halten. Klein (DDR) sagte in seiner Studie zur Möglichkeit eines friedensfähigen Kapitalismus (1988:27), daß

Klassenkampf vs. planetarisches Konzept

> „eine der Entspannung zugeneigte Politik eines Landes nicht unbedingt mit einer reformistischen oder reformerischen Innenpolitik gekoppelt sein muß."

Die westliche Konfrontationspolitik der achtziger Jahre sollte diese Hoffnungen aber rücksichtslos zerstören.

11.2.4 Wallersteins Theorie des Weltsystems

„Die sozialdemokratische Position," schreibt Cox in seiner Übersicht über die verschiedenen NIWO-Konzepte (1979:275),

> „war im wesentlichen eine Synthese aus [...] fundamentaler Kritik an gängigen entwicklungspolitischen Konzepten und liberalen Lehrsätzen zur Weltwirtschaft. Die Fundamentalkritik bezog sich auf Argumente der *Dependencia-Theorie*, insbesondere auf André Gunder Franks Analyse der ,Entwicklung der Unterentwicklung' [...] Diese neue Synthese lehnte aber die mit dieser Fundamentalkritik verknüpfte Implikation ab, daß nämlich autozentrierte oder binnenmarktorientierte Entwicklungsstrategien, die einen Bruch mit der kapitalistischen Weltökonomie beinhalten, eine notwendige Voraussetzung zur Überwindung der Unterentwicklung sind."

Immanuel Wallerstein (geb. 1930) hat diese Synthese auf geradezu monumentale Weise theoretisch untermauert. Er war Soziologe an der Columbia-Universität in New York und hat sich in den 60er Jahren im Rahmen der Modernisierungstheorie mit Afrika befaßt. Einige Publikationen aus dieser Zeit sind: *Africa: The Politics of Independence* (1961) und *Africa: The Politics of Unity* (1967) sowie eine Studie zur Unabhängigkeit Ghanas und der Elfenbeinküste.

Wallerstein

In seinen Untersuchungen zur afrikanischen Einheit schrieb Wallerstein, daß das

„Aktionsfeld der afrikanischen Einheitsbewegung nicht Afrika, sondern die [ganze] Welt war, da sie sich nicht einfach mit einer Umgestaltung Afrikas zufriedenstellte, sondern Afrika verändern wollte, indem sie die Welt veränderte. [...] Dementsprechend müssen wir den Werdegang der afrikanischen Einheitsbewegung auch im *Zusammenhang mit dem Weltsystem* analysieren, da es die Zustandsveränderung dieses Systems war, welche sowohl die Erfolge der Einheitsbewegung als auch ihren späteren Verlust an taktischer Bewegungsfreiheit ermöglichte." (1969:237, Hervorh.v.V.)

Systemmodell

kapitalistische Welt-
ökonomie

Anschließend entwickelte Wallerstein einen eigenen systemtheoretischen Ansatz. Die sich innerstaatlich und zwischenstaatlich abspielenden Prozesse würden – seiner Ansicht nach – von einem übergeordneten System, nämlich der kapitalistischen Weltökonomie, determiniert. Die Politik der (einzelnen) Staaten werde von der Struktur dieses Systems, das sich in ein Zentrum, eine Semi-Peripherie und eine Peripherie aufgliederte, bestimmt. Staaten seien darüberhinaus *funktionale* Systeme: sie seien Subsysteme, innerhalb derer sich bestimmte Verhältnisse reproduzieren und die nach außen hin eine ihre „Akkumulatoren" unterstützende Politik betreiben. Da die Staaten lediglich ein begrenztes Territorium kontrollieren können, genieße die kapitalistische Ökonomie weitgehende Handlungsfreiheit, so daß sie auch international ungehindert operieren könne.

In seinem Buch *The Modern World System – Capitalist Agriculture and the Origins of the European World Economy in the Sixteenth Century* (Das moderne Weltsystem. Kapitalistische Landwirtschaft und die Ursprünge der europäischen Weltökonomie im 16. Jahrhundert) aus dem Jahre 1974, dem ersten Band seiner 4-teiligen Studie zur Entstehung der kapitalistischen Weltökonomie, schreibt Wallerstein (1978:216):

Vielzahl politischer
Systeme

„Der Kapitalismus konnte so gut gedeihen, gerade weil die Weltökonomie innerhalb ihres Geltungsbreichs nicht nur ein einziges, sondern eine Vielzahl politischer Systeme beherbergte [...] Der Kapitalismus als ökonomischer Wirkungsmechanismus beruht auf der Tatsache, daß den ökonomischen Faktoren ein Entfaltungsgebiet zur Verfügung steht, das genügend groß ist, um von keiner politischen Einheit vollständig kontrolliert werden zu können. Dies gewährt dem Kapitalisten strukturell jene Freiheit, die er braucht, und hat die kontinuierliche Ausdehnung des Weltsystems, wenngleich mit einer ungleichen Verteilung des Nutzens, überhaupt erst ermöglicht."

internationale
Arbeitsteilung

Wallersteins Analyse der Entstehung einer kapitalistischen Weltökonomie aus den ihr vorausgehenden *Imperien*, in denen noch keine eigenständige, von politischer Herrschaft losgelöste, ökonomische Sphäre existierte, basiert auf intensiven Studien wirtschaftsgeschichtlicher Texte, insbesondere aus der französischen „Annales"-Schule (Braudel, Vilar u.a.). Der Begriff *internationale Arbeitsteilung,* den er den genannten Historikern des frühen Kapitalismus verdankt, wird zum Kristallisationspunkt seiner ökonomischen Analyse. Auch andere Studien der 70er Jahre zum Thema „Weltökonomie", wie etwa das Buch *Die Neue Internationale Arbeitsteilung* (1977) des westdeutschen Autorenteams F. Fröbel, J. Heinrichs u. O. Kreye, scheinen bevorzugt auf theoretische Erklärungsmodelle aus dem Frühstadium des Kapitalismus zurückzugreifen. Das Buch von Fröbel u.a. bezieht sich auf die Theorie der Arbeitsteilung von Charles Babbage, der um 1830 entdeckte, daß es günstig sei, die Herstellung von Gütern in unterschiedliche Teilproduktionsprozesse aufzuteilen.

Der Grund für diese Renaissance sogenannter neo-smithscher Ansätze (ein von dem Amerikaner R. Brenner geprägter Ausdruck, der auf Adam Smith verweist, welcher die Weltökonomie als primär von Marktrelationen gestaltet auffaßte) könnte darin liegen, daß die multinationalen Konzerne in den 70er Jahren dazu übergingen, die Produktion im internationalen Rahmen – auf der Basis einer konzerninternen Arbeitsteilung – neu zu strukturieren. Damit reagierten die MNKs auf bzw. antizipierten sie die Krise des keynesianischen Wirtschaftsmodells.

In seiner Kritik an Wallerstein wies Brenner (1977:31) darauf hin, daß zwischen dem Zeitalter des Handelskapitalismus und dem gegenwärtigen Kapitalismus ein wichtiger Wandel in der Organisation des Produktionsprozesses stattgefunden habe, nämlich der Übergang von einer auf Manufaktur basierenden Produktion (einfache Arbeitsteilung) zur maschinellen Produktion. Motor der Kapitalakkumulation sei die Produktivitätssteigerung, d.h. die Verkürzung der zur Herstellung einer Produkteinheit nötigen Arbeitszeit, gewesen, und nicht die Ausbeutung unterentwickelter Regionen. Wenn man diesen qualitativen Aspekt einer von technologischen Innovationen ständig revolutionierten Produktion im Kerngebiet außer acht lasse, könne man auch die spezifische *Qualität* der Unterentwicklung nicht erfassen, schreibt der Ungar T. Szentes (1985:338). Außerdem stelle sich, ausgehend von der in Wallersteins Erklärungsmodell postulierten Abhängigkeit der westlichen Kapitalakkumulation von der Ausbeutung der Peripherie, die Frage, warum es den Dritte-Welt-Ländern bisher nicht gelungen sei, diese Abhängigkeit des Zentrums zum Aufbau einer eigenen Machtposition zu nutzen. So könnten sie doch z.B. den Teufelskreis des ungleichen Tausches durchbrechen, indem sie gemeinsam (dem Beispiel der OPEC folgend) ein Preiskartell für Rohstoffe bilden.

11.2.5 Weltpolitik und Sozialismus bei Wallerstein

Wie bereits an anderer Stelle erwähnt, fällt die NIWO-Episode in eine Periode, in der die hobbesschen Staaten, und zwar sowohl die staatssozialistischen als auch die staatskapitalistischen, auf Grund der Krise und der Schrumpfung des lockeschen Kerngebiets ihre Position in der internationalen Kräftekonstellation verbessern konnten. Die Kompromißbereitschaft der Sozialdemokratie gegenüber den NIWO-Ländern trug noch zusätzlich zur Vertiefung der Krise im lockeschen Zentrum bei und ließ den hobbesschen Trend (d.h. die Vergrößerung des staatlichen Zugriffs auf die Gesellschaft) stärker erscheinen, als er in Wirklichkeit war. Auch Wallerstein reflektiert diese Entwicklungen in seiner Theorie.

Wallerstein ist der Auffassung, daß nur eine „sozialistische Weltregierung" in der Lage sei, den aufgezeigten internationalen Problemen adäquat zu begegnen. Welche Kräfte aber eine solche Regierung kreieren könnten, bleibt undeutlich. Sozialisten wie Nationalisten, die er für *Anti-Systembewegungen* hält, seien lediglich darauf aus (gewesen), die Staatsmacht (für ihre eigenen Zwecke) zu erobern (Holman/Overbeek 1986:15). Diese Strömungen hätten daher die strukturellen Freiräume des kapitalistischen Weltsystems höchstens rhetorisch, nicht aber in der Praxis beschnitten. Das gilt seiner Ansicht nach auch für die Staaten sowjetischen Typs, die zwar intern ein nicht-kapitalistisches und nicht-marktorientiertes Distributionssystem geschaffen, aber damit den Charakter der kapitalistischen Weltökonomie keineswegs verändert hätten (Wallerstein 1979:34-36). Diese Einschätzung wird vielleicht etwas plausibler, wenn man die großen, entspannungspolitisch bedingten Handelsbewegungen zwischen Ost und West bedenkt, die das Bild der 70er Jahre mitgeprägt haben.

Nach Meinung von Wallerstein ist nur dasjenige System „sozialistisch" zu nennen, welches die strukturelle Freiheit des Kapitals wirklich abschafft.

Integration der politischen und ökonomischen Entscheidungsebene

> „Das einzige alternative Weltsystem, welches in der Lage wäre, sowohl ein hohes Produktionsniveau zu gewährleisten als auch das Distributionssystem zu ändern, müßte auf einer erneuten *Integration der politischen und ökonomischen Entscheidungsebenen* beruhen." (1978:216, Hervorh.v.V.)

Das ist es, was Wallerstein unter Sozialismus und sozialistischer Weltregierung versteht. Wie wir noch sehen werden, war es gerade dieser mehr oder weniger implizite Aspekt der NIWO-Bewegung, der ihren konservativen Gegnern die größten Sorgen bereitete. Wallersteins im Grunde hobbessche und zyklische Auffassung des internationalen Systems bietet wenig Anhaltspunkte für eine Weltregierung in spe, da er die Weltpolitik als einen historischen Prozeß begreift, der von der Konkurrenz der Staaten untereinander dominiert wird. Die Struktur des Weltsystems, also Zentrum, Semi-Peripherie und Peripherie, lasse den nationalen Staat als politische Einheit unversehrt bestehen und determiniere höchstens die unterschiedliche Macht und Fähigkeit der Staaten, ihre eigenen „Akkumulatoren" zu stützen.

Zyklentheorie

Das kapitalistische Zentrum ist nach Wallersteins Auffassung von drei Hegemonien (von der „relativen Dominanz" *eines* Staates) dominiert gewesen, und zwar von den Niederlanden, von Großbritannien und von den Vereinigten Staaten. Diese Mächte hätten ihre Machtposition jeweils nach einem militärischen Sieg über einen Rivalen erobert. Die Kämpfe um die Vormachtstellung hätten jeweils etwa 30 Jahre gedauert und wären im wesentlichen zu Lande ausgetragen worden. Aus ihnen sei paradoxalerweise aber immer eine Seemacht als Sieger hervorgegangen.

> „Der Grund für den Sieg [...] war [jeweils] ökonomischer Natur, nämlich das Vermögen der Kapitalakkumulatoren in den entsprechenden Ländern alle anderen zu übertreffen [...]" (Wallerstein 1984:49).

Auch der Verlust einer hegemonialen Position lasse sich im wesentlichen auf ökonomische Ursachen zurückführen.

Diese Auffassung, die er in seiner Abhandlung *Historical Capitalism* aus dem Jahre 1983 dargestellt hat, ist, trotz eines (vagen) Hinweises, daß hegemoniale Macht auch eine gesellschaftliche Komponente im Sinne eines integrierten Kerngebiets habe (1984:50), im wesentlichen von hobbesschem Gedankengut und zyklischen Geschichtstheorien geprägt.

336

11.3 Transnationalismus und Interdependenz

Die Dollarkrise von 1971 führte auch im akademischen Bereich zur Kritik an den machtpolitischen Konzepten Nixons und Kissingers. Die britische Politologin Susan Strange von der London School of Economics stellte 1972 in einem Artikel die These auf, daß die Beurteilung der internationalen Beziehungen sich im allgemeinen noch auf dem Stand der Diplomatie der 30er Jahre befinde. In Wirklichkeit sei die Bedeutung der klassischen Diplomatie nicht nur in den Dritte-Welt-Ländern durch ökonomische Politik verdrängt worden, sondern auch in den entwickelten kapitalistischen Staaten, die sich zu einer „Allianz des Wohlstands" zusammengeschlossen hätten. Diese Staaten würden nicht nur einen Klassenkampf gegen die Dritte Welt führen, sondern seien auch in ein Gefecht mit

Strange

> „einem unsichtbaren Widersacher, nämlich dem unkontrollierbaren Markt, [verwickelt], den sie irgendwie bändigen müssen, wenn sie das Risiko sozialer und politischer Zerreißproben vermeiden wollen" (Strange 1972:192).

Die einzelen Staaten dieser Wohlstandsallianz seien bereits so eng mit diesem internationalen Wirtschaftssystem verflochten, daß selbst der mächtigste Staat, sprich: die USA, sich der Verpflichtung, dieses System „kollektiv zu managen" nicht entziehen könne (ibd.: 197).

Wohlstandsallianz

11.3.1 Das transnationale Paradigma

Unter dem Titel *Transnational Relations and World Politics* veröffentlichte die Zeitschrift *International Organization* im Sommer 1971 Diskussionsbeiträge zur Rolle multinationaler Konzerne in der Weltpolitik (Diese Beiträge sind 1973 auch in Buchform herausgebracht worden.) Die verantwortlichen Koordinatoren dieser Sondernummer, Joseph S. Nye jun. und Robert O. Keohane, hatten 1970 in Harvard auf einem Kongreß des Center for International Affairs, an dem sie tätig waren, ein von ihnen erarbeitetes, neuartiges „transnationales Modell" (Paradigma) internationaler Beziehungen vorgestellt. In Abgrenzung von den Ausgangspunkten des Realismus, der nur den Staat als handelndes Subjekt in den internationalen Beziehungen anerkennt, schlugen sie vor, die Weltpolitik als einen komplexen Prozeß aufzufassen, der auch grenzüberschreitende Transaktionen umfasse. „Transaktionen" definierten sie als

Nye/Keohane

> „die Bewegung materieller oder immaterieller Dinge (,items') über Staatsgrenzen hinweg, wenn zumindest einer der [an dieser Transaktion beteiligten] Akteure kein Vertreter einer Regierung oder einer zwischenstaatlichen Institution ist" (Keohane u. Nye 1973:XI).

Transaktion

Auf dem Kongreß von 1970 wurde u.a. über die Frage diskutiert, ob die Zunahme solcher transnationaler Beziehungen für die einzelnen Staaten einen Verlust an souveränen Kontrollmöglichkeiten zur Folge habe. Angesichts der prominenten Rolle amerikanischer, transnational operierender Akteure konzentrierte sich diese Diskussion in erster Linie auf die USA.

Die Beiträge der erwähnten Textsammlung beschäftigen sich mit diversen Aspekten transnationaler Beziehungen, nicht nur mit den MNKs, sondern auch mit der katholischen Kirche, mit revolutionären Bewegungen und der Arbeiterbewegung. Die Autoren waren u.a. der bereits erwähnte Vernon, außerdem Robert Gilpin, Robert Cox, auf den wir noch zurückkommen werden, und Karl Kaiser, ein westdeutscher Politologe, der von 1963-1968 an der Harvard Universität tätig war und nach seiner Rückkehr in die BRD 1969 in der *Politische(n) Vierteljahresschrift* einen Beitrag unter dem Titel *Transnationale Politik: zu einer Theorie der multinationalen Politik* publizierte.

Keohane und Nye schrieben resümierend, daß die

„zugenommene Komplexität, die in unserem weltpolitischen Modell beschrieben wird, zum Verständnis des scheinbaren Paradoxes [sic!] beiträgt, daß auch Politiker der USA, eines Landes, das ein so großes Gewicht in der Weltpolitik hat, sich so oft über einen ‚Verlust an Einfluß' auf ihr politisches, internationales Umfeld beklagen" (ibd:392).

Das schnelle Wachstum transnationaler Akteure unterminiere aber nicht so sehr die formale Souveränität der einzelnen Staaten, sondern schränke vielmehr ihren autonomen Handlungsspielraum ein. Diese Einsicht deckte sich in etwa mit den Auffassungen des Amerikaners James N. Rosenau, der von penetrierten Systemen gesprochen hatte, d.h. Gesellschaften, in denen Macht nicht nur vom eigenen Staat ausgeübt wird, sondern auch von auswärtigen Kräften (Rosenau 1966; vgl. auch seine Aufsatzsammlung *Linkage Politics,* 1969).

penetrierte Systeme

Überhaupt sei, so führten Keohane und Nye aus, die Vorstellung vom Staat als einem kohärenten, d.h. als eine geschlossene Einheit auftretenden, *Akteur* (Washington fürchtet..., Tokio plant..., etc.) gegenstandslos geworden. In diesem Zusammenhang verweisen sie auf das 1971 erschiene Buch ihres Harvard-Kollegen G. Allison: *Essence of Decision. Explaining the Cuban Missile Crisis.* Hierin hatte Allison die Vorstellung, daß sich die USA und die UdSSR in dieser Krisensituation als autonome Kontrahenten gegenübergestanden hätten, korrigiert und auf die Funktion anderer „Akteure", wie z.B. auf die Rolle bürokratischer Eigeninteressen der Ministerien oder der Geheimdienste und die Bedeutung innenpolitischer Belange (Parteien, Verbände), aufmerksam gemacht.

Kritik des Akteur-Konzeptes der Staaten

Der von Keohane und Nye benutzte Begriff Paradigma orientierte sich an den Arbeiten des Wissenschaftstheoretikers Thomas Kuhn. In seinem Buch *The Structure of Scientific Revolutions* aus dem Jahre 1962 kritisierte Kuhn das Wissenschaftsverständnis des Neopositivismus und insbesondere die Theorie Karl Poppers, daß die Wissenschaft sich schrittweise weiterentwickele, indem sie ihre theoretischen Hypothesen ständig empirisch überprüfe. Kuhn dagegen vertrat die Ansicht, daß die Wissenschaft immer *von bestehenden Theorien ausgehe,* vom „Korpus des akzeptierten wissenschaftlichen Wissens" (Kuhn 1970:4). Solange dieses Gesamtwissen („Korpus" oder „Paradigma") akzeptiert werde, würden nicht die „ganze" Theorie auf den Prüfstand gestellt, sondern lediglich einzelne Implikationen dieser Theorie, d.h. einzelne behauptete Beziehungen zwischen Elementen dieser Theorie. Bezugsrahmen, Hypothesen und Aussagen über zu erwartende Resultate würden aus dem Paradigma (Theorie) hergeleitet.

Wirklich überprüft würden Theorien nur in Zeiten wissenschaftlicher Revolutionen, wenn ganze wissenschaftliche Gebäude ins Wanken geraten und das Fundament für ein neues Paradigma gelegt werde (Paradigmenwechsel). Dann erst könne man von einem wirklich „kritischen Diskurs" über die Grundlagen der Wissenschaft sprechen. Es breche dann eine Periode an, in der sich „Wissenschaftler verhalten als seien sie Philosophen," schrieb Kuhn (1970:6f.).

Obwohl Keohane und Nye den Begriff „Paradigma" nicht im strengen Sinne verwandten bzw. verwenden konnten, weil die Politologie kaum die Tradition einer im Sinne von Kuhn normalen Wissenschaft kennt (empirische Überprüfung von Hypothesen innerhalb eines allgemein akzeptierten theoretischen Rahmens), so deutete dieser Begriff doch eine allgemeinere Krise an, in der sich die neopositivistische Wissenschaftstheorie sich damals befand. Sowohl die Debatte über Kuhns Auffassungen, die in der zweiten Hälfte der 60er Jahre geführt wurde, als auch die Postulierung eines transnationalen Paradigmas durch Keohane und Nye waren Ausdruck der damals aufkommenden sozialen Umbruchstimmung. Ähnlich wie die bereits an früherer Stelle konstatierte strukturelle Verwandtschaft zwischen Neopositivismus und Kapitalakkumulation (vgl. Kap. 4), so läßt sich auch zwischen der Polemik gegen Poppers Wissenschaftstheorie und der aufkommenden Kritik an den multinationalen Konzernen eine wichtige Beziehung herstellen. Beide Analysen verband miteinander, daß sie in einer Periode zunehmender sozialer Spannungen die Selbstverständlichkeit der bestehenden gesellschaftlichen Ordnung in Frage stellten, wenn auch -bei den beiden hier besprochenen Beispielen- in sehr milder Form. Die Debatte über grundsätzliche Alternativen zum bestehenden Gesellschaftssystem konnte jedenfalls nicht länger als unzulässig abgetan werden, da man auch innerhalb des wissenschaftlichen und politischen Establishments nicht mehr die Augen davor verschließen konnte, daß „eine alte Epoche zwar zu Ende geht, eine neue aber noch nicht herangereift ist," wie es in einem Bericht der Washingtoner *Brookings Institution* hieß (Owen 1973:3).

Umbruchstimmung

11.3.2 Die Idee eines trilateralen Kerngebiets

Bei der Entwicklung neuer Herrschaftskonzepte haben informelle Planungs- und Konsultationsgruppen traditionell eine wichtige Rolle gespielt. In den „Round Table Groups" wurde um die Jahrhundertwende das liberale und internationalistische Konzept der *Pax Britannica* ausgearbeitet. Zu einer angloamerikanischen Verbindung, in der die Politik von Wilson eingemündet wäre, kam es nach dem Ersten Weltkrieg noch nicht. Der amerikanische Council on Foreign Relations und das britische Royal Institute of International Affairs mußten zunächst den nationalistischen, staatsmonopolistischen Kräften den Vorrang lassen. Erst während und direkt nach dem Zweiten Weltkrieg konnte der *korporative Liberalismus*, der sich während des New Deals entwickelt hatte, auch in solchen transnationalen Gruppierungen wie der ELEC (vgl. Kap. 9) und später den Bilderberg Konferenzen (vgl. Kap. 9) Fuß fassen.

Die zahlreichen Herausforderungen und Krisen, mit denen das atlantische Kerngebiet in den 60er Jahren konfrontiert wurde, insbesondere die Weltwährungskrise von 1971, bewirkten, daß die Phase eines relativ unverbindlichen Suchens nach alternativen Herrschaftskonzepten ihrem Ende zuging. Man befürchtete sogar, daß durch die Entspannungspolitik die Trennlinien zum Staatssozialismus verwischt würden, was den Zusammenhalt des Kerngebiets aufweichen könnte. Außerdem gab es Besorgnisse über wirkliche oder vermeintliche nationalistische Tendenzen. Einzelne Länder, geleitet von nationalen Sonderinteressen, könnten sich innen- und außenpolitisch zu weit vorwagen und sich auf zuviel Kompromisse (mit dem ideologischen Gegner) einlassen.

Brzezinski Vor einer solchen Entwicklung warnte u.a. Zbigniew Brzezinski, ein 1928 in Polen geborener Politologe, der 1953 in die USA emigriert war. Brzezinski war als Sowjetexperte an der Harvard und der Columbia Universität tätig, außerdem Direktor des CFR und bis zum Amtsantritt Nixons Berater im Außenministerium. Er hat verschiedene Arbeiten zu den Themen „Totalitarismus" und „Ostblock" verfaßt. Ab Ende der 60er Jahre war er mit der Entwicklung einer Offensivstrategie befaßt, die den sowjetischen Einfluß zurückdrängen sollte. Auch Brzezinski war sich des tiefgreifenden gesellschaftlichen und weltpolitischen Wandels, der sich in jener Zeit vollzog, bewußt. Den kommenden Zeitabschnitt charakterisierte er (u.a. in seiner Schrift *Between Two Ages*, „Zwischen zwei Epochen", 1970) als „technotronisches" Zeitalter (was immer er mit diesem Science-Fiction-Wort auch ausdrücken wollte), das man nicht passiv „über sich kommen" lassen dürfe, sondern dem man mit Wagemut und vorwärts gerichtetem Blick entgegengehen solle.

Wenn die USA eine so mutige Politik wie die *Ostpolitik* Willy Brandts, von der er annahm, daß sie auf Dauer vielleicht den Ostblock destabilisieren könne, nicht unterstütze, schrieb Brzezinski 1970 in einem Artikel, dann würde sich an dem Status quo auch in Zukunft wenig ändern. Und das, angesichts der Tatsache, daß die Stabilität in Europa seiner Meinung nach trügerisch war.

„Ein neuer und breiterer Ansatz ist vonnöten," schrieb er (1970:29), „die Schaffung einer Gemeinschaft entwickelter Nationen, die sich den größeren Fragen der Menschheit zuwendet. Zusätzlich zu den USA und Westeuropa, sollte auch Japan in diese Gemeinschaft miteinbezogen werden."

1968 hatte er bereits das Bild eines neuen, zeitgemäßen Intellektuellentyps skizziert, eines

„integrativen Generalisten, der als persönlicher Ideologe derer wirkt, die die Macht ausüben und alle disparaten Aktionen intellektuell miteinander verknüpft und auf einen Nenner bringt" (zit. in Chomsky 1969:28).

Brzezinski selbst trat als „Hausstratege" in den Dienst David Rockefellers, ähnlich wie das sein intellektueller Gegenspieler Kissinger bei Davids älterem Bruder Nelson getan hatte.

Trilaterale Als 1972, während eines Bilderberg-Meetings der Plan David Rockefellers zur
Kommission Gründung einer *Trilateralen Kommission (TK)*, die als (informelle) amerikanisch-

westeuropäisch-japanische Planungsgruppe fungieren sollte, angenommen wurde, machte er Brzezinski zum Direktor dieser Kommission. 1977 wurde Brzezinski Sicherheitsberater des neuen Präsidenten Carter, der sehr viele Mitglieder der amerikanischen TK-Sektion in seine Regierungsmannschaft aufgenommen hatte.

Gleichzeitig mit der Gründung der TK wurde vom Council on Foreign Relations ein umfangreiches Forschungsprojekt („1980's Project") aus der Taufe gehoben, in dessen Rahmen ein neues Herrschaftskonzept erarbeitet werden sollte.

> „Die letzte systematische und umfassende Untersuchung des internationalen Systems – seiner Strukturen sowie seiner Zusammenhänge und Schlüsselbeziehungen, seiner Regeln, Entwicklungen und Institutionen – hatte während des ZweitenWeltkriegs stattgefunden und in den ersten Jahren des Kalten Krieges," erklärte der CFR-Präsident Manning. „Die Erkenntnisse sind seither zwar in einigen Punkten angepaßt worden; neue, systematische Versuche aber, zu einer umfassenden Übersicht über die derzeitigen Strukturen [des internationalen Systems] zu kommen, sind nicht unternommen worden." (zit. in Shoup u. Minter 1977:255)

Grundlage dieses Forschungsprojekts („1980's Project") waren die Arbeiten eines Forschungsteams, das von der Wirtschaftswissenschaftlerin Miriam Camps geleitet wurde und dem u.a. Joseph Nye und der 1928 in Wien geborene Stanley Hoffmann von der Harvard-Universität angehörten. Camps hatte in ihrer Studie *The Management of Interdependence* aus dem Jahre 1974 postuliert, daß die Richtschnur der amerikanischen Außenpolitik nicht das (im engeren Sinne) nationale Eigeninteresse der USA sein sollte, sondern die angestrebte und erwünschte internationale Ordnung. Diese Ordnung müsse auf drei Stützpfeilern (USA, Westeuropa und Japan) ruhen und „kollektiv gemanagt" werden. Die trilaterale Welt müsse die Fähigkeit erwerben,

(Randnotizen: Camps; Management der Interdependent)

> „Probleme zu antizipieren, frühzeitig auf alarmierende Entwicklungen hinzuweisen, unterschiedliche Problembereiche miteinander in Zusammenhang zu setzen, zu entscheiden, welche der möglicherweise ein halbes Dutzend in Frage kommenden Institutionen handeln sollten, und die Einführung neuer und notwendiger Regelungen und anderer institutioneller Reformen zu fördern."

Diese – für das Kerngebiet konzipierten – Führungsstrukturen und Steuerungsmechanismen, in denen wir auch jene informellen Konsultations- und Planungsmechanismen wiederfinden, deren Spuren sich bis zu den Anfängen des Britischen Empire zurückverfolgen lassen, sollten gewährleisten, daß

> „die Regeln, Ziele und Methoden, welche die entwickelten Länder zur Grundlage ihrer gegenseitigen wirtschaftlichen Beziehungen gemacht haben, zu allgemein akzeptierten Normen im globalen System werden. Anders ausgedrückt: die von den entwickelten Ländern untereinander getroffenen Vereinbarungen sollten zur *Schaltzentrale des ganzen Systems werden; es wäre zu erwarten, daß andere Länder sich mit der Zeit an diese Zentrale ankoppeln würden"* (Camps, zit. in Shoup/Minter 1977:265f.; Hervorh.v.v.V.).

Das Vorhaben, die Geltungssphäre der Normen und Werte des Kerngebiets auf die ganze Welt auszudehnen, wurde kurze Zeit später von Präsident Carter versucht, in die Praxis umzusetzen. Seine Menschenrechtspolitik erklärte das lockesche Modell von Staat und Gesellschaft zum einzig legitimen. Insbesondere in der Konfrontation mit der Sowjetunion spielte sie eine wichtige Rolle. Stanley Hoffmann, der 1978 in *Primacy or World Order* (Vormacht oder Weltordnung) die Untersuchungsergebnisse der Arbeitsgruppe von Camps resümierte, wies jedoch warnend darauf hin, daß Carters Politik nicht in einen moralischen Kreuzzug münden dürfe; er wäre schließlich nicht der erste Präsident der Demokraten, der durch eine derartige Kampagne in einen Krieg verwickelt würde. Der Gedanke, daß die Weltordnung unbedingt eine „amerikanische" Ordnung sein müsse, sollte aufgegeben werden, empfahl Hoffmann (1978:200).

Vormacht oder
Weltordnung

11.3.3 Der transnationale historische Materialismus

Die doppelte Zielsetzung der TK, nämlich zum einen den Integrationsprozeß des Kerngebiets an einen Normen- und Wertekatalog zu binden, was seinen Niederschlag u.a. in Carters Menschenrechtspolitik fand, zum anderen aber die Abgrenzung gegenüber der Sowjetunion stärker zu akzentuieren – Originalton eines TK-Berichts:

> „...eine Weltordnung zu errichten, in der die kommunistische Philosophie abstirbt und keine neuen Konvertiten mehr produziert" (zit. in Gill 1990:202) –

hatte auch Konsequenzen für die Theoriebildung im Bereich der internationalen Beziehungen.

Cox   Ein Teil jenes heterogenen Wissenschaftlerkreises, der Beiträge zum Thema des transnationalen Paradigmas beigesteuert hatte, fügt sich in die TK ein (Nye, Kaiser und auch Allison) und hat die Idee eines westlichen Werte- und Normensystems in der sog. Regime-Analyse, auf die wir noch eingehen werden, weiter ausgearbeitet. Andere Wissenschaftler dieser Gruppierung dagegen, wie etwa der 1926 geborene Kanadier Robert W. Cox, ließen sich auch bei ihren weiteren Untersuchungen von der ursprünglich kritischen Intention der „transnationalen" Debatte leiten. Cox arbeitete 1948-1972 für die Internationale Arbeitsorganisation ILO in Genf, zuletzt als Direktor des *International Institute of Labor Studies*. Danach war er noch an der Columbia Universität (New York) und an der York Universität (Toronto) in Kanada tätig. 1973 veröffentlichte er zusammen mit H. K. Jacobson u.a. die Studie *The Anatomy of Influence* („Die Anatomie des Einflusses"), in der er eine erste Analyse seiner Erfahrungen bei der ILO vorlegte.

Im Zuge der Auswertung seiner Erfahrungen kam Cox zu dem Ergebnis, daß die Ausgangspunkte des ILO-Programms auf den in den 50er Jahren von der Ford Foundation erarbeiteten Grundsätzen der Arbeitsorganisation beruhten, die wir bereits im vorigen Kapitel besprochen haben. Schon in der Anfangsphase des Ford-Projekts hätten die „wissenschaftlichen Projektleiter zahlreiche Konferenzen und Konsultationen bei der ILO organisiert" (Cox 1977:409). Als die sozialen Auseinandersetzungen dieser Zeit und die Forderungen der NIWO-Bewegung 1969 auch die ILO erreichten, kam es zu internen Konflikten, in denen die implizit ideologische Grundlage der Organisation öffentlich zur Diskussion gestellt wurde. Die USA fühlten sich so sehr in die Defensive gedrängt, daß sie ihren Auszug aus der ILO ankündigten. Cox analysierte diese Konflikte mit Hilfe des in Gramscis Gefängnisschriften entwickelten Begriffs *Hegemonie*.

> „Hegemonie wird von meinungsbildenden Strategien flankiert, die eine [auf die Interessen] der etablierten Macht abgestimmte Interpretation des Geschehens darbieten, und anschließend andere, der orthodoxen Auffassung widersprechende Interpretationen eliminieren." (1977:415)

In der darauffolgenden Debatte unterstrich Cox seine Ansicht, daß politisches Handeln immer in einem bestimmten, sozial und historisch bedingten Kontext stattfinde, sei dieser nun affirmativ und legitimierend oder kritisch und reformorientiert (Cox 1980:162). Im Zuge der Weiterentwicklung von Gramscis Konzept des historischen Materialismus und der Anwendung seines Hegemoniebegriffs auf den Bereich der internationalen Beziehungen, kritisierte Cox den beschränkten Staatsbegriff des Realismus. Der Staat sei zwar immer noch das „hauptsächliche Zentrum der sozialen Auseinandersetzungen" und die „Grundeinheit der internationalen Beziehungen", müsse aber, im Unterschied zur Auffassung der Realisten, als ein *„erweiterter* Staat" gesehen werden, als ein ordnungspolitisches Gebilde, das „seine eigene gesellschaftliche Basis mit einschließt" (1983:169, Hervorh.v.V.). Ein *hegemonialer* Staat sei ein Gemeinwesen, das seiner Gesellschaft die Möglichkeit verschaffe, sich international auszubreiten. Internationale Organisationen würden in diesem (gesellschaftlichen) Expansionsprozeß häufig als Vermittler der Hegemonialansprüche fungieren, indem sie die Eliten der Peripherie im Sinne des normativen Wertesystems der Hegemonialordnung beeinflussen.

hegemonialer Staat

erweiterter Staat

> „Das hegemoniale Konzept der Weltordnung basiert nicht nur auf der Regelung zwischenstaatlicher Konflikte, sondern auch auf einer im Weltmaßstab konzipierten Zivilgesellschaft, d.h. auf einer weltweiten Produktionsweise, die die gesellschaftlichen Klassen jener Länder zueinander in Beziehung setzt, die daran teilhaben." (Cox 1983:171)

Hegemonialordnung

Diesen Ansatz hat er in seiner Abhandlung *Production, Power, and World Order* (1987) noch weiterentwickelt.

11.4 Neoliberalismus und Neorealismus

Trotz der massiven Unterstützung des „1980's Project" durch die großen Privatstiftungen (Ford, Mellon, Lilly und Rockefeller), trotz des beträchtlichen Einflusses von Mitgliedern der Trilateralen Kommission in der Regierung Carter und des großen Spektrums ihr zur Verfügung stehender Massenmedien ist ein – auf Kompromissen und ideologischer Hegemonie basierendes – trilaterales Konzept auf der Grundlage des korporativen Liberalismus nicht zustande gekommen. Sowohl in Großbritannien

343

als in der USA ist man unter dem Eindruck unvorhergesehener Krisen und Herausforderungen bereits 1978/79 zu einer harten Konfrontationspolitik gegenüber innenwie außenpolitischen Gegenkräften zurückgekehrt. Es setzte sich vielmehr ein *neoliberales* Herrschaftskonzept durch, das den gesellschaftlichen Klassenausgleich untergräbt sowie der Finanzwelt bei der Schaffung eines weltweiten Produktionssystems, das keinen nationalen Zusammenhalt (Kohärenz) mehr hat, freies Spiel läßt. Dieses Konzept fand auf der weltpolitischen Ebene seinen Ausdruck in *unilateralen* Tendenzen und einem erneuten Aufleben des Kalten Krieges (Halliday 1986). In der Bundesrepublik ist der Begriff *Neokonservatismus* übrigens gängiger als die angelsächsisch geprägte Bezeichnung *Neoliberalismus*. Beide Begriffe beziehen sich aber auf das gleiche Phänomen.

11.4.1 Die neoliberale Gegenoffensive

Die Krise der keynesianischen Ökonomie und die akute politische Krise, die durch die zurückhaltende Reaktion Carters auf die Revolutionen in Nicaragua und im Iran enstanden waren, brachten Thatcher und Reagan an die Macht, deren weltpolitische Einstellungen und Überzeugungen bereits in den 70er Jahren von (informellen) Planungsteams vorformuliert bzw. „aufgewärmt" worden waren. Das ökonomische Programm des Neoliberalismus (Monetarismus, Freie-Markt-Ideologie, Deregulierung und Privatisierung) wurde hauptsächlich von der *Mont Pèlerin Society* propagiert, die 1947 von u.a. Friedrich von Hayek, Milton Friedman und Karl Popper gegründet worden war. Diese Strömung sah jede Form staatlichen Eingreifens bereits als den Beginn des Sozialismus. Ähnlich dachte man auch in der 1973 gegründeten *Heritage Foundation,* einer Initiative des Bierbrauers Coors und von Richard Mellon Scaife, eines Sprößlings der Mellon-Familie. 1976 schließlich kam es zu einer Neugründung des *Committee on the Present Danger (CPD)* (Komitee [zur Bekämpfung] der gegenwärtigen Bedrohung), zu dessen Mitgliedern neben der „erlauchten" Garde des Kalten Krieges, wie etwa Paul Nitze und Edward Teller, auch einige neokonservative Intellektuelle wie etwa Jeanne Kirkpatrick von der Georgetown-Universität (der späteren UNO-Botschafterin Reagans), S. M. Lipset, R. L. Pfaltzgraff jun., U. Ra'anan u.a. zählten.

Der Einfluß dieser Gruppierungen in Politik und Gesellschaft nahm nach dem Amtsantritt Reagans rasch zu. In seiner Regierung saßen nicht weniger als 32 Mitglieder des „Gefahren-Komitees" CPD (Brownstein/Easton 1983:533). Doch schon während der Amtsperiode Carters wurde großer Druck auf die Regierung ausgeübt, um auf einen härteren, unilateralen Konfrontationskurs umzusteigen. 1976 wurden die CIA-Schätzungen der sowjetischen Rüstungsausgaben auf Betreiben einer Gruppierung, die fast völlig aus CPD-Prominenten bestand, – unter Mitwirkung des damaligen CIA-Chefs George Bush – nach oben hin korrigiert. Es wurde eine Panikstimmung verbreitet, die an die Zeiten der vermeintlichen Bomber- und Raketenlücke erinnerte. Die nach dem Weggang der Mitglieder der Carter-Regierung, Cyrus Vance und Michael Blumenthal, und anderen vakant gewordenen Vorstandsposten im Council on Foreign Relations (CFR) wurden mit erklärten Gegnern des vom „1980's Project" entwickelten Interdependenzansatzes neubesetzt: u.a. mit Paul Nitze, den Rostow-Brüdern und Richard Pipes, der die erwähnte Revision des CIA-Berichts über die sowjetischen Rüstungsausgaben koordiniert hatte (Silk 1981:220).

Die Folgen der neoliberalen Wende waren u.a.: ein harter, konterrevolutionärer Kurs gegenüber der Dritten Welt, eine Strategie des *Low Intensity Warfare* (Kriegsführung auf niedrigem Niveau; vgl. dazu: Robinson/Norsworthy 1985 sowie: Hippler 1986); Zinserhöhungen, die die NIWO-Industrialisierungspläne zunichte machten und eine strukturelle Schuldenkrise auslösten (Lipietz 1984); schließlich ein Rüstungswettlauf (NATO-Doppelbeschluß von 1979, „Star Wars"-Programm von 1983), der sowohl eine Destabilisierung der NIWO-Koalition als auch des sowjetischen Blocks beabsichtigte (Gerbier 1987). All diese Entwicklungen wurden von den obengenannten Intellektuellenkreisen mitgetragen und ideologisch gerechtfertigt.

11.4.2 Der Neorealismus

Parallel zur neoliberalen Konfrontationspolitik Reagans kam es zu einem Wiederaufleben machtpolitischer Strömungen im Bereich der Theorie der internationalen Beziehungen. Die Publikation des Buchs *Theory of International Politics* von Kenneth Waltz im Jahre 1979, in dem erneut ein hobbessches Modell der Weltpolitik präsentiert wurde, war ein Zeichen dafür, daß die Reformbewegung, die zu Beginn jenes Jahrzehnts die Weltpolitik in sowohl praktischer wie theoretischer Hinsicht geprägt hatte, am liberalen Mißtrauen gegenüber einer größeren Rolle der UNO bei der Regelung mondialer Probleme (vorerst) gescheitert war. Waltz

„Meine Vorliebe [für den Realismus] habe ich teils Immanuel Kant, teils Reinhold Niebuhr zu verdanken," schreibt Waltz (1986:341). „Kant fürchtete, daß eine Weltregierung die Freiheit knebeln, in einen schrecklichen Despotismus entarten und zuletzt im Chaos versinken würde. Niebuhr kam auf Grund seines düsteren Bildes von der menschlichen Natur zu dem Schluß, daß sowohl im einheimischen wie im internationalen Bereich den Zwecken der Sicherheit und der Sittlichkeit eher durch ein Gleichgewicht der Mächte als durch eine Machtkonzentration gedient wäre." Gleichgewicht
der Mächte

Frustrationen über das theoretische Wirrwarr der 70er Jahre, über

„den plötzlichen Wandel der Wertvorstellungen und der [vertrauten] politischen Umgebung in den USA" (Mansbach 1987:220),

waren wohl dafür verantwortlich, daß nun – mit umso größerer Bestimmtheit – wieder machtpolitische Positionen vorgetragen wurden. Die Renaissance des machtpolitischen Realismus und seine Weigerung, historische, gesellschaftliche und vor allem ökonomische Tatbestände als diejenigen Faktoren anzuerkennen, welche die Weltpolitik wesentlich determinieren, korrelierte mit der Machtentfaltung unter Reagan und den politischen und militärischen Alleingängen der USA, mit der sie ihre früheren Einflußverluste als *Führungsmacht* wieder wettzumachen suchte. Der Konflikt mit den Dritte-Welt-Ländern ließe sich auch in der Sprache der klassisch-machtpolitischen Konfrontation beschreiben. Reagans schroffe Zurückweisung der machtpolitischer
Realismus von den NIWO-Ländern auf der Konferenz von Cancun in Mexiko 1981 vorgebrachten Anliegen und Forderungen war dafür ein typisches Beispiel.

Die USA wollten sich ihren Führungsanspruch nicht durch die UNO streitig machen lassen. Gleichwohl benutzte die USA ihre Machtposition nicht nur und nicht in erster Linie zur Durchsetzung nationaler Eigenbelange. Der Begriff *nationales Eigeninteresse* kam auch im Konzept des Neorealismus nicht mehr vor, sondern wurde ersetzt durch die Auffassung, daß unabhängig von irgendeinem Machtstreben, die

> „Resultate in der Weltpolitik von der Gesamtverteilung der Macht zwischen Staaten bestimmt werden" (R. Keohane, zit. in Lake 1987:219).

Selbstbeschränkung des Neorealismus

Es ist gerade diese *Selbstbeschränkung des Neorealismus* in Theorie und Praxis, die ihn vom alten, traditionellen Realismus unterscheidet und auch den Unterschied markiert, der zwischen der unilateralen Politik Nixons und der Reagans zu beobachten war. Nixons monetäre und handelspolitischen Maßnahmen brachten – im Unterschied zur Politik Reagans – die Internationalisierung des Kapitals in Gefahr. Reagans Politik dagegen repräsentierte auch allgemeine Interessen des Kerngebiets als Ganzem, vor allem gegenüber der Peripherie. Die Partner der USA fügten sich daher auch, trotz vielfältiger Kritik am unilateralen amerikanischen Vorgehen und trotz anfänglicher Konflikte, wie z.B. über den sowjetisch-westdeutschen Gaslieferungsvertrag, in die neoliberale Wende. Gill erklärt das Einlenken der amerikanischen Partner damit, daß ihnen deutlich geworden sei, daß der mit ausländischem Kapital finanzierte militärische Keynesianismus und die Deregulierungspolitik der USA die Internationalisierung des Kapitals beschleunigten, und somit vorteilhaft für das gesamte Kerngebiet seien.

> „War die ursprüngliche Absicht der Wirtschaftspolitik Reagans (‚Reaganomics‘) die Mobilisierung der einheimischen Kräfte gewesen, so resultierte sie doch auch in einer Stärkung der transnationalen Kräfte, indem sie die gegenseitige Penetration der Kapitale förderte, die Liberalisierung der Märkte vergrößerte und die gegenseitige Abhängigkeit der makroökonomischen Politikbedingungen der USA mit denen anderer Staaten vertiefte." (Gill 1990:107)

Daß es auf Grund dieser Entwicklungen wieder nötig wurde, zu einem kollektiven Management des Kerngebiets zurückzukehren, machte die zweite Amtsperiode Reagans deutlich, die einerseits noch von den unversöhnlichen ideologischen Grundsätzen des Neoliberalismus geprägt war, andererseits aber auch mehr Möglichkeiten bot für ein gemeinschaftliches, trilaterales Management. Diese politische Linie fand ihre theoretische Entsprechung in der Regime-Analyse, die noch ein Erbe aus der Carter-Periode war.

11.4.3   Regime-Analyse

Einige Jahre nach der erwähnten Sondernummer der Zeitschrift *International Organization* gaben Keohane und Nye die Aufsatzsammlung *Power and Interdependence* (1977) heraus. Hierin wandten sie sich erneut gegen den staatszentrierten Ausgangspunkt des Realismus. Obwohl die Möglichkeit der Gewaltandrohung und der Gewaltanwendung zwischen Staaten, die ein eigenes Gewaltmonopol besitzen, weiterexistiere, werde die Verflechtung grenzüberschreitender Interessen immer intensiver, was Gewaltanwendung zunehmend unwahrscheinlicher mache. Diese Interessen hätten

„Netzwerke an Regeln, Normen und Verfahren zur Verhaltensregulierung und Ergebniskontrolle" hervorgebracht (zit. in Mansbach 1987:233).

Solche Gebilde aus Regeln, Normen und Verfahren nannten sie *internationale Regime*. Das war ein neuer Begriff für etwas, das – wie wir wissen – bereits in Camps „1980's Project", an dem auch Nye teilgenommen hatte, erarbeitet worden war.

Susan Strange sieht die rasche Verbreitung des Regime-Begriffs als einen Versuch „liberaler" Akademiker, den Machtverlust der USA und die Schrumpfung des amerikanischen Einflusses in den internationalen Organisationen zu begreifen. Die Regime-Analyse

„ist das Produkt gewisser und zum Teil subjektiv gefärbter Wahrnehmungen und Vorstellungen in den Köpfen vieler Amerikaner. Eine dieser Wahrnehmungen (perception) war, daß, während die USA intern mit Schwierigkeiten wie Watergate und Jimmy Carter zu kämpfen hatten, ihre Machtposition durch eine Reihe äußerer ‚Erschütterungen' ernsthaft geschwächt worden sei. Im Gegensatz zur Reaktion vieler nationalistischer und reaktionärer Reagan-Anhänger dachte man in liberalen und internationalistisch gesinnten Akademikerkreisen darüber nach, ob und wie sich der Schaden am besten begrenzen ließe – ob durch Restaurierung, Ausbesserung oder Reformierung der ‚Regime', d.h. der Mechanismen multilateralen Managements" (Strange 1982:481).

Doch der Wirklichkeitsdruck des Unilateralismus hat diese Debatte in konservative Richtung gelenkt: Die Regime-Analyse geriet ins Fahrwasser des Neorealismus und verlor das transnationale Paradigma aus den Augen. „Regime" galten nunmehr als Ausdruck der Hegemonie eines Staates; ein Regime bewirke, daß – trotz relativen Machtverlusts dieses Staates – die (durch seine verflossene Hegemonialherrschaft geformten) internationalen Verhältnisse weiterbestehen könnten. Die „direkte" Hegemonie würde also durch das „indirektere" Regime ersetzt, d.h. durch multilaterale Steuerungsmechanismen. Keohane selbst hat 1984 diesen Gedanken in seinem Buch *After Hegemony* entwickelt.

Der Begriff „Regime" stammt ursprünglich aus Eastons Systemtheorie der 60er Jahre, der damals geschrieben hatte: Regime-Begriff

„Die meisten Systeme bedürfen einer gewissen Anzahl relativ stabiler *amtlicher Autoritäten*. Zweitens: ohne Unterstützung (support) wäre es unmöglich, die nötige Stabilität der Regulierungen und Strukturen zu gewährleisten, durch deren Anwendung Forderungen in Resultate umgesetzt werden – ein Aspekt, den wir als *Regime* bezeichnen wollen." (Easton 1965b:157; hier zitiert aus Nicholson/Reynolds 1967:23)

Dieser Regimebegriff wurde dann zu Beginn der 80er Jahre auf den Bereich der internationalen Beziehungen angewandt und meint ein von der internationalen Gemeinschaft der Staaten allgemein akzeptiertes Regel- und Verfahrenswerk (z.B. im Rahmen der UNO), auf dessen Grundlage sich die Forderungen und Wünsche der Staaten oder Staatengruppen in konkrete Politik umsetzen lassen.

In seiner Studie *Structural Conflict. The Third World against Global Liberalism*   Krasner

(1985) hat Stephen Krasner die Unvereinbarkeit eines NIWO-Regime mit dem liberalen Kapitalismus herausgearbeitet. Krasner deutete die NIWO als einen Versuch peripherer Länder, Einfluß auf die in- und ausländischen Wirtschaftskräfte, die ihre Macht untergraben, zu erlangen. Zu diesem Zweck gebrauchten sie ihre nationale Souveränität und ihre zahlenmäßige Mehrheit in den internationalen Organisationen als Druckmittel. Der Einfluß der USA in diesen Organisationen habe sich verringert, wodurch kleinere und schwächere Länder ihre Position hätten verbessern können. Dieser Zustand werde jedoch nur solange andauern, wie die USA gewillt seien, sich an die internationalen Regelwerke zu halten (Krasner 1985:81).

Ein Aspekt des wiederbelebten Kalten Krieges äußerte sich aber gerade im Boykott jener Unterorganisationen der UNO (z.B. ILO, UNESCO und UNCTAD) durch die Vereinigten Staaten, in denen die NIWO-Ideen eine große Rolle spielten und bereits zur Schwächung westlicher Doktrinen und Machtpositionen in den Politikfeldern „Arbeitsorganisation", „Medien" und „Welthandel" geführt hatten. Auch Krasners Analyse beschäftigt sich mit der Frage, ob das Privatkapital durch politisch-regulative Maßnahmen und Absprachen (die er als autoritative Allokation bezeichnet) in seiner Bewegungsfreiheit beschnitten, oder nur im Rahmen eines „marktorientierten Regimes" reguliert werden dürfe – eines Regimes,

„in welchem die Zuweisung der Ressourcen (Allokation) von den Möglichkeiten und den Präferenzen individueller Akteure bestimmt wird, die das Recht haben, ihren Besitz zu veräußern" (Krasner 1985:5).

11.4.4 Das lockesche Universum

Fukuyama Der offensive, neoliberale Kapitalismus hat innerhalb eines Jahrzehnts die mondialen Verhältnisse auf eine Weise verändert, daß man – aus kapitalistischer Sicht – versucht sein könnte zu glauben, daß der Gang der Geschichte zur Vollendung gekommen sei. Diese These wurde tatsächlich 1989 von F. Fukuyama in *The End of History?* vertreten.

Fukuyama hatte für die RAND Corporation gearbeitet, und war, als er diesen Artikel, der inzwischen in erweiterter Fassung auch als Buch erschienen ist, verfaßte, Mitarbeiter im politischen Planungsstab des US-Außenministeriums. Seine intellektuelle Arbeit wurde von der neokonservativen Olin-Stiftung unterstützt, die vom Munitionsfabrikanten und Finanzier John M. Olin von der Firma Olin Mathieson gegründet worden war. Diese Stiftung, die von Nixons Ex-Finanzminister William Simon geleitet wird, arbeitet nach dem Motto, es sei wichtiger, bestimmte Ideen unter den Intellektuellen zu verbreiten, als die Massen auf direktem Wege zu beeinflussen:

„Ideen und Intellektuelle sind enorm wichtig [...]," erklärte der Geschäftsführer der Olin-Stiftung in einem Interview. „Die Dinge, die die Regierung Reagan jetzt durchführt, sind zunächst in kleinen, intellektuellen Kreisen ausgedacht worden." (zit. in Nielsen 1985:43)

Erst jetzt begann man auch bei den Konservativen die Bedeutung der Intellektuellen als Bindeglied im Vermittlungsprozeß von Herrschaftskonzepten zu begreifen und für eigene Zwecke einzusetzen. .

Der Gedanke, Gramscis Begriff der intellektuellen Hegemonie gegen politische Linkskräfte zu kehren, lebte auch in extrem-rechten europäischen „Ideenschmieden" auf. In seinem zweibändigen Buch *Aus rechter Sicht* aus dem Jahre 1977 wandte sich der Franzose A. de Benoist jedoch nicht nur gegen Kommunismus und Kosmopolitismus, sondern auch gegen den „dekadenten Liberalismus" einer Welt, die Amerika zum Zentrum hatte. Während er die heutige Zeit als „Vorkriegszeit" sieht (de Benoist 1983, 1:32), ist diese Periode für Fukuyama gerade ein triumphaler Sieg des angelsächsischen, lockeschen Weltmodells.

Das 20. Jahrhundert ende da, wo es begonnen habe, schreibt Fukuyama. Nicht mit einer Konvergenz zwischen Kapitalismus und Sozialismus, sondern mit einem „unerschrockenen Sieg des ökonomischen und politischen Liberalismus" in der ganzen Welt (1989:3). Dieser Sieg markiere den

> „Schlußpunkt der ideologischen Evolution des Menschen und die universale Durchsetzung der westlich-liberalen Demokratie als höchster Form menschlicher Regierung."

Zwar beschränke sich dieser Triumph vorerst noch auf die ideelle Sphäre, es gebe aber triftige Gründe anzunehmen, daß sich auf längere Sicht auch die Wirklichkeit immer mehr auf dieses Ideal zubewege.

Hierbei beruft sich Fukuyama auf eine Theorie des französischen Hegel-Adepten A. Kojève, der meinte, daß die liberal-demokratische Staatsform durch Weltkriege und Revolutionen immer größere Gebiete erobert habe, und zwar derart,

> „daß die unterschiedlichen Bezirke der menschlichen Zivilisation auf das Niveau der höchstentwickelten Vorposten gehoben worden sind und [...] jene Gesellschaften in Europa und Nordamerika als Vorhut der Zivilisation gezwungen waren, ihren Liberalismus immer weiter auszugestalten."

Diese Staaten werden dann, wie er glaubt, im Laufe dieser Entwicklungen zu einem einzigen *universalen und homogenen Staat,* einem integrierten Kerngebiet, zusammenwachsen, in dem es

[Randnotiz: integriertes Kerngebiet]

> „keine ‚großen' Streitpunkte [mehr gibt], und folglich Generäle und Staatsmänner überflüssig" sein werden. „Was übrigbleiben wird, sind ökonomische Aktivitäten." (Fukuyama 1989:5)

Der Bezug auf Hegel ist insofern irreführend, als Hegel, wie wir wissen, einem hobbesschen Staats- und Gesellschaftsbegriff anhing. Fukuyama führe Hegel für etwas ins Feld, was in den meisten Fällen gar nicht dessen Ideen entspreche, sondern vielmehr dem aufklärerischen Gedankengut Lockes und Kants zuzuordnen sei, stellt auch der französische Politologe Pierre Hassner in einem Kommentar zu Fukuyama fest.

Der universale, homogene Staat habe im 20. Jahrhundert die zwei größten Barrieren, die seine Expansion aufzuhalten drohten, beseitigt, nämlich den Faschismus und den Kommunismus. Daß er das schaffen konnte, sei der Stärke des liberalen Ideenguts zu verdanken, das inzwischen sowohl Gorbatschow als auch China über-

[Randnotiz: universaler und homogener Staat]

nommen hätten (Fukuyama 1989:11). Durch diese enorme Expansion des „universalen, homogenen Staates" hätten sich die internationalen Beziehungen qualitativ verändert, meint Fukuyama. Theoretisch seien diejenigen, die „den hobbesschen Politikbegriff" auf die Weltpolitik projizierten, bereits „arbeitslos". Denn in jenem Teil der Welt, in welchem der historische Prozeß bereits zum Abschluß gekommen sei, konzentriere man sich mehr auf die Wirtschaft als auf Politik und Strategien. Im Gegensatz zu den Behauptungen der Neorealisten, sei eine Umstrukturierung der Weltpolitik nach den Prinzipien des Gemeinsamen EWG-Marktes („Common Marketization" of world politics) wahrscheinlicher als die Rückkehr zu einer Machtpolitik im Stile des 19. Jahrhunderts (Fukuyama 1989:15f.).

Nur die Dritte Welt, schreibt er, „steckt noch tief im Schlamm der Geschichte" und werde auch weiterhin ein Schauplatz von Konflikten sein.

„Aber große Konflikte werden nur von großen Staaten geführt, die sich noch fest im Griff der Geschichte befinden; gerade solche Staaten jedoch scheinen ‚auszusterben‘." (Fukuyama 1989:19)

**

Vor etwa vier Jahrhunderten setzte in Westeuropa eine Entwicklung ein, in deren Verlauf sich Staat und Gesellschaft immer mehr voneinander emanzipierten. Noch nie sind wir einer weltumspannenden Gesellschaft näher gewesen als in der heutigen Zeit. Gleichzeitig aber scheinen wir unfähiger zu sein als je zuvor, um die ungeheuren Gegensätze zwischen Macht und Ohnmacht, Reich und Arm zu überbrücken. Ob die Krise des Sozialismus wirklich zu einem Triumph des Liberalismus werden wird, oder, wie Rosa Luxemburg prohezeite, der Barberei den Weg ebnet, wird in der kommenden Epoche entschieden werden. Das weltpolitische Denken steht jedenfalls an der Schwelle einses neuen Zeitalters.

Literaturverzeichnis

Jahrzahlen zwischen [ ] deuten, wenn nötig, das Jahr des Erscheinens der ursprüngliche Publikation an, bzw. das Jahr der Erstausgabe. Zwei Zahlen nach einem Zeitschriftentitel verweisen auf den Jahrgang bzw. die Nummer; eine Zahl auf die Nummer einer Zeitschrift mit Durchnumerierung.

Aalders, G./Wiebes, C. 1990: Zaken doen tot elke prijs. De economische collaboratie van neutrale staten met Nazi-Duitsland (Den Haag, SDU)

Acheson, D. 1969: Testimony on the Military Situation in the Far East [1 Juni 1951], in R. Hofstadter (Hrsg.), Great Issues in American History (New York, Vintage)

Alff, W. 1976: Materialien zum Kontinuitätsproblem der deutschen Geschichte (Frankfurt, Suhrkamp)

Allen, J.S. 1952: Atomic Imperialism. The State, Monopoly, and the Bomb (New York, International Publishers)

Allen, L. 1971: Japan: The Years of Triumph. From Feudal Isolation to Pacific Empire (Paulton, Purnell)

Almond, G.A. 1956: Comparative Political Systems, in: Journal of Politics, 18, 3

Almond, G.A./Coleman, J.S. (Hrsg.) 1960: The Politics of the Developing Areas (Princeton, Princeton University Press)

Almond, G.A./Verba, S. 1963: The Civic Culture: Political Attitudes and Democracy in Five Nations (Princeton, Princeton University Press)

Ambrose, S. E. 1980: Rise To Globalism. American Foreign Policy, 1938-1980 (Harmondsworth, Pelican) [2. Ed., 1971]

Amin, S. 1973: Le développement inégal. Essai sur les formations sociales du capitalisme périphérique (Paris, Minuit)

– 1974: Accumulation on a World Scale. A Critique of the Theory of Underdevelopment (Brighton, Harvester)

– 1976: Akkumulatie en ontwikkeling in de hedendaagse wereld – een theoreties model. De overgangsproblematiek [1972], in: S. Amin/T. Szentes/R. Marini u.a., Imperialisme en onderontwikkeling (Nijmegen, SUN)

Anders, G. 1965: De man op de brug. Dagboek uit Hiroshima en Nagasaki (Amsterdam, Moussault) [1959]

Anderson, B. 1983: Imagined Communities. Reflections on the Origin and Spread of Nationalism (London, Verso)

Anderson, P. 1978: Von der Antike zum Feudalismus. Spuren der Übergangsgesellschaften (Frankfurt, Suhrkamp) [1974]

– 1979: Die Entstehung des absolutistischen Staates (Frankfurt, Suhrkamp) [1974]

Andreff, W. 1976: Profits et structures du capitalisme mondial (Paris, Calmann-Lévy)

Antonetti, P. 1988: Het bruisende leven in Florence ten tijde van Dante (Utrecht und Antwerpen, Kosmos) [1979]

351

APSA 1968: Biographical Directory (Washington, American Political Science Association) [5. Ed.]

Arendt, H. 1968: The Origins of Totalitarianism (Cleveland und New York, World) [2. Ed., 1951]

Aron, R. 1968: Peace and War. A Theory of International Relations (New York, Praeger) [1962]

Arrighi, G. 1978: The Geometry of Imperialism. The Limits of Hobson's Paradigm (London, New Left Books)

Aspaturian, V. 1972: The Soviet Military-Industrial Complex – Does it Exist?, in: Journal of International Affairs, 26, 1

Bahro, R. 1980: Die Alternative (Reinbek, Rowohlt) [1977]

Bakker, G. 1967: Duitse geopolitiek 1919-'45. Een imperialistische ideologie (Assen, Van Gorcum)

Barnet, R.J. 1972: The Economy of Death (New York, Atheneum)

Bartstra, J.S. 1925: Geschiedenis van het moderne imperialisme (tijdvak ±1880-±1906) (Haarlem, Bohn)

Beard, Ch.A. 1957: The Economic Basis of Politics and Related Writings (herausgegeben von W. Beard) (New York, Vintage)

Behrman, J.N. 1970: National Interests and the Multinational Enterprise. Tensions among the North Atlantic Countries (Englewood Cliffs, Prentice-Hall)

Bell, P.D. 1973: The Ford Foundation as a Transnational Actor, in: J.S. Nye/R.O. Keohane (Hrsg.), Transnational Relations and World Politics (Cambridge, Mass., Harvard University Press) [1971]

Beloff, M. 1963: The United States and the Unity of Europe (New York, Vin:tage)

Bendersky, J.W. 1987a: Carl Schmitt and the Conservative Revolution, in: Telos 72

– 1987b: Carl Schmitt at Nuremberg, in: Telos 72

Bendix, R. 1963: Work and Authority in Industry. Ideologies of Management in the Course of Industrialization (New York und Evanston, Harper & Row) [1956]

– 1969: Nation-Building and Citizenship. Studies of Our Changing Social Order (Garden City, N.Y., Doubleday Anchor) [1964]

Bennhold, M. 1991: Deutschland und die Dekomposition' Osteuropas, in: Blätter für deutsche und internationale Politik 36, 10

Benoist de, A. 1983: Aus rechter Sicht (Tübingen, Grabert) [1977] 2 Bde.

Berend, I.T./Ránki, Gy. 1982: The European Periphery and Industrialization 1780-1914 (Budapest, Akadémiai Kiadó)

Bernal, J.D. 1969: Science in History (Harmondsworth, Penguin) Bd. 4 [1954]

Bertalanffy, L. von 1962: Modern Theories of Development. An Introduction to Theoretical Biology (New York, Harper) [2. Ed., 1933]

– 1968: General Systems Theory. Foundations, Development, Applications (New York, Braziller) [1945-1962]

Bettelheim, Ch. 1971: L'Inde indépendante (Paris, Maspero) [2. Ed., 1962]

Bihr, A. 1989: Entre bourgeoisie et proletariat. L'encadrement capitaliste (Paris, l'Harmattan)

Bloch, E. 1971: Politische Wirkungen der Ungleichzeitigkeit [1962], in: K. Lenk (Hrsg.), Ideologie. Ideologiekritik und Wissenschaftssoziologie (Neuwied und Berlin, Luchterhand) [5. Aufl., 1961]

Bode, R. 1979: De Nederlandse bourgeoisie tussen de twee wereldoorlogen, in: Cahiers voor de Politieke en Sociale Wetenschappen, 2, 4

Bodenheimer, S. 1970: The Ideology of Developmentalism: American Political Science's Paradigm – Surrogate for Latin American Studies, in: Berkeley Journal of Sociology 15

Bologna, S. 1976: Class composition and the theory of the party at the origin of the workers councils movement, in: R. Panzieri u.a., The Labour Process and Class Strategies (London, CSE)

Boomen van den, G. 1983: Honderd jaar vredesbeweging in Nederland (Amstelveen, Luyten)

352

Boot, P. 1982: De Sovjet-Unie en Oost-Europa (Amsterdam, SUA)

Bougoüin, E./Lenoir, P. 1938: La finance internationale et la guerre d'Espagne (Paris, Centre d'Etudes de „Paix et Démocratie")

Bowles, Ch. 1971: Promises to Keep. My Years in Public Life, 1941-1969 (New York etc. Harper & Row)

Boxer, C.R. 1965: The Dutch Seaborne Empire 1600-1800 (London, Hutchinson)

Brandt, W. 1990: Herinneringen (Utrecht und Antwerpen, Veen)

Braillard, Ph. 1982: L'imposture du Club de Rome (Paris, PUF)

Braudel, F. 1982: Kanttekeningen bij 'Civilisation matérielle et capitalisme' [1977], in: Te elfder ure 31

Braverman, H. 1974: Labor and Monopoly Capital (New York und London, Monthly Review Press)

Brenner, R. 1977: The Origins of Capitalist Development: a Critique of Neo-Smithian Marxism, in: New Left Review 104

Brodie, B. 1970: Strategy in the Missile Age (Princeton, Princeton University Press) [1959]

Brownstein, R./Easton, N. 1983: Reagan's Ruling Class (New York, Pantheon) [2. Ed., 1982]

Brucan, S. 1978: The Dialectic of World Politics (New York, Free Press und London, Collier Macmillan)

Brzezinski, Z. 1970: America and Europe, in: Foreign Affairs 49, 1

Bukharin, N. 1972: Imperialism and World Economy (eingeleitet von V.I. Lenin) (London, Merlin) [1917]

Burch, Ph. H., Jr. 1980: Elites in American History (New York und London, Holmes & Meyer), Bd. 3 („The New Deal to the Carter Administration")

Burchett, W. 1980: At the Barricades (London etc., Quartet)

Burnham, P. 1990: The Political Economy of Postwar Reconstruction (Basingstoke und London, Macmillan)

Calleo, D.P. 1976: The Postwar Atlantic System and its Future, in: E.-O. Czempiel/D. A. Rustow (Hrsg.), The Euro-American System (Frankfurt, Campus; Boulder, Col., Westview)

Cane, Ph. 1962: Giants of Science (New York, Pyramid) [1959]

Carew, A. 1987: Labour under the Marshall Plan (Manchester, Manchester University Press)

Carr, E.H. 1937: International Relations since the Peace Treaties (London, Macmillan)

– 1945: Nationalism and After (London, Macmillan)

– 1964: The Twenty Years' Crisis, 1919-1939 (New York und Evanston, Harper & Row) [2. Ed., 1939]

– 1982: Twilight of the Comintern 1930-1935 (New York, Pantheon)

Carrère d'Encausse, H. 1979: Decline of an Empire. The Soviet Socialist Republics in Revolt (New York etc., Harper & Row)

– 1980: Le pouvoir confisqué. Gouvernants et gouvernés en U.R.S.S. (Paris, Flammarion)

Carrillo, S. 1977: „Eurokommunismus" und Staat (Hamburg, VSA)

Castro, F. 1969: Fidel Castro Speaks (heraugegeben von M. Kenner/J. Petras) (New York, Grove Press)

– 1983: The World Economic and Social Crisis (Report to the Seventh Summit Conference of Non-Aligned Countries) (Havanna, OPCE)

Chomsky, N. 1969: American Power and the New Mandarins (Harmondsworth, Penguin)

– 1985: Intervention in Vietnam and Central America: Parallels and Differences, in: Monthly Review 37, 4

Claude, I.L., Jr. 1962: Power and International Relations (New York, Random House)

Claudin, F. 1975: The Communist Movement. From Comintern to Cominform (Harmondsworth, Penguin) [1970]

Clausewitz von , K. 1990: On the Nature of War [1832], in: J.A. Vasquez (Hrsg.), Classics of International Relations (Englewood Cliffs, Prentice-Hall) [2. Ed.]

Club Turati 1975: Il partito americano in Italia (Milano, Club Turati)

Cohen-Tanugi, L. 1987: Le droit sans l'état. Sur la démocratie en France et en Amérique (Paris, PUF)
Cohler, A.M. 1970: Rousseau and Nationalism (New York und London, Basic Books)
Collectif PCF 1971: Le capitalisme monopoliste d'Etat (Paris, Ed. Sociales)
Collier, P./Horowitz, D. 1976: The Rockefellers. An American Dynasty (New York, Holt, Rinehart & Winston)
Córdova, A. 1973: Strukturelle Heterogenität und wirtschafliches Wachstum (Frankfurt, Suhrkamp) [1971]
Coudenhove-Kalergi, R.N. 1958: Eine Idee erobert Europa (Wien etc., Desch)
– 1977: Paneuropa und die nationalen Minderheiten [1926], in: R. Opitz, (Hrsg.), Europastrategien des deutschen Kapitals 1900-1945 (Köln, Pahl-Rugenstein)
Cox, M. 1991: Requiem for a Cold War Critic: The Rise and Fall of George F. Kennan, 1946-1950, in: Irish Slavonic Studies, 11
Cox, R.W. 1977: Labor and hegemony, in: International Organization 31, 3
– 1979: Ideologies and the New International Economic Order: reflections on some recent literature, in: International Organization 33,2
– 1980: Labor and hegemony: a reply, in: International Organization 34, 1
– 1983: Gramsci, Hegemony and International Relations: An Essay in Method, in: Millennium: Journal of International Studies, 12, 2
– 1986: Social Forces, States and World Orders: Beyond International Relations Theory, in: R. Keohane (Hrsg.), Neorealism and its Critics (New York, Columbia University Press)
– 1987: Production, Power, and World Order. Social Forces in the Making of History (New York, Columbia University Press)
Curtin, Ph.D. (Hrsg.) 1971: Imperialism. Selected Documents (Londen und Basingstoke, Macmillan)
Dallek, R. 1984: The American Style of Foreign Policy. Cultural Politics and Foreign Affairs (New York und Scarborough, Mentor)
Dante Alighieri 1967: On World Government (De Monarchia) [1309], in: M. Curtis (Hrsg.), The Great Political Theories (New York, Avon) Bd. 1
Davis, M. 1982: Nuclear Imperialism and Extended Deterrence in: New Left Review (Hrsg.), Exterminism and Cold War (London, Verso)
– 1986: Prisoners of the American Dream (London, Verso)
– 1990: City of Quartz. Excavating the Future in Los Angeles (London, Verso)
Degler, C.N. 1968: Affluence and Anxiety 1945-Present (Glenview, Ill., Scott, Foresman)
Derber, M. 1967: Research in Labor Problems in the United States (New York, Random House)
Deutsch, K.W., 1957: Political Community and the North Atlantic Area [mit S.A. Burrell/R.A. Kann/M. Lee Jr./M. Lichterman/R.E. Lindgren/F.L. Loewenheim/R.W. Van Wagenen] (Princeton, N.J., Princeton University Press)
– 1966: Nationalism and Social Communication (Cambridge, Mass. und London, MIT Press) [2. Ed., 1953]
– 1968: The Analysis of International Relations (Englewood Cliffs, Prentice-Hall)
– 1970: Political Community at the International Level. Problems of Definition and Measurement (Hamden, Conn., Archon) [1954]
Deutscher, I. 1966: Stalin. A Political Biography (Harmondsworth, Penguin) [überarbeitete Ausgabe, 1949]
Deutscher, T. 1983: E.H. Carr – A Personal Memoir, in: New Left Review 137
Dimitrof, G. 1973: Eenheid tegen het fascisme (Amsterdam, Pegasus) [1935]
Dobb, M. 1973: Studies in the Development of Capitalism (New York, International Publishers) [rev. ed., 1947]
Dougherty, J.E./Pfaltzgraff, R.L., Jr. 1971: Contending Theories of International Relations (Philadelphia etc., Lippincott)
Duclos, P. 1960: Le Conseil de l'Europe (Paris, PUF)

Du Pont de Nemours 1952: Du Pont. The Autobiography of an American Enterprise (Wilmington, Du Pont de Nemours)

Dupuy, R.J. 1989: La clôture du système international. La cité terrestre (Paris, PUF)

Durant, W. 1968: Van Socrates tot Bergson. Hoofdfiguren uit de geschiedenis van het denken (Amsterdam, Querido) (3 Bde.) [1939]

Eakins, D.W. 1969: Business Planners and America's Postwar Expansion, in: D. Horowitz, (Hrsg.), Corporations and the Cold War (New York und London, Monthly Review Press)

Easton, D. 1965a: A Framework for Political Analysis (Englewood Cliffs, Prentice-Hall)

– 1965b: A Systems Analysis of Political Life (New York etc., Wiley)

Edwards, Ch.S. 1981: Hugo Grotius. The Miracle of Holland (Chicago, Nelson-Hall)

Elias, N. 1987: Het civilisatieproces. Sociogenetische en psychogenetische onderzoekingen (Utrecht und Antwerpen, Aula) [1939]

Elleinstein, J. 1973: Histoire de l'U.R.S.S. (Paris, Ed. Sociales), 4 Bde.

Ellsberg, D. 1981: Tot zes keer toe had Amerika plannen voor een atoomaanval [1978], in: Groene Cahier 3

Emmanuel, A. 1972: Unequal exchange. A Study of the Imperialism of Trade (New York und London, Monthly Review Press) [with Additional Comments by Charles Bettelheim] [1969]

Erp van, H. 1982: Het kapitaal tussen illusie en werkeljkheid (Nijmegen, SUN)

Fanon, F. 1960: Geweld betreurenswaardig maar noodzakelijk (Reden zu einer Konferenz April 1960, Accra), in: F. Hermans, Algerije (Amsterdam, Querido)

– 1968: The Wretched of the Earth (New York, Grove Press) [1961]

Fennema, M. 1982: International Networks of Banks and Industry (The Hague etc., Nijhoff)

Fennema, M./Pijl Van der, K. 1987: International Bank Capital and the New Liberalism, in: M. S. Mizruchi/M. Schwartz (Hrsg.), Intercorporate Relations. The Structural Analysis of Business (Cambridge etc., Cambridge University Press)

Ferguson, Th. 1984: From Normalcy to New Deal: Industrial Structure, Party Competition and American Public Policy in the Great Depression, in: International Organization, 38, 1

Ferguson, Th./Rogers, J. 1986: Right Turn. The Decline of the Democrats and the Future of American Politics (New York, Hill & Wang)

Fernandez Jilberto, A.E. 1987: America Latina: la herencia estructural de los Estados Autoritarios, in: Sistema. Revista de Ciencias Sociales 79

– 1988: El debate sociologico-politico sobre casi dos siglos de estado nacional en America Latina: un intento de reinterpretacion, in: Afers Internacionals 12-13

Fischbach, P. 1984: 'War Games', Computer und Atomkrieg, in: Blätter für deutsche und internationale Politik 29, 1

Fischer, F. 1984: Griff nach der Weltmacht. Die Kriegszielpolitik des kaiserlichen Deutschland 1914/18 (Düsseldorf, Droste) [abr.ed., 1961]

Fischer, L. 1960: The Soviets in World Affairs. A History of the Relations between the Soviet Union and the Rest of the World 1917-1929 (New York, Vintage) [gekürzte Ausgabe, 1951, 1933]

Fleming, D.F. 1961: The Cold War and its Origins 1917-1960 (Garden City, Doubleday)

Fontein, H. 1975: Burokratie en wereldrevolutie (Universität Nijmegen)

Ford, H. 1929: My Philosophy of Industry (Authorized interviews by F.L. Faurote) (London, Harrap)

Fox, R.W. 1985: Reinhold Niebuhr – a Biography (New York, Pantheon)

Fox, W.T.R. 1968: The American Study of International Relations (Columbia, S.C., Institute of International Studies)

Frank, A.G. 1971a: Capitalism and Underdevelopment in Latin America (Harmondsworth, Penguin) [1967]

– 1971b: Lumpen-bourgeoisie et lumpen-développement (Paris, Maspero)

– 1971c: Sociology of Development and Underdevelopment of Sociology (London, Pluto) [1967]

– 1975: On Capitalist Underdevelopment (Bombay etc., Oxford University Press) [1963]
– 1980: Abhängige Akkumulation und Unterentwicklung (Frankfurt, Suhrkamp) [1978]
– 1981: Crisis in the Third World (London, Heinemann)
– 1991: The Underdevelopment of Development (Stockholm, Bethany Books en Scandinavian Journal of Development Alternatives, 10, 3, [Sonderheft])
Fried, F. 1939: Wende der Weltwirtschaft (Leipzig, Goldmann)
Frieden, J. 1981: Third World Indebted Industrialization. International Finance and State Capitalism in Mexico, Brazil, Algeria and South Korea, in: International Organization, 35, 3
Füchtner, H. 1972: Die brasilianischen Arbeitergewerkschaften, ihre Organisation und ihre politische Funktion (Frankfurt, Suhrkamp)
Fukuyama, F. 1989: The End of History, in: The National Interest (16)
Fülberth, G. 1991: Sieben Anstrengungen, den vorläufigen Endsieg des Kapitalismus zu begreifen (Hamburg, Konkret)
Fulbright, J.W. 1970: The Arrogance of Power (Harmondsworth, Penguin) [1966]
Furtado, C. 1972: Externe Abhängigkeit und ökonomische Theorie, in: D. Senghaas (Hrsg.), Imperialismus und strukturelle Gewalt (Frankfurt, Suhrkamp)
Galbraith, J.K. 1969: How to Control the Military (New York, Signet)
Gallagher, J./Robinson, R. 1967: The Imperialism of Free Trade [1953] in: E.C.Black (Hrsg.), European Political History, 1815-1870. Aspects of Liberalism (New York etc., Harper & Row)
Gallenkamp, R. 1986: De rol van kernwapens in de internationale politiek in: B. de Ruiter (Hrsg.), Kernwapens, met welk recht? (Amsterdam, Mets)
Galtung, J. 1973: De EEG als nieuwe supermacht (Amsterdam, Van Gennep)
Gardner, L.C. 1971: Economic Aspects of New Deal Diplomacy (Boston: Beacon Press) [1964]
Garraty, J.A./Gay, P. (Hrsg.) 1981: The Columbia History of the World (New York etc., Harper & Row) [1972]
Gathorne-Hardy, G.M. 1944: A Short History of International Affairs 1920 to 1939 (London etc., Oxford University Press) [3. Ed., 1934]
Gelber, L. 1966: The Rise of Anglo-American Friendship (Hamden, Conn., Archon) [1938]
Gellner, E. 1991: Nationalism and politics in Eastern Europe, in: New Left Review 189
Gerassi, J. 1968: The Great Fear in Latin America (New York, Collier, und London, Collier-Macmillan) [rev.ed.; 1963]
Gerbier, B. 1987: La course aux armements: l'impérialisme face au nouvel ordre international, in: Cahiers de la Faculté des Sciences Economiques de Grenoble 6
Gerstenberger, H. 1973: Zur politischen Ökonomie der bürgerlichen Gesellschaft. Die historischen Bedingungen ihrer Konstitution in den USA (Frankfurt, Fischer)
Giedion, S. 1987: Die Herrschaft der Mechanisierung (Frankfurt, Athenäum) [1948]
Gill, S. 1990: American Hegemony and the Trilateral Commission (Cambridge, Cambridge University Press)
Gill, S./Law, D. 1988: The Global Political Economy. Perspectives, Problems, and Policies (New York etc., Harvester Wheatsheaf)
Girault, R. 1975: Ein neues Bild des französischen Unternehmers um 1914 [1969], in: G. Ziebura (mit H.-G. Haupt) (Hrsg.) Wirtschaft und Gesellschaft in Frankreich seit 1789 (Köln, Kiepenheuer & Witsch)
Glubb, J.B. 1978: A Short History of the Arab Peoples (London, Quartet) [1969]
Goldman, E.F. 1969: The Tragedy of Lyndon Johnson (New York, Knopf)
Goldmann, L. 1971: Die Marxistische Erkenntnistheorie und ihre Anwendung auf die Geschichte des Marxistischen Denkens [1962], in: K. Lenk (Hrsg.), Ideologie. Ideologiekritik und Wissenschaftssoziologie (Neuwied und Berlin, Luchterhand) [5. Aufl., 1961]
– 1977: Towards a Sociology of the Novel (London, Tavistock) [1964]
Gossweiler, K. 1982: Kapital, Reichswehr und NSDAP 1919-1924 (Köln, Pahl-Rugenstein)

Gottfried, P. 1987: The Nouvelle Ecole of Carl Schmitt, in: Telos 72

Graaf de, J.P. 1968: Over China gesproken (Amsterdam, Het Parool)

Gramsci, A. 1971: Selections from the Prison Notebooks (Q. Hoare, G.N. Smith, Hrsg.) (New York, International Publishers)

– 1977: Selections from Political Writings 1910-1920 (Q. Hoare, Hrsg.) (New York, International Publishers)

– 1978: Selections from Political Writings 1921-1926 (Q. Hoare, Hrsg.) (New York, International Publishers)

Groom, A.J.R./Mitchell, C.R. (Hrsg.) 1978: International Relations Theory – a bibliography (London und New York, Pinter und Nichols)

Grotius, H. 1990: Prolegomena to The Law of War and Peace [1625] in: J.A. Vasquez (Hrsg.), Classics of International Relations (Englewood Cliffs, Prentice-Hall) [2. Ed.]

Gurr, T.R. 1970: Why Men Rebel (Princeton, Princeton University Press)

Haan den, H. 1977: Moedernegotie en grote vaart. Een studie over de expansie van het Hollandse handelskapitaal in de 16de en 17de eeuw (Amsterdam, SUA)

Haas, E.B. 1964: Beyond the Nation-State. Functionalism and International Organization (Stanford, Stanford University Press)

– 1968: The Uniting of Europe (Stanford, Stanford University Press) [2. Ed., 1958]

Hall, H.D. 1971: Commonwealth. A History of the British Commonwealth of Nations (London etc., Van Nostrand Reinhold)

Hallgarten, G.W.F. 1967: Das Wettrüsten. Seine Geschichte bis zur Gegenwart (Frankfurt, Europäische Verlagsanstalt)

– 1969: Der Zusammenprall der Imperialismen im Jahre 1914, in: Drei Abhandlungen über Kriegsursachen in Vergangenheit und Gegenwart (Frankfurt, Europäische Verlagsanstalt)

Halliday, F. 1986: The Making of the Second Cold War (London, Verso) [2. Ed., 1983]

Hampson, N. 1976: A Social History of the French Revolution (London, Routledge & Kegan Paul; Toronto, University of Toronto Press) [1963]

Hargreaves, J.D. 1988: Decolonization in Africa (Londen und New York, Longman)

Hauser, A. 1975: Sociale geschiedenis van de kunst (Nijmegen, SUN) [1951]

Hegel, G.W.F. 1961: Philosophie der Geschichte (Stuttgart, Reclam) [1837]

– 1972: Grundlinien der Philosophie des Rechts (eingeleitet von H. Reichelt) (Frankfurt, Ullstein) [1821]

Hellema, D.A. 1977a: Bibliografie militair-industrieel complex, in: Cahiers voor de Politieke en Sociale Wetenschappen 1, 1

– 1977b: Kanttekeningen bij de theorie van het militair-industrieel complex, in: Cahiers voor de Politieke en Sociale Wetenschappen 1, 1

Héron, A. 1976: Der Taylorismus. Grundsätze, Methoden, Doktrin, in: Kursbuch 43

Hewison, R. 1981: In Anger. British Culture in the Cold War 1945-60 (New York, Oxford University Press)

Hexner, E. 1943: The International Steel Cartel (Chapel Hill, University of North Carolina Press)

Hickel, R. 1975: Kapitalfraktionen. Thesen zur Analyse der herrschenden Klasse, Kursbuch 42

Hilferding, R. 1973: Das Finanzkapital (Frankfurt, Europäische Verlagsanstalt) [1910]

Hill, Ch. 1975: Reformation to Industrial Revolution (Harmondsworth, Penguin) [1967]

Hinkelammert, F. 1985: Die ideologischen Waffen des Todes. Zur Metaphysik des Kapitalismus (Freiburg, Exodus und Münster, Liberación) [1981]

Hippler, J. 1986: Krieg im Frieden. Amerikanische Strategien für die Dritte Welt (Köln, Pahl-Rugenstein)

Hiroshima 1969: Hiroshima under Atomic Bomb Attack (Hiroshima, Shogo Nagaoka)

Hitch, Ch.J./McKean, R.N. 1974: The Economics of Defense in the Nuclear Age (New York, Atheneum) [1960]

Hitler, A. 1933: Mein Kampf (München, Eher) [1925-27]

Hobbes, Th. 1968: Leviathan (eingeleitet von C.B. Macpherson) (Harmondsworth, Penguin) [1651]

Hobson, J.A. 1968: Imperialism, a Study (London, Allen & Unwin) [3. Ed., 1902]

Ho Chi Minh 1980: Reden und Schriften. Eine Auswahl (Leipzig, Reclam)

Hodges, D.C. 1977: Philosophy in the Cuban Revolution [1968], in: H. L. Parsons/J. Somerville (Hrsg.) Marxism, Revolution, and Peace (Amsterdam, Grüner)

Hoffmann, S. 1965: Rousseau on War and Peace, in: The State of War. Essays on the Theory and Practice of International Politics (New York etc., Praeger)

– 1978: Primacy or World Order. American Foreign Policy since the Cold War (New York etc., McGraw-Hill)

Hofstadter, R. 1955: The Age of Reform. From Bryan to F.D.R. (New York, Vintage)

Holloway, D. 1984: De Sovjet-Unie en de bewapeningswedloop (Amsterdam, Mets)

Holman, O./Overbeek, H. 1986: Immanuel Wallerstein en het einde van het kapitalisme, in: Tijdschrift voor Politieke Ekonomie, 9, 4

Horowitz, D. 1967: From Yalta to Vietnam. American Foreign Policy in the Cold War (Harmondsworth, Pelican) [1965]

Horowitz, I.L. 1973: War and Peace in Contemporary Social and Philosophical Theory (London, Souvenir) [2. Ed., 1957]

Hough, J.F. 1986: The Struggle for the Third World. Soviet Debates and American Options (Washington, Brookings)

– 1990: Russia and the West. Gorbachev and the Politics of Reform (New York etc., Simon and Schuster) [2. Ed., 1987]

Hughes, H.S. 1958: Consciousness and Society. The Reorientation of European Social Thought, 1890-1930 (New York, Vintage)

Hume, D. 1966: Of the Balance of Power, in: G.A. Lanyi/W.C. McWilliams (Hrsg.), Crisis and Continuity in World Politics. Readings in International Relations (New York, Random House) [1752]

Idenburg, P.J.A. 1961: Het Nederlandse antwoord op het Indonesisch Nationalisme, in: H. Baudet/I.J. Brugmans (Hrsg.), Balans van Beleid. Terugblik op de laatste halve eeuw van Nederlandsch-Indië (Assen, Van Gorcum, Prakke & Prakke)

Jahoda, M./ Lazarsfeld, P.F./Zeisel, H. 1975: Die Arbeitslosen von Marienthal. Ein soziographischer Versuch (Frankfurt, Suhrkamp) [1933]

Jalée, P. 1973: L'impérialisme en 1970 (Paris, Maspero)

Janowitz, M. 1964: The Military in the Development of New Nations (Chicago und London, University of Chicago Press)

Jordan, R.S. 1971: The Influence of the British Secretariat Tradition on the Formation of the League of Nations in: R.S. Jordan (Hrsg.), International Administration. Its Evolution and Contemporary Applications (New York etc., Oxford University Press)

Junne, G. 1985: Das amerikanische Rüstungsprogramm: Ein Substitut für Industriepolitik, in: Leviathan 13, 1

Kadushin, Ch. 1974: The American Intellectual Elite (Boston und Toronto, Little, Brown)

Kahn, H. 1990: The Three Types of Deterrence [1960], in: J.A. Vasquez (Hrsg.), Classics of International Relations (Englewood Cliffs, Prentice-Hall) (2. Ed.)

Kant, I. 1953: Zum ewigen Frieden. Ein philosophischer Entwurf (Stuttgart, Reclam) [1795]

– 1975: Kritik der reinen Vernunft (Stuttgart, Reclam) [1781]

Kaplan, F. 1984: The Wizards of Armageddon (New York, Simon & Schuster)

Kaplan, M. 1960: System and Process in International Politics [1957], in: S. Hoffman (Hrsg.), Contemporary Theory in International Relations (Englewood Cliffs, Prentice-Hall)

Karl, B.D. 1974: Charles E. Merriam and the Study of Politics (Chicago und London, University of Chicago Press)

Kato, S. 1971: Form, Style, Tradition. Reflections on Japanese Art and Society (Berkeley etc., University of California Press)

Kautsky, K. 1914: Der Imperialismus, in: Die Neue Zeit 1913-1914 2. Band

Kaviraj, S. 1989: On Political Explanation in Marxism, in: K. Bharadwaj/S. Kaviraj, (Hrsg.), Perspectives on Capitalism. Marx, Keynes, Schumpeter and Weber (New Delhi etc., Sage)

Kay, C. 1989: Latin American Theories of Development and Underdevelopment (London und New York, Routledge)

Kemp de, A. 1985: Internationale regulering van multinationale ondernemingen (Nijmegen, Universität Nijmegen) [Nijmeegse Studies 6]

Kennan, G.F. 1951: American Diplomacy 1900-1950 (New York, Mentor)

– 1958: Rusland, het atoom en het Westen (Amsterdam, De Bezige Bij)

– 1962: Russia and the West under Lenin and Stalin (New York, Mentor)

Kennedy, P. 1987: The Rise and Fall of the Great Powers (New York, Random House)

Keohane, R.O./Nye, J.S., Jr. (Hrsg.) 1973: Transnational Relations and World Politics (Cambridge, Mass., Harvard University Press) [1971]

Keynes, J.M 1920: The Economic Consequences of the Peace (Londen, Macmillan) [1919]

– 1970: The General Theory of Employment, Interest and Money (Londen und Basingstoke, Macmillan) [1936]

Khrouchtchev, N.S. 1971: Souvenirs (Paris, Laffont) (eingeleitet von E. Crankshaw)

Kiernan, V.G. 1972: The Lords of Human Kind. European attitudes to the outside world in the imperial age (Harmondsworth, Penguin) [1969]

Kim Dschong Il 1982: Über die Dschutsche-Ideologie (Pjongjang, Verlag für fremdsprachige Literatur)

King, P. 1974: The Ideology of Order. A Comparative Analysis of Jean Bodin and Thomas Hobbes (London, Allen & Unwin)

Kissinger, H.A. 1958: Nuclear Weapons and Foreign Policy (New York, Doubleday) [abbr.ed.] [1957]

– 1965: The Troubled Partnership. A Re-Appraisal of the Atlantic Alliance (New York etc., McGraw-Hill)

Klein, D. 1965: Staatmonopolistische Programmierung in der EWG (Berlin, Dietz)

– 1975: Der Kampf der beiden Weltsysteme (Berlin, Dietz)

– 1988: Chancen für einen friedensfähigen Kapitalismus (Berlin, Dietz)

Kloss, H. 1969: Grundfragen der Ethnopolitik im 20. Jahrhundert (Wien und Stuttgart, Braumüller; Bad Godesberg, VWA)

Kniazhinsky, V. 1984: West European Integration (Moscow, Progress)

Knieper, R. 1976: Weltmarkt, Wirtschaftsrecht und Nationalstaat (Frankfurt, Suhrkamp)

Kohn, H. 1968:The Age of Nationalism. The First Era of Global History (New York, Harper & Row) [1962]

Kolko, G. 1962: American Business and Germany, 1930-1941, in: The Western Political Quarterly, 35, 4

– 1963: The Triumpf of Conservatism. A Reinterpretation of American History 1900-1916 (New York, Free Press)

– 1968: The Politics of War. The World and United States Foreign Policy 1943-1945 (New York, Vintage)

– 1972: The Limits of Power. The World and United States Foreign Policy, 1945-1954 (mit J. Kolko) (New York etc., Harper & Row)

– 1976: Main Currents in Modern American History (New York etc., Harper & Row)

– 1985: Anatomy of a War. Vietnam, the United States, and the Modern Historical Experience (New York, Pantheon)

– 1989: Varieties of Third World Elites: A Framework for Analysis, in: P. Limqueco (Hrsg.), Partisan Scholarship: Essays in Honour of Renato Constantino, (Manila, Journal of Contemporary Asia Publishers)

Konrád, G./Szelényi, I. 1981: Die Intelligenz auf dem Weg zur Klassenmacht (Frankfurt, Suhrkamp) [1978]

Krasner, S.D. 1985: Structural Conflict. The Third World against Global Liberalism (Berkeley, University of California Press)

Krippendorff, E. 1972: Zum Imperialismus-Begriff, in: E. Krippendorff (Hrsg.), Probleme der internationalen Beziehungen (Frankfurt, Suhrkamp)

– 1975: Internationales System als Geschichte (Frankfurt und New York, Campus)

Kubálková, V./Cruickshank, J.J. 1980: Marxism-Leninism and Theory of International Relations (London etc., Routledge)

Kuczynski, J. 1949: Die Geschichte der Lage der Arbeiter in Deutschland von 1700 bis in die Gegenwart (Berlin, Freie Gewerkschaft) Bd. 1

– 1977: Gesellschaftswissenschaftliche Schulen (Berlin, Akademie-Verlag) [Bd. 7 Studien zu einer Geschichte der Gesellschaftswissenschaften]

– 1979 : Wissenschaftsstrategie (Berlin, Akademie-Verlag) [Bd. 2 Studien zu einer Geschichte der Gesellschaftswissenschaften, 2. Aufl., 1975]

Kuhn, Th.S. 1970: Logic of Discovery or Psychology of Research, in: I. Lakatos/A. Musgrave (Hrsg.), Criticism and the Growth of Knowledge (Cambridge, Cambridge University Press)

Kühnl, R. 1980: Der deutsche Faschismus in Quellen und Dokumenten (Köln, Pahl-Rugenstein) [2. Aufl., 1975]

– 1985: 'Wenn Deutschland wieder groß werden soll...' Grundmuster deutscher Außenpolitik in der Weimarer Republik, in: Blätter für deutsche und internationale Politik 30, 9

Laclau, E. 1971: Feudalism and Capitalism in Latin America, in: New Left Review 67

Lacouture, J. 1966: Vietnam: Between Two Truces (New York, Vintage) [1965]

LaFeber, W. 1980: America, Russia, and the Cold War (New York etc., Wiley) (4. Ed. 1967)

Laird, R.D. und B.A. 1970: Soviet Communism and Agrarian Revolution (Harmondsworth, Penguin)

Lake, D.A. 1987: Power and the Third World: Toward a Realist Political Economy of North-South Relations, in: International Studies Quarterly 31, 2

Lamb, A. 1968: Asian Frontiers. Studies in a Continuing Problem (London, Pall Mall Press)

Lamounier, B. 1989: Brazil, Inequality Against Democracy, ch. 3 in: L. Diamond/J.J. Linz/S.M. Lipset (Hrsg.), Democracy in Developing Countries – Latin America (Boulder, Col., Rienner; London, Adamantine Press)

Lanyi, G.A./McWilliams, W.C. (Hrsg.) 1966: Crisis and Continuity in World Politics. Readings in International Relations (New York, Random House)

Larson, H.M./Knowlton, E.H./Popple, Ch.S 1971: New Horizons. History of Standard Oil Company (New Jersey) 1927-1950 (New York etc., Harper & Row)

Leeuw de, A.S. 1971: Het socialisme en de natie (Nijmegen, SUN) [1939]

Lefebvre, H. 1976: De l'Etat, Bd. 2 (Théorie marxiste de l'Etat de Hegel à Mao), (Paris, 10/18)

– 1977: De l'Etat, Bd. 3 (Le mode de production étatique), (Paris, 10/18)

Lenin, W.I.: Collected Works (Moskou, Progress, verschiedene Jahre)

– 1970: Ausgewählte Werke in Drei Bänden (Berlin, Dietz)

Lerner, D./Gorden, M. 1969: Euratlantica. Changing Perspectives of the European Elites (Cambridge, Mass. und London, MIT Press)

Lewin, M. 1985: The Making of the Soviet System. Essays in the Social History of Interwar Russia (London, Methuen)

Lichtheim, G. 1974: Europe in the Twentieth Century (London, Cardinal) [1972]

Lin Piao 1968: Mao Tse-tungs's Theory of People's War [1965], in: F. Schurmann/O. Schell (Hrsg.), Communist China (China Readings, Bd. 3) (Harmondsworth, Pelican)

Lindberg, L.N./Scheingold, S.A. 1970: Europe's Would-be Polity (Englewood Cliffs, Prentice-Hall)

Linden van der, M. 1983: Leninisme als ideologie, in: Komma 3, 4

Link, A.S. 1963: Woodrow Wilson and the Progressive Era 1910-1917 (New York, Harper & Row) [1954]

Lipietz, A. 1984: How Monetarism Has Choked Third World Industrialization, in: New Left Review 145

Lippmann, W. 1936: Interpretations 1933-1935 (herausgegeben von A. Nevins) (New York, Macmillan)

– 1943: U.S. Foreign Policy. Shield of the Republic (New York, Pocket Book)

Lipset, S.M. 1969: Political Man (London, Heinemann) [1959]

List, F. 1977: Aus den Schriften Friedrich Lists, in: R. Opitz (Hrsg.), Europastrategien des deutschen Kapitals 1900-1945 (Köln, Pahl-Rugenstein)

Little, R. 1978: A Systems Approach in: T. Taylor (Hrsg.), Approaches and Theory in International Relations (London und New York, Longman)

Locke, J. 1965: Two Treatises of Government (eingeleitet von P. Lasslet) (New York, Mentor) [1690]

London, A. 1970: The Confession (New York, Morrow) [1968]

Löwy, M. 1981: The Politics of Combined and Uneven Development. The Theory of Permanent Revolution (London, NLB/Verso)

Lukács, G. 1970: Geschichte und Klassenbewußtsein (Darmstadt und Neuwied, Luchterhand) [1923]

Lundberg, F. 1969: The Rich and the Super-Rich. A Study in the Power of Money Today (New York, Bantam) [1968]

Lutteken, G. 1984: Amerika, Japan en de atoombom. Hoe vertellen we het de Russen?, in: Politiek en Cultuur 44, 7

Luxemburg, R. 1966: Die Akkumulation des Kapitals. Ein Betrag zur ökonomischen Erklärung des Imperialismus (Frankfurt, Neue Kritik) [1913]

– 1970: Politische Schriften (Leipzig, Reclam)

– 1972: The Accumulation of Capital – an Anti-Critique [1921], in: R. Luxemburg, N. Bukharin, Imperialism and the Accumulation of Capital (eingeleitet von K.J. Tarbuck) (London, Lane/Penguin)

Machiavelli, N. 1952: The Prince (eingeleitet von Chr. Gauss) (New York, Mentor) [1532]

Magdoff, H. 1969: The Age of Imperialism. The Economics of U.S. Foreign Policy (New York und London, Monthly Review Press)

Malanczuk, P. 1990: Israel: Status, Territories and Occupied Territories, in: Encyclopedia of Public International Law (Amsterdam etc., North Holland) Bd. 12

Malanovski, W. 1968: Novemberrevolution. Die Rolle der SPD (Frankfurt und Berlin, Ullstein)

Malcolm, N. 1989: Soviet Perceptions of Atlantic Relations, in: S. Gill (Hrsg.) Atlantic Relations Beyond the Reagan Era (Hemel Hempstead, Harvester und New York, St. Martin's Press)

Mamdani, M. 1981: The Ideology of Population Control, in: K.L. Michaelson (Hrsg.), And the Poor Get Children. Radical Perspectives on Population Dynamics (New York und London, Monthly Review Press)

Mandel, E. 1970: Europe versus America. Contradictions of Imperialism (New York und London, Monthly Review Press)

– 1974: Der Spätkapitalismus (Frankfurt, Suhrkamp)

– 1978: The Second Slump (London, Verso)

Mangan, J.A. 1986: The Games Ethic and Imperialism (New York, Viking Penguin)

Mansbach, R.W. 1987: The Realists Ride Again: Counterrevolution in International Relations, in: J.N. Rosenau/H.W. Tromp (Hrsg.) Interdependence and Conflict in World Politics (Aldershot etc., Avebury)

Mao Tse-tung 1966: Problems of War and Strategy (Peking, Foreign Languages Press) [1938]

– 1971: Selected Readings from the Works of Mao Tsetung (Peking, Foreign Languages Press)

Marcou, L. 1979: L'Internationale après Staline (Paris, Grasset)

Marcuse, H. 1971: Soviet Marxism (Harmondsworth, Penguin) [1958]

Markwell, D.J. 1986: Sir Alfred Zimmern Revisited: Fifty Years On, in: Review of International Studies, 12, 4

Marx, K. 1973: Grundrisse. Foundations of the Critique of Political Economy (Rough Draft) (eingeleitet und übersetzt von M. Nicolaus) (Harmondsworth, Penguin) [1939]

Mattick, P. 1974: Marx and Keynes. The Limits of the Mixed Economy (London, Merlin) [1969]

Mayer, A.J. 1970: Political Origins of the New Diplomacy 1917-1918 (New York, Vintage) [1959]

McAuley, M. 1977: Politics and the Soviet Union (Harmondsworth, Penguin)

McCarthy, M. 1970: The Manned Bomber – A Mystique in Search of a Mission, in: L.S. Rodberg/D. Shearer (Hrsg.), The Pentagon Watchers (Garden City, Doubleday)

Medvedev, R. 1976: Let History Judge (London, Spokesman) [1971]

Melman, S. 1970: Pentagon Capitalism. The Political Economy of War (New York etc., McGraw-Hill)

Mendès-France, P. 1974: Choisir (conversations avec Jean Bothorel) (Paris, Stock)

Menshikov, S. 1973: Millionaires and Managers. Structure of U.S. Financial Oligarchy (Moskou, Progress) [1969]

Merriam, Ch. E. 1945: Systematic Politics (Chicago, University of Chicago Press)

MEW: Marx-Engels Werke (Berlin, Dietz, verschiedene Jahre)

Meyers, R. 1979: Weltpolitik in Grundbegriffen (Düsseldorf, Droste)

Millikan, M.F./Rostow, W.W. 1958: Foreign Aid: Next Phase, in: Foreign Affairs, 36, 3

Mills, C.W. 1959: The Power Elite (Oxford etc., Oxford University Press) [1956]

– 1970: The Sociological Imagination (Harmondsworth, Penguin) [1959]

Mitrany, D. 1966: A Working Peace System (Chicago, Quadrangle) [1943]

– 1975: The Functional Theory of Politics (London, Robertson)

Monnet, J. 1976: Mémoires (Paris, Fayard)

Moore, B., Jr. 1981: Social Origins of Dictatorship and Democracy (Harmondsworth, Penguin) [1966]

More, Th. 1962: Utopia (eingeleitet und übersetzt von A.H. Kan) (Rotterdam, Donker) [1516]

Morgenthau, H.J. 1967: Politics Among Nations. The Struggle for Power and Peace (New York, Knopf) [4. Ed., 1948]

Müller, L.A. 1991: Gladio – das Erbe des Kalten Krieges (Reinbek, Rowohlt)

Münkler, H. 1982: Machiavelli. Die Begründung des politischen Denkens der Neuzeit aus der Krise der Republik Florenz (Frankfurt, EVA)

Nairn, T. 1973: The Left Against Europe? (Harmondsworth, Penguin)

– 1981: The Break-Up of Britain. Crisis and Neo-Nationalism (London, NLB/Verso) [2. Ed., 1977]

Nederveen Pieterse, J.P. 1990: Empire and Emancipation (London, Pluto)

Nelson, R.R. 1968: Technological Advance, Economic Growth, and Public Policy, in: W.W. Heller (Hrsg.), Perspectives on Economic Growth (New York, Vintage)

Nettl, J.P. 1989: Rosa Luxemburg (gekürzte Ausgabe, eingeleitet von H. Arendt) (New York, Schocken) [1969]

Neumann, F.L. 1978: Wirtschaft, Staat, Demokratie. Aufsätze 1930-1954 (herausgegeben von A. Söllner) (Frankfurt, Suhrkamp)

Neumann, W.L. 1967: After Victory. Churchill, Roosevelt and Stalin and the Making of the Peace (New York und Evanston, Harper & Row)

Nicholson, M.B./Reynolds, P.A. 1967: General Systems, the International System, and the Eastonian Analysis, in: Political Studies, 15, 1

Nicolson, H. 1961: The Congress of Vienna. A Study in Allied Unity: 1812-1822 (New York, Viking) [1946]

Niebuhr, R. 1966: The Illusion of World Government [1949] in: F.H. Hartmann (Hrsg.), World in Crisis: Readings in International Relations (New York, Macmillan) [2. ed., 1962]

Nielsen, W.A. 1985: The Golden Donors. A New Anatomy of the Great Foundations (New York, Dutton)

Niess, F. 1985: Der 'Sündenfall der Wissenschaft'. Antworten der Atomphysiker auf Hiroshima und Nagasaki, in: Blätter für deutsche und internationale Politik, 30, 7

NLF 1967: Program of the National Liberal Front of South Viet-Nam [1960], in: M.G. Raskin/B.B. Fall (Hrsg.), The Viet-Nam Reader (New York, Vintage)

Nobel, J.W. 1985: De utopie van het realisme. De machtstheorie van Hans J. Morgenthau en de kritiek op het Amerikaanse beleid in de Koude Oorlog (Amsterdam, Mets)

Noble, D.F. 1977: America by Design. Science, Technology, and the Rise of Corporate Capitalism (Oxford etc., Oxford University Press)

Norman, E.H. 1940: Japan's Emergence as a Modern State. Political and Economic Problems of the Meiji Period (New York, Institute of Pacific Relations)

Nove, A. 1978: An Economic History of the U.S.S.R. (Harmondsworth, Penguin) [1969]

NSC-68 (Photokopie des ursprünglichen Dokuments, Washington, National Security Council) April 14, 1950

Nuchelmans, G. 1969: Overzicht van de analytische wijsbegeerte (Utrecht und Antwerpen, Spectrum)

Nussbaum, M. 1978: Wirtschaft und Staat in Deutschland während der Weimarer Republik (Vaduz, Topos)

O'Connor, J. 1972: Scientific and Ideological Elements in the Economic Theory of Government Policy [1969], in: E.K. Hunt/J.G. Schwartz (Hrsg.), A Critique of Economic Theory (Harmondsworth, Penguin)

O'Leary, G. 1980: The Shaping of Chinese Foreign Policy (London, Croom Helm)

OMGUS 1985: Office of Military Government for Germany, United States, Ermittlungen gegen die Deutsche Bank (Nördlingen, Greno) [1946-47]

O'Neill, W.M. 1968: The Beginnings of Modern Psychology (Harmondsworth, Penguin)

Opitz, R. (Hrsg.) 1977: Europastrategien des deutschen Kapitals 1900-1945 (Köln, Pahl-Rugenstein)

Overbeek, H.W. 1982: Internationale ontwikkelingshulp en de nieuwe internationale economische orde, in: Tijdschrift voor Diplomatie 9,3

– 1990: Global Capitalism and National Decline. The Thatcher Decade in Perspective (London etc., Unwin Hyman)

Owen, H. (Hrsg.) 1973: The Next Phase in Foreign Policy (Washington, Brookings)

Packenham, R.A. 1973: Liberal America and the Third World. Political Development Ideas in Foreign Aid and Social Science (Princeton, N.J., Princeton University Press)

Palan, R. 1990: The Byzantine Connection: the Kingdom of Sicily, State Formation and Capitalism (paper, BISA Annual Conference, Newcastle, 17-19 December)

Palloix, C. 1973: Les firmes multinationales et le procès d'internationalisation (Paris, Maspero)

Pannekoek, A. o.J.: Lenin als filosoof (Amsterdam, de Vlam) [1938]

Parker, G. 1981: De Nederlandse Opstand. Van beeldenstorm tot bestand (Utrecht und Antwerpen, Aula) [1977]

Pells, R.H. 1985: The Liberal Mind in a Conservative Age. American Intellectuals in the 1940s and 1950s (New York etc., Harper & Row)

Perlo, V. 1960: Das Reich der Hochfinanz (Berlin, Dietz)

Picciotto, S. 1989: Slicing a Shadow: Business Taxation in an International Framework, in: L. Hancher/M. Moran (Hrsg.), Capitalism, Culture, and Economic Regulation (Oxford, Clarendon Press)

Ploetz, K. 1972: Kalendarium der wereldgeschiedenis (Utrecht und Antwerpen, Prisma) [5. Ed., 1961]

Polanyi, K. 1957: The Great Transformation. The Political and Economic Origins of Our Time (Boston, Beacon) [1944]

363

Poliakov, L. / Wulf, J. (Hrsg.) 1989: Das Dritte Reich und seine Denker. Dokumente und Berichte (Wiesbaden, Fourier) [1959]

Pool, J. und S. 1978: Who Financed Hitler. The Secret Funding of Hitler's Rise to Power 1919-1933 (New York, Dial Press)

Pool, I. deS. 1963: The Mass Media and Politics in the Modernization Process', in: L.W. Pye (Hrsg.), Communications and Political Development (Princeton, Princeton University Press)

Post, H. 1982: General System Theory and a Positivistic Theory of Knowledge; with Special Reference to the Social Sciences, Mededelingen van de Subfaculteit der Algemene Politieke en Sociale Wetenschappen (Universität Amsterdam) 22

Poulantzas, N. 1974: Fascisme et dictature (Paris, Le Seuil/Maspero) [2. Ed., 1970]

– 1976: Klassen in het huidige kapitalisme (Nijmegen, SUN) [1973, 1974]

Pijl van der, K. 1978: Een Amerikaans plan voor Europa. Achtergronden van het ontstaan van de EEG (Amsterdam, SUA)

– 1982: Marxisme en internationale politiek (Amsterdam, IPSO)

– 1984: The Making of an Atlantic Ruling Class (London, Verso)

– 1989: Ruling Classes, Hegemony, and the State System. Theoretical and Historical Considerations, in: International Journal of Political Economy, 19, 3

Quigley, C. 1966: Tragedy and Hope. A History of the World in Our Time (New York und London, Macmillan)

Rademaker, L. (Hrsg.) 1978: Sociologische Encyclopedie (Utrecht und Antwerpen, Spectrum) (4 Bde.)

Rapoport, A. 1966: Systemic and Strategic Conflict. What Happens When People Do Not Think – and When They Do [1964], in: R.A. Falk/S.H. Mendlovitz (Hrsg.), Toward a Theory of War Prevention (Bd. 1 von The Strategy of World Order) (New York, World Law Fund)

– 1969: Strategy and Conscience (New York, Schocken) [1964]

Ratzel, F. 1923: Politische Geographie (Eingeleitet von E. Oberhummer) (München/Berlin, Oldenbourg) [3.Ed., 1897]

Rebattet, F.X. 1962: The „European Movement" 1945-1953 (Doctoral thesis, St. Anthony's College, Oxford)

Reves, E. 1947: The Anatomy of Peace (Harmondsworth, Penguin) [1945]

Ribbelink, O.M. 1988: Opvolging van internationale organisaties. Van Volkenbond-Verenigde Naties tot ALALC-ALADI ('s Gravenhage, Asser Instituut)

Richelson, J.T/Ball, D. 1990: The Ties That Bind. Intelligence Cooperation between the UKUSA Countries (Boston etc., Unwin Hyman) [2. ed.; 1985]

Rijkens, P. 1965: Handel en wandel. Nagelaten gedenkschriften (Rotterdam, Donker)

Robinson, W.I./Norsworthy, K. 1985: Nicaragua: The Strategy of Counterrevolution, in: Monthly Review, 37, 7

Röling, B.V.A. 1970: Inleiding tot de wetenschap van oorlog en vrede (Assen, Van Gorcum, Prakke & Prakke)

Romein, J. und A. 1976: Erflaters van onze beschaving (Amsterdam, Querido) [1938]

Rose, R. 1990: Institutionalizing Professional Political Science in Europe: A Dynamic Model, in: ECPR News (November)

Rosecrance, R. 1987: War, Trade and Interdependence, in: J.N. Rosenau/H.W. Tromp (Hrsg.) Interdependence and Conflict in World Politics (Aldershot etc., Avebury)

Rosenau, J.N. 1966: Pre-theories and Theories of Foreign Policy, in: R.B. Farrell (Hrsg.). Approaches to Comparative and International Politics (Evanston, Harper & Row)

Rosenstock-Huessy, J. 1961: Die europäischen Revolutionen und der Character der Nationer (Stuttgart, Kohlhammer) [3. ed., 1931]

Rosenstone, R. 1982: Romantic Revolutionary. A Biography of John Reed (Harmondsworth Penguin)

Ross, D. 1991: The Origins of American Social Science (Cambridge etc., Cambridge University Press)

Rousseau, J.-J. 1966: Du contrat social (Paris, Flammarion) [1762]

Roy, A. 1986: Contemporary India – A Perspective (Bombay, Build)

Rudner, R.S. 1966: Philosophy of Social Science (Englewood Cliffs, Prentice-Hall)

Russell, B. 1961: History of Western Philosophy (London, Allen & Unwin) [2. Ed., 1946]

Sahakian, W.S. und M.L. 1965: Realms of Philosophy (Cambridge, Mass., Schenckman)

Sampson, A. 1982: The Money Lenders. Bankers in a Dangerous World (London, Coronet)

Schama, S. 1990: Citizens. A Chronicle of the French Revolution (New York, Vintage)

Schelling, Th.C. 1966: Arms and Influence (New Haven und Londen, Yale University Press)

Schlick, M. 1930: Die Wende der Philosophie, in: Erkenntnis, 1, 7

Schmitt, B.E./Vedeler, H.C. 1984: The World in the Crucible, 1914-1919 (New York etc., Harper & Row)

Schmitt, C. 1963: Der Begriff des Politischen (Berlin, Duncker & Humblot) [1932]

– 1977: Aus dem Vortrag von Carl Schmitt 'Völkerrechtliche Großraumordnung mit Interventionsverbot für raumfremde Mächte' (1 April 1939), in: R. Opitz (Hrsg.), Europastrategien des deutschen Kapitals 1900-1945 (Köln, Pahl-Rugenstein)

Schneider, D./Kuda, R. 1968: Arbeiterräte in der Novemberrevolution (Frankfurt, Suhrkamp)

Schuman, F.L. 1969: International Politics. Anarchy and Order in the World Society (New York etc., McGraw-Hill und Tokyo, Kogakusha) [7. ed., 1933]

Schumpeter, J. 1942: Capitalism, Socialism, and Democracy (New York und London, Harper)

– 1951: The Sociology of Imperialisms [1919], in: Imperialism and Social Classes (eingeleitet von P.M. Sweezy) (New York, Kelley)

Scott, P.D. 1986: Transnationalised repression: parafascism and the U.S., in: Lobster 12

Seidman, S. 1983: Liberalism and the Origins of European Social Theory (Berkeley und Los Angeles, University of California Press)

Senghaas, D. 1972: Abschreckung und Frieden. Studien zur Kritik organisierter Friedlosigkeit (Frankfurt, Fischer)

Senin, M. 1973: Socialist Integration (Moscow, Progress)

Servan-Schreiber, J.-J. 1967: Le défi américain (Paris, Denoël)

SFRC: Executive Sessions of the Senate Foreign Relations Committee (Historical Series) (Washington, Government Printing Office) Bde. 1-9 [1947-1957]

SFRC/MAP: Joint Hearings (Executive Session) on the Military Assistance Program:1949 (Historical Series) (Washington, Government Printing Office)

Shaheen, S. 1956: The Communist (Bolshevik) Theory of National Self-Determination. Its Historical Evolution up to the October Revolution (Den Haag und Bandoeng, Van Hoeve)

Shannon, R. 1976: The Crisis of Imperialism 1865-1915 (London etc.: Paladin Books)

Shibata, S. 1973: Lessons of the Vietnam War. Philosophical Considerations on the Vietnam Revolution (Amsterdam, Grüner)

Shils, E.A. 1963: Demagogues and Cadres in the Political Development of the New States, in: L.W. Pye (Hrsg.), Communications and Political Development (Princeton, Princeton University Press)

Shoup, L.H./Minter, W. 1977: Imperial Brain Trust. The Council on Foreign Relations and United States Foreign Policy (New York und London, Monthly Review Press)

Silk, L. und M. 1981: The American Establishment (New York, Avon)

Singer, J.D. 1966: The Level-of-Analysis Problem in International Relations [1961], in: R.A. Falk/S.H. Mendlovitz (Hrsg.), Toward a Theory of War Prevention Bd. 1 von The Strategy of World Order) (New York, World Law Fund)

– 1990: Accounting for International War: The State of the Discipline [1981], in: J.A. Vasquez (Hrsg.), Classics of International Relations (Englewood Cliffs, Prentice-Hall) [2. Ed.]

Singham, A.W./Hune, S. 1986: Non-Alignment in an Age of Alignments (London, Zed und Westport, Conn., Hill)

Sklar, M.J. 1970: Woodrow Wilson and the Political Economy of Modern United States Liberalism [1960], in: J. Weinstein/D.W. Eakins (Hrsg.), For a New America (New York, Vintage)

Skolnik, R. 1969: 1803: Jefferson's Decision. The United States Purchases Louisiana (New York, Chelsea House)

Smith, B.L.R. 1966: The RAND Corporation (Cambridge, Mass., Harvard University Press)

Soboul, A. 1978: Französische Revolution und Volksbewegung: die Sansculotten (Frankfurt, Suhrkamp) [herausgegeben von W. Markov, 1958]

Sohn-Rethel, A. 1975: Grootkapitaal en fascisme. De Duitse industrie achter Hitler (Amsterdam, Van Gennep) [1973]

Söllner, A. 1990: Von Staatsrecht zur 'political science'? Die Emigration deutscher Wissenschaftler nach 1933, ihr Einfluß auf die Transformation einer Disziplin, in: Politische Vierteljahresschrift 31, 4

Sonntag, H.R. 1973: Der Staat des unterentwickelten Kapitalismus, in: Kursbuch 31

Spaak, P.-H. 1971: The Continuing Battle. Memoirs of a European, 1936-1966 (London, Weidenfeld & Nicolson)

Spohn, W. 1975: Die technologische Abhängigkeit der Sowjetunion vom Weltmarkt, in: Probleme des Klassenkampfs, 5

Spohn, W./Bodemann, Y.M. 1989: Federal Republic of Germany, in: T. Bottomore/R.J. Brym (Hrsg.), The Capitalist Class. An International Study (Hemel Hempstead, Harvester)

Stalin, J.W.: Werke (Berlin, Dietz) (verschiedene Jahre)

– 1972: Economic Problems of Socialism in the U.S.S.R. (Peking, Foreign Languages Press) [1952]

Stegmann, D. 1976: Kapitalismus und Faschismus in Deutschland 1929-1934. Thesen und Materialien zur Restituierung des Primats der Großindustrie zwischen Weltwirtschaftskrise und beginnender Rüstungskonjunktur, Gesellschaft. Beiträge zur Marxschen Theorie 6 (Frankfurt, Suhrkamp)

Stephenson, C. 1962: Mediaeval History. Europe from the Second to the Sixteenth Century (New York etc., Harper & Row; Tokyo, Weatherhill) [4. überarbeitete Ausgabe von B. Lyon, 1935]

Steven, S. 1974: Operation Splinter Factor (Philadelphia und New York, Lippincott)

Storry, R. 1967: A History of Modern Japan (Harmondsworth, Penguin) [1960]

Strange, S. 1972: The Dollar Crisis 1971, in: International Affairs, 48, 2

– 1982: Cave, hic dragones: a critique of regime analysis, in: International Organization, 36, 2

Strayer, J.R. 1970: On the Mediaeval Origins of the Modern State (Princeton, Princeton University Press)

Stubbing, R.A. 1986: The Defense Game [mit R.A. Mendel] (New York etc., Harper & Row)

Sugar, P.F. 1969: External and Domestic Roots of Eastern European Nationalism, in: P.F. Sugar/I.J. Lederer (Hrsg.), Nationalism in Eastern Europe (Washington, University of Washington Press)

Symonds, R. 1971: Functional Agencies and International Administration, in: R.S. Jordan (Hrsg.), International Administration. Its Evolution and Contemporary Applications (New York etc., Oxford University Press)

Szentes, T. 1985: Theories of World Capitalist Economy. A Critical Survey of Conventional, Reformist and Radical Views (Budapest, Akadémiai Kiadó)

Talmon, J.L. 1981: The Myth of the Nation and the Vision of Revolution (London, Secker & Warburg; Berkeley und Los Angeles, University of California Press)

Therborn, G. 1976: Science, Class and Society. On the Formation of Sociology and Historical Materialism (London, Verso)

Thomas, H. 1986: The Spanish Civil War (Harmondsworth, Penguin) [3. ed., 1961]

Thompson, E.P. 1982: Notes on Exterminism, the Last Stage of Civilization, in: New Left Review (Hrsg.), Exterminism and Cold War (London, Verso/NLB)

366

Thompson, K.W. 1979: E.H. Carr, in International Encyclopedia of the Social Sciences (New York, Free Press, und London, Collier Macmillan) Bd. 18 (Biographical Supplement)

Tibbets, P.W., Jr. 1985: Misson: Hiroshima (mit C. Stebbins und H. Franken) (New York, Stein & Day) [1978]

Timm, H. 1969: Wer garantiert den Frieden? in: G. Picht/H.E. Tödt (Hrsg.), Studien zur Friedensforschung (Stuttgart, Klett)

Tinbergen, J. (Koordinator) 1977: Naar een Rechtvaardiger Internationale Orde (Amsterdam und Brussel, Elsevier)

Tomaschewski, D.G. 1973: Die Leninschen Ideen und die internationalen Beziehungen der Gegenwart (Berlin, Staatsverlag der DDR)

Tooze, R.I. 1978: Communications Theory, in: T. Taylor (Hrsg.), Approaches and Theory in International Relations, (London und New York, Longman)

Trexler, R.C. 1975: Charity and Defense of Urban Elites in the Italian Communes, in: F.C. Jaher, (Hrsg.), The Rich, The Wellborn, and The Powerful. Elites and Upper Classes in History (Secaucus, N.J., Citadel)

Trotzki, L. 1978: Geschiedenis der Russische Revolutie (Amsterdam, Van Gennep) [1936]

Tudyka, K.P. 1975: Marktplatz Europa. Zur politischen Ökonomie der EG (Köln, Kiepenheuer & Witsch)

Ulmen, G.L. 1987: American Imperialism and International: Carl Schmitt on the US in World Affairs, in: Telos 1972

Ungers, O.M. 1981: Einleitung, in: Westkunst. Zeitgenössische Kunst seit 1939, (Köln, Außenreferat der Museen der Stadt Köln)

Urofsky, M.I. 1976: American Zionism from Herzl to the Holocaust (Garden City, N.Y., Anchor)

Vahrenkamp, R. 1976: Taylors Lehren – ein Mittelklassentraum, in: Kursbuch 43

Van Ness, P. 1970: Revolution and Chinese Foreign Policy. Peking's Support for Wars of National Liberation (Berkeley etc., University of California Press)

Vanvugt, E. 1989: Bloed aan de klomp (Hilversum, Centerboek)

Varga, E. 1974: Die Krise des Kapitalismus und ihre politischen Folgen (herausgegeben und eingeleitet von E. Altvater) [1922-1962] (Frankfurt, Europäische Verlagsanstalt)

Vernon, R. 1973: Sovereignty at Bay. The Multinational Spread of US Enterprises (Harmondsworth, Penguin) [1971]

Vieille, P. 1988: The World's Chaos and the New Paradigms of the Social Movement, in: Lelio Basso Foundation (Hrsg.), Theory and Practice of Liberation at the End of the Twentieth Century (Bruxelles, Bruylant)

Vilmar, F. 1973: Rüstung und Abrüstung im Spätkapitalismus. Eine sozio-ökonomische Analyse des Militarismus (Reinbek, Rowohlt) [überarbeitete Ausgabe, 1965]

Visser 't Hooft, J.A. 1971: Memoires (Amsterdam und Brussel, Elsevier/ Kampen, Kok)

Voltaire, F.M.A. 1990: 20 artikelen uit het filosofisch woordenboek (Groningen, BoekWerk) [übersetzt und eingeleitet von N. Nieland-Weits, 1764]

Voslensky, M. 1984: Nomenklatura. Anatomy of the Soviet Ruling Class (London etc., Bodley Head) [1980]

Vree de, J.K. 1972: Political Integration: The Formation of Theory and its Problems ('s Gravenhage, Mouton)

Wahl, J. 1962: Tableau de la philosophie française (Paris, Gallimard)

Wallerstein, I. 1969: Africa. The Politics of Unity (New York, Vintage)

– 1978: Europese wereldeconomie in de zestiende eeuw. Het moderne wereld-systeem (Nieuwkoop, Heureka) [1974]

– 1979: The Capitalist World-Economy (Cambridge, Cambridge University Press)

– 1984: Historisch kapitalisme (Weesp, Heureka) [1983]

Walther, P.Th. 1991: Zur Kontinuität politikwissenschaftlicher Fragestellungen: Deutschlandstudien exilierter Dozenten, in: G. Göhler/B. Zeuner (Hrsg.) Kontinuitäten und Brüche in der deutschen Politikwissenschaft (Baden-Baden, Nomos)

Waltz, K.N. 1968: Man, The State and War (New York und Londen, Columbia University Press) [1959]
– 1969: International Structure, National Force, and the Balance of World Power, in: J.N. Rosenau, (Hrsg.) International Politics and Foreign Policy (New York, Free Press) [überarbeitete Ausgabe, 1961]
– 1986: Reflections on Theory of International Politics: A Response to my Critics, in: R.O. Keohane (Hrsg.), Neorealism and its Critics (New York, Columbia University Press)
Wehler, H.-U. 1972: Einleitung, in: H.-U. Wehler (Hrsg.), Imperialismus (Köln, Kiepenheuer & Witsch)
Weidenbaum, M.L. 1963: Problems of Adjustment for Defense Industries, in: E. Benoit/K.E. Boulding (Hrsg.), Disarmament and the Economy (New York etc., Harper & Row)
Wertheim, W.F. 1977: De lange mars der emancipatie (Amsterdam, Van Gennep) [ursprünglich Evolutie en revolutie, 1970]
Who's Who in America 1964-65 (Chicago, Marquis)
Whyte, W.H. 1963: The Organization Man (Harmondsworth, Penguin) [1956]
Wiebes, C.,/Zeeman, B. 1982: Opdoemende contouren van het Noordatlantische Verdrag. Onderhandelingen in het Pentagon in maart 1948, in: Internationale Spectator, 36, 1
Wilde de, J. 1991: Saved From Oblivion: Interdependence Theory in the First Half of the 20th Century (Aldershot etc., Dartmouth)
Williams, W.A. 1962: The Tragedy of American Diplomacy (New York, Delta) [rev.ed., 1959]
Wilson, W. 1919: Die Reden Woodrow Wilsons (herausgegeben vom Committee on Public Information of the United States of America) (Bern, Freie Verlag)
Windmiller, M. 1968: The New American Mandarins, in: Th. Roszak (Hrsg.), The Dissenting Academy (New York, Vintage)
Wirsing, G. 1977: Die Zukunft der deutschen Herrschaft in Rußland [1943], in: R. Opitz (Hrsg.), Europastrategien des deutschen Kapitals 1900-1945 (Köln, Pahl-Rugenstein)
Wirth, M. 1972: Kapitalismustheorie in der DDR (Frankfurt, Suhrkamp)
Wittfogel, K.A. 1977: Die orientalische Despotie. Eine vergleichende Untersuchung totaler Macht (Frankfurt, Ullstein) [1957]
Wohlstetter, A. 1974: Choosing Policies for Deterrence (ursprünglich: The Delicate Balance of Terror [1959]), in: Ch. J. Hitch/R. N. McKean, The Economics of Defense in the Nuclear Age (New York, Atheneum) [1960]
Wolf, Th.A. 1973: The East-West Trade Policy. Economic Warfare Versus Economic Welfare (Lexington, Mass., Heath)
Wolfe, A. 1979: The Rise and Fall of the „Soviet Threat". Domestic Sources of the Cold War Consensus (Washington, Institute for Policy Studies)
Wright, Q. 1966: Analysis of the Causes of War [1942], in: R.A. Falk/S.H. Mendlovitz (Hrsg.), Toward a Theory of War Prevention (Bd. 1 von The Strategy of World Order) (New York, World Law Fund)
Yergin, D. 1980: Shattered Peace. The Origins of the Cold War and the National Security State (Harmondsworth, Penguin) [1977]
Zhdanov, A.A. 1960: Report on the International Situation [1947], Ausschnitte in: R.V. Daniels (Hrsg.), A Documentary History of Communism Bd. II (New York, Vintage)
Ziebura, G. 1984: Weltwirtschaft und Weltpolitik 1922/24-1931 (Frankfurt, Suhrkamp)